D1995192

Vor der Reise
allinn und Umgebung
Reisetipps A–Z
Der Nordosten
Land und Leute
Im Zentrum
Der Süden
Westküste und Hinterland
Die westlichen Inseln
Anhang
Kartenatlas

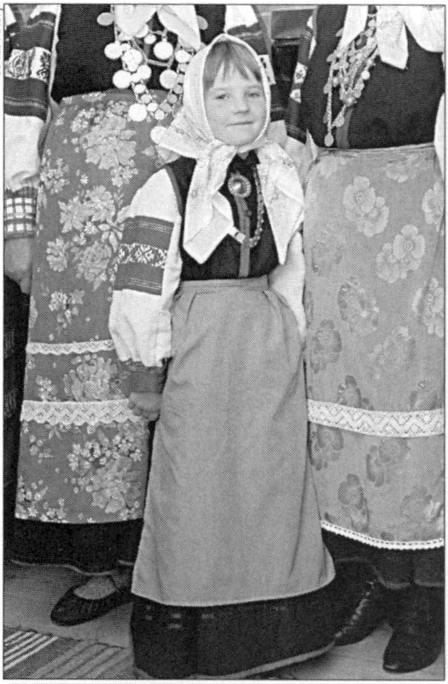

064es Foto: jl

Alexandra Frank

Estland

Schon die Lage der Stadt an einer lieblichen Bucht des Finnischen Meerbusens ist eine ausgesucht malerische, ja, man hat den Eindruck, als wäre sie mit Vorbedacht und raffinierter Berechnung von Künstlerhand hierher gesetzt worden.

Ernst Kühnert (1885–1961) über Tallinn

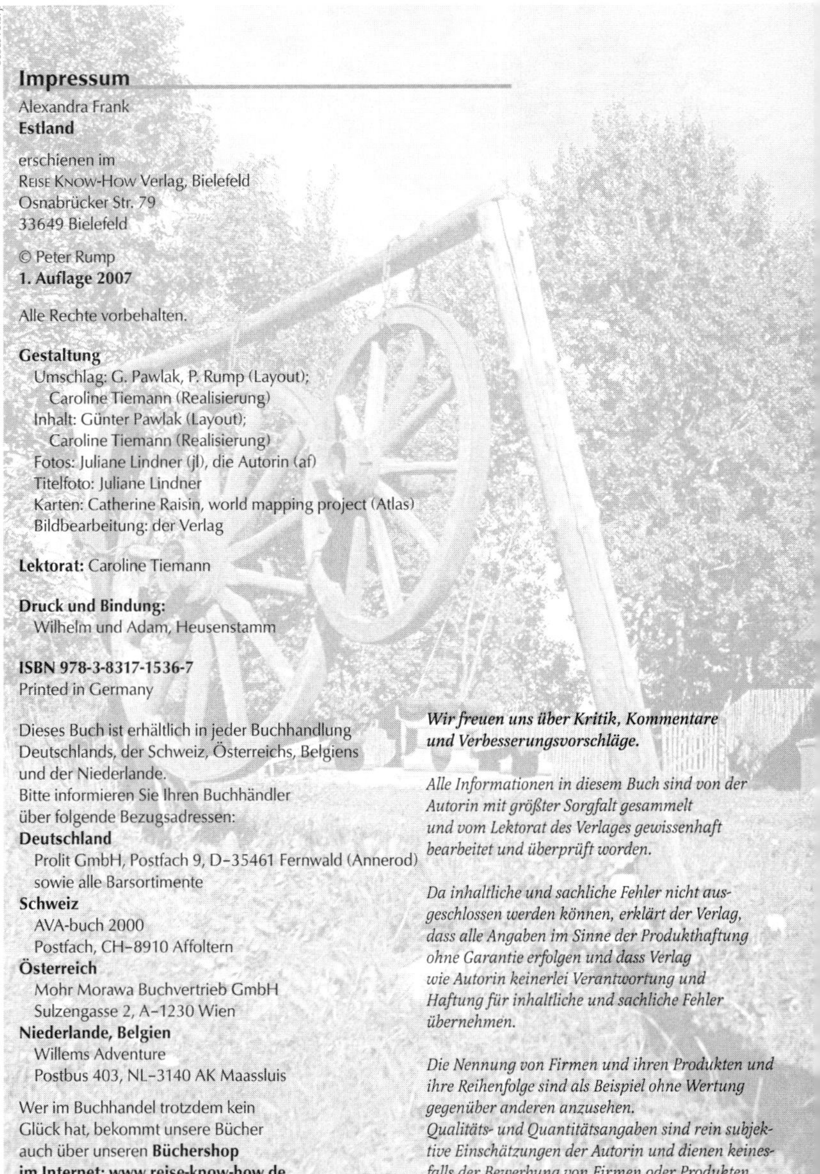

063es Foto: jl

Impressum

Alexandra Frank
Estland

erschienen im
Reise Know-How Verlag, Bielefeld
Osnabrücker Str. 79
33649 Bielefeld

1. Auflage 2007

Gestaltung
Umschlag: G. Pawlak, P. Rump (Layout);
Caroline Tiemann (Realisierung)
Inhalt: Günter Pawlak (Layout);
Caroline Tiemann (Realisierung)
Fotos: Juliane Lindner (jl), die Autorin (af)
Titelfoto: Juliane Lindner
Karten: Catherine Raisin, world mapping project (Atlas)
Bildbearbeitung: der Verlag

Lektorat: Caroline Tiemann

Druck und Bindung:
Wilhelm und Adam, Heusenstamm

ISBN 978-3-8317-1536-7
Printed in Germany

Dieses Buch ist erhältlich in jeder Buchhandlung Deutschlands, der Schweiz, Österreichs, Belgiens und der Niederlande.
Bitte informieren Sie Ihren Buchhändler über folgende Bezugsadressen:

Deutschland
Prolit GmbH, Postfach 9, D-35461 Fernwald (Annerod)
sowie alle Barsortimente

Schweiz
AVA-buch 2000
Postfach, CH-8910 Affoltern

Österreich
Mohr Morawa Buchvertrieb GmbH
Sulzengasse 2, A-1230 Wien

Niederlande, Belgien
Willems Adventure
Postbus 403, NL-3140 AK Maassluis

Wer im Buchhandel trotzdem kein Glück hat, bekommt unsere Bücher auch über unseren **Büchershop im Internet: www.reise-know-how.de**

Wir freuen uns über Kritik, Kommentare und Verbesserungsvorschläge.

Alle Informationen in diesem Buch sind von der Autorin mit größter Sorgfalt gesammelt und vom Lektorat des Verlages gewissenhaft bearbeitet und überprüft worden.

Da inhaltliche und sachliche Fehler nicht ausgeschlossen werden können, erklärt der Verlag, dass alle Angaben im Sinne der Produkthaftung ohne Garantie erfolgen und dass Verlag wie Autorin keinerlei Verantwortung und Haftung für inhaltliche und sachliche Fehler übernehmen.

Die Nennung von Firmen und ihren Produkten und ihre Reihenfolge sind als Beispiel ohne Wertung gegenüber anderen anzusehen.
Qualitäts- und Quantitätsangaben sind rein subjektive Einschätzungen der Autorin und dienen keinesfalls der Bewerbung von Firmen oder Produkten.

Alexandra Frank

Estland

Vorwort

Vor einigen Jahren wurde in Estland ein Logo entworfen, das heute sämtliche Broschüren der Touristeninformationsbüros ziert, sodass jeder Besucher des Landes früher oder später darauf stoßen wird. Es ist nur ein schlichter Schriftzug: „Welcome to Estonia" – Willkommen in Estland!

Immer mehr Leute lassen sich gern willkommen heißen in dem kleinen Land an der Ostsee, das seit 2004 Mitglied der Europäischen Union ist. Bis Anfang der neunziger Jahre fiel den meisten Westeuropäern zu Estland nur wenig ein. Als Sowjetrepublik kam es als Urlaubsland oder Wirtschaftsstandort so gut wie nicht infrage. Doch seit Estland 1991 unabhängig wurde, befindet sich das Land im Wandel und hat spätestens mit Eintritt in die EU seine Stellung in Europa und so auch in den Köpfen der Menschen gefestigt.

Die mittelalterlich geprägte Hauptstadt Tallinn liegt gerade einmal zwei Flugstunden von Deutschland entfernt. Doch auch abseits der alten Hansestadt präsentiert sich Estland als reizvolles Urlaubsziel mit einer Vielzahl an kulturellen und landschaftlichen Höhepunkten und nicht zuletzt einem breiten Sport- und Erholungsangebot.

Estland ist ein kleines, ruhiges Land, das vor allem mit Natur und Ursprünglichkeit aufwartet. Wer gern wandert, Kanu fährt, radelt oder reiten möchte, ist hier richtig aufgehoben. Kulturell Interessierte können alte Hansestädte, Burgen und Herrenhäuser besuchen, Romantiker finden ursprüngliche Fischerdörfer, weiße Strände und dichte Wälder vor. Nicht zuletzt können deutsche Touristen auf Spurensuche gehen, denn die Geschichte Estlands ist eng mit der deutschen verbunden.

Estland ist unserem Kulturraum in vielen Dingen sehr ähnlich, sodass es keiner Eingewöhnungsphase oder Aneignung fremd wirkender Sitten und Umgangsformen bedarf. Individualtouristen kommen leicht im Land zurecht. Die örtlichen Touristenbüros stehen Besuchern mit zahlreichen Informationen und Tipps zur Verfügung. Zudem beherrschen die meisten Esten Englisch oder Deutsch, sodass die Verständigung nicht allzu schwer fallen sollte.

Mit zahlreichen praktischen Tipps und Anregungen soll dieses Buch dem Reisenden helfen, Estland in all seinen Facetten zu entdecken und erleben. Ausflugsvorschläge, Stadtrundgänge, Übernachtungsmöglichkeiten und Restaurantempfehlungen für jeden Geschmack und Geldbeutel werden ebenso aufgeführt wie umfangreiche Hintergrundinformationen zu Geschichte, Kultur, Natur und Traditionen. Erwähnt werden touristische Highlights genauso wie kleinere Sehenswürdigkeiten abseits der üblichen touristischen Pfade. Exkurse zu landestypischen Kuriositäten, Bräuchen und Legenden runden diesen Reiseführer ab.

Kurz und gut, das Land ist auf Gäste eingestellt und heißt Sie willkommen. „Welcome to Estonia" – oder, um es einmal auf Estnisch zu sagen:

Tere tulemast!

Alexandra Frank

Inhalt

Vorwort 7
Kartenverzeichnis 11
Hinweise zur Benutzung 12
Was bietet Estland 13
Das Land im Überblick 14
Highlights und Routenvorschläge 15

Vor der Reise

(unter Mitarbeit von E. H. M. Gilissen)

Informationsstellen 22
Reiseveranstalter 22
Estland im Internet 23
Ein- und Ausreisebestimmungen 25
Klima und Reisezeit 29
Ausrüstung und Kleidung 31
Gesundheitsvorsorge 32
Anreise 33
Geldfragen 38
Versicherungen 41

Praktische Reisetipps A–Z

(unter Mitarbeit von E. H. M. Gilissen)

Autofahren 44
Camping 45
Einkaufen und Souvenirs 46
Elektrizität 48
Essen und Trinken 48
Fahrradfahren 52
Feiertage 54
Homosexuelle 55
Internetzugang und Hotspots 55
Mit Kindern unterwegs 56
Medien 56
Medizinische Versorgung 58
Notfälle 58
Öffnungszeiten 59
Orientierung 60
Post 61
Sicherheit 61
Sport und Aktivitäten 62
Sprache 66
Telefonieren 68
Toiletten 69
Trinkgeld 70
Unterkunft 70
Verhaltenstipps 73
Verkehrsmittel 74
Zeitverschiebung 77

Land und Leute

Geografie 80
Flora und Fauna 81
Naturschutzgebiete und Nationalparks 84
Geschichte 85
Staat und Politik 95
Wirtschaft 96
Bevölkerung 99
Traditionen und Bräuche 103
Literatur 106
Musik 110
Theater 111
Kunst 112
Film 114
Architektur 115

Tallinn und Umgebung

Die Hauptstadt

Legenden und Gegenwart 120
Stadtgeschichte 122
Orientierung 123
Unterstadt 123
Oberstadt/Domberg 138
Am Rande der Altstadt 143

In den Außenbezirken 146
Praktische Tipps 156

Umgebung von Tallinn

Rund um die Hauptstadt 172
Inseln Naissaar und Aegna 173
Wasserfall Keila-Joa und Lahepere-Bucht 173
Paldiski-Bucht 174
Kloster Padise 175
Keila 176
Saku 178
Karstgebiete bei Tuhala 179
Kose 180
Maardu 180
Denkmalschutzgebiet Rebala 182
Kostivere 182
Jõelähtme 183
Kiiu und Kuusalu 184

Der Nordosten

Überblick 188
Lahemaa-Nationalpark 189
Rakvere 202
Kunda 207
Kiviõli 209
Von Aa nach Toila an der Küste entlang 210
Kohtla-Järve 212
Jõhvi 214
Sillamäe 215
Narva-Jõesuu 217
Narva 218
Nördlich des Peipus-Sees 229

Im Zentrum Estlands

Überblick 236
Rapla 236
Umgebung von Rapla 238
Paide 244
Türi 248
Von Paide nach Osten 250
Von Paide nach Norden 251
Aegviidu und Schutzgebiet Kõrvemaa 256
Kadrina 257
Pandivere-Hochland 257
Endla-Moor 261
Jõgeva 261
Laiuse 262
Palamuse 263
Landschaftsschutzgebiet Vooremaa 264
Põltsamaa 265

Der Süden

Überblick 276
Tartu 277
Nördlich von Tartu 301
Von Tartu zum Peipus-See 302
Peipus-See 303
Südlich von Tartu 312
Elva 315
Am Ostufer des Võrtsjärv (Wirz-Sees) 317
Põlva 320
Räpina 328
Lämmijärv (Pskover See) 329
Das Grenzgebiet zu Russland im Südosten 329
Haanja-Naturpark 336
Rõuge 339
Võru 342
Schutzgebiete Luhasoo und Paganamaa 347
Das Gebiet der Waldbrüder 348
Karula-Nationalpark 349
Valga und das lettische Valka 350
Tõrva 357

Sangaste 360
Otepää 361
Viljandi 368
Nördlich von Viljandi 377
Am Westufer des Võrtsjärv (Wirz-Sees) 379
Südlich von Viljandi 381

Westküste und Hinterland

Überblick 386
Pärnu 387
Tori 406
Soomaa-Nationalpark 407
Kurgja 410
Von Pärnu zur lettischen Grenze 411
Naturschutzgebiet Nigula 412
Kilingi-Nõmme 412
Haapsalu 413
Lihula 432
Matsalu-Nationalpark 433
Rund um Virtsu 435
Halbinsel Noarootsi 437
Insel Osmussaare 439

Die westlichen Inseln

Überblick 442
Muhu 442
Saaremaa 447
Hiiumaa 469
Vormsi 485
Kihnu 488
Ruhnu 490

Anhang

Literaturtipps 494
Hilfe! 495
Register 499
Autorin und Fotografin 504
Kartenatlas nach Seite 504

Exkurse

Johannistag und Mittsommerfest ... 54
Die Hanse – ein internationales Städtebündnis ... 86
Kalevipoeg – das estnische Nationalepos ... 107
Ölschiefer und Umweltpolitik ... 213
Burg Ivangorod ... 222
Die Altgläubigen am Peipus-See ... 307
Die Volksgruppe der Seto ... 332
Wintersport in Otepää ... 366
Der Geist der Weißen Dame ... 417
Die bunten Blumen der Muhu-Tracht ... 443
Der Untergang der Estonia ... 479

Kartenverzeichnis

Estland ....Umschlag vorn
Ostseeraum, Fähr- und
Landverbindungen 34

Stadtpläne:
Elva 316
Haapsalu 418
Jõgeva 262
Kärdla 476
Kuressaare 450
Narva 225
Otepää 362
Paide 245
Pärnu 388
Pärnu Zentrum 394
Põltsamaa 266
Põlva 321
Rakvere 203
Räpina 328
Rapla 237
Tallinn 148
Tallinn Zentrum .....Umschlag hinten
Tartu 293
Tartu Zentrum 278
Valga 351
Viljandi 370
Võru 343

Atlas:
Blattschnitt und Zeichenerklärung ...I
Tallinn und der Norden II
Der Nordosten IV
Zentralestland VI
Tartu, Peipus-See und Wirz-See ...VIII
Der Südosten X
Der Südwesten XII
Haapsalu und die nördliche
Westküste XIV
Pärnu und die südliche Westküste .XVI
Inseln Saaremaa und Muhu XVIII
Inseln Hiiumaa und Vormsi XX
Großraum Tallinn XXII

Danksagung

Ohne die Hilfe vieler Menschen und Institutionen in Deutschland und Estland wäre dieses Buch sicherlich nicht zustande gekommen. Zunächst einmal möchte ich denjenigen danken, die Teile des Buches gelesen und auf inhaltliche Richtigkeit überprüft haben: Enterprise Estonia, vor allem *Evely Baum* und *Riina Leminsky,* ferner *Reet Weidebaum* von der Estnischen Botschaft, *Liina Rand* vom estnischen Reiseveranstalter Restling sowie *Ülle Külv* und ihren Kolleginnen von der Tartuer Touristeninformation.

Für ihre Unterstützung danke ich ferner den Touristeninformationszentren in Berlin und in den einzelnen Landkreisen, vor allem den Büros in Tartu und Valga, wo mir *Marina Lauk* sehr geholfen hat.

Das Hamburger Reisebüro Mare Baltikum und die Fluggesellschaft Estonian Air haben mir viele Reisen ins Land ermöglicht. Gleiches gilt für Enterprise Estonia und verschiedene Tourismusverbände und -organisationen vor Ort, die mich auf informative Reisen eingeladen und mit Informationsmaterial eingedeckt haben.

Unter den vielen Freunden, die mir mit Rat und Tat, kostenloser Unterkunft, Ausflügen und Verpflegung zur Seite standen, möchte ich ganz besonders *Milvi Kaber* hervorheben. *Suur aitäh!* Schließlich gebührt mein besonderer Dank *André Vullhorst,* der mir während der gesamten Zeit, in der ich das Land bereist und an diesem Buch geschrieben habe, stets den Rücken frei gehalten und mir bei unzähligen Dingen geholfen hat. Ohne diese Unterstützung wäre es mir sicherlich nicht gelungen, diesen Reiseführer fertigzustellen.

Und noch einmal für alle Esten: *Ma soovin südamest tänada kõiki oma sõpru ja teisi lahkeid inimesi, kes mulle selle raamatu koostamisel abiks olid. Aitäh!*

Hinweise zur Benutzung

Aktualität

Estland ist ein sehr schnelllebiges Land, in dem sich die Dinge, mit denen der Reisende konfrontiert ist – vor allem Telefonnummern, Fahrpläne und Öffnungszeiten – sehr schnell ändern. Die hier angegebenen Preise und Öffnungszeiten dienen daher nur als Anhaltspunkt, leider ändern sie sich zum Teil wöchentlich, sodass es unmöglich ist, immer auf dem aktuellen Stand zu sein. Stimmen sie nicht mehr, mag der Leser dies bitte entschuldigen. Wo es möglich war, wurde auf Websites, Informationsstellen und Telefonnummern verwiesen, bei denen man aktuelle Informationen erhält. Bei Hotels wurden bewusst auch Internetadressen angegeben, die noch nicht ins Deutsche oder Englische (wobei dies zumeist der Fall ist) übersetzt sind, damit sich der Besucher zumindest anhand der Fotos einen Eindruck verschaffen kann. Für Hinweise und Tipps ist die Autorin sehr dankbar.

Auch Hotel- und Restaurantbesitzer wechseln häufig, wodurch sich die Qualität des entsprechenden Hauses erheblich verbessern oder verschlechtern kann. Im schlimmsten Fall stehen Besucher vor verschlossenen Türen. Im Gegenzug entstehen ständig neue Pensionen und Restaurants, die sicherlich oft sehr gut sind, obgleich in diesem Buch noch nicht aufgeführt. Was die genannten Unterkünfte anbelangt, gilt: besser vorher anrufen oder im Internet nachschauen. Dies empfiehlt sich zur Sommerzeit sowieso, da in der Hochsaison beliebte Hotels ausgebucht sein können. Manche Hotels sind im Winter zeitweise geschlossen.

Ortsnamen

Viele estnische Ortsnamen haben aus historischen Gründen **deutsche Entsprechungen,** etwa *Reval* für Tallinn oder *Dorpat* für Tartu, die einigen Lesern sicher ein Begriff sind. Im Land selbst werden diese allerdings auf Ortsschildern o.Ä. nicht mehr verwendet. Um die Orientierung zu erleichtern, stehen in diesem Buch die im Land gebräuchlichen heutigen Ortsnamen. In Klammern werden zusätzlich die alten deutschen Namen vermerkt.

Unterkunftskategorien

Bei der Beschreibung von Unterkünften in diesem Buch ist angegeben, in welcher Preisklasse sich das jeweilige Haus bewegt, dargestellt durch hochgestellte Eurozeichen. Der Preis gilt für das Doppelzimmer in der Hauptsaison.

bis 25 Euro	€
25–50 Euro	€€
50–100 Euro	€€€
ab 100 Euro aufwärts	€€€€

Atlasverweise in den Überschriften

In den Ortsbeschreibungen wird in den Überschriften mit einem **Pfeil ⬀** auf den Kartenatlas am Ende des Buches verwiesen, damit sich der Ort auf der Karte schnell finden lässt, z.B. **⬀ XII/A2.** Dabei verweist die römische Zahl auf die Seite im Atlas, Buchstaben und arabische Ziffern geben das Planquadrat an.

Was bietet Estland?

Die junge Republik Estland ist mit einer Vielzahl an sehens- und erlebenswerten Attraktionen zum Top-Reiseziel geworden. Sie schmückt sich mit Hansestädten und Nationalparks, Herrenhäusern und Kuranstalten, mittelalterlichen Burgen, wunderschönen Ostseestränden und unberührten Naturlandschaften, die zum Wandern, Reiten, Radeln oder Kanufahren einladen.

Perle des Landes ist die mittelalterlich geprägte **Hauptstadt Tallinn,** die sich wie ein riesiges Freilichtmuseum vor ihren Besuchern auftut. 1997 wurde die komplette Altstadt mit ihrer imposanten Stadtmauer, den stattlichen Türmen und Gildehäusern, den Kirchen und pflastersteinernen Gassen von der UNESCO zum Weltkulturerbe erklärt.

Derweil pulsiert in den Kneipen, Restaurants und Galerien das moderne Leben. Trotz Mittelalterflair und Hanseromantik schafft die estnische Hauptstadt den Spagat zwischen Tradition und Moderne. Liebevoll wurde der Altstadtkern restauriert, während draußen vor der Stadtmauer in den vergangenen Jahren gläserne Türme von Banken und Hotels in die Höhe schossen. Vorbei an Kirchen und Gildehäusern eilen junge Estinnen in stylische Lounge-Bars, zahlen Bustickets und Parkuhren mit dem Handy und klappen ihre Laptops in den zahlreichen Cafés der Innenstadt auf, wo man kosten- und kabellos Internetempfang hat. Wohl nirgendwo sonst im Land liegen Hightech und Altbewährtes so dicht nebeneinander wie in Tallinn.

700 Jahre lang war das Land eng mit der deutschen Geschichte verwoben. Die Ordensritter, die Anfang des 13. Jahrhunderts nach Estland zogen, schufen trutzige **Burgen,** wie die spätgotische Bischofsburg von Kuressaare (Arensburg) auf der Insel Saaremaa (Ösel). Ihre Nachfahren, die baltischen Landherren, errichteten im Laufe der Jahrhunderte zahlreiche **Herrenhäuser,** von denen einige in den letzten Jahren restauriert wurden und nun Museen oder Hotels beherbergen. Viele liegen eingebettet in liebevoll gestalteten Parks inmitten idyllischer Wald-, Moor- oder Küstenlandschaften.

Im **Nationalpark Lahemaa,** rund 50 Kilometer östlich von Tallinn, befindet sich einer der besterhaltenen Gutshöfe Estlands, das Herrenhaus Palmse. Der Park des Gutes könnte mit seinem weißen Pavillon, einer ehemaligen Schnapsbrennerei und einem kleinen See, auf dem Schwäne ihre Runden drehen, auch in einer englischen Grafschaft liegen. Doch in dem dichten Wald und den abgelegenen Mooren ringsum sind Wildschweine, Elche, Bären und Wölfe zu Hause. Libellen gleiten durch die milde Luft und an den alten Eichen am Wegesrand flattern bunte Bänder, gelten sie doch als heilige Bäume. Mit seinen dunklen Seen, mannshohen Findlingen und rotweißen Fliegenpilzen, die im Herbst überall aus dem Boden sprießen, erinnert der Nationalpark Lahemaa an einen Märchenwald. Begibt man sich hier auf Wanderung, wird man kaum

Das Land im Überblick

- **Fläche**: 45.215 km²
- **Grenzen:** 1445 km, davon 769 km Küste und 677 km Festland (zu Russland und Lettland)
- **Natur:** höchster Berg: Suur Munamägi (318 m), größter See: Peipsi (3555 km²), längster Fluss: Pärnu (144 km), über 1500 Inseln, rund 1200 Seen
- **Einwohner**: 1,34 Millionen (30 Einwohner/km²), 68 % Esten, 26 % Russen, 2 % Ukrainer, 1,2 % Weißrussen und 0,8 % Finnen
- **Landessprache:** Estnisch
- **Hauptstadt**: Tallinn
- **Größte Städte:** Tallinn (ca. 400.000 Einwohner), Tartu (ca. 100.000), Narva (74.500), Pärnu (51.900)
- **Entfernungen von Tallinn:** Helsinki: 85 km, Riga: 307 km, St. Petersburg: 395 km, Stockholm: 405 km, Berlin: 1025 km
- **Währung:** Estnische Krone (EEK), 1 Euro = 16 EEK, 1 EEK = 0,64 Euro (die Einführung des Euro ist geplant)
- **Landesvorwahl:** 00372
- **Zeitzone:** Osteuropäische Zeit (MEZ + 1 Std.)

eine Menschenseele treffen, außer vielleicht ein paar alte Frauen, die nach Beeren und Pilzen suchen, oder Fischer, die an der Küste ihrer Arbeit nachgehen.

Überhaupt ist es die **unberührte Natur,** die viele Reisende nach Estland zieht. Landschaftlich seinen skandinavischen Nachbarn sehr ähnlich, kommen gerade **Aktivurlauber,** die wandern, reiten, Kanu oder Fahrrad fahren wollen, auf ihre Kosten. Dem sind viele Tourismusanbieter nachgekommen. Der estnische Landtourismusverband bietet in allen Regionen Unterkünfte im Herzen der Natur an, rustikal gemütlich inklusive Sauna und Verpflegung durch die Hausherrin. Pfiffige Unternehmer locken indes mit Aktivurlaubsangeboten, die dem städtischen Besucher Natur und Tradition näher bringen wollen.

Hinzu kommen **Wellness- und Spa-Angebote** an Estlands Küste – besonders in den Städten Pärnu (Pernau), Haapsalu (Hapsal) und Kuressaare (Arensburg), wo sich Urlauber von Kopf bis Fuß verwöhnen lassen können. Mondäne Kuranstalten, weißer Sandstrand, von alten Bäumen flankierte Alleen, aber auch Diskotheken, Restaurants und moderne Hotels machen die estnische „Sommerhauptstadt" Pärnu aus. Wenn man von der Innenstadt durch eine der vielen Alleen, vorbei an hübschen alten Holzvillen Richtung Strand flaniert, fühlt man sich in die Zarenzeit zurückversetzt, als wohlhabende Kurgäste hier logierten. Auf dem neuesten Stand sind hingegen die noblen Spa-Anlagen, die Gäste mit wohltuenden Massagen, Schlammpackungen und Heilbädern verwöhnen.

Ursprüngliches Leben kann man vielerorts vorfinden. Am **Peipus-See,** jenem großen Gewässer, das Estland von Russland trennt, reihen sich wie die Zwiebeln in den Gärten **kleine Dörfer** an der Uferstraße aneinander. Holzhaus steht neben Holzhaus, nur ab und zu unterbrochen von einer kleinen orthodoxen Kirche oder einem **Fischerhafen,** von wo aus die Männer des Dorfes auf den See hinausfahren.

Wenn sie abends zurückkehren, nageln sie ihren Fang an die Hauswände und Schuppen. Luftgetrocknet, so weiß man hier seit Generationen, ist der Fisch eine Köstlichkeit. Kostproben und heißen Tee aus dem Samowar gibt es im „Fisch- und Zwiebelrestaurant" im Dorf Kolkja. Hier am See, dem „Ende der Europäischen Union", hat sich das Leben seit Jahrzehnten kaum verändert. Ruhig ist es, nur das Lachen badender Kinder, das Rauschen der Birkenblätter und der Gesang von Vögeln durchdringen die Stille.

Ganz anders erscheint **Tartu** (Dorpat) im Zentrum Südestlands. Die kleinen Cafés, Geschäfte und Galerien rund um den gepflasterten Rathausplatz, der sich trapezförmig zum Fluss Emajõgi hinzieht, sind gut besucht. Etwa 100.000 Einwohner zählt die zweitgrößte Stadt Estlands und gut ein Fünftel davon sind Studenten. Fast jeder im Land mit Rang und Namen hat die hiesige **Universität** besucht. Die Alma Mater, ein imposantes, weißes Gebäude, das von sechs toskanischen Säulen geziert wird, liegt in einer kleinen Gasse gleich hinter dem Rathausplatz. Nicht umsonst gilt sie als geistiges Zentrum des Landes und Ausgangspunkt des estnischen Nationalbewusstseins.

In Tartu fand 1869 das erste große **Sängerfest** des Baltikums statt, das Ausdruck des nationalen Erwachens war und bis heute alle fünf Jahre abgehalten wird. 15 Jahre später kreierte eine Studentenvereinigung jene blau-schwarz-weiße Fahne, die heute Nationalflagge des Landes ist.

Highlights und Routenvorschläge

Highlights für den Kurzurlaub

1–2 Tage

Jede Reise nach Estland sollte einen Besuch der **Hauptstadt** beinhalten. Für die **Tallinner Altstadt** und den **Domberg** sollte man einen knappen Tag einrechnen, je nachdem, ob man vorhat, die Museen zu besuchen oder die Gebäude nur von Außen ansehen möchte. Am nächsten Tag kann man sich die Sehenswürdigkeiten in den Außenbezirken anschauen: das Viertel **Kadriorg** mit dem gleichnamigen **Schloss,** schönen Museen, vor allem dem **Kunstmuseum Kumu,** und Holzhäuschen. Wer mag, kann am Ufer der Tallinner Bucht spazieren gehen oder vorbei an der **Sängerbühne** weiter nach **Pirita** fahren, wo sich u.a. die Ruinen des Brigittenklosters befinden.

Alternativ zur Kadriorg-Tour bietet sich ein Besuch im Osten Tallinns an. Im **Freilichtmuseum Rocca al Mare** bekommen Besucher, die nur kurz im Land sind, einen umfassenden Überblick über die alte bäuerliche Architektur der verschiedenen estnischen Landkreise.

Wer noch Zeit hat, kann von Kadriorg bzw. Rocca al Mare aus ein paar kleinere Sehenswürdigkeiten rund um die Hauptstadt besuchen, hier befinden sich zahlreiche **Herrenhäuser,** kleinere **Wasserfälle, Kirchen,** ein **Karstgebiet** und **Steinkistengräber** aus der Bronzezeit.

3–4 Tage

Neben einem Besuch der Hauptstadt sowie deren Außenbezirken kann man eine weitere Stadt oder Naturlandschaft aufsuchen, denkbar wären folgende Kombinationen:

a) Tallinn (s.o.) und **Tartu,** die geistige Hauptstadt des Landes. Unterwegs kann man Zwischenstopps in **Paide** und **Põltsamaa** einlegen und die dortigen **Burgruinen** besuchen. Von Tartu aus bieten sich Ausflüge zu den **Dörfern der Altgläubigen** am **Peipus-See** an. Naturliebhaber können im nahen **Moor Endla** wandern oder – gerade für Kinder sehr nett – im **Wildpark Elistvere** Elche, Füchse, Luchse und andere Tiere bestaunen.

b) Tallinn (s.o.) und die **Westküste.** Von der Hauptstadt fährt man zur **„Sommerhauptstadt" Pärnu,** wo man durch die hübsche Altstadt und die Alleen zum schönen Sandstrand spaziert. Dies ist besonders im Sommer empfehlenswert, wenn man kurz in die Ostsee springen möchte. Von Pärnu aus kann man einen Ausflug zum **Nationalpark Soomaa** machen und dort eine Kanutour oder Moorwanderung unternehmen. Alternativ lohnt sich auf dem Hin- oder Rückweg ein Besuch der **Kurstadt Haapsalu,** die schon zu Zarenzeiten Erholungssuchende anlockte, oder des **Nationalparks Matsalu,** wo Vogelfreunde auf ihre Kosten kommen.

c) Tallinn (s.o.) und der **Nationalpark Lahemaa.** In Lahemaa sollte man die **Herrenhäuser** Palmse und Sagadi aufsuchen, auch Vihula und Kolga sind einen Besuch wert. Dort lohnen nicht nur die schön restaurierten **Gutshöfe** einen Besuch. **Wanderwege** führen durch unberührte Naturlandschaften; authentische **Fischerdörfer** wie Altja oder Käsmu sind tolle Fotomotive, und in **Viinistu,** an der Spitze einer Landzunge, wartet ein sehenswertes **Kunstmuseum** auf Besucher. Wer mag, kann den Besuch Lahemaas mit einem Abstecher zur **Steilküste** zwischen Aa und Toila verbinden oder in **Rakvere** die alte **Ordensburg** besuchen.

4–7 Tage

Hier bietet sich jedwede Kombination der oben genannten Routen an. Sehr empfehlenswert ist zusätzlich ein Besuch der wunderschönen **Inseln** vor Estlands Westküste, die man mit einer Visite der Städte Pärnu, Haapsalu oder dem Nationalpark Matsalu kombinieren kann. Die meisten Reisenden werden zunächst über die Insel **Muhu** nach **Saaremaa** reisen. Für die beiden Inseln sind mindestens zwei Tage, besser mehr, einzuplanen, möchte man die Naturschönheiten wie etwa die Steilküste im Norden ausgiebig genießen. Auf Muhu laden das Museumsdorf **Koguva** und der **Gutshof Pädaste** zu einem Zwischenstopp ein, auf Saaremaa kann man sich in den Kurhotels der Inselhauptstadt **Kuressaare,** in deren Herzen eine sehr gut erhaltene Ordensburg liegt, verwöhnen lassen. Die **Windmühlen von Angla,** die **Karja-Kirche,** das **Meteoritenfeld Kaali** und der **Nationalpark Vilsandi** sind nur einige lohnende Ausflugsziele auf der Insel.

Im Sommer kann man von Saaremaa auf die weiter nördlich gelegene **Insel Hiiumaa** übersetzen, die sich natürlich auch vom Festland aus erreichen lässt. Hier geht es noch ruhiger zu als auf der großen Schwesterinsel – genau das richtige für Naturliebhaber und Erholungssuchende. Dichte Wälder laden zu ausgedehnten **Wanderungen** und **Fahrradtouren** ein, im Norden zeugen verlassene **Bunker** von den Kämpfen, die hier in den Weltkriegen ausgetragen wurden, vielerorts können **Leuchttürme** besucht werden, wie der von Kõpu im Osten der Insel.

Routen durch bestimmte Regionen

Küsten- und Inselroute

Wer etwa eine Woche in Estland verweilt, kann die beschriebene **Inselroute** (siehe „4–7 Tage") mit einem Besuch der Städte **Haapsalu** und **Pärnu** sowie dem dazwischengelegenen **Nationalpark Matsalu** verbinden. Unterwegs können kleinere Sehenswürdigkeiten am Wegesrand aufgesucht werden, etwa die **Steilküste** in Paldiski, die ehemals von Schweden bewohnte **Halbinsel Noarootsi,** das **Ants-Laikma-Haus** in Taebla, viele mittelalterliche **Kirchen** und die **Dünenlandschaft** südlich von Pärnu.

Nordestland-Route

Von Tallinn fährt man über **Kadriorg** und **Pirita,** vorbei an den **Steinkistengräbern** bei Jõelähtme, in den **Nationalpark Lahemaa** (s.o.). Von der Stadt **Rakvere** mit ihrer alten **Burg** kann man einen Abstecher ins **Pandivere-Hochland** machen, bevor es zurück zur Küste geht. Statt der großen Tallinn-Narva-Straße sollte man über die parallel zur Küste verlaufende Straße zwischen Aa und Toila fahren, wo man **Steilküste, Wasserfälle** und **Herrenhäuser** besuchen kann. Die Stadt **Sillamäe** versetzt einen zurück in die Anfangsjahre der Stalinzeit. Natürlich geht es hier heute demokratisch zu, aber die Innenstadt ist eines der wenigen Beispiele einer komplett durchgeplanten **stalinistischen Stadt,** die man – in einer derartigen Einheit – selbst in Russland nur schwer findet.

Die alte **Kurstadt Narva-Jõesuu** wartet mit netten Holzhäusern und Wald auf, in **Narva,** der Grenzstadt zu Russland, thronen an beiden Seiten des Narva-Flusses stattliche **Burgen,** und im Hinterland, bei Kuremäe, steht ein noch betriebenes **russisch-orthodoxes Kloster,** das wie aus einem Märchen entsprungen zu sein scheint. Am Peipus-See kann man die **Dörfer der Altgläubigen** aufsuchen.

Südestland-Route

Die Universitätsstadt **Tartu** ist ein guter Ausgangspunkt für eine Reise in den Süden Estlands. Von dort aus kann man die beiden größten Seen des Landes, den **Võrtsjärv** und den **Peipus-See,** besuchen. An Letzterem liegen die idyllischen Dörfer der **Altgläubigen,** weiter südlich lebt die **Volksgruppe der Seto,** die für schöne Trachten, Gesang und eigene Traditionen bekannt ist. Wunderschöne Spaziergänge, Wanderungen und Fahrradtouren lassen sich in den **Höhenzügen um Otepää** und **Haanja** unternehmen, im Winter bieten sich Möglichkeiten zum Skilaufen. Dort eignet sich vor allem das Gebiet um das hübsch gelegene **Dorf Rõuge** als Ausgangspunkt zu den Naturschönheiten der Umgebung. Über die Flüsse Altja oder Piusa kann man eine **Kanutour** machen. In **Piusa** bei Põlva finden sich von Menschhand geschaffene **Sandsteinhölen.** Inmitten des **Ahja-Urstromtals** liegt eines der schönsten Naturdenkmäler des Landes, die **Große Himmelshalle** (Suur Taevaskoja), ein 24 Meter hoher, roter Sandsteinaufschluss.

Wer schon immer in einem alten Herrenhaus nächtigen wollte, kann dies beispielsweise in Sangaste, zwischen Otepää und Valga, oder in Taagepera tun. In der Nähe der **Grenzstadt Valga** liegt der **Nationalpark Karula.** Wer noch Zeit hat, kann westlich des Võrtsjärv das nette **Viljandi** aufsuchen, es ist wie Tartu eine ehemalige Hansestadt. Auch dort befindet sich eine alte **Burgruine.**

Estnische Wörterlisten

Im Kapitel „Praktische Reisetipps A–Z" finden sich einige Wörterlisten zu verschiedenen Themenbereichen, die die Verständigung erleichtern sollen:

- Essen und Trinken: S. 50
- Gesundheit: S. 58
- Schilder und Orientierung: S. 60
- Die wichtigsten Wörter: S. 67
- Zahlen: S. 67
- Unterkunft: S. 70

Reiseziele nach thematischen Schwerpunkten

„Exotisches"

Natürlich gibt es – aus mitteleuropäischer Sicht gesehen – exotischere Länder als Estland, doch haben sich hier einige Traditionen und authentische Dörfer erhalten, die auf uns durchaus exotisch wirken. Nirgendwo sonst im Land werden **alte Bräuche,** darunter traditionelle Tänze und Gesang, so im Alltag gelebt wie auf **Kihnu,** was die UNESCO dazu veranlasste, die Insel auf die Liste der „Meisterwerke des mündlichen und immateriellen Erbes der Menschheit" zu setzen. Ähnliches gilt für die Volksgruppe der Seto, die im äußersten Südosten Estlands lebt. Mehr erfährt man beispielsweise im **Seto-Museum bei Värska.**

In den weiter nördlich gelegenen Dörfern der **Altgläubigen** am Ufer des Peipus-Sees kann man die einfache Lebensweise der Landbevölkerung, die sich von Fischerei und Landwirtschaft ernährt, kennenlernen. Wer in der Gegend ist, kann die versteckten Unterschlüpfe der sogenannten **Waldbrüder** (Widerstandskämpfer gegen das ehemalige Sowjetregime) südwestlich von Võru aufsuchen.

Aus **Sowjetzeiten** stammen die Stadt **Sillamäe,** deren Zentrum zu Stalins Zeit komplett architektonisch durchgeplant und aufgebaut wurde, und einige Gebäude in Tallinn, etwa der Fernsehturm und ein dort befindliches Café.

Im Osten Estlands findet man das noch betriebene **russisch-orthodoxe**

Kloster Kuremäe, von dem Teile besucht werden können. Bei Kohtla-Järve kann man eine alte **Ölschiefermine** besichtigen und die Arbeit unter Tage kennenlernen, im alten **Meeresfort** in Tallinn können Gruppen eine Gefängnistour buchen, auf der man entsprechend behandelt wird.

Spa und Wellness

Die bekanntesten **Kurstädte** des Landes liegen im Westen: **Kuressaare** auf Saaremaa, **Pärnu** und **Haapsalu,** sie warten mit bestens ausgestatteten Kur- und Wellnesshotels auf. Weitere Wellness-Schwerpunktgebiete werden im Kapitel „Praktische Reisetipps A–Z" unter „Sport und Erholung" aufgeführt.

Hansestädte

Die meisten Besucher Estlands starten eine Reise in der Hansestadt **Tallinn,** weitere Städte, die dem mittelalterlichen Bündnis angehörten, sind **Tartu, Pärnu** und **Viljandi.**

Kunst

Sehenswerte **Kunstmuseen** liegen in Tallinn, hervorzuheben ist vor allem das „Kumu" für estnische Kunst. In Kadriorg, gleich nebenan, ist die Sammlung der ausländischen Kunst untergebracht. Wer Zeitgenössisches liebt, sollte in Pärnu das Museum für Moderne Kunst (Chaplin Center) aufsuchen. In Viinistu, im Nationalpark Lahemaa, befindet sich die größte öffentlich zugängliche Privatsammlung estnischer Kunst. Wer sich für **Volkskunst und Traditionen** interessiert, sollte das Estnische Nationalmuseum in Tartu aufsuchen.

Sommer- und Badeurlaub

Baden kann man am besten in **Pärnu** an der Westküste sowie auf den estnischen **Ostseeinseln.** Im Land gibt es unzählige schöne **Badeseen,** auch der **Peipus-See** im Osten des Landes, der fast schon wie ein Meer wirkt, hat einige Badestrände.

Winterurlaub

Die kleine Stadt **Otepää** im Süden Estlands wurde zur Winterhauptstadt des Landes gewählt. Dort und im **Haanja-Höhenzug** weiter südlich liegt der Schnee am längsten. Allerdings ist Estland, dessen höchster Berg gerade einmal 318 Meter misst, nicht gerade ein Mekka für Alpinisten. **Langläufer** kommen aber auf ihre Kosten.

081es Foto: jl

Vor der Reise

092es Foto: jl

088es Foto: jl

So präsentiert sich Estland, wenn man es im Winter über den kleinen Grenzübergang Mõisaküla betritt

Fähre zu den Inseln vor der Westküste

Der Flughafen von Tallinn

Informationsstellen

Fremdenverkehrsamt

Erste Anlaufstelle für Estlandreisende ist das Fremdenverkehrsamt der drei baltischen Staaten in Berlin. Hier bekommt man umfangreiches Informationsmaterial und aktuelle Auskünfte zu Anreise, Veranstaltungen, Neueröffnungen von Hotels und Restaurants sowie Reisehinweise:

- **Baltikum Tourismus Zentrale,** Fremdenverkehrszentrale Estland-Lettland-Litauen, Katharinenstr. 19–20, 10711 Berlin, Tel. 030-89009091, Fax 89009092, info@baltikuminfo.de, www.baltikuminfo.de. Dies ist die einzige deutschsprachige Vertretung der estnischen Tourismusbehörde.

Estnischer Landtourismusverband

Individualreisende können sich den Katalog des estnischen Landtourismusverbandes kostenpflichtig bestellen oder sich eine aktuelle Liste mit Beschreibungen und Fotos der Unterkünfte und Aktivitätenangebote im Internet ansehen.

- **Eesti Maaturism,** Vilmsi 53b, 10147 Tallinn, Hotline 00372-6009999 (Mo–Fr 8–17 Uhr), eesti@maaturism.ee, www.maaturism.ee (auf Deutsch klicken).

Für Geschäftsleute

Für Geschäftsleute, die vorhaben, in Estland zu investieren oder Handel zu treiben, gibt es zwei wichtige Anlaufstellen: die estnische Wirtschaftsförderung **Enterprise Estonia,** die auch in Deutschland ein Büro hat, sowie die **Deutsch-Baltische Handelskammer** in Estland.

- **Enterprise Estonia,** Mönckebergstr. 5, 20095 Hamburg, Tel. 040-30387899, hamburg@eas.ee, www.investinestonia.com.
- **Deutsch-Baltische Handelskammer,** Suurtüki 4b, 10133 Tallinn, Tel. 00372-6276940, ee@ahk-balt.org.

Touristeninformationen vor Ort

In den Ortsbeschreibungen werden viele regionale Informationsstellen aufgelistet. Jeder Landkreis hat mindestens ein Touristeninformationsbüro, bei dem man kostenloses Infomaterial bekommt.

Reiseveranstalter

Große Reiseveranstalter wie Dertour (www.dertour.de) bieten das Baltikum neuerdings verstärkt an und geben eigene Kataloge mit Rundreisen heraus. Zudem gibt es einige **auf das Baltikum spezialisierte Reisebüros,** die speziell zugeschnittene Angebote im Programm haben. Wer eine Individualreise nach Estland plant, ist dort, was die Angebotsauswahl betrifft, sicherlich besser aufgehoben, als in nicht spezialisierten Reisebüros. Es gibt komplette Rundreisen, Kreuzfahrtangebote mit Stopp in Estland, kombinierte Reisen durch die drei baltischen Staaten, z.T. auch mit Weiterfahrt nach Russland, spezielle Fahrradreisen, Kleingruppenreisen und Pakete mit verschiedenen Schwerpunkten.

Zu den alteingesessenen Baltikumspezialisten gehören Mare Baltikum Reisen, Schnieder Reisen und Ebden-Reisen, doch mit zunehmendem Bekanntheits- und Beliebtsheitsgrad des Baltikums sind in den letzten Jahren weitere Anbieter auf den Markt getreten; es werden sicherlich noch viele folgen. Die Liste erhebt damit keinen Anspruch auf Vollständigkeit.

In Deutschland

● **Mare Baltikum Reisen,** Eichenstr. 27, 20259 Hamburg, Tel. 040-494111, Fax 4905977, www.mare-baltikum-reisen.de, info @mare-baltikum-reisen.de. Sehr kompetentes Team und schon seit Jahren auf dem Markt, der Inhaber ist Este. Es werden Gruppenreisen zu verschiedenen Themen angeboten, aber auch Unterkünfte, Mietwagen etc. für Individualreisende zusammengestellt (auch Nachbarländer).

● **Schnieder Reisen,** Schillerstr. 43, 22767 Hamburg, Tel. 040-3802060, Fax 388965, info@baltikum24.de, www.baltikum24.de. Zweiter großer Anbieter in Hamburg, Service für Gruppen- und Individualreisende, auch guter Ansprechpartner für die anderen baltischen Staaten.

● **Ebden-Reisen,** Frankfurter Str. 54, 35440 Linden, Tel. 06403-74117, Fax 72953, info@ebden-reisen.de, www.ebden-reisen.de. Die Inhaber sind Letten, aber das Büro ist auch auf die beiden anderen baltischen Staaten spezialisiert.

● **Nehrung Reisen,** Am Martinshof 21, 79263 Simonswald, Tel./Fax 07683-1300, reisen@nehrung-reisen.de, www.nehrung-reisen.de. Wie der Name schon sagt ein Spezialanbieter für die Kurische Nehrung / Litauen, aber es gibt auch einige Angebote zu Estland.

Hinzu kommen einige auf Osteuropa und/oder Russland spezialisierte Anbieter, die das Baltikum mit abdecken, aber hauptsächlich Gruppenreisen im Angebot haben, beispielsweise:

● **Olympia Reisen,** Siegburger Str. 49, 53229 Bonn, Tel. 0228-400030, Fax 466932, info@ olympia-reisen.com, www.olympia-reisen.com, Niederlassung in Berlin: Wilhelmstr. 94, 10117 Berlin, Tel. 030-2267040, Fax 2290073, berlin@olympia-reisen.com.

● **Ost-Reise-Service,** Am Alten Friedhof 2, 33647 Bielefeld, Tel. 0521-4173333, Fax 4173344, ors@ostreisen.de, www.ostreisen.de.

In der Schweiz

● **SQ Travel,** Militärstrasse 24, Postfach 1963, 8021 Zürich, Tel. 043-3116488, Fax 3116490, info@sqtravel.ch, www.sqtravel.ch. Ein Schweizer Tour Operator, der auch die baltischen Staaten abdeckt.

● **Swiss Baltic Travel Theo Schwarz,** Oberhofmatte 17, 6020 Emmenbrücke, Tel. 041-3605666, Fax 3605667, sbt@swissbt.ch, www.swissbt.ch.

In Österreich

● **Olympia Reisen,** Mariahilferstr. 103 / St4 / 2. OG / Top63b, 1060 Wien, Tel. 1-5964645, Fax 1-5964649, wien@olympia-reisen.com. Gute Anlaufstelle für Gruppentouren, Baltikumrund- und Städtereisen; der Hauptsitz des Unternehmens ist in Deutschland (s.o.).

Estland im Internet

Die einfachste Art, an Informationen zu kommen, ist das Internet. Hier eine Auswahl an wichtigen oder interessanten Adressen:

● **www.baltikuminfo.de:** Die Website des Fremdenverkehrsamts für Estland, Lettland und Litauen in Deutschland ist für die meisten die erste Anlaufstelle, schon bevor der Urlaub losgeht. Die Seite ist sehr informativ, aktuell und umfangreich.

● **www.visitestonia.com:** Die offizielle Seite des estnischen Fremdenverkehrsamtes bietet einen guten ersten Überblick über die Regionen und Sehenswürdigkeiten des nordbaltischen Landes. Gleich auf der Startseite wird man zudem über das Wetter informiert, das derzeit dort herrscht.

●**www.tourism.tallinn.ee:** Auf der Homepage des Tallinner Fremdenverkehrsamtes erfährt man alles rund um die Hauptstadt, nicht nur die üblichen touristischen Hoteladressen, sondern auch aktuelle Neuigkeiten zu Veranstaltungen oder neuen Clubs und Läden.

Im Übrigen sind fast alle estnischen Städte im Internet vertreten unter **www.stadtname.ee,** wobei Umlaute wegfallen (aus ä wird a, aus õ wird o, etc.): **www.tartu.ee** (wobei es dort auch weitere Infoseiten wie www.visittartu.com gibt), **www.parnu.ee,** etc. Bis auf wenige Ausnahmen, beispielsweise Tartu oder Pärnu (auch auf Deutsch), findet man auf den Seiten der Städte jedoch nur englische Informationen.

●**www.maaturism.ee:** Dieser Link führt auf die Seite des estnischen Landtourismusverbandes, bei den Sprachen muss man „deutsch" anklicken. Die Seite sei vor allem Individualreisenden ans Herz gelegt. Hier sind viele der in diesem Reiseführer beschriebenen Unterkünfte auf dem Lande aufgeführt – mit Foto! Man kann nach Region oder Unterkunftsart zusammengestellte Listen einsehen und sich die Pensionen, Bauernhöfe, Ferienhäuser oder Gästehäuser anschauen. Buchen kann man die Übernachtungsmöglichkeiten des Landtourismusverbandes auch unter www.ozoon.de.

●**www.ratgeber-estland.de:** Diese Seite ist hauptsächlich eine Linksammlung rund um Estland. Man findet Informationen zu Kultur und Geschichte, Wirtschaft, Sprache und Medien sowie einige Reiseanbieter.

●**www.turismiweb.ee:** Sehr detaillierte, deutschsprachige Tourismusseite; hier findet man Adressen zu allem, was das Herz begehrt, u.a. umfangreiche Listen, wo man unterkommen oder seinen Wohnwagen aufstellen kann, oder Anbieter von Freizeitaktivitäten.

●**www.estoniannaturetravel.ee:** Hier werden Aktivurlaubsmöglichkeiten und Naturentdeckungsreisen angeboten (Fahrrad-, Kanu-, Seekayaktouren etc.).

●**www.tallinn.diplo.de:** Website der deutschen Botschaft in Tallinn, die auch interessante Informationen für in Estland lebende Deutsche bereithält, z.B. ein ins Deutsche übersetztes Formular, das man im Fall von Autounfällen braucht. Man kann es kostenlos herunterladen.

●**www.estemb.de:** Die Seite der estnischen Botschaft in Berlin richtet sich nicht nur an Esten, die in Deutschland leben, man kann auch auf Deutsch kurze Zusammenfassungen über die Politik und Wirtschaft in Estland lesen, etwas über die wirtschaftliche Zusammenarbeit zwischen Estland und Deutschland erfahren und bekommt Links und Adressen zum Thema Tourismus.

●**www.vm.ee:** Auf der englischsprachigen Seite des estnischen Auswärtigen Amtes gibt es Informationen zur Einreise. Dies ist für jene von Interesse, die keinen deutschen Pass besitzen oder länger als drei Monate im Land verweilen wollen.

●**www.eesti.de:** Die Website der in Deutschland lebenden Esten, die auf Deutsch und Estnisch abrufbar ist, wendet sich weniger an Reisende, als vielmehr an Landsleute und Estlandfans. Es gibt Hinweise zu estnischen Veranstaltungen in Deutschland, Sprachkursen und Stammtischen sowie aktuelle Neuigkeiten.

●**www.manor.ee:** detaillierte Informationen über Herrenhäuser in Estland, auch auf Deutsch, wenngleich nicht immer hundertprozentig korrekt übersetzt.

●**www.estonica.org:** Wer sich für kulturelle Dinge interessiert, ist auf dieser Seite richtig. Es handelt sich um eine Art virtuelles Nachschlagewerk zur estnischen Kultur und Geschichte.

●**www.inyourpocket.com:** Die In-your-pocket-Reihe ist ein regelmäßig erscheinendes Magazin in englischer Sprache zu verschiedenen Städten (in Estland: Tallinn, Tartu, Narva, Pärnu und Haapsalu). Auf der begleitenden, englischsprachigen Website kann man einige dieser Informationen und Texte einsehen. Einfach auf Estland klicken und dann die betreffende Stadt auswählen.

●**www.balticsww.com:** Homepage einer englischsprachigen Zeitschrift zu den baltischen Staaten, interessante Artikel und aktuelle Neuigkeiten.

●**www.baltictimes.com:** Website der englischsprachigen Zeitung „The Baltic Times" mit aktuellen Artikeln über Wirtschaft, Politik und Kultur in den baltischen Ländern.

- **www.ahk-balt.org:** Die Website der Deutsch-Baltischen Industrie- und Handelskammer ist für Geschäftsleute, die vorhaben, Handel mit dem Baltikum zu betreiben, eine gute Anlaufstelle.
- **www.investinestonia.com:** englischsprachige Website von Enterprise Estonia, der Wirtschaftsförderung Estlands. Wer vorhat, in Estland zu investieren oder Geschäftskontakte zu knüpfen, findet hier Ansprechpartner. Enterprise Estonia betreibt aber auch ein Büro in Deutschland (siehe Informationsstellen). Wer sich für EU-Fördermittel interessiert, kann sich unter www.eas.ee einen Überblick verschaffen.
- **www.einst.ee:** englischsprachige Seite des Estnischen Instituts, eine Kulturinstitution des Landes, vergleichbar mit dem Goetheinstitut. Weiterführende Links und Informationen rund um die Kulturszene des Landes.
- **www.destfor.de:** Homepage des Deutsch-Estnischen Forums mit Veranstaltungstipps, einer Sammlung von Artikeln über Estland und Adresslisten.
- **www.estmonde.ch:** Online-Zeitung mit Adressen, Neuigkeiten und Service rund um Estland.

Ein- und Ausreisebestimmungen

Die genannten Einreisebestimmungen sind Stand Mai 2007. Man sollte sich vor der Reise bei der Botschaft oder beim Auswärtigen Amt (www.auswaertiges-amt.de) erkundigen, ob sie noch gelten.

Dokumente

Ein **Reisepass oder Personalausweis,** der nach Ausreise noch mindestens drei Monate gültig ist, genügt als Reisedokument. Damit dürfen **EU-Bürger und Schweizer** ohne Visum 90 Tage im Land bleiben. Vorläufige Reisepässe sind ebenfalls anerkannt. Kinder benötigen einen Kinderausweis oder eine Eintragung im Reisepass eines Elternteils. Kinder, die sieben Jahre oder älter sind, sollten auf jeden Fall ein Foto im Reisedokument haben, bei jüngeren ist dies zwar nicht zwingend erforderlich, aber doch ratsam, da so unnötige Verzögerungen vermieden werden. Jugendliche ab 16 Jahren brauchen einen eigenen Ausweis.

In Deutschland, Österreich oder der Schweiz lebende **Bürger von Nicht-EU-Staaten** müssen grundsätzlich ein Visum bei der **Botschaft der Republik Estland** beantragen:

- **Deutschland:** Hildebrandtstr. 5, 10785 Berlin, Tel. 030-25460611, Fax 25460601.
- **Österreich:** Wohllebengasse 9/13, 1040 Wien, Tel. 01-5037761, Fax 503776120.
- **Schweiz:** Die Botschaft in Österreich ist auch für in der Schweiz lebende Personen zuständig.

Wer **länger als 90 Tage** im Land ist, braucht eine Aufenthaltserlaubnis und eine ID-Card, die man in der estnischen Botschaft in Berlin (www.estemb.de, Adresse siehe oben) beantragen kann. Informationen dazu erhält man bei der Konsularabteilung des Auswärtigen Amtes in Tallinn, Tel. 00372-6317440, bzw. unter www.vm.ee und www.mig.ee.

Devisenbestimmungen

Wer mehr als 80.000 EEK ein- oder ausführen möchte, muss dies deklarieren. Für den entsprechenden Gegenwert von Fremdwährungen gilt dies ebenfalls.

Auslandskrankenversicherung

Wer in Deutschland gesetzlich krankenversichert ist, hat Anspruch auf notwendige Behandlung bei zugelassenen Ärzten, Zahnärzten oder Krankenhäusern. Als Nachweis dient die **europäische Krankenversicherungskarte** bzw. eine Ersatzbescheinigung, die man bei der Krankenkasse erhält. Ein Merkblatt für Reisende nach Estland findet man bei www.dvka.de unter „Urlaub im Ausland".

Im Krankheitsfall besteht somit ein Anspruch auf ambulante oder stationäre Behandlung bei jedem zugelassenen Arzt und in staatlichen Krankenhäusern. Da jedoch die Leistungen nach den gesetzlichen Vorschriften im Ausland abgerechnet werden, kann man auch gebeten werden, zunächst **die Kosten der Behandlung** selbst zu tragen. Obwohl bestimmte Beträge von der Krankenkasse hinterher erstattet werden, kann ein Teil der finanziellen Belastung beim Patienten bleiben und zu Kosten in kaum vorhersagbarem Umfang führen.

Auch aus diesem Grund wird der Abschluss einer **privaten Auslandskrankenversicherung** empfohlen. Diese sollte eine zuverlässige Reiserückholversicherung enthalten, denn der Krankenrücktransport wird von den gesetzlichen Krankenkassen nicht übernommen.

Schweizer sollten bei ihrer Krankenversicherungsgesellschaft nachfragen, ob die Auslandsdeckung auch für Estland inbegriffen ist. Sofern man keine Auslandsdeckung hat, kann man sich kostenlos bei Soliswiss (Gutenbergstrasse 6, 3011 Bern, Tel. 031-3810494, info@soliswiss.ch, www.soliswiss.ch) über mögliche Krankenversicherer informieren.

Zur Erstattung der Kosten benötigt man ausführliche **Quittungen** (mit Datum, Namen, Bericht über Art und Umfang der Behandlung, Kosten der Behandlung und Medikamente).

Der Abschluss einer **Jahresversicherung** ist in der Regel kostengünstiger als mehrere Einzelversicherungen. Günstiger ist auch die **Versicherung als Familie** statt als Einzelpersonen. Hier sollte man nur die Definition von „Familie" genau prüfen.

Weiterreise nach Russland

Wer von Estland aus nach Russland reisen möchte, sollte beachten, dass die russische Botschaft in Tallinn Deutschen, Österreichern und Schweizern nur dann Visa ausstellt, wenn sie in Estland wohnhaft sind. Somit muss das für Russland erforderliche **Visum** unbedingt im Wohnsitzstaat **vor der Abreise** beschafft werden. Wer von Russland aus nach Estland einreisen möchte und anschließend nach Russland zurück, sollte darauf achten, dass er im Besitz eines Visums für zwei bzw. mehrere Einreisen ist. Für Reisen über das Kaliningrader Gebiet (über Lettland und Litauen oder von Polen kommend) oder Weißrussland gilt das gleiche.

Malerische Ostseeküste:
Felsstrand in der Nähe von Tallinn

Mitnahme von Tieren

Wer Hund oder Katze mitnehmen möchte, braucht ein **amtstierärztliches Gesundheitszeugnis** und einen Nachweis über die erfolgte **Tollwutschutzimpfung.** Der Zeitpunkt der Impfung muss mindestens 30 Tage und darf höchstens 12 Monate vor der Einreise liegen. Die nötigen Dokumente und Bescheide müssen in englischer, russischer oder estnischer Sprache abgefasst sein. Das Mindestalter der einzuführenden Hunde und Katzen liegt bei zehn Wochen.

Über Einfuhrvorschriften für andere Tiere bzw. über eventuelle kurzfristige Änderungen informiert das Servicetelefon des estnischen Veterinäramtes (Tel. 00372-6056880).

Zollbestimmungen

Seit dem 1. Mai 2004 gelten die Bestimmungen für den Verkehr innerhalb der Europäischen Union. Genauere Informationen über die aktuellen Zollvorschriften sind in englischer Sprache der Homepage der estnischen Zollverwaltung zu entnehmen: www.customs.ee.

In allen EU- und EFTA-Mitgliedsstaaten gelten weiterhin **nationale Ein-, Aus- und Durchfuhrbeschränkungen,** z.B. für Tiere, Pflanzen, Waffen, starke Medikamente, Drogen und auch für Cannabis-Besitz und -handel. **Zollfrei einführen** darf man persönliches, gebrauchtes Reisegut, Reiseproviant sowie alkoholfreie Getränke. Für die steuerfreie Mitnahme von Alkohol,

084es Foto: jl

Tabak, Kaffee u.a. bestehen jedoch Grenzen. Bei Überschreiten der Freigrenzen muss nachgewiesen werden, dass keine gewerbliche Verwendung beabsichtigt ist. Waren, die zu **gewerblichen Zwecken** verwendet werden, müssen grundsätzlich beim Finanzamt zur Umsatzsteuer angemeldet werden und, sofern sie der Verbrauchssteuer unterliegen, auch beim Hauptzollamt.

Seit dem Inkrafttreten des Schengener Abkommens ist der Reise- und Warenverkehr zwischen den meisten EU-Staaten vereinfacht. Regelmäßige Grenz- und Zollkontrollen entfallen. Freigrenzen bei der **Rückkehr nach Deutschland und Österreich:**

- **Alkohol:** 90 Liter Wein (davon höchstens 60 Liter Schaumwein), 110 Liter Bier, 10 Liter Spirituosen über 22 % Vol. und 20 Liter unter 22 % Vol.
- **Tabakwaren:** Hier gilt bis zum 31.12.2009 eine geringere Freimenge als für den Rest der EU, s.u. bei Freigrenzen für nicht-EU-Bürger.
- **Sonstiges:** 10 kg Kaffee, 20 Liter Kraftstoff in einem Benzinkanister.

Schweizer Staatsangehörige oder andere Reisende, die nicht im Besitz einer Staatsbürgerschaft eines EU-Landes sind, müssen nach wie vor durch die Grenz- und Zollkontrolle. **Freigrenzen für Nicht-EU-Bürger:**

- **Alkohol:** 1 Liter Spirituosen (über 22 % Vol.) oder 2 Liter Spirituosen oder ähnliche Getränke (22 % oder weniger) oder 2 Liter Schaumweine oder Likörweine oder eine anteilige Zusammenstellung dieser Waren und 2 Liter nicht schäumende Weine.
- **Tabakwaren:** 200 Zigaretten oder 100 Zigarillos oder 50 Zigarren oder 250 g Tabak oder eine anteilige Zusammenstellung dieser Waren.
- **Parfüm:** 50 g, Eau de Toilette: 0,25 Liter.
- **Andere Waren:** bis zu einem Warenwert von insgesamt 175 €, ausgenommen davon sind Goldlegierungen und Goldplattierungen in unbearbeitetem Zustand oder als Halbfabrikat.

Auch bei der **Rückeinreise in die Schweiz** müssen Schweizer folgende Freimengen beachten:

- **Alkohol:** 2 Liter bis 15 % Vol. und 1 Liter über 15 % Vol.
- **Tabakwaren:** 200 Zigaretten oder 50 Zigarren oder 250 g Pfeifentabak.
- **Nahrungsmittel:** 3,5 kg Fleisch, 1 Liter/kg Butter/Rahm, 5 Liter/kg Käse und andere Milchprodukte.
- **Sonstiges:** neu angeschaffte Waren für den Privatgebrauch bis zu einem Gesamtwert von 300 SFr.

Nähere Informationen

- **Deutschland:** www.zoll.de oder beim Zoll-Infocenter, Tel. 069-46997600.
- **Österreich:** www.bmf.gv.at oder beim Zollamt Villach, Tel. 04242-33233.
- **Schweiz:** www.zoll.admin.ch oder bei der Zollkreisdirektion in Basel, Tel. 061-2871111.

Das Musikfestival von Leigo bei Otepää findet alljährlich im Sommer statt – auch bei Regen

Klima und Reisezeit

Natürlich hat jede Jahreszeit ihre schönen und schlechten Seiten. Die beste Reisezeit für Estland ist jedoch zweifelsohne der **Sommer.** Am schönsten sind die **„weißen Nächte"** von Mai bis Ende Juli, in denen es nur wenige Stunden dunkel wird. Am längsten Tag des Jahres, dem 21. Juni, ist es 19 Stunden lang hell. Dagegen sind die kürzesten Tage um Weihnachten sehr dunkel, es ist dann nur sechs Stunden lang hell. In der Nacht vom 23. auf den 24. Juni wird in Estland das fröhliche **Mittsommerfest** gefeiert mit unzähligen privaten und öffentlichen Veranstaltungen, die auch Besucher des Landes anlocken. Der Nachteil: Es regnet dann oft. Die **Durchschnittstemperatur** von Juni bis September beträgt etwa 15–18° C, im Winter pendeln die Temperaturen sich auf -4 bis -5° C ein. Dennoch sind dies nur Richtwerte, de facto sind die Temperaturschwankungen innerhalb eines Jahres sehr hoch und variieren von etwa -25 bis +25° C. Die höchsten Temperaturen werden meist im Juli gemessen, die niedrigsten im Januar/Februar. Die Küste und die Inseln sind dabei jedoch weniger hohen Temperaturschwankungen ausgesetzt als der Südosten des Landes, wo typisches Kontinentalklima herrscht.

Das Klima lässt sich als **feucht-gemäßigt** umschreiben, die Monate mit dem meisten Regen sind August und September, aber auch im Juni und Juli fällt oft Regen. Nicht umsonst ist die estnische Landschaft so grün. Natür-

077es Foto: jl

lich hängt das Klima in Estland von der europäischen Gesamtwetterlage ab, es gibt warme, trockene Sommer und klirrend kalte Winter mit Schnee und Sonnenschein genauso wie trüb-verregnete Perioden, in denen man ungern vor die Tür tritt.

Der **Frühling** trifft in Estland etwa vier bis sechs Wochen später als in Deutschland ein, der **Herbst** beginnt hingegen überpünktlich, im September kann man schon mit erstem Nachtfrost rechnen. Gerade in diesen Jahreszeiten muss man mit Temperaturschwankungen von bis zu 20° C zwischen Tag und Nacht rechnen (-5 bis -10° C nachts, 10 bis 15° C tagsüber). Wer sich warm einmummelt, kann in Estland aber einen wunderschönen, trockenen Altweibersommer genießen. Das über weite Teile bewaldete Land schmückt sich dann in warmen Herbsttönen.

Haupt- und Nebensaison

Nicht nur aufgrund des Wetters erstreckt sich die Hauptsaison von **Mitte Mai bis Mitte September.** Die touristische Infrastruktur ist in diesen Monaten weitaus besser auf Besucher eingestellt als in den Wintermonaten. Steht man in der kalten Jahreszeit auf dem Land oftmals vor verschlossenen Kirchen-, Museums- und Restauranttüren, sind die **Öffnungszeiten** im Sommer sehr ausgedehnt, viele Geschäfte, Museen und Galerien sind auch sonntags geöffnet.

Hinzu kommt, dass die landschaftlichen Schönheiten zu dieser Jahreszeit am besten zu entdecken sind. Wanderungen durch schattige Wälder und Moore, **erfrischende Bäder** in den unzähligen Seen (Wassertemperatur im Sommer etwa 16–18° C) und im angenehm warmen Meer, Kanutouren auf den Flüssen und lauschige Angelabende bieten sich nun einmal besonders an lauen Tagen an.

Vorteil der **Nebensaison,** also Herbst und Frühling, sind die günstigen Preise. Viele Hotels heben die Kosten für eine Übernachtung in der Hauptsaison beträchtlich an. Reist man jedoch im April oder Oktober, kann man zu günstigen Preisen unterkommen und hat wochentags manche kleine Pension ganz für sich.

Besuch der Hauptstadt

Tallinn lässt sich zu jeder Jahreszeit gut besuchen, hier sind Restaurants und Museen das ganze Jahr über regelmäßig geöffnet. Im Grunde ist die Nebensaison für den Besuch der Hauptstadt sogar ein wenig geeigneter als die Hochsaison, weil die Stadt dann weniger überlaufen ist und ihren Charme besser entfalten kann. Im trüben Dezember wird Tallinn festlich herausgeputzt und auf dem zentralen Rathausplatz findet ein Weihnachtsmarkt statt, auf dem man landestypische Spezialitäten und Souvenirs erstehen kann.

Im Winter

Auch wenn es im Winter oft klirrend kalt ist und der Blick auf das Thermometer erschrecken mag – die oftmals trockenen, aber sonnigen Tage sind wesentlich angenehmer als verregnete

Wintertage in Deutschland. **Wintersportler** sind in Estland von Januar bis Anfang März am besten aufgehoben, weil dann die Schneewahrscheinlichkeit am höchsten ist. Vor allem im hügeligen Südosten ziehen Loipen und Pisten Langläufer an, während Eisangler auf dem Peipus-See Löcher ins Eis bohren. Nach dem Besuch in der Sauna können Tapfere sich im Schnee oder in einem Eisloch abkühlen.

Wer im Winter auf die **Inseln** fahren will, kann dies in kalten Jahren über den Eisweg tun. Eine Fahrt über die **zugefrorene Ostsee** ist ein bizarres Erlebnis. Man sollte sich jedoch vorher erkundigen, ob die Eisdecke freigegeben ist, die Wege sind dann gekennzeichnet.

Ausrüstung und Kleidung

Alles, was man in Deutschland, Österreich und der Schweiz für den täglichen Gebrauch kaufen kann, ist auch in Estland erhältlich. Deshalb ist kein spezielles Gepäck nötig. Jedem Reisenden sei jedoch ans Herz gelegt, **wasserfeste Kleidung und Schuhe** mitzunehmen, da es in Estland auch in den Sommermonaten oft regnet. Man sollte auf jeden Fall Kleidung und Schuhe zum Wechseln dabei haben, falls ein Paar durchnässt ist. Stabiles Schuhwerk ist nicht nur für die wunderschönen Naturparks angebracht, sondern auch für die pflastersteinernen Straßen in Tallinn – selbst wenn estnische Damen vormachen, dass diese auch in Stöckelschuhen zu bewältigen sind.

Warme Kleidung mitzunehmen ist unbedingt empfehlenswert. Gerade an der Küste kann es auch an Sommertagen kühl sein, der Frühling kommt zudem später als in unseren Breiten, während ab September schon mit ersten kalten Tagen gerechnet werden muss. Im Sommer sollte man außerdem **Mücken- und Zeckenschutzmittel** sowie **Sonnencreme** dabei haben. All dies ist aber auch im Land erhältlich. Im Winter darf man mit warmer Kleidung nicht geizen, schließlich sind -20° C und weniger keine Seltenheit. Mütze, Schal und Handschuhe, auch eine lange Unterhose, sind Pflicht.

Wer einen **Aktivurlaub** plant, kann sich überlegen, praktische Kleinigkeiten wie eine Taschenlampe samt Batterien und ein Taschenmesser (bitte nicht ins Handgepäck, sondern am Flughafen aufgeben!) mitzunehmen. Bei längeren Trekkingtouren kann auch ein Kompass nicht schaden. Im Sommer sollte man seine **Badesachen** nicht vergessen, viele Seen und das Meer laden zum Baden ein.

Karten

Stadtpläne bekommt man oftmals kostenlos in den jeweiligen Tourismusbüros vor Ort, dasselbe gilt für Landkarten.

Nicht nur für die Anreise mit dem eigenen Fahrzeug ist eine **Straßenkarte** sinnvoll. Sehr empfehlenswert ist die Karte **„Estland“** aus dem world mapping projekt des REISE KNOW-HOW Verlages im Maßstab 1:275.000. Sie besteht aus reiß- und wasserfestem Papier und zeigt GPS-Koordinaten und Höhenschichten. Außerdem sind die wichtigsten Sehenswürdigkeiten markiert, ein Register verzeichnet alle Orte. In der gleichen Reihe ist die Karte **„Baltikum"** im Maßstab 1:600.000 erschienen, die auch Litauen und Lettland mit abdeckt. Der **Kartenatlas im Anhang** des Buches zeigt Ausschnitte aus dieser Karte (Seite XXII ist ein Ausschnitt aus der Estland-Karte).

Ein guter **Straßenatlas** des estnischen Kartenherstellers Regio (www.regio.ee) ist der „Regio Eesti teede atlas" im Maßstab 1:150.000, man bekommt ihn überall im Land.

Film und Foto

Filme kann man in Estland überall erstehen, aber oftmals sind die Angebote heimischer Supermärkte oder Fotogeschäfte preiswerter. Wer Spezialfilme benutzt, sollte sich ebenfalls lieber zu Hause eindecken.

Wie überall auf der Welt sollte man einzelne Personen nicht ungefragt oder gegen ihren Wunsch fotografieren. In manchen Kaufhäusern ist das Fotografieren nicht gestattet.

Gesundheitsvorsorge

Für Reisende sind **keine Impfungen vorgeschrieben.** Es empfiehlt sich jedoch grundsätzlich eine Impfung gegen Tetanus und Diphterie, evtl. auch gegen Hepatitis A. Das gesamte Baltikum ist Gebiet der von Zecken übertragenen Krankheit **FSME** (Frühjahr-Sommer-Meningo-Encephalitis). Die baltischen Staaten melden jährlich hohe Zahlen an infizierten Personen. Besonders beim Aufenthalt in der Natur, auf Wiesen und in Wäldern, ist die Gefahr groß, von einer infizierten Zecke gebissen zu werden. Daher ist eine vorherige Schutzimpfung nach ärztlicher Beratung empfehlenswert. Aktuelle Informationen können unter www.auswaertiges-amt.de eingeholt werden. Im Zweifelsfall ist zudem immer die Konsultation eines Arztes angeraten.

Eine spezielle **Reiseapotheke** ist für Estland nicht erforderlich, da die Apotheken im Land gut ausgestattet und verbreitet sind. Es empfielt sich jedoch, **Mückenschutzmittel** mitzunehmen, da die kleinen Stechbiester im Sommer eine wahre Plage sein können. Zur Not sind derartige Schutzmittel aber auch im Land erhältlich. Wer regelmäßig bestimmte Medikamente braucht, sollte diese von zu Hause mitnehmen.

Hinweise zur Krankenversicherung finden sich im Kapitel „Vor der Reise: Ein- und Ausreisebestimmungen".

Das **Leitungswasser** kann man fast überall trinken, regional ist das Wasser aber aufgrund des hohen Eisenanteils schwefelhaltig und es kann in manchen Teilen des Landes vorkommen, dass das Wasser zunächst ein wenig riecht, wenn man den Hahn aufdreht. Gesundheitlich ist es unbedenklich, das Wasser zu trinken, es ist nur nicht besonders wohlschmeckend. In Plattenbauten sollte man das Wasser besser nicht trinken, schon weil es wegen der alten Rohre nicht besonders gut schmeckt.

Anreise

Flug

Von Deutschland aus kann man direkt nach Tallinn fliegen. Zurzeit bieten Estonian Air, Easy Jet und Lufthansa Direktflüge an, bedient werden Berlin, Hamburg und Frankfurt, allerdings im Winter zum Teil mit Einschränkungen.

Der **Tallinner Flughafen** (Tallinna lennujaam) liegt etwa vier Kilometer südöstlich des Stadtzentrums an der Straße nach Tartu. Ein öffentlicher Bus verbindet den Flughafen mit der Innenstadt (siehe Tallinn-Kapitel).

Flugpreise

Ein Economy-Ticket von Deutschland, Österreich und der Schweiz hin und zurück nach Tallinn bekommt man je nach Jahreszeit und Aufenthaltsdauer **ab etwas über 100 Euro** (einschließlich aller Steuern und Gebühren). Am teuersten ist es im Sommerhalbjahr, wobei die Preise für Flüge im Juli und August besonders hoch sind und über 300 Euro betragen können.

Für die Tickets der Linienairlines kann man bei folgenden **zuverlässigen Reisebüros** meistens günstigere Preise als bei vielen anderen finden:

- **Jet-Travel,** Buchholzstr. 35, 53127 Bonn, Tel. 0228-284315, Fax 284086, info@jet-travel.de, www.jet-travel.de. Sonderangebote auf der Website unter „Schnäppchenflüge“.
- **Globetrotter Travel Service,** Löwenstr. 61, 8023 Zürich, Tel. 044-2286666, www.globetrotter.ch. Weitere Filialen, siehe Website.

Billigfluglinien

Preiswerter geht es nur, wenn man bei einer Billigairline **sehr früh online bucht** (beim Callcenter wird eine Zusatzgebühr von ca. 10 € fällig und der Anruf selbst ist teuer). Es werden keine Tickets ausgestellt, sondern man bekommt eine Buchungsnummer per E-Mail. Zur Bezahlung wird in der Regel eine Kreditkarte verlangt.

Im Flugzeug gibt es oft **keine festen Sitzplätze;** Verpflegung wird extra berechnet. Geld sparen kann man, wenn man den Proviant mitbringt.

Für die Region interessant sind folgende Billigfluggesellschaften:

- **Air Baltic,** www.airbaltic.com. Von Berlin, Hamburg, Düsseldorf, München, Zürich und Wien nach Tallinn.
- **Easy Jet,** www.easyjet.com. Von Berlin nach Tallinn.

Last-Minute

Wer sich erst im letzten Augenblick für eine Reise nach Estland entscheidet oder gern pokert, kann Ausschau nach Last-Minute-Flügen halten, die von einigen Airlines mit deutlicher Ermäßigung **ab etwa 14 Tage vor Abflug** angeboten werden, wenn noch Plätze zu füllen sind. Last-Minute-Flüge lassen sich nur bei Spezialisten buchen:

- **L'Tur,** www.ltur.com, (D)-Tel. 01805-212121 (0,12 €/Min.), (A)-Tel. 0820-600800 (0,12 €/Min.), (CH)-Tel. 0848-808088 (0,12 SFr/Min.); 140 Niederlassungen europaweit.
- **Lastminute.com,** www.de.lastminute.com, (D)-Tel. 01805-777257 (0,12 €/Min.).
- **5 vor Flug,** www.5vorflug.de, (D)-Tel. 01805-105105 (0,12 €/Min.).
- **www.restplatzboerse.at:** Schnäppchenflüge für Österreich.

Check-in

Nicht vergessen: Ohne einen gültigen Reisepass oder Personalausweis kommt man nicht an Bord. Bei den innereuropäischen Flügen muss man mindestens eine Stunde vor Abflug am Schalter der Airline eingecheckt haben. Viele Airlines neigen zum Überbuchen, d.h. sie buchen mehr Passagiere ein, als Sitze im Flugzeug vorhanden sind und wer zuletzt kommt, hat dann möglicherweise das Nachsehen.

Gepäck

In der Economy Class darf man in der Regel nur Gepäck **bis zu 20 kg** pro Person einchecken (steht auf dem Flugticket) und zusätzlich ein Handgepäck von 7 kg in die Kabine mitneh-

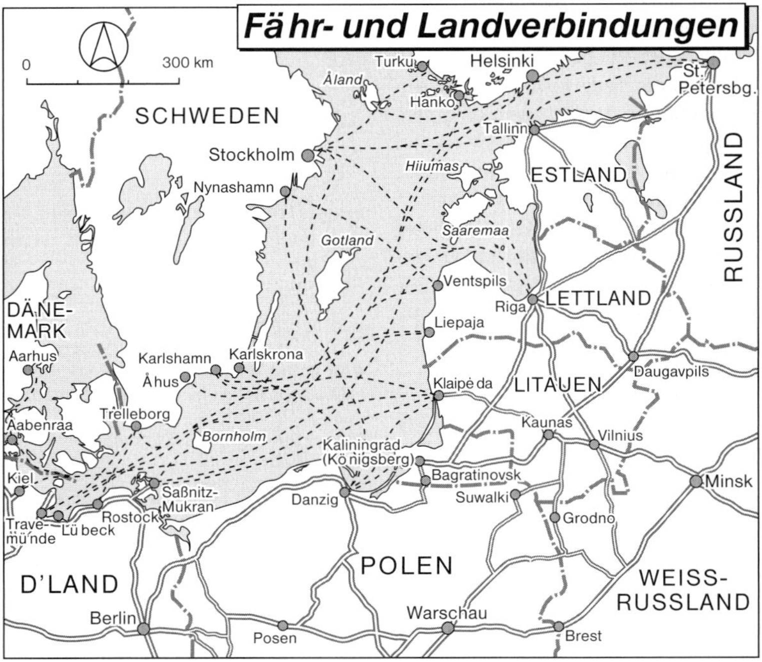

men, welches die Größe von 55x40x 23 cm nicht überschreiten darf. In der Business Class sind es meist 30 kg pro Person und zwei Handgepäckstücke, die insgesamt nicht mehr als 12 kg wiegen dürfen. Man sollte sich beim Kauf des Tickets über die Bestimmungen der Airline informieren. Dabei sollte man sich auch nach den neuen Regelungen zur Mitnahme von **Flüssigkeiten im Handgepäck** erkundigen, die im November 2006 eingeführt wurden. Da sich diese Regelungen derzeit ständig ändern, wird hier nicht auf die Details eingegangen.

Aus **Sicherheitsgründen** dürfen Taschenmesser, Nagelfeilen, Nagelscheren, sonstige Scheren und Ähnliches nicht mehr im Handgepäck untergebracht werden. Diese Gegenstände sollte man unbedingt im aufzugebenden Gepäck verstauen, sonst werden sie bei der Sicherheitskontrolle einfach weggeworfen. Darüber hinaus gilt, dass Feuerwerke, leicht entzündliche Gase (in Sprühdosen, Campinggas), entflammbare Stoffe (in Benzinfeuerzeugen, Feuerzeugfüllung) etc. nichts im Passagiergepäck zu suchen haben.

Buchtipps

- *Frank Littek:* **Fliegen ohne Angst,** und *Erich Witschi:* **Clever buchen, besser fliegen,** Praxis-Reihe, Reise Know-How Verlag.

Mit dem eigenen Fahrzeug

Dokumente

Wer mit dem Auto nach Estland reist, sollte den **Fahrzeugschein** und einen deutschen oder **EU-Führerschein** mit sich führen. Zwar genügt seit dem EU-Beitritt als Versicherungsnachweis das Autokennzeichen. Dennoch ist es empfehlenswert, die **Grüne Versicherungskarte** für Estland (muss aufgeführt sein) mitzuführen, da sie alle wichtigen Fahrzeugdaten enthält und im Falle eines Unfalls die Schadensabwicklung wesentlich erleichtern kann.

Auf der Website der Deutschen Botschaft in Tallinn (www.tallinn.diplo.de, unter „Informationen für deutsche Staatsangehörige", „Hinweise für Estland-Reisende") kann man sich ein ins Deutsche übersetztes Formular herunterladen und ausdrucken, das man im Falle eines Unfalls benötigt.

Ein **Auslandsschutzbrief** mit Europadeckung (Kostenübernahme für Rücktransport, Abschleppunternehmen, Unfall- und Pannenhilfe, Mietwagen etc.) ist außerdem unbedingt zu empfehlen.

Ist man nicht mit dem eigenen Wagen unterwegs, sollte man einen **Mietvertrag** (bei Mietwagen) bzw. eine **Vollmacht** des Fahrzeughalters (bei Privatwagen) mitführen, die den Fahrer ermächtigt, den Wagen zu benutzen. Es sollte sich dabei um ein formloses, aber notariell beglaubigtes Schreiben mit folgenden Angaben handeln: Ausstellungsdatum und -ort, Name und Anschrift des Eigentümers sowie Benutzers, Art und Nummer des Ausweises und Führerscheins sowie Angaben zum Wagen (Marke, Modell, Kennzeichen, Fahrgestellnummer und Nummer des Zulassungsdokuments). Weitere Informationen finden sich auf der Website der Deutschen Botschaft in Tallinn (www.tallinn.diplo.de) oder beim baltischen Fremdenverkehrsamt in Berlin (s. „Informationsstellen").

Route

Wer über den Landweg nach Estland fahren möchte, kann über Frankfurt/Oder und Warschau der gut ausgebauten **Via Baltica** (E67) durch Polen, Litauen und Lettland folgen. Auf der Reise passiert man die lettische Hauptstadt Riga. Das baltische Fremdenverkehrsamt in Berlin (siehe Informationsstellen) empfielt den Grenzübergang Lazdijai zwischen Polen und Litauen, da dieser für den Schwerlastverkehr gesperrt ist. Am Grenzübergang Kalvarija hingegen kann es öfter zu verkehrsbedingten Verzögerungen kommen.

Informationen über die Via Baltica findet man im Internet unter www.respons.pp.fi/viabaltica, die Website www.balticroads.net gibt über die Straßenverhältnisse Auskunft.

Hinweise und Tipps zum Autofahren im Land finden sich im Kapitel „Reisetipps A–Z: Autofahren".

Wer mit dem Auto über die Transitländer einreist, sollte bedenken, dass in Polen, Litauen und Lettland bis zur Euro-Einführung jeweils eigene Währungen gültig sind.

Alternativ zur Fahrt über Polen, Litauen und Lettland kann man sein Fahrzeug auf die Bahn verladen, allerdings gibt es keine durchgehende Verbindung nach Estland. Informationen zu **Autoreisezügen** gibt die Deutsche Bahn heraus. Ferner besteht die Möglichkeit, das Auto mit der **Fähre** übersetzen zu lassen (siehe „Anreise mit der Fähre").

Anreise per Bus

Aus nahezu allen größeren Städten Deutschlands fahren internationale Linienbusse nach Estland. Wer mit dem Bus anreisen möchte, braucht allerdings gutes Sitzfleisch, eine Reise von Berlin nach Tallinn dauert rund 26 Stunden. Hin- und Rückfahrt gibt es ab ca. 110 Euro. Kinder und Jugendliche, Senioren, Studenten mit Internationalem Studentenausweis sowie Gruppen erhalten von vielen Busgesellschaften Rabatt, es lohnt sich nachzufragen.

Einige Euroliner und Überlandbusse aus Deutschland, der Schweiz und Österreich fahren bis nach Riga, dort muss man umsteigen. Dabei unbedingt aufs Gepäck achten! Viele Gauner warten auf die nach langen Busreisen erschöpft eintreffenden Touristen und haben ein leichtes Spiel.

Die Linien Ecolines, Eurolines und die Berlinlinienbusse fahren mehrmals wöchentlich nach Tallinn. Eurolines fährt auch andere Städte in Estland an wie Pärnu, Valga und Tartu. Buchen kann man im Reisebüro, beim Busbahnhof der Heimatstadt oder direkt beim jeweiligen Unternehmen.

- **Ecolines Deutschland,** Busticketverkauf, Europa-Linie 24 GmbH, Baseler Str. 35-37, 60329 Frankfurt am Main, Tel. 069-24249140, Fax 24249142, info@ecolines.de, www.ecolines.de.

- **Eurolines,** Buchungen über Deutsche Touring GmbH, Tel. 01805-250254 oder 069-7903-50, www.deutsche-touring.com, Infos außerdem unter www.eurolines.com.
- **Bayern Express & Kuhn Berlin GmbH,** Tel. 030-860960 oder 0800-6666999, Fax 030-86096299, info@berlinlinienbus.de, www.berlinlinienbus.de.

Anreise per Bahn

Eine direkte Zugverbindung von Deutschland nach Estland gibt es nicht. Machbar ist aber eine **Zug-Bus-Kombination,** bei der man den Großteil der Strecke mit dem Zug zurücklegen kann. Die beste Verbindung geht abends per Nachtzug von Berlin nach **Warschau,** wo man am Morgen eintrifft. Nach zweistündiger Pause geht es weiter nach **Vilnius** (Ankunft am frühen Abend), wo man vier Stunden Zeit hat für ein kurzes Kennenlernen der litauischen Hauptstadt. Von dort fährt täglich ein **Direktbus** der estnischen Gesellschaft *Motoor Reisi* (www.eurolines.ee) nach **Tallinn** (Ankunft am Mittag des Folgetags).

Für den Nachtzug gibt es – frühzeitige Buchung vorausgesetzt – die sehr attraktiven SparNight-Tarife. Schon ab 29 Euro lässt sich so die Strecke Berlin – Warschau zurücklegen. Auch die Weiterfahrt bis Vilnius kann schon von zu Hause aus gebucht werden. Die Tarife sind – derzeit noch – recht niedrig.

Eine Zugverbindung über **Weißrussland oder Kaliningrad** (Königsberg) sollte man vermeiden, denn dafür ist ein Transitvisum erforderlich.

Wer sich nicht selbst durch den Dschungel der Bahntarife und Fahrpläne schlagen und trotzdem Geld sparen möchte, erhält bei dem spezialisierten Bahn-Reisebüro Gleisnost (www.gleisnost.de) kompetente Beratung und auf Wunsch die Tickets ins Haus geschickt:

- **Gleisnost am Stadttheater,** Bertoldstr. 44, 79098 Freiburg, Tel. 0761-383031.
- **Gleisnost im Bahnhof Littenweiler,** Lindenmattenstr. 18, 79117 Freiburg, Tel. 0761-62037.

Anreise mit der Fähre

Zurzeit fährt keine Schiffslinie von Deutschland direkt nach Estland. Lediglich Lettland und Litauen werden mit der Fähre angefahren, von dort aus müsste man auf dem Landweg weiterreisen. Man kann aber mit der Fähre über Schweden oder Finnland nach Estland reisen. Tallink Silja (www.tallinksilja.com) fährt beispielsweise täglich von Rostock mit **Zwischenstopp in Helsinki** nach Tallinn, Abfahrt 5 Uhr morgens (man kann ab Mitternacht an Bord gehen), Ankunft in Tallinn am nächsten Tag um 11 Uhr. In Helsinki muss man allerdings durch den Zoll gehen.

Die Verbindungen ändern sich häufig; es ist möglich, dass bald wieder eine direkte Fährverbindung nach Estland eröffnet wird.

Geldfragen

Estland wird frühestens im Jahr 2009, aber wahrscheinlich später, den Euro einführen. Bis dahin ist die offizielle Währung die **Estnische Krone** (1 EEK = 100 senti).

Banknoten sind im Wert von 500, 100, 50, 25, 10, 5, 2 EEK im Umlauf. Die ganz selten noch auftauchenden Ein- Kronen-Scheine sind eigentlich aus dem Verkehr gezogen. Hartgeld gibt es in folgender Ausführung: 1 und 5 Kronen und 50, 20, 10 und 5 senti.

Die Estnische Krone ist **fest an den Euro gekoppelt.** Obgleich die meisten Hotels, Geschäfte und Restaurants Kreditkarten akzeptieren, ist es immer empfehlenswert, Kronen in der Tasche zu haben, gerade auf dem Land wird oft nur Bargeld akzeptiert.

Wechselkurse:

- 1 Euro = 16 EEK, 1 EEK = 0,64 Euro
- 1 SFr = 10 EEK, 1 EEK = 0,10 SFr

Kreditkarten und Reiseschecks

In der Regel werden in größeren Hotels, Restaurants und Geschäften die üblichen Kreditkarten (Visa, Mastercard, Diner's Club, American Express) angenommen, oftmals aber nur gegen Vorlage des Passes. Barabhebungen per Kreditkarte kosten je nach ausstellender Bank bis zu 5,5 % Gebühr, aber für das bargeldlose Zahlen werden nur ca. 1–2 % für den Auslandseinsatz berechnet. Also am besten viel bargeldlos bezahlen und für Bargeld gleich größere Summen mit der Maestro-Karte abheben (s.u.).

Reiseschecks können in Banken eingelöst werden. Zum Verlust von Reiseschecks siehe Kapitel „Reisetipps A–Z: Notfälle".

EC-Karte und Sparcard

Mit der Maestro-Karte (in Deutschland auch EC-Karte genannt) mit dem Cirrus- oder Maestro-Symbol und der jeweiligen persönlichen Pin-Nummer kann europaweit Bargeld in der Landeswährung an Geldautomaten gezogen werden. Dafür wird je nach Hausbank pro Abhebung eine Gebühr von ca. 1,30–4 € bzw. 4–6 SFr berechnet. In den größeren Städten Estlands ist es auch möglich, in Geschäften mit der Maestro-Karte zu bezahlen, allerdings werden an vielen Stellen nur Kreditkarten akzeptiert.

Mit der deutschen Sparcard, dem Nachfolger des Postsparbuches als Sortenbeschaffungsmittel im europäischen Ausland, kann ebenfalls Bargeld von europäischen Geldautomaten mit dem Plus-Logo abgehoben werden. Genauere Einzelheiten erfährt man in allen Postbankfilialen.

Zum Verlust von Geldkarten siehe Kapitel „Reisetipps A–Z: Notfälle".

Banken und Wechselstuben

Banken sind normalerweise montags bis freitags von 9.30 Uhr bis mindestens 16 Uhr, oft auch bis 18 Uhr geöffnet, die größten und damit meistvertretenen Banken des Landes sind Hansapank und Ühispank. Manche Filialen öffnen auch samstags.

In den größeren Städten gibt es Wechselstuben, wo man Euro in Estni-

090es Foto: il

sche Kronen und umgekehrt eintauschen kann, sie sind meist länger als die Banken und z.T. auch am Wochenende geöffnet. Am meisten vertreten sind Monex und Tavid.

Reisekosten

Die Preise im Land schwanken erheblich, je nachdem, wo man sich befindet. Während Hotels, Restaurants und Souvenirs in der Hauptstadt Tallinn durchaus deutsches Niveau erreicht haben, kann man auf dem Land oft sehr günstig speisen und preiswerte Mitbringsel erstehen.

Für osteuropäische Verhältnisse ist das Preisniveau in Estland recht hoch, nicht zuletzt aufgrund der engen Bindung zu den skandinavischen Ländern, vor allem Finnland. Für Besucher aus Deutschland, Österreich und vor allem aus der Schweiz ist Estland aber dennoch ein günstiges Reiseziel. So sind die Eintrittspreise in **Museen** und die Kosten für **öffentliche Verkehrsmittel** - innerstädtische genauso wie Überlandbusse - durchweg günstig. Für umgerechnet etwa einen Euro kann man die Straßenbahnen und Busse in Tallinn benutzen, für 10–15 Euro mit Überlandbussen quer durchs Land fahren. Besonders die **Restaurantpreise** (von Spitzenrestaurants und Gaststätten in Tallinn einmal abgesehen) liegen um einiges niedriger als in Deutschland. Die Preise für **Unterkünfte** hingegen steigen stetig und haben in der Hochsaison oftmals deutsches Niveau erreicht.

Bei bestimmten Unterkünften, Veranstaltungsorten, Museen, Tourveranstaltern, Sportstätten etc. kann man Rabatt bekommen, wenn man im Besitz eines **internationalen Studentenausweises** (ISIC) ist (siehe Stichpunkt „Discounts" unter www.isic.de). Dies gilt mit Einschränkungen auch für den Lehrer- (ITIC) oder Schülerausweis (IYTC). Den Ausweis muss man schon zu Hause bei STA Travel oder beim Studentenwerk erworben haben (10 € bzw. 20 SFr).

- **Deutschland:** in Bamberg und 4x in Berlin, z.B. Dorotheenstr. 30, Tel. 030-201165063, www.statravel.de.

097es Foto: jl

Dienststelle auf dem Land

- **Österreich:** in Graz, Innsbruck, Linz, Salzburg und in Wien: Garnisongasse 7, Tel. 01-14014870, www.statravel.at.
- **Schweiz:** in Bern, Genf, Lausanne und in Basel: Freiestr. 15, Tel. 058-4504170, www.sta travel.ch.

Versicherungen

Zum Thema **Auslandskrankenversicherung** siehe oben: „Ein- und Ausreisebestimmungen".

Egal, welche Versicherungen man abschließt, hier ein Tipp: Für alle Versicherungen sollte man die **Notfallnummern** notieren und mit der **Policenummer** gut aufheben! Bei Eintreten eines Notfalls sollte die Versicherungsgesellschaft sofort telefonisch verständigt werden.

Ist man mit einem Fahrzeug unterwegs, ist der **Europaschutzbrief** eines Automobilclubs eine Überlegung wert.

Ob es sich lohnt, weitere Versicherungen abzuschließen, ist individuell abzuklären. Gerade die Reiseversicherungen enthalten viele Ausschlussklauseln, sodass sie nicht immer sinnvoll sind.

Die **Reiserücktrittsversicherung** für 35–80 € lohnt sich nur für teure Reisen. Sie greift in dem Fall, dass man vor der Abreise einen schweren Unfall hat, schwer erkrankt, schwanger wird, gekündigt wird oder nach Arbeitslosigkeit einen neuen Arbeitsplatz bekommt, die Wohnung abgebrannt ist u.Ä. Es gelten hingegen nicht: Terroranschlag, Streik, Naturkatastrophe etc.

Die **Reisegepäckversicherung** lohnt sich seltener, da z.B. bei Flugreisen verlorenes Gepäck oft nur nach Kilopreis und auch sonst nur der Zeitwert nach Vorlage der Rechnung ersetzt wird. Wurde eine Wertsache nicht im Safe aufbewahrt, gibt es bei Diebstahl keinen Ersatz. Kameraausrüstung und Laptop dürfen beim Flug nicht als Gepäck aufgegeben worden sein. Gepäck im unbeaufsichtigt abgestellten Fahrzeug ist ebenfalls nicht versichert. Die Liste der Ausschlussgründe ist endlos ... Überdies deckt häufig die Hausratversicherung schon Einbruch, Raub und Beschädigung von Eigentum auch im Ausland. Für den Fall, dass etwas passiert ist, muss der Versicherung als Schadensnachweis ein Polizeiprotokoll vorgelegt werden.

Eine **Privathaftpflichtversicherung** hat man in der Regel schon. Hat man eine **Unfallversicherung,** sollte man prüfen, ob diese im Falle plötzlicher Arbeitsunfähigkeit aufgrund eines Unfalls im Urlaub zahlt. Auch durch manche (Gold-)**Kreditkarten** oder eine **Automobilclubmitgliedschaft** ist man für bestimmte Fälle schon versichert. Die Versicherung über die Kreditkarte gilt jedoch meist nur für den Karteninhaber.

Foto: 067es

Praktische Reisetipps A–Z

068es Foto: jl

069es Foto: jl

Beliebter Sport in den estnischen Wäldern: Hochseilklettern

Mit Bussen kommt man gut in die größeren Städte, auf dem Land wird es schwieriger

Gästehaus Villa Arossa im Südosten des Landes

Autofahren

Autofahren in Estland ist im Vergleich zu Mitteleuropa sehr entspannt, da der Verkehr – abgesehen von Tallinn – sehr viel ruhiger ist und man kaum in verkehrsbedingte Staus gerät. Die überregionalen **Schnellstraßen** wurden zum größten Teil im Zuge des EU-Beitritts neu angelegt und sind sehr gut ausgebaut und ausgeschildert. **Nebenstrecken** sind jedoch oft unbefestigt und im Sommer deshalb staubig. Bei Regen sind sie mit normalem PKW zu meiden. Wer mit dem Auto anreist, sollte das Kapitel „Vor der Reise: Anreise" beachten.

Verkehrsregeln

In Estland herrscht Rechtsverkehr. Wenn nicht anderweitig auf Schildern angegeben, gelten folgende **Geschwindigkeitsbeschränkungen:** in geschlossenen Ortschaften 50 km/h (in manchen Wohngebieten 20 km/h), außerhalb von Ortschaften 90 km/h, es sei denn, Verkehrsschilder schreiben eine andere Geschwindigkeit vor (an manchen Stellen ist 110 km/h zugelassen). Ferner gilt, dass rund um die Uhr, also auch tagsüber, das **Licht** angeschaltet sein muss. Fahrer und alle Beifahrer müssen **angegurtet** sein. Mobiltelefone dürfen nur mit **Freisprechanlage** benutzt werden. Die **Alkoholgrenze** liegt bei 0 Promille, also kein Alkohol am Steuer! Im Winter sind **Winterreifen** vorgeschrieben.

Zur **Beschilderung** in Estland finden sich einige Hinweise in diesem Kapitel unter „Orientierung".

Tanken

Wer auf Nummer sicher gehen will, sollte in den größeren Städten tanken. Das **Tankstellennetz** erstreckt sich über das ganze Land, ist aber nicht ganz so dicht wie von zu Hause gewohnt. Der Kraftstoff wird durch seine Oktanzahl klassifiziert. **Bleifreies Benzin** ist durch ein „E" gekennzeichnet. „95E" entspricht dem deutschen Super bleifrei. Bleifreies Benzin heißt *pliivaba bensiin,* **Diesel** ganz einfach *diisel.* Benzin- und Dieselpreise steigen zwar stetig an, sind aber im Vergleich zu Deuschland immer noch günstig. Oft muss man vor dem Tanken bezahlen.

Unfall und Panne

Sollte man in einen Unfall verwickelt sein, benachrichtige man die Polizei. **Autowerkstätten** heißen *autoteenindus* oder *autoremont.* Wer eine Panne hat, kann sich an die Pannenhilfe des estnischen **Automobilklubs** wenden. Hilfe ist z.B. für ADACPlus-Mitglieder oder ÖAMTC-Mitglieder teilweise kostenlos. Man kann sich auch direkt an seinen Automobilclub wenden.

- **Polizei:** 110
- **Rettungsstelle/Erste Hilfe:** 112
- **Estnischer Automobilclub** (Eesti Autoklubi), Laki 11, 12915, Tallinn. **Pannendienst:** 6979188 oder 1888, Fax 6979110, eak@autoclub.ee, 24-Stunden-Service.
- **ADAC,** (D)-Tel. 089-222222; unter (D)-Tel. 089-767676 gibt es Adressen von deutschsprachigen Ärzten in der Nähe des Urlaubsortes (Liste auch vorab anforderbar).
- **ÖAMTC,** (A)-Tel. 01-2512000 oder 01-2512020 für medizinische Notfälle.
- **TCS,** (CH)-Tel. 022-4172220.

Sicherheit

Was Vorsichtsmaßnahmen angeht, gelten die gleichen Regeln wie zu Hause: immer das Fahrzeug abschließen, keine Gegenstände offen im Auto liegen lassen, das Radio entfernen. In Tallinn empfielt es sich aus Sicherheitsgründen, aber auch weil Parkplätze rar sind und die Altstadt teilweise für den Autoverkehr gesperrt ist, den Wagen auf einem **bewachten Parkplatz** *(valvega autoparkla)* abzustellen. Auch im grenznahen Bereich, etwa in Narva, sollte man verstärkt auf das Auto achten.

Noch ein (lebens-)wichtiger Tipp: Viele **Bahnübergänge** sind nicht beschrankt, deshalb auf jeden Fall langsamer werden und sich vergewissern, ob kein Zug kommt.

In der Dämmerung kann es in ländlichen Gebieten vorkommen, dass ein **Elch** auf die Straße läuft, Zusammenstöße können tödlich enden, also Vorsicht!

Mietwagen

Die meisten **Autovermietungen,** darunter viele internationale, haben in Tallinn eine Vertretung. Mietwagen können gleich am Flughafen übernommen werden, die Preise sind in etwa auf deutschem Niveau. Auf dem Lande gibt es ferner zahlreiche wesentlich günstigere Möglichkeiten, ein Auto zu mieten, bei manchen Anbietern für 20–30 Euro pro Tag. Entsprechende Anbieter sind in den Ortsbeschreibungen vermerkt. Oftmals vermieten auch **Hotel- oder Gästehausinhaber** ihren (Zweit-)Wagen gegen ein relativ geringes Entgeld, es lohnt sich nachzufragen. Sofern bekannt, wurde dies im Buch vermerkt.

Camping

Im Allgemeinen definieren die Esten das Wort „Camping" anders, als wir es in Deutschland, Österreich oder der Schweiz tun. Gut ausgestattete Campingplätze mit Dusch-Toiletten-Haus, Restaurant und Verwaltung sind noch relativ selten, aber im Kommen. Camping bedeutet in Estland meist, eine kleine **Holzhütte** in Dreiecksform ohne Bad und Toilette zu beziehen. Dusch- und Waschmöglichkeiten gibt es separat auf dem Gelände. Das in unseren Gegenden bekannte Zeltcamping ist natürlich genauso möglich. Die meisten Campingplätze liegen an der Küste und in den Nationalparks, jedoch kann man sein **Zelt** auch oft bei den Ferienunterkünften auf dem Land im Garten aufstellen und den Service des Hauses (Bad, Sauna etc.) nutzen.

Wildes Campen wird vielerorts toleriert, aber man macht sich am besten in den Touristeninformationsbüros vor Ort kundig. Ausgeschildert sind die freien **Rastplätze** mit einem blauen Schild, auf dem eine Tanne abgebildet ist. **Streng verboten** ist Wildcampen in den Nationalparks und in diversen Schutzgebieten.

Stell- und Serviceplätze für **Wohnwagen und Wohnmobile** sind eher selten, aber ebenfalls im Kommen, genauso wie Campingplätze mit der in Westeuropa üblichen Ausstattung. In den Ortsbeschreibungen sind entsprechende Stellen aufgelistet.

Einen Überblick über gute Angebote findet man im Internet unter www.all-estonia-camping.com. Die Dachorganisation „Karawane und Unterbringung" bringt eine Karte mit geprüften Campingplätzen heraus, die man in Deutschland im Reisebüro oder bei der Tourismuszentrale in Berlin bekommt. Die dort aufgelisteten Adressen sind aber auch in diesen Reiseführer eingeflossen. Aktuelle Adressen mit entsprechenden Landkarten erhält man kostenlos bei den Touristeninformationen der jeweiligen Region. Auf der Seite der Baltischen Tourismuszentrale in Berlin findet man eine stetig aktualisierte Liste von Campingplätzen (www.baltikuminfo.de).

In Tallinn kann man **Wohnmobile mieten.** Die dortige Touristeninformation nennt auf Wunsch Anbieteradressen. Ein Anbieter mit englischsprachiger Website:

- **Hansabuss AS,** Kadaka tee 62a, Tallinn, Tel. 6279080, Fax 6713269, info@hansabuss.ee, www.hansabuss.ee.

Einkauf mit winterlicher Gehhilfe

Einkaufen und Souvenirs

In Estland sind die Geschäfte in der Regel montags bis freitags von 10 bis 19 Uhr, samstags und sonntags von etwa 10 bis 18 Uhr geöffnet. In größeren Städten gibt es viele **Lebensmittelgeschäfte,** die bis 23 Uhr, Mitternacht oder gar rund um die Uhr geöffnet sind. Das betrifft vor allem moderne **Einkaufszentren,** die man beispielsweise in Tallinn, Tartu oder Pärnu vorfindet. Kleine **Dorfläden** gehen indes recht flexibel mit ihren Öffnungszeiten um und schließen manchmal zur Mittagszeit.

Während man in großen Läden eigentlich alles bekommt, was auch in Deutschland erhältlich ist, gibt es in kleinen Dorflädchen nur Dinge für den Grundbedarf. Es kann vorkommen, dass manche Läden bestimmte Gemüse- oder Obstsorten, etwa Kartoffeln, nicht immer führen, da sie schlichtweg von den Dorfbewohnern nicht gekauft würden – jeder hat dort einen Garten und erntet eigenes Obst und Gemüse. Selbstversorger sollten sich daher lieber in den größeren Städten eindecken oder Gemüse bei den Dorfbewohnern kaufen.

In den Städten bekommt man oft auf **Wochen- und Tagesmärkten** (*turg,* manchmal im Genitiv angegeben: *turu*) sehr preisgünstig Obst, Gemüse, Honig und andere Dinge.

Während Lebensmittelgeschäfte mit „Pood", „Toidupood" oder „Kauplus" betitelt werden, erkennt man **Handarbeitsläden** oftmals an einem Schild mit der Aufschrift „Käsitöö", was übersetzt „Handarbeit" bedeutet. Kaufhäuser heißen im Allgemeinen *kaubamaja* oder *kaubakeskus,* Buchgeschäfte *raamatupood.* An den Türen informieren Schilder, ob das Geschäft geöffnet *(avatud)* oder geschlossen *(suletud)* ist. Die Öffnungszeiten werden oftmals nur mit den Buchstaben der Tage angegeben: E–R bedeutet Montag bis Freitag, L steht für Samstag, P für Sonntag.

Handeln ist in Estland weder in Geschäften noch auf Märkten üblich. Allenfalls wenn man an einem Handarbeitsstand Strickpullis für die ganze Familie erstehen will, kann man sein Glück versuchen. In Tallinn kann man kaum damit rechnen, **Schnäppchen** zu machen, wogegen Handarbeitsartikel und sonstige Souvenirs auf dem Land oft sehr günstig sind.

Souvenirs

Beliebte Mitbringsel sind aus **Wacholderholz** geschnitzte Figuren, Küchenzubehör und Ketten, aber auch die mit traditionellen Mustern versehenen **handgestrickten Mützen, Schals und Handschuhe.** Wer nach Saaremaa oder auf die anderen Inseln fährt, kann kleine Vasen, Dosen oder Mörser aus **Dolomit** erstehen, dem „Marmor Saaremaas". Natürlich sind diese Dinge auch in den gut ausgestatteten Souvenirläden in Tallinn erhältlich. Allgegenwärtig ist zudem das „Gold des Baltikums": **Bernsteinschmuck** in allen Formen und Farben

082es Foto: jl

(grün, weiß-gelb, rötlich und braun), obgleich er in Estland nicht so preiswert wie in Lettland oder Litauen ist.

Wer mag, kann selbstgemachte **Moosbeerenmarmelade** erstehen oder eine Flasche des typischen **Likörs** „Vana Tallinn". Auch **Wodka** *(viin)* ist ein beliebtes Mitbringsel. Hier kann man beispielsweise zum Saaremaa-Wodka oder zum „Viru valge" greifen.

In gut ausgestatteten Bücherläden (v.a. in Tallinn, Tartu, Pärnu), aber auch oft in den Touristeninformationsbüros und in Museen bekommt man schöne **Bildbände,** z.T. auch in deutscher Sprache, sowie **Kartenmaterial und Postkarten.**

Elektrizität

Reisende können ihre mitgebrachten elektrischen Geräte problemlos in Estland benutzen. Im ganzen Land fließt Wechselstrom (220 Volt, 50 HZ). Weder Spannungswandler noch Steckeradapter sind notwendig, obgleich es noch einige wenige Steckdosen gibt, in die nur die Euronorm-Stecker ohne Schutzkontakt passen. Die Wahrscheinlichkeit, dass dies in den Hotels und Gästehäusern vorkommt, ist sehr gering.

Essen und Trinken

Die estnische Küche

Die estnische Küche mag so manchem Reisenden bekannt vorkommen. Die jahrhundertelange Anwesenheit der Deutschen im Baltikum hat auch kulinarische Spuren hinterlassen. Was der Besucher bislang mit typisch deutscher Hausmannskost assoziiert haben mag, deckt auch so manchen estnischen Tisch. Das Essen ist **rustikal-deftig,** manchmal recht schwer. Gekocht wird, was aus dem Garten, Meer oder Wald kommt: Fisch *(kala)* und Wild *(metsloomaliha),* Schweinebraten (*seapraad, sealiha* = Schweinefleisch) und Rindfleisch *(loomaliha),* Sülze *(sült)* und Blutwurst *(verivorst)* Sauerkraut *(hapukapsas)* und Kartoffeln *(kartulid).* Eine Spezialität des Landes sind gewürzte Strömlinge *(kilud).* Dazu gibt es – je nach Jahreszeit – Salat, Gemüse und besonders im Herbst köstliche Pilze *(seened)* aus den estnischen Wäldern. Gern werden auch vergleichsweise einfache Speisen aufgetischt wie Pfannkuchen *(pannkook)* oder Brei *(puder),* der zum Frühstück gegessen wird.

Auch Suppen *(supp)* und Eintöpfe sind sehr beliebt. Oft gibt es *seljanka,* einen bunten Eintopf, der den zweiten großen Einfluss auf die estnische Kost erkennen lässt: die **russische Küche.** Ihr ist auch ein beliebter Snack für zwischendurch zu verdanken: Piroggen *(pirukas),* mit Gemüse oder Fleisch gefüllte Teigtaschen.

Zu allen Speisen wird Brot gereicht, helles Weißbrot *(sai)* und dunkles Rog-

072es Foto: jl

genbrot *(rukkileib)*. Viele Speisen werden mit saurer Sahne *(hapukoor)* und frischen Kräutern abgeschmeckt. Die Käse- *(juust)* und Wurstsorten *(vorst)*, die zum Frühstück oder zum kalten Abendessen serviert werden, sind manchmal hausgemacht, typisch ist vor allem ein körniger Frischkäse. Dazu gibt es saure Gurken oder selbst gemachte Marmelade und Honig.

Zum **Nachtisch** gibt es Quarkcremes *(kohupiimakreem)* mit Früchten oder *kama*. Letzteres ist eine Art Mehl aus verschiedenen Getreidesorten und Hülsenfrüchten (Gerste, Hafer, Roggen, Erbsen und schwarzen Bohnen), eine estnische Besonderheit, die – mit Joghurt oder Kefir zu einem Brei vermischt – auch oft zum Frühstück gegessen wird. Ferner gibt es mit Schokolade überzogene Quarkröllchen *(kohuke)*, die besonders bei Kindern beliebt sind.

Gästehaus mit „Pubi" in Võru

Zum Bier *(õlu)* hingegen werden gern harte, in Öl und Knoblauch geschwenkte Brotstückchen, sogenanntes Knoblauchbrot *(küüslauguleib)*, gereicht.

Getränke

Bier wird in Estland gern getrunken, vor allem die lokalen Marken Saku, A le Coq oder das höherprozentige

Wörterliste Essen und Trinken

Allgemeines

Frühstück: hommikusöök
Mittagessen: lõunasöök
Abendessen: õhtusöök
Nachtisch: magusroog
Restaurant: restoran
Bistro: bistroo, söökla
Café: kohvik
Messer: nuga
Gabel: kahvel
Löffel: lusikas
Glas: klaas
Teller: taldrik
Speisekarte: menüü
Guten Appetit: Head isu!
Prost: Terviseks!
„Die Rechnung, bitte": „Palun arvet"
„Es schmeckt sehr gut": „Maitseb väga hästi"
„Ich bin Vegetarier": „Ma olen taimetoitlane"

Fleisch, Fisch, Geflügel (liha, kala)

Fleisch: liha
Geflügel/Hähnchen: kana
Fisch: kala
Strömlinge: kilud
Schweinebraten: seapraad
Schweinefleisch: sealiha
Rindfleisch: loomaliha
Kalbfleisch: vasikaliha
Wild: metsloomaliha
Schnitzel: šnitsel
Kotelett: karbonaad
Hackfleisch: hakkliha
Gebratener Fisch: praekala
(Geräucherter) Aal: (suitsu)angerjas
Lachs: lõhe
Forelle: forell
Hering: heeringas

Obst (puuvili)

Apfel: õun
Birne: pirn
Banane: banaan
Wassermelone: arbuus
Apfelsine: apelsin
Pfirsich: virsik
Zitrone: sidrun
Pflaume: ploom
Kirsche: kirss
Erdbeeren: maasikad
Blaubeeren: mustikad
Weintrauben: viinamarjad
Himbeeren: vaarikad

Gemüse (köögivili)

Sauerkraut: hapukapsas
Kartoffel: kartul
Pilze: seened
Steinpilz: kivipuravik
Pfifferling: kukeseen
Möhre: porgand
Erbsen: herned
Zwiebel: sibul
Tomate: tomat
Blumenkohl: lillkapsas
Bohnen: oad
Gurke: kurk
Kohl: kapsas
Rote Beete: punane peet
Paprika: paprika
Knoblauch: küüslauk

Beilagen

Sauce: kaste
Kartoffeln: kartulid
Reis: riis
Nudeln: nuudlid

Getränke (joogid)

Saft: mahl
Wasser: vesi
Bier: õlu
Kaffee: kohv, schwarz: must, mit Milch: piimaga
Tee: tee, mit Zitrone: sidruniga, mit Sahne: koorega
Weißwein: valge vein
Rotwein: punane vein, trocken: kuiv
Wodka: viin
Kefir/Buttermilch: keefir

Frühstück (hommikusöök)

Zucker: suhkur
Salz: sool
Pfeffer: pipar
Milch: piim
Honig: mesi
Sahne: koor
Butter: või
Käse: juust
Wurst: vorst
Schinken: sink
Marmelade: moos
Weißbrot: sai
Dunkles Brot: leib
Brei: puder
Ei: muna
Pirogge: pirukas
Nuss: pähkel
Eis: jäätis
Kuchen: kook

Saaremaa-Bier. Wein (*vein;* nicht zu verwechseln mit *viin* = Wodka) wird – abgesehen vom Fruchtwein aus Põltsamaa – importiert und ist deshalb oft teurer als andere Getränke. Als Absacker und Appetitanreger trinkt man **Likör** oder **Wodka** (*viin*). Bedenken sollte man, dass ein gesetzliches Verbot besteht, auf öffentlichen Plätzen Alkohol zu trinken. Zwar halten sich gerade Jugendliche nicht immer daran, doch wer sich dem Verbot widersetzt, muss mit einer Geldstrafe rechnen.

An nichtalkoholischen Getränken stehen neben Softdrinks **Saft** (*mahl*), **Wasser** (*vesi*), **Milch** (*piim*) und **Sauermilch** (*keefir*) sowie **Kaffee** (*kohv*) und **Tee** (*tee*) auf der Speisekarte.

Gastronomie

Jedem Estlandreisenden, der mehr als ein paar Tage im Land ist, sei empfohlen, zumindest einmal die typische Landesküche zu kosten. Auf Voranmeldung bieten die meisten **Unterkünfte auf dem Land** Verpflegung an. Das bedeutet, dass sich die Hausfrau persönlich an den Herd stellt und alles, was Haus und Hof zu bieten haben, auffährt – Essen also, das in deutschen Großstädten unter dem Label „Biokost" stolze Preise kosten würde, hier aber oft gegen ein kleines Entgelt liebevoll zubereitet wird.

Wer nur eine Stippvisite in Tallinn macht, kann dort in einem der **mittelalterlichen Restaurants** – beispielsweise dem Olde Hansa – in den Genuss traditioneller Küche kommen. Man sollte sich nicht davon abschrecken lassen, dass es dort touristisch zugeht, die Qualität des Essens stimmt allemal.

Natürlich schwanken die **Preise** je nach Region des Landes erheblich. Spitzenrestaurants in Tallinn haben längst westliche Preise erreicht, dennoch lässt sich insgesamt festhalten, dass man in Estland preiswerter speist als in Deutschland. Dies gilt besonders für Restaurants auf dem Lande, dort kann man für wenig Geld ein komplettes Essen bekommen.

Doch trotz aller Hausmannskost, die in Estland wesentlich verbreiteter ist als in Deutschland, gibt es natürlich auch dort die verschiedensten Restaurants und Fastfoodlokale, die **internationale Küche** auftischen: Sushi und Hamburger, indische Speisen und Pizza,

Reisgerichte und Tacos. Wer nicht so sehr auf den Geldbeutel achten muss, sollte einen Besuch in einem der estnischen Spitzenrestaurants in Erwägung ziehen, die nicht nur französische oder mediterrane Spezialitäten anbieten, sondern auch estnische Traditionen in verfeinerter Form auf den Tisch bringen.

Oft sind die **Speisekarten** auch in Englisch oder Deutsch angelegt. Auch beherrschen die Kellner oft mehrere Sprachen und können bei der Übersetzung behilflich sein.

Fahrradfahren

Estland ist mit seinen unberührten Naturlandschaften, dem relativ geringen Verkehr und seiner recht flachen Landschaft, die keine großen Steigungen aufweist, ein **ideales Urlaubsland** für Radfahrer. Fahrradfans haben die Wahl zwischen organisierten Touren, die deutsche Anbieter sowie einige Unternehmen vor Ort organisieren, und individuellen Touren. Man kann mit dem eigenen Rad anreisen oder sich vor Ort eins mieten, ganz Estland (und womöglich noch die anderen baltischen Staaten) durchfahren oder nur Teilabschnitte per Rad zurücklegen.

Besonders beliebte Strecken sind der **Lahemaa-Nationalpark** östlich von Tallinn oder die **Westküstenstrecke** über Tallinn, Haapsalu und Pärnu, eventuell mit einem Abstecher über die Inseln. Wer es hügeliger mag, ist im äußersten **Südosten** des Landes am besten aufgehoben.

Man muss in Estland keinen Fahrradhelm tragen, doch es sei an dieser Stelle dringend dazu geraten. Mehrere Routenabschnitte verlaufen am Rand der Hauptstraße, ohne dass dort **Radwege** vorhanden sind. Nicht alle Autofahrer sind rücksichtsvoll. Insgesamt sind die Fahrradstrecken in Estland gut ausgeschildert. Schotterpisten sind nicht zu unterschätzen, Straßen, die als Schotterpisten ausgewiesen sind, sollte man lieber nicht befahren.

In Städten mangelt es an Fahrradwegen und Abstellmöglichkeiten. Man sollte dafür sorgen, dass das Rad sicher, z.B. im Hotelhof, untergebracht wird.

Eine komplette Liste von Radtourveranstaltern in Deutschland, Österreich, der Schweiz und vor Ort findet man unter www.bicycle.lt/de/main/reisen. Auch die Baltische Tourismuszentrale in Berlin und die spezialisierten Reiseanbieter (s. Kapitel „Vor der Reise: Reiseveranstalter") sind gute Ansprechpartner.

Routen

Zwei **Eurovelo-Routen** führen durch das Baltikum, die Radroute EuroVelo Nr. 10, rund um die Ostsee/Hansering, sowie die EuroVelo-Route Nr. 11, Athen – Nordkap. Erstere heißt in Estland Route Nr. 1 und führt an der Küste entlang, letztere trägt von Valga bis Tartu die Nr. 3, von Tartu bis Tallinn die Nr 4. Die Routen sind auf Wegweisern mit EuroVelo-Aufklebern gekennzeichnet. Ferner führen noch viele andere kleinere Routen durch das Land. Eine genaue Beschreibung dieser Strecken findet man (auf Deutsch) unter den unten angegebenen Homepages bzw. in der Broschüre.

Tourenanbieter

Wer vorhat, einen kompletten Fahrradurlaub zu machen, sollte sich vorab informieren. Die Touristeninformationen vor Ort, so hilfreich sie auch sonst sein mögen, kennen nicht alle Fahrradstrecken und haben auch nicht immer Fahrradkarten vorrätig. Das sollte aber kein Problem sein, es gibt hervorragende Informationen im Internet und Adressen, bei denen man Karten- und Informationsmaterial bestellen kann.

An erster Stelle sei das von baltischen Fahrradvereinen gegründete Projekt **BaltiCCycle** genannt. Auf der Homepage findet man alles rund um Radtouren in Estland (auch Litauen, Lettland, Weißrussland, Polen). Unter der Rubrik „Touren" findet man organisierte Fahrten, unter „Service" werden Fahrradverleihe und Unterkünfte vor Ort aufgeführt, ferner gibt es Hinweise zu Kartenmaterial und Berichte von anderen Reisenden.

- **BaltiCCycle,** Frank „Frankas" Wurft, A/d 61, LT-01002 Vilnius, Litauen, Tel. 00370-699-56009, Fax 00370-5-2784074, www.bicycle.lt/de, Frankas@bicycle.lt.

BaltiCCycle-Partner in Estland ist der Fahrradclub **Vänta Aga.** Die hervorragende deutschsprachige Website des Clubs sollte jeder, der eine große Tour plant, einmal aufsuchen. Dort gibt es auch eine komplette Liste mit Fahrradverleihern, außerdem Wegbeschreibungen, Fahrradwerkstätten, Unterkunftsvermittlung und Informationen über Fahrradreisen.

- **Vänta Aga,** Lunini 3, 50406 Tartu, reinlepik@hot.ee, www.bicycle.ee.

Ein großer Anbieter ist **Citybike,** mit Verleih von Fahrrädern, Kinderfahrrädern, Kindersitzen und -anhängern und organisierten Radwanderungen:

- **City Bike,** Uus 33, Mobiltel. 5111819, mail@citybike.ee, www.citybike.ee.

Fahrradverleih

Wer keine langen Touren im Land, sondern nur kurze Ausflüge in die Umgebung unternehmen möchte, kann sich bei vielen **Unterkünften** ein Rad ausleihen. Soweit bekannt, wurde dies im Buch bei den entsprechenden Unterkünften vermerkt. Die Qualität der Räder variiert bei Privatunterkünften allerdings erheblich. Halten manche Hotels wie beispielsweise das Hotel Palmse im Lahemaa-Nationalpark neue Räder extra für Touristen bereit, bekommt man in kleinen privaten Pensionen kurzerhand die Familienräder ausgeliehen.

Lokale Anbieter werden in den Ortsbeschreibungen aufgeführt. Ein Fahrradverleih, der mehrere Filialen im ganzen Land betreibt, ist Hawaii Express, mit Hauptsitz in Tallinn:

- **Hawaii Express,** Regati 1, 11911 Tallinn, 6398508, info@hawaii.ee, www.hawaii.ee.

Karten und Informationsbroschüren

BaltiCCycle gibt die kostenlose, deutschsprachige Broschüre „Das Bal-

Johannistag und Mittsommerfest

Das neben Weihnachten wohl wichtigste und beliebteste Fest Estlands ist das Mittsommerfest, das den Johannistag *(Jaanipäev)* einläutet. Wie auch unter anderem in Finnland, Schweden und Lettland feiern die Esten **in der Nacht vom 23. auf den 24. Juni** ein fröhliches Fest, das mit zahlreichen Traditionen und Bräuchen verbunden ist. Man trifft sich auf dem Land mit Freunden und Familienangehörigen und entfacht das **Johannisfeuer,** oft auf einer Anhöhe oder traditionell auf einer Stange, damit es von Weitem sichtbar ist. Man redet, tanzt, singt, isst gemeinsam und trinkt vor allem viel. Kein Wunder, dass neun Monate später vielerorts Kinder zur Welt kommen.

Zu den traditionellen Bräuchen gehört es, über das Feuer zu springen und - auf den Inseln - die ausgedienten Boote der Fischer zu verbrennen. Mädchen flechten sich Blumenkränze, Groß und Klein schwingt sich auf Holzschaukeln in die Lüfte und Liebende gehen um Mitternacht los, um Farnkrautblüten zu suchen. Mädchen, die den Richtigen noch nicht gefunden haben, machen sich - ohne mit anderen darüber zu sprechen - auf den Weg, um neun verschiedene Blumen zu finden. Wer sich diese unter das Kopfkissen legt - so sagt der alte Brauch - wird im Traum den zukünftigen Mann sehen.

Die Mittsommerfeste sind ein schönes Erlebnis, finden jedoch bis auf ein paar meist spärlich besuchte Veranstaltungen nicht in den Städten, sondern auf dem Land statt. Touristen können im **Freilichtmuseum bei Tallinn** oder auf den Inseln, beispielsweise beim Fest an der **Burg Kuressaare,** an den Feierlichkeiten teilhaben.

tikum per Rad" heraus. Man kann sie unter o.a. Adresse oder von der Baltikum Tourismus Zentrale in Berlin beziehen.

Käuflich erwerben kann man die Broschüre „Bikeline Ostseeküste, Baltikum" vom Verlag Esterbauer sowie das Buch „Baltikum per Rad" von Michael Moll (Verlag Kettler, Neuenhagen). Beide sind im deutschen Buchhandel erhältlich.

Sehr gut ist die Karte „Eesti Rattateed / Estonian Cycle Routes", die der Fahrradclub Vänta Aga gemeinsam mit dem Kartenverlag Regio herausgibt. Die Informationen sind auf Englisch. Man bekommt die Karte in den großen Buchläden in Tallinn.

Ein guter **Straßenatlas** von Regio (primär für Autofahrer) ist der „Regio Eesti teede atlas" im Maßstab 1:150.000, man bekommt ihn überall im Land (www.regio.ee).

Feiertage

Die meisten Museen sind an Feiertagen geschlossen.

- **1. Januar:** Neujahr
- **24. Februar:** Nationalfeiertag / Tag der Unabhängigkeit (1918)
- **März/April:** Karfreitag
- **1. Mai:** Tag der Arbeit / Maifeiertag
- **23. Juni:** Tag des Sieges (1919), in der Nacht: Mittsommerfest
- **24. Juni:** Johannistag / Mittsommerfest
- **20. August:** Wiederherstellungstag der Unabhängigkeit (1991)
- **25./26. Dezember:** Weihnachten

Homosexuelle

Das Thema Homosexualität ist in Estland noch etwas tabuisiert und wird nur kühl behandelt. Es gibt keinen gesetzlichen Antidiskriminierungsschutz und auch keine Möglichkeit der gesetzlich eingetragenen Partnerschaft. Homosexuelle Paare müssen damit rechnen, befremdlichen Blicken ausgesetzt zu sein, wenn sie öffentlich als solche auftreten. Clubs und Bars speziell für Homosexuelle kann man in Tallinn finden (s. Ortsbeschreibung).

Internetzugang und Hotspots

Egal, ob in der Stadt oder auf dem Land, Internetzugang hat man in Estland eigentlich überall. Nicht umsonst nennt sich das Land stolz **E-Estland.** Alle Schulen sind ans Netz angeschlossen und die Regierungsmitglieder in Tallinn blicken statt auf Aktenberge auf Flachbildschirme. Die Mehrheit der Einwohner nutzt Online-Banking und führt die Steuererklärung elektronisch aus, 2005 wurden landesweit erstmals auch die Kommunalwahlen via Internet durchgeführt.

In den 1990er Jahren entstanden im Rahmen des Programms „Tigersprung" überall auf dem Land **kostenlose Internetstationen,** die in Büchereien und Kultur- oder Gemeindehäusern untergebracht sind. Auf diese öffentlichen Internetzugänge weisen eigene Schilder hin, blau-weiß mit einem @-Zeichen. Man trägt sich dort in eine Liste ein und darf eine Stunde lang kostenlos surfen.

Abgesehen von diesen öffentlichen, dadurch aber manchmal überfüllten Einrichtungen gibt es in größeren Städten **kommerzielle Internetcafés,** wo man gegen ein kleines Entgelt surfen kann.

Auch **kabelloser Internetzugang** (wireless LAN) ist sehr häufig zu finden, die Hotspots sind an Cafés und auf öffentlichen Plätzen mit einem „WiFi"-Schild ausgewiesen. Wer einen Laptop mit sich führt, kann dort kostenlos ins Netz.

091es Foto: jl

Auch auf dem Land:
Hinweis auf Internetzugang

Mit Kindern unterwegs

Estland ist ein kinderfreundliches Land. Grundsätzlich bietet sich mit Kindern ein Urlaub auf dem Land an, viele Unterkünfte liegen direkt an einem schönen Badesee oder in der Nähe des Meeres. **Kanufahren** und **Ponyreiten** ist im ganzen Land möglich. In vielen Unterkünften können Kinder kostenlos im Zimmer ihrer Eltern übernachten oder erhalten Rabatte. Windeln und Kindernahrung sollte man vorsorglich in den Supermärkten größerer Städte einkaufen, da auf dem Land oft nur eine geringe Auswahl zur Verfügung steht.

In der Tallinner Touristeninformation gibt es die kostenlose Broschüre „Tallinn für Kinder". Der **Zoo in Tallinn** oder der **Wildpark von Elistvere** nahe Tartu sind beliebte Ausflugsorte. Kleinere Streichelzoos oder Kinderparks sind, sofern vorhanden, in den Ortsbeschreibungen aufgeführt. Gelungene Beispiele sogenannter Naturparks, die verschiedene **Spielgeräte aus Naturmaterialien** aufgestellt haben, sind der Perepark östlich von Valga beim Nationalpark Karula oder der Naturspielplatz bei den Windmühlen von Angla auf der Insel Saaremaa (siehe dort). Die Stadt Tartu lockt mit einem netten **Spielzeugmuseum.**

Überall auf dem Land findet man **riesige Holzschaukeln,** auf denen man stehend in die Höhe schwingt. Ihre Benutzung ist meist kostenlos. Übrigens sind sie nicht nur bei Kindern beliebt.

Medien

Zu den wichtigsten **Printmedien** des Landes gehören die estnischsprachigen, allgemeinen Tageszeitungen „Postimees" und „Eesti Päevaleht", das Boulevardblatt „SL Õhtuleht" sowie die auf wirtschaftliche Themen fokussierte Zeitung „Äripäev". Hinzu kommen das Wochenblatt „Eesti Ekspress" sowie zwei russischsprachige Tageszeitungen und drei russischsprachige Wochenzeitungen.

ETV ist ein öffentlich-rechtlicher **Fernsehsender** in estnischer Sprache, hinzu kommen die Sender TV-3 und Kanal 2, ebenfalls in estnischer Sprache. Jedoch werden Filme oft in Originalsprachen gebracht, darunter auch deutsche Filme und Serien (besonders beliebt: „Kommissar Rex"). Im Herbst 2006 ist der Musiksender MTV Baltics an den Start gegangen.

Über Satellit ist der **Empfang deutscher TV-Sender** im ganzen Land möglich, in den meisten Hotels sollte man verschiedene deutsche Privatsender empfangen können. Außerdem gibt es diverse Privatsender auf Russisch.

Neben dem öffentlich-rechtlichen **Radiosender** Eesti Raadio, zu dem auch das russischsprachige Radio 4 gehört, gibt es zahlreiche private Rundfunkstationen, die auf Estnisch und Russisch senden. Die Nachrich-

Schöne Einrichtung: die großen Holzschaukeln gefallen nicht nur Kindern tenagentur Baltic News Service (BNS) liefert Informationen in verschiedenen Sprachen.

Englischsprachige Medien

Einmal in der Woche erscheint die englischsprachige Zeitung **„The Baltic Times“**, die Themen aus den drei baltischen Staaten aufgreift. Einige Magazine mit touristischem Fokus sind vor allem für im Land lebende Ausländer und Touristen interessant: **„City Paper“**, eine alle zwei Monate erscheinende Zeitschrift mit Informationen zu den drei baltischen Ländern, und die Reihen **„In your Pocket“** sowie **„This week“**, die in diversen Städten erscheinen (u.a. Tallinn, Tartu, Pärnu) und touristische Sehenswürdigkeiten sowie einen Veranstaltungskalender beinhalten (www.inyourpocket.com).

Deutschsprachige Zeitungen und Lesesäle

In Tallinn gibt es einige größere Buchläden und Kioske, die aktuelle **deutsche Tageszeitungen und Magazine** anbieten. An kleinen Kiosken sieht man manchmal Zeitschriften mit den Themen Stricken und Autos in deutscher Sprache, da die dort lebende deutsche Leserschaft größtenteils der älteren Generation angehört, die Deutsch noch aus den Kindheitstagen kennt.

Sehr gut ausgestattet mit deutschsprachigen Zeitungen ist die **estnische Nationalbibliothek in Tallinn**

098es Foto: jl

(deutscher, schweizerischer und österreichischer Lesesaal). Auch in Tartu und Pärnu gibt es deutsche Lesesäle, das **Goetheinstitut** in Tallinn und die Stiftung **Domus Dorpatensis in Tartu** betreiben weitere Bibliotheken mit deutschen Büchern und z.T. auch Zeitschriften.

Medizinische Versorgung

Die medizinische Grundversorgung in Estland ist im Allgemeinen gut. Hinweise zur Krankenversicherung finden sich im Kapitel „Vor der Reise: Ein- und Ausreisebestimmungen". Apotheken und Krankenhäuser sind in den Ortsbeschreibungen aufgeführt.

Die **Apotheken** in Estland sind von 9 bis 18 Uhr, manchmal auch länger, geöffnet. Jede größere Stadt hat eine Notfallapotheke mit Nachtdienst.

Gerade in ländlichen Regionen kann es schwierig sein, auf **deutschsprachige Ärzte** zu treffen. Am besten begibt man sich im Falle von Krankheit oder Unfall in Begleitung eines Sprachmittlers, der übersetzen kann, zum Arzt oder Krankenhaus. Das Personal des Hotels ist dabei sicher gern behilflich. Englischsprachige Ärzte zu finden, ist schon einfacher, aber auch nicht in allen Praxen vorauszusetzen. Im Notfall kann man sich an die Konsularabteilung der Deutschen Botschaft in Tallinn wenden, Tel. 6275300.

Wörterliste Gesundheit

Arzt: arst
Krankenhaus: haigla, poliklinik
Apotheke: apteek
Zahnarzt: hambaarst
Fieber: palavik
Grippe: gripp
Durchfall: kõhu lahtisus
Husten: köha
Schnupfen: nohu
„Mir ist schlecht": „Mul on süda paha"
„Ich bin erkältet": „Ma olen külmetanud"

Notfälle

Auch wenn die Esten manchmal distanziert oder unkommunikativ wirken mögen, bei Notfällen wird man nicht allein gelassen. Bei kleineren Vorkommnissen wie Reifenpannen o.Ä. wird man Ihnen bestimmt gleich vor Ort zu Hilfe kommen, ansonsten gibt es lokale Polizeistationen, Krankenhäuser, Ärzte oder Autowerkstätten, die man Ihnen zeigen wird. Einige Adressen sind in den Ortsbeschreibungen aufgeführt. Zu Panne und Autounfall siehe oben: „Autofahren".

Verlust von Geldkarten

Bei Verlust oder Diebstahl der Kredit- oder Maestro-(EC-)Karte sollte man diese umgehend sperren lassen. Für deutsche Maestro- und Kreditkarten gibt es die einheitliche **Sperrnummer 0049-116116** und im Ausland zusätzlich 0049-30-40504050. Für österreicherische und schweizerische Karten gelten:

Landesweite Notrufnummern

Von einem deutschen Mobiltelefon muss man die estnische Vorwahl mitwählen: 00372.
- **Polizei:** 110
- **Rettungsstelle/Erste Hilfe:** 112
- **Pannenhilfe:** 1888

- **Maestro-(EC-)Karte,** (A)-Tel. 0043-12048800; (CH)-Tel. 0041-442712230, UBS: 0041-800-888601, Credit Suisse: 0041-800-800488.
- **MasterCard/VISA,** (A)-Tel. 0043-171701 4500 (MasterCard) bzw. Tel. 0043-17111 1770 (VISA); (CH)-Tel. 0041-589588383 für alle Banken außer Credit Suisse, Corner Bank Lugano und UBS.
- **American Express,** (A)-Tel. 0049-699797 1000; (CH)-Tel. 0041-446596333.
- **Diners Club,** (A)-Tel. 0043-15013514; (CH)-Tel. 0041-448354545.

Verlust von Reiseschecks

Nur wenn man den Kaufbeleg mit den Seriennummern der Reiseschecks sowie den Polizeibericht vorlegen kann, wird der Geldbetrag von einer größeren Bank vor Ort innerhalb von 24 Stunden zurückerstattet. Also muss der Verlust oder Diebstahl umgehend bei der örtlichen Polizei und auch bei American Express bzw. Travelex/Thomas Cook gemeldet werden. Die Rufnummer steht auf der Notrufkarte, die man mit den Reiseschecks bekommen hat.

Ausweisverlust / dringender Notfall

Wird der Reisepass oder Personalausweis im Ausland gestohlen, muss man dies bei der örtlichen Polizei melden. Darüber hinaus sollte man sich an die nächste diplomatische Auslandsvertretung seines Landes wenden, damit man einen Ersatz-Reiseausweis zur Rückkehr ausgestellt bekommt (ohne kommt man nicht an Bord eines Flugzeugs!).

Auch in dringenden Notfällen, z.B. medizinischer oder rechtlicher Art, Vermisstensuche, Hilfe bei Todesfällen, Häftlingsbetreuung o.Ä. sind die **Botschaften in Tallinn** bemüht, vermittelnd zu helfen:

- **Deutschland:** Toom-Kuninga 11, Tel. 6275300 (Passangelegenheiten) oder 6275303 (Visaangelegenheiten) und in dringenden Notfällen außerhalb der Öffnungszeiten Tel. 5012560.
- **Österreich:** Vambola 6, 5. Stock, Tel. 6278740.
- **Schweiz:** Tuvi 12–28, Tel. 6313041.

Öffnungszeiten

Die meisten Öffnungszeiten, die in diesem Reiseführer angegeben sind, sind ungefähre Richtlinien, da sie häufig wechseln, nicht nur zur Sommer- und Winterzeit. Für größere Ausflüge und Unternehmungen empfiehlt es sich, die Zeiten bei der Touristeninformation oder über die jeweils angegebene Telefonnummer zu überprüfen.

Die meisten **Geschäfte** sind Montag bis Freitag von 10 bis 19 Uhr geöffnet, Supermärkte und Lebensmittelgeschäfte sind wesentlich länger offen, wochentags sowie häufig auch das ganze Wochenende bis 22 Uhr. In kleineren Orten sind die Öffnungszeiten nicht zuverlässig anzugeben.

Banken sind von Montag bis Freitag im Allgemeinen von 9 bis 16 Uhr geöffnet, **Postämter** werktags von 9 bis 18 und samstags von 9.30 bis 15 Uhr.

Die meisten **Museen** stehen Besuchern von 11 bis 18 Uhr offen. Allerdings sind viele montags sowie an Feiertagen geschlossen. Da es sich oftmals um kleine Museen handelt, kann es vorkommen, dass einzelne Häuser nur im Sommer öffnen oder selbst dann nur nach Voranmeldung. Soweit bekannt, wurde dies an entsprechender Stelle vermerkt. Bitte haben Sie Nachsicht, wenn die Angaben nicht genau stimmen, in Estland ist man sehr spontan und flexibel, was kurzfristige Änderungen der Öffnungszeiten betrifft. Andererseits kann man manchmal auch Glück haben und in Dörfern trotz offizieller Schließung Einlass bekommen.

Das gleiche gilt für **Kirchen:** Im Winter so gut wie immer geschlossen, im Sommer dafür oftmals täglich geöffnet, variieren die Zeiten stark und werden durch Anschläge an den Kirchentüren bekannt gegeben. Sollte man vor verschlossenen Türen stehen, lohnt es sich oftmals, jemanden im Ort anzusprechen. Meist ist der Schlüssel irgendwo in der Nachbarschaft deponiert und man schließt die Kirche kurzfristig für Gäste auf.

Orientierung

Die Verkehrszeichen in Estland unterscheiden sich nicht von den unsrigen. Sehenswürdigkeiten und Orte sind gut ausgezeichnet, allerdings in estnischer Sprache. Im Kasten finden sich einige wichtige Wörter, die immer wieder auf Schildern auftauchen.

Für den Begriff **Straße** gibt es mehrere Bezeichnungen: *tee, puiestee,*

Wörterliste
Schilder und Orientierung

küla: Dorf
vald: Gemeinde
mõis, loss: Gutshof, Herrenhaus
linnus: Burg
kirik: Kirche
linn: Stadt
kesklinn(a): (ins) Zentrum
vanalinn: Altstadt
raekoja plats: Rathausplatz
mets: Wald
mägi: Berg, Hügel
jõgi: Fluss
järv: See
sild: Brücke
sadam: Hafen
lennujaam: Flughafen
bussijaam: Busbahnhof
raudteejaam: Bahnhof
peatus: Haltestelle
rand: Strand
soo: Sumpf
raba: Moor
looduspark: Naturpark
saar: Insel
laht: Bucht
tee, tänav (tn.): Straße
maantee (mnt.): Landstraße
puiestee (pst.): Allee
matkarada: Wanderweg

maantee, tänav, außerdem *matkarada* für Wanderweg; gebräuchliche Abkürzungen sind *pst.* (*puiestee:* Allee), *tn.* (*tänav:* Straße) oder *mnt.* (*maantee:* Landstraße). Diese Abkürzungen finden sich oft in **Adressen.** Die Bezeichnung „vald" in Adressen bedeutet nicht etwa „Wald", sondern den Zusammenschluss mehrerer Ortschaften, „Gemeinde".

Wenn man nicht weitergehen soll, tragen Warnschilder die Aufschrift: *ettevaatust* (Achtung), *keelatud* (verboten) oder gar *eluohtlik* (lebensgefährlich). Keine Angst, letzteres ist eher selten und wird höchstens an unbefestigten Klippen oder Hochspannungsmasten angegeben. Aufpassen sollte man jedoch auf Hinweise mit der Aufschrift *kuri koer,* bissiger Hund. *Eramaa* heißt Privatgrundstück.

Noch ein wichtiger Punkt, was die Orientierung in **Gebäuden** angeht: Die Esten zählen das Erdgeschoss bereits mit, es wird erster Stock genannt, d.h. unser erster Stock ist in Estland der zweite etc.

Post

Die Urlaubspost kann auch schon einmal etwas länger unterwegs sein, gerade in leicht abgelegenen Gebieten werden die Briefkästen nicht täglich geleert und auch der danach folgende Weg zur Hauptpostverteilung kann einige Zeit dauern. Im Durchschnitt ist mit einer Woche Postweg zu rechnen. Briefkästen sind in Estland orange.

Für Briefe nach Deutschland, Österreich und in die Schweiz reicht eine **Briefmarke** *(kirjamark)* für 6,50 EEK, Postkarten müssen mit 6 EEK frankiert werden. Außer in Postämtern *(postkontor)* erhält man Briefmarken in vielen Kiosken und in Geschäften, die auch Postkarten *(postkaart)* verkaufen. **Pakete** sollten in graubraunem Packpapier daherkommen, wichtige Dinge sollten extra versichert versandt werden. **Postämter** sind werktags von 9 bis 18 Uhr und samstags von 9.30 bis 15 Uhr geöffnet.

Sicherheit

Estland ist ein weitgehend sicheres und ruhiges Land, wobei es natürlich Kleinkriminelle wie Handtaschendiebe oder Autoknacker auch hier gibt. Man sollte die üblichen Vorsichtsmaßnahmen treffen: Wertsachen möglichst im Hotelsafe lagern, keine Gegenstände im Auto liegen lassen, den Wagen möglichst auf bewachten Parkplätzen abstellen. Über kurzfristige Änderungen der allgemeinen Sicherheitslage kann man sich auf der Website des Auswärtigen Amtes erkundigen: www.auswaertiges-amt.de.

Wer doch einmal Opfer eines Verbrechens wird, kann sich an die Polizei vor Ort wenden oder die **landesweite Notfallnummer 110** wählen. Lokale Anlaufstellen für Notfälle sind in den Ortsbeschreibungen angegeben, generelle Notrufnummern finden sich unter „Notfälle".

Sport und Aktivitäten

Estland ist ein wunderbares Reiseziel für Aktivsportler. Es lässt sich aufgrund relativ kurzer Distanzen und gut ausgeschilderter Wege gut durchwandern und mit dem Fahrrad erkunden. Nahezu allgegenwärtig ist Wasser, egal, wo man sich befindet: Das Meer oder ein (Bade-)See ist eigentlich immer nah und lädt zu einem Bad oder einer Bootstour ein. Überall in den Städten gibt es Anbieter, die Sportausrüstung vermieten, die Unterkünfte auf dem Land veranstalten Angel-, Reit-, Kanu- oder sonstige Ausflüge. Man sollte in der Unterkunft nachfragen: Selbst wenn der Besitzer selbst nichts anbietet, gibt es sicherlich jemanden in der Nachbarschaft, der Fahrräder oder Boote verleiht, Reitunterricht gibt oder Vogelbeobachtungen durchführt. Im Folgenden eine kleine Übersicht von typischen Freizeit- und Sportmöglichkeiten.

Angeln

Angeln ist in Estland eine sehr beliebte Freizeitbeschäftigung. Viele Unterkünfte organisieren Angelausflüge zu einem der vielen Seen oder Flüsse und stellen entsprechendes Zubehör. Wer vorhat, angeln zu gehen, erkundigt sich am besten vor Ort in der jeweiligen Touristeninformation oder beim Anbieter nach den Konditionen, denn zum Teil sind Angelscheine erforderlich und Angelzeiten zu beachten. Außerdem sind für gewisse Fischarten Mindestgrößen vorgegeben.

Sehr beliebt ist im Winter auch das **Eisangeln:** Touristeninformationen oder Hotels vor Ort vermitteln Interessierte an ortsansässige Angler, die genau wissen, auf welche Eisschicht man sich vorwagen kann.

Strand bei Pärnu an der Westküste

Baden

Die Ostsee ist an der **Westküste** sehr flach und erwärmt sich deshalb schnell. Es gibt viele Badestrände zwischen Haapsalu und der lettischen Grenze, auch die Inseln locken Badeurlauber an. **Seen,** die zum Bad einladen, gibt es in Hülle und Fülle, meistens haben auch sie kleine Sandstrände. Natürlich gibt es auch **Badeanstalten,** oftmals an große (Kur-)Hotels angeschlossen. Hallenschwimmbäder findet man in größeren Städten und vereinzelt auf dem Land (Adressen in den Ortsbeschreibungen).

Golf

Golf ist in Estland ein relativ junger Sport. Erst in den letzten Jahren wurden Golfplätze angelegt, nun sprießen sie allerdings in allen Teilen des Landes aus dem Boden. Zurzeit sind knapp zehn Plätze in Planung bzw. bereits fertiggestellt – rund um Tallinn, auf Saaremaa, bei Pärnu, Haapsalu und Otepää. Sie sind in den entsprechenden Kapiteln dieses Buches aufgeführt. Einen Überblick (auf Englisch) erhält man unter www.golfinbaltics.ee/eng.

Kanufahren und Seekajak

Überall im Land werden Paddelboote oder Kanus verliehen. Besonders empfehlenswert sind Touren durch den Soomaa-Nationalpark (Landkreis Pärnumaa/Viljandimaa) sowie über die Flüsse Ahja, Piusa oder Võhandu in den Landkreisen Põlvamaa und Võrumaa. Wer sich nur im Norden des Landes aufhält, kann die Flüsse Jägala jõgi oder Valgejõgi befahren. Adressen von Anbietern sind in den Ortsbeschreibungen aufgeführt. Man kann allein oder in Begleitung eines Kanuführers ein paar Stunden oder gar Tage auf einsamen Wasserwegen unterwegs sein, oftmals ohne einer Menschenseele zu begegnen. Viele Wasserstraßen sind noch im ursprünglichen Zustand belassen, man muss also mit Ausweichmanövern wegen heruntergefallener Äste und umgestürzter Baumstämme rechnen.

Eine andere Möglichkeit ist, via Seekajak zu den Inseln vor der Küste vorzudringen. Entsprechende Anbieter werden in den Ortsbeschreibungen aufgelistet.

Reiten

Viele Bauernhöfe bieten Reiterferien an oder können zumindest Ausritte und Reitunterricht, Kutsch- oder im Winter auch Pferdeschlittenfahrten vermitteln. Adressen finden sich in den Ortsbeschreibungen oder über den

099es Foto: jl

Foto: jl 100es

Landtourismusverbund, www.maaturism.ee. Natürlich helfen auch die Touristeninformationen vor Ort gern weiter.

Sauna

Sehr beliebt ist der Besuch der Sauna, die wie in Finnland fest in der Kultur des Landes verankert und weit verbreitet ist. Am schönsten sind holzbeheizte Landsaunen wie die urtümlichen Rauchsaunen. Nach dem Saunagang sollte man sich im meist angegliederten Teich, im Fluss oder Meer abkühlen. So gut wie jeder Haushalt auf dem Land und somit auch nahezu jede Unterkunft für Touristen hat eine eigene Sauna. In Gästehäusern ist die Nutzung allerdings auch für Gäste kostenpflichtig und nicht im Preis inbegriffen, es sei denn, man hat ein teures Zimmer mit angeschlossener eigener Sauna gebucht.

In den traditionellen Saunen auf dem Land schlägt man sich mit **Saunaruten** aus Zweigen zur besseren Durchblutung auf Rücken und Beine. Zuweilen wird beim Saunagang **Bier** getrunken und manchmal sogar als Aufguss benutzt. Gern gehen die Esten gemeinsam mit Familienangehörigen, Freunden und sogar mit Ge-

Wandern im Soomaa-Nationalpark

schäftspartnern in die Sauna, ohne sich – wie etwa in den USA – mit Badebekleidung zu verhüllen.

Schiffsfahrten

Die Wasserstraßen bieten eine besondere Möglichkeit, das Land kennenzulernen. Einige Unternehmer haben sich zum „Verein für alte Schiffe" zusammengetan und bieten Touristen die Möglichkeit, auf **traditionellen estnischen Schiffen** die Binnen- oder Küstengewässer zu befahren, auf gut erhaltenen alten Schiffen oder Nachbauten. Zum Programm gehören beispielsweise Ausflüge vor der Küste Tallinns, eine Fahrt von Tartu über den Fluss Emajõgi zum Peipus-See, Einbaumpaddeln durch das Moorgebiet Soomaa oder Segeln über den zentralestnischen See Võrtsjärv (Wirz-See).

- Mehr **Informationen** unter www.historicships.ee, Buchungen über die Homepage oder das estnische Reisebüro (englischsprachig) **Kumari Reisid,** Tiigi 5, 90303 Lihula, Läänemaa, Tel. 4778214, info@kumari.ee.

Segeln

Segeln erfreut sich in den letzten Jahren wachsender Beliebtheit. Auch nutzen immer mehr Ausländer die Möglichkeit, mit dem eigenen Segelboot in Estland anzulegen. Einige Häfen, beispielsweise der Pirita-Jachthafen bei Tallinn, sind in den Ortsbeschreibungen aufgelistet. Wer mit dem eigenen Boot anreisen will, erhält bei folgenden Stellen Auskunft:

- **Estonian Marine Tourism Association (EMTA),** Regati 1, 11911 Tallinn, Tel. 6398933, Fax 6398899; ebenfalls dort ansässig ist die **Estonian Yachting Union (EYU),** Regati pst. 1, Raum 306, 11911 Tallinn, Tel./Fax 6398960, puri@puri.ee, www.puri.ee.
- **Estonian Offshore Sailing Union,** Pirita tee 17, Tallinn, Tel. 2239127, Fax 3239028.
- **Estonian Sailing Agency,** Vuorimiehenkatu 23A, SF-00140 Helsinki, Finnland, Tel. 00358-629299, Fax 629390.

Wandern

In Estland gibt es unzählige Wanderwege und Naturpfade. Die lokalen Touristeninformationen verteilen kostenloses Informationsmaterial. Wer eine geführte Wanderung unternehmen will, kann sich dort Führer vermitteln lassen. Viele Wege sind mit Lehrschildern (allerdings oft nur in Estnisch) ausgeschildert. Besonders empfehlenswert sind die Wege in den Nationalparks und Naturschutzgebieten.

Wellness und Spa

Stark im Kommen und besonders beliebt bei finnischen Touristen sind Spa- und Wellnessaufenthalte in Estland. Die bekanntesten Kurorte, in denen man die Auswahl zwischen mehreren Spa-Hotels hat, sind die westlichen Küstenstädte **Pärnu** und **Haapsalu** sowie **Kuressaare,** die Hauptstadt der Insel Saaremaa. In den letzten Jahren sind ferner erste Spa-Hotels in und um Tallinn entstanden. Weitere Hotels, die überwiegend schon zu Sowjetzeiten errichtet wurden, befinden sich in Narva-Jõesuu, im äußersten Nordosten des Landes. Schön gelegen sind auch zwei Hotels an der Steilküste im Nordosten zwischen Aa und Toila. In Südestland gibt es das Kubija-Schlafzentrum-Spa-Hotel in

Haanjamaa in der Nähe von Võru, das Hotel Pühajärve am gleichnamigen See bei Otepää sowie das zu Sowjetzeiten errichtete und später renovierte Spa-Hotel in Värska nahe der russischen Grenze.

Die Angebote umfassen Gesundheits- sowie Schönheitsbehandlungen, in der Regel Massagen, Wärme-, Kälte-, Salz- und manchmal Schlammbehandlungen, es gibt diverse Saunen und Schwimmbäder, Kosmetikangebote, Fitnessräume und Spezialanwendungen gegen Knochen-, Atemwegs- und Herz-Kreislauferkrankungen. Einen Überblick kann man sich auf www.estonianspas.com/ger verschaffen, ansonsten sind die Spa-Hotels in den jeweiligen Kapiteln dieses Reiseführers aufgeführt.

Die meisten Hotels bieten Spezialpakete fürs Wochenende oder für eine Woche an, die günstiger sind, als alles einzeln zu buchen. Besonders die Hotels in den Kurorten Westestlands nehmen stolze Preise, die sich zumindest in der Hauptsaison nicht sehr von denen deutscher Wellness-Hotels unterscheiden. Für Reisende mit kleinem Portemonnaie, die nicht auf einen Verwöhntag verzichten möchten, gibt es Tagespakete, außerdem ist es in der Nebensaison wesentlich günstiger als im Hochsommer.

Wintersport

In Estland fällt der erste Schnee zwar oft schon im November, doch die eigentliche Skisaison beginnt um die Weihnachtszeit und dauert bis Ende März. Die schneereichsten Gebiete befinden sich in **Südestland.** Hier gibt es Skipisten verschiedener Schwierigkeitsgrade auf 200–300 Meter hohen Bergen, die mit Beleuchtung und Skilift aufwarten. Der höchste Berg Estlands, der **Suur Munamägi** („Großer Eierberg") im südestnischen Haanja-Hochland, ist mit **318 Metern** die höchste Erhebung im Baltikum. Dort (in Kütioru) gibt es die besten Slalompisten Estlands, auf denen sich gern **Snowboarder** tummeln. Nachts sind viele Pisten mit Fackeln beleuchtet.

Insgesamt lässt sich jedoch sagen, dass Estland aufgrund der geringen Höhen nicht gerade ein Mekka für Alpinisten ist, aber **Langläufer** kommen allemal auf ihre Kosten (siehe auch Exkurs „Wintersport in Otepää" im Kapitel „Der Süden").

Sprache

Im Gegensatz zu den meisten Sprachen Europas gehört **Estnisch** nicht zur indogermanischen, sondern zur **finno-ugrischen Sprachfamilie** und ist somit eng mit dem Finnischen und weitläufig mit dem Ungarischen verwandt. Mit den baltischen (Lettisch, Litauisch) und slawischen Sprachen hat es nichts gemein. Aufgrund der wechselhaften Geschichte des Landes sind hoch- und niederdeutsche, schwedische und russische Wörter mit in die estnische Sprache eingeflossen.

Das Estnische ist eine sehr klangvolle, von vielen Vokalen geprägte Sprache. Die Grammatik mit ihren 14 Fällen erscheint Ausländern jedoch sehr kompliziert.

Die estnische Schriftsprache benutzt das lateinische Alphabet wie wir es kennen, ferner die auch im Deutschen bekannten Umlaute ä, ö und ü. Ein uns nicht vertrauter Buchstabe ist das õ, das wie eine Mischung zwischen „ö" und „e" ausgesprochen wird. Ansonsten lässt sich festhalten, dass Doppelvokale lang gezogen werden; „ae" wird nicht wie „ä", sondern getrennt ausgesprochen, also wie „a-e". „Au" wird hingegen wie bei uns („auch") zusammengezogen. Das „h" wird hörbar betont, wie in „Hund", bei manchen Worten besonders stark, es klingt dann wie ein hart ausgesprochenes „ch".

Die Esten sind sehr sprachversiert. Als Tourist kommt man mit Englisch und oft auch Deutsch in der Regel gut durchs Land. Auch Russisch wird verstanden, aber nicht immer begeistert aufgenommen. Wer sich bemüht, wenigstens einige Grundbegriffe der estnischen Sprache wie die zur Begrüßung und Danksagung zu beherrschen, wird die eher verschlossenen Esten gleich viel leichter für sich einnehmen.

In diesem Kapitel finden sich einige zum jeweiligen Thema passende Vokabellisten: ein gastronomisches Glossar unter „Essen und Trinken", einige wichtige Wörter rund um Krankheiten und Notfälle unter „Medizinische Versorgung", Begriffe, die immer wieder auf Hinweisschildern vorkommen, unter „Orientierung" und Vokabeln zu „Unterkunft" ebendort.

Buchtipp

- Sehr nützlich ist der praktische und kompakte Sprechführer der **Kauderwelsch-Reihe** aus dem Reise Know-How Verlag **Estnisch – Wort für Wort** (Band 55), der ein umfangreiches Wörterverzeichnis enthält, Grundlagen der Grammatik auf einfache Weise erläutert und vielfältige praktische Konversationsbeispiele zu allen Bereichen des touristischen Alltags anbietet. Als begleitendes Tonmaterial ist der **AusspracheTrainer** auf Audio-CD erhältlich. Außerdem erscheint das Buch als **Kauderwelsch digital** auf CD-ROM.

Die wichtigsten Wörter

danke: tänan, aitäh
bitte: palun
ja: jah
nein: ei („äi" ausgesprochen)
und: ja
Hallo: tere
Guten Morgen: tere hommikust
Guten Tag: tere päevast
Guten Abend: tere õhtust
Gute Nacht: head ööd
Auf Wiedersehen: nägemist, head aega
Entschuldigung: vabandage
Sprechen Sie Deutsch/Englisch?:
Kas te räägite saksa keelt/inglise keelt?
Ich verstehe nicht: Ma ei saa aru
Herzlich Willkommen: tere tulemast

Zahlen

1	üks
2	kaks
3	kolm
4	neli
5	viis
6	kuus
7	seitse
8	kaheksa
9	üheksa
10	kümme

Telefonieren

Telefoniert man im Land von einer Telefonzelle oder einem Privatanschluss aus, wählt man die gewünschte Nummer **ohne Städtevorwahl.** Vor einigen Jahren wurde das Telefonsystem in Estland komplett umgestellt, sodass es seither keine richtigen Vorwahlen mehr gibt. Man kann zwar an den ersten ein bis zwei Ziffern erkennen, in welche Stadt man anruft, aber diese Zahlen sind fester Bestandteil der Nummer. Das heißt, egal, wo man sich im Land befindet, ob im Ort oder außerhalb, man wählt immer die vollständige Nummer. Auf manchen Prospekten, Visitenkarten und Schildern sind noch veraltete Nummern angegeben, die man daran erkennt, dass eine 0 voransteht. Wenn man auf eine derartige Angabe stößt, muss man einfach die 0 weglassen.

Telefonkarten sind im ganzen Land in Zeitungskiosken, Hotels und Postämtern erhältlich. **Telefonzellen** sind vielerorts vorhanden, meist auch funktionstüchtig.

Mobil telefonieren

Das eigene Handy lässt sich in Estland im Prinzip nutzen, denn die meisten Mobilfunkgesellschaften haben Roamingverträge mit den estnischen Gesellschaften EMT oder Elisa (GSM 900/1800 MHz und 3G 2100) bzw. Tele2 (nur GSM 900/1800 MHz). Allerdings hat man in ländlichen Regionen manchmal nur dünnen Empfang.

Wegen hoher Gebühren sollte man bei seinem Anbieter nachfragen oder auf dessen Website nachschauen, welcher der Roamingpartner günstig ist und diesen per **manueller Netzauswahl** voreinstellen. Nicht zu vergessen sind die passiven Kosten, wenn man von zu Hause angerufen wird (Mailbox abstellen!). Wesentlich preiswerter ist es, sich von vornherein auf SMS zu beschränken, der Empfang ist dabei in der Regel kostenfrei.

Für einen längeren Aufenthalt in Estland, der über einen Urlaub hinausgeht, wäre es ratsam, eine **estnische Prepaid-Telefonkarte** (z.B. Simpel) zu kaufen. Diese sind nicht teuer, passen in jedes gängige Mobiltelefon (falls keine Sperrung anderer Provider vorhanden ist) und funktionieren im ganzen Land auch auf weiter Flur.

Über 70 % der Esten haben ein Handy. Es ist nicht unüblich, dass nur Mobilnummern bei Reiseveranstaltern und Unterkünften angegeben werden. Man erkennt sie daran, dass sie **mit einer 5 anfangen.** Auch hierbei gilt, dass manchmal noch veraltete Nummern im Land angegeben sind, dann einfach die 0 vor der 5 weglassen. Im Land werden Mobiltelefonnummern oft durch die Abkürzung GSM gekennzeichnet.

Ruft man im Urlaub von seinem mitgebrachten deutschen, österreichischen oder Schweizer Handy eine Nummer im Land an, muss man die **Landesvorwahl 00372** voransetzen, egal, ob es sich um Festnetzanschlüsse oder Mobiltelefone handelt. Nach der Landesvorwahl kommt gleich die Handy- bzw. Festnetznummer, ohne eine 0 oder andere Zahlen dazwischen zu

Vorwahlnummern

- **Deutschland:** 0049
- **Schweiz:** 0041
- **Österreich:** 0043
- **Estland:** 00372

wählen. Gleiches gilt natürlich, wenn man aus der Heimat eine estnische Nummer anwählt, auch dann muss die 00372 vorangesetzt werden.

Eine **englischsprachige Telefonauskunft** erreicht man unter Tel. 1182.

Buchtipp

- Volker Heinrich, **Handy global – mit dem Handy ins Ausland,** viele nützliche und geldsparende Tipps zum mobilen Telefonieren, erschienen in der Praxis-Reihe des Reise Know-How Verlages.

Toiletten

Wer auf peinliche Situationen verzichten möchte, sollte sich folgende Dinge merken: Toilettentüren, die mit einem „N" (für *naiste* = Frauen) oder einem mit der Spitze nach oben zeigenden Dreieck gekennzeichnet sind, stehen Damen offen, Herrentoiletten erkennt man an einem „M" (für *meeste* = Männer) oder einem nach unten zeigenden Dreieck. Öffentliche Toiletten, zum Beispiel an Busbahnhöfen, sind kostenpflichtig. Oftmals sitzen ältere Frauen am Eingang, die etwa 5 EEK Benutzungsgebühr verlangen und erst im Gegenzug Toilettenpapier aushändigen.

In manchen älteren Unterkünften auf dem Land, vor allem in einfachen

095es Foto: jl

Hostels, sowie an manchen Parkplätzen bei Sehenswürdigkeiten auf dem Land findet man noch Plumpsklos.

Trinkgeld

Mit zunehmendem Tourismus hat es sich in den letzten Jahren eingebürgert, auch in Estland bei guter Leistung Trinkgeld zu geben. Eine Trinkgeld-Kultur wie beispielsweise in südlichen Ländern, wo ohne ein Bakschisch gar nichts läuft, gibt es jedoch nicht. Ob und wie viel ein Besucher geben möchte, sei jedem selbst überlassen. Wer ein komplettes Menü in einem Restaurant verzehrt hat, mit der Leistung zufrieden ist und die Rechnung an den Tisch bekommt, kann gern ein kleines Trinkgeld hinterlassen. An die berühmte Faustregel, zehn Prozent des Preises zu geben, muss man sich allerdings nicht so starr halten, es kann auch ruhig weniger sein. Wenn Gäste am Tresen bestellen und bezahlen, wird kein Trinkgeld erwartet.

Wörterliste Unterkunft

Hotel: hotell
Pension: turismitalu („Tourismushof"), turismibaas („Touristenheim"), külalistemaja („Gästehaus")
Ferienhaus: puhkemaja
Einzelzimmer: ühene tuba
Doppelzimmer: kahene tuba
Doppelbett: kahene voodi

Unterkunft

Übernachtungsmöglichkeiten gibt es in Estland mittlerweile nicht nur in Hülle und Fülle, sondern auch in allen Preisklassen und Unterkunftsarten. In der Hauptstadt Tallinn und anderen beliebten Reiseregionen wie Tartu, den Küstenstädten, den Inseln oder dem Nationalpark Lahemaa findet man eine große Anzahl Hotels westlichen Standards, die sich durchaus dem westeuropäischen Preisniveau angepasst haben. Auf dem Land hingegen kann man oftmals recht günstig unterkommen, wobei die Preise stark von der Saison abhängen.

Es gibt in Estland verschiedene Hotelarten, Spa-Resorts, Unterkünfte in alten Gutshöfen, typischen Bauernhoftourismus, Ferienhäuschen, Pensionen, Privatunterkünfte und Herbergen. Außerdem kann man natürlich campen, Informationen dazu finden sich unter „Camping".

Preiskategorien

Die in den Ortsbeschreibungen aufgeführten Unterkünfte sind in folgende Preisklassen unterteilt, dargestellt durch hochgestellte Eurozeichen. Der Preis gilt für das Doppelzimmer in der Hauptsaison, sofern nicht anders angegeben. Dies dient nur zur Orientierung, was das Preisniveau anbelangt, und entspricht nicht etwa dem Qualitäts-Sternesystem.

bis 25 Euro	€
25–50 Euro	€€
50–100 Euro	€€€
ab 100 Euro aufwärts	€€€€

Auch einige **Jugendherbergen** finden sich in Estland, vor allem in Tallinn. Hat man einen internationalen Jugendherbergsausweis aus dem Heimatland, schläft man zum günstigeren Tarif, sonst muss man eine Tagesmitgliedschaft erwerben. Die Jahresmitgliedschaft bei den Jugenherbergsverbänden daheim kostet 12–20 Euro in Deutschland (www.jugendherberge.de), 10–20 Euro in Österreich (www.oejhv.or.at) und 22–55 SFr in der Schweiz (www.youthostel.ch). Informationen über die estnischen Jugendherbergen findet man bei der Estonian Hostel Association (www.balticbookings.com/eyha/).

Estland ist als junger Staat hinsichtlich touristischer Infrastruktur stark im Umbruch. Wöchentlich entstehen neue Pensionen, während so manch andere vor dem finanziellen Ende steht und schließen muss. Die Besitzverhältnisse und damit der Service und die Preise können sich rasch ändern. Die in diesem Buch angegebenen Preiskategorien dienen lediglich als Richtwerte.

Leider kann die Autorin nicht garantieren, dass unter den angegebenen Telefonnummern immer jemand rangeht, der Englisch oder Deutsch beherrscht. Oftmals werden kleinere Pensionen auf dem Lande von Familien betrieben und wer Pech hat, hat die Oma am Apparat, die nur Estnisch oder Russisch spricht. Falls dies der Fall ist, am besten an die nächstgelegene Touristeninformation wenden und die Angestellten bitten, die Reservierung vorzunehmen. Das gilt selbstverständlich nicht für große Häuser, dort sprechen die Angestellten Englisch oder oft auch Deutsch.

Estland ist im Allgemeinen ein sauberes und ordentliches Land, wobei es natürlich - wie überall - auch dort schwarze Schafe gibt. Wer als Individualreisender unterwegs ist und sich vor Ort für kleine Privatunterkünfte auf dem Land entscheidet, sollte sich die Zimmer und das Bad immer erst zeigen lassen. Große Hotels haben denselben Standard wie bei uns.

Unterkunftsvermittlung

Es gibt einige Dachorganisationen und Verbände, die Unterkünfte vermitteln. Sehr empfehlenswert ist der **Landtourismusverband.** Der umfangreiche, deutschsprachige Katalog beinhaltet Fotos zu jeder Unterkunft auf dem Lande. Man bekommt ihn gegen ein geringes Entgeld nahezu überall im Land, außerdem bei diversen Reisebüros und Informationsstellen. Ferner kann man die Adressen der Pensionen, Bauernhöfe, Ferienhäuser und Gästehäuser im Internet einsehen.

- **Eesti Maaturism,** Vilmsi 53b, 10147 Tallinn, Tel. 6009999 (Mo–Fr 8–17 Uhr), eesti@maaturism.ee, www.maaturism.ee.

Die Vermittlung von **Privatunterkünften** übernimmt die Bed & Breakfast-Zentrale in Tallinn. Es werden Zimmer und Apartments von Privatpersonen vermittelt, nicht nur in Tallinn, sondern auch in Tartu, Pärnu und Viljandi. Manche Apartments hat man für sich allein, aber oft kommt es vor, dass man mitten in einer privat genutzten

Wohnung, etwa im Gästezimmer oder umfunktionierten Wohnzimmer, unterkommt – nicht jedermanns Geschmack, aber die beste Art, Land und Leute kennenzulernen.

- **Bed & breakfast,** Mere pst. 4, Tel. 6616291, rasastra@online.ee, rasastra@hot.ee, www.bedbreakfast.ee, das Büro ist täglich von 9.30 bis 19 Uhr geöffnet.

Wer sich richtig verwöhnen lassen oder etwas für seine Gesundheit tun möchte, kann in einem der hervorragenden **Spa- und Wellnesshotels** unterkommen. Einen Überblick kann man sich im Internet verschaffen unter www.estonianspas.com/ger. Die Spa-Hotels werden in den Ortsbeschreibungen aufgeführt (siehe auch „Sport und Aktivitäten").

Umfangreiche Listen mit Unterkünften findet man bei den oben aufgeführten Informationsstellen oder in vielen Spezialpublikationen wie dem regelmäßig in englischer Sprache erscheinenden Magazin **„In your pocket"** (www.inyourpocket.com) zu den Städten Tallinn, Tartu, Narva, Pärnu und Haapsalu.

Hinweise zur Ausstattung

Aus Angst vor Diebstahl befinden sich auch in Hotels oftmals keine **Haartrockner** im Zimmer, aber es lohnt sich, an der Rezeption zu fragen, wo man sich meistens einen ausleihen kann.

Fast alle Unterkünfte im Land können eine eigene **Sauna** vorweisen, aber normalerweise muss sie – und

101es Foto: jl

das nicht zu billig – extra bezahlt werden. Man erkundige sich also vorher, damit auf der Rechnung keine unerwarteten Preisaufschläge auftauchen.

Mit dem Begriff **Suite** wird – außer in erstklassigen Hotels – manchmal etwas inflationär umgegangen. Es handelt sich meist lediglich um ein etwas größeres Zimmer mit Sitzecke und Kaffeemaschine.

Verhaltenstipps

Wer durch Estland reist, braucht sich im Prinzip keine Sorgen um bestimmte Verhaltensweisen oder Sitten zu machen, die uns nicht vertraut sind. Fremde werden im Großen und Ganzen nicht viel anders als Einheimische behandelt, grundlegende Tabus gibt es kaum. Nicht zuletzt durch die lange geschichtliche Verbindung ist Estland ein uns sehr vertrauter Kulturraum. Der typische Este lässt sich als eher zurückhaltend und wortkarg charakterisieren, ist jedoch niemals arrogant (mehr zur Mentalität siehe Kapitel „Land und Leute: Bevölkerung").

Fragt man nach einer Auskunft, wird einem meist sachlich und informativ geantwortet, Smalltalk wird man mit Esten eher nicht führen. Wer sich ein paar Worte der Landessprache aneignet, wird auch verschlossene Gemüter gleich viel leichter für sich einnehmen können.

Luxus im Jugendstil:
Villa Ammende in Pärnu

Selbst unter Freunden sind direkte körperliche Kontakte wie Umarmungen oder Küsschen auf die Wange nicht üblich. Anders verhält es sich mit den im Land lebenden Russen. Sie sind im Allgemeinen redseliger und Fremden gegenüber aufgeschlossen, außerdem begrüßen sie sich gern mit mehr Überschwang.

Es empfiehlt sich, im Umgang mit den Einheimischen seinem gesunden Menschenverstand zu vertrauen. Wie überall sollte man Menschen nicht einfach ungefragt fotografieren oder auf Privatgrundstücke vordringen. In Kirchen sollte man sich wie hierzulande diskret und still verhalten.

Es besteht ein gesetzliches Verbot, auf öffentlichen Plätzen Alkohol zu trinken. Zwar halten sich gerade Jugendliche nicht immer daran, doch wer sich dem Verbot widersetzt, muss mit einer Geldstrafe rechnen.

Einladungen

Es wird Reisenden eher selten passieren, dass sie von neuen estnischen Bekannten nach Hause eingeladen werden, wie es beispielsweise in südlichen Ländern häufig vorkommt. Dafür halten einmal geschlossene Freundschaften oftmals lange und geraten nicht so schnell in Vergessenheit. Wird man doch einmal von Esten oder Russen nach Hause eingeladen, sollte man unbedingt Blumen für die Hausherrin mitbringen, auch Pralinen oder Wein sind gern gesehene **Gastgeschenke.**

In allen privaten Räumen ist es üblich, die Schuhe auszuziehen. Einmal nach Hause geladen, kann es gut und gern passieren, dass man gleich zu einem **gemeinschaftlichen Saunagang** eingeladen wird. Dies mag Deutschen angesichts der estnischen Introvertiertheit wie ein Widerspruch vorkommen. Der gemeinsame Saunagang (wie bei uns nackt und nicht, wie etwa in den USA, mit Badesachen) gehört jedoch unter Freunden und Familienangehörigen durchaus zu häufig gepflegten Ritualen (mehr über Sauna unter „Sport und Aktivitäten"). Die meisten Reisenden werden aber wohl kaum in die Verlegenheit kommen.

Das Verhältnis zu den Nachbarländern

Was Esten im Allgemeinen nicht mögen, ist, wenn man sie auf **Russisch** anspricht. Man sollte es lieber zunächst auf Deutsch oder Englisch probieren, zu tief sitzt oftmals noch der Zorn auf die ehemaligen Besatzer. Ist das Russische jedoch der einzige gemeinsame Nenner, kann man immer noch auf diese Sprache ausweichen. Gerade junge Leute sprechen jedoch oftmals gar kein Russisch mehr, dafür aber fließend Englisch und oft auch Deutsch. **Vergleiche zu Russland** oder gar ein Lob auf die ehemalige Sowjetunion sollte man tunlichst vermeiden.

Sie hören es auch nicht gern, wenn man Esten, Letten und Litauer über einen Kamm schert oder Esten **als Balten bezeichnet.** Esten sind, obwohl sie sich in der Außendarstellung mit Lettland und Litauen als „Baltikum" präsentieren, streng genommen keine Balten. (Lettisch und Litauisch sind baltische Sprachen, Estnisch gehört hingegen zur finno-ugrischen Sprachfamilie). Esten sind sehr stolz auf ihr Land und ihre Kultur, die sich zum Teil erheblich von den Nachbarländern unterscheidet.

Verkehrsmittel

Hinweise zu verschiedenen Verkehrsanbindungen im Land finden sich in den einzelnen Ortskapiteln unter dem Stichwort „Verkehr". Besonders umfangreich werden die Verbindungen im Kapitel „Tallinn" aufgeführt, auch die Anfahrt zum/vom Flughafen und Hafen ist dort beschrieben.

In Estland fährt man vorwiegend Bus oder Auto. Wer sich nur in Tallinn aufhält, wird sich zumeist zu Fuß fortbewegen. Wer jedoch weite Teile des Landes entdecken will, sollte sich überlegen, ein **Auto zu mieten.** Damit ist man am beweglichsten und erreicht jede noch so abgelegene Stelle. Adressen von Autovermietungen finden sich in den jeweiligen Ortskapiteln, die großen Anbieter sind in Tallinn. Tipps und Hinweise zum Autofahren im Land gibt es unter „Autofahren".

Busse

Wer sich individuell durch das Land bewegen will, nimmt am besten den Bus. Es werden nicht nur größere Städte, sondern auch kleine Dörfer (zumindest einmal täglich) angefahren. Dennoch sollte man bedenken, dass kleinere Dörfer und abgelegene Sehens-

078es Foto: jl

würdigkeiten, beispielsweise ein einsames Herrenhaus im Wald, nicht so oft angefahren werden. Wer Pech hat, hängt dort nach einer 15-minütigen Besichtigung einen Tag fest. In die größeren Städte fahren hingegen oft und regelmäßig Busse.

In den **Busbahnhöfen** *(bussijaam)* der Städte kann man die Fahrzeiten an aushängenden Tafeln finden oder auch am Schalter erfragen. Man wird dort jedoch nicht immer auf englisch- oder deutschsprachige Mitarbeiter treffen. Um sicher zu gehen, sollte man am besten einen Zettel und Stift mitführen und gewünschtes Ziel mit Datum und Uhrzeit notieren.

Im Busbahnhof kann man im Voraus **Fahrkarten** kaufen, was zu empfehlen ist. Es gibt auch die Möglichkeit, direkt im Bus zu bezahlen. Allerdings kann es vorkommen, dass der Bus schon ausgebucht ist und man auf den nächsten warten muss. Da einige Busse nur ein- bis zweimal täglich fahren, sollte man sich vorher mit einem Ticket absichern. Das gilt besonders für Fahrten am Anfang und Ende des Wochenendes.

Im Vergleich zu Deutschland sind die Busse in Estland sehr preisgünstig. Für umgerechnet 10–15 Euro kann man quer durchs Land fahren. Genaue Fahrpläne und Preise findet man – auch auf Englisch – auf der Website www.bussireisid.ee. In den Busbahnhöfen größerer Städte gibt es fast immer eine **Gepäckaufbewahrung** *(pakihoid)*.

Wer von Estland aus **in andere Länder** fahren möchte, kann die häufig verkehrenden **Eurolines-Busse** nutzen. Eurolines-Büros gibt es in Tallinn, Tartu, Pärnu, Paide, Haapsalu, Kärdla, Kuressaare, Viljandi, Jõgeva, Valga, Võru, Rakvere, Narva, Sillamäe und Jõhvi.

Stadtverkehr

Öffentliche innerstädtische Verkehrsmittel sind in Estland sehr preiswert. In Tallinn fahren Straßenbahnen, Busse und sogenannte O-Busse oder Trolleybusse, außerdem verkehren auf manchen Strecken Minibusse. Die Preise betragen pro Fahrt etwa einen Euro. Gleiches gilt für Verkehrsmittel in anderen größeren Städten, dort fahren Busse und Minibusse.

Tickets kann man am Kiosk oder beim Fahrer (teurer) erhalten. Wer viel in einer Stadt fährt, sollte sich am Kiosk ein Zehnerticket besorgen. Die Tickets müssen im Bus (auch Trolleybus und Straßenbahn) entwertet werden. An den Haltestangen im Fahrzeug sind kleine Kästen angebracht, dort steckt man das Ticket hinein und zieht den grünen Schieber herunter. In Tallinn können Inhaber der **Tallinn-Card** kostenlos die Verkehrsmittel nutzen.

Taxis

Man kann an einem Taxistand einsteigen, per Handzeichen ein fahrendes Taxi zum Anhalten bewegen (sofern nicht besetzt) oder telefonisch einen Wagen bestellen. Restaurants und

096es Foto: jl

Hotels, in denen man untergekommen ist, sind dabei gern behilflich. Taxis stehen vor Bahnhöfen, Häfen, Flughäfen und größeren Hotels der Städte.

Man sollte darauf achten, dass beim Einsteigen das **Taxometer** eingeschaltet ist. Normalerweise hängt gut sichtbar eine Preisliste aus, die über die Grundgebühr (2–4 Euro) sowie den Preis pro Kilometer (etwa 50 Cent) informiert. Das Taxifahren ist in Estland wesentlich preiswerter als in Deutschland, lediglich am Tallinner Flughafen und an den Häfen lauern manchmal Fahrer, die versuchen, Touristen übers Ohr zu hauen. Dies ist jedoch nicht die Regel! Um sicher zu gehen, sollte man den Fahrer beim Einsteigen nach dem ungefähren Preis der Fahrt fragen. Wenn Bedarf besteht, ist der Fahrer nach der Fahrt verpflichtet, eine Quittung auszustellen.

Bahn

Es existieren in Estland nur **wenige große Zugverbindungen,** und zwar zwischen Tallinn, Pärnu, Tartu, Viljandi, Türi, Rapla, Rakvere und Narva. Sie spielen im Inlandsverkehr eine vergleichsweise unbedeutende Rolle. Die Züge fahren meist nur ein- bis zweimal täglich oder noch seltener. An der Nordküste gibt es noch kleinere Zuglinien, von Tallinn aus zu einzelnen Orten wie Paldiski, ein Überbleibsel der Sowjetzeit. Auf diesen Strecken ist mit einer längeren Fahrzeit zu rechnen, da der Zug an jedem kleinen Ort hält.

Busbahnhof im Norden des Landes

Busse sind schneller und zumeist auch preiswerter. Hinzu kommt, dass die Bahnhöfe in manchen Städten, etwa in Pärnu und Tartu, nicht gerade verkehrsgünstig liegen.

Schiffe

Zu den Inseln gelangt man mit **Fähren** oder kleinen Privatbooten. Die Verbindungen sind in den entsprechenden Kapiteln aufgeführt. Außerdem findet man sie im Internet unter www.laevakompanii.ee.

Wer ein wenig Zeit und Muße hat, kann kürzere Strecken – weniger zum Transport als eher zum Vergnügen – auf dem Wasserweg zurücklegen. Es gibt viele Kanuvermieter und einen Anbieter für **historische Schiffsfahrten** (siehe „Sport und Aktivitäten").

Inlandsflüge

Es gibt einige Inlandsflüge, z.B. nach Pärnu sowie auf die Inseln. Flughäfen und Angebote sind in den entsprechenden Kapiteln aufgeführt. Eigentlich lohnt sich aufgrund der kurzen Distanzen ein Inlandsflug nicht, es sei denn, man plant einen Ausflug auf die entlegene Insel Ruhnu.

Zeitverschiebung

In Estland gilt die **Osteuropäische Zeit,** die Zeitdifferenz zur Mitteleuropäischen Zeit beträgt plus eine Stunde. Um 12 Uhr in Deutschland ist es in Estland also schon 13 Uhr. Auch dort gelten die Sommer- und Winterzeit.

043es Foto: jl

Land und Leute

086es Foto: jl

065es Foto: jl

Milchverkäufer in Tartu

Straße in Tallinn

Holzstege führen Wanderer durch sumpfige Wälder und Moore

Geografie

Der nördlichste der drei baltischen Staaten hat eine Ost-West-Ausdehnung von etwa 350 Kilometern und eine Nord-Süd-Ausdehnung von 240 Kilometern. Mit etwas mehr als 45.200 Quadratkilometern ist es **eines der kleinsten Länder Europas.** Obgleich größer als beispielsweise die Schweiz, die Niederlande oder Dänemark, entspricht es gerade einmal der Größe des deutschen Bundeslandes Niedersachsen.

Estland grenzt im Süden an **Lettland,** die Grenze zu **Russland** verläuft großteils durch den Peipus-See, den größten See des Landes. Die stark gegliederte Nordküste grenzt an den **Finnischen Meerbusen,** Helsinki liegt nur 85 Kilometer entfernt. Auch westlich des Landes breitet sich die Ostsee aus, die in Estland übrigens „Westsee" genannt wird. Das Land liegt damit auf gleicher geografischer Breite wie Südschweden, der nördliche Teil von Schottland sowie die Südküste Alaskas. Estland sieht sich deshalb weniger als ost-, sondern vielmehr als nordeuropäisches Land.

Die nordbaltische Republik ist von Wasser geprägt, nicht nur weil sie von der Ostsee umspült wird. Zum Land gehören über 1500 (größtenteils unbewohnte) Inseln und Holme. Die größten Inseln liegen vor der Westküste: Saaremaa (Ösel), Hiiumaa (Dagö) und Muhu. Durch die vielen Buchten, Halbinseln und Inseln kommt Estland auf eine stattliche Küstenlänge von rund 3800 Kilometern, wobei in dieser Zahl auch die Küsten der vielen Inseln und Inselchen enthalten sind. Sie allein machen schon etwa 2500 Kilometer aus.

Das Land zählt – vor allem im höher gelegenen Süden – rund **1200 Seen,** in manchen Quellen ist gar von 1500 die Rede, wobei die Grenze zwischen Tümpel, Teich und See wohl fließend ist. Viele Binnengewässer im Osten des Landes sind aus ehemaligen Ostseebuchten entstanden. Hinzu kommen über 7000 kleinere und größere **Flüsse und Bäche** sowie zahlreiche Feuchtgebiete. Die bedeutendsten Flüsse sind der Pärnu und der Emajõgi. Etwa 20 % des Landes sind von **Mooren und Sümpfen** bedeckt, viele davon wurden unter Schutz gestellt. Auf den **Peipus-See,** der mit einer Fläche von 3550 Quadratkilometern zu den größten Europas zählt, folgt in Bezug auf die Größe der im Herzen des Landes liegende **Võrtsjärv** (Wirz-See), der 270 Quadratkilometer misst.

Vor allem im Westen ist das Land sehr flach, hier war es in der letzten Eiszeit am längsten von Gletschern und danach noch jahrhundertelang vom Meerwasser bedeckt. Viele kleine Inseln und Küstenabschnitte lagen vor gar nicht allzu langer Zeit noch unter Wasser. Der Boden, der vor etwa 20.000 Jahren durch die zum Teil Kilometer dicken Eismassen abgesenkt wurde, hebt sich aufgrund tektonischer Vorgänge allmählich an, etwa zwei Millimeter im Jahr. Im Westen befinden sich Estlands schönste **Strände, Dünen und Sandbänke,** die Nordküste ist eher steinig.

Insgesamt ist das Land, das durchschnittlich etwa 50 Meter über dem Meeresspiegel liegt, sehr niedrig, Tallinn befindet sich gerade einmal 44 Meter über dem Meeresspiegel, Tartu 68 Meter und die Insel Vilsandi bei Saaremaa nur acht Meter.

Das **Relief** des erdgeschichtlich älteren Hochestlands, also die höher gelegenen Gebiete im Norden und Südosten, wurde in der letzten Eiszeit geformt. Die zurückweichenden Gletscher, die Gesteinsmaterial abtrugen und anderswo wieder ablagerten, hinterließen schöne Moränenlandschaften mit Senken, Gruben und lang gezogenen, parallel liegenden Geröllrücken (Drumlins). Das Schmelzwasser der Gletscher bildete hübsche Urstromtäler. Die am Rande der Gletscher entstandenen Endmoränen verhinderten oftmals den Abfluss des Wassers, wodurch zahlreiche Seen entstanden. Aus Skandinavien vorrückende Gletscher transportierten ferner riesige abgeschliffene Steine, sogenannte Findlinge, die heute vor allem die Küste säumen und manchmal mehrere Meter messen.

Im Südosten des Landes befinden sich die **Höhenzüge Sakala, Otepää und Haanja.** In Haanja ragt auch der höchste Berg des Baltikums in den Himmel hinein, der 318 Meter hohe **Suur Munamägi.** Im Norden, bei Tamsalu, erheben sich die Hügel des **Pandivere-Hochlands.** Mit seiner höchsten Erhebung, dem Emumägi, erreicht der Kalkstein-Höhenzug 166 Meter.

Während **Kalkstein,** der Nationalstein des Landes, das Fundament Nordestlands bildet, besteht der Untergrund weiter südöstlich aus **Sandstein** des Devon. Die wohl auffälligste Oberflächenform des Landes ist die am Finnischen Meerbusen entlanglaufende **Baltische Glint,** eine Kalksteinstufe, die im Nordosten, bei Ontika, eine maximale Höhe von rund 55 Metern erreicht. Auch auf der Insel Pakri, der Halbinsel Paldiski und bei Panga auf der Insel Saaremaa kann man **steile Küstenabschnitte** bewundern. Viele Flüsse münden hier und fallen als kleinere **Wasserfälle oder Stromschnellen** vom Plateau herab, zu den bekanntesten zählen der Valaste-Wasserfall bei Ontika sowie die Fälle Keila-Joa (westlich von Tallinn) und Jägala (östlich von Tallinn).

Flora und Fauna

Pflanzenwelt

Moore und Feuchtgebiete

Estland stellt biogeografisch eine Grenze zwischen dem ostmitteleuropäischen Kontinentalklima und dem milden Meeresklima dar, was sich auch in der Pflanzenwelt niederschlägt. Über ein Fünftel des Landes ist von **Nieder-, Zwischen- und Hochmooren** bedeckt, darin wird Estland nur noch von Finnland übertroffen. Besonders gut zugänglich für Besucher sind das Endla-Moor nördlich von Tartu, die Moore im Nationalpark Soomaa sowie das Hochmoor Viru im Nationalpark Lahemaa, aber auch viele andere kleine Feuchtgebiete im ganzen Land, die großteils unter Schutz stehen.

An den Küsten und entlang einiger Flüsse findet man noch schöne **Auen** sowie **Natur- und Gehölzwiesen** vor. Als besonders artenreich gelten die Gehölzwiesen Vahenurme im Landkreis Pärnumaa und Laelatu. Letztere befindet sich südlich des Matsalu-Nationalparks in Läänemaa. Hier wachsen auf einem Quadratmeter über 70 verschiedene Pflanzenarten. 36 Orchideenarten wurden bislang in Estland gezählt, 34 davon sind auf der Insel Saaremaa zu finden. Die Nationalblume ist indes die Kornblume.

Wälder

Rund 40 % des estnischen Territoriums sind von Wäldern bedeckt, die sich wie in Skandinavien vor allem aus **Kiefern und Fichten** zusammensetzen. Laubwälder, wie man sie aus Mitteleuropa kennt, wurden aufgrund menschlicher Einflüsse in der Vergangenheit stark dezimiert. Die Forst- und Holzwirtschaft spielt in Estland eine bedeutende Rolle, aber für etwa ein Drittel der Wälder liegen Naturschutzbeschränkungen vor. Im Norden liegen oft bemooste Findlinge zwischen den Bäumen, der Waldboden ist vielfach mit **Flechten, Moosen oder Heidekraut** überwuchert.

Birkenhaine findet man vielerorts, ebenso sieht man häufig Espen und Erlen, aber auch Eichen, Linden, Ulmen, Ebereschen und Ahornbäume wachsen in Estland. Gerade im Westen und auf den Inseln trifft man auf ausgedehnte, mit **Wacholder** bewachsene Flächen.

Alte Eichen und Linden, die einige Jahrhunderte überstanden haben, werden von den Esten verehrt und stehen dementsprechend unter Schutz. Die Verehrung der „heiligen Bäume" geht auf den Naturglauben der vorzeitlichen heidnischen Esten zurück. Vielfach ranken sich Legenden um diese Bäume, die mancherorts **mit bunten Bändern geschmückt** sind.

Tierwelt

Säugetiere

In Estland sind 65 Säugetierarten beheimatet, darunter knapp 12.000 **Elche,** 50.000 **Rehe,** 17.000 **Wildschweine,** 17.000 **Biber,** 800 **Luchse,** 100–150 **Wölfe** und 500–600 **Braunbären** sowie **Seehunde** und **Kegelrobben,** die sich auf den westestnischen Inseln tummeln. Obgleich diese Zahlen angesichts der Größe des Landes Hoffung auf Tiersafaris machen mögen, müssen Besucher leider – oder im Falle von Bären vielleicht zum Glück – damit rechnen, während des Urlaubs kaum eines dieser Tiere zu Gesicht zu bekommen. Auf Elchpirsch geht man am besten in der Morgen- und Abenddämmerung an Stellen, die lokale Tourismusagenturen, Jäger oder Hotelbesitzer dem Gast empfehlen.

Wer in der freien Wildbahn kein Tier zu Gesicht bekommt, kann sich mit

Störche gehören zum Landschaftsbild

dem **Wildpark Elistvere,** nördlich von Tartu, trösten. Dort kann man zur Genüge Elche, Wildschweine, Luchse, Füchse und andere Tiere betrachten und fotografieren.

In manchen Naturschutzgebieten, beispielsweise im schönen Lahemaa-Nationalpark, gibt es Wanderwege, entlang derer man wenigstens die Spuren der wilden Bewohner entdecken kann. So empfielt sich in Lahemaa der **Bärenpfad,** wo Hinweisschilder auf Prankenabdrücke und zerkratzte Bäume aufmerksam machen, oder im Nationalpark Soomaa ein Lehrpfad, wo man **Biberbauten** an den Flüssen sieht.

Eine Seltenheit ist der in fast allen Teilen Europas ausgestorbene **Europäische Nerz** (nicht zu verwechseln mit dem Amerikanischen), der nach einer Wiederansiedlung auf der Insel Hiiumaa wieder Fuß fasst. Man muss allerdings sehr viel Glück haben, um eines der scheuen Tierchen zu sehen. Gleiches gilt für das **Fliegende Eichhörnchen,** das beispielsweise noch im Nationalpark Soomaa ansässig ist.

Vögel

Mehr Glück haben Besucher mit vielen der etwa 330 Vogelarten, wovon über 220 in Estland nisten. Seltene **Adlerarten, Auerhähne** und **Schwarzstörche** bekommt vielleicht nicht jeder zu Gesicht, dafür aber bestimmt **weiße Störche,** sofern man in den Sommermonaten durch das Land reist. Estlands ausgedehnte Feuchtgebiete und urwüchsige Landschaften bieten

089es Foto: jl

den großen Vögeln optimale Lebensbedingungen. Überall sieht man auf hohen Gebäuden, Masten und Türmen große Storchennester, auch nach Ende August, wenn die Störche bereits beginnen, ihre Reise in den Süden anzutreten.

Häufig vertreten sind ansonsten vor allem diverse (Meeres-)Enten-, Schwan- und Gänsearten sowie Kraniche. Es gibt viele eigens unter Schutz gestellte Gebiete, wo man besonders zur Zugzeit hervorragend Vögel beobachten kann, beispielsweise im Nationalpark Vilsandi, der sich über die westlichste Küste Saaremaas und rund 100 vorgelagerte Inseln erstreckt, in der Matsalu-Bucht zwischen Haapsalu und Pärnu, im Natur- und Vogelschutzgebiet Silma auf Noarootsi nördlich von Haapsalu oder im Mündungsgebiet des Emajõgi.

Fische

Die Seen und Flüsse, vor allem der Peipus-See und der Võrtsjärv, sind recht fischreich. Barsche, Hechte, Zander, Welse, Bachforellen, Karpfen, Rotaugen und Schleien sind nur einige der Fische, die in estnischen Gewässern beheimatet sind.

Insekten und Schlangen

Aufgrund der vielen Feuchtgebiete entwickeln sich auch Insekten, insbesondere **Mücken und Zecken,** hervorragend in Estland. Bei Ausflügen muss man also immer reichlich Mücken- und Zeckenschutzmittel auftragen (siehe auch Kap. „Vor der Reise: Gesundheitsvorsorge"). Vorsicht auch vor **Kreuzottern,** die in Estland beheimatet sind. Falls – was sehr selten vorkommt – man von einer gebissen wird, sollte man schnell einen Arzt aufsuchen.

Info-Broschüren

Wer sich für Natur und Umwelt interessiert, dem sei der Katalog „Estonian Nature Travel Guide" (auch auf Deutsch) vom Estnischen Landtourismusverband ans Herz gelegt. Dort werden die wichtigsten Naturschätze des Landes aufgezählt und beschrieben. Das Heft bekommt man gegen ein kleines Entgelt in den Touristeninformationen. Dort erhält man außerdem die Broschüre „Estland – Reiseziel für Naturtourismus".

Naturschutzgebiete und Nationalparks

Zehn Prozent der Fläche Estlands stehen unter Naturschutz. Jedem Besucher, der nicht nur ein Wochenende in Tallinn verbringt, sei ein Ausflug in mindestens eines der wunderschönen Naturschutzgebiete oder einen der fünf Nationalparks (Lahemaa, Soomaa, Vilsandi, Karula, Matsalu) ans Herz gelegt. Wanderungen oder Spaziergänge in den ausgedehnten Moor- und Waldgegenden, Kanufahrten auf den Flüssen, die in liebliche Urstromtäler eingebettet liegen, Fahrradtouren entlang der Küste oder Reitausflüge durch die dichten Wälder bringen dem Besucher die unberührte Natur, einen der größten Schätze des Landes, näher. Vor allem im Herbst trifft man dabei immer wieder Esten, die mit Körben ausgerüstet im Wald nach Heidelbeeren, Moosbeeren, Preiselbeeren oder Pilzen suchen, die hier in Massen wachsen.

Geschichte

Erste Besiedlung

9000–8000 v. Chr.: Nach Ende der letzten Eiszeit beginnt die Besiedlung des heutigen Estlands, wie Funde der sogenannten **Kunda-Kultur** belegen.

Ab etwa 3000 v. Chr.: Finno-ugrische Volksstämme wandern von Osten her in das heutige Baltikum ein. Sie gelten als Vorfahren der Esten. Zunächst leben sie von der Jagd und vom Fischfang, später betreiben sie Ackerbau und Viehzucht. Um 1000 v. Chr. entstehen befestigte Siedlungen und **Bauernburgen.**

Frühe Handelsbeziehungen und Eroberungen

Ab 500 v. Chr. bis etwa 500 n. Chr.: Wie archäologische Fundstücke belegen, blüht der **Bernsteinhandel,** die Handelsbeziehungen reichen bis ans Mittelmeer.

Ab 500–600 n. Chr.: Die Bewohner der estnischen Inseln, vor allem Saaremaa (Ösel), sind gefürchtete **Seeräuber.** Ab 600 machen die **Wikinger** die Küste unsicher, Estland wird zum **Transitland des Handels** zwischen Skandinavien und Russland, Mittelasien und dem Mittelmeerraum.

Ab 800: Dänen und Schweden versuchen, Estland zu erobern.

1030: Der Kiever Großfürst *Jaroslav der Weise* erobert die altestnische Festung **Tarbatu (Tartu)** und errichtet eine Burg auf dem (heutigen) Domberg.

1154: Estland wird erstmals schriftlich erwähnt. Der arabische Geograf *al-Idrisi* vermerkt die heutige Stadt **Tallinn** auf seiner Weltkarte unter dem Namen *Kolõvan.*

Hanse

Ab 1180: Die **Kaufleute** der Hanse dringen ins Baltikum vor und gründen Handelssitze. Damit einher geht der Einzug von **Missionaren,** die die Esten als eines der letzten heidnischen Völker Europas zu christianisieren versuchen.

Schwertritterorden

Ab 1208: Anfang des 13. Jahrhunderts erobern **Schwertbrüder** das heutige Estland, um es der Jungfrau Maria zu weihen (*Maarjamaa,* dt. Marienland). Da die Schwertritter bereits das südliche Baltikum erobert und den Ordensstaat **Livland** gegründet haben, stehen ihnen die bekehrten Liven und Letten bei der Eroberung zur Seite. Sie stürmen die Bauernburgen, unter anderem 1217 die Burg Lõhavere (Leol) und die Burg Viljandi im damaligen Sakala.

Nordestland fällt an Dänemark

1219: Der dänische König *Waldemar II.* erobert 1219 Nordestland und errichtet anstelle einer Estenburg die **Festung Reval** (Tallinn). Einer Legende nach gelingt ihm dies, weil die däni-

Die Hanse – ein internationales Städtebündnis

Die Hanse – ein Begriff, mit dem man noch heute viel assoziiert: Freiheit, Handel und Völkerverbundenheit, voll beladene Schiffe, die mit gespannten Segeln Waren über die Ost- und Nordsee, über Flüsse und Seen transportierten, reiche Kaufleute und volle Kassen. Noch heute tragen viele Städte – etwa Hamburg – den Begriff Hanse im Namen und verweisen damit stolz auf jenes Bündnis, das über Jahrhunderte die wirtschaftlichen Geschicke des Ostseeraums prägten. Doch wie genau ist sie entstanden, gediehen und schließlich zugrunde gegangen, diese **europäische Wirtschaftsgemeinschaft** des Mittelalters?

Die „Deutsche Hanse" oder „Dudische Hanse", wie sie noch genannt wurde, war das erfolgreichste Städtebündnis des Mittelalters. Zur Blütezeit gehörten ihm rund **70 Städte** an, bis zu 200 weitere standen mit der Hanse im Austausch. In Estland waren **Reval** (Tallinn), **Dorpat** (Tartu), **Fellin** (Viljandi) und **Pernau** (Pärnu) dabei. Die Geschäfte der Gemeinschaft wurden von Lübeck aus geführt, Niederlassungen in anderen Ländern, sogenannte Kontore, entstanden im Laufe der Zeit in London, Brügge, Bergen, Visby und Nowgorod.

Angesiedelt im Nordsee- und Ostseeraum, erschlossen sich die Mitglieder der Hanse einen wirtschaftlichen Einflussbereich, der im 16. Jahrhundert von Portugal bis Russland und von den skandinavischen Ländern bis nach Italien reichte. In ihrer Blütezeit war die Hanse so mächtig, dass sie zur Durchsetzung ihrer wirtschaftlichen Interessen Wirtschaftsblockaden verhängte und sogar Kriege führte.

Vom 13. bis in die Mitte des 15. Jahrhunderts beherrschten die Hansekaufleute weitgehend den **Fernhandel** des nördlichen Europa, sie versorgten West- und Mitteleuropa mit Waren wie Pelzen, Wachs, Getreide, Fisch, Flachs, Hanf, Holz oder Teer und erhielten im Gegenzug aus dem Westen und Süden Tuche, Metallwaren, Waffen oder Gewürze, die sie wiederum nach Nordeuropa brachten.

Zu verstehen ist der Erfolg der Hanse, aber auch ihr Niedergang Mitte des 17. Jahrhunderts, nur vor dem historischen Hintergrund. Das Spätmittelalter war eine von bedeutenden Veränderungen geprägte Zeit. Das rapide Bevölkerungswachstum, die Zunahme von Handel und Verkehr und die Entstehung von Städten prägten die wirtschaftliche und politische Ordnung. Größere Städte versuchten, durch gezielte Städtebundpolitik ihre wirtschaftlichen Interessen abzusichern, und bauten einen Fernhandel auf.

Hatten sich anfangs verschiedene Gruppen von Kaufleuten zusammengeschlossen, entstand ab Mitte des 14. Jahrhunderts, nachdem der Deutsche Ritterorden das Baltikum unter seine Herrschaft gebracht hatte und dort neue Städte wie Riga entstanden waren, die sogenannte Städtehanse, die alle zwei Jahre eine Hauptversammlung abhielt – den **Hansetag.** Ab 1356 galt er als oberste Instanz der Gemeinschaft und war die einzige hansische Institution im eigentlichen Sinne.

Natürlich war der wachsende Einfluss der Hanse den Stadtherren ein Dorn im Auge, dehalb kam es auch zu **kriegerischen Auseinandersetzungen** zwischen dem Bündnis und den Herrschenden. Einer der größten Erfolge der Hanse war dabei der Sieg über den Dänenkönig *Waldemar IV.* Auch im **Kampf gegen Piraten** be-

Die heutigen Hansetage sind Mittelalterfeste, bei denen die Aussteller altes Handwerk vorführen währte sich die Gemeinschaft. 1402 wurde der wohl berühmteste unter ihnen, der Pirat *Klaus Störtebeker,* in Hamburg hingerichtet.

Der Machtverlust des Bündnisses begann mit dem **Erstarken der Landesherren** im Ostseegebiet, wo Städte den Interessen der regierenden Fürsten untergeordnet wurden. Ein anderer Grund war die **Entdeckung Amerikas,** die den bisher dominierenden Ostsee-Nordseehandel nun in überseeische Gebiete ausdehnte. Der stolze und mächtige Städtebund verlor nach und nach an Bedeutung und war zu Beginn des 17. Jahrhunderts nur noch dem Namen nach ein Bündnis. Der **Dreißigjährige Krieg** 1618–48 brachte die Auflösung. Der letzte Hansetag fand 1669 statt.

Dennoch, der Einfluss der Hanse ist bis heute sichtbar. Vielen Städten gelang erst durch die Hanse der Aufstieg, und der Reichtum zu dieser Zeit manifestiert sich nicht zuletzt durch die Architektur, die vielerorts noch heute erhalten ist. Bei einem Spaziergang durch die vier ehemaligen Hansestädte Estlands kann man noch **architektonische Perlen aus der Hansezeit** entdecken. Die mittelniederdeutsche Sprache der Gemeinschaft, die eine Lingua franca des Mittelalters war, beeinflusste auch die Entwicklung der estnischen Sprache, die gewisse Begriffe und Worte adaptierte.

1980 wurde die **„Hanse der Neuzeit"** gegründet, die wieder den Hansetag feiert, ein fröhliches **Mittelalterfest,** das jedes Jahr in einer anderen Mitgliedsstadt stattfindet. Lokale Hansetage werden jeden Sommer in **Tartu** abgehalten.

Termine sowie weitere Informationen über die alte und neue Hanse findet man auf der Website www.hanse.org/de.

102esFoto: jl

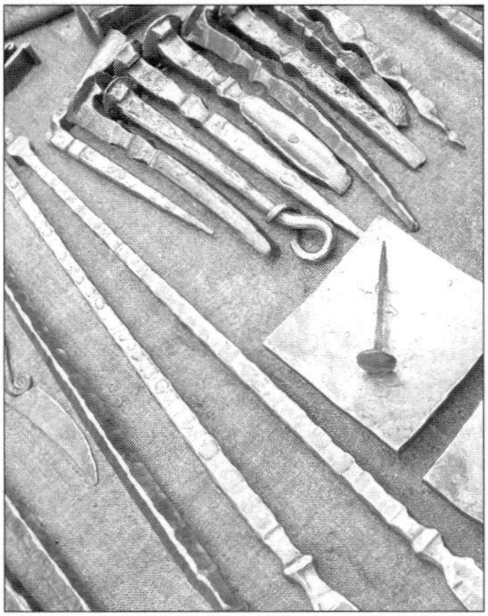

103esFoto: jl

Land und Leute

sche Fahne (Danebrog) vom Himmel gefallen sein soll. Bestärkt durch dieses Wunder soll das dänische Heer die Schlacht gewonnen haben.

1227: Nach zahlreichen Schlachten gegen die Dänen und Schweden, die von Westen her nach Estland eindringen, gelingt es dem Orden für den Rigaer Bischof *Albert,* ganz Estland zu erobern.

Deutscher Orden und Hansezeit

Ab 1230: Kaufleute gründen unterhalb der Burg Reval eine eigene Siedlung, die bereits 1248 Lübisches Recht verliehen bekommt. Ab 1256 obliegt sie nicht mehr der Macht der Domherren. Sie wird Mitglied der Hanse. 1280 tritt auch Dorpat (Tartu) der Hanse bei. Indes benennt sich der Schwertbrüderorden nach einer verheerenden Niederlage in Litauen um und heißt nun *Livländischer Orden.* Er untersteht von nun an dem Deutschen Orden. Auf Geheiß des Papstes muss der Orden jedoch Nordestland an Dänemark abtreten. Der südliche Teil des Landes wird Teil Livlands.

1343: In der sogenannten Georgsnacht (Jüriöö) begehren die Esten noch einmal gegen die Fremdherrschaft auf, werden jedoch geschlagen.

Ab 1346: Die Dänen verkaufen Nordestland an den Deutschen Orden. Die geistigen Führer des Livländischen Ordens herrschen nun über Livland, das ganz Estland und Lettland umfasst. Zahlreiche **Ordensburgen** entstehen, die Beziehungen untereinander sind jedoch nicht immer friedlich. Ausgenommen von der Herrschaft des Ordens im Gebiet des heutigen Estlands sind die **freien Hansestädte** Reval (Tallinn), Dorpat (Tartu), Pernau (Pärnu) und Fellin (Viljandi), die im 14. und 15. Jahrhundert ihre wirtschaftliche Blüte erleben. Leidtragende sind die Esten, die zu **Leibeigenen der deutschen Herrschenden** werden.

Reformation

Ab 1502: Das russische Heer fällt in Estland ein, kann jedoch von den Ordensrittern um *Wolter von Plettenberg* geschlagen werden. Zwanzig Jahre später dringt die Reformationsbewegung bis nach Estland vor und gewinnt sowohl bei den Deutschen als auch bei den estnischen Bauern schnell an Einfluss. Letztere erhoffen sich durch die Reformation mehr Einfluss im politischen wie geistigen Leben und stürmen als Zeichen des Widerstandes gegen den Orden die katholischen Kirchen des Landes. 1535 erscheint der Katechismus als erstes Buch in estnischer Sprache.

Livländischer Krieg

1558–83: Mit Einmarsch der Heere von *Iwan IV.,* genannt *der Schreckliche,* beginnt der Livländische Krieg. Der Ordensstaat zerfällt und Russen, Polen und Schweden kämpfen um das estnische Gebiet. Nordestland gerät unter **schwedische Herrschaft,** der Süden des Landes schließt sich **Polen** an und 1559 wird die Insel Ösel (Saaremaa) vom Bischof an **Dänemark** verkauft. Mehr als die Hälfte der Bevölkerung kommt durch Schlachten, Hungersnöte und Pest ums Leben, Burgen, Kirchen und Dörfer werden zerstört. Erst der Frieden von Zaplje beendet den Krieg. Nordestland fällt an Schweden, der südliche Teil (Livland) an Polen.

Schwedische Herrschaft

Ab 1600: Schweden versucht nach wie vor, weitere Ländereien zu erobern. 1625 gelingt es den Truppen, südestnische Gebiete an sich zu reißen. Mit dem Frieden von Bromsebro fällt auch die Insel Ösel (Saaremaa) in ihre Hand.

Ab 1629: Bis zum Nordischen Krieg herrschen die Schweden uneingeschränkt über Estland. Diese Epoche wird bis heute als „goldene schwedische Zeit" angesehen. Das **Luthertum** setzt sich endgültig im Land durch. 1632 gründet König *Gustav Adolf II.* in Dorpat (Tartu) die erste **Universität** des Landes. Estnische Schulen entstehen und die Rechte der Bevölkerung gegenüber den immer noch mächtigen Gutsherren werden gestärkt. Dennoch bleibt die Leibeigenschaft bestehen. Ende des 17. Jahrhunderts leidet die Bevölkerung aufgrund schlechter Ernten unter einer großen Hungersnot, 1700 bricht erneut Krieg aus.

Nordischer Krieg

1700–21: Der Nordische Krieg setzt der schwedischen Herrschaft ein Ende. Das **Heer des Zaren Peter I.** erobert das Land. Die Stadt Tartu wird fast vollständig zerstört, eine weitere Pestepidemie und eine Hungersnot breiten sich aus. Die **deutsch-baltischen Gutsherren** schlagen sich auf die russische Seite. 1710 ergibt sich Tallinn und entgeht so der Zerstörung. 1721 tritt Schweden die Ostseeprovinzen Estland und Livland im Frieden von Nystad an das Zarenreich ab. Bis dahin ist die Bevölkerung auf ein Drittel geschrumpft.

18. Jahrhundert: Dem deutsch-baltischen Adel werden unter der **Zarenherrschaft** Privilegien und Rechte zugesichert. Dies bedeutet eine Verschlechterung des Lebens der Landbevölkerung, deren Zugang zu Schulen wieder radikal eingeschränkt wird und die sich wieder als Leibeigene der Oberschicht unterwerfen muss. Erst gegen Ende des Jahrhunderts erholt sich das Land langsam von den Schrecken und der Zerstörung des Krieges. Langsam dringen die Gedanken der Aufklärung nach Estland vor.

Estnische Nationalkultur

1816: Obgleich die **Leibeigenschaft offiziell aufgehoben** wird, bleibt das Land in den Händen der Großgrundbesitzer, von denen die Bauern nach wie vor abhängig sind. Bereits 1802 öffnet jedoch die Universität in Dorpat (Tartu) erneut ihre Pforten und lässt nun auch Esten zu, Lehrsprache bleibt Deutsch. Literaten, Ärzte, Pastoren und Volkskundler bringen neues Gedankengut und Schriften unter die Bevölkerung, langsam entsteht eine Nationalkultur. Mitte des 19. Jahrhunderts dürfen Bauern eigenes Land erwerben.

1857: *Friedrich Reinhold Kreutzwald* gibt das **estnische Nationalepos „Kalevipoeg"** heraus, ein wichtiger Schritt, der die sogenannte „Zeit des Nationalen Erwachens" in Estland vorantreibt. Im mythischen Helden, der gegen das Böse kämpft, sehen die Esten ein Symbol für den Kampf gegen die Oberschicht, auch steht er für das Anknüpfen an die Vergangenheit, die eigene Kultur. Im selben Jahr hebt *Johann Woldemar Jannsen* die estnische Zeitung „Perno Postimees" („Pernauer Postbote") aus der Taufe.

Wirtschaftlicher Aufschwung und Russifizierung

Ab 1869: In Tartu findet das erste **nationale Sängerfest** statt. Die Eröffnung der Eisenbahnlinie zwischen Tallinn und St. Petersburg ein Jahr später bringt wirtschaftlichen Aufschwung und treibt die **Industrialisierung** des Landes voran. Die Einwohnerzahl steigt wieder an und die Städte wachsen. Allerdings treibt Zar *Alexander III.* die Russifizierung des Landes an. Ende des Jahrhunderts ist Russisch Unterrichts- und Amtssprache, die **orthodoxe Kirche** hat an Einfluss gewonnen, die Deutsch-Balten verlieren an Einfluss.

104es Foto: jl

Russische Revolution

Ab 1905: Die russische Revolution weitet sich auch auf Estland aus. In den Städten gehen die Arbeiter auf die Straße und beginnen zu streiken, die Landbevölkerung greift die Gutshäuser an. Im Oktober räumt der Zar dem Volk einige Freiheiten ein und verspricht eine Verbesserung der Lebensumstände, doch schon im Dezember schlägt sein Heer die Aufstände nieder. Auf Standgerichten werden Tausende zum Tode verurteilt, nach Sibirien verbannt oder in Haft gesteckt. Bis zum Ersten Weltkrieg halten dennoch Unruhen, Streiks und Kämpfe für die Unabhängigkeit an.

Erste Unabhängigkeit

1914–18: Die Esten nutzen die Wirren des Ersten Weltkriegs und der Oktoberrevolution 1917 dazu, endlich ihre Unabhängigkeit durchzusetzen. Am

Der schwedische König Gustav Adolf II. gründete 1632 die Universität von Dorpat, dem heutigen Tartu

24. Februar 1918 wird die **Erste Estnische Republik** ausgerufen, deren Ministerpräsident *Konstantin Päts* wird.

Estnischer Freiheitskrieg

1918–20: Kurz nach Ausrufen der Unabhängigkeit rücken **deutsche Truppen** ins Land vor, die die Macht jedoch im Frieden von Brest-Litowsk bereits im März wieder an **Russland** abgeben. Nach dem Zusammenbruch des Deutschen Kaiserreichs erkennen zwar die Deutschen die estnische Unabhängigkeit an, dafür versuchen sowjetische Truppen, das Land zu erobern, und rufen im Osten eine **estnische Sowjetrepublik** aus. Ein nationales Heer bildet sich und kämpft mit Hilfe baltendeutscher, finnischer und weiterer Freiwilliger gegen die Rotarmisten. Unter Führung von *Johan Laidoner* erringen die Esten 1919 den Sieg im Estnischen Freiheitskrieg.

Erste Estnische Republik

1920–1940: Etwa 20 Jahre lang hält die erste Estnische Republik. Am 2. Februar 1920 wird in Dorpat (Tartu) der Tartuer Friedensvertrag unterzeichnet, in dem Russland auf Gebietsansprüche verzichtet und die **Souveränität** der Estnischen Republik sowie ihre Grenzen anerkennt. Danach werden in der jungen Estnischen Republik grundlegende Reformen in allen wichtigen gesellschaftlichen, wirtschaftlichen und politischen Bereichen durchgeführt. Nach Inkrafttreten der neuen parlamentarischen Verfassung werden die **Großgrundbesitzer** im Zuge einer radikalen Landreform **enteignet.** Damit verlieren viele Deutsch-Balten ihren Besitz, die estnischen Bauern hingegen können Land erwerben.

An der Universität Tartu und an den Schulen wird nun auf **Estnisch** unterrichtet. 1921 wird Estland in den Völkerbund aufgenommen. 1925 wird ein fortschrittliches Autonomiegesetz erlassen, welches Minderheiten besondere Rechte einräumt und ihnen gesetzlich Kulturautonomie zubilligt (siehe auch „Bevölkerung: Minderheiten").

Politisch ist das Land jedoch noch sehr instabil. Die Regierungen wechseln häufig, außer einem **kommunistischen Putschversuch 1924,** der zu einem Verbot kommunistischer Parteien führt, schwappt in den 1930er Jahren eine **nationalsozialistische Welle** ins Land. 1934 verhängt *Konstantin Päts* den Ausnahmezustand und regiert bis 1937 ohne Parlament und mit Unterstützung von *Johan Laidoner,* dem militärischen Oberbefehlshaber. Als 1938 die neue Verfassung in Kraft tritt, wird ein neues Parlament gewählt. Päts wird Staatspräsident.

Hitler-Stalin-Pakt

23. August 1939: Im geheimen Zusatzprotokoll des Nichtangriffspaktes zwischen Nazideutschland und der Sowjetunion (Hitler-Stalin-Pakt), das die Minister *Molotow* und *Ribbentrop* unterschreiben, machen die Großmächte über die Köpfe der baltischen Republiken hinweg aus, wie sie den Ostseeraum unter sich aufteilen. Estland wird der **Sowjetunion** zugeteilt, die dort lebenden Deutsch-Balten sollen **„heim ins Reich"** gehen.

Sowjetische Besatzung

1939–40: Der **Zweite Weltkrieg** hat für Estland fatale Folgen. Nachdem die deutsche Wehrmacht am 1. September 1939 Polen überfallen hat, unterzeichnet Estland wie auch seine beiden südlichen Nachbarn Lettland und Litauen auf Druck von Moskau sogenannte „Beistandspakte", die es der **Roten Armee** erlauben, Stützpunkte im Land zu errichten. Geschätzte 12.000 bis 14.000 **Deutsch-Balten verlassen das Land.**

Im Juni 1940 besetzt die Rote Armee Estland, die Sowjets unterwandern das Parlament und bestimmen dessen Auflösung. Einen Monat später werden Scheinwahlen durchgeführt. Dann beschließt eine Marionettenregierung den Beitritt Estlands als **Sozialistische Sowjetrepublik** in die Sowjetunion. Betriebe werden verstaatlicht.

Einmarsch der Wehrmacht

1941–43: Über 10.000 Menschen werden im Juni 1941 ins Innere der Sowjetunion und **nach Sibirien deportiert.** Nach dem **deutschen Überfall** auf die Sowjetunion am 22. Juni 1941 besetzt die Wehrmacht das Baltikum. Nach dem sowjetischen Terror werden die deutschen Soldaten zunächst freudig begrüßt, doch zerschlägt sich die Hoffnung der Esten auf eine Rückgewinnung der Unabhängigkeit rasch. SS-Truppen errichten **Konzentrationslager.** Von den etwa 4500 **Juden,** die vor dem Einmarsch der Deutschen in Estland leben, flieht die Mehrheit in die innere Sowjetunion, die anderen werden von den Nazis getötet. Am 15. Dezember 1941 wird Estland als erstes Land amtlich für „judenfrei" erklärt, was ein Jahr später auf der Wannsee-Konferenz bestätigt wird.

Rückeroberung durch die Rote Armee

1944–45: Am 20. Januar 1944 besetzt die Rote Armee **Narva.** Die Stadt wird in den Kämpfen zwischen Sowjets und Deutschen, denen sich estnische Freiwillige aus Angst vor einer neuen Sowjetherrschaft angeschlossen haben, fast komplett zerstört. Im September ist die Rote Armee bereits bis nach Tallinn vorgerückt. Die **schwedische Minderheit verlässt das Land** gen Norden. Im November hat die Rote Armee das ganze Land unter seine Kontrolle gebracht. Tausende Menschen fliehen. **Partisanen** kämpfen im Untergrund weiter gegen die Sowjetmacht. Estland wird zur **Sowjetrepublik** erklärt.

Estnische SSR

1945–53: Die Estnische SSR wird von der von Moskau gesteuerten regionalen Kommunistischen Partei regiert. Bereits 1945 werden die Gebiete östlich von Narva und die Stadt Petseri (Pečory) samt Umgebung der Russischen SFSR zugeteilt. *Stalin* lässt 200.000 Menschen aus dem Inneren der Sowjetunion **nach Estland umsiedeln,** wo sie als Arbeiter eingesetzt werden und die Industrialisierung des Landes vorantreiben. Die Industrie wird auf die Bedürfnisse der gesamten

Sowjetunion ausgerichtet. Zwei Jahre später beginnt die **Kollektivierung der Landwirtschaft,** Banken und Betriebe werden verstaatlicht. Damit einher geht ein massiver Rückgang der Produktivität. 1949 werden wieder **Zehntausende Menschen deportiert.** Estnische Partisanen, **Waldbrüder** genannt, kämpfen im Untergrund weiter gegen die Besatzer.

1953–85: Nach Stalins Tod verbessert sich die Lage der Esten ein wenig und eine **Liberalisierungsphase** tritt ein. Viele Deportierte, die die schweren Jahre in Sibirien und anderen Teilen der Sowjetunion überlebt haben, dürfen heimkehren. Die baltischen Republiken übertreffen alle anderen Sowjetrepubliken an Produktivität. Die **Russifizierung** wird weiter vorangetrieben, vor allem im Nordosten Estlands und um Tallinn werden immer mehr Arbeiter aus anderen Teilen der Sowjetunion angesiedelt. In den 1980er Jahren sind nur noch 60 % der Bevölkerung Esten. Durch den Abbau von Ölschiefer und Uran, die Phosphoritförderung und die industriellen Anlagen entstehen fatale **ökologische Schäden** im Norden des Landes.

Protestbewegung und Unabhängigkeit

1985–91: Mit Amtsantritt *Gorbatschows* und der einhergehenden Politik der **Perestroika** gibt es in den drei baltischen Republiken öffentliche Forderungen nach Reformen. Die Bestrebungen Moskaus, den Phosporabbau in Nordestland weiter auszubauen und erneut Tausende russische Arbeiter nach Estland zu holen, führen zu energischen Protesten der Bevölkerung. Aus der **Ökologiebewegung** entwickelt sich rasch eine **politische Protestbewegung.** Im April 1988 wird die Volksfront Rahvarinne gegründet, im Herbst desselben Jahres demonstrieren 300.000 Menschen auf dem Tallinner Sängerfeld gegen die sowjetische Annexion. Da sie dabei nationale Lieder singen, wird die Bewegung rückblickend **Singende Revolution** genannt. Am 16. November 1988 erklärt der Oberste Sowjet der Estnischen SSR die Unabhängigkeit des Landes, die allerdings zunächst nicht von anderen Ländern, geschweige denn von der Sowjetunion, anerkannt wird.

Am 50. Jahrestag des Hitler-Stalin-Paktes, dem 23. August 1989, bilden die Einwohner Estlands, Lettlands und Litauens eine 600 Kilometer lange **Menschenkette von Tallinn nach Vilnius,** um für ihre Unabhängigkeit zu demonstrieren. Weihnachten 1989 erklärt Moskau die geheimen Zusatzprotokolle des Hitler-Stalin-Pakts für ungültig. Im Gegensatz zu Lettland und Litauen, wo es im Zuge der Unabhängigkeitsbewegungen Tote gibt, verläuft die Wiederherstellung der Unabhängigkeit in Estland unblutig.

Unter Präsident *Arnold Rüütel* erklärt das neu gewählte Parlament am 30. März 1990 den **Fortbestand der ersten Estnischen Republik,** welche am 8. Mai desselben Jahres offiziell ausgerufen wird. Im März 1991 stimmen 77,8 % der Bevölkerung für die Wiederherstellung der estnischen Unabhängigkeit. Doch erst nach Scheitern des Moskauer Putsches gegen *Michail Gorbatschow* und dem Ende der KP im **August 1991** steht der **Unabhängigkeit** Estlands nichts mehr im Wege. Eine Woche später nimmt Deutschland seine diplomatischen Beziehungen zu Estland wieder auf, am 18. September wird das Land in die **UNO** aufgenommen.

Schwierigkeiten der jungen Republik

1992–94: Im Herbst 1992 wird *Lennart Meri* Staatspräsident, im gleichen Jahr wird die **Estnische Krone** *(kroon)* Landeswährung. 1993 tritt das Land dem **Europarat** bei. Im September 1994 sinkt die Passagierfähre „Estonia" auf dem Weg von Tallinn nach Stockholm (siehe Exkurs im Kapitel „Die westlichen Inseln"). Im gleichen Jahr verlassen die letzten russischen Truppen das Land.

Insgesamt lässt sich sagen, dass die ersten Jahre der Unabhängigkeit nicht gerade einfach für die Bevölkerung sind. Die radikale **Umstellung der Wirtschaft,** die wachsende Zahl an **Arbeitslosen** durch die Auflösung der Kolchosen, die einhergehende **Verarmung** vieler Menschen, die enormen **ökologischen Schäden** im Norden des Landes und die Integration sowie die Frage nach der Staatszugehörigkeit der in Estland lebenden **Russen** stellen große Herausforderungen dar. Doch nach und nach geht es mit der Wirtschaft bergauf. Die drei baltischen Staaten schließen ein Freihandelsabkommen ab, das 1994 in Kraft tritt.

EU- und Nato-Beitritt

1995–2003: 1995 stellt Estland den Beitrittsantrag für die EU, drei Jahre später werden entsprechende Verhandlungen aufgenommen. 1997 wird die **Tallinner Altstadt** in die Liste des **Weltkulturerbes der UNESCO** aufgenommen. Im Herbst 2001 wird *Arnold Rüütel* erneut Staatspräsident. 2002 beschließt der Europäische Rat den Beitritt Estlands in die EU und auch den Beitritt in die NATO. Bei einer Volksabstimmung über den EU-Beitritt im September 2003 stimmen 67 % der Esten dafür.

2004: Am 29. März 2004 wird Estland NATO-Mitglied, am 1. Mai 2004 Mitglied der Europäischen Union. In Punkto **Wirtschaftswachstum** gehört Estland zu den europäischen Spitzenreitern, allerdings verschiebt sich die Euro-Einführung aufgrund der zu hohen Inflationsrate mindestens bis 2009.

2006–07: Im März 2006 stirbt der frühere Präsident *Lennart Meri.* Im Herbst des gleichen Jahres wird **Toomas Hendrik Ilves** als Nachfolger von *Arnold Rüütel* zum **Präsidenten Estlands** gewählt. **Andrus Ansip** von der Reformpartei, seit Frühjahr 2005 **Premierminister,** gewinnt auch die Wahlen im März 2007.

Im Mai 2007 gibt es in Tallinn Demonstrationen, weil das **Denkmal für den Sowjetischen Soldaten** aus dem Stadtzentrum entfernt und auf einem Friedhof weit außerhalb aufgestellt wird. Dies führt zu Konflikten zwischen der russischstämmigen und der estnischen Bevölkerung, für die das

Denkmal Sinnbild der sowjetischen Besatzungszeit ist. Es kommt zu tagelangen heftigen **Unruhen** in der Hauptstadt.

Staat und Politik

Seit Wiedererlangen der Unabhängigkeit hat sich in der Republik Estland viel getan. Aufgrund der liberalen Wirtschafts- und Steuerpolitik, des raschen Wandels von sozialistischer Planwirtschaft zu einer modernen Marktwirtschaft, des rasanten Wirtschaftswachstums und des schnellen Aufbaus moderner Informationstechnologien wurde Estland der Beiname **„Baltischer Tiger"** gegeben. Konsequent nach Westen ausgerichtet, wurde das nordbaltische Land 2004 **Mitglied der Europäischen Union und der NATO.** Es ist weiterhin Mitglied des IWF, der Weltbankgruppe, des Ostseerates sowie des Baltischen Ministerrats und trat bereits 1999 der WTO bei.

Die Republik Estland ist eine **parlamentarische Demokratie,** das Grundgesetz wurde im Jahr 1992 verabschiedet. An der Spitze des Landes steht der **Staatspräsident,** der nicht nur eine repräsentative Funktion, sondern auch exekutive Befugnisse hat. So ist er beispielsweise Oberbefehlshaber der Streitkräfte, verkündet Gesetze und kann dem Riigikogu, dem estnischen Parlament, Kandidaten für wichtige Ämter vorschlagen. Der Präsident wird alle fünf Jahre gewählt. Seit Oktober 2006 hält *Toomas Hendrik Ilves* das Amt inne.

Oberstes gesetzgebendes Organ ist das **Einkammer-Parlament Riigikogu** mit 101 Abgeordneten. Die Legislaturperiode dauert vier Jahre, jedoch wechselten die Regierungen bislang häufiger. Dies liegt vor allem daran, dass keine polititsche Partei im Land dominiert und die verschiedenen Koalitionen, die meist aus mehreren Bündnispartnern bestanden, oftmals Schwierigkeiten in der Konsensfindung hatten, zumal genug konkurrierende Bündnispartner auf ihre Chance warten. So konnte man in den ersten 15 Jahren seit der Unabhängigkeit ein gutes Dutzend Regierungen zählen, noch häufiger wurden zwischenzeitlich einzelne Regierungsmitglieder ausgetauscht. Allen gemein war jedoch, dass sie sich für die rasche Hin-

Staatssymbole

- **Flagge:** drei horizontale Streifen in Blau, Schwarz, Weiß. Sie stammt aus dem 19. Jahrhundert, war Flagge einer Tartuer Studentenorganisation und wurde bereits zu Zeiten der ersten Estnischen Republik Staatsflagge.
- **Staatswappen:** Das estnische Wappen zeigt drei Leoparden, oftmals als Löwen dargestellt, und stammt aus dem 13. Jahrhundert, als der dänische König *Waldemar II.* der Stadt Tallinn dieses Wappen stiftete. 1925 wurde es zur Zeit der ersten Estnischen Republik erstmals Staatswappen.
- **Nationalvogel:** Rauchschwalbe
- **Nationalblume:** Kornblume
- **Nationalstein:** Kalkstein

wendung zum Westen und einen konsequenten Wandel in eine moderne Marktwirtschaft aussprachen, sodass die häufigen Regierungswechsel der wirtschaftlichen Entwicklung des Landes nicht im Wege standen.

Estland ist in 15 Landkreise *(maakond)*, 47 Städte *(linn)* und 202 Gemeinden *(vald)* eingeteilt.

Wirtschaft

Der **wirtschaftliche Erfolg** des Landes ist vor allem das Ergebnis der liberalen Reformpolitik in den frühen 1990er Jahren: die Währungsumstellung vom Rubel zur Estnischen Krone mit festem Anker zur D-Mark bzw. später zum Euro, die erfolgreiche Privatisierung nach dem Treuhandmodell, wodurch die Modernisierung der Wirtschaft viel schneller möglich war, sowie eine schnelle Zuwendung zum Westen, nachdem der bisherige Heimatmarkt, also Russland, nach Wiedererlangen der Unabhängigkeit nahezu komplett wegbrach. Gingen 1991 noch 91 % der Exporte nach Russland, so gehen heute mehr als drei Viertel davon in die EU-Länder.

Die formalen Rahmenbedingungen dazu wurden mit der radikalen Vereinfachung des Steuersystems geschaffen. Generell wird eher der Konsum als das Einkommen versteuert, es gibt einen niedrigen, einheitlichen Steuersatz *(flat tax)* von 23 %, der – so die Pläne der derzeitigen Regierung – bis 2009 gar auf 20 % gesenkt werden soll. Für Firmen gilt, dass reinvestierte Gewinne nicht versteuert werden müssen. Die Wirtschaftsgesetze sind eng ans deutsche Recht angelehnt.

Bereits Mitte der 1990er Jahre wurden Assoziationsabkommen mit der Europäischen Union getroffen. Lediglich die Russlandkrise Ende der 1990er Jahre bedeutete einen kurzen Stopp im Wirtschaftswachstum, seither steigen die Zahlen wieder. Seit 2001 wuchs die Wirtschaft um etwa sieben bis acht Prozent pro Jahr, zuletzt quartalsweise sogar zweistellig im Vergleich zum Vorjahreszeitraum.

Neben klassischen Sektoren wie der Holz- und Metallverarbeitung, der Elektronik, dem Maschinenbau und der Textilbranche sind neue Wirtschaftsbereiche im Laufe der 1990er Jahre entstanden. So versteht Estland sich schon seit Jahren als Vorreiter in Sachen **Neue Medien:** Die Mehrheit der Esten erledigt ihre Bankgeschäfte und auch ihre Steuererklärung im Internet. In der mittelalterlichen Hauptstadt Tallinn können Bustickets per Handy bezahlt werden. Die Regierung arbeitet papierlos – statt auf Aktenberge blicken die Politiker auf Flachbildschirme. 2005 fanden erstmals Regionalwahlen auf elektronischem Weg statt. Sämtliche Schulen sind mit dem Internet verbunden, eigene Verkehrsschilder weisen Internetzugänge aus, hinzu kommen etwa 700 Hotspots, also Hotels, Restaurants und öffentliche Plätze, wo man drahtlos online gehen kann. Der Begriff „Baltischer Tigerstaat" kommt nicht von ungefähr und die Deutsch-Baltische Handelskammer sieht in der

IT-Branche eine der zukunftsträchtigsten Wirtschaftssparten des Landes.

Während die Bedeutung des Landwirtschaftssektors seit der Unabhängigkeit kontinuierlich abnahm, wuchsen der Dienstleistungssektor und die verarbeitende Industrie immer weiter an. **Dienstleistungen** machen heute bereits etwa zwei Drittel des gesamtwirtschaftlichen Sozialproduktes aus, der Rest wird größtenteils von der verarbeitenden Industrie getragen. Vor allem der **Tourismus** und das Transportwesen spielen eine bedeutende Rolle. So wird das Land, das eine Bevölkerung von weniger als 1,4 Mio. Menschen aufweist, von etwa dreimal so vielen Touristen im Jahr besucht. Vor allem die Häfen, allen voran derjenige der Hauptstadt, haben beim Passagierverkehr, Güterumschlag und Transithandel an Bedeutung gewonnen.

Die **Verkehrsinfrastruktur** wurde innerhalb weniger Jahre modernisiert: Das Straßennetz ist gut ausgebaut, vor allem jene Straßen, die die wichtigsten Städte des Landes verbinden, etwa Tallinn mit Narva und Tartu. Erwähnenswert ist auch die Fernstraße Via Baltica, die von Tallinn aus Richtung Süden nach Riga und weiter nach Litauen und Polen verläuft. Vom Flughafen aus gibt es zahlreiche internationale Verbindungen.

Wichtige **Handelspartner** sind Finnland und Schweden, aber auch Deutschland. Etwa 80 % der Direktinvestitionen, die nach Estland fließen, stammen aus Finnland und Schweden, Deutschland war im Jahr 2005 mit 70,3 Millionen Euro fünftgrößter Direktinvestor. Was den Import anbelangt, ist Deutschland nach Finnland zweitstärkster Importpartner, beim Export wird es nur von Finnland und Schweden überrundet.

An **Bodenschätzen** verfügt Estland vor allem über Holz, Ölschiefer und Torf (siehe Exkurs „Ölschiefer und Umweltpolitik" im Kapitel „Der Nordosten").

Estland gehört zu den am raschesten wachsenden Volkswirtschaften der Europäischen Union. Allerdings warnte die estnische Zentralbank 2006 vor einer **Überhitzung der Konjunktur,** da das hohe Wachstum vor allem von der Binnennachfrage getragen werde. Estland, so lautet mittlerweile ein geflügeltes Wort im Lande, braucht „sein eigenes Nokia" und muss aufpassen, nicht nur als verlängerte Werkbank Finnlands zu agieren. Man darf angesichts der beeindruckenden Wachstumssteigerungen nicht übersehen, dass Estland nach Erreichen der Unabhängigkeit zunächst einmal quasi **bei Null anfangen** musste. Zu Sowjetzeiten übertrafen die drei baltischen Länder alle anderen Sowjetrepubliken an Produktivität, nach der Unabhängigkeit brach das auf die Sowjetunion ausgerichtete Wirtschaftssystem mit seinen einseitigen Produktionsschwerpunkten und den bisherigen Abnehmermärkten zusammen. Es ist nicht erstaunlich, dass die Wirtschaft nach dem Aufbau neuer Kontakte und aufgrund der großen Inlandsnachfrage zunächst rasant nach oben geht.

Leider profitieren nicht alle Bevölkerungsgruppen gleichermaßen vom wirtschaftlichen Erfolg und wachsenden Wohlstand. So kann man – wie in allen Staaten der Welt – auch in Estland immer die berühmten zwei Seiten der Medaille finden. Wandelt man durch die Hansestadt Tallinn, auf die sich mehr als drei Viertel aller Investitionen konzentrieren, sind es die Gewinner, die ins Auge fallen: Junganwälte und Banker, Wirtschaftsstudenten und Kunden jener teuren Boutiquen, die sich in den letzten Jahren angesiedelt haben. Doch an der schwierigen Lage der meisten Arbeitslosen, Rentner oder alleinerziehenden Mütter hat sich nicht viel geändert, weshalb man ein **Armutsgefälle** beobachten kann – vor allem im Vergleich der Städte mit dem Land, aber auch regional verteilt. Es ist vor allem die Hauptstadt, die boomt, während der **Nordosten des Landes hohe Arbeitslosenzahlen** verbucht.

Insgesamt ist es glücklicherweise in den letzten Jahren gelungen, die hohe **Arbeitslosenrate** von 13,6 % im Jahr 2000 kontinuierlich zu senken, auf 7,9 % im Jahr 2005 und etwa 4,2 % Ende 2006. Gleichzeitig werden Stimmen laut, die den wachsenden **Arbeitskräftemangel** beklagen. Eine Reihe junger, gut ausgebildeter Esten ist nach dem EU-Beitritt nach Großbritannien oder Schweden gegangen. Ob und wann sie zurückkommen, bleibt abzuwarten.

Die **Löhne** steigen indes kontinuierlich an, das Durchschnittseinkommen beläuft sich zurzeit auf etwa 500–600 Euro, wobei die Löhne vor allem im Finanz- und IT-Bereich wesentlich höher liegen; gleiches gilt – lokal betrachtet – für die Menschen, die in der Hauptstadt leben. Auf Dauer wird Estland deshalb sicherlich nicht als „Billiglohnland" gelten, Unternehmen, die darauf setzen, beispielsweise die Textilbranche, werden sicherlich weiter gen Osten abwandern.

Die **Einführung des Euro,** die ursprünglich für Anfang 2007 geplant war, wurde aufgrund zu hoher Inflation (2005 bei 4,1 %) auf frühestens 2009 verschoben.

Wer Interesse hat, in Estland zu investieren oder Geschäftsstrukturen aufzubauen, kann sich an die Deutsch-Baltische Handelskammer oder an die estnische Wirtschaftsförderung Enterprise Estonia wenden, die ihren Deutschlandsitz in Hamburg hat (siehe Kapitel „Vor der Reise: Informationsstellen"). Auf der Internetseite des estnischen Statistikamtes www.stat.ee findet man, in englischer Sprache, aktuelle Wirtschaftszahlen.

Erste christliche Missionare kamen im 12. Jahrhundert nach Livland, mit der Reformation setzte sich die evangelisch-lutherische Kirche durch

Bevölkerung

Vergleicht man Estland mit anderen Ländern Europas, so stellen die Esten zahlenmäßig ein recht kleines Volk dar: **1,34 Millionen** Menschen wohnen in dem nordbaltischen Land. Die Bevölkerungsdichte ist mit nur 30 Einwohnern pro Quadratkilometer entsprechend gering. Knapp 900.000 Einwohner leben in Städten, ein knappes Drittel der gesamten Bevölkerung wohnt in der Hauptstadt Tallinn.

Auch wenn Estland geografisch zum Baltikum gehört und es sich eingebürgert hat, die Völker aller drei Länder als **Balten** zu bezeichnen, so ist dies im Falle der Esten eigentlich nicht richtig. Im Gegensatz zu Lettisch und Litauisch ist das Estnische nämlich keine baltische, sondern eine finno-ugrische Sprache, die überhaupt nicht mit den vorgenannten verwandt ist. Auch aus kulturellen und historischen Gründen sehen die Esten selbst sich nicht als Balten (siehe auch Kapitel „Reisetipps A–Z“ unter „Sprache“ und „Verhaltenstipps“).

105es Foto: jl

Religion

Vom 16. Jahrhundert bis zum Zweiten Weltkrieg spielte die **evangelisch-lutherische Kirche** in Estland eine bedeutende Rolle. Während bis zur Sowjetzeit, in der öffentliche religiöse Aktivitäten und Bekundungen untersagt wurden, der überwiegende Teil der Esten dem protestantischen Glauben anhing, ist heutzutage die Mehrheit der Bevölkerung **konfessionslos.** Weniger als ein Drittel ist Mitglied einer christlichen Kirche. Umfragen zufolge hängen etwa 180.000 Menschen dem lutherischen Glauben, gut 170.000 dem orthodoxen Glauben an. Zu Letzteren zählt vor allem der russischsprachige Teil der Bevölkerung, doch es gibt auch eine Estnische Apostolische Orthodoxe Kirche. Nur rund 3500 Menschen sind römisch-katholisch, ein wenig mehr gehören den Zeugen Jehovas an und geschätzte 6000 sind Baptisten. Die jüdische Gemeinde zählt rund 3000 Mitglieder, außerdem gibt es kleine islamische und buddhistische Gemeinden.

Minderheiten

Etwa 1,34 Millionen Menschen wohnen in dem Land am finnischen Meerbusen, doch selbst davon sind nur knapp 930.000 Esten. Die Liste der registrierten Volks- und Minderheitsgruppen ist lang, über 100 verschiedene ethnische Gruppen sind erfasst, die sich wiederum zu rund 150–200 Organisationen zusammengeschlossen haben. Das estnische Statistikamt zählt heute knapp **350.000 Russen** (ca. 26 % der Bevölkerung), etwa 28.000 **Ukrainer** (2,1 %), 16.000 **Weißrussen** (1,2 %) und 11.000 **Finnen** (0,8 %) als größte nicht-estnische Bevölkerungsgruppen auf. Tataren, Letten, Polen, Litauer, Deutsche und andere Volksgruppen sind zahlenmäßig geringer vertreten. Angesichts der Tatsache, dass nur 67,9 % der estnischen Bevölkerung Esten sind und gleichzeitig mehr als ein Viertel russischsprachig ist, überrascht es nicht, dass das kleine Land seit 1997 einen eigenen Minister für Bevölkerung und ethnische Angelegenheit hat.

Deutsche und schwedische Minderheiten vor 1945

Die hohe Anzahl an ethnischen Gruppen und Nationalitäten in Estland erklärt sich durch die Geschichte des Landes. Bis auf die kurze Selbstständigkeit von 1920 bis 1940 (siehe „Geschichte“) ist Estland erst seit dem Jahr 1991 wirklich unabhängig. Jahrhunderte lang hielten hingegen **fremde Herrscher** die Fäden in der Hand: Deutsche und Russen, Dänen, Polen und Schweden führten in der Vergangenheit die Geschicke des Landes und von Zeit zu Zeit drohten die Esten selbst, zur Minderheit im eigenen Land zu werden.

Zu Zeiten der ersten Republik, 1925, erließ die Regierung ein Autonomiegesetz, welches Minderheiten besondere Rechte einräumte: „Das deutsche, russische und schwedische Volk sowie diejenigen auf estländischem Territorium lebenden Minoritäten, deren Gesamtzahl nicht kleiner als 3000 ist“, wurde hier aufgeführt. Estland war damit der erste Staat in Europa, der seinen Minderheiten gesetzlich Kulturautonomie zubilligte, sodass den Minoritäten gestattet war, eigene Schulen, Vereinigungen, Theater und Zeitungen zu gründen und somit ihre Nationalkultur zu bewahren und weiterzuentwickeln.

Sieht man einmal von den sogenannten altgläubigen Russen ab, die schon in dem Gesetz von 1925 aufgeführt wurden, spielen die beiden dort ebenfalls aufgezählten traditionellen Minderheiten – Schweden und Deutsche – heute zahlenmäßig keine Rolle mehr. Die **baltendeutsche Geschichte** in Estland fand nach über 700-jähriger Vormachtstellung Anfang des 20. Jahrhunderts ihr Ende. Stellten die Nachfahren der deutschen Ordensritter noch bis dahin die **Oberschicht** Estlands dar, wurde ihnen die wirtschaftliche und politische Macht binnen weniger Jahre genommen. Die Agrarreform des unabhängig gewordenen Staates bedeutete 1919 den **Verlust ihres Großgrundbesitzes,** die

Umsiedlungsverträge von 1939 waren das Ende ihrer Anwesenheit. Rund 13.700 Menschen verließen Estland, nachdem im deutschen Reichstag als Konsequenz des **Hitler-Stalin-Paktes** die „Heimholung der nicht haltbaren Splitter des deutschen Volkstums" beschlossen wurde.

Damit einher ging die Vertreibung der sogenannten estnischen Schweden oder **Küstenschweden,** die im 13. Jahrhundert über Finnland die nordwestliche Küstenregion Estlands besiedelt hatten. Im Gegensatz zu den estnischen Bauern waren die Siedler frei, d.h. sie hielten und bewirtschafteten **eigenes Land.** Ein Gesetz besagte jedoch, dass sie diese Freiheit verlieren, wenn sie sich mit Esten verheiraten – wohl einer der Hauptgründe, warum die schwedische Siedlung 700 Jahre lang hielt. Von den rund 8000 Schweden, die einstmals in Estland lebten, ca. 4500 davon auf der im Nordwesten gelegenen **Halbinsel Noarootsi,** flüchteten mehr als 7000 im Jahre 1944 vor der herannahenden Roten Armee nach Schweden. Heute erinnern zweisprachige Ortschilder und die Architektur an die Anwesenheit der estnischen Schweden.

Die russische Minderheit

Spricht man von der russischen Minderheit, so ist zwischen den Altgläubigen, die schon seit 300 Jahren in Estland verwurzelt sind, und den neu zugezogenen Russen zu unterscheiden. Letztere kamen vor allem in den 1950er bis 70er Jahren nach Estland. Nachdem die Sowjetunion das kleine Land 1944 okkupiert hatte, begann ein Prozess der beabsichtigten Russifizierung und nahezu **gewaltsamen Migrationspolitik.** Allein unter *Stalin* wurden 200.000 russische Arbeiter überwiegend im Nordosten Estlands angesiedelt. Zu den Einwanderern gehörten Russen, aber auch **Weißrussen und Ukrainer,** die heute nach Esten und Russen die dritt- bzw. viertstärkste Bevölkerungsgruppe Estlands bilden.

Anders verhält es sich mit den **altgläubigen Russen,** die am Ufer des **Peipus-Sees** ansässig sind. Die Alt-

106es Foto: jl

Moderne russisch-orthodoxe Kirche

gläubigen kamen bereits im 18. Jahrhundert vor allem aus der Gegend um Nowgorod an die Westküste des Peipus-Sees, wo sie der Verfolgung im eigenen Land entgingen und friedliche Plätze zum Leben fanden. Seither bewohnt diese Bevölkerungsgruppe das ganze Ufer des Peipus-Sees und Narva-Flusses, von den Dörfern Gorodenka und Kuningaküla im Norden bis an die Ufer des Seto-Landes im Süden. Im Gegensatz zu den Esten, die vorwiegend protestantisch waren bzw. sind, hängen die altgläubigen Russen der **russisch-orthodoxen Kirche** an.

Zwar wurden die Altgläubigen nicht wie die Deutschen und Schweden im Zweiten Weltkrieg vertrieben, doch modernere Zeiten haben nicht viel Gutes für diese Bevölkerungsgruppe gebracht. **Arbeitslosigkeit** zwingt die Jugend, ins Landesinnere umzusiedeln, wo die moderne Medienwelt und sonstige kulturelle Konkurrenz eine ständige Bedrohung für das Fortleben der russisch-altgläubigen Kultur darstellt. Mittlerweile sind aber erfolgreiche Gegenmaßnahmen ergriffen worden, so wurde ein Heimatmuseum eröffnet und ein Restaurant mit örtlichen Spezialitäten, deren Hauptbestandteile vor allem Zwiebeln und Fisch sind. Derartige Aktivitäten, so das Ministerium für Bevölkerung, werden vom estnischen Staat gefördert und zum Teil auch finanziell unterstützt.

Bis heute leben nahezu **350.000 Russen** in Estland, mehr als ein Viertel der Gesamtbevölkerung. In bestimmten Teilen des Landes, etwa im nordöstlichen Landkreis Ida-Virumaa, sind die Esten gar eine Minderheit. Auf rund 124.000 Russen kommen dort nur ca. 35.000 Esten, vorherrschende Sprache im Alltag ist nach wie vor Russisch. Natürlich birgt dies Spannungspotenzial. Mittlerweile geht aber die **Integration** erfolgreich voran, nicht zuletzt durch die vielen Projekte der 1998 eigens dazu gegründeten estnischen Integrationsstiftung. Diese unterstützt Lehrerfortbildungsprogramme, Jugendinitiativen und private Organisationen, die der estnisch-russischen Verständigung und der Integration dienen. Russische Schulen sind genau so erlaubt wie russische Medien und Gruppierungen.

Während Russen und andere Bevölkerungsgruppen, die die estnische Staatsbürgerschaft innehaben, die gleichen Rechte haben wie Esten, gibt es jedoch für nicht-estnische Bürger einige Einschränkungen. Sie dürfen nicht an Parlamentswahlen teilnehmen, bestimmte Arbeitsstellen im öffentlichen Sektor bleiben ihnen verwehrt und die jungen Männer müssen nicht zur Armee. Allerdings dürfen legale Einwohner Estlands, die keinen estnischen Pass besitzen, seit Mitte der 1990er Jahre an Lokalwahlen teilnehmen, sofern sie über 18 Jahre alt sind.

Mentalität

Es ist immer schwer, ein Volk mit wenigen Sätzen zu charakterisieren. Genau so wenig, wie es *den* Deutschen gibt, gibt es natürlich *den* Esten. Insgesamt lässt sich sagen, dass Estland, nicht zuletzt durch die lange geschichtliche Verbindung, ein uns im Wesentlichen sehr vertrauter Kulturraum ist. Die Menschen sind weder vom Äußeren noch vom Verhalten her vollkommen anders oder gar exotisch.

Versucht man trotzdem, einige generelle Aussagen zu treffen, lassen sich Esten als typisch **nordisch-reserviert** charakterisieren. Anders verhält es sich mit den im Land lebenden Russen. Sie sind im Allgemeinen redseliger und aufgeschlossener gegenüber Fremden.

Die für eine Vielzahl von Esten zutreffende Zurückgezogenheit und Introvertiertheit, aber auch ihr Fleiß und ihre Anpassungsfähigkeit sind einerseits auf die Geschichte des Landes, das jahrhundertelang unter Fremdherrschaft stand, andererseits auf das Klima zurückführen. Lange und dunkle Winter wirken schließlich nicht gerade gemütsaufhellend. Deshalb spiegelt sich der Jahresrhythmus teilweise auch in der Stimmung der Menschen wieder. Im Winter eher verschlossen, gibt sich der Este im Sommer offener und kommunikativer, eine Beobachtung, die man aber sicherlich auch in anderen nördlichen Ländern machen kann.

Was viele Besucher, vor allem jene, die eine Weile im Land leben, als gewöhnungsbedürftig empfinden, ist die Fähigkeit der Esten, lange und ausgiebig zu **schweigen,** ohne dies als „peinliche Stille" zu empfinden. Esten sind zurückhaltend und eigenwillig, pragmatisch und sachlich, dafür aber selten arrogant und **niemals aufdringlich.** Zwar ist der durchschnittliche Este nicht gerade ein guter Smalltalk-Partner, doch sollte man seine Wortkargheit nicht als Unwilligkeit oder gar als unfreundlich abtun. Das wird man leicht feststellen können, wenn man einen Esten nach Auskunft fragt. Er wird wahrscheinlich nicht viele Worte verlieren, aber bereitwillig und präzise antworten und gern weiterhelfen.

Traditionen und Bräuche

Feste und Lieder

Lieder und Gesang spielen in Estland eine große Rolle. Im Laufe der Geschichte waren Lieder ein Mittel, die eigene Identität zu erhalten und zu überliefern. Zur Zeit des „Nationalen Erwachens" (siehe „Geschichte") fand das erste nationale **Sängerfest** statt. *Johann Voldemar Jannsen* (siehe auch „Literatur") und die Vereinigung „Vanemuine" riefen die heute zur Institution gewordene Feierlichkeit im Jahre 1869 ins Leben. Die Sängerfeste trugen erheblich dazu bei, dass aus dem estnischen Bauernvolk eine Kulturnation wurde, die sich nach jahrhundertelanger Unterdrückung und Fremdherrschaft seiner eigenen Tradition und Kultur besinnen konnte.

Das galt auch Ende der 1980er Jahre, denn nicht zuletzt war es die **„Singende Revolution"**, die den Esten die lange ersehnte Freiheit brachte. 1988 versammelten sich Hunderttausende zum Sängerfest in Tallinn. Mit patriotischen Liedern und politischen Forderungen etwa nach der Annullierung des Hitler-Stalin-Paktes machten sie ihrem Unmut Luft, dabei schwenkten sie die damals verbotene blau-schwarz-weiße Fahne. Beim letzten Sängerfest unter Sowjetbesatzung 1990 zeigten gar 300.000 Esten den sowjetischen Herrschern die Stirn und *Gustav Ernesaks* dirigierte die verbotene estnische Nationalhymne.

Bis heute findet das Großereignis alle fünf Jahre statt und lockt große Teile der Bevölkerung an. Am letzten Sängerfest 2004 nahmen 935 Chöre und 396 Tanzgruppen teil, das nächste wird 2009 stattfinden. Auch in den baltischen Nachbarländern haben Sängerfeste eine lange Tradition, deshalb wurden die Ereignisse im Jahr 2003 von der UNESCO zum „mündlichen Kulturerbe" erklärt. Eingeläutet wird das Ereignis in Tallinn von einem großen Festumzug, bei dem die in Trachten gekleideten Sänger und Tänzer von der Innenstadt bis zur Sängerbühne ziehen.

So verwundert es nicht, dass so gut wie jeder Este in einem **Chor** singt, oft sogar in mehreren. Über 300.000 Blätter mit **Volksliedern** werden im estnischen Literaturmuseum aufbewahrt, die meisten handeln vom harten Alltag, von Sorgen und Hoffnungen, wichtigen historischen Ereignissen und natürlich auch von der Liebe. Konzerte und andere Musikaufführungen, auch moderne Stücke, werden rege besucht. Estnische Chöre haben auch im Ausland einen hervorragenden Ruf. Zwar muss man als Urlauber nicht damit rechnen, bei der Reise durch das Land ständig auf singende Menschen zu treffen, doch mit etwas Glück kann man im Sommer bei einem der vielen Feste oder in einem der Museen eine **Folkloregruppe** oder einen Chor antreffen, der traditionelle Lieder singt und einen der vielen schönen **Volkstänze** aufführt. Sehr empfehlenswert ist das im Sommer abgehaltene **Traditionsmusikfestival in Viljandi.**

Das neben Weihnachten wohl wichtigste und beliebteste Fest Estlands ist das **Mittsommerfest,** das den Johannistag (auf Estnisch: Jaanipäev) einläutet. Wie auch in anderen nordischen Ländern feiern die Esten in der Nacht vom 23. zum 24. Juni ein fröhliches Fest, das mit zahlreichen Traditionen und Bräuchen verbunden ist (siehe Exkurs im Kapitel „Reisetipps A–Z").

Trachten

Überhaupt sind es Feste, die viele estnische Traditionen auch für den Touristen sichtbar machen. Sie sind Anlass, die vielen schönen Trachten der Esten ans Tageslicht zu bringen. Die bunten Röcke, langen Stoffgürtel und bestickten Blusen der Frauen variieren von Landkreis zu Landkreis. Einige davon sind besonders auffällig wie die **Tracht der Seto,** die für ihren reichen Silberschmuck und die großen, schildähnlichen Broschen auf der Brust bekannt sind, oder die hübsche Kleidung der Frauen von der **Insel Muhu,** deren Strümpfe und Schuhe von bunten Blumen geziert sind. Klassische Muster werden von jungen estnischen Designern auch heute noch in

085es Foto: jl

Land und Leute

modernen Kleidungsstücken und Accessoires verarbeitet.

Naturverbundenheit

Eine wichtige Rolle im Leben der Esten spielt heute wie schon vor Jahrhunderten die Natur, was auch daran zu erkennen ist, dass viele Familiennamen Tieren und Pflanzen entlehnt sind. Zu den häufigsten Familiennamen in Estland zählen so etwa *Tamm* (Eiche), *Saar* (Insel) und *Rebane* (Fuchs).

Estnische Tradition: Sängerfeste

Die **heidnische Naturreligion,** der die Esten noch bei Einzug der Kreuzritter im Mittelalter anhingen, hat bis heute ihre Spuren hinterlassen, obgleich die evangelisch-lutherische Religion von der Reformation bis zur Sowjetzeit im Land vorherrschte. Wer mit wachen Augen durchs Land reist, kann vielerorts mit Bändern oder Schildern versehene **Naturdenkmäler** finden, die als **heilig, heilwirkend oder energiespendend** angesehen werden: alte Eichen und Linden, (Opfer-)Steine und Quellen oder Energiezentren wie die Energiesäule in der südestnischen Kleinstadt Otepää, die besonders gekennzeichnet sind. Um viele ranken geheimnisvolle Sagen und Mythen.

Die Naturverbundenheit der Esten spiegelt sich auch im weit verbreiteten privaten **Obst- und Gemüseanbau** wieder. Die meisten Esten leben von dem, was in ihren Gärten wächst.

Literatur

Die Anfänge einer eigenständigen estnischen Literatur liegen in der Mitte des 19. Jahrhunderts, als die Leibeigenschaft aufgehoben worden war und zunächst einige deutsch-baltische Intellektuelle, aber nach und nach auch gut ausgebildete Esten begannen, die mündlich überlieferten Geschichten, Sagen und Lieder systematisch zusammenzutragen. Vorangegangen waren diverse Übersetzungen von – meist religiösen – Büchern und Liedern und erste Werke, die sich mit der estnischen Sprache auseinandersetzten. Ansonsten beherrschten Schriftstücke der Deutsch-Balten oder anderer Fremdherrscher die Literatur des Landes.

Das **erste Buch in estnischer Sprache** war ein niederdeutsch-estnischer Katechismus vom Anfang des 16. Jahrhunderts, im 17. und 18. Jahrhundert kamen **Bibelübersetzungen** und **Grammatiken** der estnischen Sprache hinzu. So beschäftigte sich beispielsweise der deutsche Geistliche **August Wilhelm Hupel** (1737–1819), der als Pastor in die zentralestnische Stadt Põltsamaa (Oberpahlen) kam, intensiv mit der estnischen Sprache und Literatur, sammelte Volkslieder und Sprichwörter und korrespondierte mit Intellektuellen im In- und Ausland. Er arbeitete ein Wörterbuch des „Dorptschen und Revalschen" aus, das die beiden estnischen Hauptdialekte umfasst, die um Tartu (Dorpat) und Tallinn (Reval) gesprochen wurden. Außerdem veröffentlichte er ein dreibändiges Werk über Livland und Estland mit volks- und landeskundlichem Inhalt. Die Volkslieder, die er zusammentrug, schickte er nach Deutschland, wo sie in die Sammlung „Stimmen der Völker" aufgenommen wurden.

Der Sprachforscher **Ferdinand Johann Wiedemann** (1805–87) verfasste das erste bedeutende estnisch-deutsche Wörterbuch. **Jakob Hurt** (1839–1907) beschäftigte sich intensiv mit der estnischen Volksdichtung und gilt als Begründer der Volkskunde in Estland. Später wurde der Professor der Philologie Präsident des Estnischen Schriftstellerverbandes.

Zwar gab es schon einige estnische Gedichte, etwa von **Kristjan Jaak Peterson** (1801–22), der anfänglich auf Deutsch, kurz vor seinem frühen Tod aber auch auf Estnisch dichtete, doch als Vater der estnischen Literatur wird gemeinhin **Friedrich Reinhold Kreutzwald** (1803–82) angesehen, der das estnische Nationalepos „Kalevipoeg" schrieb. Eigentlich war es **Friedrich Robert Fählmann** (1798–1850), der Gründer der Gelehrten Estnischen Gesellschaft und Sammler von estnischen Volksdichtungen, der vorhatte, die jahrhundertealten, mündlich überlieferten Geschichten und Lieder um den mythischen Helden Kalevipoeg zu-

Kalevipoeg – das estnische Nationalepos

Das estnische Nationalepos „Kalevipoeg" knüpft an das 1835 erstmals erschienene finnische Epos „Kalevala" von *Elias Lönnrot* (1802–84) an und berichtet in **19.000 Versen** vom Leben des gleichnamigen **Helden.**

Kalevipoeg (übersetzt: „Sohn des Kalev") ist der jüngste Sohn von Kalev, dem alten, mythischen König der Esten. Als seine Mutter Linda, die selbst aus einem Birkhuhnei geboren wurde, ihn zur Welt brachte, war Kalev bereits tot. Linda schaufelte ihrem Mann einen Grabhügel, den – so die Legende – heutigen **Tallinner Domberg,** und ihre Tränen flossen zu einem See zusammen, dem **Ülemiste-See** (beim Tallinner Flughafen).

Als junger Mann ist Kalevipoeg bereits sehr stark, aber noch kein Held – im Gegenteil, er begeht eine Reihe von Verbrechen, unter anderem vergewaltigt er eine junge Frau und verursacht ihren Tod. Als seine Mutter von einem finnischen Zauberer entführt wird, überquert er das Meer und bittet einen Schmied, ihm ein stattliches Schwert zu schmieden. Doch dann tötet er im betrunkenen Zustand den Sohn des Schmieds, der ihn daraufhin verflucht: Kalevipoeg solle eines Tages durch sein eigenes Schwert zu Tode kommen.

Derartig versündigt, durchläuft Kalevipoeg eine Läuterung, er bereut seine Sünden und tut künftig nur noch Gutes. Er setzt sich für die Armen und Schwachen ein, baut Städte, Burgen und Brücken, pflügt Felder und kämpft gegen das Böse – dunkle Mächte wie den Teufel, aber auch gegen fremde Eroberer. Dennoch holt ihn eines Tages der Fluch ein. In einem Fluss fällt er über sein eigenes Schwert, wobei ihm die Beine abgetrennt werden – er verblutet. Im Jenseits jedoch wird er zum Bewacher des Höllentors ernannt. Am Ende des Buches stellt Kreutzwald in Aussicht, dass sich der Held eines Tages vom Felsen am Rand der Hölle befreien, nach Estland zurückkommen und seinen Landsleuten Freiheit und Glück bringen werde.

Noch heute sind viele Naturerscheinungen, Straßennamen und Orte in Estland mit den Sagen um Kalevipoeg verbunden, wie die oben beschriebene Legende zur Entstehung des Tallinner Dombergs und des Sees Ülemiste. Auch ein estnischer Schokoladenhersteller ließ sich vom Epos inspirieren, die Kalev-Schokolade ist in allen Läden erhältlich.

Wer sich für Kalevipoeg interessiert, kann in der südestnischen Stadt Võru das **Kreutzwaldmuseum** besuchen. Die Werke des Malers *Kristjan Raud* (siehe „Kunst"), die man in verschiedenen Museen des Landes findet, illustrieren das Leben des epischen Helden.

sammenzutragen. Doch nach Fählmanns Tod 1850 hielt Kreutzwald, der hauptberuflich als Arzt in der südestnischen Stadt Võru arbeitete, an der Idee des Freundes fest.

Kreutzwald wurde als Sohn eines Leibeigenen geboren, durfte aber Medizin in Tartu studieren. Fählmann hatte ihn über seine Pläne informiert, nach dem Vorbild „Kalevala", dem finnischen Nationalepos, ein derartiges Werk auch für Estland zu schaffen, das die Identität des Volkes stärken sollte. Mit Hilfe anderer, die ihm Stücke und

Verse über Kalevipoeg zutrugen, gelang es Kreutzwald schließlich, das Epos niederzuschreiben und 1861 in Buchform herauszugeben. Das Erscheinen des Buches galt als wichtiger Schritt, der die „Zeit des Nationalen Erwachens" in Estland vorantrieb. Im mythischen Helden, der gegen das Böse kämpft, sahen die Esten ein Symbol für den Kampf gegen die Obrigkeit, für das Anknüpfen an die Vergangenheit und die eigene Kultur. Kreutzwald indes wurde als wahrer Begründer einer eigenständigen estnischen Literatur betrachtet.

In der „Zeit des Nationalen Erwachens" folgten weitere Intellektuelle den Spuren Kreutzwalds und schufen estnische Texte. Eine der wohl beliebtesten Dichterinnen Estlands ist **Lydia Koidula** (1843–86). Sie schrieb den Text jenes Liedes, das zu Sowjetzeiten als eine Art inoffizielle Nationalhymne galt: „Mein Vaterland ist meine Liebe" („Mu isamaa on minu arm"). Noch heute wird es auf jedem Sängerfest gesungen. Außerdem verfasste sie Theaterstücke sowie patriotische und romantische Gedichte. Auch ihr Vater **Johann Woldemar Jannsen** (1819–1890) war schreibend tätig. Unter ihm erschien die erste regelmäßige estnische Wochenzeitung in Pärnu und er verfasste die spätere Nationalhymne.

Koidula war nicht die einzige Dichterin, auch **Anna Haava** (1864–1957) schrieb romantische Werke. Im 20. Jahrhundert folgten **Marie Under** (1883–1980), die der 1917 gegründeten freizügigen Gruppe „Siuru" angehörte, die sich offen mit der bislang tabuisierten Sexualität auseinandersetzte, und **Betty Alver** (1906–89).

Zunächst erschienen aber einige dem Realismus zugeordnete Werke männlicher Schriftsteller. Zu nennen sind **Juhan Liiv** (1864–1913), der für eine freie Estnische Republik plädierte und lyrische Stücke und Erzählungen schuf, **Eduard Vilde** (1865–1933), der als Berufsschriftsteller arbeitete und sozialkritische Romane verfasste, oder der Dramatiker **August Kitzberg** (1855– 1927). Große Bekanntheit im Land hat auch **Oskar Luts** (1887–1953), dessen Roman „Frühling" („Kevade") zu den populärsten Werken Estlands zählt.

Als einer der bedeutendsten estnischen Schriftsteller des vergangenen Jahrhunderts ist **Anton Hansen Tammsaare** (1878–1940) anzusehen. Er wurde als Bauernsohn geboren, konnte aber später Recht an der Universität Tartu studieren. Dort schloss er sich der Bewegung Noor-Eesti (Junges Estland) an, der zahlreiche Schriftsteller, Maler und Bildhauer angehörten. Sein Hauptwerk, der mehrbändige Roman „Wahrheit und Recht" („Tõde ja õigus"), handelt vom Wesen der Esten, ihrer Geschichte, dem ländlichen Leben. Die Esten dankten dem großen Novellisten der ersten Estnischen Republik, indem sie sein Porträt auf den 25-Kronen-Schein drucken ließen.

Der Zweite Weltkrieg und die darauf folgende Besatzung durch die Sowjetunion führten zu einer Zäsur der sich weiterentwickelnden, kreativen und Europa zugewandten Kulturszene. Zahlreiche Intellektuelle, darunter auch viele Schriftsteller, flüchteten ins Exil, die im Land gebliebenen wurden zum Teil deportiert. Millionen Bücher, die zu Zeiten der ersten Estnischen Republik gedruckt worden waren, die Blütezeit der estnischen Literatur, wurden vernichtet, der Besitz unerwünschter Literatur wurde hart bestraft.

Einige Autoren schrieben im Exil weiter, wie der Prosaist **Karl Ristikivi** (1912–77), der den Roman „Nacht der Seelen" („Hingede öö") schuf, oder der Lyriker **Bernard Kangro** (1910–1994). Andere, wie der Novellist **Juhan Smuul** (1921–71), versuchten im Land, an die estnische Literaturtradition anzuknüpfen, was im Großen und Ganzen allerdings erst nach *Stalins* Tod allmählich gelang und auch dann noch einen Balanceakt zwischen Zensur und eigenständiger Literatur bedeutete.

Bis heute gelten der Lyriker und Begründer des absurden Theaters in Estland **Paul-Eerik Rummo** (geb. 1942), die Schriftstellerinnen **Ellen Niit** (geb. 1928) und **Viivi Luik** (geb. 1946), der Essayist **Jaan Kaplinski** (geb. 1941), der spätere Präsident **Lennart Meri** (1929–2006) und vor allem der große **Jaan Kross** (geb. 1920) als bedeutende zeitgenössische Schriftsteller. Kross, der zu Sowjetzeiten deportiert wurde und bis 1956 im Gulag bleiben musste, ist der international bekannteste und meistübersetzte estnische Schriftsteller. Er wurde mehrfach für den Literaturnobelpreis vorgeschlagen und mit vielen hohen Auszeichnungen, darunter dem Bundesverdienstkreuz, bedacht. Sein Zurückgreifen auf historische Stoffe – beispielsweise den estnischen Freiheitskampf gegen die Deutsch-Balten – erlaubten ihm, die Zensur zu überlisten und indirekte, versteckte Kritik an den sowjetischen Besatzern zu üben. Indem er auf historische estnische Persönlichkeiten zurückgriff, bewahrte er das Selbstbewusstsein der Esten über die Jahre der Okkupation. Ein Beispiel dafür ist sein Roman „Das Leben des Balthasar Russow". **Balthasar Russow** (1536–1600) war der erste Este, der die Landesgeschichte („Livländische Chronik") niederschrieb, lange bevor sich eine eigene estnische Literatur durchsetzen konnte. Ein Aufgreifen dieser historischen Figur war eine klare Zuwendung zur eigenen Tradition und Nationalität. Zu den bekanntesten Werken Kross' zählen weiterhin die Romane „Der Verrückte des Zaren" und „Professor Martens Abreise".

Deutliche Kritik an den Sowjets konnte erst kurz vor der erneuten Unabhängigkeit geäußert werden. Hierzu zählt beispielsweise der Roman „Der siebte Friedensfrühling" von **Viivi Luik,** die über ihre Kindheit im Stalinismus schrieb. Nach der Unabhängigkeit machte sich neben den zuvor bereits bekannten Schriftstellern auch *Tõnu Õnnepalu* (geb. 1962), der unter dem Pseudonym **Emil Tode** schreibt, einen Namen. Er greift auf in Estland noch recht tabuisierte Themen wie Homosexualität zurück und verweist auf die enge Verbundenheit Estlands mit Europa. Sein Roman „Grenzland"

(„Piiririik“) wurde auch ins Deutsche übersetzt.

Einige Bücher estnischer Schriftsteller wurden zu DDR-Zeiten in Deutsch aufgelegt und sind zum Teil noch in Antiquariaten erhältlich, zum Beispiel die Kurzgeschichten der Zwillingsbrüder **Jüri** und **Ülo Tuulik** (geb. 1940). Andere wurden seit der Unabhängigkeit publiziert, darunter die Werke von Kross, **Maimu Berg** (geb. 1945), Luik und **Ervin Õunapuu** (geb. 1956).

Eine Auswahl der ins Deutsche übersetzten Werke findet sich in den Literaturtipps im Anhang.

Musik

Im Land der Sängerfeste (siehe „Traditionen und Bräuche“), dessen musikalische Wurzeln bis zu Runengesängen aus dem ersten Jahrtausend v. Chr. zurückreichen, spielt Musik eine wichtige Rolle. Als Begründer der estnischen Sinfoniemusik gilt der von der Insel Hiiumaa stammende Komponist **Rudolf Tobias** (1873–1918). Er absolvierte seine Musikausbildung in St. Petersburg, bevor er in Berlin als Musiker arbeitete. In seinen oftmals dramatischen Stücken verarbeitete er zahlreiche Motive aus estnischen Legenden und Erzählungen, jedoch wurde sein Talent zu Lebzeiten im Land nicht ausreichend erkannt.

Eduard Tubin (1905–82) wird oft zu den schwedischen Komponisten gezählt, ist aber gebürtiger Este. Er verließ während des Zweiten Weltkriegs seine Heimat, um der heranrückenden Sowjetarmee zu entfliehen. Bereits als Kind hatte er mehrere Instrumente erlernt und eine Ausbildung bei *Heino Eller* an der Tartuer Musikschule genossen. Er war nicht nur als Komponist, sondern zunächst als Dirigent tätig. 1961 erhielt er die schwedische Staatsbürgerschaft und lebte bis zu seinem Tod in Schweden. Er schuf Sinfonien, Sonaten, Ballette, Opern sowie einige Elegien und Chorwerke. Bekannte Zeitgenossen Tubins waren der oben erwähnte **Heino Eller** (1887–1970) sowie **Mart Saar** (1882–1963).

Einer der größten zeitgenössischen Komponisten ist der in Deutschland lebende und international bekannte **Arvo Pärt** (geb. 1935). Wer sich nicht für klassische Musik interessiert, die Pärt gekonnt mit neuen Klängen kombiniert, ist vielleicht trotzdem schon einmal in den Genuss gekommen, seine Werke zu hören: Einige Filmemacher griffen auf seine Musik zurück, etwa *Tom Tykwer* für den Film „Winterschläfer“ oder *Michael Moore* in „Fahrenheit 9/11“. Bereits im Alter von 14 Jahren schrieb Pärt, der später am Konservatorium in Tallinn studierte, seine erste Komposition.

Auch **Veljo Tormis** (geb. 1930) gehört, ebenso wie **Erkki-Sven Tüür** (geb. 1959) und **Lepo Sumera** (1950–2000) zu den bekannten Komponisten des Landes. Insgesamt zählt der estnische Komponistenverband rund 90 Mitglieder.

Es sind nicht zuletzt estnische Dirigenten, die die Werke jener Schöpfer aufgreifen. So widmete sich der in den

108es Foto: jl

USA lebende estnische Dirigent **Neeme Järvi** (geb. 1937), der u.a. beim Detroiter Sinfonieorchester tätig war, bereits in den 1980er Jahren den Kompositionen Tubins. Die junge Dirigentin **Anu Tali** (geb. 1972) und ihr „Nordic Symphony Orchestra" nahmen bei Warner Classics Werke von Veljo Tormis und Erkki-Sven Tüür auf. Namhafte Kollegen von Järvi und Tali sind ferner **Eri Klas** (geb. 1939), **Paavo Järvi** (geb. 1962) und **Tõnu Kaljuste** (geb. 1953).

Auch in der modernen Popmusik wartet Estland mit einigen bekannten Gesichtern auf. Im Jahr 2001 gewannen **Tanel Padar** und **Dave Benton** als Vertreter Estlands den Eurovision Song Contest und holten so das Event im darauffolgenden Jahr nach Tallinn. Die Mädchenband **Vanilla Ninja** stürmte auch in Deutschland, Österreich und der Schweiz die Charts. Beliebt sind auch Country und Jazz.

Das Estonia Theater in Tallinn beherbergt die Nationaloper

Theater

Die Esten sind ein außerordentlich kulturinteressiertes Volk, dabei spielt auch das Theater eine bedeutende Rolle. Jedes Jahr locken die Bühnen im Land nahezu eine Million Zuschauer an, eine beträchtliche Menge angesichts der geringen Einwohnerzahl.

Pro Jahr werden etwa 150 Stücke uraufgeführt. Die Eintrittskarten sind zum Glück noch vergleichsweise günstig. Im Land gibt es etwa zehn Repertoire-Theater, zwei Opern- und Balletthäuser und rund 20 freie Theatergruppen. Dabei fehlen weder Puppentheater noch russischsprachige Bühnen, wie beispielsweise in Tallinn.

Zu den bekanntesten Häusern gehört das älteste Theater des Landes, das 1906 gegründete **Vanemuine** in Tartu, in dem neben klassischen Theaterstücken auch Musik- und Tanzaufführungen dargeboten werden. Zu den großen Bühnen gehören ferner das **Estnische Dramatheater,** das **Oper- und Balletthaus Estonia,** das ebenfalls 2006 sein hundertjähriges Bestehen feierte, das Theater **Endla** in Pärnu, das in Viljandi ansässige Dramatheater **Ugala** sowie das von *Voldemar Panso* gegründete **Tallinner Stadttheater** (Linnateater).

Klassische Stücke, zeitgenössische wie auch modern-experimentelle, finden Anklang beim Publikum. Seit einigen Jahren sind Aufführungen an ungewöhnlichen Orten wie alten Schlössern, Ruinen oder ehemaligen Fabrikgebäuden sehr gefragt. Auch Verbindungen verschiedener Kunstformen, etwa Theater-Installation-Musik, erfreuen sich großer Beliebtheit. Theaterfestivals finden in verschiedenen Städten statt, beispielsweise „Baltoscandal" oder „Drama". Für alternative Aufführungsformen ist das **Von Krahl Theater** in Tallinn bekannt.

Kunst

Vor der „Zeit des Nationalen Erwachens" schufen estnische Maler vor allem Porträts oder Landschaftsbilder, die meist im Auftrag der deutschen oder russischen Herrscher und Großgrundbesitzer entstanden. Als Begründer einer eigenständigen estnischen Malerei ist **Johann Köler** (1826–99) anzusehen, ein herausragender Porträtmaler zur Zeit des Nationalen Erwachens. Der aus dem Kreis Viljandi stammende Künstler studierte an der Kunstakademie in St. Petersburg und bereiste Deutschland, Holland, Belgien, Frankreich und Italien. Er begründete die realistische Malerei in Estland, hinterließ monumentale Bilder und schuf das Altarbild der Tallinner Kaarli-Kirche am Rande der Altstadt.

Auch **Ants Laikmaa** (1866–1942), der bis 1935 *Hans Laipman* hieß, gilt als eine herausragende Persönlichkeit der estnischen Kunstszene. Der Maler studierte in St. Petersburg und an der Kunstakademie Düsseldorf. 1903–32 leitete er die Atelierschule in Tallinn, wo viele bekannte estnische Künstler gelernt haben, außerdem gründete er 1907 die Estnische Kunstgesellschaft und war Mitinitiator des Estnischen Volksmuseums. Er selbst malte haupt-

Das Kumu in Tallinn – bedeutendstes Kunstmuseum des Landes

sächlich Naturlandschaften und Porträts estnischer Bauern sowie von Menschen der gebildeten Schicht. Anfang des 20. Jahrhunderts öffneten die **Tallinner Kunstgewerbeschule** (1914) und die Tartuer Hochschule für bildende Künste **Pallas** (1919) ihre Pforten, gleichzeitig entstand eine erste Sammlung estnischer Malerei.

Eduard Wiiralt (1898–1954) lebte die meiste Zeit seines Lebens im Ausland, was Motive wie Kamele und Berber, die in seinen Grafiken auftauchen, erklärt. **Kristjan Raud** (1865–1943) hinterließ zahlreiche Kohlezeichnungen vom ländlichen Leben und illustrierte eine Ausgabe des Nationalepos „Kalevipoeg". Gerade diese Bilder mit mythischen Motiven machten ihn bekannt. Sein Zwillingsbruder **Paul Raud** (1865–1930) schuf hauptsächlich Porträts, viele davon Auftragsbilder für die reiche deutsch-baltische Oberschicht. **Oskar Kallis** (1892–1918) wird manchmal als der *Edvard Munch* Estlands bezeichnet, und auch **Konrad Mägi** (1878–1925) vereinte in seinen Werken expressionistische Farben und Motive mit Anleihen aus dem Jugendstil. Wie Kristjan Raud griffen auch Kallis und sein Zeitgenosse **Nikolai Triit** (1884–1940) Motive aus dem Nationalepos auf.

107es Foto: af

Nach dem Zweiten Weltkrieg gab es auch in der bildenden Kunst eine entscheidende Zäsur. Zahlreiche Künstler wanderten aus, während im Land Werke des sozialistischen Realismus entstanden, gigantische Bilder, die geschichtliche Themen wie Revolutionen aufgriffen. Nach Wiedererlangen der Unabhängigkeit ging es weg von Zensur, propagandistischer Kunst, aber auch von dem zu Sowjetzeiten eher sicheren Einkommen für staatlich unterstützte Künstler hin zu einer Kunst, die einerseits den Gesetzen des freien Marktes unterliegt, sich andererseits aber frei und unzensiert entfalten kann.

In Estland zu besichtigende Werke von **Künstlern anderer Nationalitäten,** beispielsweise von Deutsch-Balten, die Altarbilder und Holzfiguren in vielen Kirchen und anderen Gebäuden schufen, sind in den Ortsbeschreibungen aufgeführt.

Wichtige Museen

Es gibt zahlreiche Museen im Land, die sich einzelnen Künstlern widmen, großteils sind sie in deren Geburts- oder Wohnhaus untergebracht. Wer sich einen Überblick über die estnische Kunstszene verschaffen will, sollte das Kunstmuseum **Kumu in Tallinn,** das **Museum für moderne Kunst in Pärnu** oder das private **Kunstmuseum in Viinistu** (Nationalpark Lahemaa) besuchen. Sehr sehenswert ist auch das außergewöhnliche **Ants-Laikmaa-Haus in Taebla** nahe Haapsalu.

Gerade im Kumu finden sich auch viele Skulpturen der bedeutenden estnischen **Bildhauer,** darunter Werke des ersten professionellen estnischen Bildhauers **August Ludwig Weizenberg** (1837–1921), der oftmals Motive aus dem Kalevipoeg-Epos aufgriff, oder von **Amandus Adamson** (1855–1929), der Mitglied der Kunstakademie in St. Petersburg war und u.a. das Russalka-Denkmal in Kadriorg/Tallinn schuf.

Film

Der erste estnische Spielfilm wurde 1914 gedreht, eine politische Satire mit dem Namen „Bärenjagd in Pärnumaa" von **Johannes Pääsuke** (1892–1918), dem „Vater des estnischen Films". Einer der ersten Trickfilme war „Die Abenteuer des Hundes Juku" („Kutsu-Juku seiklusi") der Regisseure *Voldemar Päts, Elmar Janimägi* und *Aleksander Teppor.*

Heute ist das Land vor allem für Dokumentar- und herausragende **Animations- und Zeichentrickfilme** bekannt. Namhafte Animationsfilmstudios sind Nukufilm und Eesti Joonisfilm, welches eng mit dem Namen **Rein Raamat** (geb. 1931) verbunden ist, dem ersten estnischen Animationsfilmemacher, der international erfolgreich wurde. Beide Studios gingen aus dem von **Elbert Tuganov** (geb. 1920) 1957 gegründeten Animationsfilmstudio Tallinnfilm hervor, das bereits zu Sowjetzeiten sehr erfolgreich war. Einer der jüngsten Filme von Eesti Joonisfilm ist „Lotte im Dorf der Erfinder" (2006), der in den Babelsberg Studios in Deutschland fertiggestellt wurde und ebenfalls von den Abenteuern eines Hundes handelt. Nachdem er auf dem Filmfestival in Cannes von sich reden machte, soll er auch in anderen Ländern gezeigt werden. Zuvor lief bereits eine Zeichentrickserie über Lotte auf dem deutschen Sender KiKa.

Zu den bekanntesten Animationsfilmemachern gehört **Priit Pärn** (geb. 1946), dessen Debüt 1977 „Ist die Erde rund?" war. Seine Filme gelten als kritisch, auch schon zu Sowjetzeiten, als er den Verfall des Sowjetsystems thematisierte wie etwa im Film „Frühstück im Gras" von 1987, der international vielfach ausgezeichnet wurde, im eigenen Land aber an die Grenzen der Zensur stieß. Neuere Filme wie „Die Nacht der Karotten" (1998) oder „Karl und Marilyn"(2003) wurden auf internationalen Festivals gezeigt.

International ausgezeichnet wurde auch der Film „Revolution der Schweine" („Sigade revolutsioon") von *René Reinumägi* und *Jaak Kilmi* aus dem Jahr 2004. Im Land fanden ferner der Kinderanimationsfilm „Ladybird Christmas" (2001) und *Elmo Nüganens* Film „Namen auf der Marmortafel" (2002) großen Anklang. *Mait Laas'* Film „Reise ins Nirvana" wurde auf dem Filmfest in Oberhausen ausgezeichnet.

Die Filmwirtschaft in Estland wird überwiegend aus Fördermitteln der Estnischen Filmstiftung finanziert. Wichtige **Filmfestivals** im Land sind die „Schwarzen Nächte" („PÖFF"), die im November/Dezember in Tallinn stattfinden, sowie das Internationale Dokumentarfilmfestival, das im Sommer in Pärnu abgehalten wird. Zu Estlands bekanntesten Dokumentarfilmern zählt **Mark Soosaar** (geb. 1946); als Schaffer beeindruckender Naturfilme ist **Rein Maran** (geb. 1931) zu nennen.

Jaan Toomik (geb. 1961), dessen Werke Estland auf den Biennalen von Sao Paulo und Venedig vertraten, gehört zu den namhaften Videokünstlern des Landes. Seine Filme kann man beispielsweise im Museum für moderne Kunst in Pärnu oder im Tallinner Kumu sehen.

Architektur

Die meisten Touristen bekommen das architektonische Highlight des Landes, die Hauptstadt **Tallinn,** gleich zu Beginn ihrer Reise zu sehen. Die von der UNESCO zum Weltkulturerbe erklärte Altstadt, aber auch andere Stadtteile warten mit architektonischen Perlen verschiedenster Epochen auf: das spätgotische Rathaus, die Renaissance-Fassade des Schwarzhäupterhauses, das barocke Kadriorg-Schloss, die frühklassizistische Fassade des Stenbockhauses, Jugendstilgebäude in der Pikk-Straße sowie das Dramatische Theater von 1910, die mittelalterliche Stadtmauer, Holzhäuser aus der Zarenzeit im Stadtteil Kadriorg, die russisch-orthodoxe Aleksander-Nevski-Kathedrale von 1900 und vieles mehr. Fährt man in den Westen der Stadt, kann man im sehenswerten Freilichtmuseum Rocca al Mare zudem hölzerne Bauernhäuser aus allen Landesteilen und verschiedenen Zeiten bewundern. Hinterlassenschaften aus der Sowjetzeit, wie der Fernsehturm oder das ehemalige Hauptquartier des KGB, fehlen genau so wenig wie moderne Hochhäuser in der Nähe des Hafens. Das Okkupationsmuseum oder das sehenswerte, erst im Jahr 2005 fertiggestellte Kunstmuseum „Kumu" gelten als herausragende Beispiele zeitgenössischer Architektur.

In der westestnischen Kurstadt **Pärnu** (Pernau) gibt es einige Gebäude im Stil des Funktionalismus der 1930er Jahre, etwa das Strandhotel. Außerdem findet man zahlreiche sehenswerte Holzgebäude, die reich verziert sind, und die hübsche Jugendstilvilla Ammende. Die Universitätsstadt **Tartu** (Dorpat) hat neben der klassizistischen Universität und Gebäuden entlang des Rathausplatzes eine Perle der Backsteingotik zu bieten: die mittelalterliche Johanniskirche. Die im Nordosten des Landes gelegene Stadt **Sillamäe** ist indes ein Beispiel einer komplett durchgeplanten stalinistischen Stadt mit pseudoklassizistischen Fassaden – wie auch immer man diesen Stil ästhetisch bewerten mag.

110es Foto: jl

Burgen

Außerhalb der Städte sind es vor allem die zahlreichen Herrenhäuser, die Burgen der Kreuzritter und die Kirchen, die Touristen anziehen. Stattliche, sehr gut erhaltene Burgen findet man in der an Russland grenzenden Stadt **Narva** sowie in der Hauptstadt der Insel Saaremaa (Ösel), **Kuressaare** (Arensburg). Es handelt sich dabei um kastellartige Anlagen, die zum Teil gleichzeitig als Kloster und Wehranlage dienten. Auch in **Rakvere** (Wesenberg), **Haapsalu** (Hapsal), **Viljandi** (Fellin), **Põltsamaa** (Oberpahlen) und **Paide** (Weißenstein) können Burgen der Ordensritter besucht werden, vielerorts zieren bis heute Burgruinen die Landschaft.

Kirchen

Unter den unzähligen mittelalterlichen Kirchen, die oftmals im Laufe der vielen Kriege zerstört und später wieder aufgebaut wurden, ist vor allem die Kirche **Karja** auf der Insel Saaremaa hervorzuheben. Mittelalterliche Fresken und bemerkenswerte Steinskulpturen schmücken das Innere der gotischen Kirche. Beachtung verdienen auch die Terrakotten der bereits erwähnten **Johanniskirche** in Tartu. In der Hauptstadt sollte man auf jeden Fall der **Domkirche,** der **Heiligengeistkirche** und der **Olaikirche** einen Besuch abstatten. Auf dem Lande dienten zahlreiche Kirchen auch zu Verteidigungszwecken. Auf der Insel **Ruhnu** ist eine barocke Holzkirche erhalten geblieben.

Jugendstil-Herrenhaus Taagepera

Gutshöfe

Nachdem im Nordischen Krieg zahlreiche Rittergüter und Gutshäuser der deutschen Oberschicht zerstört wurden, entstanden ab Mitte des 18. Jahrhunderts zahlreiche neue Gutshöfe, oft stattliche Anlagen mit einem zentralen **Herrenhaus** und sehenswerten Nebengebäuden, um die hübsche **Parks** angelegt wurden. Leider ist heute nur noch etwa ein Drittel der ursprünglich über 1200 Gutshöfe erhalten, von anderen sind noch Ruinen zu sehen. Der Niedergang der Herrenhäuser begann mit der Landreform während der ersten Estnischen Republik, als viele Deutsch-Balten ihren Besitz verloren. Zu Sowjetzeiten waren die ehemaligen Sitze der Baltendeutschen den neuen Herrschern ein Dorn im Auge. Viele Häuser wurden bewusst dem Verfall preisgegeben, andere überlebten nur, weil sie zu Kolchosen, Lagerhallen, Schulen oder Altenheimen umfunktioniert wurden. Glücklicherweise konnten viele im Laufe der letzten beiden Jahrzehnte restauriert werden. Etwa hundert Gutshöfe sind hervorragend renoviert, die meisten davon stehen Besuchern heute als **Museen** (z.B. der Gutshof Palmse) oder **Hotels** (z.B. Kalvi, Sangaste) offen, andere dienen nach wie vor als Schulen, Verwaltungsgebäude oder Altenheime.

002es Foto: jl

Tallinn und Umgebung

014es Foto: jl

017es Foto: jl

Blick vom Tallinner Domberg auf die alte Stadtbefestigung, im Hintergrund die Olaikirche

Werbung für ein Restaurant in mittelalterlichen Kostümen

In Saku nahe Tallinn wird ein bekanntes Bier gebraut

Die Hauptstadt

↗ II/B2

Legenden und Gegenwart

Tallinn ist Dreh- und Angelpunkt jeder Reise durch Estland. Die estnische Hauptstadt liegt am Finnischen Meerbusen im Norden des Landes und ist mit etwa 400.000 Einwohnern seine größte Stadt. Spaziert man durch die Gassen des Zentrums, ist es, als ob man durch ein großes Freilichtmuseum wandelt, gehört doch die mittelalterliche Hansestadt zu den ältesten Städten an der Ostsee. Die Altstadt wurde 1997 zum **Weltkulturerbe** der UNESCO erklärt.

Die Gesamtfläche des Verwaltungsbezirks Tallinns beträgt 158 Quadratkilometer und umfasst zwei Seen (Harku und Ülemiste), 46 Kilometer Küste sowie die Insel Aegna (siehe „Umgebung von Tallinn").

Tallinn ist, wie so viele Hauptstädte Europas, gleichermaßen typisch wie untypisch für das Land. Wohl nirgendwo sonst in Estland liegen Moderne und Tradition, Hightech und Altbewährtes so dicht beieinander. Während Studentinnen in purpurfarbenen Samtroben oder Trachten vor dem „Olde Hanse" oder dem „Peppersack" die Touristen in ein mittelalterliches Restaurantambiente locken, stöckeln ihre Altersgenossinnen auf hohen, dünnen Absätzen an ihnen vorbei, um sich in szenigen Chill-out-Bars dem Tallinner Nachtleben hinzugeben. Für das junge Estland steht auch das Viertel südöstlich der Altstadt, wo in den letzten Jahren zahlreiche moderne Gebäude entstanden sind, die Einkaufszentren, Banken, Hotels oder Büros beherbergen.

Doch ob jung oder alt, die Esten sind stolz auf ihre Hauptstadt, in der die Mitglieder der Regierung hinter der frühklassizistischen Fassade des Stenbockhauses auf Flachbildschirme schauen, wo die Parkuhren vor der mittelalterlichen Stadtmauer mit dem Handy bezahlt werden können und wo sich dennoch fast jeder Bewohner mit den alten Legenden und Mythen der Stadt auskennt.

So spielt natürlich auch die Hauptstadt eine bedeutende Rolle im estnischen Nationalepos „Kalevipoeg". Der Domberg beispielsweise, eine Kalksteinanhöhe, die bis zu 48 Meter über dem Meeresspiegel liegt, ist – so die Sage – der Grabhügel des mythischen Königs Kalev, den seine Frau Linda aufschüttete. Die Tränen, die sie nach dem Tod ihres Gatten verschüttete, bildeten den See Ülemiste im Südosten der Stadt.

Hier schließt sich eine andere Legende an: Jedes Jahr im Herbst steigt ein kleines graues Männlein aus dem See und fragt den Stadtwächter, ob die Stadt schon fertig erbaut sei. „Nein, noch lange nicht, es wird noch Jahre dauern, bis alle Bauarbeiten beendet sind", lautet Jahr für Jahr die Antwort und das Männlein kehrt grummelnd in seinen See zurück. Wenn Tallinn einmal fertig sei, so heißt es in einer der vielen Sagen, würde das Männlein das Wasser des Sees über die Ufer treten lassen, um die Stadt zu vernichten. Um dieser Zerstörung zu entgehen, wurde den Wächtern vor langer Zeit per Gesetz verboten, jemals die Frage zu bejahen. Doch selbst heute müsste sich niemand in Lügen verstricken, um das drohende Schicksal abzuwenden. Wer zum wiederholten Mal in die Hansestadt reist, wird dies angesichts des sich stetig wandelnden modernen Tallinns außerhalb der Stadtmauer bestätigen.

Auch um die Entstehung und die Namen der Stadt rankt sich eine Legende. Nachdem der dänische König *Waldemar II.* Nordestland erobert hatte, vergnügte er sich eines Tages bei der Jagd. Ein prächtiger Rehbock lenkte die Aufmerksamkeit des Königs auf sich, der beschloss, das Tier lebendig zu fangen. Tagelang verfolgte er mit seinen Leuten den Rehbock, bis es den Jägern gelang, ihn am Rand eines steilen Felsens zu umzingeln. Doch das edle Tier zog den Tod der Gefangenschaft vor und stürzte sich den Abhang hinunter. Der König beschloss daraufhin, an dieser Stelle eine Stadt zu gründen: Tallinn. Am Fuße des Dombergs steht heute eine kleine Rehfigur, die an die Legende erinnert. Etwas scherzhaft wird auch der alte deutsche Name der Stadt – Reval – als Erinnerung an den „Reh-Fall" angesehen.

Stadtgeschichte

Bereits vor etwa 3500 Jahren besiedelten finnisch-ugrische Stämme das Gebiet, in dem Tallinn heute liegt. Die erste schriftliche Erwähnung der Stadt stammt aus dem Jahr 1154, als der arabische Geograf *al-Idrisi* sie auf seiner Weltkarte unter dem Namen *Kolõvan* vermerkte. Im Laufe der Zeit sollte sie noch andere Namen tragen.

1219 eroberte der oben erwähnte dänische König *Waldemar II.* Tallinn und Nordestland - auch wenn in der Legende erzählt wird, er habe die Stadt gegründet.

Im 13. Jahrhundert wurde Tallinn Mitglied des **Hansebundes.** Bereits 1248 bekam es das Lübische Recht verliehen, wodurch Tallinn die gleichen Rechte erhielt wie Lübeck, das Zentrum der Hanse. Auf dem Domberg legten die Dänen anstelle einer Bauernburg eine neue Burg an. Diese sogenannte **Dänenburg** *(taani linn)* gab der Stadt ihren heutigen Namen: Tallinn.

Zwei unabhängige Siedlungen entstanden, die heute im Altstadtkern vereint sind. Während auf dem **Domberg** die Ritter und Adligen ansässig wurden und von hier aus über das Land herrschten, siedelten sich in der **Unterstadt** Kaufleute an, die ebenso mächtig wurden. Sie gründeten Gilden und wählten einen Rat, erhielten das Münzrecht und oblagen bereits 1265 nicht mehr der Herrschaft der Domherren. 1346 verkauften die Dänen Nordestland an den Deutschen Orden.

Vom 14. bis in die Mitte des 16. Jahrhunderts erlebt Tallinn als bedeutende **Hansestadt Reval** seine Blütezeit. Reval lag strategisch günstig auf dem Handelsweg zwischen Westeuropa und Russland. Eine mächtige Befestigungsmauer schützte die prunkvollen Handelshäuser der Altstadt.

Im Livländischen Krieg kam Tallinn 1561 unter **schwedische Herrschaft.** Bis 1710 regierten die Schweden über die Stadt und engagierten sich stark für das Bildungswesen, dann fiel Tallinn im Nordischen Krieg an das **russische Zarenreich.** Unter dessen Herrschaft entstand das Barockschloss **Kadriorg** (Katharinental) mit seinen zahlreichen Nebengebäuden und einer hübschen Parkanlage im Osten der Stadt. Ein Kriegshafen wurde gebaut, die Eisenbahnlinie nach St. Petersburg angelegt und im 19. Jahrhundert schritt die Industrialisierung voran. Erst 1889 wurden die Ober- und Unterstadt offiziell zusammengelegt.

Am 24. Februar 1918 wurde die **Republik Estland** ausgerufen und Tallinn zu ihrer **Hauptstadt** erklärt, bis sie 1940 im Zuge des Zweiten Weltkriegs der Sowjetunion angegliedert wurde. 1941 marschierte die deutsche Wehrmacht ein. Bei der **Bombardierung** in der Nacht des 9. März 1944 durch die sowjetische Armee wurden über 600 Menschen getötet und etwa ebenso viele verletzt. Glücklicherweise blieb der größte Teil der Altstadt verschont. Zu den zehn Prozent der zerstörten Gebäude gehörte vor allem das Gebiet um die Harju-Straße rings um die Nikolaikirche.

Zu Sowjetzeiten entstanden **Trabantenvorstädte** rund um die Altstadt, in denen auch die zahlreichen Russen unterkamen, die aus anderen Teilen der Sowjetunion zuzogen.

Ende der 1980er Jahre wurde Tallinn Zentrum der Unabhänigkeitsbewegung und 1991 wieder Hauptstadt einer unabhängigen Republik.

Orientierung

Vom **Rathausplatz** (Raekoja plats) in der Unterstadt aus kann man die meisten Sehenswürdigkeiten der Altstadt zu Fuß über pflastersteinerne Gässchen, Plätze und Straßen erreichen. Der zentrale Platz mit seinem gotischen Rathaus eignet sich auch gut als Ausgangspunkt, weil in der Nähe die **Touristeninformation** angesiedelt ist, die kostenloses Kartenmaterial zur Verfügung stellt.

Wer sich jedoch zunächst einen – im wahrsten Sinne des Wortes – Überblick über die Stadt verschaffen will, sollte auf den **Domberg in der Oberstadt** steigen, ein Kalksteinplateau, das sich über der Altstadt erhebt. Von den dortigen Aussichtsplattformen kann man seinen Blick über die Stadt schweifen lassen und anschließend den Sehenswürdigkeiten des Dombergs einen Besuch abstatten.

Für einen Bummel durch Ober- und Unterstadt sollte man mindestens einen Tag einplanen. Wer Kirchen und Museen auch von Innen besichtigen will, kann problemlos mehrere Tage im Zentrum der Stadt verbringen.

Sehenswürdigkeiten jenseits des Stadtzentrums sind das **Kadriorg-Schloss,** das 1718–25 von Zar *Peter I.* errichtet wurde, und seine Parkanlagen. Bleibt man mehr als einen Tag, sollte dieses beliebte Ausflugsziel ein fester Programmpunkt der Stadttour sein. Unweit des Kadriorg-Viertels mit seinen vielen Museen befindet sich – im Pirita-Viertel – die berühmte estnische **Sängerbühne,** auf der alle fünf Jahre das Sängerfest stattfindet.

Im Westen der Stadt liegt inmitten eines schönen Naherholungsgebietes das **Freilichtmuseum Rocca al Mare,** in dem die verschiedenen Architekturformen und Bräuche des Landes dokumentiert werden. Mehr als 70 Bauernhäuser, Windmühlen und Holzhütten aus allen Teilen Estlands wurden auf dem rund 80 Hektar großen Gelände aufgestellt. Hier bietet sich die beste Möglichkeit, die architektonische Vielfalt des Landes im Überblick kennenzulernen. Ist man nicht mit dem eigenen Auto oder Mietwagen unterwegs, kann man die Sehenswürdigkeiten in der Umgebung problemlos mit öffentlichen Verkehrsmitteln erreichen.

Unterstadt

Rund um den Rathausplatz

Im Herzen Tallinns befindet sich der **Raekoja plats** mit dem Rathaus, der heute wie vor Hunderten von Jahren das Zentrum der Stadt darstellt. Von hier aus sind die meisten Sehenswürdigkeiten Tallinns leicht zu Fuß zu erreichen, Cafés und Restaurants laden zum Verweilen ein und verschiedene Märkte, Geschäfte und auch Konzertveranstaltungen in den kleinen Gassen ringsum bieten Kultur und Kitsch für jeden Geschmack. Angesichts der gut erhaltenen Architektur rund um den Platz fällt es nicht schwer sich vorzustellen, wie hier zu Hansezeiten Märkte und Feste, Umzüge und Feierlichkeiten abgehalten wurden.

Wer sich mit Karten- und Informationsmaterial ausstatten möchte, kann ein paar Schritte südwestlich des Platzes die **Touristeninformation** (Kullassepa 4 / Ecke Niguliste 2, s. „Praktische Tipps") aufsuchen. Ihr Name (*Kullassep* = Goldschmied) weist darauf hin, dass hier in früheren Zeiten vor allem Goldschmiede ansässig waren.

Rathaus

Wie archäologische Ausgrabungen beweisen, gab es an dieser Stelle bereits spätestens in der zweiten Hälfte des 12. Jahrhunderts eine Siedlung. Eine der markantesten Sehenswürdigkeiten der Stadt, das den Platz dominierende Rathaus, stammt aus dem 14. Jahrhundert. Zum ersten Mal 1322 schriftlich erwähnt, wurde es 1370 auf die heutige Größe ausgebaut und erhielt nach weiteren Umbauten Anfang des 15. Jahrhunderts sein heutiges Aussehen. Der schlanke, achteckige Turm des **spätgotischen Gebäudes** wurde schließlich im Jahr 1628 durch den im Renaissance-Stil errichteten Turmhelm gekrönt, auf dessen Spitze die Figur des Stadtknechts **Alter Thomas** *(Vana Toomas)*, eine Wetterfahne aus dem Jahr 1530, die Stadt überblickt.

Drachenköpfige Wasserspeier an der Seitenfassade unterhalb des Daches stammen aus der gleichen Zeit wie der Turmhelm. Sie wurden von einem Kupferschied namens *Daniel Pöppel* angefertigt. Die darunterliegenden Gewölbebögen dienten einstmals Händlern als Verkaufsraum, in dem sie ihre Waren den Bürgern der Stadt feilboten. Außerdem befand sich hier der Pranger, an dem kleinere Verbrechen gesühnt wurden. Zum Tode Verurteilte hat man normalerweise außerhalb der Stadt auf dem Galgenberg hingerichtet.

Im Inneren des unterkellerten, zweistöckigen Gebäudes befinden sich der zweischiffige **Bürgersaal** mit hübsch bemalten Pfeilern sowie der angrenzende **Ratssaal** mit bemerkenswerten Schnitzarbeiten unter anderem von den Barockkünstlern *Elert Thiele* und *Joachim Armbrust*. Kunstvolle **Holzschnitzereien** weisen auch die Ratsbänke auf, die Szenen verschiedener Legenden bzw. biblische Motive aufgreifen: Tristan und Isolde, Simons Kampf mit dem Löwen, David und Goliath. Die acht **Gemälde,** die biblische Motive zeigen, stammen vom Lübecker Meister *Johann Aken* aus dem 17. Jahrhundert. In diesem Saal tagten einst die Ratsherren der Unterstadt und hielten Gericht. Bis zum Ende des 19. Jahrhunderts stand dem Rat die höchste Gerichtsbarkeit der Stadt zu. Weitere Räumlichkeiten sind die Küche, die Kämmerei, der Warensaal sowie der Ratsweinkeller.

Wer wie der „Alte Thomas", der das Wahrzeichen Tallinns ist, einen Blick über die Stadt werfen möchte, kann in den Sommermonaten den **Rathausturm** erklimmen.

● **Rathaus,** Raekoja plats 1, 1.7.-31.8. Mo-Sa 10-16 Uhr, sonst nach Vereinbarung, Anmeldung Tel. 6457900 oder raekoda@tallinnlv.ee. Die Öffnungszeiten können sich kurzfristig ändern. Rathaus-Keller: 15.5.-15.10. Di-Sa 10-16 Uhr, im Winter Sa-So 11-17 Uhr. Eintritt Rathaus 40 EEK, ermäßigt 20 EEK, Familien sollten nach dem günstigen Familienticket fragen (75 EEK). Wer einen Führer buchen möchte, bezahlt zusätzlich 300 EEK. Der Eintritt in den Rathauskeller beträgt 15 EEK, wer den Turm besteigen möchte bezahlt 30 EEK oder ermäßigt 15 EEK.

Fotomuseum

Hinter dem Rathaus stand in einer kleinen Gasse ab Mitte des 14. Jahrhunderts das **Ratsgefängnis.** Bis Mitte des 19. Jahrhunderts als solches genutzt, beherbergt das Gebäude heute ein Fotomuseum, in dem neben antiken Kameras, alten Fotos und einer nachgebauten Dunkelkammer zeitgenössische Fotoausstellungen zu sehen sind.

● **Fotomuseum im Rathauskerker,** Raekoja plats 4/6, Tel. 6448767, www.linnamuuseum.ee, März-Okt. Do-Di 10.30-17.30 Uhr, Nov.-Feb. Do-Mo 11-17 Uhr.

Ratsapotheke

Unter den in zarten Pastellfarben gestrichenen Häusern rund um das Rathaus ist vor allem die Ratsapotheke (Raeapteek, Raekoja plats 11) gegenüber dem Rathaus hervorzuheben. Sie gilt neben einer Apotheke in Dubrovnik als älteste noch heute dem Verkauf dienende Apotheke Europas, da dort vermutlich schon lange vor ihrer ersten schriftlichen Erwähnung 1422 Heilmittel verkauft wurden. Ihr heutiges Aussehen erhielt sie Mitte des 16. Jahrhunderts bei Umbauten, kurz bevor die Familie *Johann Burchart* die Geschäfte übernahm und die Apotheke über 300 Jahre lang führte. Das Familienwappen schmückt noch immer das Gebäude. An der geschnitzten und bemalten Tür sind der Stab des göttlichen Arztes Asklepios und die Schlange zu sehen. Katzenblut, Fledermauspulver, Schlangenhauttrank und Schwarzpulver sind in der Apo-

001es Foto: jl

Das Rathaus bei Nacht

theke heutzutage nicht mehr zu bekommen, doch im Falle einer Urlaubserkrankung werden hier sicherlich gute Dienste geleistet.

Wenn man genau hinschaut, kann man im **Pflastersteinmuster** auf Höhe der Apotheke eine Besonderheit erkennen: Zwei längliche Steine, die zu einem „L“ zusammengefügt sind, markieren die grausige Stelle, an der in finsteren Zeiten ein Pfarrer geköpft wurde, nachdem er eine Magd erschlagen hatte.

Weitere Gebäude am Rathausplatz

Gleich gegenüber der Apotheke befindet sich ein ehemaliges **Handwerkerhaus.** In dem schmalen, grauen Eckhaus (Raekoja plats 12) ist heute das Denkmalsamt der Stadt untergebracht. Das **Haus des Ratsschreibers** (Nr. 15, heute Restaurant Troika) beherbergte einst die Ratskanzlei, das jetzige Gebäude wurde im 15. Jahrhundert errichtet.

Über die nordwestlich vom Rathausplatz abgehende Voorimehe-Straße, die in die Pikk Jalg übergeht, kann man den Domberg besteigen, über die nördlich abzweigenden Straßen zunächst den nördlichen Teil der Unterstadt besichtigen.

Heiligengeistkirche

Nur ein paar Meter hinter dem Rathausplatz findet sich eine der schönsten Kirchen der Stadt. Zur Heiligengeistkirche (Pühavaimu 2) gelangt man, wenn man links von der Apotheke beim Haus Nr. 11, in dem sich das Restaurant Balthasar befindet, dem Durchgang in die kleine Gasse Saiakang folgt. Saiakang lässt sich mit „Weckengang“ übersetzen, eine Erinnerung daran, dass hier einst Bäcker Weißbrot feilboten.

Die Fassade der Heiligengeistkirche wird von einer auffälligen **Holzuhr** (vom Weckengang einmal rechts um die Ecke schauen) aus dem 17. Jahrhundert geschmückt, die von *Christian Ackermann* angefertigt wurde. Die Kirche selbst ist viel älter, sie wurde bereits 1319 schriftlich erwähnt. Gegründet als Kapelle, hatte sie zeitweise zwei Funktionen: Sie diente als Kirche des Armenhauses und als Ratskapelle. Ihr jetziges Aussehen erhielt sie im 14. Jahrhundert. Aus dieser Zeit stammt auch der **schlanke, achteckige Turm,** der im 17. Jahrhundert seinen Turmhelm erhielt. Hoch oben hängt die älteste **Glocke** des Landes aus dem Jahr 1433. Der berühmteste Pastor der Kirche war der Autor der „Livländischen Chronik“, *Balthasar Russow* (1536–1600).

Im Inneren der zweischiffigen Kirche befinden sich kunstvolle **Holzschnitzarbeiten** wie der Altar des Lübecker Meisters *Bernd Notkes.* Im mittleren Teil kann man die Ausgießung des Heiligen Geistes und die Krönung der Jungfrau Maria bewundern. Auf den Flügeln sind der heilige Olaf, Maria, die heilige Elisabeth und der heilige Viktor zu erkennen. Außerdem wurde der Leidensweg Christi dargestellt. Kunstvolle Schnitzereien weisen auch die Kanzel aus dem Jahr 1597 und die mit allegorischen Figuren geschmückte Empore von 1660 auf.

Im Norden der Unterstadt entlang der Pikk-Straße

Hinter der Heiligengeistkirche erstreckt sich der Suurgildi-Platz, über den die Pikk-Straße verläuft. Der Name spricht für sich: Pikk heißt „lang" und in der Tat ist sie die längste Straße der Altstadt. Hier siedelten sich im Mittelalter die genossenschaftlichen, nach Berufsständen gegliederten Vereinigungen an, die **Gilden.**

Große Gilde

Gleich gegenüber der Heiligengeistkirche erhebt sich die Große Gilde (Pikk 17), der auch der Platz (Suurgildi) ihren Namen zu verdanken hat. Die Mitglieder der Großen Gilde – mächtige Kaufleute – gehörten zu den reichsten Bürgern der Stadt. Sie erstanden 1406 das Grundstück, auf dem im Jahr 1416 das Gebäude errichtet wurde. Die **Fassade** des Giebelhauses hat weitgehend ihr ursprüngliches Aussehen bewahrt. Die Tür des zweistufigen Portals ist mit **bronzenen Türklopfern** versehen, die Löwenköpfe darstellen (1430). Auch das **Wappen** der Kaufleute (zugleich das kleine Wappen Tallinns) ziert bis heute das Haus: ein weißes Kreuz auf rotem Untergrund. Die ursprünglich rechteckigen Fenster im Hochparterre wurden im 19. Jahrhundert mit Spitzbögen versehen.

Der **Große Gildensaal** im Inneren mit seinem Kreuzgratgewölbe und sechseckigen Pfeilern ist ebenfalls weitgehend erhalten geblieben. Die Kapitelle der Pfeiler sind mit Blättern, Drachen und Vögeln geschmückt.

Im Keller befand sich ab dem 15. Jahrhundert eine legendäre Weinstube. Wer sich dort nicht manierlich benahm, wurde in einen Käfig im hinteren Teil der Schenke gesteckt.

Heute ist das **Museum für Estnische Geschichte** in der Großen Gilde untergebracht.

● **Museum für Estnische Geschichte** (Eesti Ajaloomuuseum), Pikk 17, Tel. 6411630, www.eam.ee, Do–Di 11–18 Uhr, an verschiedenen Feiertagen geschlossen.

Weitere Gildehäuser

Wenige Meter weiter befinden sich auf der gegenüberliegenden Seite der Pikk-Straße eng beieinander weitere Gildehäuser, das der Kanuti-Gilde, der Olai-Gilde und der Bruderschaft der Schwarzhäupter. Zuvor lohnt sich jedoch ein Blick auf das **Jugendstilhaus** (Nr. 18), das mit Drachen und barbusigen Schönheiten geschmückt ist. Gegenüber, am Giebel eines weiteren Jugendstilhauses (Pikk 21–25), gleich gegenüber der Kanuti-Gilde, befindet sich eine Figur, die einen durch ein Monokel blickenden Herren darstellt. Um ihn ranken sich diverse Legenden, so erzählt man sich, dass es den ehemaligen Besitzer des Hauses darstellt, der heimlich eine hübsche Frau im gegenüberliegenden Gebäude beobachtete.

Das Haus der **Kanuti-Gilde** (Pikk 20, auch: Handwerkergilde) diente Goldschmieden, Schustern, Bäckern, Hutmachern und anderen angesehenen Handwerkern als Sitz. Das heutige Gebäude wurde jedoch lange nach der Hansezeit erbaut, nämlich 1863–64. Die Fassade schmücken das kleine (weißes Kreuz auf rotem Grund) und das große Stadtwappen (drei Löwen) sowie zwei Figuren: Martin Luther und den heiligen Knut (Kanutus) darstellend, den Schutzpatron der Gilde.

Während in der Kanuti- oder Handwerkergilde vorwiegend deutsche Mitglieder zusammentrafen, vereinigte die **Olai-Gilde** (Pikk 24) Skandinavier und Esten. Auch sie gingen handwerklichen Tätigkeiten nach. Von außen relativ schlicht, verbirgt sich hinter den Mauern ein sehenswerter mittelalterlicher Gewölbesaal aus dem Jahr 1422. 1919 erwarben die Schwarzhäupter das Haus, deshalb schmückt ihr Wappen die Fassade.

Schwarzhäupterhaus

Gleich nebenan steht ein hübsches Giebelhaus mit einer auffälligen rotgrünen Tür, die mit goldenen Blumen geschmückt ist: das Schwarzhäupterhaus. Sein heutiges Aussehen erhielt das Gebäude im Jahr 1595. Reliefbilder schmücken die **Renaissancefassade,** darunter Abbilder des polnisch-schwedischen Königs *Sigismund III.* und seiner Gattin *Anna,* die zu dieser Zeit die Stadt besuchten. Außerdem sind die Wappen der vier Hansekontore Brügge, Nowgorod, London und Bergen an der Fassade zu sehen. Hoch oben am Giebel sind Pax und Justitia dargestellt.

Die **Bruderschaft der Schwarzhäupter** wurde im 14. Jahrhundert gegründet und war eine Vereinigung lediger, deutschstämmiger Kaufleute, die sehr einflussreich und mächtig war. Zu ihren Ehrenmitgliedern gehörten sogar einige russische Zaren: *Peter I., Paul I.* und *Alexander I.* Der Name der Gilde geht auf den heiligen Mauritius zurück, einen dunkelhäutigen Märtyrer. Ein weiteres Schwarzhäupterhaus findet sich in der lettischen Hauptstadt Riga.

- **Schwarzhäupterhaus,** Pikk 26, Tel. 6313199, www.mustpeademaja.ee, täglich 10–19 Uhr.

KGB-Zentrale

Ein paar Meter weiter gabelt sich die Straße. Bleibt man links auf der Pikk, kommt man ein ganzes Stück weiter nördlich an der ehemaligen KGB-Zentrale vorbei (Pikk 59 / Ecke Pagari 1). Hinter zugemauerten Kellerfenstern wurden hier zu Sowjetzeiten Staatsfeinde verhört und nicht selten erschossen. Heute erinnert eine **Gedenktafel** an die düstere Vergangenheit.

Olaikirche

Eine Straßenecke weiter, an der Oleviste-Straße, die Pikk- und Lai-Straße verbindet, erhebt sich die gotische Olaikirche (Lai 50, www.oleviste.ee). Erstmals 1267 schriftlich erwähnt, wurde das Gotteshaus im Laufe der Jahrhunderte – nicht zuletzt wegen mehrerer Brände – mehrfach wieder aufgebaut, umgebaut und erweitert, unter anderem im 16. Jahrhundert, als

Die Drei Schwestern

die spätgotische Bremerkapelle (auch: Marienkapelle) angebaut wurde.

Besondere Aufmerksamkeit galt und gilt jedoch dem **Turm.** Bei seiner Erbauung um 1500 galt er mit 159 Metern als höchstes Bauwerk der Welt. Nach einem Brand im Jahr 1820 wurde er etwas kürzer wieder aufgebaut und misst heute 124 Meter. Dennoch handelt es sich bei der Olaikirche – abgesehen vom weit außerhalb der Stadt gelegenen Fernsehturm – noch heute um das höchste Gebäude Tallinns. Angesichts der immer höher in den Himmel ragenden Wolkenkratzer im modernen Tallinn ist fraglich, wie lange dem noch so ist. Bis jetzt haben sich allerdings auch zeitgenössische Architekten an die „nicht zu übertreffende Höhe" gehalten. Vielleicht, weil sie jener Legende Glauben schenken, wonach der Turm vom Teufel höchstpersönlich erbaut wurde?

Im Sommer kann man den Turm besteigen (10–18 Uhr) und von dort aus die Altstadt, den Domberg und den Hafen überblicken.

Die Drei Schwestern

Ganz am Rande der Tallinner Altstadt, nur ein paar Meter neben der mittelalterlichen Stadtmauer am Ende der Pikk, säumen drei **eng aneinandergebaute Häuser** die pflastersteinerne Straße: die „Drei Schwestern". Jahrhundertelang von reichen Kaufleuten bewohnt, beherbergen die drei in zarten Pastelltönen gestrichenen Gebäude heute **eines der luxuriösesten Hotels** der Stadt (The Three Sis-

004es Foto: jl

ters). Auch wenn die Häuser heute zu einem einheitlichen Bauensemble zusammengeschlossen sind, sieht man doch auf den ersten Blick ihre unterschiedlichen architektonischen Stile. Wer das Hotel besucht, sollte sich auf jeden Fall die Engelfresken im Inneren zeigen lassen.

Dicke Margarete und Museen

Gleich hinter den Drei Schwestern begrenzt die **Stadtmauer** die Altstadt. Die **Große Stadtpforte** mit einem stattlichen Turm an der Seite, der Dicken Margarete, führt zum Hafen hinaus. Die Pforte ist neben der Viru-Pforte das einzige von insgesamt sechs mittelalterlichen Toren, das noch heute steht. Turm und Pforte hatten zwei Funktionen: Einmal dienten sie zur Verteidigung der Stadt, aber ebenso sollten sie Besucher, die vom Hafen kamen, beeindrucken.

Heute ist in dem gewaltigen Kanonenturm ein **Schifffahrtsmuseum** untergebracht. Man erkennt es an dem kleinen Schiffchen, das aus der Wand ragt. Geht man durch die Große Stadtpforte hindurch und hält sich außerhalb der Stadtmauer rechts (einfach dem Parkweg folgen und den Abhang hinunter), befindet sich ein Stückchen hinter der Dicken Margarete das ans Schifffahrtsmuseum angegliederte **Seeminenmuseum.**

- **Maritimes Museum / Meeresmuseum** (Meremuuseum), im Turm der Dicken Margarete, Pikk 70, Tel. 6411408, www.tallinn.ee/meremuuseum, Mi–So 10–18 Uhr.
- **Seeminenmuseum,** Uus 37, Tel. 6411004, Mi–So 9–17 Uhr.

Entlang der Lai-Straße und der Stadtmauer

Innerhalb der Stadtmauer, gegenüber der Dicken Margarete, geht von der Pikk-Straße eine kleine mit Steinen gepflasterte Straße ab. Sie führt auf die zweite Hauptstraße der Altstadt: die Lai-Straße. Diese ist nicht viel breiter als ihre Parallelstraße, obgleich *Lai* übersetzt „breit" heißt. Zu beiden Seiten befinden sich einige sehenswerte und liebevoll restaurierte **Bürgerhäuser aus der Hansezeit.** Hält man sich von der Stadtmauer kommend links, sieht man schon von hier aus wieder den gewaltigen Turm der Olaikirche.

Rossmühle

Beim Meriton Old Town Hotel führt die Straße an einem einstöckigen Gebäude aus dem 14. Jahrhundert vorbei, der Rossmühle (Hobuveski, Lai 47). Damals trieben acht Pferde gleichzeitig die Mühle an, um die Stadtbürger mit Mehl zu versorgen. Sie lag innerhalb der Mauern, um auch zu Kriegszeiten die Nahrungsmittelversorgung zu gewährleisten.

Ukrainische Kirche

Wer mag, kann von hier aus einen kleinen Schlenker entlang der Stadtmauer machen. Dorthin gelangt man, wenn man an der Mühle rechts abbiegt in Richtung Mauer (beim Café Mademoiselle). Hier verläuft, parallel zu Lai-Straße und Stadtmauer, die Laboratooriumi-Straße. Kurz vor der Suurtüki-Straße passiert man zur Linken die kleine **ukrainisch-griechisch-katholi-**

sche Kirche (Laboratooriumi 22). Obgleich die ukrainische Gemeinde bereits im 17. Jahrhundert in Tallinn aktiv war, bezog sie dieses Gebäude erst Ende des 20. Jahrhunderts. Heute beherbergt das schiefe, mit einem Lastkran versehene Gebäude, das vormals nur weltlichen Zwecken diente, die Kirche mit einer hübschen Ikonostase von *Pjotr Gumenjuk,* ein kleines Kloster und ein **ukrainisches Kunstmuseum.**

Park an der Mauer

An dieser Stelle hat man mehrere Möglichkeiten, den Rundgang fortzusetzen. Entweder man läuft an der Stadtmauer entlang, die innerhalb und außerhalb der Altstadt sehr sehenswert ist, und steigt in Höhe der Suur-Kloostri-Straße den Nonnenturm hinauf, um einmal die Position früherer Wachmänner einzunehmen (s.u.), oder man kehrt auf die Lai-Straße zurück.

Zuvor lohnt sich aber auf jeden Fall ein Blick nach rechts, wo die Suurtüki-Straße aus der Altstadt hinausführt. Hier ist nicht nur die Deutsch-Baltische Handelskammer untergebracht, sondern auch ein Park angelegt, von dem man einen tollen Blick auf die Türme der Stadtmauer hat.

Huecksches Haus

Folgt man der Suurtüki- von der Laboratooriumi-Straße aus nach links, gelangt man zurück auf die Lai-Straße. Dort verdient das gleich zur Rechten liegende Huecksche Haus (Lai 29) Aufmerksamkeit. Vor dem Gebäude stehen zwei **Linden,** die – glaubt man den Erzählungen – der russische Zar *Peter I.* höchstpersönlich gepflanzt haben soll. Im Haus soll es außerdem spuken, allerdings geistert nicht der Zar, sondern ein Mönch durch die Mauern.

Naturkundemuseum und Theater

Gleich nebenan befinden sich das Estnische Naturkundemuseum und das **Tallinner Stadttheater** (Linnateater, Lai 23). Letzteres ist in einem hübschen mittelalterlichen Haus mit Stufenportal untergebracht. Wie an so vielen Häusern der Altstadt kann man auch hier noch den Flaschenzug am Giebel erkennen, ein Zeichen dafür, dass die oberen Stockwerke als Warenlager benutzt wurden.

- **Estnisches Naturkundemuseum** (Eesti Loodusmuuseum), Lai 29 a, Tel. 6411738, www.loodusmuuseum.ee, Mi–So 10–17 Uhr.

Weitere Museen

Einige nahe gelegene Gebäude beherbergen weitere Museen: das Estnische Museum für **Gesundheitswesen** und das Estnische Museum für **angewandte Kunst und Design.** Letzteres ist in einem sehenswerten alten Kornspeicher untergebracht. Der Eingang liegt etwas versteckt in einem Hinterhof, den man durch die Toreinfahrt betritt.

- **Estnisches Museum für Gesundheitswesen** (Eesti Tervishoiu Muuseum), Lai 28/30, Tel. 6411732, www.tervishoiumuuseum.ee, Di–Sa 11–18 Uhr.
- **Estnisches Museum für angewandte Kunst und Design** (Eesti Tarbekunsti-ja Disainimuuseum), Lai 17, Tel. 6411927, www.ekm.ee/tarbekunst, Mi–So 11–18 Uhr.

Christi Verklärungskirche

Hinter den Museen geht rechter Hand die schon erwähnte Suur-Kloostri-Straße ab, die wieder zur Stadtmauer führt. Man passiert die russisch-orthodoxe Christi Verklärungskirche (Suur-Kloostri 14), die auf eine lange Geschichte zurückblickt. Zunächst errichteten die Dänen an dieser Stelle eine Kapelle (1219), später (1249) nahm das Nonnenkloster St. Michael hier seine Tätigkeit auf. Es fiel jedoch 1433 einem Brand zum Opfer. Zwar wurde es wieder aufgebaut, aber etwa hundert Jahre später, nach der Reformation, wurde es geschlossen. Nach dem Livländischen Krieg stand das Gotteshaus zunächst den schwedischen Truppen als Garnisonskirche zur Verfügung, ab 1716, nach dem Nordischen Krieg, den Russen. Seither dient es der **russisch-orthodoxen Gemeinde** als Kirche. Ihr heutiges Äußeres bekam sie nach einigen Umbauarbeiten in den Jahren 1827–30. Sehenswert ist die Ikonostase des russischen Meisters *Ivan Zarudnyij,* sie soll ein Geschenk *Peters I.* sein. Ein **Denkmal** erinnert an *Platon,* den ersten Bischof der estnisch-orthodoxen Kirche, der 1919 von Kommunisten ermordet wurde.

Zu besagten Schwedenzeiten, also nach dem Livländischen Krieg, ließ König *Gustav II. Adolf* im Konventgebäude des Klosters das erste **Gymnasium** Estlands (Suur-Kloostri 16) einrichten (1631), das seinen Namen trägt.

Stadtmauer und Nonnenturm

Hinter der Christi Verklärungskirche erhebt sich bereits wieder die Stadtmauer. Ursprünglich umgab sie die komplette Unterstadt und war zwischen dem 13. und 16. Jahrhundert die mächtigste Befestigungsanlage Nordeuropas. Immerhin sind von der bis zu drei Meter breiten und 16 Meter hohen Mauer, die in einer Länge von etwa 2,4 Kilometern um die Stadt verlief, noch knapp zwei Kilometer mit 26 Türmen erhalten.

An dieser Stelle hat man die Möglichkeit, die Mauer zu erklimmen und wie seinerzeit die Stadtwächter den Blick über Innenstadt und Umgebung schweifen zu lassen. Der etwas abenteuerliche **Aufstieg** im Nonnenturm wird mit einem schönen **Panoramablick** über Tallinn belohnt. Vom Nonnenturm gelangt man durch den Verteidigungsgang zu zwei weiteren Türmen: dem Badestubenturm und dem Goldenen Fuß.

- **Stadtmauer,** Aufstieg vom Nonnenturm, Väike Kloostri 1 / Gümnaasiumi 3, die Öffnungszeiten variieren stark, im Sommer Mo–Fr etwa 11–19 Uhr, Sa/So 11–16 Uhr, im Winter z.T. nur Fr–So 12–16 Uhr, Herbst und Frühling Mi–So etwa 12–16 Uhr.

Aufstieg zum Domberg

Wer von hier aus auf den Domberg steigen will, kann eine **Treppe** nördlich des Kalksteinplateaus benutzen. Hierzu folgt man der Suur-Kloostri-Straße durch das Tor, überquert am Ende der Häuserreihe links die Straße und steigt die Treppe am Hang des Dombergs hinauf.

Weitere Aufgänge befinden sich in der Innenstadt und heißen **Pikk Jalg** oder **Lühike Jalg.** Die Pikk-Jalg-Straße ist nicht weit von hier entfernt. Statt durch die Toreinfahrt gegenüber dem Gymnasium zu gehen, hält man sich links und folgt der Väike-Kloostri-Straße, die in die Nunne-Straße übergeht. Am Ende der Nunne steht rechts ein Turm – der Eingang zur Pikk Jalg (siehe „Oberstadt/Domberg: Das kurze und das lange Bein").

Rückkehr zum Rathausplatz

Um den Rundgang durch die Unterstadt zu vervollständigen, kann man sich aber zunächst die Sehenswürdigkeiten südlich und östlich des Rathausplatzes ansehen. Statt rechts auf die Pikk Jalg abzubiegen, geht man geradeaus (etwas versetzt) in die Rataskaevu. Vor dem St. Petersbourg Hotel (Rataskaevu 7) kann man mit dem **Radbrunnen** den wahrscheinlich ältesten Brunnen der Stadt bewundern, der bereits im 14. Jahrhundert genutzt wurde. Die Dunkri-Straße zur Linken führt zurück auf den Rathausplatz.

Das Lateinerviertel entlang der Vene-Straße

Außer der Pikk- und der Lai-Straße zieht sich eine dritte Achse durch die Unterstadt: die Vene-Straße, die früher einmal Mönchstraße hieß, aber im Mittelalter den Alten Markt mit einer Siedlung von russischen Kaufleuten verband, sodass sie in Russenstraße (estnisch: *Vene*) umgenannt wurde. Man erreicht sie vom Rathausplatz aus entweder über die Vanaturu Kael (hinter dem Rathaus) oder über die Apteegi-Straße neben der Apotheke.

Kaufmannshäuser

Wählt man den Weg hinter dem Rathaus, passiert man einige interessante mittelalterliche Gebäude, beispielsweise das **Haus eines reichen Fleischers** (Vana Turg 3, die Vana Turg geht in die Vene-Straße über), in dem heute eine Galerie ansässig ist, oder das **Packhaus** (Vana Turg 1), welches heute das Restaurant **Olde Hansa** beherbergt. Bevor es im 17. Jahrhundert umgebaut wurde, beherbergte das Haus drei Speicher für die Waren ausländischer Kaufleute. Kehrt man hier ein, fühlt man sich angesichts der mittelalterlichen Kostüme der Kellner sowie der Musik und Ausstattung des Restaurants in diese Zeit zurückversetzt. Eine ähnliche Atmosphäre findet man gegenüber im Restaurant **Peppersack** (Vana Turg 6) vor.

Hof der Meister

Der Vene-Straße Richtung Norden folgend, dringt man in das sogenannte **Lateinerviertel** vor. In den Hinterhöfen liegen kleine Schätze verborgen, beispielsweise im Hof der Meister *(Meistrite Hoov),* in den man beim Haus Nr. 6 abbiegt. Hier befinden sich **kleine Geschäfte** und ein ausgezeichnetes Schokoladencafé.

Katharinengang und -kirche

Zurück auf der Vene-Straße, zweigt nicht weit vom Hof der Meister entfernt eine weitere kleine Gasse rechts ab. Folgt man ihr, findet man sich in einer der romantischsten Szenerien der estnischen Hauptstadt wieder. Der **Katariina Käik** (Katharinengang), der die

005es Foto: jl

Vene-Straße mit der Müürivahe-Straße verbindet, führt an der Wand der ehemaligen gleichnamigen Kirche entlang, an der heute alte Grabsteine und -platten angebracht sind. Die Katharinenkirche, die zu einem benachbarten Kloster gehörte, war die größte der Stadt, bevor sie mit dem Kloster im 16. Jahrhundert durch einen Brand zerstört wurde.

Restaurants, kleine Handwerkerläden und Galerien haben sich in den letzten Jahren im Katharinengang angesiedelt. Übrigens kann es leicht passieren, dass man hier auf ein Filmteam stößt. Der Katharinengang war schon Kulisse für einige Filme, auch wenn er zuweilen als Straße des mittelalterlichen London oder Paris ausgegeben wurde.

St.-Peter-und-Paul-Kirche

Dreht man am Ende des Katharinengangs um und kehrt auf die Vene-Straße zurück, findet man nur einige Schritte weiter nördlich einen weiteren Schatz der Altstadt. Die neoklassizistische St.-Peter-und-Paul-Kirche (Vene 16) in einem Hinterhof neben dem Katharinengang wurde zwischen 1841 und 1844 an der Stelle erbaut, wo sich einstmals das Refektorium eines mittelalterlichen Dominikanerklosters befand. Die neoklassizistische Fassade ist erst nachträglich entstanden.

Häufige Filmkulisse: der Katharinengang

Dominikanisches Klostermuseum

Gleich nebenan befindet sich das Dominikanische Klostermuseum. In dem von Mönchen 1246 gegründeten Kloster, das der heiligen *Katharina* geweiht war, kann man außer den Kreuzgängen und Kellergewölben zahlreiche Grabsteine besichtigen, darunter Arbeiten von *Arent Passer*, der auch an den Dekorationen der Domkirche und des Schwarzhäupterhauses gearbeitet hat. Bei der Klosteranlage handelt es sich um das älteste zumindest teilweise erhaltene Gebäude der Tallinner Altstadt. Im Keller lädt ein **„Energiepfeiler"** Besucher ein, Kraft und Energie zu tanken.

Im Mittelalter hatten die Mönche einen großen Einfluss auf die Stadtbevölkerung, sehr zum Argwohn der weltlichen Herrscher. Unter dem Deckmantel der Reformation verjagte der Rat 1525 die Dominikaner aus Tallinn. Die Anlage fiel nur sechs Jahre später einem Brand zum Opfer. Erst 1996 kehrten die Dominikaner nach Tallinn zurück und ließen sich östlich des ehemaligen Klosters an der Müürivahe-Straße nieder.

- **Museum im Dominikanerkloster,** Vene 16, Tel. 6444606, mobil 5155489, www.kloostri.ee oder www.mauritarium.edu.ee, 15. Mai bis etwa 20. September täglich 10–17 Uhr; im Winter ist das Museum nur nach Voranmeldung zu besichtigen.

Tallinner Stadtmuseum

Das Geschichtsmuseum der Stadt liegt weiter nördlich auf der gegenüberliegenden Seite der Vene-Straße und ist in einem hübschen Patrizierhaus untergebracht. Im Tallinner Stadtmuseum kann man sich durch sämtliche Epochen führen lassen – vom Mittelalter über die Sowjet-Okkupation bis hin zur Unabhängigkeit Estlands.

- **Linnamuuseum,** Vene 17, Tel. 6446553, www.linnamuuseum.ee, März bis Oktober 10.30–17.30 Uhr, November bis Februar 11–16.30 Uhr, dienstags geschlossen.

Kirche des heiligen Nikolai des Wundertätes

Schräg gegenüber, auf der anderen Seite der Vene-Straße, erhebt sich die Kirche des heiligen Nikolai des Wundertäters (Vene 24), ein Nachfolgebau jener russischen Kirche, die hier bereits im 13. Jahrhundert gestanden hat. Wie schon erwähnt, kommt der Name der Straße („Russenstraße") daher, dass hier ein russischer Handelshof angesiedelt war, zu dem auch das Gotteshaus gehörte. Die Kirche, die sich heute an dieser Stelle erhebt, wurde vom St. Petersburger Architekten *Luigi Rusca* entworfen und wurde 1827 fertiggestellt.

Läden in der Müürivahe-Straße

Wer noch einen kleinen Einkaufsbummel einlegen will, dem sei ein Gang durch die Müürivahe-Straße empfohlen. Dorthin gelangt man über die Munga-Straße oder den oben erwähnten Katharinengang. **Souvenirs** findet man bei den Handarbeitsständen an der Stadtmauer (Müürivahe oberhalb der Viru-Straße): Hier werden handgestrickte Pullover, Mützen und Handschuhe, aber auch Leder- und Holzarbeiten, Keramikwaren und Schmuck feilgeboten, wobei dies allerdings nicht die preiswerteste Kaufgelegenheit ist.

Im Süden der Unterstadt

An der Stadtmauer

Nach dem Einkaufsbummel lohnt sich ein Blick auf die **Viru-Pforte** oder auch Lehmpforte, eine der beiden noch erhaltenen Vorpforten, die heute die Altstadt mit dem modernen Tallinn verbindet. Die Vorpforte war Teil des Haupttores, welches außerdem Hängebrücke, Wallgraben und Fallgitter umfasste. Sechs solcher Tore waren im Mittelalter Bestandteil der Stadtmauer.

Entlang der Viru-Straße, die in östlicher Richtung zum modernen Teil Tallinns führt, in westlicher jedoch wieder in Richtung Rathausplatz, finden sich weitere Restaurants, Geschäfte und Fast-Food-Ketten.

Theater- und Musikmuseum

Kulturinteressierte können der Müürivahe weiter folgen und einen Blick in das estnische Theater- und Musikmuseum werfen. Im Haus lebte und arbeitete von 1923 bis 1933 Professor *Jaan Tamm,* der Direktor des Tallinner Konservatoriums.

Zuvor passiert man ein klassisches Beispiel stalinistischer Architektur (Vana-Posti 8), ein **Kino** aus dem Jahr 1955 mit der Aufschrift **„Sõprus"** (Freundschaft).

- **Theater- und Musikmuseum,** Müürivahe 12, Tel. 6446407, www.tmm.ee, Mi–So 10–18 Uhr.

An der Harju-Straße

Etwas weiter kreuzt die Harju-Straße die Müürivahe. Auch hier stand im Mittelalter ein großes Stadttor, die **Harju-Pforte,** von der indes nichts mehr zu sehen ist. Errichtet im 14. Jahrhundert, verband sie die Stadt mit dem Landkreis Harjumaa. Die Zeit überdauert hat jedoch die Geschichte jenes Mannes, der an dieser Stelle hingerichtet wurde: *Johann von Üexküll,* der am 7. Mai 1535 genau zwischen den zwei Außentoren der Pforte den Tod fand. Die Hinrichtung des Adligen durch den Rat der Stadt führte zu einem erbitterten Streit zwischen der Stadt und der Ritterschaft in Harjumaa, sodass das Tor von 1538 bis 1767 geschlossen blieb. Abgetragen wurde es 1875.

Bereits von hier öffnet sich der Blick auf eine der ältesten Kirchen Tallinns, die Nikolaikirche, auf den Wachturm „Kiek in de Kök" sowie die Zwiebeltürme der Aleksander-Nevski-Kathedrale, die schon auf dem Domberg liegt.

Die **Ruinen** entlang der Harju-Straße sind eine Hinterlassenschaft des **Zweiten Weltkriegs.** Am 9./10. März 1944 wurden die Häuser, die hier einstmals standen, durch Luftangriffe sowjetischer Flieger zerstört. Seit Jahren überlegt die Stadt, wie mit diesem Gebiet umzugehen ist. Während manche Bürger die Ruinen als eine Art Mahnmal behalten wollen, möchten andere das Gebiet wieder bebauen.

Nikolaikirche

Angesichts der Tallinner Hansetradition erstaunt es nicht, dass deutsche Kaufleute, die Anfang des 13. Jahrhunderts über Gotland nach Tallinn gekommen waren, eine Kirche bauten, die sie dem Schutzpatron der Seefahrer und Kaufleute widmeten, dem heiligen *Nikolaus*. Die spätgotische Steinkirche wurde, wie auch andere Gotteshäuser im Ostseeraum, als **Wehr- und Speichergebäude** genutzt. Da zur Zeit ihrer Erbauung noch keine schützende Mauer die Unterstadt umgab, fiel der Turm mächtig und hoch aus. Der Dachspeicher diente dazu, Waren zu lagern.

Im 15. Jahrhundert fing man an, die Kirche zur **Basilika** umzubauen. Es heißt, sie sei die einzige Kirche der Unterstadt, die während des Bildersturms in der Reformationszeit unversehrt blieb, weil der Kirchenvorsteher Zinn in die Schlösser goss, um eine Stürmung zu verhindern.

Bis zum Zweiten Weltkrieg nutzte die deutsche Gemeinde das Gotteshaus, das 1944 bei einem Bombenangriff der Sowjetarmee stark beschädigt wurde. Fast das ganze Viertel um die Kirche wurde dabei zerstört. 1982 fiel sie einem Brand zum Opfer. Bis dahin hatte das Gebäude als Ausstellungs- und Konzertsaal gedient.

Nach einer erneuten Restaurierung dient die Nikolaikirche heute als Zweigstelle des **Estnischen Kunstmuseums.** Herausragende Exponate sind der kostbare ehemalige Hauptaltar der Kirche, der 1482 vom Lübecker Meister *Hermen Rode* mit bemalten Holzskulpturen versehen wurde, ein Fragment des „Totentanz" von *Bernd Notke* aus Lübeck sowie eine historische

Silbersammlung, die unter anderem das Silber der Schwarzhäupter-Gilde beinhaltet.

● **Niguliste-Museum und Konzertsaal in der Nikolaikirche,** Niguliste 3, Tel. 6449911, www.ekm.ee/niguliste, Mi–So 10–17 Uhr.

Michaeliskirche

Geht man von der Nikolaikirche die Rüütli-Straße hinunter, gelangt man zu einem schlichten, turmlosen Gebäude aus dem 16. Jahrhundert: der schwedischen Michaeliskirche (Rüütli 7/9). Ursprünglich war sie als sogenanntes Neues Siechenhaus und Armenspital erbaut worden, wurde aber ab dem 18. Jahrhundert von der **schwedischen Gemeinde** in Tallinn als Kirche benutzt. Zu Sowjetzeiten hat man das im Krieg stark beschädigte Gebäude zu einer Sporthalle umfunktioniert, bis es 1992, nachdem Estland seine Unabhängigkeit wiedererlangt hatte, an die schwedische Gemeinde zurückgegeben wurde.

Garten des dänischen Königs und Stadtmauer

Auf der gegenüberliegenden Seite der Rüütli-Straße führt beim Estnischen Institut für Geschichte (Eesti Ajaloo Instituut, Rüütli 8), hinter einer Toreinfahrt verborgen, eine Treppe zum Garten des dänischen Königs (Taani kuninga aed), wo der Legende nach im Jahr 1219 im Krieg Dänemarks gegen Estland auf Gebete des dänischen Königs *Waldemar II.* die dänische Fahne vom Himmel gefallen sein soll. Bestärkt durch dieses Wunder soll das dänische Heer die Schlacht gewonnen haben.

Hinter dem Garten befinden sich Teile der mächtigen Stadtmauer, die an dieser Stelle zwei Türme, den **Jungfern-** und den **Marstallturm,** miteinander verbindet. Etwas weiter südlich erhebt sich ein besonders behäbiger Turm, der **Kiek in de Kök** genannt wird (s.u.). Da er von hier aus nicht zu erreichen ist, empfiehlt es sich, zunächst auf den Domberg zu steigen.

Oberstadt/Domberg

Das kurze und das lange Bein

„Warum hinkt Tallinn?" lautet eine beliebte Scherzfrage, die Touristenführer den Besuchern der Stadt stellen. Die Antwort lautet: Weil die Stadt ein kurzes und ein langes Bein hat. Frage und Antwort beziehen sich auf zwei Straßen, die Ober- und Unterstadt miteinander verbinden: **Lühike Jalg** („kurzes Bein") und **Pikk Jalg** („langes Bein"). Im Deutschen werden sie auch „Kurzer Domberg" und „Langer Domberg" genannt.

Obgleich man den Domberg auch über eine Treppe, die im Norden auf das Kalksteinplateau hinaufführt, oder über eine Straße im Süden erreicht, gelangen die meisten Touristen auf einem dieser beiden Wege in die Oberstadt. Der Weg über die Pikk Jalg ist weniger steil, dafür etwas weiter, während sich die Lühike Jalg im Wesentlichen als eine enge Treppengasse entpuppt. Wer etwas Zeit mitbringt, sollte auf jeden Fall beide Wege ausprobieren. Die Pikk Jalg betritt man am unteren Ende durch einen Torturm aus dem Jahr 1380. Die Lühike Jalg beginnt gegenüber der Nikolaikirche. Im Mittelalter wurde die Lühike Jalg von Fußgängern benutzt, während Reiter und Kutschen die Pikk Jalg frequentierten.

Auf dem Weg laden **Galerien** wie die „Galerii Kaks" oder „Galerii 36" zu einer Verschnaufpause ein. Sie bieten weit mehr als die typischen Souvenirs wie Bernsteinketten, gestrickte Socken oder Kochlöffel aus Wacholderholz. Zeitgenössische **Designer** wie *Helina Tilk,* die in ihrem gleichnamigen Geschäft Geschirr mit Tiermotiven verkauft, die einem Comic entsprungen sein könnten, wurden bislang noch nicht von eintönigen Souvenirläden verdrängt.

Aleksander-Nevski-Kathedrale

Hoch auf dem Domberg (Toompea) dominiert die orthodoxe Aleksander-Nevski-Kathedrale (Lossiplats 19, täglich 8–19 Uhr) mit ihren **fünf Zwiebeltürmen** bereits seit über einem Jahrhundert das Stadtbild. Erbaut wurde sie in den Jahren 1894–1900 vom Architekten *Michael Preobrazenskij* im historistischen Stil. Vorbild waren fünftürmige Kirchen aus dem 17. Jahrhundert, wie man sie beispielsweise in Moskau findet.

Obgleich sie ein beliebtes Fotomotiv für Touristen abgibt, die vom üppig geschmückten und märchenhaft wirkenden Inneren und Äußeren der Kirche fasziniert sind, schätzen viele Esten das Bauwerk nicht besonders. In der

005es Foto: jl

Tat will es nicht so recht in das mittelalterliche Architekturensemble der Oberstadt passen. Doch nicht nur das, die Kirche galt zur Zeit ihrer Erbauung als deutliches **Symbol der Russifizierung.** Mit ihrem Bau wollte der russische Zar ein politisches Zeichen setzen und den Macht- und Überlegenheitsanspruch Russlands gegenüber der lutherischen Bevölkerung – Deutschen und Esten – unterstreichen. Bewusst wurde der wohl repräsentativste

Perfekter Kitsch und nicht jedermanns Geschmack: die Aleksander-Nevski-Kathedrale

Platz der Stadt als Standort der Kirche ausgewählt, genau an der Stelle, wo zuvor ein Denkmal *Martin Luthers* gestanden hatte. Zahlreiche alte Gebäude und ein Teil der alten Burgmauer wurden abgerissen, um Platz für die nunmehr größte Kuppelkirche Tallinns zu schaffen.

Auch der Name des Bauwerks hat Symbolwert, schließlich war es *Alexander Nevsky*, der die deutschen Kreuzritter im Jahr 1242 auf dem zugefrorenen Peipus-See vernichtend schlug und somit ihr Vordringen gen Osten vereitelte. Szenen, wie *Nevsky* gegen die Deutschen kämpft (über dem Südeingang) oder Fürst *Wsewolod* die Esten besiegt (Nordfassade), sind in den Wandmosaiken wiederzufinden.

Elf Glocken hängen in den fünf Türmen des Sakralgebäudes, mehr als in jeder anderen Kirche der Stadt. Die mächtigste misst drei Meter im Durchmesser und gilt mit einem Gewicht von 15 Tonnen als größte des Landes. Trotz seiner umstrittenen Geschichte ist das Bauwerk mit seinen zahlreichen Mosaiken und Ikonen sehr sehenswert.

Gasse an der Domkirche

Domschloss und Langer Hermann

Gleich gegenüber der vergleichsweise jungen Aleksander-Nevski-Kathedrale befindet sich die weitaus geschichtsträchtigere Domberg-Festung, an die sich auch das **Wahrzeichen Tallinns,** der über 45 Meter hohe Lange Hermann (Pikk Hermann) angliedert. Auf dem Turm weht die blau-schwarz-weiße Nationalfahne.

Bereits im 11. Jahrhundert stand an dieser Stelle eine estnische Bauernburg, die später unter dem Schwertbrüderorden durch ein Kastell mit Eckturm ersetzt wurde. Ab 1238 bauten die Dänen die Burg aus, bis diese Mitte des 14. Jahrhunderts vom Livländischen Orden übernommen wurde. Aus dieser Zeit stammt der in der Südwestecke der Burg angesiedelte **Lange Hermann** sowie der **Pilsticker-Hängeturm,** der sich an der Nordwestecke befindet.

Neben diesen beiden Türmen sind heute noch die nördliche **Wehrmauer** und der **Landskroneturm** erhalten. 1533–90 errichteten die Schweden mit Hilfe der polnischen Meister *Antonius* und *Johann Poliensis* ein zweigeschossiges Paradehaus, das **Reichssaalgebäude.**

Etwa 200 Jahre später, 1767–73, wurde die Burg endgültig vom Jenaer Architekten *Johann Schultz* in ein **Schloss** umgebaut, das den Ostflügel der Burg und einen Eckturm ersetzte und dem Gouverneur von Estland als Residenz diente. Zu dieser Zeit bekam die Hauptfassade des dreigeschossigen Bauwerks ihr heutiges Antlitz. Während die Fassade barocken Stils ist, hielt man sich im Inneren an frühklassizistische Motive. Anstelle des abgebrannten Konventhauses entstand 1920–22 das expressionistische Gebäude der estnischen Staatsversammlung (Riigikogu). Auch heute hat das estnische **Parlament** hier seinen Sitz.

Domgilde und Domschule

Folgt man der Toom-Kooli-Straße, erreicht man den Kiriku plats (Kirchplatz), der seinen Namen der Domkirche zu verdanken hat. Zuvor passiert man zwei weitere geschichtsträchtige Bauten. Ein Vorgängerbau des klassizistischen Gebäudes auf der Toom-Kooli-Straße 9 diente einst der Domhandwerks-Gilde als Sitz. In der unmittelbaren Nachbarschaft war jahrhundertelang die Domschule tätig. 1319 auf Anordnung des dänischen Königs *Erich Menved* gegründet, wurden hier die adligen Schüler unterrichtet. 1919–1939 diente es als **deutsches Gymnasium.**

Domkirche

Am Kirchplatz erhebt sich an der Stelle, wo vermutlich bereits im frühen 13. Jahrhundert von den Dänen eine Holzkirche erbaut worden war, die spätgotische Domkirche, die der Jungfrau Maria geweiht ist, eines der ältesten Gotteshäuser des Landes. Das erste steinerne Bauwerk wurde 1240 fertiggestellt, aber bereits weniger als ein Jahrhundert später nach dem Vorbild gotländischer Kirchen in eine **dreischiffige Basilika** umgebaut. Die Ostwand des quadratischen Chors wurde abgetragen und durch eine polygonale Apsis ersetzt, außerdem erhielt der Chor ein Gewölbe mit Rundstab-Rippen.

Nachdem die Domkirche in den folgenden Jahrhunderten nach und nach durch kleinere Anbauten wie Kapellen, einen Glockenturm sowie das Stufenportal an der Südseite erweitert worden war, wurde sie im Jahr 1684 bei einem Brand auf dem Domberg schwer zerstört. In nur zwei Jahren hat man sie wieder aufgebaut, doch der Turm mit dem barocken Helm wurde erst 1778/79 hinzugefügt.

Die Besichtigung des Innenraums gehört zum Muss eines jeden kulturhistorisch interessierten Tallinn-Besuchers. Obgleich die Ausstattung bei dem Brand im 17. Jahrhundert überwiegend zerstört wurde, sind noch zahlreiche Stücke – vor allem **Wappenschilde und Grabsteine** – aus früheren Zeiten erhalten. Die Wände des Kalksteingebäudes werden von Wappenepitaphen baltendeutscher Adliger geziert. Grabmäler erinnern an berühmte Köpfe des Landes wie den schwedischen Heerführer *Pontus de la Gardie* oder den Anführer der Tallinner Garnison *Carl Horn* (1601). Aus dem 18. und 19. Jahrhundert stammen die Grabmäler des schottischen Admirals *Samuel Greigh* (1788), der sich in der russischen Flotte verdient machte, und des Weltumseglers *Adam Johann von Krusenstern* (1848).

Aus der Barockzeit stammen die mit kunstvollen Schnitzereien versehenene **Kanzel** (1686) und der **Altar** (1694–96) von *Christian Ackermann.* Das Altarbild ist ein Kunstwerk *Eduard von Gebhardts.*

Adelshäuser und Aussichtspunkte

Rings um die Kirche gruppieren sich prächtige Adelshäuser, darunter das **Haus der Estländischen Ritterschaft** (Kiriku Plats 1), der Selbstverwaltung vorwiegend deutschstämmiger Adliger, das aus der Mitte des 19. Jahrhunderts stammt und bis 2005 die estnische Kunstsammlung beherbergte.

Den wohl schönsten Blick auf Gassen und Plätze, Speicher und Gildehäuser, Kirchen und spitzgiebelige Dächer hat man von den **zwei Aussichtsplattformen** des Dombergs. Hier drängeln sich Touristen aus aller Welt, um einen Blick bis hin zur Ostsee zu erhaschen, bevor sie sich – eingekeilt zwischen Postkartenverkäufern und Straßenmusikern – den Schönheiten des Dombergs zuwenden.

Eine der Plattformen liegt nicht weit vom Haus der Estländischen Ritterschaft entfernt. Man folgt entweder der Toom-Rüütli-Straße oder der Kohtu-Straße. Letztere führt an weiteren Adelshäusern aus dem 19. Jahrhundert vorbei. Das ehemalige Haus der Familie *von Uexküll* (Kohtu 4) beherbergt heute die **finnische Botschaft.** Im Innenhof des Hauses Kohtu 6, das der Familie *von Ungern-Sternberg* gehörte und vom Architekten *Martin Gropius* (Großvater von *Walter Gropius*) erbaut wurde, erinnert eine Gedenktafel an die **deutsche Kulturselbstverwaltung,** die hier zur Zeit der ersten estnischen Unabhängikeit ihren Sitz hatte. Das **Gebäude Nr. 8** gehört zu den schönsten klassizistischen Bauwerken Tallinns und wurde von *Karl Ludwig Engel*, einem Schüler *Schinkels,* für die Familie *von Kaulbars* erbaut. Da das Gebäude am Hang des Dombergs liegt, ist die der Stadt zugewandte, von hier aus gesehen hintere Seite repräsentativer als die vordere. Sie ist mit sechs ionischen Säulen geschmückt. Einen Blick darauf erhascht man von der Pikk Jalg aus.

Am Ende der Straße biegt man rechts um die Ecke und gelangt zu der Plattform, wo man hervorragend Fotos von der Unterstadt schießen kann. Von hier aus geht es weiter zur zweiten Aussichtsplattform ganz im Norden des Dombergs an der Patkul-Treppe. Dort eröffnet sich der Blick über den Hafen, die Stadtmauer und die Olaikirche. In unmittelbarer Nähe befindet sich das Stenbockhaus.

Stenbockhaus

Im nördlichen Teil des Dombergs befindet sich das sogenannte „Stenbockhaus", der **Regierungssitz** des Landes. Ursprünglich wurde es Ende des 18. Jahrhunderts als Gerichtsgebäude und Gefängnis errichtet. Da der russische Staat, der den Bau in Auftrag gegeben hatte, jedoch nicht für die Kosten aufkam, beschloss der Erbauer, es stattdessen als Wohnhaus für seine Familie zu nutzen. Nachdem Estland Anfang der 1990er Jahre wieder seine Unabhängigkeit erlangt hatte, wurde das Stenbockhaus Sitz der Regierung. Hinter der frühklassizistischen Fassade geht es sehr modern zu, schließlich bilden die Regierungsmitglieder die erste „E-Regierung" der Welt, die vollkommen ohne Papier und Aktenberge auskommt.

An der Fassade des Gebäudes erinnert eine Gedenktafel an jene Politiker, die am Ende der ersten estnischen Unabhängigkeit bei der Okkupation ermordet wurden bzw. danach als verschollen galten.

Am Rande der Altstadt

Kiek in de Kök

Wer nach der Besichtigung des Dombergs nicht über die Pikk Jalg oder die Lühike Jalg auf direktem Weg in die Unterstadt zurückkehren möchte, kann südlich der Oberstadt zwei sehr unterschiedliche, jedoch gleichermaßen sehenswerte Museen aufsuchen. Eines befindet sich in dem **Turm** Kiek in de Kök, den man vom Schlossplatz in ein paar Minuten erreicht. Hierzu folgt man der Toompea-Straße abwärts und biegt links in die Komandandi tee ein.

Im 15. Jahrhundert galt der Turm mit seinen drei bis vier Meter dicken Mauern als einer der stärksten Kanonentürme des Baltikums. Seinen durchaus originellen Namen, der aus dem Niederdeutschen stammt und soviel wie „Schau in die Küche" heißt, soll daher stammen, dass die Turmwächter von dem 49 Meter hohen Turm einen hervorragenden Blick in die Küchen der Unterstadt hatten. Einige in die Wand eingemauerte Kanonenkugeln stammen noch aus dem Livländischen

Krieg, als die Truppen *Iwans des Schrecklichen* versuchten, die Stadt anzugreifen. Im Turm, der durch den Bau der Bastionen etwa zu einem Drittel unterirdisch liegt, ist heute eine Filiale des **Tallinner Stadtmuseums** untergebracht. Wer Tallinn einmal von unten sehen will, kann sich im Museum einer Führung durch die **Tunnel der Stadt** anschließen. Etwa 380 Meter stehen für Besucher offen.

●**Kiek in de Kök,** Komandandi tee 2, Tel. 6446686, www.linnamuuseum.ee, März bis Oktober 10.30–17.30 Uhr, November bis Februar 11–17 Uhr, Eintritt 50 EEK. Führungen durch die Tunnel tgl. außer Mo und Sa 11–16 Uhr, man muss sich vorher anmelden.

Okkupationsmuseum

Das zweite sehenswerte Museum südlich der Oberstadt, das Okkupationsmuseum, erreicht man, vom Domberg kommend, indem man der Toompea-Straße ganz hinunterfolgt oder gleich hinter Kiek in de Kök über den Vabaduse-Platz geht. Nur ein paar Fußminuten vom Vabaduse väljak entfernt befindet sich am Fuße des Dombergs das auffällige, einstöckige Gebäude. Das 2003 fertiggestellte „Haus ohne Wände" von *Indrek Peil* und *Siiri Vallner* mit schiefer Fassade, Glaswänden und einem von der Straße zugänglichen Innenhof ist ein gelungenes Beispiel moderner Architektur.

Die im Inneren befindliche Ausstellung widmet sich der Zeit zwischen 1939 und 1991, als Estland zunächst kurz von den Deutschen und dann rund ein halbes Jahrhundert lang von der Sowjetunion besetzt war. Verschiedene Ausstellungsstücke, Fotos und Tondokumente zeugen von den Repressalien der Besatzer und dem Widerstand der Bevölkerung. Wer sich für die Geschichte des Landes, die eng mit der deutschen verbunden war, interessiert, sollte auf jeden Fall einen Besuch einplanen.

●**Okkupationsmuseum,** Toompea 8, Tel. 6680250, www.okupatsioon.ee, Di–So 11–18 Uhr, Eintritt 10 EEK, ermäßigt 5 EEK.

Kaarli-Kirche

Schräg gegenüber, auf einer Art Verkehrsinsel, steht die Kaarli-Kirche, die nach dem schwedischen König *Karl XI.* benannt wurde. Er finanzierte den Bau einer Vorgängerkirche im Jahr 1670. Aus Holz erbaut, brannte sie 1710 ab und wurde 1862–70 durch das heutige Gebäude ersetzt. Die Zwillingstürme im neoromanischen Stil wurden 1882 fertiggestellt. Im Inneren befindet sich die größte Orgel Estlands aus dem Jahr 1923. Das Altarbild schuf der große estnische Maler *Johann Köler.*

Nationalbibliothek

Nicht weit von der Altstadt und dem Okkupationsmuseum entfernt befindet sich in einem mächtigen, wenn nicht gar ein wenig überproportionierten Gebäude die estnische Nationalbibliothek. Das Bauwerk wurde noch zu Sowjetzeiten geplant, aber erst 1993, als Estland bereits unabhängig war, eröffnet.

Im oberen Stockwerk liegen der **deutsche, österreichische und schweizerische Lesesaal,** wo man nicht nur Literatur und Sachbücher, sondern auch deutschsprachige Zeitungen erhält. Allerdings muss man sich zuvor einen Benutzerausweis ausstellen lassen. Wer in der Bibliothek arbeiten möchte, findet optimale Bedingungen vor. Mit einem eigenen Laptop kann man den kostenlosen Internetzugang nutzen; die Caféteria bietet preiswerte Snacks. Im Erdgeschoss und ersten Stock finden oftmals kleine Ausstellungen statt.

Vor der Bibliothek stand bis Mai 2007 das umstrittene **Denkmal für den Sowjetischen Soldaten,** das 1947 errichtet wurde. Den Esten war es ein Dorn im Auge, sahen sie darin doch ein Symbol der jahrzehntelangen sowjetischen Besatzung. Daran hatte sich auch mit der Änderung der Inschrift nicht viel getan, die zuletzt „Für die Gefallenen des Zweiten Weltkriegs" lautete. So wurde das Denkmal demontiert und auf einem Friedhof weit außerhalb aufgestellt. Dies gefiel wiederum den russischstämmigen Bewohnern nicht, weswegen es zu heftige **Unruhen in Tallinn** kam. In die Auseinandersetzungen mischte sich schließlich sogar Moskau ein.

● **Estnische Nationalbibliothek,** Tõnismägi 2, Tel. 6307611, www.nlib.ee, Mo–Fr 10–20 Uhr, Sa 11–19 Uhr, in den Sommerferien (ca. Mitte Juli bis Ende August) Mo–Fr 12–19 Uhr.

Vabaduse-Platz

Der Vabaduse väljak (Freiheitsplatz) dient als Parkmöglichkeit, da die meisten Straßen der Innenstadt für Autos gesperrt sind. Dominiert wird der Platz von der gelb gestrichenen, lutherischen **Johanniskirche** aus den Jahren 1862–67, die sich im Stil an den gotischen Kirchen wie Dom-, Nikolai- und Olaikirche orientiert, aber wie auch die Aleksander-Nevski-Kathedrale von den Stadtbewohnern nicht sonderlich geschätzt wird.

In dem hohen Gebäude an der Nordseite des Platzes befinden sich das **Estnische Kunsthaus,** kleine Galerien und Cafés.

● **Estnisches Kunsthaus,** Vabaduse väljak 6–8, Tel. 6442818, www.kunstihoone.ee, Mi–Mo 12–18 Uhr, an manchen Feiertagen geschlossen.

Viru-Platz und Umgebung

Der Vabaduse väljak ist durch eine breite Verkehrsachse, die Pärnu-Straße, mit dem zweiten Hauptplatz des modernen Tallinn, dem Viru väljak, verbunden, der von einem hohen Hotelgebäude und einem Einkaufszentrum dominiert wird. Auf dem Weg passiert man das **Estnische Dramentheater** aus dem Jahr 1910, das im nordischen Jugendstil erbaut wurde, und das danebenliegende **Estonia Theater** von 1910–13. Es beherbergt die Nationaloper (s.u.: „Praktische Tipps: Aktivitäten").

Östlich des Viru-Platzes schießen jedes Jahr neue **Hochhäuser** mit verspiegelten Fassaden in die Höhe. Nachdem die Dänen, Deutschen und Russen ihre Spuren in Tallinn hinterlassen haben, scheinen in diesem Stadtteil die Esten selbst das Gesicht ihrer Hauptstadt prägen zu wollen. Hier erheben sich jene Gebäude, die man von der Aussichtsplattform auf dem Domberg im Hintergrund der Altstadt sehen kann: etwa der dreieckige Giebel der estnischen Bank Ühispank von Architekt *Raivo Puusepp* oder das bläulich schimmernde Radisson-Hotel von *Vilen Künnapu* und *Ain Padrik*.

Vorbei am Viru-Platz führt die Mere-Straße zum **Passagierhafen** Tallinns, wo unter anderem die Fähren nach Helsinki ablegen. Das **Haus der Marineoffiziere** (Mere pst. 5) ist ein klassisches Beispiel stalinistischer Architektur.

Architekturmuseum

Noch vor dem Hafen biegt rechts die Ahtri-Straße ab. Dort befindet sich, im ehemaligen **Rotermanns Salzspeicher,** das Architekturmuseum. Das Kalksteingebäude war ursprünglich vom deutsch-baltischen Ingenieur *Ernst Boustedt* entworfen worden, es wurde Mitte der 1990er Jahre von *Ülo Peil* und *Taso Mähar* restauriert und 1996 wieder eingeweiht.

- **Museum der estnischen Architektur,** Ahtri 2, Tel. 6257000, www.arhitektuurimuuseum.ee, Oktober bis etwa Mitte Mai Mi–So 11–18 Uhr, im Sommer Mi–Fr 12–20 Uhr, Sa/So 11–18 Uhr.

Puppenmuseum

An Groß und Klein richtet sich das Puppenmuseum, das man mit Bahn 1 oder 2 erreicht (Haltestelle Balti jaam). Hier findet man von der 250 Jahre alten Rokokopuppe aus Holland bis zu Teletubbies-Figuren alles aus der Welt der Puppen, Teddybären und sonstigen Spielsachen.

- **Puppenmuseum,** Kotzebue 16, Tel. 6413491, März bis Oktober Mi–So 10.30–18 Uhr, sonst Mi–So 10.30–17 Uhr.

Fortmuseum

Ein Abenteuer für Erwachsene bietet das **Patarei Fort** nördlich der Altstadt. Das alte Meeresfort aus dem Jahr 1840 diente bis 2002 als **Gefängnis.** Heute lässt sich hier eine „Gefängniserfahrung" buchen: Auf einer „etwas anderen Tour" wird man wie ein Häftling behandelt und eingesperrt. Bislang richtet sich das Angebot nur an Gruppen, aber auf Anfrage kann man sich vielleicht einer anschließen.

- **Patarei Fort,** Kalaranna 2, Tel. 5046536, oder über den Museumsverband Virumaa, Tel. 3225500, info@svm.ee bzw. info@patarei.ee, www.patarei.com, geöffnet Mai bis September.

In den Außenbezirken

Kadriorg (Katharinental)

Schloss Kadriorg

1718 ließ **Zar Peter I.,** der sich zum Bau eines neuen Kriegshafens in Tallinn aufhielt, im Osten der Stadt ein barockes Sommerschloss mit Parkanlage für seine Familie errichten. Zu Ehren seiner Frau *Katharina I.* wurden Schloss und Park „Katharinental" genannt. Erbaut wurde das prächtige Anwesen von dem italienischen Architekten *Niccolo Michetti,* der später auch mit dem Bau des berühmten Peterpalastes in St. Petersburg beauftragt wurde. Der Zar höchstpersönlich soll den Grundstein für das Schloss gelegt haben, das den Grundriss einer italienischen Villa hat und im nordischen Barockstil erbaut wurde. Sehenswert sind

Foto: jl 008es

vor allem der sich über zwei Etagen erstreckende **Große Saal** (auch „Weißer Saal" genannt) mit reichem Stuck und Deckengemälde.

In den 30er Jahren des 20. Jahrhunderts wurde das Schloss zum **Sitz des estnischen Präsidenten.** Auf der anderen Seite des Blumengartens ließ dieser genau auf der Mittelachse des Gebäudes seine Kanzlei errichten. Dort hat der heutige estnische Präsident seinen Sitz, während im Schloss das **Museum für ausländische Künste** (Väliskunsti Muuseum) untergebracht ist. Vor allem im Sommer finden vor dem Schloss oftmals Konzerte statt.

- **Kadriorg,** Weizenbergi 37, Tel. 6066400, www.ekm.ee/kadriorg/, Mai bis Sept. Di–So 10–17 Uhr, im Winter dienstags geschlossen.

Das Barockschloss Kadriorg beherbergt heute ein Museum

Park

Der Park rund ums Schloss ist ein beliebtes Ausflugsziel der Tallinner. Zwar weist er nicht mehr seine vollständige ehemalige Größe von annähernd 100 Hektar auf, doch lohnt sich ein Spaziergang rund um den symmetrisch angelegten **Schwanen-**

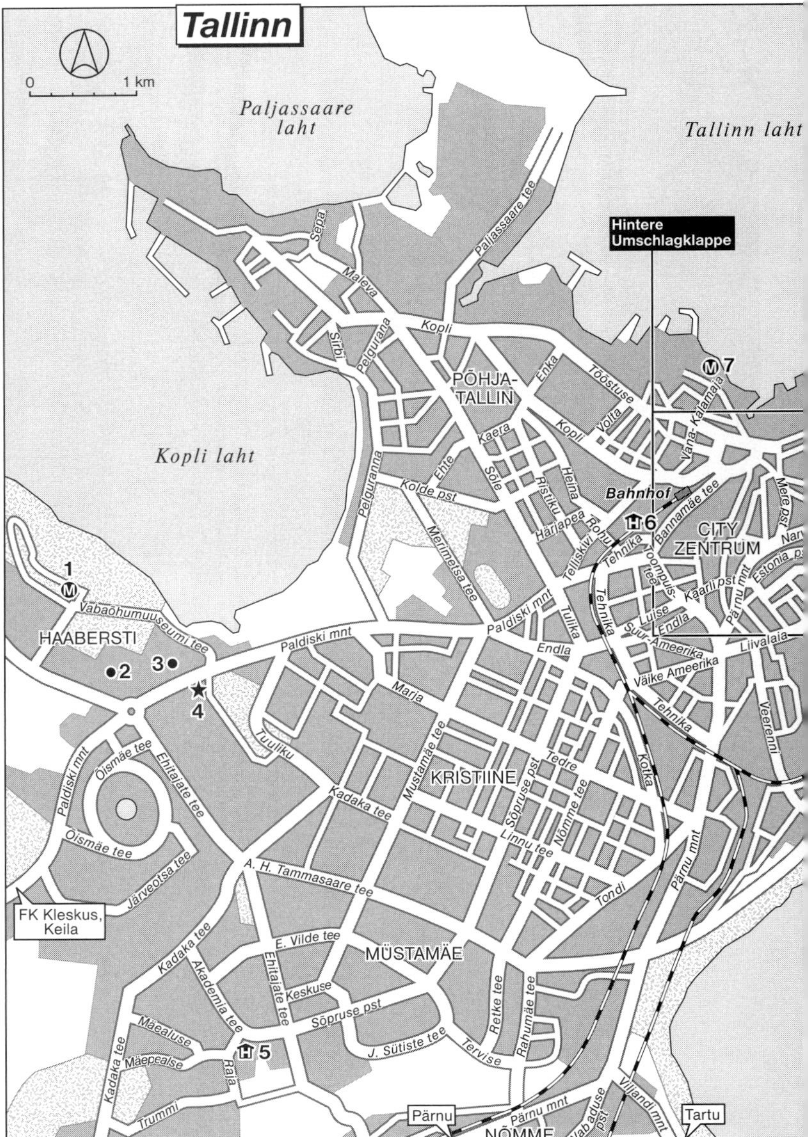
Tallinn
0
1 km
Paljassaare laht
Tallinn laht
Kopli laht
Hintere Umschlagklappe
Sepa
Maleva
Paljassaare tee
Kopli
Sirbi
Pelgurana
PÕHJA-TALLINN
Enka
Tööstuse
Volta
Kopli
Vana-Kalamaja
Kaera
Ehte
Sõle
Ristiku
Heina
Pelguranna
Kolde pst
Merimetsa tee
Härjapea
Rohu
Telliskivi
Bahnhof
6
7
Bannamäe tee
Tehnika
Toompuiestee
CITY ZENTRUM
Kaarli pst
Estonia pst
Mere pst
Pärnu mnt
Luise
Endla
Suur-Ameerika
Väike Ameerika
Liivalaia
Tehnika
Veerenni
Paldiski mnt
Tulika
Endla
1
Vabaõhumuuseumi tee
HAABERSTI
2
3
4
Paldiski mnt
Marja
Tuuliku
Paldiski mnt
Õismäe tee
Ehitajate tee
Õismäe tee
Järveotsa tee
Mustamäe tee
KRISTIINE
Sõpruse pst
Tedre
Nõmme tee
Kotka
Kadaka tee
Linnu tee
Tondi
Pärnu mnt
A. H. Tammasaare tee
FK Kleskus, Keila
E. Vilde tee
MÜSTAMÄE
Kadaka tee
Akadeemia tee
Ehitajate tee
Keskuse
Sõpruse pst
Retke tee
Rahumäe tee
Mäealuse
Mäepealse
5
Raja
J. Sütiste tee
Tervise
Kadaka tee
Trummi
Pärnu
Pärnu mnt
NÕMME
Vabaduse pst
Viljandi mnt
Tartu

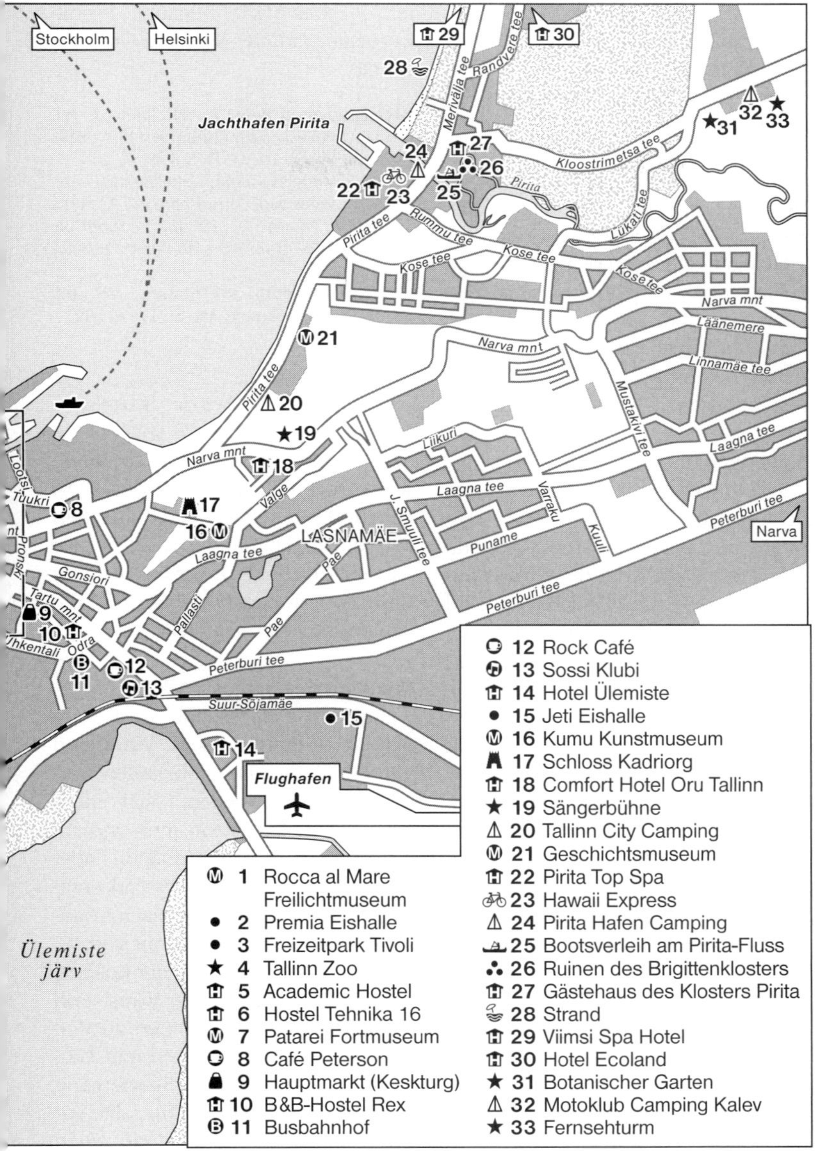
Stockholm
Helsinki
29
30
28
Jachthafen Pirita
Randvere tee
Meriväljа tee
Kloostrimetsa tee
Pirita
Lükati tee
Pirita tee
Rummu tee
Kose tee
Narva mnt
Läänemere
Linnamäe tee
Mustakivi tee
Laagna tee
Liikuri
Valge
Varraku
J. Smuuli tee
Kuuli
Puname
Peterburi tee
Narva
LASNAMÄE
Lootsi
Tuukri
Pronski
Gonsiori
Tartu mnt
Ahkentali
Odra
Pallasti
Pae
Suur-Sõjamäe
Flughafen
Ülemiste järv
1 Rocca al Mare Freilichtmuseum
2 Premia Eishalle
3 Freizeitpark Tivoli
4 Tallinn Zoo
5 Academic Hostel
6 Hostel Tehnika 16
7 Patarei Fortmuseum
8 Café Peterson
9 Hauptmarkt (Keskturg)
10 B&B-Hostel Rex
11 Busbahnhof
12 Rock Café
13 Sossi Klubi
14 Hotel Ülemiste
15 Jeti Eishalle
16 Kumu Kunstmuseum
17 Schloss Kadriorg
18 Comfort Hotel Oru Tallinn
19 Sängerbühne
20 Tallinn City Camping
21 Geschichtsmuseum
22 Pirita Top Spa
23 Hawaii Express
24 Pirita Hafen Camping
25 Bootsverleih am Pirita-Fluss
26 Ruinen des Brigittenklosters
27 Gästehaus des Klosters Pirita
28 Strand
29 Viimsi Spa Hotel
30 Hotel Ecoland
31 Botanischer Garten
32 Motoklub Camping Kalev
33 Fernsehturm

teich im Zentrum allemal. Aus neuerer Zeit stammt das Denkmal von *Friedrich Reinhold Kreutzwald,* der das estnische Nationalepos „Kalevipoeg" niederschrieb.

Mit dem Anwesen wollte sich *Peter I.* ein „Paradies am Meer" schaffen und betraute *Niccolo Michetti* damit, einen Park im italienisch-französischen Stil anzulegen. Der hintere Teil des Parks sollte jedoch als Naturlandschaft gestaltet werden. Soldaten wurden in den 20er Jahren des 18. Jahrhunderts damit beauftragt, Hunderte Bäume anzupflanzen.

Nebengebäude

In unmittelbarer Nachbarschaft des Schlosses befindet sich in einem kleinen, eher unscheinbaren Gebäude aus dem 17. Jahrhundert das **Hausmuseum Peter I.** Zu besichtigen sind Wohnstube sowie Ess- und Schlafzimmer des Zaren, die mit zahlreichen persönlichen Gegenständen eingerichtet sind.

Auch die übrigen Nebengebäude des Schlosses – das Küchenhaus und das **Haus des Schlossverwalters,** auch Kastellanhaus genannt – dienen heute als Museum. Letzteres dokumentiert das Leben des estnischen Schriftstellers *Eduard Vilde* (1865–1933), der seine letzten Lebensjahre in dem barocken Haus verbrachte. Zudem ist im oberen Stockwerk eine Galerie untergebracht, in der wechselnde Ausstellungen stattfinden.

Die Sammlung ausländischer Kunstwerke im ehemaligen **Küchenhaus** wurde nach dem privaten Kunstsammler *Johannes Mikkel* benannt, der die Exponate, darunter wertvolle Grafiken, stiftete.

- **Hausmuseum Peter I.,** Mäekalda 2, Tel. 6013136, www.linnamuuseum.ee, 15. Mai bis 30. Sept. Mi–So 10.30–17.30 Uhr.
- **Eduard Vilde Museum,** Roheline aas 3, Tel. 6013181, www.vilde.tammsaare.ee, April bis September Mi–Mo 12–19 Uhr, Oktober bis März Mi–Mo 10–17 Uhr, an Feiertagen geschlossen.
- **Mikkel Museum,** Weizenbergi 28, Tel. 6015844, www.ekm.ee, Mi–So 11–18 Uhr.

Schlossdorf

Westlich des Hauses des Schlossverwalters erstreckt sich das sogenannte ehemalige Schlossdorf (auch Russisches Dorf oder Katharinentaler Dorf genannt) mit **kleinen Holzhäuschen** aus dem 18. Jahrhundert, die teilweise mit geschnitztem Dekor ausgestattet sind. Zu Zarenzeiten lebten hier die Bediensteten des Schlosses.

Rund um den Schlosspark

Um den Schlosspark gruppieren sich einige reich verzierte **Villen** und gut erhaltene alte Holzbauten verschiedener Stilepochen: Funktionalismus, Art déco, Historismus und Jugendstil. Sehenswerte Gebäude findet man vor allem westlich des Parks entlang jener Straßen, die nach estnischen Intellektuellen benannt sind: an der Weizenbergi, entlang der Koidula, der Faehlmanni sowie der Vilmsi- und Poska-Straße (Informationen zu den Personen im Kapitel „Land und Leute"). Wer einen kleinen Spaziergang durch diese Straßen macht, sollte vor allem auf folgende Gebäude einen

Blick werfen: Koidula 7, 8, 9 und 10 sowie Poska 20, 35, 51 und 53.

Eines jener sehenswerten Gebäude an der Koidula-Straße ist einem weiteren estnischen Schriftsteller gewidmet: das **Tammsaare-Museum.** *Anton Hansen Tammsaare* (1878–1940, s. auch „Literatur") gilt als einer der bedeutendsten estnischen Schriftsteller des vergangenen Jahrhunderts. Im Gebäude kann man seine rekonstruierte Wohnstätte besichtigen und seine Werke kennenlernen.

- **Tammsaare-Museum,** Koidula 12 a, Tel. 6013232, www.vilde.tammsaare.ee, April bis September Mi–Mo 12–19 Uhr, Oktober bis März Mi–Mo 10–17 Uhr, an Feiertagen geschlossen.

Jenseits der Narva-Schnellstraße, am Strand von Kadriorg, steht ein stattliches Denkmal aus dem Jahr 1902. Die sogenannte **Russalka** erinnert an den Untergang des gleichnamigen Kriegsschiffes, das im Jahr 1893 177 Menschen mit sich ins Meer riss. Gekrönt wird das Denkmal von einer Engelsskulptur, die von *Amandus Adamson* (siehe „Kunst") geschaffen wurde.

Anfahrt

Mit der **Straßenbahn** Nr. 1 oder 3 kann man bis zur Endstation am Park Kadriorg fahren.

Vom Busbahnhof im Untergeschoss des Viru-Einkaufszentrums (Viru-Platz) in der Innenstadt fahren die **Busse** 1, 1a, 19, 29, 29a, 29b, 34a, 38 und 44 nach Kadriorg. Die Haltestelle, an der man aussteigen muss, heißt „J. Poska". Dorthin fahren auch von der Narva-Straße aus die Busse 35, 60 und 63. Außerdem fahren an der Gonsiori-Straße bei der Akademie der Künste (Kunstiakadeemia) in der Nähe des Viru-Einkaufszentrums die Busse 31, 67 und 68, aussteigen bei der Haltestelle „Uuslinn".

Mit dem **Auto** folgt man, von der Innenstadt aus, der Narva mantee, bis rechter Hand die A. Weizenbergi abknickt. Man kann das Auto an der Straße oder am Parkplatz des Kumu (s.u.) an der Valge-Straße abstellen.

Kunstmuseum Kumu

Am Kalksteinhang zwischen dem Kadriorg-Park und dem Stadtteil Lasnamäe befindet sich das hervorragende Kunstmuseum Kumu. Das vom finnischen Architekten *Pekka Vapaavuori* entworfene Gebäude ist das erste Museum Estlands, das eigens zu diesem Zweck erbaut wurde. Es öffnete 2006 seine Pforten und ist ein gelungenes Beispiel **moderner Museumsarchitektur,** außerdem ein Muss für jeden, der sich für estnische Kunst interessiert.

Die rund 55.000 Ausstellungsstücke, darunter 7000 Gemälde und 1500 Skulpturen, waren vor Eröffnung des Museums in verschiedenen Museen, Kirchen und Depots verteilt, sodass das Kumu erstmalig die estnische Kunst unter einem Dach vereint. Die Dauerausstellung zeigt die Entwicklung der estnischen Kunst seit dem Beginn des 18. Jahrhunderts, einschließlich der Gegenwartskunst. Neben den

Werken zum Teil unbekannter deutschbaltischer Porträtmaler befinden sich hier Werke von Künstlern wie *Johann Köler, Kristjan Raud* und *Konrad Mägi*, aber auch Werke des sozialistischen Realismus der Nachkriegszeit sowie monumentale Porträts *Stalins*. In der vierten Etage sind wechselnde Sonderausstellungen zu sehen.

Von der **Dachterrasse** kann man den Ausblick über den Park und die Kadriorg-Gebäude genießen.

●**Kumu,** Weizenbergi 34 / Valge 1, Tel. 6449139, www.ekm.ee, Mai bis September Di–So 11–18 Uhr, Oktober bis April Mi–So 11–18 Uhr, Eintritt 75 EEK, geschlossen an Feiertagen. Führungen auf Deutsch nur bei Voranmeldung unter Tel. 6455004 oder haridus@ ekm.ee. Essen und Trinken kann man im Café-Restaurant des Museums, im Museumsladen kann man Andenken erstehen. Anfahrt siehe Kadriorg.

009es Foto: af

Im Inneren des Kumu

Sängerbühne

In der Nähe von Kadriorg befindet sich ein Bauwerk, das für den estnischen Nationalstolz eine herausragende Rolle spielt: die Sängerbühne (Narva maantee 95, www.lauluväljak.ee), ein Werk des estnischen Architekten *Alar Kotli*. Die Konzertbühne aus dem Jahr 1960 hat die Form einer **Muschel.** An ihrer Seite steht ein 42 Meter hoher Leuchtturm, an dessen Spitze bei den traditionellen Sängerfesten ein Feuer entzündet wird. Das **Sängerfest,** die größte Veranstaltung in Estland, findet alle fünf Jahre statt, das nächste Mal 2009 (siehe Kapitel „Land und Leute: Traditionen und Bräuche"). Höhepunkt der Veranstaltung ist der Auftritt eines aus etwa 25.000 Mitgliedern bestehenden Chors.

Neben dem Sängerfest finden hier diverse **Konzerte, Festivals und Jahrmärkte** statt, unter anderem das alljährliche Bierfest. Im Winter nutzen Kinder die Hänge rund um die Bühne zum rodeln.

Geschichtsmuseum und Klosterruine in Pirita

Fährt man von Kadriorg nicht zurück in Richtung Innenstadt, sondern steigt in einen Bus, der in die entgegengesetzte Richtung fährt, gelangt man in Höhe des Jachthafens zu den Ruinen des ehemaligen Brigittenklosters im Stadtteil Pirita. Zuvor passiert man ein großes Gutshaus, **Maarjamäe Loss** (Schloss Marienberg), das sein ehemaliger Besitzer *Anatoli Orlov-Davydov* 1874 im neogotischen Stil errichten ließ. Es wurde in den 1980er Jahren renoviert, dient heute als **Außenfiliale des estnischen Geschichtsmuseums** und beherbergt Exponate zur Geschichte des 19. und 20. Jahrhunderts.

1407 wurde das **Brigittenkloster** von wohlhabenden Kaufleuten gegründet und avancierte zum größten Kloster des alten Livland. Bis zum Einzug *Iwans des Schrecklichen* 1577, dessen Heer das Kloster zerstörte, war der Brigittenorden hier ansässig.

Heute sind nur noch die 35 Meter hohe gotische Giebelwand sowie die Kalksteinseitenwände erhalten, die davorliegenden Grabsteine stammen aus späteren Jahrhunderten. Im Sommer finden hier häufig Open-Air-Konzerte oder Märkte statt. Im Jahr 2001 wurde ein neues Konvent eröffnet, in dem Nonnen des Brigittenordens aus aller Welt ansässig sind.

- **Maarjamäe Loss,** Pirita tee 56, Tel. 6014535, www.eam.ee, März bis Okt. Mi–So 11–18 Uhr, Nov. bis Febr. Mi–So 10–17 Uhr. Wer mit Bus Nr. 5 kommt, steigt an der Haltestelle Maarjamgi aus.

- **Pirita Klooster,** Kloostri tee 9, Tel. 6055044, www.piritaklooster.ee, im Sommer 10–18 Uhr, im Winter 12–16 Uhr. Die Nonnen betreiben ein Gästehaus (s. Unterkunft). Zum Kloster gelangt man mit den Bussen Nr. 1, 1a, 8, 34 und 38.
- **Bootsverleih** am Pirita-Fluss (Paadilaenutus Pirita jõel), Kloostri 6a, Tel. 6212175, mobil 53417613, www.bellmarine.ee, Mai bis Sept. täglich 10–22 Uhr.

Botanischer Garten

Im 1961 angelegten Botanischen Garten der Stadt gedeihen auf etwa 110 Hektar Fläche rund 8000 verschiedene Pflanzenarten. Ein **Rosengarten,** ein **Baumpark** und ein **Steingarten** laden zu Spaziergängen ein. Monatlich wechselnde Sonderausstellungen widmen sich Spezialthemen, etwa Heilpflanzen, Pilzen oder Insekten. Im **Palmenhaus** wachsen exotische Pflanzen aus Übersee.

- **Botaanikaaed,** Kloostrimetsa tee 52, Tel. 6062666, 6062660, www.tba.ee, Park Di–So 11–18 Uhr, die Gewächshäuser sind Di–So 11–16 Uhr geöffnet. Führungen (auch Nachtführungen) mit Voranmeldung. Den Botanischen Garten erreicht man mit Bus Nr. 34, Haltestelle Kloostrimetsa.

Fernsehturm

Mit 314 Metern Höhe ist der Fernsehturm das **höchste Gebäude Tallinns.** Er wurde anlässlich der Olympischen Spiele errichtet, die 1980 zum Teil in Tallinn ausgetragen wurden. Besucher dürfen die Plattform in 170 Metern Höhe aufsuchen, von wo sich ein Blick auf die Stadt, die Häfen und das Meer bietet. An klaren Tagen kann man bis nach Finnland hinübersehen. Im Turm ist ein Restaurant untergebracht, das Interieur des Bauwerks stammt unverkennbar aus Sowjetzeiten.

● **Teletorn,** Kloostrimetsa 58a, Tel. 6238250, www.teletorn.ee, tgl. 10–1 Uhr. Den Fernsehturm erreicht man mit Bus Nr. 34.

Zoo

350 verschiedene Tierarten sind im Tallinner Zoo im Westteil der Stadt zu finden, darunter Wölfe, Tiger, Elefanten, Kamele, Affen und Krokodile. Im Sommer findet ein Streichelzoo mit Hamstern, Meerschweinchen und Kaninchen besonders bei kleinen Besuchern regen Anklang.

In Fachkreisen hat sich der Zoo für die Aufzucht von **Europäischen Nerzen** einen Namen gemacht. Der Europäische Nerz ist der vom Aussterben bedrohte Vetter des Amerikanischen Nerz, welcher im 20. Jahrhundert zur Pelzverarbeitung nach Europa geholt wurde und den kleineren europäischen Verwandten zusehends verdrängte.

● **Tallinna Loomaaed,** Paldiski mnt. 145, Tel. 6943300, www.tallinnzoo.ee, täglich ab 9 Uhr geöffnet, je nach Jahreszeit schließt der Zoo zwischen 15 und 19 Uhr. Tropen- und Elefantenhaus sind montags geschlossen. Man gelangt mit Bus Nr. 21 oder den Trolleybussen 6 (fährt bei Kaufhaus Kaubamaja ab) und 7 (ab Hafen) zum Zoo.

Freilichtmuseum Rocca al Mare

Im Westen der Stadt, etwa sieben Kilometer vom Zentrum entfernt, liegt inmitten eines der schönsten Naherholungsgebiete der Stadt das Freilichtmuseum Rocca al Mare, in dem die verschiedenen **Architekturformen und Bräuche des Landes** dokumentiert werden. Den italienisch klingenden Namen bekam die Anlage von Baron *Arthur Girard de Soucanton.* Der von einer französischen Adelsfamilie abstammende Tallinner Bürgermeister pachtete das Grundstück 1863 als Landsitz. Da er ein großer Bewunderer Italiens war, gab er dem Ort einen italienischen Namen.

Mehr als 70 Gebäude aus allen Teilen des Landes, auch **ganze Dörfer,** wurden seit 1957 auf dem rund 80 Hektar großen, bewaldeten Grundstück aufgestellt. Neben Bauern- und Wohnhäusern kann man Kirchen, einen Gasthof, mehrere Mühlen, ein Schulhaus und eine Feuerwehrstation besichtigen. In einer hübschen Villa von 1870, die im frühen 20. Jahrhundert als Sommerhaus diente, ist heute die Verwaltung des Freilichtmuseums untergebracht. Viele Gebäude stammen aus dem 19. Jahrhundert.

Besenhockey im Freilichtmuseum

Für den Besuch sollte man mindestens einen halben Tag einplanen und festes Schuhwerk mitbringen. Im Informationszentrum, das gleichzeitig der Eingang zum Museum ist, kann man typische **Handarbeitserzeugnisse** aus allen Teilen des Landes erstehen.

● **Rocca al Mare** (Eesti Vabaõhumuuseum), Vabaõhumuuseumi tee 12, Tel. 6549117 oder 6549100, www.evm.ee. Das Gelände ist ganzjährig täglich außer an manchen Feiertagen geöffnet, allerdings kann man im Winter (Oktober bis April) nicht in alle Gebäude hineingehen, im Sommer 10–20 Uhr, im Winter 10–16 Uhr. Eintritt im Sommer 70 EEK (ermäßigt 35 EEK), im Winter 35 EEK (ermäßigt 20 EEK), auch hier gibt es günstige Familienkarten für 95 EEK (Sommer) bzw. 50 EEK (Winter). Am letzten Dienstag im Monat ist der Eintritt frei. Das Museum gibt eine detaillierte Broschüre („Estnisches Nationalmuseum") auf Deutsch heraus, in der die meisten Gebäude und ihre Geschichte erläutert werden.

● In das Museum eingegliedert ist die alte Schenke **Kolu Kõrts,** in der man nationale Gerichte oder auch nur eine Tasse Kaffee zu sich nehmen kann. Geöffnet im Sommer 10–18 Uhr, im Winter 10–17 Uhr.

● **Vergnügungspark Rocca al Mare Tivoli,** Paldiski mnt. 100, Tel. 6560110, nur im Sommer geöffnet, Mo–Fr 12–20 Uhr, Sa/So 11–20 Uhr. Da der Park auch im Sommer beispielsweise an manchen Feiertagen geschlossen ist, sollte man sich vor einem Besuch in der Touristeninformation oder im Internet unter www.tivoli.ee erkundigen.

● **Anfahrt:** Zum Freilichtmuseum fahren vom Stadtzentrum aus die Trolleybusse Nr. 6 und 7 sowie Bus Nr. 22, aussteigen an der Haltestelle „Zoo". Von dort aus kann man am Ufer entlang in etwa 15 Minuten bis zum Museum zu Fuß gehen. Vom Bahnhof aus fährt Bus Nr. 21 zum Freilichtmuseum.

010es Foto: jl

Praktische Tipps

Ankunft

Am Flughafen

Der Flughafen liegt etwa 4 km von der Altstadt entfernt. Das Zentrum kann man problemlos mit öffentlichen Verkehrsmitteln erreichen. **Bus Nr. 2** fährt von etwa 7 Uhr morgens bis ungefähr Mitternacht alle 20 Minuten, die Fahrt kostet 15 EEK. Die Haltestelle liegt direkt vor der Ankunftshalle. In der Innenstadt hält der Bus an der Laikmaa-Straße, zwischen dem Tallink Hotel und dem Viru-Einkaufszentrum.

Außerdem halten **Taxis** direkt vor der Ankunftshalle. Eine Fahrt in die Innenstadt kostet etwa 80 EEK, je nach Hotellage vielleicht etwas mehr. Oft versuchen gerissene Taxifahrer am Flughafen, Touristen wesentlich mehr Geld abzuknöpfen.

Am Busbahnhof

- **Zentraler Busbahnhof,** Lastekodu 46, Tel. 6800900, www.bussireisid.ee. Hier halten die Inlands- und Auslandsbusse, es gibt eine Gepäckaufbewahrung. Vom Busbahnhof gelangt man mit Straßenbahn Nr. 2 oder 4 sowie Bus Nr. 17a, 23 oder 23a in die Innenstadt. Die Straßenbahnen halten bei der Tartu maantee in der Nähe des Viru-Platzes, die Busse stoppen am Platz Vabaduse väljak. Wenn man aus dem Busbahnhof kommt, rechts die Straße bis zur Tartu mnt. laufen, dort auf die gegenüberliegende Seite wechseln. Im Zweifelsfall Passanten oder Fahrer fragen: „Kesklinna?" (Innenstadt?) Ein Taxi vom Busbahnhof in die Innenstadt kostet etwa 60 EEK.

Am Hafen

- Der Hafen liegt einen etwa 15-minütigen Fußmarsch von der Innenstadt entfernt. Mit Gepäck sollte man Bus Nr. 2 oder ein Taxi nehmen. Der Bus hält in der Innenstadt hinter dem Viru-Einkaufszentrum und kostet etwa 15 EEK, ein Taxi etwa 60 EEK.
- Der Tallinner **Jachthafen** (59°28,2′ N 24°49,2′ E, VHF 16, Tiefe 2,80 m) liegt etwa 5 km außerhalb im Osten Tallinns im Stadtteil Pirita. **Pirita Jachthafeninformation,** Tel. 6398980, Fax 639 8823, www.piritatop.ee. **Marine Tourismus Organisation,** Regati pst. 1, Tel. 6398933, Fax 6398899.

Autovermietungen

Die meisten Autovermietungen haben ein Büro am **Flughafen** oder bieten einen Bring- und Abhohldienst dorthin an. Wer flexibel ist, sollte sich überlegen, außerhalb der Hauptstadt einen Wagen anzumieten, das ist zumeist erheblich preiswerter. Mit dem Bus (siehe unten: „Weiterreise") gelangt man gut in andere Städte.

- **AAA Rent,** Narva mnt. 7, Tel. 6536050, mobil 5091129, www.autorent.ee, auch in englischer Sprache, ab 40 Euro pro Tag.
- **Amestic,** Mustamäe tee 29, Tel. 6616701, mobil 5100808, info@amestic.ee, www.amestic.ee, 24-Std.-Service, etwa 38 Euro pro Tag.
- **Avis,** Tel. 6671515, rent@avis.ee, www.avis.ee, am Flughafen.
- **Budget,** Lennujaama tee 2, Tel. 6058600, airport@budget.ee, www.budget.ee.
- **Car Express,** Mustamäe tee 18, mobil 56224123, carexpress@carexpress.ee, www.carexpress.ee.
- **Europcar,** Narva mnt. 7, Tel. 6109317, Reservierungsbüro am Flughafen, Tel. 6109317, in fo@europcar.ee, www.europcar.ee.
- **Hertz,** Ahrtri 12, Tel. 6116333, Fax 6116209, hertz@hertz.ee, www.hertz.ee.
- **Regelung,** Laki 13, Tel. 6516222, mobil 5047222, info@regelung.ee, www.regelung.ee.
- **Sixt,** Tel. 6133660, rent@autoliising.ee, www.sixt.ee, am Flughafen.

Informationen

- **Touristeninformation,** Kullassepa 4 / Niguliste 2, Tel. 6457777, Fax 457778, turismiinfo@tallinnlv.ee, www.tourism.tallinn.ee. Auf der Homepage findet man alles Wissenswerte, u.a. auch aktuelle Angaben zu Verkehrsmitteln, Preisen und Unterkunft. Ein zweites kleines Tourismusbüro befindet sich im Hafen (Sadama 25, Tel./Fax 6318321, port.tallinn@visitestonia.com), aber wer sich in der

Altstadt aufhält, ist in der Zentrale an der Kullassepa richtig aufgehoben.

Die Touristeninformation vertreibt sogenannte **Tallinn Cards,** deren Benutzer eine kostenlose Stadtrundfahrt bekommen, das Eintrittsgeld von Museen sparen sowie die öffentlichen Verkehrsmittel benutzen können. Infos unter www.tallinncard.ee.

Magazine

- **„Tallinn in your pocket"** (www.inyourpocket.com) und **„Tallinn this week"** sind sehr zu empfehlen. Darin sind nützliche und aktuellste Informationen zu Unterkünften, Kulturangeboten, Clubs und Veranstaltungen zu finden.
- Ebenfalls informativ ist die englischsprachige Zeitschrift **„Baltic City Paper".**
- Die Touristeninformation gibt die Broschüre **„Tallinn mit Kindern"** heraus.

Stadtführungen

- Die Touristeninformation (Anmeldung dort, s.o.) organisiert mehrmals täglich offizielle Stadtführungen **zu Fuß** durch die Innenstadt und **Rundfahrten mit dem Bus.** Es gibt auch sogenannte „Hop on-Hop off-Touren", bei denen man unterwegs zu- und aussteigen kann, auch hierfür gilt die Tallinn Card (s.o.).

Service

Post

- **Hauptpost,** Narva mnt. 1, www.post.ee, Mo–Fr 8.30–19.30 Uhr.
- **Domberg Post,** Lossiplats 4, Mo–Fr 9–17 Uhr.

Internet

Überall in der Stadt gibt es **Hotspots,** die mit einem WiFi-Schild ausgezeichnet sind. Wer einen eigenen Laptop hat, kann hier kostenlos im Internet surfen.

- **Apollo Raamatud Lugemiskohvik,** Viru 23, Mo–Fr 10–20 Uhr, Sa 10–19 Uhr, So 11–16 Uhr. Lese- und Internetcafé in der Apollo-Buchhandlung, zentral gelegen, aber sicher nicht die preiswerteste Alternative.
- **Kohvik@Grill,** Aia 3 (Eingang von Vana Viru), Tel. 6271229.
- Im Nebengebäude der **Nationalbibliothek,** Tõnismägi 2.
- **Neo,** Väike Karja 10.
- **Stockmann Café,** Liivalaia 53, im 2. Stock des Kaufhauses, Tel. 6339599.

Notfälle

Notruf

- Bei Notfällen sollte man die **englischsprachige Telefonhotline 6971145** wählen.
- **Krankenwagen:** 112
- **Polizei:** 110

Polizeistation

- Die beste Anlaufstelle: Pärnu mnt. 11, Tel. 6124200, hier gibt es auch Dolmetscher bzw. Beamte, die Fremdsprachen beherrschen.
- Eine weitere Station ist in der Lootsi 15, Tel. 6124210.

Estnischer Automobilklub

- **Eesti Autoklubi,** Laki 11, Pannendienst: Tel. 6979188 oder 1888, Fax 6979110, eak@autoclub.ee, 24-Stunden-Service.

Apotheken

- Apotheken sind normalerweise 10–19 Uhr geöffnet. Zentrale Apotheken befinden sich beispielsweise in der Pärnu mnt. 10 und der Kaubamaja 6. **Nachtapotheke:** Tõnismäe Apteek, Tõnismägi 5, Tel. 6442282.

Krankenhäuser

- **Zentralkrankenhaus,** Ravi 18, Tel. 6207015 (24 Std.).
- **Regionalkrankenhaus Mustamäe,** Sütiste tee 19, Tel. 6971300 oder 6971400.
- **Krankenhaus Tallinn Magdaleena** und **Polikliinik,** Pärnu mnt. 104, Tel. 6973104 oder 6973012.
- **Kinderkrankenhaus,** Tervise 28, Tel. 6974113 oder 6977194 (24 Std.).

Zahnärzte

- **Baltic Medical Partners,** Tartu mnt. 32, Tel. 6010550, Privatklinik.
- **Biolase,** Toompuiestee 27, Tel. 6418625, Privatklinik.
- **Eurodent,** Tartu mnt. 63, Tel. 6115551, Privatklinik.
- **Tallinna Hambapolikliinik,** Toompuiestee 3, Tel. 6119230 oder 6119289, öffentliche Klinik und Zahnnotfälle.

Stadtverkehr

Öffentliche Verkehrsmittel

Die öffentlichen Verkehrsmittel der Stadt, also Busse, Trolleybusse (O-Busse), Straßenbahnen und Minibusse, verkehren von etwa 6 bis 23 Uhr. Tickets erhält man beim Fahrer oder an Kiosken. Ein Ticket kostet ungefähr 15 EEK (beim Fahrer) und muss im jeweiligen Transportmittel entwertet werden. Wenn man vorhat, öfter mit öffentlichen Verkehrsmitteln zu fahren, empfiehlt sich die **Tallinn Card,** deren Besitzer die Verkehrsmittel kostenlos benutzen dürfen (siehe oben: „Informationen"), oder ein **Zehnerticket,** das am Kiosk erhältlich ist. Ferner gibt es, allerdings nur an Verkaufsständen, Stunden- und Mehrtagestickets. Übrigens kann man die Tickets auch per Handy bezahlen – Anschläge beachten.

Ganz wichtig: Wenn man beispielsweise Nr. 2 nehmen soll, muss man unbedingt nachfragen, ob Bus *(bus),* O-Bus *(trolley)* oder Bahn *(tram)* gemeint ist, damit man nicht mit dem falschen Verkehrsmittel in eine vollkommen falsche Richtung fährt!

Die meisten **Straßenbahnlinien** halten vor dem Vabaduse-Platz und am Viru-Platz. Die **Busse** 1, 1A, 19, 29, 29A, 29B, 34 A, 38, 44, die teilweise zu den Sehenswürdigkeiten rund um Tallinn fahren, halten am **Innenstadt-Busbahnhof** am Viru-Platz im Untergeschoss des Viru-Einkaufszentrums.

Taxis

Taxis stehen am Bahnhof, Hafen, Flughafen, vor größeren Hotels und rings um die Innenstadt. Man kann an einem Taxistand einsteigen, per Handzeichen ein fahrendes Taxi anhalten (sofern nicht besetzt) oder telefonisch einen Wagen bestellen. Hotels und Restaurants, in denen man Gast ist, sind dabei gern behilflich. Wer sich in der Stadt mit dem Taxi bewegt, sollte es telefonisch vorbestellen (lassen), das ist meist preiswerter, als eines auf der Straße anzuhalten.

Taxifahren ist in Estland wesentlich **preiswerter** als in Deutschland. Um sicher zu gehen, sollte man den Fahrer beim Einsteigen nach dem ungefähren Preis fragen und darauf achten, dass das **Taxameter** angeschaltet ist. Grundgebühr und Kilometerpreis sind immer auf einem kleinen Schild am Fenster des Wagens angeschrieben. Die Grundgebühr beträgt etwa 45 EEK, manche Anbieter nehmen aber bis zu 75 EKK, der Preis pro Kilometer liegt zwischen 5 und 11 EEK. Die Nachttarife sind etwas höher. Wenn Bedarf besteht, ist der Fahrer nach der Fahrt verpflichtet, eine Quittung auszustellen. Falls dennoch aus irgendeinem Anlass Grund zur Klage besteht, kann man sich beim Tallinner Transport Department beschweren: Tel. 6833613 oder tta@tallinnlv.ee.

Fahrradtaxis

Im Sommer frequentieren auch Fahrradtaxis die Innenstadt. Man sieht sie vielerorts und kann nach Belieben einsteigen oder unter Tel. 5088810 eines bestellen (www.velotakso.ee).

Parkmöglichkeiten

Da große Teile der Innenstadt für Autos gesperrt und Parkplätze rar sind, empfiehlt es sich, beim Hotel Erkundigungen einzuholen, ob es einen hauseigenen oder nahe gelegenen Parkplatz gibt. Man sollte den eigenen Wagen vor allem nachts auf bewachten Parkplätzen abstellen.

Die Parkplätze rings um die Altstadt – zum Beispiel am Vabaduse väljak, rund um den Viru väljak und am Hafen – sind gebührenpflichtig.

Unterkunft

Es gibt in Tallinn unzählige Arten von Unterkünften, vom exklusiven Hotel bis zur einfachen Jugendherberge. Jährlich kommen viele neue Pensionen, Gästehäuser und Hotels hinzu und leider ändern sich auch die Preise rasant. Im Folgenden nur eine Auswahl von Unterkünften; wenn ein Haus nicht gelistet ist, heißt dies nicht automatisch, dass es nicht empfehlenswert ist. Weitere Adressen findet man in den Heften „Tallinn in your pocket" (www.inyourpocket.com) und „Tallinn this week" und auf der Seite der Touristeninformation: www.tourism.tallinn.ee.

Hotels

●**Barons Hotel** €€€€, Suur-Karja 7/2, Tel. 6999700, Fax 6999710, reservations@baronshotel.ee, www.baronshotel.ee. Im Herzen der Altstadt gelegen, alle Zimmer voll ausgestattet mit Bad, Sat-TV, Telefon und Internetanschluss. Suite mit Sauna und Jacuzzi.

●**Best Western Hotel Tallink** €€€, A. Laikmaa 5, Tel. 6300800, Fax 6300810, hotel@tallink.ee, http://bwhotel.tallink.com. Eines der jüngsten Hotels in Tallinn, direkt gegenüber dem Einkaufszentrum Viru Keskus gelegen.

●**City Hotel Portus** €€-€€€, Uus Sadama 23, Tel. 6806600, Fax 6806601, tallinnhotels@tallinnhotels.ee, www.tallinnhotels.ee. Direkt am Hafen, im Retrolook, mit Restaurant und Garage.

●**Comfort Hotel Oru Tallinn** €€€, Narva mnt. 120b, Tel. 6033300, Fax 6012600, sales@oruhotel.ee, www.oruhotel.ee. Doppelzimmer inklusive Frühstück, Sauna, Konferenzräume, nur einige Meter von der Sängerbühne entfernt. Kinder bis zum 6. Lebensjahr kostenfrei.

●**Hotel Ecoland** €€€, Randvere tee 115, Tel. 6051996. Ca. 11 km außerhalb von Tallinn bei Pirita, großes Frühstücksbuffet und Morgensauna im Preis inbegriffen. Kinder unter 12 Jahren dürfen kostenlos bei ihren Eltern im Zimmer übernachten.

●**Imperial-Baltic Hotel** €€€€, Nunne tn. 14, Tel. 6274800, Fax 6274801, Imperial@BalticHotelGroup.com, www.baltichotelgroup.com. 4-Sterne-Hotel der Baltic-Hotel-Gruppe, am Fuße des Dombergs an der alten Stadtmauer, sehr stilvoll renoviertes Haus, Zimmer und Suiten, Sauna, Jacuzzi, Spezialräume für Allergiker, Restaurant und Pub, Autoverleih.

●**Radisson SAS Hotel** €€€€, Rävala 3, Tel. 6690050, Fax 6690051, reservations.tallinn@radissonsas.com, www.radissonsas.com. In einem der modernsten Bauten in Tallinn, voll ausgestattete Zimmer, Bar und Restaurant, von der Aussichtsplattform hat man einen weiten Blick über die Stadt.

●**Reval Hotel Olümpia** €€€€, Liivalaia 33, Tel. 6315315, Fax 6315305, olympia@revalhotels.com. Fitnesscenter und Pool im 26. Stock mit Panoramablick auf Tallinn, zum Haus gehört der Nachtclub Bonnie & Clyde.

●**St. Petersbourg Hotel** €€€€, Rataskaevu 7, Tel. 6286500, Fax 6286565, stpetersbourg@schlossle-hotels.com, www.schlossle-hotels.com. Nicht ganz preiswertes, aber elegantes Hotel, untergebracht in einem mittelalterlichen Gebäude.

●**Savoy Boutique Hotel** €€€€-€€€€€, Suur-Karja 17/19, Tel. 6806688, savoy@tallinnhotels.ee, www.savoyhotel.ee. In altem Gebäude aus dem 19. Jahrhundert im Herzen der Altstadt, 2006 liebevoll renoviert, in warmen Farbtönen gehalten, Zimmer mit allem Komfort, Restaurant und Bar, hohe Preisklasse, aber variiert nach Jahreszeit.

●**Scandic Palace** €€€, Vabaduse väljak 3, Tel. 6407300, Fax 6407299, palace@scandic-hotels.com, www.scandic-hotels.com. Voll ausgestattete Räume, auch für Nichtraucher und Allergiker, Bar und Restaurant mit umfangreicher Weinkarte.

●**Schlössle Hotel** €€€€, Pühavaimu 13/15, Tel. 6997700, Fax 6997777, schlossle@schlossle-hotels.com, www.schlossle-hotels.com. Eines der bekanntesten und edelsten Hotels in der Innenstadt in einer idyllischen Seitenstraße, nur wenige Gehminuten vom Rathausplatz entfernt. Tradition und Moderne wurden eindrucksvoll kombiniert, hervorragendes Restaurant.

●**Taanilinna Hotell** €€€€, Uus 6, Tel. 6406700, Fax 6464306, info@taanilinna.ee, www.taanilinna.ee. Hübsches, kleines Hotel in der Altstadt, nicht gerade preiswert, finnische Sauna. Über 200 verschiedene Weine und kubanische Zigarren gibt es im hauseigenen Weinkeller.

●**Hotel Telegraaf** €€€€-€€€€€, Vene 9, Tel. 6000600 Fax 6000601, info@telegraafhotel.com, http://telegraafhotel.com. Neu eröffnetes Nobelhotel in altem Postgebäude aus dem 19. Jh. neben dem Rathausplatz, sehr edel, gehobene Preisklasse, Spa-Bereich mit Pool, Dampfbad, Jacuzzi. Restaurant Tchaikovsky mit gehobener russischer Küche, eigenes Parkhaus.

●**The Three Sisters** €€€€, Pikk 71 / Tolli 2, Tel. 6306300, Fax 6306301, info@threesistershotel.com, www.threesistershotel.com. Im Norden der Altstadt, gleich an der Stadtmauer gelegen, eines der namhaftesten Hotels vor Ort, sehr luxuriös, mit hervorragendem Restaurant.

●**Uniquestay** €€€€, Toompuiestee 3, Tel. 6600700, info@uniquestay.com, www.uniquestay.com. Liegt gleich hinter dem Domberg am Rande der Stadt, sehr modern, Zimmer mit PC und Internetzugang.

●**Uniquestay Mihkli** €€€-€€€€, Endla 23, Tel. 6664800, 6664802, Fax 6664888, mihkli@uniquestay.com, www.uniquestay.com. In der Nähe der Nationalbibliothek, etwas außerhalb der Altstadt.

●**Hotel Ülemiste** €€€€, Lennujaama tee 2, Tel. 6032600, Fax 6032601, sales@ylemistehotel.ee, www.ylemistehotel.ee. Modernes Hotel direkt am Flughafen mit Fitnesscenter, Saunen, Restaurant und Bar, vor der Tür halten die Busse in die Innenstadt.

●**Vana Wiru-Baltic Hotel** €€€€, Viru tn. 11, Tel. 6691500, Fax 6691501, VanaWiru@BalticHotelGroup.com, www.batichotelgroup.com. 4-Sterne-Hotel der Baltic-Hotel-Gruppe, Zimmer und Suiten, Sauna, Jacuzzi, Finnische Sauna, Türkisches Bad, Räume für Allergiker, mit angegliederter Kneipe und Restaurant, Autoverleih.

Spa-Hotels

●**Kalev Spa Hotel und Wasserpark** €€€-€€€€, Aia 18, Tel. 6493300, Fax 6493301, kalevspa@kalevspa.ee, www.kalevspa.ee. Das zurzeit noch einzige Spa-Hotel, das in der Innenstadt liegt, mit großem Wasserpark, Jacuzzi, diversen Saunen, Fitnessraum und Schönheitszentrum, Salz- und Kältekammer. Diverse Spa-Anwendungen, man kann verschiedene Pakete buchen.

●**Pirita Top Spa** €€€, Regati pst. 1, Tel. 6398600, 6398822, Fax 6398821, 6398821, reservation@topspa.ee, sales@topspa.ee. Liegt in Pirita beim Olympischen Segelsportzentrum direkt am Meer, verfügt über Schwimmhalle, Finnische Saunen, Dampf- und Infrarotsauna, Salzkammer, Fitnessraum, A-la-carte-Restaurant. Wer sein Haustier mitbringen möchte, kann dies gegen Aufpreis tun.

●**Viimsi Spa Hotel** €€€, auch bekannt unter seinem bisherigen Namen *Spa Hotel Viimsi Tervis,* Randvere tee 11, Viimsi 74001, Tel. 6061000, Fax 6061003, viimsispa@viimsispa.ee, www.viimsispa.ee. Liegt auf der Halbinsel Viimsi östlich von Tallinn mit Blick auf die Tallinner Bucht. Neuer Hotelkomplex mit 104 Zimmern und einigen Suiten, alle mit TV und Telefon, Restaurant mit Terrasse, Bar, Läden, Schönheitssalon, Schwimm- und Dampfbad, Sauna, diverse Spa-Anwendungen.

Gästehäuser und Bed&Breakfast

●**Rasastra,** Vermittlung von Privatunterkünften (Bed&Breakfast), das Bürogebäude der Vermittlung liegt Mere pst. 4, Tel. 6616291, rasastra@online.ee, rasastra@hot.ee, www.bedbreakfast.ee, täglich 9.30–19 Uhr. Es werden Zimmer und Apartments von Privatpersonen vermittelt, nicht nur in Tallinn, sondern auch in Tartu, Pärnu und Viljandi. EZ ab €, DZ ab €€, Apartments ab €€€.

●**City Guesthouse,** Pärnu mnt. 10, Tel. 6282236, Fax 6282237, info@cityguesthouse.ee, www.cityguesthouse.ee. Verschiedene Raumarten stehen zur Auswahl, vom EZ bis zum Schlafsaal, einige Zimmer haben eigene Dusche/WC. Haustiere sind gegen Aufpreis willkommen. DZ €€-€€€.

●**Hotell G9,** Gonsiori 9, Tel. 6267100, Fax 6267102, info@hotelg9.ee, www.hotelg9.ee. Einfache, aber preiswerte Unterkunft in einem Bürogebäude, etwa fünf Minuten zu Fuß von der Altstadt. EZ, DZ und 3er-Räume. DZ €€.

●**Gästehaus des Klosters Pirita,** Merivälja tee 18, Tel. 6055000, Fax 6055010, pirita@os ss.ee, www.osss.ee. Wird von den Nonnen des Brigittenordens in Pirita betrieben, moderne, recht schlichte EZ, DZ und 3er-Zimmer. DZ €€€.

●**Oldhouse,** Uus 22, Tel./Fax 6411464, info@oldhouse.ee, www.oldhouse.ee. Zum Oldhouse gehören ein Gästehaus und ein Hostel. Das Angebot reicht von Mehrbettzimmern bis zur Suite mit Sauna, nette Atmosphäre mitten in der Altstadt. Schlafsaal €, DZ €€-€€€.

●**Bed&Breakfast/Hostel Rex,** Tartu mnt. 62, Tel. 6332181, mobil 5043858, Fax 6098368, allar.puusepp@vta.ee, www.hot.ee/allarp3. Liegt in der Nähe des Busbahnhofs, von wo aus man mit der Straßenbahn gut zur Altstadt kommt. DZ und Mehrbettzimmer, z.T. Küchenmitbenutzung, pro Person €.

●**Villa Hortensia,** im Meistrite Hoov, Vene 6, Tel. 5046113. Zimmer und Suiten, direkt im sehr idyllischen Hof der Meister bei der Chocolaterie gelegen. Allerdings werden dort von Zeit zu Zeit noch Bauarbeiten durchgeführt, lieber vorher nachfragen. DZ €€€, Suite €€€€.

Hostels und Jugendherbergen

●**Academic Hostel,** Akadeemia tee 11, Tel. 6202275, Fax 6202276, info@academichostel.com, www.academichostel.com. Großes Hostel, etwa 5 km außerhalb der Stadt bei der Technischen Universität, vom Vabaduse väljak aus gut mit Trollybus 3 zu erreichen (bis Keemia). Küche, Essraum und Badezimmer teilt man sich mit zwei Zimmern, gegen Aufpreis darf man sein Haustier mitbringen. DZ €€.

●**Beata Hostel,** Uus 35, Tel. 6411171, mobil 55903977. In der Nähe der Dicken Margarete, etwas teurer als die anderen, dafür DZ und Parkplatz vorhanden, Frühstück im Preis inbegriffen. DZ €€€.

●**City-Bike-Hostel,** Uus 33, Tel. 5111819, info@citybike.ee, www.citybike.ee. Kleines, gemütliches Hostel zwischen Rathausplatz und Hafen, erstes Fahrradhostel des Landes, DZ und Mehrbettzimmer, Küchenecke und Aufenthaltsraum zur Mitbenutzung. Pro Person €.

●**Eurohostel,** Nunne 2, Tel./Fax 6447788, info@eurohostel.ee, www.eurohostel.ee. Mitten in der Altstadt, gut für Rucksackreisende, einfach, aber neu und sauber. Es gibt eine Küche für die Gäste, Duschen und Toiletten auf dem Gang, nur ein DZ, ansonsten Mehrbettzimmer mit Doppelstockbetten für 4–6 Personen. Pro Person €.

●**Helke,** Sakala 14, Tel./Fax 6445802. Am Rande der Innenstadt, sehr einfach, mit Linoleumböden, nicht gerade designverdächtig, aber preiswert, das Bad muss man sich teilen. DZ €€.

●**Hostel Tatari,** Tatari 21 b, Tel. 6466287, www.tatarihostel.ee. Ca. fünf Minuten zu Fuß zum Rathausplatz, nicht zu verwechseln mit dem Gästehaus Tatari 53 auf der gleichen Straße, das auch nett, aber etwas teurer ist. Unterbringung in DZ oder Mehrbettzim-

012es Foto: jl

Auch das ist Tallinn: Radisson Hotel

mern zu moderaten Preisen, Dusche/WC auf dem Gang. Schlafsaal pro Person €, DZ €€.

● **Hostel Tehnika 16,** Tehnika 16-1, Tel. 6533173, Fax 6533173, hosteltehnika16@hot.ee. In der Nähe des Bahnhofs, DZ und Mehrbettzimmer, die Küche kann mitbenutzt werden. Pro Person €.

● **Vana Tom,** Väike-Karja 1, Tel. 6313252, Fax 6120511, hostel@nttrade.ee, www.hostel.ee. Sicher nicht jedermanns Geschmack, da sich im gleichen Haus ein Stripclub befindet und die Räumlichkeiten z.T. etwas abgewohnt sind, dafür super Lage und recht preiswert. Es gibt EZ, DZ und Schlafsäle, Frühstück im Preis inbegriffen, außerdem Küche zur Mitbenutzung. DZ €€, im Mehrbettzimmer pro Person €.

Camping

● **Motoklub Camping Kalev,** Kloostrimetsa tee 56a, Tel. 6238686, Fax 66239191, motoklubikalev@hot.ee. Ferienhütten und über 50 Stellplätze für Wohnwagen und Wohnmobile, in der Nähe von Pirita.

● **Pirita Hafen Camping,** Regati pst. 1, Tel. 6398980, Fax 6398823, top@piritatop.ee, www.piritatop.ee. Stellplätze für 20 Wohnwagen und Wohnmobile.

● **Tallinn City Camping,** Pirita tee 28, Tel. 6052044, 6137322, Fax 61373429, info@tallinn-city-camping.ee, www.tallinn-city-camping.ee. Auf dem Messegelände, geöffnet von Ende Mai bis Mitte Sept., Stellplätze für Wohnwagen und Wohnmobile.

Essen und Trinken

Auf die Schnelle

● Schnell und gut bedient wird man im Erdgeschoss des Reval Hotel Olümpia (s.o.), wo sich das **Café Boulevard** befindet, sowie im **Café Mmuah,** das bei der Tallinna Kaubamaja (siehe Einkaufszentren) angesiedelt ist.

● **Leiburi Pagariäri,** Suur Karja 18, Mo–Fr 8–20 Uhr, Sa 8–18 Uhr, So 9–16 Uhr. Bäckerei am Rande der Altstadt, wo man günstig kleine Snacks und süße sowie herzhafte Backwaren und Kaffee zum Frühstück bekommt.

● **Waynes's Coffee,** Viru-Einkaufszentrum, Viru väljak 4–6, www.waynescoffee.ee. Verschiedene Kaffeegetränke, Kuchen, Bagels und Sandwiches zum Mitnehmen.

Cafés und Bistros

● **Café Bestseller,** Viru väljak 4–6, im 2. Stock des Viru-Einkaufszentrums. Gehört zum Buchladen und wird vom estnischen Starkoch *Imre Kose* betrieben, täglich 9–21 Uhr.

● **Café Maiasmokk,** Pikk 16, Tel. 6464070. Traditionsreiches Café im Herzen der Stadt, für vorzügliche Süßspeisen und Torten, vor allem auch für sein Marzipan bekannt.

● **Café Peterson,** Narva mnt. 15, Tel. 6622195, info@cafepeterson.ee. Internationales Angebot an Speisen und Häppchen, sehr empfehlenswert die Kuchenpalette, verschiedene Kaffeesorten. Nebenan und mit dem Café verbunden ist eine kleine Galerie für Malerei.

● **Café Reval,** Müürivahe 14, weitere Filiale Aia 3 (Eingang von der Vana-Viru), Tel./Fax 6446702. Kuchen, Baguettes, Sandwiches und andere Snacks zu günstigen Preisen.

● **Café VS,** Pärnu mnt. 28, Tel. 6272627, info@cafevs.ee, reservation@cafevs.ee, www.cafevs.ee. Europäische und indische Küche, gutes Preis-Leistungsverhältnis und angenehme Atmosphäre, Essen auch zum Mitnehmen.

● **Chocolaterie,** im Meistrite Hoov (Hof der Meister), Vene 6, Tel. 6418061, tgl. 10–24 Uhr. Auf der Vene-Straße durch den Toreingang gehen. Kleines Café mit leckerem Kuchen, selbstgemachten Trüffelpralinen und anderen Kleinigkeiten.

● **Kehrwieder,** Saiakang 1. Man sollte es aufgrund seiner Lage am Rathausplatz nicht für möglich halten, aber das Café ist gut und gemütlich geblieben, nicht touristisch. Kleine Snacks und leckerer Kuchen.

● **Kompressor,** Rataskaevu 3, Tel. 6464210. Sehr leckere Pfannkuchen, kein Wunder, dass das Lokal besonders von Studenten besucht wird. Preiswerte und große Portionen.

● **Moskva,** Vabaduse väljak 10, Tel. 6404694, www.moskva.ee. Angesagtes Café und Restaurant, nettes Ambiente, leise Technoklänge, gute internationale Küche, 9–24 Uhr, Sa/So 11–24 Uhr. Am Wochenende im oberen Stock Nachtclub, manchmal mit hippen DJs.

Estnische und mittelalterliche Küche

- Hervorragende, allerdings sehr teure Restaurants, die internationale Kost mit verfeinerten estnischen Speisen verbinden, sind das **Bordoo** im Hotel The Three Sisters oder das Restaurant **Stenhus** im Schlössle Hotel (s. Unterkunft).
- **Eesti Maja,** Lauteri 1, Tel. 6455252, Fax 6998809, viido@eestimaja.ee, www.eestimaja.ee. Freundliche Atmosphäre, traditionelles estnisches Essen wie Sauerkraut, Blutwurst oder Schweinebraten, mittags kleines Buffet.
- **Kloostri Ait,** Vene 14, Tel. 6418374, info@kloostriait.ee, www.klosstriait.ee, täglich 12–24 Uhr. Gemütliches Restaurant und Bar, traditionelle Küche im Souterrain mit Kaminfeuer im Winter. Populär unter Studenten, Intellektuellen und Kreativen, entspannte Atmosphäre, bezahlbare Getränke, manchmal Live-Musik.
- **Kuldse Notse Kõrts,** Dunkri 8, Tel. 6286567, tgl. 12–24 Uhr. Estnische Küche, vor allem Schweinefleischgerichte, aber auch einige vegetarische Speisen, nur ein paar Meter vom Rathausplatz entfernt.
- **Maikrahv,** Raekoja plats 8, Tel. 6314227, reserve@maikrahv.ee, www.maikrahv.ee. Lokale und internationale Küche, mittelalterliche Atmosphäre, 12–23 Uhr.
- **Mõõkkala,** Kuninga 4, Tel. 6418288, mookkala@hot.ee, www.mookkala.com. Große Auswahl an Fischgerichten.
- **Olde Hansa,** Vana turg 1, Tel. 6279020, reserve@oldehansa.ee, www.oldehansa.com, täglich 11–24 Uhr. Sehr bekanntes, „mittelalterliches" Restaurant im Herzen der Altstadt. Die Servicekräfte sprechen die meisten europäischen Sprachen und bedienen in mittelalterlicher Kleidung. Es lohnt sich, einmal hineinzugehen; aufgetischt werden traditionelle Speisen in originellem Ambiente, allerdings weilt man zumeist nur unter Touristen.
- **Peppersack,** Viru 2, Tel. 6466800, peppersack@peppersack.ee, www.peppersack.ee, tgl. 11–24 Uhr. Mittelalterliches Interieur, estnische und europäische Küche, unweit des Rathauses.
- **Vanaema juures,** Rataskaevu 10, Tel. 6269080, 6269089, vanaema.juures@mail.ee, Mo–Sa 12–22 Uhr, So 12–18 Uhr. Man sitzt wie „bei Oma" (= *Vanaema juures*) in einem kleinen Restaurant zwischen alten Möbeln, Fotografien und Accessoires.

Internationale Küche

- **Admiral,** im Hafen, Lootsi 15, Tel. 6623777, admiral@estpak.ee, www.aurulaev-admiral.ee. Wer Seeluft beim Speisen schnuppern möchte, kann das auf diesem Restaurantdampfschiff tun, estnische und internationale Küche, Fischgerichte, aber auch einige vegetarische Speisen.
- **Aed,** Rataskaevu 8, Tel. 6269088. Sehr gutes Öko- und Vollwertrestaurant, leckere Speisen in mittelalterlichem Ambiente.
- **Baieri Kelder,** Roosikrantsi 2a, Tel. 6407425. Für alle, die Heimweh haben: Hier gibt es deutsches Bier, Schnitzel, Würste u.Ä. und wer den Namen nicht verstanden hat, zu Deutsch: Bayernkeller.
- **Balthasar,** Raekoja plats 11, Tel. 6276400, balthasar@ag.ee, www.restaurant.ee. Alle Gerichte haben eines gemein: Sie sind mit Knoblauch angereichert. Sehr originelle Speisen in schönem Ambiente direkt am Rathausplatz.
- **Elevant,** Vene 5, Tel. 6313132, restoran.elevant@mail.ee, www.elevant.ee, tgl. 11–23 Uhr. Indische Küche in gemütlicher Einrichtung für nicht ganz so kleine Preise.
- **Le Bonaparte,** Pikk 45, Tel. 6464444, www.bonaparte.ee. Restaurant, Konditorei und Weinkeller. Feine Kuchen und Croissants, französische, je nach Saison wechselnde Küche und beste Weine im gemütlichen Keller, obere Preiskategorie. Konditorei Mo–Sa 8–20 Uhr, So 10–18 Uhr, Restaurant und Weinkeller Mo–Sa 12–24 Uhr, Sonntag geschlossen.
- **Controvento,** Vene 12 (Kaatariina käik), Tel. 6440470, Fax 6464677, info@controvento.ee, www.controvento.ee. Hervorragendes und sehr beliebtes (reservieren!) italienisches Restaurant in der romatischen Katharinengasse.
- **Pegasus,** Harju 1, Tel. 6314040, www.restoranpegasus.ee, 8–1 Uhr, Fr 8–2 Uhr, Sa 10–2 Uhr. Der stadtbekannte Koch tischt neben mediterranen und estnischen Spezialitäten auch asiatische Speisen auf, sehr stylisches Restaurant, abends auch als Bar genutzt.

- **Pizza Grande,** Väike Karja 6, Tel. 6418089, Mobil 5020666, tgl. 11–23 Uhr.
- **Restoran Bakuu,** Harju 7/9, Tel. 6999680, info@bakuu.ee, www.bakuu.ee. Aserbaidschanische Küche im Zentrum der Altstadt.
- **Restoran Bocca,** Olevimägi 9, Tel. 6117290, www.bocca.ee. Edles Restaurant, gehobene Preisklasse, italienische Küche.
- **Restaurant Du Nord,** Rataskaevu 5, Mo–Sa 11–23 Uhr, So 12–22 Uhr. Freitags und samstags zwischen 19 und 23 Uhr wird Live-Musik gespielt. Wenn man Glück hat, legt gerade ein Pärchen ein paar Polkaschritte aufs Parkett.
- **Restoran Ö,** Mere pst. 6 e, Tel. 6616150, www.restoran-o.ee. Stylisches, in Schwarz-Weiß gehaltenes Restaurant, gehobene internationale Küche.
- **Restoran Oliver,** Viru 3, Tel. 6307898, viru 3oliver@hot.ee, www.oliver.ee, tgl. 11–24 Uhr. Der geschnitzte Holzkellner Mr. Oliver steht als Maskottchen vor dem Eingang und gibt das Tagesmenü preis. Angeboten werden klassische Grillgerichte mit Soßen und Beilagen.
- **Romale Restoran Marcelle,** Rüütli 28/30, www.romalerestoran.ee. Roma-Restaurant, vor allem Fleischgerichte.
- **Silk Sushi Bar,** Kullassepa 4, Tel. 6484625, Fax 6484906, www.silk.ee.
- **Spaghetteria Buongiorno,** Müürivahe 17, Tel. 53910846, tgl. 10–23 Uhr. Einfache, aber urgemütliche Lokalität mit italienischem Personal.
- **Tapas & Vino,** Suur-Karja 4, Tel. 6313232. Spanische Küche, große Weinauswahl.
- **Troika,** Raekoja plats 15, Tel. 6276245, Fax 6314091, restoran@troika.ee, www.troika.ee. Schankstube tgl. 10–22 Uhr, Restaurant tgl. 12–23 Uhr. Typisch russische Küche, oft in Begleitung von Live-Violinenklängen und Gesang. Vorbestellen ist aufgrund größerer Beliebtheit angebracht.
- **Turg,** Mündi 3, Tel. 6412456, reserve@turg.ee, www.turg.ee. *Turg* heißt „Markt" und genau dem Motto fühlt sich das Restaurant verpflichtet, es ist ein Themenrestaurant mit internationaler Küche.

Nachtleben

Bars, Kneipen und Nachtclubs

- **Beer House,** Dunkri 5, Tel. 6276520, www.beerhouse.ee, Mo, Di 10–24 Uhr, Mi, Do 10–2 Uhr, Fr, Sa 10–4 Uhr. Tallinns einzige Brauerei mit deutschem Bier, untypisches Lokal für Estland, Touristentreffpunkt am Rathausplatz.
- **Bierstube,** P. Süda 7, Tel. 6461847, auf Deutsch getrimmte Kneipe mit deutschem Bier, sehr beliebt bei finnischen Touristen.
- **Bon Bon,** Mere puiestee 6 e, Tel. 6616080, www.bonbon.ee, Mi, Fr und Sa ab 22 Uhr bis open end. Nachtclub, global grooves, House, Asian Hip-Hop, Jazz und 70er.
- **Bonnie & Clyde,** Liivalaia 33, Nachtclub/Diskothek, gehört zum Reval Hotel Olümpia.
- **Café Amigo,** Viru väljak 4, Live-Musik, Nachtclub im Sokos Hotel Viru, wird auch von Einheimischen gern besucht.
- **Club Privé,** Harju 6, Tel. 6310545, www.clubprive.ee, Mi 22–4 Uhr, Fr–Sa 23–6 Uhr. Angesagter Club im Zentrum, gemischte Musik, verschiedene Abendveranstaltungen.
- **Déjà Vu Lounge,** Sauna 1, www.dajavue.ee, stylische Lounge.
- **Depeche Mode Bar,** Nunne 4, Tel. 5023615, www.pusaDM.one.ee, Mo–Do 12–1 Uhr, Fr 12–4 Uhr, Sa 16–4 Uhr, So 16–1 Uhr, nette alternative Bar mit ... ? Depeche Mode.
- **Guitar Safari,** Müürivahe 22, Live-Musik.
- **Hell Hunt,** Pikk 39, wwww.hellhunt.ee, typisch estnische Kneipe.
- **Hollywood,** Vana-Posti 8, Tel. 6274770, www.club-hollywood.ee, Mi–Sa 22–5 Uhr. Erster Club, der nach neu erlangter Unabhängigkeit öffnete. Im Sõprus-Kinogebäude angesiedelt, mit stalinistischen Balkonen und Fünfziger-Jahre-Stuck, junges Publikum, mittwochs ist Ladies' Night.
- **Karja Kelder,** Väike Karja 1, www.karjakelder.ee, traditionelle estnische Kneipe.
- **Levist väljas,** Olevimägi 12, etwas heruntergekommene Kellerbar mit preiswerten Getränken, von der alternativen Szene Tallinns frequentiert, aber sicher nicht jedermanns Geschmack.
- **Lounge Stereo,** Harju 6, www.stereolounge.ee, stylische Chill-out-Bar, ganz in Weiß

eingerichtet. Kleinere Gerichte, Getränkekarte umfasst alles von Kaffee bis Cocktails. Retromusik, 60er/70er.

- **Nimega Baar** (Bar mit Namen), Suur-Karja 13, Tel. 6209299, www.baarid.ee, sehr beliebte Bar mit Tanzfläche und Cocktail-Happy-hour.
- **Nimeta Baar** (Bar ohne Namen), Suur-Karja 4, Tel. 6411515, www.nimetabaar.ee, am Wochenende mit DJs, ansonsten manchmal mit Sportfernsehen, beliebt bei Einheimischen und Rucksacktouristen.
- **Parlament,** Tartu mnt. 17, www.clubparlament.com, Nachtclub mit Mainstream-Musik, Mi–Sa.
- **Pegasus,** Harju 1, Tel. 6314040, www.restoranpegasus.ee, 8–1 Uhr, Fr 8–2 Uhr, Sa 10–2 Uhr, eine der hippen Bars in der Stadt, modisch gekleidetes Publikum, meist bekannte Djs am Pult, eines der teuersten Cafés von Tallinn, beherbergt auch ein hervorragendes Restaurant.
- **Rock Café,** Tartu mnt. 80 d, www.rockcafe.ee, Do–Sa ab 22 Uhr, Disco am Busbahnhof in altem Fabrikgebäude, 3. Stockwerk, wie der Name schon sagt: hier rockt's, oft auch Live-Musik.
- **Sossi Klubi,** Tartu mnt. 82, Tel. 6014384, www.sossi.ee, Mi 20–1 Uhr, Do–Sa 20–3 Uhr, 60–100 EEK Eintritt. Reiferes Publikum, Jazz, Blues und Rock.
- **Spirit,** Mere pst. 6, Lounge und Chill out, gutes Sushi.
- **Terrarium,** Sadama 6, www.terrarium.ee, Diskothek.
- **Venus Club,** Vana-Viru 14, Tel. 6418184, www.venusclub.ee, Mi und Do 22–3 Uhr, Fr und Sa 22–4.30 Uhr, russische Technoklänge, größtenteils russisches Publikum.
- **Von Krahli Teater-Baar,** Rataskaevu 10, www.vonkrahl.com, gehört zu einem kleinen Theater, oft Live-Musik alternativer Bands, beliebt bei Studenten und Künstlern, tagsüber auch preiswerte Speisen.
- **Woodstock,** Tatari 6, 70er-Stil und -Musik, auch Speisen im Angebot.

Clubs für Homosexuelle

- **Angel Café,** Sauna 1, www.clubangel.ee, das Café ist täglich, der Club mittwochs bis samstags geöffnet.
- **X-Baar,** Sauna 1, www.zone.ee/xbaar, Tallinns älteste Homosexuellenkneipe mit kleiner Tanzfläche, gleich neben dem Angel.

Kasinos

- **Bally's Casino,** Köleri 2, in Kadriorg, tolles altes Gebäude.
- **Casino London,** Mere pst. 8 b, gehört zum Metropol Hotel, bis 6 Uhr morgens geöffnet.
- **Casino Monte Carlo,** Vabaduse väljak 5, Tel. 66418204, www.montecarlo.ee, täglich 24 Stunden geöffnet.
- **Olympic Casino,** Kreuzwaldi 32, gehört zum Reval Park Hotel, betreibt in der Stadt noch einige andere Filialen, z.B. am Bahnhof.

Kinos

Alle Filme werden im Original mit estnischen Untertiteln gezeigt.

- **Coca-Cola Plaza,** Hobujaama 5, Tel. 1182, www.superkinod.ee, Estlands größtes Kino mit 11 Sälen, Läden, Friseur und Spielzimmer für Kinder.
- **Kinomaja,** Uus 3, Tel. 6464510, kleines Kino mit internationalem Filmangebot außerhalb des Mainstreamprogramms.
- **Kosmos,** Pärnu mnt. 45, zwei Säle, Hollywoodfilme.
- **Sõprus,** Vana-Posti 8, Tel. 6441919, www.kino.ee, neue und alte estnische und auch alternative europäische Filme.

Theater und Oper

Da die Theateraufführungen in estnischer Sprache stattfinden, wird hier darauf verzichtet, sämtliche Theater aufzuführen. Eine Adressliste erhält man von der Touristeninformation oder unter www.tourism.tallinn.ee.

- An sechs Tagen der Woche finden in der **Nationaloper Estonia** Vorstellungen statt, klassische sowie zeitgenössische Opern, Ballette, Operetten, Kindervorführungen. Gesungen wird in der Originalsprache. Rahvusooper Estonia, Estonia pst. 4, Tel. 6831260, www.opera.ee.

Weinstuben und Zigarrenlounges

- **Davidoff Sigari Maja,** Raekoja plats 16, für Zigarrenliebhaber.

013es Foto: jl

●**Gloria Veinikelder,** Müürivahe 12, Tel. 6448846, www.gloria.ee, romantisch, in die mittelalterliche Stadtmauer hineingebaut.
●**Kolme Näoga Mees,** Kuninga 1, Weinstube.
●**La Casa del Habano,** Dunkri 2, www.havanas.ee, Zigarren.
●**Le Bonaparte,** Weinkeller, s. Restaurants.
●**Musi,** Niguliste 6, www.musi.ee, Weinstube.
●**Tapas & Vino,** Suur-Karja 4, Tel. 6313232. Spanische Küche, große Weinauswahl.
●**Vein & Seltskond,** Mere pst. 6e, www.grape.ee.

Einkaufen

Markt

●**Keskturg** (Hauptmarkt), Turu Põik 2, mit Straßenbahn 2 oder 4 erreichbar, eine Haltestelle nach dem Stockmann-Kaufhaus, täglich bis 16 Uhr.

Einkaufszentren und Kaufhäuser

●**Demini Kaubamaja,** Viru 1, Tel. 6461190
●**Tallinna Kaubamaja,** Gonsiori 2, Mo–Sa 9–21 Uhr, So 10–19 Uhr.
●**Stockmann Department Store,** Liivalaia 53, Mo–Fr 9–21 Uhr, Sa/So 9–20 Uhr.
●**Ülemiste Center,** Suur Sõjamäe 4, neben dem Flughafen, täglich 10–21 Uhr.
●**Viru Keskus,** Viru väljak 4–6, tgl. 9–21 Uhr, die Lokale im Inneren sind länger geöffnet.

Bücher und Karten

●**Apollo Raamatud,** Viru 23, Mo–Fr 10–20 Uhr, Sa 10–19 Uhr, So 11–16 Uhr. Hier bekommt man auch Postkarten und Schreibwarenartikel.
●**Kumalo,** Copyshop, Vana-Viru 3, Tel. 6275160, www.kumalo.ee. Papierbedarf bis hin zu Briefpapier und Ansichtskarten, mitten in der Altstadt.
●**Raamat,** Pärnu mnt. 10, Väike Karja 5/Müürivahe 17, Mo–Fr 9–20 Uhr, Sa 10–17 Uhr, So 10–16 Uhr.
●**Rahva Raamat,** Viru väljak 4–6, 9–21 Uhr, im Einkaufszentrum Viru Keskus.

Film und Foto

●**FotoMax,** Aia 5 / Vana Viru 11, Tel. 6446433; Pärnu mnt. 16, Tel. 6314278; Tartu mnt. 7 / Kivisilla 4, Tel. 6613043, www.fotomax.ee, Mo–Fr 9–20.30 Uhr, Sa/So 9–18 Uhr.
●In den großen Einkaufszentren findet man weitere Fotogeschäfte, z.B. im **Tallinna Kaubamaja,** Gonsiori 2.

Galerien und Kunsthandwerk

Sehr schön sind die kleinen Geschäfte im **Hof der Meister** (Meistrite Hoov), einer kleinen Gasse, die von der Vene-Straße beim Haus Nr. 6 abgeht.

Einige Meter weiter entlang der Vene-Straße befinden sich in der **Katariina Käik** die kleinen Geschäfte einer zeitgenössischen Gilde.

●**Bogapott,** Pikk Jalg 9, www.bogapott.ee, Café und Keramikstudio.
●**Diele Galerii,** Vanaturu Kael 3, Tel. 6418043, gleich hinter dem Rathaus in hübschem mittelalterlichen Haus, zeitgenössische Kunst zum Verkauf.
●**Disaingalerii Hoff,** im Meistrite Hoov, Vene 6, durch den Toreingang gehen.
●**Domini Canes,** Vene 12, Tel. 6445286, täglich 11–18 Uhr, wechselnde Ausstellungen und Verkauf von Kunsthandwerk.
●**Galerii 36,** Lühike Jalg 8, Tel. 6441658, Mo–Sa 10.30–17.30 Uhr, So 10.30–16 Uhr, Bilder, Grafikarbeiten, Keramik und Glas, temporär auch Ausstellungen.
●**Galerie Helina Tilk, Keramik,** Rataskaevu 6, Tel. 6464280, Mo–Fr 9–18 Uhr, Sa 10–17 Uhr, So 10–15 Uhr, in ganz Estland bekanntes Geschirr mit bunten Tiermotiven im Comicstil.
●**Galerii Kaks,** Lühike Jalg 1, Tel. 6418308. Schmuck, Keramik, Glas, Leder und Textilien.
●**Galerii Portaal Eesti Tarbekunst,** Vene 16, Tel. 6464209, Mo–Fr 10–18 Uhr, Sa/So

Idylle im Dompark

10–17 Uhr, typisch estnische Kunstgegenstände und Schmuck aus Glas, Keramik, Metall und Seide.
- **Helina Tilk,** Lühike Jalg 5 und Rataskaevu 6, Mo–Fr, farbenfrohe Keramik und Haushaltstextilien mit lustigen Tierzeichnungen.
- **Handarbeitsladen,** Toom-Kooli 2, Mo–Fr 9–20 Uhr, Holzartikel, Bernstein, Gestricktes und Genähtes in der Nähe der Aleksander-Nevski-Kathedrale.
- **Lühikese Jala Galerii,** Lühike Jalg 6, Tel. 6314720, Mo–Fr 10–18 Uhr, Sa/So 10–17 Uhr.
- **Souvernir Shop,** Kohtu 3a, Tel. 6469055, tgl. 9–20 Uhr, großes Angebot an kleinen Geschenkartikeln aus Bernstein, Leder, Wolle und Holz.

Handarbeiten

Auf der **Müürivahe-Straße** entlang der Stadtmauer findet man Verkaufsstände, an denen Handarbeitsartikel, vor allem selbstgestrickte Kleidung, angeboten werden.

Handarbeitsläden *(Eesti Käsitöö kauplused)* findet man u.a. an folgenden Stellen:
- im Kaufhaus **Demini Kaubamaja,** Viru 1, www.crafts.ee
- **Kuningahoovi käsitää,** Kuninga 1
- im Einkaufszentrum **Viru Keskus** beim Sokos Hotel Viru
- **Rewill,** Vene tn. 7
- **Handwerkshaus,** Pikk 22, www.folkart.ee, Tel. 6604772, Ausstellungen, Workshops, aber auch Verkauf.

Feste und Veranstaltungen

Neben zahlreichen Märkten und Kulturveranstaltungen finden folgende regelmäßig statt:
- **April: Jazzkaar,** internationales Jazzfestival, genauer Termin unter www.jazzkaar.ee; **St. Georgsmarkt** in der Altstadt, Kunsthandwerk.
- **Juni: Altstadttage; Mittsommerfest,** die kürzestes Nacht des Jahres, der Johannistag, wird mit Feuer, Tanz und Musik gefeiert, u.a. im Freilichtmuseum Rocca al Mare.
- **Juli: Bierfest Õllesummer,** findet auf dem Gelände der Sängerbühne statt, genaue Daten unter www.ollesummer.ee; **Mittelaltermarkt,** organisiert vom Kunsthandwerksverband.
- **Dezember:** Seit 2000 findet auf dem zentralen Rathausplatz der **Weihnachtsmarkt** statt. Von Ende November bis Weihnachten wird hier täglich von 10 bis 19 Uhr an rund 60 kleinen Holzhäuschen typische estnische Handarbeit feilgeboten. Eine Besonderheit ist der kleine Weihnachtsmann-Poststand, wo man Karten vom Weihnachtsmarkt verschicken kann.

Etwa Ende November bis Mitte Dezember findet im Kino Coca Cola Plaza das **Filmfestival der dunklen Nächte** *(Pimedate Ööde Filmifestival,* kurz: PÖFF) statt, www.poff.ee.

Aktivitäten

Ausflugs- und Tourveranstalter

- **Estravel,** Suur-Karja 15, Tel. 6266233, www.estravel.ee, Ausflüge und Rundreisen durch Estland.
- **Baltic Tours,** Pikk 31, Tel. 6300410, Fax 6300411, baltic.tours@bt.ee, www.baltictours.ee.
- **Via Hansa Estonia,** Rüütli 13, Tel. 6277870, Fax 6277871, tallinn@viahansa.com, www.viahansa.com.

Wer es gern abenteurlich mag, kann sich an einen Spezialanbieter für Aktivitäts- und Sportangebote wenden:
- **Adventuur,** Kunderi 8a, Tel. 56459403, info@adventuur.ee, www.adventuur.ee. Kajak-, Seekajak-, Ski- und Wanderausflüge, klettern, segeln, segelfliegen und sonstige Aktivitäten.
- **Reimann Retked,** Aktivurlaubsveranstalter, der seinen Sitz zwar nicht in Tallinn hat, sondern weiter im Osten ansässig ist, aber trotzdem eine gute Anlaufstelle ist. Er führt

Markt auf dem Rathausplatz

(deutschsprachige) Kajak-, Rafting-, Wander-, Fahrrad- und Skitouren durch: Mikumärdi, Gemeinde Saunja Kuusalu, Harjumaa, Tel. 5299267, info@retked.ee, www.retked.ee.

● Sehr nett sind auch die Betreiber von **Seikleja,** Tel. 5137141, bert@seikleja.com, www.seikleja.com; ebenfalls lieber anrufen, man wird für die Seekajak-, Schlittschuh- oder sonstigen Touren auch abgeholt.

Bowling und Billard

● **Ku:LSA:L,** Mere pst. 6, Tel. 6616680, www.kuulsaal.ee.

Boots- und Schiffsfahrten

Fähren nach Finnland und Schweden siehe Weiterreise.

● **Bootsverleih am Pirita-Fluss** *(Paadilaenutus Pirita jõel),* Kloostri 6 a, Tel. 6212175, mobil 53417613, www.bellmarine.ee, Mai–Sept. täglich 10–22 Uhr (Bus 1, 1a, 8, 34, 38 bis Pirita).

● **Segelturns** auf dem historischen Zweimaster „Iris", verschiedene Touren, z.B. zur Insel Naissaar. Kein billiges Vergnügen (etwa 350 Euro, egal wie viele Leute an Bord sind – bis zu 40 Personen), aber sehr nettes Erlebnis, besonders für Gruppen geeignet. Abfahrt ab Pirita. Infos unter www.kippar.ee oder www.historicships.ee, Veranstalter: Herkki Haldre, Tel. 5068152, iris@kippar.ee.

● Der Reiseveranstalter Reimann Retked (s.o.) bietet **Seekajaktouren zu den Inseln** vor der Küste an, inklusive Wanderungen über die Eilande und Spezialführungen durch die ehemaligen Militärbasen, Bunker und alten Dörfer. Die Mitarbeiter sprechen z.T. auch Deutsch.

Fahrradverleih

● **City Bike,** Uus 33, Tel. 5111819, mail@citybike.ee, www.citybike.ee, Fahrradverleih und organisierte Radwanderungen durch Tallinn und Umgebung, auch Kinderfahrräder, Kindersitze und -anhänger. Man kann sich auch Räder für Estlandtouren ausleihen. Der Anbieter spricht sehr gut Deutsch. Zum Verleih gehört das City-Bike-Hostel (siehe „Unterkunft").

003es Foto: j

Tägliche Verbindungen nach Stockholm und Helsinki vom Tallinner Hafen

- **Hawaii Express,** Regati 1, Tel. 6398508, info@hawaii.ee, www.hawaii.ee, beim Pirita-Jachthafen.

Freizeitparks

- **Vergnügungspark Rocca al Mare Tivoli,** siehe „In den Außenbezirken: Freilichtmuseum Rocca la Mare".
- **FK Keskus,** Paldiski mnt. 229 a, Tel. 6870101, www.fkkeskus.ee, Mai–Okt. täglich 10–22 Uhr. Gokart-Parcours, Bar, Paintball sowie diverse andere Aktivitäten (Trolleybus 6 und 7 bis Väike-Õismäe). Auch hier empfielt es sich, bei der Touristeninformation oder im Internet Erkundungen über die Öffnungszeiten einzuholen.

Golf

- **Estonian Golf & Country Club,** AS EGCC, Manniva, Jõelähtme, östlich von Tallinn, Tel. 6098241, Fax 6098242, info@egcc.ee, www.egcce.ee.
- **Niitvälja Golf Course** (Tallinn Golf Club), Niitvälja, Tel. 6780454, www.egk-golf.ee, südwestlich von Tallinn, etwa 6 km westlich von Keila südlich der Paldiski mnt., entspricht internationalem Standard. Zum Golfclub gehört das **Restaurant Hole In One,** Tel. 6781874, www.holeinone.ee.
- **Suuresta Golf,** Suuresta, Gemeinde Rae, südöstlich von Tallinn nahe der Straße 2 bei Vaida, Tel. 6609700, mobil 5247700, Fax 6626111, golfest@golfest.ee, www.golfest.ee.

Schwimmen und Spa

- Man kann sich eine Tageskarte für das Schwimmbad im **Kalev Spa Hotel** (siehe Unterkunft) holen.
- **Viimsi Tervisekeskus,** Randvere tee 11, Viimsi, Tel. 6061100, www.viimsitervis.ee,

täglich 7–23 Uhr (Bus 1a nach Viimsi), Schwimm- und Saunalandschaft.

- **Pirita Top Spa,** Regati pst. 1, Tel. 6398836, www.topspa.ee, Juni–August tgl. 10–22 Uhr, ansonsten 10–16 Uhr (Bus 1, 1a, 8, 34, 38, Haltestelle Lillepi), Schwimmbad, Sporthalle, Therapie- und Schönheitsbehandlungen, Restaurant.

Wer sich nicht in ein Spa-Hotel einbuchen möchte, kann sogenannte Tages-Spa-Clubs besuchen:

- **Day Spa,** Vana-Posti 4, Tel. 6418701, info@dayspa.ee, www.dayspa.ee, 9–21 Uhr.
- **Go City Spa,** Rävala pst. 4, Tel. 6400200, go@cityspa.ee, www.cityspa.ee, Mo–Fr 6.30–22 Uhr, Sa/So 9–22 Uhr.
- **Shnelli Day Spa,** Toompuistee 37, Tel. 6310160, info@spalife.ee, www.spalife.ee, Mo–Sa 8–20 Uhr, angegliedert an den Bahnhof.

Schlittschuhlaufen

- **Jeti Jäähall,** Eishalle, Suur-Sõjamäe 14 b, Tel. 6101035, www.jeti.ee, Juni–August geschlossen, ansonsten täglich 10–22 Uhr (Bus 15 bis Kaubajaama).
- **Premia,** Eishalle, Haabersti 3, Tel. 6600500, www.icearena.ee, unterhalb des Rocca al Mare neben der Saku Suurhall (Konzerthalle).

Weiterreise

Fähre

Vom Hafen aus fahren etwa stündlich Fähren nach **Helsinki,** die schnellsten davon brauchen nur noch 1½ Stunden. Täglich fahren ferner Schiffe von und nach **Stockholm** (ungefähr 15 Std.).

- **Tallinner Hafen,** Tel. 6318550, www.portoftallinn.ee.

Bus

Von Tallinn kann man per Bus nach **St. Petersburg** (Visum!), **Riga** und zu weiteren Zielen in den Nachbarländern fahren. Eurolines fährt auch andere Städte in Estland an wie Pärnu, Valga und Tartu.

- **Eurolines,** MootorReisi AS, Lastekodu 46, Tel. 6800909, Fax 6800901, mreis@eurolines.ee, www.eurolines.ee.

Flug

Inlandsflüge verbinden die estnische Hauptstadt mit Kärdla, Kuressaare und Pärnu, außerdem kann man mit kleinen Flugzeugen auf die entlegenen Inseln fliegen (zum Flughafen siehe oben: „Ankunft").

- Inlandsflüge zu den westestnischen Inseln bietet **Avies** an, Tel. 6058022, www.avies.ee.
- Reiseanbieter und Ansprechpartner für Flugverbindungen mit Baltic Air nach Riga und Vilnius ist **Hermann Travel,** Pärnu mnt. 67 b, Tel. 6407750, 6407756.

Bahn

Von Tallinn aus kann man täglich nach **Moskau** fahren (mit Visum). Seit einiger Zeit wird auch **Tartu** mit einer schnellen Zugverbindung bedient. Im Inlandsverkehr spielt der Zug ansonsten eine unbedeutende Rolle. Nostalgiker können zwar diverse Strecken im Land – nach Pärnu, Viljandi, Türi, Rapla, Rakvere und Narva – mit dem Zug zurücklegen, doch Busse sind schneller und zumeist auch preiswerter. Hinzu kommt, dass die Bahnhöfe in den Zielorten, etwa in Pärnu und Tartu, nicht gerade verkehrsgünstig gelegen sind.

- **Bahnhof,** Toompuiestee 37, Tel. 6156722, evrekspress@evrekspress.ee, www.evrekspress.ee, Zugverbindungen innerhalb Estlands: www.edel.ee. Der Bahnhof liegt etwa 10 Min. zu Fuß von der Innenstadt. Man kann die Straßenbahnlinien 1 oder 2 nehmen.

Umgebung von Tallinn

Rund um die Hauptstadt

Rund um Tallinn erstreckt sich der Landkreis Harjumaa, der oftmals nur von den Touristen durchfahren wird, die zu den Städten an der Westküste, zum Lahemaa-Nationalpark oder nach Südestland unterwegs sind. Dabei sind einige kleinere Sehenswürdigkeiten und Naturlandschaften zumindest einen Zwischenstopp oder gar kleinen Umweg wert.

Entlang der Küste verläuft die Baltische Glint, sodass sich an einigen Stellen Spaziergänge entlang der **Steilküste** anbieten, vor allem dort, wo **Wasserfälle** das Kalksteinplateau hinabstürzen, etwa der Wasserfall Keila-Joa westlich von Tallinn oder der Jägala-Wasserfall östlich der Hauptstadt. **Gutshöfe und alte Friedhöfe** zeugen von der jahrhundertelangen Geschichte der deutsch-baltischen Gutsherren, ansonsten zeichnet sich das Gebiet eher durch die für Estland typische dünne Besiedlung und ausgedehnte Naturlandschaften aus. **Badestrände** befinden sich entlang der Lahepere-Bucht westlich von Tallinn.

Von den kleinen **Holmen und Inselchen** vor der Küste Tallinns sind nur eine Hand voll erwähnenswert und zu besuchen: Naissaar (Nargen, Nargö) und Aegna, die gleich vor Tallinn liegen und von Pirita aus angefahren werden, die etwas weiter östlich liegende Insel Prangli, die man von Viimsi aus erreicht, und die Pakri-Inseln vor Paldiski. Privatunternehmen bieten Ausflüge zu den Inseln an.

Eine Fahrt in den Osten sollte indes unbedingt mit einem Besuch des Lahemaa-Nationalparks (siehe Kap. „Der Nordosten") verbunden werden. Auf dem Weg dorthin kann man im **Schutzgebiet Rebala** einige interessante Architektur- und Landschaftsdenkmäler bewundern wie Steingräber der Bronzezeit, Kirchen aus dem Mittelalter und ein besonders im Frühjahr zur Hochwasserzeit beeindruckendes Karstgebiet.

Inseln Naissaar und Aegna

↗ II/B1-2

Mit über 18 Quadratkilometern ist **Naissaar** die sechstgrößte Insel des Landes. Wahrscheinlich schon im 10. Jahrhundert besiedelt, lebten auf der rund 8,5 Kilometer vom Festland entfernten Insel vom Mittelalter bis zum Zweiten Weltkrieg Esten und Schweden. Zu Sowjetzeiten wurde die Insel, wie eigentlich alle Eilande Estlands, zum militärischen Sperrgebiet erklärt. Einige Spuren davon kann man bis heute vorfinden. Die Insel ist zu großen Teilen mit Kiefernwald und Mooren bedeckt. Drei Wanderwege laden zu Erkundungstouren ein.

Aegna ist lediglich drei Quadratkilometer groß und war von Fischern besiedelt, bis es nach dem Zweiten Weltkrieg zeitweise zum Sperrgebiet erklärt wurde. Neben einer alten Kirche mit Friedhof gibt es noch Hinterlassenschaften der Sowjetarmee. Wie Naissaar sind weite Teile mit Wald bedeckt, im Norden gibt es einen Badestrand.

Anfahrt

- **Pirita Jachthafen,** Tel. 6398980, Fax 6398823, www.piritatop.ee. Als dieser Reiseführer entstand, wurde eine regelmäßige Schiffsverbindung von Pirita nach Aegna eröffnet, jedoch bleibt abzuwarten, ob sie sich bewährt und auf Dauer bestehen bleibt. Bis auf dienstags soll demnach im Sommer mehrmals täglich ein Schiff ablegen. Wer auf Nummer sicher gehen will, sollte sich vorher in der Tallinner Touristeninformation oder beim Hafen Pirita erkundigen.
- **Reimann Retked,** Mikumärdi, Gemeinde Saunja Kuusalu, Tel. 5299267, info@retked.ee, www.retked.ee. Der Reiseveranstalter bietet **Seekajaktouren** zu den Inseln an, inklusive Wanderungen über die Eilande und Spezialführungen durch die ehemaligen Militärbasen, Bunker und alten Dörfer. Die Mitarbeiter sprechen z.T. auch Deutsch.

Wasserfall Keila-Joa und Lahepere-Bucht

↗ II/A2

Wer nicht gerade den kürzesten Weg an die westestnische Küste einschlägt und der Straße 4 nach Haapsalu folgt, kann westlich des Freilichtmuseums Rocca al Mare einen Ausflug entlang der Nordküste unternehmen und die **Steilküste** bei Tabasalu, Rannamõisa und – kurz vor Keila-Joa – Türisalu aufsuchen, von wo aus man bei gutem Wetter bis zur Insel Naissaar blickt.

Etwas weiter westlich gelangt man in die idyllische Ortschaft Keila-Joa (nicht zu verwechseln mit dem Ort Keila weiter südlich), wo einer der schönsten Gutshöfe des Landkreises zu finden ist. Beim alten **Gutskomplex von Keila-Joa** aus dem Jahr 1830 stürzt der gleichnamige **Wasserfall,** der weniger durch seine Höhe, als durch seine Breite besticht, vom nordestnischen Plateau hinab. Besonders schön ist der etwa sechs Meter hohe und 60 bis 70 Meter breite Wasserfall im Frühjahr und Herbst, wenn Schneeschmelze oder häufige Niederschläge die Wassermenge ansteigen lassen. Im Laufe der Jahre hat das Wasser Stufen in die Kalksteinschichten gespült und ein 15 Meter tiefes Tal geformt. Wasserfall und Gutshof sind in einen idyllischen Park eingebettet.

Nur einige Kilometer entfernt befindet sich ein weiteres prächtiges **Herrenhaus.** Es liegt östlich von Keila-Joa in **Vääna** und stammt vom Ende des 18. bzw. Anfang des 19. Jahrhunderts.

Wer sich am Ufer entlangbewegt, trifft auf Steilküstenabschnitte und Feriensiedlungen, die zwischen Wäldern gelegen sind und nette Badestrände haben. An der Lahepere-Bucht (Lahepere laht) befinden sich die meisten der beliebten **Badeorte,** die die Tallinner am Wochenende aufsuchen: **Lohusalu, Laulasmaa** und **Kloogaranna.** Trotz der Nähe zur Hauptstadt sind sie nicht besonders überlaufen.

Unterkunft

- **Laulasmaa Resort** €€€€, Puhkekodu 4, Laulasmaa, Gemeinde Keila, Tel. 6870800, Fax 6870801, booking@laulasmaa.ee, www.laulasmaa.ee. Liegt am Sandstrand der Lahepere-Bucht, Spa-Resort mit diversen Schönheits- und Gesundheitsanwendungen wie Massagen, Kräuterbäder, Magnet- und Lasertherapie, Salzkammer, Wassergymnastik.
- **Ferienzentrum Laulasmaa** €, im gleichen Dorf, Tel. 6721989, mobil 56207115, Fax 6572670, info@puhkekeskus.ee, www.puhkekeskus.ee. Einfache Zimmer und Platz für Zelte; Dusche, WC und Küche zur Mitbenutzung, Ausflugspakete.

Paldiski-Bucht

↗ II/A2-3

Die **Pakri-Halbinsel,** westlich von Tallinn in der Paldiski-Bucht gelegen, ist seit der Unabhängigkeit Estlands immer wieder in Verbindung mit **Umweltschäden und Sowjethinterlassenschaften** in die Schlagzeilen geraten. Nach dem Zweiten Weltkrieg wurden die komplette Halbinsel und die vorgelagerten Pakri-Inseln zum militärischen Sperrgebiet, das erst seit 1994 wieder zugänglich ist. Erst nach und nach wurde seither aufgedeckt, was auf dem Flottenstützpunkt während der Sowjetzeit geschah. Die Folgen von Atomversuchen und der radioaktive Müll, den die Truppen zurückließen, bereitet Umweltschützern und den überwiegend russischstämmigen Anwohnern Sorge.

Die Paldiski-Bucht wurde schon zu Hansezeiten als Anlegestelle für Handelsschiffe genutzt. Ab 1718 ließ *Peter der Große* einen Kriegshafen anlegen, der allerdings erst ein halbes Jahrhundert später fertig wurde.

Architektonisch hat die Pakri-Halbinsel nicht viel zu bieten: zwei **Häfen** und ein **Leuchturm** sind am Ufer zu finden, die Fähren nach Skandinavien legen hier ab. In **Paldiski** säumen schäbige Sowjetbaracken, die vor sich hin gammeln, die Straßen, nur zwei **Kirchen,** die zu Sowjetzeiten zweckentfremdet und erst nach der Unabhängigkeit teilweise renoviert wurden, bieten etwas Abwechslung im Stadtbild. Sehr schön ist wiederum die **Steilküste,** die sich am Ufer entlangzieht und zu Spaziergängen einlädt.

Zu den größten Natursehenswürdigkeiten der **Pakri-Inseln,** die westlich der gleichnamigen Halbinsel vor der Küste liegen, gehört die schöne Steilküste, die sich meterhoch aus dem Meer erhebt. Die Eilande waren bis Anfang der 1990er Jahre militärisches Sperrgebiet und sind auch heute nur dünn besiedelt. Man unterscheidet die Kleine (Väike) und die Große (Suur) Pakri-Insel, die durch einen Damm miteinander verbunden sind. Bis zum Zweiten Weltkrieg waren sie mehrheitlich von Schweden bewohnt.

Von Paldiski aus kann man in südlicher Richtung entlang der Paldiski-Bucht einer Stichstraße folgen, die über **Madise** auf die Straße 17 führt. In Madise passiert man die **Ortskirche** von 1764, die wie ein Vorgängerbau aus dem Mittelalter über einem Kalksteinkliff gelegen ist und aufgrund ihrer Lage am Rand der Bucht als Meereszeichen für die Schifffahrt fungiert. Auf dem Friedhof liegt neben einem der Eingänge die Familienkapelle der Familie *Ramm,* der der Gutshof und die Klosterruine von Padise (s.u.) gehörte.

Ein Stein mit Gedenkplatte erinnert an *Bengt Gottfried Forselius* (1660–88), der das erste estnische Lehrerseminar und zwei Schulen gründete sowie die estnische Rechtschreibung reformierte. Er starb sehr jung bei einem Schiffsunglück.

Unterkunft, Essen und Trinken

● **Pedase Hotel und Gästehaus** €€€, Pedase bei Vihterpalu, 60 km westlich von Tallinn, Tel. 6261367, 6716332, mobil 56633293, Fax 6601953, pedase@pedase.ee, www.pedase.ee. Das Gästehaus ist etwas kleiner und familiärer als das Hotel. Für alle Gäste stehen Sauna und Grillplatz, Camping und Lagerfeuerplatz zur Verfügung. Restaurant vorhanden; auf Wunsch Kanu- und Kajakwanderungen, Jagdausflüge.

Verkehr

Vom **Bahnhof in Paldiski,** 45 km westlich von Tallinn, fahren Züge in die Hauptstadt, sie stoppen auch in Keila (s.u.). Alternativ kann man mit Überlandbussen anreisen.

Kloster Padise

↗ II/A3

In den südlichen Teil der Paldiski-Bucht mündet der Fluss Kloostri, dessen Name auf ein im Landesinneren gelegenes **Zisterzienserkloster** verweist. Man erreicht es, wenn man von Madise kommend rechts in die Straße 17 abbiegt. Von Tallinn aus fährt man am besten über Keila (s.u.) die Straße 17 entlang, an deren Wegesrand inmitten einer alten Parkanlage die stattliche **Ruine** liegt.

Bereits um 1280 ließen Mönche des Klosters Daugavgriva (im heutigen Lettland) an dieser Stelle eine Kapelle errichten, die ab 1317 in den Bau des Klosters einbezogen wurde, den der Dänenkönig *Erik VII. Menved* gestattet hatte und durch umfangreiche Schenkungen förderte. Die erste Bauphase endete 1343 mit dem Aufstand in der Georgsnacht. Das Kloster brannte nieder und 28 Mönche kamen ums Leben.

Ende des 14. Jahrhunderts begann der Wiederaufbau. Diesmal wurde das Kloster – unter Einfluss des Livländischen Ordens – als Konventshaus errichtet, das von einem Wallgraben umgeben war und später im Livländischen Krieg als Festung genutzt wurde. Heute wie damals erreicht man den Innenhof durch zwei Portale. Verbunden waren die meisten der umliegenden Räumlichkeiten durch einen Kreuzgang. Im Nordflügel der Anlage lag die einschiffige Kirche mit ihrer sehenswerten Krypta, im Ostflügel befanden sich Sakristei und Kapitelsaal sowie das darüberliegende Dormitorium. Die Wohnräume des Abtes und das Refektorium, die durch Hypokaust-Öfen gewärmt wurden, erfuhren im Livländischen Krieg starke Beschädigungen, die Wirtschaftsräume im Westteil sind nicht mehr erhalten.

1622 schenkte der Schwedenkönig *Gustav II. Adolf* die Ruine samt Ländereien dem Grafen *Thomas von Ramm,* dessen Nachfahren das Anwesen bis zur estnischen Landreform 1919 hielten. Teile der Klosterruine nutzten sie, um einen **Gutshof** zu errichten, zu dem im 19. Jahrhundert hübsche **Nebengebäude** wie Ställe und Speicher kamen.

Einige Kilometer weiter östlich erhebt sich der ungewöhnlich niedrige Turm der **Harju-Risti-Kirche** aus dem 14. Jahrhundert, die einstmals zum Kloster gehörte. Ein steinernes Reliefkreuz auf etwa halber Höhe des Turms gab dem Gebäude vielleicht seinen Namen: *Rist* heißt Kreuz.

Wer von Padise in Richtung Keila fährt, kann unterwegs einen Blick auf die **Gutshöfe Vasalemma** (erbaut 1890–93) und **Ohtu** (1769) werfen.

Keila

↗ II/B2

Westlich des gleichnamigen Flusses liegt die Ortschaft Keila (Kegel), der 1938 die Stadtrechte verliehen wurden. Ältestes Gebäude ist die **Michaelskirche,** die 1219 nach der Eroberung des Gebietes durch die Dänen zunächst als eingeschossige Kapelle errichtet wurde. Bereits Mitte desselben Jahrhunderts wurde sie nach Tallinner Vorbildern zu einer Wehrkirche umfunktioniert und später zu einer zweigeschossigen Kirche mit Kreuzgratgewölben und polygonalem Chor ausgebaut. *Johann Gottfried Exner* fügte 1851 den monumentalen Westturm hinzu, der von den Evangelisten geziert wird. Im Inneren kann man einen dreistufigen Altar mit Elementen aus der Rennaissance und dem Barock bewundern. Ebenso wie die Kanzel von

Typischer Reiterhof auf dem Land

1632 stammt er von *Tobias Heinze*. Drei Jahre jünger ist das Triumphkreuz.

Auf dem **Friedhof** sind alte Rundkreuze und Grabkapellen der ehemaligen deutschen Gutsbesitzer erhalten.

Gutshof Keila

Im Gutshof von Keila ist heute das **Museum des Landkreises Haarjumaa** untergebracht. Es dokumentiert unter anderem die Geschichte des Gebäudes, die bis ins späte Mittelalter zurückgeht. Nach der Zerstörung des Anwesens in diversen Kriegen bekam es im 19. und 20. Jahrhundert sein heutiges Aussehen.

● **Harjumaa Muuseum,** Linnuse 9, Keila, Tel. 6781668, www.muuseum.harju.ee.

018es Foto: jl

Aktivitäten

● **Freizeitzentrum und Freizeitbad:** Keila Terviseskeskus, Paldiski mnt. 17, Tel. 6737637, Fax 6737630, terviseskeskus@keila.ee.
● **Reitsportzentrum:** Niitvälja Tallid, Tel. 5016336, 5235640, nvtallid@hot.ee, www.nvtallid.ee, am Bahnhof.

Verkehr

Zugverbindungen nach Tallinn vom **Bahnhof in Keila.**

Gutshöfe in der Umgebung

Laitse ↗ II/A-B3

Südlich von Keila gibt es weitere Gutshöfe. Der Gutshof Laitse (Laitz), der den Beinamen **Schloss** *(loss)* trägt, stammt vom Ende des 19. Jahrhunderts und wird von Arkaden und einem Turm geziert. In einem Nebengebäude kann man übernachten. Der Bildhauer *Tauno Kangro* bietet auf dem Gelände Unterricht an, in dem die Teilnehmer lernen, eigene Skupturen zu schaffen.

● **Gutshof Laitse** €€-€€€, Laitse, Gemeinde Kernu, Tel. 6717555, Fax 6717554, info@laitseloss.ee, www.laitseloss.ee.

Riisipere ↗ II/A3

Wie so mancher Gutshof Estlands hat der **klassizistische Gutshof** Riisipere (Riesenberg), noch etwas weiter südlich an der Straße 9, zu Sowjetzeiten stark gelitten. Dabei galt das Gebäude aus den 1920er Jahren, das der Familie *von Stackelberg* gehörte und in einen Park mit künstlichen Teichen eingebettet ist, zuvor als eines der schönsten Architekturdenkmäler zwischen Tallinn und Haapsalu. Der Portikus ist mit einem Stuckfries und sechs Säulen verziert, zwischen Erd- und Obergeschoss verläuft ein Rosettenfries.

Harku

↗ II/B2

Wer zurück nach Tallinn fährt und von Keila aus der Straße 8 nach Norden folgt, kann in Harku einen kleinen Zwischenstopp einlegen. Im alten **Gutshof** wurde dem Nordischen Krieg 1710 mit der Unterschrift der beteiligten Mächte auf dem Kapitulationsvertrag ein Ende gesetzt. Weiter nordöstlich, kurz vor Tallinn, liegt der **Harku-See** (Harku järv), in dem die Hauptstädter gern ein Bad nehmen.

Saue

↗ II/B2

Wenige Kilometer östlich von Keila nahe der Via Baltica (A4) lohnt sich ein weiterer Zwischenstopp. Unweit der Kleinstadt Saue führt eine hübsche Allee zum sehenswerten gleichnamigen **Gutshof** (dt. Friedrichshof). Bereits in den 1950er Jahren wurden das Anwesen und der umgebende Park mit seinen Skulpturen, Bäumen, Grünflächen und Pavillons unter Schutz gestellt. Ab 1774 gehörten die Ländereien dem Baron *Friedrich Herman von Fersen*, der in der zweiten Hälfte des 18. Jahrhunderts das frühklassizistische Gebäude errichten ließ. Das Anwesen besticht nicht nur durch sein harmonisches Äußeres, einer Einheit des reich verzierten Herrenhauses mit Walmdach mit den ringförmig darum gelegenen Wirtschaftsgebäuden, sondern auch durch die im Inneren erhaltenen kleinen Schätze: dekorative Stuckarbeiten im frühklassizistischen Stil, Kachelöfen mit Motiven aus dem Rokoko, Wandverkleidungen aus Kunstmarmor, die in verschiedenen Farben gehaltenen Säle und Räume sowie den alten Mantelschornstein in der Küche.

- **Saue Mõis,** www.sauemois.ee/de. Heute wird das Gutshaus als Konferenzzentrum genutzt. Außerdem sind im Gutskomplex ein **Reitstall** (Tel. 6790888, Fax 6790889, sauersk@hiteh.ee) und eine **Gastwirtschaft** untergebracht.

Saku

↗ II/B2

Der Name *Saku* wird in Estland vor allem mit einem in Verbindung gebracht: **Bier.** 1876 begann man in der kleinen Ortschaft, die etwa fünfzehn Kilometer südlich von Tallinn liegt, die wohl bekannteste Biersorte Estlands „Saku Õlu" zu brauen. Wer sich für die Braukunst interessiert, kann das gleichnamige **Museum mit Verkostung** besuchen.

Das **Herrenhaus Saku** (Sacke), das der Gründer der Brauerei bewohnte, stammt aus den Jahren 1825–30. Das hübsch verzierte klassizistische Haus wurde im Jahr 2002 liebevoll restauriert und beherbergt heute ein Landhotel, zu dem auch eine Gaststätte gehört (s.u.).

- **Saku Pruulikoda Pubi Muuseum,** Tallinna mnt. 2, Tel. 6508338, www.pruulikoda.ee, So–Do 12–23 Uhr, Fr–Sa 12–2 Uhr.

Motorradmuseum

Motorradfreunde sollten von Saku aus einen Abstecher gen Süden machen. Etwa auf halber Strecke nach Kohila liegt der Ort **Kurtna** mit seinem Motorradmuseum.

● **Mootorrattamuuseum,** Tagadi tee 1, Kurtna, Tel./Fax 6556975, www.unic-moto.ee, Mai bis Mitte Okt. Mi, Sa, So 11–20 Uhr. Da die Öffnungszeiten evtl. wechseln können, empfiehlt sich die telefonische Anmeldung.

Unterkunft, Essen und Trinken

● **Saku Mõis** €€-€€€, Juubelitammede tee 4, Tel. 6728540, Fax 67218362, mois@sakumaja.ee, www.sakumaja.ee/sakumois.html, www.sakumois.ee. Hübsche Räume in altem Gutshof, mit Sauna, Gaststätte, Räumen für Allergiker und Behinderte; Jeep-Ausflüge; in der Umgebung Schwimmbad, Reitmöglichkeiten.

● **Hotel Salzburg** €€-€€€ (hieß bis vor einiger Zeit Hotel Peoleo), Pärnu mnt. 555, Laagri, Gemeinde Saku, Tel. 6503965, Fax 6503900, hotel@peoleo.ee, www.peoleo.ee. Gästehaus mit Zimmern verschiedener Standards, etwa 2 km südlich der Ortsgrenze von Tallinn. Die Betreiber bieten eine Vielzahl von Aktivitäten an, z.B. Jeep-Safaris, Reiten, Kanuwanderungen. Es gibt Wohnwagenstellplätze und einfache Campinghäuser, Haustiere sind gegen ein Entgelt willkommen.

● **Hotel Trapp** €€, Trapi tee, Männiku, Gemeinde Saku, Tel. 6041958, mobil 5102132, info@trapp.ee, www.trapp.ee. Sehr einfach ausgestattetes Hotel auf halber Strecke zwischen Tallinn und Saku, mit Gaststätte und Billardraum, Sauna, diverse Ausflugspakete.

● **Restaurant Pirosmani,** Üliõpilaste 1, Tel. 6393246, im noch zu Tallinn gehörenden Stadtteil Nõmme an der Kreuzung zur Ehitajate tee. Sehr empfehlenswertes georgisches Restaurant, täglich 10–1 Uhr.

● **Hotell Kurtna** €€, Keskuse tee 12, Kurtna, Gemeinde Saku, Tel./Fax 6719790, mobil 56230060, hotell@kurtna.com, www.kurtna.com. Der zu Sowjetzeiten errichtete Flachbau wurde 2004 komplett renoveirt und beherbergt 16 helle Zimmer mit SAT-TV und Bad. Zum Hotel gehören ein **Restaurant,** eine **Bar** und eine Sauna, nett gelegen am See.

Karstgebiete bei Tuhala

↗ II-III/B-C3

Südöstlich von Tallinn, bei Tuhala, liegt eines der größten Karstgebiete des Landes – eine Landschaft, in der fast alle Gewässer im porösen Kalkstein verschwinden. Im Laufe der Zeit hat das Wasser dort **Höhlen, Rinnen und Senken** geformt. Es fließt unterirdisch durch die Hohlräume, bis es an anderer Stelle in Form von Karstquellen wieder an die Oberfläche gelangt.

Von Tallinn kommend, folgt man der Straße 2 und biegt bei Tuhala ab. Das **Landschaftschutzgebiet** kann man am besten in Begleitung eines Führers über einen 2,5 Kilometer langen **Lehrpfad** erkunden, der sich durch die Landschaft mit typischen Karstphänomenen wie Senken, Dolinen (trichterförmige Hohlräume, die durch eingestürzte Decken entstanden sind) und Höhlen windet. Am bekanntesten sind die mit 54 Metern Länge **größte natürliche Höhle** Estlands (Vihulase) und der sogenannte **Hexenbrunnen** (Nõiakaev), der im Frühjahr während der Schneeschmelze bis zu drei Wochen lang „überkocht". Der Fluss Tuhala, der das Gebiet auf über sechs Kilometern Länge unterirdisch durchfließt, tritt an mehreren Stellen in Form von Quellen an die Oberfläche. Die größte davon ist die **Veetõusme-Quelle.** Bei Hochwasser werden die Senken und Vertiefungen überflutet und das Wasser sprudelt an manchen Stellen - wie bei besagtem Hexenbrunnen - aus der Erde. Die Höhlen liegen zu dieser Zeit mehrere Meter unter Wasser.

● Informationen und Führer findet man im **Naturzentrum Tuhala** (Looduskeskus), Tuhala, Gemeinde Kose, Tel. 6079257, tuhalalk @hot.ee.

Blaue Quellen von Saula

Auch östlich der Straße 2, etwa in Höhe von **Kose-Vuemõisa** (Neuhof), dessen Gutshof beim Bauernaufstand 1858 attackiert wurde, tritt das Grundwasser in Form dreier Quellen - den „blauen Quellen von Saula" (Saula Siniallikad) - aus der Erde. Durch schwebende Mineralien wirken die Quellen auffällig farbintensiv - bräunlich oder blau-grün. Manche Anwohner halten die Gewässer für heilend.

Kose

↗ III/C3

Weiter südlich liegt östlich der Straße 2 der Ort Kose mit seiner **mittelalterlichen Kirche,** die Ende des 19. Jahrhunderts um einen Turm erweitert wurde. Im Inneren kann man eine Kanzel von *Tobias Heinze* bewundern. Auf dem **Friedhof** findet man alte Rundkreuze und die Grabkapelle der Familie *Kotzebue. Otto von Kotzebue* segelte 1803–06 gemeinsam mit *Adam Johann von Krusenstern* um die Welt und entdeckte später einige Inseln in der Südsee. Auch in die Kirchenmauer wurden neben dem Portal zwei Rundkreuze integriert.

Stausee Paunküla

Weiter südöstlich umrundet die Straße 2 den Stausee Paunküla, der in einer malerischen Moränenlandschaft eingebettet liegt. Nahe der gleich dahinter liegenden Ortschaft **Ardu** fanden Archäologen einfache Werkzeuge und weitere Funde aus der Steinzeit.

Maardu

↗ II-III/B-C2

Vorbei an den tristen Trabantenvorstädten im Osten Tallinns führt die Straße 1 über den sehr sehenswerten Nationalpark Lahemaa nach Narva, der Grenzstadt zu Russland. Auf dem Weg dorthin passiert man einige kleinere Sehenswürdigkeiten, die Besucher, die nicht allzu sehr in Eile sind, zu einem Zwischenstopp veranlassen können. Links liegenlassen kann man jedoch zunächst die Industriestadt Maardu, die mit **Plattenbauten und Chemiefabriken** aufwartet. Durch den Phosphoritabbau, der hier zu Sowjetzeiten betrieben wurde, hat die Landschaft sehr gelitten. In den 1980er Jahren konnten Protestaktionen der Bevölkerung, die sich letztlich zu der Unabhängigkeitsbewegung entwickelten, eine Ausweitung des Phosphoritabbaus verhindern und Zeichen gegen die Wirtschaftspolitik der Sowjetunion setzen.

019es Foto: jl

Einziges sehenswertes Gebäude ist das barocke **Herrenhaus Maardu,** das südlich der Stadt unterhalb des gleichnamigen Sees liegt. Vor einigen Jahren wurde es renoviert und dient jetzt als Konferenzzentrum. Erwähnt wurde das Gut bereits 1389. Jahrhundertelang war es in Besitz der deutschstämmigen Adelsfamilien *Taube* und *Fersen*, bevor es in den Besitz von *Katharina II.* überging. Das heutige Herrenhaus stammt aus dem 17. Jahrhundert und wurde im 19. Jahrhundert um seine Seitenflügel erweitert.

Saha

Im benachbarten Ort Saha ist eine hübsche **Steinkapelle** mit quadratischem Grundriss und einem runden Turm aus dem 15. Jahrhundert erhalten, die vom Stil her an das Pirita-Kloster (siehe „Tallinn: In den Außenbezirken") erinnert. An ihrer Stelle hatte zuvor eine hölzerne Kirche, eine der ersten des Landes, gestanden, die allerdings 1223 einem Brand zum Opfer fiel.

Denkmalschutzgebiet Rebala ↗ III/C2

Rund um die Dörfer Rebala und Jõelähtme erstreckt sich das Denkmalreservat Rebala, das auf einer Fläche von etwa 25 Quadratkilometern eine Reihe interessanter **Architektur- und Landschaftsdenkmäler** umfasst, die schnell von der Straße 1 (Tallinn – Narva) aus zu erreichen sind: Steinkistengräber der Bronzezeit, ein Burghügel, Kultsteine sowie Kirchen aus dem Mittelalter, zu denen auch die oben erwähnte Kapelle in Saha zählt. Informationen über diese Sehenswürdigkeiten erhält man im **Museum** des Schutzgebietes, das sich an der Straße 1 befindet (Tel. 6033097, www.rebala.ee). Das alte Rävala, so der ehemalige Name des Kirchspiels um Tallinn (heute Harjumaa) und nicht zuletzt der alte Name Tallinns, Reval, gehen auf das **Dorf Rebala** nördlich der Straße 1 zurück.

Wie dutzende **Steinkistengräber** aus der späten Bronzezeit in der Nähe belegen, handelt es sich hier um ein jahrtausendealtes Siedlungsgebiet. Im Museum sind Fundstücke aus der Gegend untergebracht, es wird Wissenswertes über die 36 Steinkistengräber aus dem 8.–7. Jahrhundert v. Chr. vermittelt. Die Toten wurden mit dem Kopf nach Norden begraben, sodass ihre Augen zur Sonne ausgerichtet waren.

Kostivere ↗ III/C2

Südlich der Straße 1 erstreckt sich ein weiteres **Karstgebiet.** Beim Ort Kostivere verschwindet der Fluss Jõelähtme unter der Erde und gelangt erst nach 2,5 Kilometern in der Nähe der alten Brücke von Jõelähtme in Form mehrerer Quellen wieder an die Oberfläche. Typische Karstmerkmale wie bis zu fünf Meter tiefe Spalten, Trichter und Senken finden sich im Umkreis, hinzu

016es Foto: af

kommen bizarre Steinformationen. Mehrmals im Jahr, bei Hochwasser, steigt der Wasserspiegel und überschwemmt die Höhlen. Dann dringt der Fluss an die Oberfläche.

Der **Gutshof Kostivere** wurde um 1770 erbaut. Zuvor hatten die Ländereien zum Kloster von Pirita gehört. Erhalten sind mehrere Nebengebäude, etwa die Schnapsbrennerei vom Ende des 19. Jahrhunderts.

Steinkistengräber im Denkmalschutzgebiet

Jõelähtme

↗ III/C2

Zwei weitere architektonisch interessante Gebäude warten im Nachbardorf Jõelähtme auf. Die **Marienkirche,** erstmals Mitte des 13. Jahrhunderts erwähnt, wurde mehrfach zerstört und wieder aufgebaut. Die letzte größere Baumaßnahme war das Hinzufügen des Turms 1910. Im Inneren sind noch einige Kostbarkeiten aus früheren Zeiten erhalten: die Renaissancekanzel aus der ersten Hälfte des 17. Jahrhunderts von *Tobias Heinze* und der etwas jüngere Barockaltar.

Folgt man der Ortsstraße nach Osten, gelangt man hinter der schon erwähnten Steinbrücke zur alten **Poststation** von 1822–24. In den 1990er Jahren wurde das Gebäude umfassend renoviert. Schon vor seinem Bau gab es im Ort Poststationen, die auch als Gaststätten dienten. Man schätzt, dass im frühen 17. Jh. die erste errichtet wurde. Ab 1712 ist der Sitz einer Poststation dokumentiert.

Jägala-Wasserfall ⇗ III/C2

Etwa zwei Kilometer weiter nordöstlich stürzt der etwa sieben bis acht Meter hohe Jägala-Wasserfall auf rund 15 Metern Breite von der Glintterrasse herab. Im Laufe der Zeit hat er eine 300 Meter lange und 13 Meter tiefe Schlucht ausgespült. Von hier fließt der Jägala weiter in die Ihasalu-Bucht. Am Fluss gab es bereits im13. Jahrhundert eine Wassermühle, die mehrfach versetzt wurde.

Etwas weiter, am linken Flussufer, liegt beim Ort Manniva ein Golfplatz (s. Tallinn: Praktische Tipps). Südöstlich der Flussmündung befand sich einst eine große vorzeitliche Festung, von der heute nichts mehr zu sehen ist. Archäologische Grabungen brachten zutage, dass sie Mitte bis Ende des ersten Jahrtausends zu den größten ihrer Art in Estland gehörte.

Kiiu und Kuusalu ⇗ III/C2

Folgt man der Straße 1 nach Osten, lohnt sich ein weiterer Zwischenstopp, bevor man die Grenze zum Nationalpark Lahemaa erreicht. Etwa 15 Kilo-

015es Foto: jl

meter hinter Jõelähtme kann man im Dorf Kiiu die kleinste Burganlage Estlands bewundern – den im 16. Jahrhundert als Festung dienenden **Wohnturm von Kiiu,** auch Mönchsturm genannt. *Fabian von Tiesenhausen* ließ den vierstöckigen Turm in der Nähe seines Gutes errichten. Da sich der kreisförmige Wehrbau nach oben hin verjüngt, erinnert er ein wenig an den Rumpf einer Windmühle. Wie die Schießscharten belegen, diente das Erdgeschoss ebenso wie der zweite Stock mit seinem (rekonstruierten) hölzernen Wehrgang zu Verteidigungszwecken. Der erste Stock fungierte indes als Wohnraum. In allen Etagen gab es Latrinen und Kamine. Der Beiname „Mönchsturm" rührt wahrscheinlich daher, dass der Gutsherr bei der Errichtung des Turms auf die Hilfe der Mönche des Klosters Kolga zurückgriff. Heute ist im Turm ein **Café** untergebracht.

Zwei Kilometer weiter östlich ragt in Kuusalu der rote Helm der **Laurentius-Kirche** in den Himmel empor. Zisterziensermönche aus Gotland haben Ende des 13. Jahrhunderts die erste Kirche an dieser Stelle errichtet, die jedoch, wie so viele Gotteshäuser in Estland, im Laufe der Zeit zerstört, wiederauf- und umgebaut wurde. Der barocke Turm stammt von 1760, 1890 wurde das Gebäude vom Architekten *Friedrich Axel von Howen* erweitert. Im Inneren kann man eine Renaissancekanzel und barocke Figuren aus der Hand von *Elert Thiele* bewundern.

Unterkunft, Essen und Trinken

- Beim **Strand von Valkla** (Valkla Rand), nordwestlich von Kiiu, kann man zelten, Tel. 6393267, mobil 56244544, www.valklarand.ee (nur auf Estnisch).
- Außerdem gibt es einen einfachen **Forellenhof,** wo man – was sonst – frischen Fisch essen kann: **Valkla Forell,** Dorf Valkla, Gemeinde Kuusalu, Tel. 6073231, valklakala@hot.ee. Man darf jedoch nichts Besonderes erwarten.

Aktivitäten

- **Reimann Retked,** Mikumärdi, Gemeinde Saunja Kuusalu, Tel. 5299267, info@retked.ee, www.retked.ee. Aktivurlaubsveranstalter, der (deutschsprachige) Kajak-, Rafting-, Wander-, Fahrrad- und Skitouren durchführt.

Der Jägala-Wasserfall

021es Foto: af

Der Nordosten

032es Foto: jl

023es Foto: af

An der Küste des Nationalparks Lahemaa – in Holzhütten wie diesen trocknen und flicken die Fischer ihre Netze

Zwiebelturm einer Kirche im orthodoxen Nonnenkloster Pühitsa

Exponate im kleinen Meeresmuseum von Käsmu

Überblick

Die Reise in den Nordosten Estlands beginnt beim **Nationalpark Lahemaa,** der sich – nur 50 Kilometer von Tallinn entfernt – in den Landkreisen Harjumaa und Lääne-Virumaa befindet. Ein Besuch des Gebietes gehört wohl zu den Höhepunkten einer jeden Estlandreise. Hier hat sich die typische nordestnische Landschaft im Urzustand bewahrt, was auch dadurch begründet ist, dass an der Küste die Außengrenze der ehemaligen Sowjetunion verlief und die Gegend als militärisches Sperrgebiet jahrzehntelang so gut wie keinen menschlichen Einflüssen ausgesetzt war. Der Nationalpark wartet mit einsamen Buchten, Moorlandschaften, ausgedehnten Wäldern, Fischerdörfchen und Herrenhäusern auf. Letztere wurden sorgfältig renoviert und gehören zu den herausragendsten Zeugnissen der deutsch-baltischen Geschichte in Estland.

Das daran anschließende Gebiet, das historische **Wierland,** das heute in einen West- (Lääne-Virumaa) und einen Ostteil (Ida-Virumaa) unterteilt ist, gilt hingegen als kontrastreichster Teil des Landes. Einerseits lassen sich Umwelt- und architektonische Sünden aus Sowjetzeiten nicht leugnen. Industrieruinen und verfallene Häuser um die Stadt **Kohtla-Järve** sind alles andere als schöne Anblicke. Wegen der teilweise hohen Arbeitslosigkeit und des Alkoholismus gilt die Gegend als sozialer Brennpunkt. Die Fabriken und Industrieanlagen im Osten haben Umwelt und Natur schweren Schaden zugefügt. Ölschiefer- und Torfabbau, Urangewinnung und Zementherstellung hinterließen trostlose Mondlandschaften. Nur langsam erholt sich die gebeutelte Natur von der massiven Ausbeutung während der sowjetischen Herrschaft.

Andererseits zeichnet sich der 300 Kilometer lange **Küstenstreifen** am Finnischen Meerbusen durch bis zu 55 Meter hohe Steilküsten – der Baltischen Glint –, einsame Buchten und dichte Wälder aus. Vor der Küste liegen 74 kleine Inseln. Die Eiszeit hat eine sanfte Moränenlandschaft hinterlassen, die einige unerwartete Schätze birgt. Im Landkreis Ida-Virumaa, ganz im Nordosten Estlands, breiten sich über weite Strecken **Wälder, Seen und Hochmoore** aus. Mittendrin liegt ein einsames russisch-orthodoxes Kloster, das einem Märchen entsprungen zu sein scheint.

In **Rakvere** wartet die Ruine einer stattlichen Burg auf Besucher, während sich kurz vor der russischen Grenze, im alten **Kurort Narva-Jõesuu** mit seinen Sandstränden und Kiefernwäldern, Spa-Hotels aneinanderreihen, die hoffen, an die ruhmreiche Vergangenheit als Kurort wieder anknüpfen zu können. In **Narva,** der östlichsten Stadt des Landes, endet die Europäische Union. Die stattliche Hermannsfestung und ihr auf der russischen Seite des Flusses Narva liegendes Pendant, die Burg Ivangorod, markieren die **Außengrenze der EU.**

Lahemaa-Nationalpark

↗ III/D1-2

Der Nationalpark (Rahvuspark) Lahemaa, rund 50 Kilometer östlich von Tallinn, ist nicht nur aufgrund seiner **landschaftlichen Vielfalt,** sondern auch wegen seiner historisch und kulturell bedeutsamen Denkmäler ein Highlight. Auf dem 725 Quadratkilometer großen Areal, das zu einem Drittel von Wasser bedeckt ist, befinden sich einige der schönsten **Gutshöfe** Estlands wie die Gutshauskomplexe Sagadi, Vihula und Kolga oder das sorgfältig renovierte **Herrenhaus Palmse** mit seinen schmucken Nebengebäuden. Der Park des Gutes Palmse könnte mit seinem weißen Pavillon, einer ehemaligen Schnapsbrennerei und einem kleinen See, auf dem Schwäne ihre Runden drehen, auch in einer englischen Grafschaft liegen.

Doch in dem dichten Wald und den abgelegenen Mooren ringsum sind **Wildschweine, Elche, Bären und Wölfe,** aber auch **Schwarzstörche** und **Höckerschwäne** zu Hause. Libellen gleiten durch die milde Luft und an manch altem Baum am Wegesrand flattern bunte Bänder, gelten einige Linden oder Eichen hier doch als heilige Bäume. Mit seinen dunklen Seen, mannshohen Findlingen und rot-weißen Fliegenpilzen, die im Herbst überall aus dem Boden sprießen, erinnert der Nationalpark Lahemaa an einen Märchenwald. Begibt man sich hier auf Wanderung, wird man kaum eine Menschenseele treffen, außer vielleicht ein paar alte Frauen, die nach Beeren und Pilzen suchen, oder Fischer, die an der Küste ihrer Arbeit nachgehen.

Unter diesen ist vor allem der **Fischerort Altja** hervorzuheben, der seine Besucher in vergangene Zeiten zurückversetzt. Aber auch die Dörfer Pedassaare, Natturi, Pärispea, Pedaspea und Virve haben ihre Ursprünglichkeit bewahrt. Als **Badeorte** eignen sich besonders Võsu und das pittoreske Käsmu. Kunstinteressierten sei das sehr sehenswerte **Museum in Viinistu** empfohlen, das Besuchern einen guten Überblick über die estnische Kunstszene verschafft.

Kurz, Lahemaa ist ein Idyll, das bewahrt und geschützt werden soll. Das erkannte auch die Sowjetregierung, die das Gebiet nördlich der Schnellstraße Tallinn – Narva, das sich über etwa 40 Kilometer von Andineeme im Westen bis Vainupea im Osten hinzieht, bereits 1971 unter Schutz stellte und damit den ersten Nationalpark der Sowjetunion gründete. Während einige Teile komplett vor menschlichem Einfluss geschützt sind, dürfen andere Bereiche wirtschaftlich genutzt werden, solange der Schutz der Natur gewährleistet ist.

Das Landschaftsbild und die Küstenlinie wurden im Laufe der Zeit vom sich zurückziehenden Kontinentaleis und vom Meer geformt. Wie Brotkrumen, die ein Riese verstreut hat, liegen Hunderte **Findlinge** auf den Landzungen, Halbinseln, Sandbänken und Buchten verteilt. Hervorzuheben sind dabei besonders das 400 Hektar große Findlingsfeld auf der Halbinsel Käsmu und die sogenannten Klostersteine bei Palmse.

Die vier großen **Buchten** Kolga, Hara, Eru und Käsmu gaben dem Nationalpark den Namen: Ins Deutsche übersetzt bedeutet „Lahemaa" soviel wie „Buchtenland". Dazwischen ragen langgezogene **Halbinseln** in den Finnischen Meerbusen hinein, die klangvolle Namen wie Juminda, Pärispea, Käsmu und Vergi tragen.

Die Baltische Glint trennt die Küstenniederung vom **Kalksteinplateau.** In der Nähe der Brackwasserseen, die sich auf den Halbinseln verteilen, rasten jedes Jahr zahlreiche **Zugvögel,** die Seen und Flüsse gelten als sehr fischreich. Das Plateau wird von kleineren Seen, Flüssen und Mooren bedeckt. An manchen Stellen fallen **Wasserfälle** von der Kalksteinterrasse herab. Die steppenartige Landschaftsform, die sich an manchen Stellen auf dem Kalkstein gebildet hat und zumeist von Wacholderbüschen bewachsen ist, wird Alvare genannt und lässt sich beispielsweise in der Nähe des Dorfes Muuksi vorfinden. Weitaus größere Teile, nämlich zwei Drittel des Gebiets, sind indes mit **Wald** bedeckt.

Die schönste Art, den Nationalpark kennenzulernen, ist sicherlich, ihn mit dem **Fahrrad** zu erkunden. Ein guter Ausgangspunkt ist Palmse. Von dort aus kann man schöne Tagestouren, etwa nach Sagadi und Altja, unternehmen. Wer es nicht eilig hat, kann auf diese Art gut und gerne mehrere Tage im Nationalpark verbringen, ohne dass Langeweile aufkommt. Ab und zu kann man das Fahrrad am Baum anbinden und einen der hübschen **Wander- und Lehrpfade** ablaufen. Schilder und das umfangreiche Informationsmaterial, das man bei der Parkverwaltung in Palmse bekommt, geben Auskunft über Küstenökosysteme, Hochmoore, Architekturdenkmäler sowie die tierischen Bewohner des Gebiets.

Palmse ist somit ein guter Ausgangspunkt für einen Besuch des Nationalparks. Von dort aus lässt er sich in westlicher oder östlicher Richtung erkunden. Alternativ kann man, von Tallinn kommend, natürlich auch einem weiter westlich gelegenen Abzweig in den Nationalpark folgen, um den Westteil des Gebiets zu erkunden. In Höhe des **Viru-Moors** geht beispielsweise eine Straße nach Kolga bzw. Loksa ab. Zwar ist dies nicht das größte Moor des Nationalparks, aber es ist aufgrund des dort verlaufenden Lehrpfads am besten erschlossen.

Wanderwege und Lehrpfade

Auf mehreren Lehrpfaden bzw. Wanderwegen kann man die Natur und die von Menschenhand geschaffenen Sehenswürdigkeiten des Gebiets erkunden. Karten und Informationen (auch auf Deutsch) bekommt man im Besucherzentrum des Nationalparks in Palmse (s.u.).

Der **Biberweg** (1 km) eignet sich, wenn man sich nur kurz die Beine vertreten will. Entlang des Weges sieht man die Spuren jener Nager, die dem Pfad den Namen gaben. Er verläuft wie der Oandu-Naturpfad südlich von Altja und startet an der Straße zwischen dem Gutshof Sagadi und dem Fischerdorf. Er ist gut ausgeschildert.

Der **Naturlehrpfad Majakivi** (3,5 km) führt durch den Wald und ein kleines Hochmoor zu einem der größten Findlinge des Nationalparks, dem sieben Meter hohen Majakivi (Hausstein). Er liegt auf der Halbinsel Juminda und startet knapp zehn Kilometer südöstlich des Dorfes Juminda an einem Parkplatz an der unbefestigten Verbindungsstraße östlich des Aabla-Moores.

Der **Naturlehrpfad Viru** (3,5 km) führt auf Holzstegen durch das Hochmoor Viru zu einem Aussichtsturm. Er beginnt etwa einen Kilometer nördlich der Straße Tallinn – Narva gleich hinter der Abzweigung nach Kolga und Loksa.

Der **Lehrpfad Käsmu** (3,5 km) schlängelt sich über die gleichnamige Halbinsel, vorbei an Hunderten Findlingen bis zum „Dorf der Kapitäne", das ebenfalls Käsmu heißt. Neben dem Fußweg verlaufen längere **Radwanderwege** (etwa 14 km).

Der **Pfad durch den Naturwald Oandu** (4,7 km) verläuft auf Holzstegen, die durch ein Sumpf- und Waldgebiet leiten. Der gut ausgeschilderte Weg startet an einem Parkplatz an der Straße zwischen dem Gutshof Sagadi und dem Fischerdorf Altja.

Ein **Radwanderweg** (9,5 km) führt von Oandu nach Võsu.

Der **Geschichtslehrpfad Altja** führt über 3,5 Kilometer durch das gleichnamige Dorf und seine Umgebung.

Palmse

↗ III/D2

Einer der bekanntesten und in seiner Gesamtheit besterhaltenen Gutshöfe des Landes ist das **Herrenhaus** Palmse (Palms), das mit seinen Nebengebäuden – Orangerie, Schnapsbrennerei, Stallungen, Scheunen, Badehaus, Pavillons und Waschhaus – in eine schöne Parklandschaft eingebettet liegt. Die Parkanlage, die zu den größten Estlands zählt, gibt mit den darin befindlichen Gebäuden ein harmonisches, in sich geschlossenes Gesamtbild ab.

Lange Zeit gehörte das Anwesen, das erstmals im 13. Jahrhundert erwähnt wurde, der deutsch-baltischen Familie *von der Pahlen*. Bereits 1677 ging das Gebiet in ihren Besitz über, erst die Landreform zu Zeiten der ersten Unabhängigkeit Estlands und die damit einhergehende Enteignung der Gutsherren setzte dem ein Ende.

Zu Sowjetzeiten schaffte es ein weitsichtiger Kolchosevorsitzender, Geld aus Moskau locker zu machen, das er in die Renovierung des Anwesens steckte. Nach weiteren umfangreichen Renovierungsarbeiten in den 1990er Jahren befindet sich im Herrenhaus heute ein **Museum,** während die alte Schnapsbrennerei zu einem schönen **Hotel** umgebaut wurde. In den alten Stallungen haben die **Nationalparkverwaltung** und das **Besucherzentrum** ihren Sitz. Stärken kann man sich im zum Hotel gehörenden **Restaurant** oder im **Café** im Badehaus.

Im Herzen der Anlage befindet sich das **Hauptgebäude,** das Ende des

17. Jahrhunderts erbaut wurde und ein knappes Jahrhundert später, 1785, sein heutiges Aussehen erhielt. Zwischen den Museumsexponaten im Inneren befinden sich noch einige Originalkachelöfen im Rokokostil und restaurierte Möbelstücke aus den vergangenen Jahrhunderten. Die Wände sind mit Malereien verziert.

Wer durch den Park mit dem alten Baumbestand schlendert, kann ferner eine **Orangerie** und einen am Schwanenteich gelegenen **Gartenpavillon** besuchen. Außerdem gibt es ein kleines **Oldtimermuseum,** in dem außer Autos auch Fahrräder und Motorräder zu sehen sind.

Daran, dass der Gutshof im 13. Jahrhundert bis 1510 zu einem dänischen Zisterzienserkloster gehörte, erinnern heute noch die sogenannten **Kloster- oder Teufelssteine.** Der Sage nach handelt es sich bei der Ansammlung von Findlingen, südöstlich des Gutshofs im Wald, um versteinerte Teufel, die hier den Nonnen auflauerten.

• **Palmse Mõis,** Tel. 3240070, Fax 3240071, palmse.mois@neti.ee, www.svm.ee. Weitere Infos siehe unten: „Praktische Tipps".

Sagadi ↗ III/D2

Östlich von Palmse führt eine Straße nach Sagadi (Saggad), der zweiten architektonischen Perle des Nationalparks. Wie Palmse besticht das acht Kilometer entfernte **Gutshof-Ensemble** durch das harmonische Gesamtbild, zu dem sich Herrenhaus, Nebengebäude und Park fügen.

Erstmals Mitte des 15. Jahrhunderts erwähnt, gehörte das Anwesen ab 1687 der Familie *von Fock*, die es bis 1919 hielt und ihm zu seinem jetzigen Aussehen verhalf. Nach der Landreform der ersten Estnischen Republik nutzte man das Herrenhaus als Schule.

Kurz nachdem Lahemaa zum Nationalpark erklärt wurde, begann man mit der Restaurierung des Anwesens, das heute zwei **Museen** (im Herrenhaus eine Ausstellung alter Möbel, in einem Nebengebäude ein Forstmuseum), ein **Hotel,** ein **Hostel** und ein nettes **Restaurant** beherbergt. Außerdem kann man auf dem Gelände ein kleines **Souvenirgeschäft** und einen **Reitstall** vorfinden. Wie Palmse liegt auch das Sagadi-Herrenhaus an einem kleinen Teich, der von alten Bäumen und einer geometrisch angelegten Parkanlage umringt ist. Im Sommer zieren zeitgenössische Kunstwerke den Park.

• **Sagadi Mõis,** Tel. 6767878, sagadi.muuseum@rmk.ee, www.sagadi.ee. Weitere Infos siehe unten: „Praktische Tipps".

Vihula ↗ IV/A1

Zwar ist auch der **Gutshof** Vihula (Viol), der sich etwa fünf Kilometer östlich von Sagadi befindet, in einen Park eingebettet und wird von Wasser umflossen, er versprüht aber dennoch einen ganz anderen Charme als die Nachbargüter, wirkt rustikaler als die mondänen Anlagen im Westen. Das Herrenhaus wurde in der zweiten

In der Bucht von Altja

Hälfte des 18. Jahrhunderts auf einer kleinen Anhöhe errichtet. Nach und nach kamen verschiedene Holz- oder Steinbauten hinzu, die als Ställe, Mühle, Scheunen, Sauna oder Schnapsbrennerei dienten. Das ganze Areal mit seinen rund 25 Gebäuden ist von einer Kalksteinmauer umgeben. Ein schöner Blick auf die gesamte Anlage eröffnet sich vom anderen Ende des Teiches. Kleine Holzbrücken und Pavillons laden zum Spazierengehen und Verweilen ein.

Heute werden im Gutshof Gäste beherbergt, außerdem gibt es im Kellergewölbe ein Lokal, in dem typische Landesgerichte aufgetischt werden.

•**Vihula Mõis,** Tel. 3226985, info@vihulamois.ee, www.vihulamois.ee. Weitere Infos siehe unten: „Praktische Tipps".

Altja und Vergi

↗ IV/A1

Während im Inneren des Nationalparks Gutshöfe Touristen anlocken, sind urtümlich erhaltene **Fischerdörfchen** die Perlen der Küste. Hervorzuheben ist vor allem der kleine Ort Altja, nördlich von Sagadi, der im 15. Jahrhundert gegründet wurde. Auf dem Weg dorthin lohnt sich unbedingt eine Wanderung über einen der Naturlehrpfade. Der **Biberweg** und der **Waldpfad Oandu** (s.o.) führen durch Wald und Sumpf.

Die kleinen Holzhäuser und Fischerkaten, die die Dorfstraßen säumen, mit ihren Gärten voller Blumen, Obstbäumen, Gemüsebeeten und Brennholzstapeln, sind hübsche Fotomotive. Besonders empfehlenswert ist der Be-

Der Nordosten

022es Foto: af

such der **alten Höfe Toomarahva und Uustalu,** die zu einem Freilichtmuseum umfunktioniert wurden. Im Hof Toomarahva kann man auch übernachten oder zelten (s.u.: „Praktische Tipps").

Durch das Dorf führt ein 3,5 Kilometer langer Wanderweg, der am sogenannten „Schaukelberg" (Kiigemägi) startet. Geht man an der alten **Schenke Altja Kõrts** (s.u.: „Praktische Tipps") vorbei in Richtung Meer, stößt man auf einige alte **Netzhäuschen,** die nahezu jede Postkarte Lahemaas schmücken. Dabei handelt es sich um kleine Schuppen, wo die Fischer ihre Netze aufbewahren und draußen an den Wänden zum Trocknen aufhängen. Von hier aus kann man in die idyllische Bucht mit ihren unzähligen aus dem Wasser ragenden Findlingen blicken.

Estlandfans und Filmliebhaber werden Vergi, nordwestlich von Altja, als Schauplatz eines sehenswerten Dokumentarfilms wiedererkennen. Die deutsche Regisseurin *Sibylle Tiedemann* hat sich auf die Spuren ihres verstorbenen Bruders begeben, der zuletzt in Lahemaa lebte. Ihre Eindrücke hielt sie in dem Film „Estland Mon Amour" (Deutschland 2004) fest.

Wer sich stärken möchte, kann in der **Lamba Ada Bar** oder der **Kneipe Vergi Sadam** beim kleinen Jachthafen einen Snack zu sich nehmen. Leider stören ein paar Wohnblocks aus Sowjetzeiten sowie das ehemalige Militärgelände das Ortsbild.

Võsu

↗ III/D1

Auf der anderen Seite der zu Sowjetzeiten komplett als militärisches Sperrgebiet abgeriegelten Vergi-Halbinsel liegt der Ort Võsu, der sich im 19. Jahrhundert zu einem Seebad mauserte. Ein schöner **Sandstrand** an der flachen, windgeschützten Bucht lockt auch heute wieder Badeurlauber an. Zwar verschandeln einige Betonblöcke das Ortsbild, doch die hölzernen Villen und Häuser des Dorfes lassen erahnen, wie Võsu aussah, als sich im 19. Jahrhundert die russischen Aristokraten zum Sommerurlaub einfanden. Vor Ort gibt es einige kleine Cafés und Gaststätten, aber außerhalb der Saison, vor allem im Winter, muss man damit rechnen, verschlossene Türen vorzufinden.

Käsmu

↗ III/D1

Käsmu (Kasperswiek) liegt etwa fünf Kilometer nordwestlich von Võsu auf der gleichnamigen Halbinsel und schmiegt sich idyllisch an die Bucht. Mit seinen Holzvillen, alten Bäumen und seiner schönen Lage zwischen Meer und Wald gilt es als **eines der schönsten Dörfer Estlands.** Ab Ende des 19. Jahrhunderts wurden hier über 50 große Segelschiffe gebaut, außerdem gab es von 1884 bis 1931 eine Seemannsschule. Kein Wunder, dass Käsmu seither den Beinamen **Kapitänsdorf** trägt. Dutzende Kapitäne wurden vor Ort ausgebildet, rund 25 ließen sich im Ort nieder.

Im Gebäude der ehemaligen Seemannsschule, das zu Sowjetzeiten als Grenzschutzhaus diente, befindet sich heute ein kleines **Meeresmuseum.** Ein Besuch lohnt sich, vor allem wenn man das Glück hat, den Betreiber und Gründer, *Aarne Vaik,* anzutreffen. Von ihm stammen auch die 365 verschiedenen Meeresansichten. Die kleinen Gemälde hat er selbst angefertigt, sie zeigen immer dasselbe und doch so unterschiedlich wirkende Motiv: das Meer, von seinem Küchenfenster aus gesehen. Im Inneren sieht man außerdem Schiffsmodelle, darunter ein nachgebauter Einbaum und alles, was man im und um das Meer findet.

Den Ort und seine Umgebung kann man auf mehreren Wander- oder Radwegen (s.o.) erkunden, die am kleinen **Friedhof** beginnen. Inmitten der alten Grabsteine steht auch eine schlichte **Kapelle,** die Nachkommen der hier einst ansässigen Familie *Dellingshausen,* zu der auch der letzte Hauptmann der Estländischen Ritterschaft gehörte, restaurieren ließen.

- **Käsmu Meremuuseum,** Tel. 3238136, mobil 5297135, muuseum@kasmu.ee.

Findlingsfeld

Westlich des Ortes erstreckt sich auf über 400 Hektar das umfangreichste Findlingsfeld Estlands. Die Landschaft ist über und über mit teilweise bemoosten Findlingen unterschiedlichster Größe übersät. Ein kleiner Spaziergang durch den Wald lohnt sich. Am Ende des Pfades liegt rechter Hand ein großer **Steinhaufen.** Es soll Glück bringen, wenn man im Wald einen Stein aufhebt und ihn dann – mit dem Rücken zum Haufen – über die Schulter hinweg daraufwirft. Dabei darf man sich etwas wünschen. Die (wenig glaubwürdige) Legende sagt, dass Schwedenkönig *Gustav Adolf II.* den ersten Stein dort hingelegt haben soll. Die Insel vor der Küste wird seltsamerweise manchmal Teufelsinsel, manchmal Roseninsel genannt, Letzteres wahrscheinlich, weil hier Unmengen an wilden Rosen blühen. Im Sommer kann man trockenen Fußes hinüberwaten.

Zwischen Palmse und Kolga

↗ III/D2

Kurz hinter Palmse liegen zwei große **Steinhaufen** auf einem Feld, die „Hungersteine“. Während einer Hungersnot hatte der Gutsherr die Bauern mit Getreide versorgt. Als Dank dafür sammelten sie die auf den Feldern verteilten Steine und schichteten sie zu zwei Hügeln auf.

Die etwa 20 Meter hohe **Linde von Illumäe,** etwa vier Kilometer nordwestlich von Palmse, wird als heilig verehrt. Nicht weit von ihr wurde 1843 anstelle eines hölzernen Vorgängerbaus eine **Steinkapelle** errichtet, deren Fenster von Wappen freier estnischer Bauern geziert werden. Auf dem **Waldfriedhof** mit seinen schmiedeeisernen und steinernen Kreuzen und Grabplatten liegen viele der berühmten Mitglieder der Familie *von der Pahlen* begraben.

Folgt man der Straße weiter nach Westen, passiert man das **Denkmal**

von Kotkamäe, das an *Carl Magnus von der Pahlen* erinnert. Außerdem wurden in der Nähe die **Steinkistengräber von Tandemäe** aus der frühen Eisenzeit gefunden.

Kurz dahinter zweigt ein Radweg nach Süden ab. Folgt man diesem, gelangt man zu den sehr malerischen **Wasserfällen Joaveski und Nõmmeveski,** die von den Flüssen Loobu bzw. Valgejõgi gespeist werden und über verschiedene Stufen von der Kalksteinterrasse hinabfließen. Mit dem Auto erreicht man diese am besten aus nördlicher Richtung über die Abzweigung vom Dorf Tõugu oder aus südlicher Richtung von der Straße Tallinn – Narva. Dort die Querverbindung nach Valgejõe nehmen und dem Weg durch Vanaküla folgen.

Halbinsel Pärispea

↗ III/D1

Die Nordspitze der Halbinsel Pärispea ist der nördlichste Punkt des estnischen Festlands. Im Süden der Halbinsel liegt die Kleinstadt **Loksa,** die streng genommen nicht mehr zum Nationalpark gehört: Die Grenze läuft um den Ortskern herum, der längst nicht so pittoresk ist wie beispielsweise Käsmu oder Võsu. Weitaus hübscher sind die Dörfer Pärispea und Viinistu im Norden der Halbinsel.

Kurz vor dem Dorf **Kasispea** liegt der 7,5 Meter hohe Findling Jaani-Tooma Suurkivi. Südlich des Dorfes an der Küste von Kasispea und auf den davorgelagerten Inselchen der Eru-Bucht nisten zahlreiche Wasservögel.

Suurpea ist ein gutes Beispiel für die Hinterlassenschaft des Sowjetmilitärs. Vergammelte Plattenbauten, zumeist leerstehend, einige noch bewohnt, verschandeln die idyllische Landschaft.

Viinistu

Kunstinteressierte sollten auf jeden Fall einen Stopp in Viinistu einlegen. Hier hat der frühere ABBA-Manager, Außenminister und Kunstsammler *Jaan Manitski* in einer ehemaligen Fischfabrik ein sehr sehenswertes **Kunstmuseum** geschaffen. Es handelt sich bei den Exponaten um die größte öffentlich zugängliche Privatsammlung estnischer Kunstwerke. Schon vor der Tür wartet das Skulpturenensemble „100 Koffer des John Smith" auf, das von *Kaido Ole* und *Marko Mäetamm* geschaffen wurde. Im Inneren umfasst die Sammlung Werke, die ab 1880 entstanden sind, etwa von *Karl Ludvig Maybach* (1833–89), *Ants Laikmaa* (1866–1942), *Konrad Mägi* (1878–1925), *Eduard Wiiralt* (1898–1954) und *Eerik Haamer* (1908–94), bis hin zu zeitgenössischen Werken, etwa von *Jaan Toomik* (geb. 1961). In den ehemaligen Wassertonnen, rundturmähnlichen Gebilden rings um die alte Fischfabrik – übrigens einstmals Vorzeigekolchose des Landes – werden zeitgenössische Wechselausstellungen präsentiert.

● **Viinistu Kunstimuuseum,** Tel. 6086422, www.viinistukunst.ee, Mi–Sa 11–18 Uhr, in der Hauptsaison täglich, Eintritt 20 EEK.

Neben dem Museum entsteht zurzeit ein Jachthafen. Außerdem gibt es ein

einfaches **Hotel mit Restaurant** (s.u.: „Praktische Tipps"). Im Backsteingebäude neben dem Restaurant, dem ehemaligen Heizwerk, werden Theaterstücke aufgeführt.

Das Dorf Viinistu trägt übrigens den Beinamen „Schmugglerdorf" (dank *Jaan Manitski* neuerdings auch „Millionärsdorf"), was auf den illegalen Schnapshandel zwischen den beiden Weltkriegen zurückzuführen ist, als Estland Finnland mit Hochprozentigem versorgte. Manche Dorfbewohner erzählen, dass auch der Name „Viinistu" selbst eine Anspielung darauf ist: *Viin* heißt Wodka, *istuma* bedeutet sitzen. Da viele Schmuggler gefasst wurden, hätten einige wegen des Wodkas „sitzen" müssen. Eine schöne, wenngleich wahrscheinlich nicht wahrheitsgemäße Deutung des Ortsnamens.

Im Museum von Viinistu

Kolga ⇗ III/D2

Der Ort Kolga (Kolk) mit seinem gleichnamigen **Gutshof** liegt nur ein kurzes Stück nördlich der Straße Tallinn – Narva. Es handelt sich hierbei um einen der einstmals größten Gutshöfe Nordestlands. Zwar ist das klassizistische Anwesen noch nicht so sorgfältig renoviert wie etwa Palmse oder Sagadi, aber durchaus sehenswert.

Ein in Gotland ansässiges Zisterzienserkloster besaß von 1230 bis 1519 die Ländereien um Kolga und errichtete ein Konventhaus mit einigen Nebengebäuden, das während des Livländischen Krieges 1602 stark beschädigt wurde. In den Jahren 1626–42 ließ *Jacob de la Gardie* anstelle der Ruinen ein zweigeschossiges Herrenhaus aus Stein errichten. Nach und nach wurde das Gut ausgebaut und um Nebengebäude erweitert. Nach dem Nordischen Krieg ging das Anwesen in die Hände der Famile *Stenbock* über, deren Ländereien sich bis nach Tallinn erstreckten. 1768 ließ *Carl Magnus Stenbock* das Herrenhaus erneut umbauen, das nun barocke Züge bekam. Zeitgleich entstanden der englische Park und weitere Nebengebäude. Der Portikus mit den sechs Säulen stammt aus dem Jahr 1820.

Das Gut blieb bis 1939 in Hand der Familie Stenbock, die das Anwesen 1993 zurückerhielt. Seither wird es nach und nach renoviert. In den ehemaligen Stallungen ist heute ein kleines Gästehaus untergebracht, außerdem beherbergt der Gutshof ein Restaurant, eine Gastwirtschaft und einen kleinen Laden. Man sollte auf jeden Fall einen Spaziergang durch den Park unternehmen und dabei die teilweise klassizistischen, teilweise barocken Nebengebäude besichtigen.

• **Kolga Mõis,** Tel. 6077477, www.kolgahotell.ee. Weitere Infos siehe unten: „Praktische Tipps“.

Hochmoor Viru

Das Viru-Moor bei Kolga kann man auf einem 3,5 Kilometer langen **Lehrpfad,** der auf Holzstegen quer hindurchführt, am besten erkunden. Allerdings muss man beachten, dass es sich nicht um einen Rundweg handelt. Entweder man lässt sich am Endpunkt mit dem Auto abholen oder man läuft die ganze Strecke zurück. Von einem hölzernen **Aussichtsturm** kann man das Moor mit seinen dunklen Seen und rot-grünen Moosflächen gut überblicken, zwischen denen auch der insektenfressende Sonnentau und kleine Kiefern wachsen. Die Tümpel sind die Reste eines Sees, der vor etwa 5000 Jahren verlandete.

Muuksi und Halbinsel Juminda

↗ III/C-D1-2

Nördlich des größten Sees Lahemaas, des Kahala järv, erhebt sich beim Dorf Muuksi auf einem Glintvorsprung ein **Burgberg,** auf dessen Spitze sich einst eine alte Estenfestung befand. Von hier aus hat man aus 47 Metern Höhe einen schönen Blick auf das Meer, die Steilküste und die umliegende Alvarenlandschaft.

Nicht weit vom See weist eine Gruppe von über 80 **Steinkistengräbern** aus der frühen Eisenzeit auf eine frühzeitliche Besiedlung hin. Sie werden Hundikangrud (Wolfssteine) genannt.

Auf der Juminda-Halbinsel verläuft beim Moor Aabla (Aabla raba) der oben erwähnte Wanderweg, der auch einen der größten Findlinge des Nationalparks, den **Majakivi-Findling,** passiert. Bei Kiiu-Aabla lädt ein **Strand** zu einem Bad im Meer ein.

Praktische Tipps

Informationen

- Sehr gut ausgestattet und im Herzen des Parks gelegen ist die **Nationalparkverwaltung** und Informationsstelle in Palmse, Tel. 3295555, Fax 3295556, info@lahemaa.ee. Leider wechseln die Öffnungszeiten von Jahr zu Jahr, Folgendes gilt somit nur als Anhaltspunkt: Mai bis Ende August 10–19 Uhr, im April und September 10–17 Uhr, im Winter wochentags 10–15 Uhr, manchmal montags geschlossen. Im Besucherzentrum wird ein etwa viertelstündiger Film über den Nationalpark gezeigt. Mehrere interessante Broschüren wie „Lahemaa Tiere" gibt es auch auf Deutsch, andere, wie ein Heft zur Geschichte Altjas, in englischer Sprache. Empfehlenswert ist die deutschsprachige Karte des Gebietes, in der auch alle Wanderwege eingezeichnet sind.
- In der **Touristeninformation von Rakvere** (s. dort) bekommt man Kartenmaterial sowie eine Liste mit Unterkünften für den Nationalpark.

Service

- **Postämter** und **Banken** bzw. **Geldautomaten** findet man in Võsu und Loksa.

Unterkunft

Gutshöfe:

- **Park Hotel Palmse** €€€, Palmse, Tel. 3223626, Fax 3234167, info@phpalmse.ee, www.phpalmse.ee. Das Hotel ist in der ehemaligen Schnapsbrennerei des Gutshofkomplexes untergebracht, inmitten der idyllischen Parkanlage. Restaurant, Bierkeller, Sauna, Fahrradverleih (auch für Nicht-Gäste).
- **Hotel Sagadi** €€€, Sagadi, Tel. 3258888, Fax 3258880, sagadi.hotell@rmk.ee, www.sagadi.ee. Das der Waldschutzbehörde gehörende Hotel liegt in den ehemaligen Stallungen des Gutshofes, relativ einfach ausgestattet, mit Restaurant, Sauna, Fahrradverleih, der Preis variiert je nach Jahreszeit. Zum Gutshof gehört auch ein Hostel (s.u.).
- **Gästehaus Vihula** €€-€€€, Vihula, Tel. 3226985, Fax 3252512, info@vihulamois.ee, www.vihulamois.ee. Gästehaus mit Zimmern verschiedener Größen im sehr schönen Gutshofkomplex, Fahrrad- und Bootsverleih, außerdem können Reitausflüge organisiert werden.
- **Kolga Mõis** €€€, Tel. 6077477, Fax 6077270, kolgahotell@kolgahotell.ee, www.kolgahotell.ee. Gemütlich eingerichtete Zimmer im Gästehaus, mit Dusche und WC, Sauna, Fahrradverleih, Reitausflüge können organisiert werden, Kneipe, Restaurant (12–23 Uhr, internationale Küche).

Pensionen, Ferienhäuser und Hostels:

- **Haara Ferienhaus,** Hara, westlich von Loksa in der Bucht Hara, Tel. 6077323, Fax 6536262, veikolasting@hotmail.com, www.aivel.ee. Man kann das ganze Ferienhaus oder eines der drei DZ €€ mieten, Sauna, Küche, Billard, Grill, auch Platz zum **Zelten** vorhanden.
- **Kuivoja Ferienzentrum,** Rahu 39, Loksa, Tel. 6075151, puhkekeskus@kuivoja.ee, www.kuivoja.ee. Moderner Komplex am Stadtrand von Loksa, DZ €€, Sauna, Bar, auch **zelten** möglich, dort Grill und Feuerstelle.
- **Bauernhof Kuusiku** €€, Vatku Nõmme, in der Nähe von Viitna, Tel. 5153573, Fax 6202305, sirje@datanet.ee, www.kuusikunaturefarm.ee. Zimmer müssen vorbestellt werden, man hat die Auswahl zwischen zwei Standardzimmern im Haus, einem einfachen Sommerhäuschen und ein paar Schlafgelegenheiten im Saunahaus. Gäste können ein Auto oder Fahrräder ausleihen, außerdem bieten die Besitzer geführte Wanderungen, Naturprodukte und Handarbeitsartikel an.
- **Pension Laane,** Laane tee 7, Käsmu, Tel. 5078904, 56490444, laanepansion@hot.ee, www.laanepansion.ee. Man hat die Wahl zwischen DZ €€, Mehrbettzimmer und Ferienhäuschen; Sauna, Grill, Fahrradverleih.
- **Merekalda Ferienhof,** Neeme tee 2, Käsmu, Tel./Fax 3238451, mobil 56644377, info@merekalda.ee, www.merekalda.ee. Unterkunft im Gästehaus, wo DZ €€ und ein Apart-

ment €€€ untergebracht sind, darüber hinaus gibt es einfache Holzhütten für zwei Personen € im Garten. Sehr schön am Meer gelegen, Sauna am Strand, Vermietung von Autos, Fahrrädern und Booten. Außerdem gibt es ein kleines Café.

● **Jugendherge/Hostel Ojaäärse** €, Võsupere bei Palmse, Tel. 6281532, etwa 1 km hinter dem Gutshaus Palmse (zu Fuß kann man quer durch den Park gehen) in Richtung Sagadi. Sehr reizvoll an einem See gelegen, Zimmer mit Doppelstockbetten, die aber oftmals nicht ausgebucht sind, sodass man sie auch als DZ belegen kann, Küche zur Mitbenutzung.

● **Gästehaus Rannamännid,** Neeme tee 31, Käsmu, Tel./Fax 3238329, mobil 5117975, info@rannamannid.ee, www.rannamannid.ee. Neues Gästehaus mit nettem Garten, Sauna, Grill und Feuerstelle im Hof. Man hat die Wahl zwischen einem Zimmer im Haupthaus €€ und einfachen Betten im Nebenhaus €.

● **Hostel/Jugendherberge Sagadi** €-€€, Sagadi, Tel. 3258888, Fax 3258880, sagadi.hotell@rmk.ee, www.sagadi.ee. Liegt wie das gleichnamige Hotel im Gutshofkomplex Sagadi, einfache Unterkunft mit Gemeinschaftsbädern, zum Teil Doppelstockbetten und Schlafsäle, aber auch DZ. Viele Annehmlichkeiten, die auch das Hotel bietet, also schöne Lage, Fahrradverleih, Restaurant.

● **Sireli Gästehaus,** Neeme tee 19, Käsmu, Tel. 3238422, mobil 5224851, sirelis@hot.ee, www.sireli.net. Man hat die Wahl zwischen einem Zimmer im hölzernen Gästehaus €€€ und zwei Ferienhäuschen €€. Gegen ein kleines Entgelt kann man seine Wäsche waschen lassen und die Küche mitbenutzen, Fahrradverleih und Frühstück auf Anfrage.

● **Ferienhof Toomarahva** €€, Altja, Tel. 3252511, 3252511, altja@hot.ee, www.zone.ee/toomarahva. Alter Blockholzbauernhof mit Reetdach, in dem zwei Zimmer für Gäste untergebracht sind. Wer es ganz unluxuriös mag, kann auch im alten Speicher übernachten, muss dort aber mit anderen Gästen rechnen. Waschen kann man sich in der Sauna. Wer mag, kann im Garten auch **zelten** oder seinen **Wohnwagen** aufstellen, vier Fahrräder können von Gästen mitbenutzt werden.

● **Vahtra Ferienhof** €€, Laane tee 9, Käsmu, Tel. 3252917, mobil 56487235, vahtraturismitalu@hot.ee, www.hot.ee/vahtraturismitalu. EZ und DZ, Sauna, Fahrradverleih, auf Anfrage Bootsverleih und Abendessen.

● **Viinistu Hotell** €€€-€€€€, Viinistu, Tel. 6086426, (im Museum) 6086422, www.viinistukunst.ee. Einfach ausgestattetes Gästehaus, das zum Kunstmuseumskomplex Viinistu auf der Halbinsel Pärispea gehört. Schlichte Zimmer mit Kiefernmöbeln und eigenem Bad, etwas überteuert, aber gleich am Jachthafen gelegen, Sauna, einfaches Restaurant gehört dazu.

● In Võsu gibt es drei einfache Hostels ganz in der Nähe des Strandes, in denen man preisgünstig übernachten kann: **Võsu Postimaja** €€, Mere 63, Tel. 5292722, rakvere@post.ee, Küchenmitbenutzung, Grill; **Männisalu Hostel,** Laane 13, Tel. 3238320, info@mannisalu.ee, www.mannisalu.ee, Grill, kleiner Pool, pro Person €, auch Camping möglich; **Sinikorall Hostel** €€, Metsa 15, Tel. 3238455, Mai–Sept., Fahrradverleih, Küchenmitbenutzung.

Camping

Wildcampen und Lagerfeuer sind im Park verboten, aber viele Unterkünfte heißen auch Gäste, die im Garten **zelten** wollen, willkommen (s.o.). Ausgewiesene Plätze, auf denen man kostenlos oder gegen ein sehr geringes Entgelt zelten kann, befinden sich auf der Spitze der Pärispea-Halbinsel, im Norden der Halbinsel Juminda und am Nordwestzipfel der Vergi-Halbinsel. Der Begriff „Campingplatz" wäre jedoch übertrieben, da keine entsprechende Infrastruktur vorhanden ist. Von der Lage her sind jedoch alle sehr schön und versprechen Ruhe und Abgeschiedenheit. Außerdem kann man beim idyllischen Dorf Käsmu zelten.

● **Eesti Karavan,** Lepispea bei Võsu, Tel./Fax 3244665, mobil 5052053, karavan@hot.ee. Etwa 150 Stellplätze für Wohnwagen mit Strom, Wasser, Entsorgung, Sauna, Waschmaschine, 50 m vom Meer entfernt.

● Zelten kann man auch beim **Hof Jaanioja,** Võsu, Tel. 3255159, www.jaanioja.ee. Offene Küche und Feuerstelle vorhanden, außerdem gibt es ein kleines Sommerhaus mit Schlafsaal, ist aber manchmal von Jugendgruppen gebucht.

- Wer einen eigenen Schlafsack dabei hat, kann auch im Heuboden des **Ferienhofs Kingu** bei Vihula übernachten, wobei dies auch nicht viel preiswerter ist, als in einem der Räume im Haus zu nächtigen, Tel. 3292620, kingu@maaturism.ee, http://kingu.maaturism.ee. Den Gästen stehen die Küche und ein Grill zur Verfügung, im Garten kann man zelten, außerdem Reitmöglichkeit und Bootsverleih.
- Auch im **Ferienhof Toomarahva** (siehe oben) kann man im alten Speicher preiswert übernachten.

Essen und Trinken

Bei Palmse befindet sich ein kleines **Geschäft,** in dem man neben Mitbringseln auch die nötigsten Lebensmittel erstehen kann, außerdem gibt es in Võsu oder Loksa Lebensmittelgeschäfte.

- Gute Restaurants findet man in den Nebengebäuden der **Gutshöfe Palmse, Kolga** und **Sagadi.** Zum Gutshof Palmse gehört das **Café Isabella** im alten Badehaus.
- In den Küstenorten Vergi, Võsu und Loksa findet man **Kneipen und Gaststätten,** die zumindest kleinere Speisen anbieten.
- **Altja Kõrts,** Altja, Tel. 3258681, altja@neti.ee. Traditionelle estnische Küche, Fischgerichte, allerdings manchmal ausgebucht, wenn Gruppen angemeldet sind.
- **Forellenhof Kotka Forell,** Tel. 6075625, mobil 56630543, 5651225, kotkaforell@kotkaforell.ee, www.kotkaforell.ee/ger, Di–So 11–21 Uhr, südlich von Loksa gelegen. Sehr nett, es werden fertige Speisen angeboten (besser vorbestellen), man kann aber auch selber **angeln.**

Aktivitäten

Einige Unterkünfte (siehe oben) organisieren Führungen, Reit- oder Bootsausflüge.

- **Ausritte und Reitunterricht,** Tel. 5299317, Kadri.Metstak@mail.ee oder Maris_saar@hotmail.com, nahe Kolga.
- **Reiterhof Mätta,** Paasi, Tel. 3252750, info@ratsatalu.ee, www.ratsatalu.ee. Liegt an einer Stichstraße zwischen Sagadi und Vihula, die Betreiber bieten neben Ausritten, Kutsch- oder Schlittenfahrten auch **Zimmer** und **einfache Holzhäuschen** € zum Übernachten an.
- Leider bislang nur ein Angebot für Gruppen, aber wer mit mehreren Leuten unterwegs ist, kann einen originellen **Kochkurs** im Keller des Herrenhauses **Palmse** absolvieren. Kontakt: Tel. 3240070, Fax 3240071, palmse.mois@neti.ee, www.svm.ee.
- Das **Wanderzentrum Lahemaa** (Lahemaa Matkakeskus) in Viitna (s.u.), Tel. 3277490, info@lahemaa.info, bietet kleinen Gruppen diverse Aktivitäten an, beispielsweise das Mieten eines Saunafasses oder **Kanuausflüge.**
- Bei Võsu und Loksa findet man **Badestrände.**

Verkehr

- Ohne eigenes Auto ist es zum Teil sehr schwierig, in bestimmte Bereiche des Nationalparks vorzudringen. Einmal am Tag fährt ein **Bus** von Rakvere nach Palmse, auch die anderen Ortschaften werden nur unregelmäßig angefahren. Je nach Jahreszeit fahren ein bis mehrmals täglich Busse von Tallinn nach Loksa, Võsu und Käsmu.

Man kann sich von den Überlandbussen, die von Tallinn nach Rakvere fahren, an der **Raststätte Viitna** (s.u.) absetzen lassen und dort ein **Taxi** bestellen (oder bei der Parkverwaltung anrufen und diese darum bitten), das einen nach Palmse oder in einen anderen Ort des Nationalparks bringt. Manche versuchen, von Viitna aus zu trampen, was jedoch gerade an den verkehrsarmen Wochentagen Glückssache ist. Für einen Fußmarsch (mit Gepäck) ist die etwa 7 km lange Strecke nach Palmse etwas zu weit.

- Einmal angekommen, empfielt es sich, **Fahrräder** auszuleihen, um flexibler zu sein.
- **Tanken** kann man beispielsweise bei Kolga, Loksa und in der Nähe von Viitna an der Straße Tallinn – Narva.

Umgebung des Lahemaa-Nationalparks

Viitna ↗ III/D2

Wer der Straße 1 von Tallinn nach Narva folgt, sollte bei hungrigem Magen unbedingt die wohl bekannteste Gaststätte dieser Gegend aufsuchen, die alte **Schenke Viitna Kõrts** in der Gemeinde Kadrina. Sie ist nicht zu verfehlen, da sie direkt an der Straße liegt. Erbaut wurde der Gasthof 1798 bis 1802. Es handelt sich bei dem langen Blockhaus um eine typische Holzschenke, wie es sie früher häufig gab. Zur Zeit ihrer Erbauung war es üblich, dass die adligen Herren in anderen Räumen speisten als die einfachen estnischen Bauern. Neben den Speiseräumen befanden sich damals im gleichen Gebäude die Pferdeställe. Dort ist heute eine rustikale Gaststätte untergebracht, während am anderen Ende des Gebäudes ein Bistro, ähnlich einer Autobahnraststätte, Snacks und Kaffee anbietet.

Südlich von Viitna führt ein 2,5 Kilometer langer **Wanderweg** um den kleinen See Pikkjärv.

• **Viitna Kõrts,** Tel. 3258681, Fax 3258680, viitna@hot.ee, www.viina.restoran.ee. Sehr schönes, rustikales Restaurant mit typisch estnischen Speisen, das als guter Zwischenstopp auf der Strecke Tallinn – Narva empfohlen wird, liegt direkt an der Straße. In dem Gebäude ist auch eine **Post** untergebracht.

Haljala ↗ IV/A1

Weiter östlich liegt nördlich der Straße 1 der kleine Ort Haljala (Hallinap), wo sich ein kurzer Besuch der dreischiffigen **Mauritiuskirche** lohnt. Der quadratische Chor samt Kreuzgratgewölbe stammt wahrscheinlich aus dem 15. Jahrhundert. Schießscharten in den dicken Wänden des Langhauses dokumentieren, dass das Bauwerk auch zu Verteidigungszwecken diente. Dies erklärt, warum sich der Eingang des Gotteshauses an der Südseite des 34 Meter hohen Turms befindet. Die Kanzel schuf *Johann Valentin Rabe* um 1730.

Rakvere ↗ IV/A2

Etwas südlich von der Straße 1, die von Tallinn nach Narva führt, knapp 100 Kilometer östlich von Tallinn, liegt der Hauptort des Landkreises Lääne-Virumaa: Rakvere (Wesenberg). Mit gut 17.000 Einwohnern versprüht die Stadt gerade mal Kleinstadtatmosphäre, und würde nicht die alte **Burgruine** auf dem Vallimägi, dem Wallberg, thronen, könnte man den Ort auf der Durchreise guten Gewissens passieren. In der Innenstadt sind außer einer Kirche, dem Theater und zwei Museen nicht viele Sehenswürdigkeiten vorzufinden.

Obwohl die breiten Verkehrsachsen sich im Osten des Zentrums in der Nähe der Touristeninformation erstrecken, liegen die für Touristen interessanten Bereiche der Stadt eher im Westen, zu Füßen des Burghügels.

1226 tauchte in der Livländischen Chronik erstmals der Name einer Burg

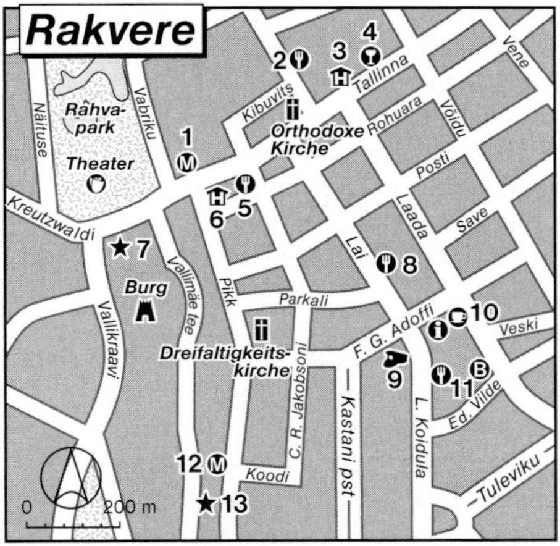

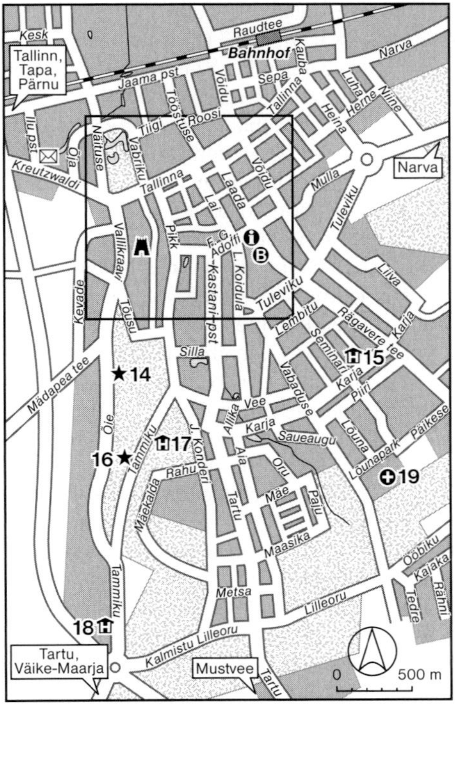

1 Virumaa Museum
2 Kuur Saal
3 Wesenbergh
4 Old Victoria
5 Virma Bar/Dragonhouse
6 Katariina
7 Auerochse
8 Berlinii Trahter
9 Polizei
10 Café Kalevite Kodu
11 O Grill,
Busbahnhof
12 Hausmuseum d. Stadtbürgers
13 Windmühle
14 Deportationsdenkmal
15 Margit
16 dt. Soldatenfriedhof
17 Villa Theresa
18 B&B Ülle Gaveri
19 Arzt

auf dem Hügel Vallimägi auf. „Tarvanpea“, was übersetzt so viel wie „Kopf des Auerochsen“ oder „Kopf des Wisent“ bedeutet, wurde die frühzeitliche hölzerne Festung der Esten genannt, die nach der Eroberung der Dänen 1220 durch ein steinernes Kastell ersetzt wurde. Vom Dänenkönig *Erik VII. Menved* bekam der Ort, der nach und nach durch die Ansiedlung von Handwerkern und Kaufleuten angewachsen war, das lübische Stadtrecht verliehen. Zu Hansezeiten profitierte Wesenberg, wie die Stadt in Anlehnung an den ursprünglichen Namen genannt wurde, von seiner günstigen Lage.

Wie in ganz Estland wechselten die Herrscher auch in Rakvere in den kommenden Jahrhunderten häufig. Schwedenkönig *Gustav II.* schenkte die Stadt Anfang des 17. Jahrhunderts dem Niederländer *Reinhold von Brederode*, später ging sie in den Besitz der Familie *Tiesenhausen* über. 1870 gab es einen neuen entscheidenden Einschnitt in der Geschichte der Stadt: Die Eisenbahnverbindung von Tallinn nach Narva und St. Petersburg entstand und brachte erneut Wohlstand.

Nach der üblichen Kolchosenbildung zu Sowjetzeiten leben die Bewohner heute vor allem von der Holzindustrie oder arbeiten in der nahe gelegenen Fleischfabrik. Nach und nach wächst der Dienstleistungsbereich, außerdem wenden sich viele Menschen wieder handwerklichen Berufen zu. So ist 1992 ein Handarbeitsunternehmen entstanden, das seine Waren nicht nur im ortsansässigen *Viru Käsitöö Salong* (Handarbeitsgeschäft, Pikk 16), sondern in ganz Estland anbietet.

Besonders stolz sind die Bewohner Rakveres auf den bedeutendsten Sohn der Stadt, den international bekannten Komponisten *Arvo Pärt*, der allerdings 1980 nach Deutschland zog.

Burg

Die wichtigste Sehenswürdigkeit der Stadt überragt diese im wahrsten Sinne des Wortes: Hoch auf dem Wallberg liegt die Ruine der Burg Rakvere. Man erreicht sie am besten von der westlichen Seite, ein Fußweg geht von der Vallikraavi-Straße ab.

Nachdem die Dänen den hölzernen Vorgänger durch ein steinernes Kastell ersetzt hatten, wurde die Burg mehrfach umgebaut. 1346 verkauften die Dänen sie an den Deutschen Orden, der die Festung zu einem Konvent mit Innenhof ausbaute und verstärkte. Russen, Schweden und Polen beherrschten sie in den kommenden Jahrhunderten, bis sie nach zahlreichen Kämpfen und Zerstörungen im 16. und 17. Jahrhundert schließlich an Bedeutung verlor. Wie die ganze Stadt ging auch die Burg im 17. Jahrhundert in den Besitz des Gutsherrn *Reinhold von Brederode* über.

1975 wurde die Burg schließlich restauriert und in ein **Museum** umgewandelt. Von Mai bis September (11–19 Uhr) kann man die Ruine, die auch eine Gaststätte beherbergt, besichtigen. Vom Kanonenturm aus dem 16. Jahrhundert genießt man den Blick über den vorderen Burghof und die

Stadt. Von den Burgmauern aus kann man das nahe gelegene Wahrzeichen Rakveres sehen, ein auf dem benachbarten Hügel stehender, gigantischer **Auerochse,** der an den alten Namen des Ortes erinnert. Das Denkmal von *Tauno Kangro* steht hier seit 2002. 700 Jahre zuvor waren Rakvere die Stadtrechte verliehen worden.

Am nördlichen Fuße des Wallbergs liegen das **Kulturhaus** und das **Theater** der Stadt, das einen ausgezeichneten Ruf genießt.

Stadtmuseum

Wer mehr über die Geschichte Rakveres erfahren möchte, sollte das Stadtmuseum an der Tallinna-Straße, am Ende der Pikk-Straße, besuchen. Die Jahreszahl unter dem Giebel des in Rosa-Weiß-Tönen gehaltenen Gebäudes verrät, wann es erbaut wurde: 1786.

- **Virumaa Museum,** Tallinna tn. 3, Tel. 3225500, info@viru-muuseumid.ee, Di–Sa 11–17 Uhr.

Hausmuseum des Stadtbürgers

Die Pikk-Straße war einstmals die Hauptstraße der Stadt. Unter den hübschen, teilweise liebevoll renovierten **Holzhäusern** befindet sich auch das Hausmuseum des Stadtbürgers von Rakvere, das Mitte des 18. Jahrhunderts errichtet wurde. Es versetzt seine Besucher zurück in die Zeit Anfang des 20. Jahrhunderts.

- **Hausmuseum des Stadtbürgers,** Pikk 50, Tel. 3244248, 3225500, info@viru-muuseumid.ee, Di–Sa 11–17 Uhr.

Dreifaltigkeitskirche

Auf dem Weg zwischen den beiden Museen erhebt sich der hohe Turm der spätmittelalterlichen Dreifaltigkeitskirche (Pikk 19). Sein heutiges Aussehen erhielt das Kalksteingebäude Ende des 17. Jahrhunderts. Im Inneren können Besucher eine **barocke Kanzel** mit Holzschnitzereien von 1690 bewundern. Der Altar von 1730 ist ein Werk von *Johann Valentin Rabe.*

Weitere Sehenswürdigkeiten

Weiter südlich, am Hang des Wallbergs, steht eine rund 200 Jahre alte **Windmühle.** Hält man sich am Ende der Pikk-Straße rechts, erstreckt sich rechter Hand, entlang der Tammiku-Straße, ein 300 Jahre alter **Eichenhain.** Darin erinnert ein **Deportationsdenkmal** an die Bürger des Landes, die zu Sowjetzeiten nach Sibirien verschleppt wurden. Weiter südlich liegt der **deutsche Soldatenfriedhof.**

Der neuere Teil der Stadt, rund um die Touristeninformation, birgt keine touristischen Sehenswürdigkeiten. Wer mag, kann an der **orthodoxen Kirche** aus dem 19. Jahrhundert in der Tallinna-Straße, in der Nähe des Hotels Wesenbergh, vorbeischlendern.

Südlich von Rakvere erhebt sich das **Pandivere-Hochland,** das im Kap. „Im Zentrum Estlands" beschrieben wird.

Informationen

- **Touristeninformation Rakvere,** Laada 14, Tel./Fax 3242734, rakvere@visitestonia.com, Mitte Mai bis Mitte Sept. Mo–Fr 10–18 Uhr, Sa/So 10–15 Uhr, im Winter Mo–Fr 10–17 Uhr. Weitere Informationen (auf Englisch) unter **www.rakvere.ee.**

025es Foto: jl

Holzhäuser in der Pikk-Straße von Rakvere

Unterkunft

●**Bed&Breakfast Ülle Gaveri Kodumajutus** €, Tammiku 36, Tel. 3227318. Nur drei Zimmer in Privathaus, ein bisschen abseits im Süden der Stadt, sehr preiswert, mit Garten und Grill, der zur freien Verfügung steht.

●**Gästehaus (Külalistemaja) Katariina** €€, Pikk 3, Tel. 3223943, Fax 3223331, info@katariina.ee. Zentral an der alten Hauptstraße, ganz in der Nähe der Burg gelegen, Zimmer in verschiedenen Größen, die im Preis z.T. stark variieren, die meisten mit eigenem Bad und TV, Sauna. Das Restaurant Katariina Kelder gehört zum Haus.

●**Villa Theresa** €€-€€€, Tammiku 9, Tel. 3223699, villatheresa@hot.ee, www.villatheresa.ee. Hübsches, kleines Gästehaus mit Restaurant, Zimmer variieren in Preis und Größe, alle haben eigenes Bad und TV, sicherer Parkplatz.

●**Wesenbergh** €€€, Tallinna 25, Tel. 3223480, Fax 3223524, info@wesenbergh.ee, www.wesenbergh.ee. Zentral gelgenes Hotel, zu dem auch eine Villa mit mehreren Suiten und ein Gästehaus mit Ferienwohnungen gehören. Alle Zimmer mit Bad, Telefon und Sat-TV, z.T. behindertengerecht und für Allergiker geeignet. Speisen kann man im A-la-carte-Restaurant oder im Café, die Bar ist rund um die Uhr geöffnet. Im Garten steht ein Grillhaus, außerdem gibt es einen Fitnessbereich und einen bewachten Parkplatz.

Die zum Hotel gehörenden Ferienwohnungen liegen im Gästehaus **Margit,** Side 12, Tel. 3223476, Fax 3223524, jeweils mit komplett eingerichteter Küche, Bad, Sat-TV, je nach Größe ab €€€.

Essen und Trinken, Nachtleben

- Restaurants befinden sich im Hotel **Wesenbergh** und im Gästehaus **Katariina,** aber auch in den meisten Cafés und Kneipen gibt es eine Reihe von Speisen.
- In der Burg liegt die Gastwirtschaft **Schenkenberg** mit mittelalterlichem Ambiente.
- **Berlinii Trahter,** Lai 15, in einem aus roten Ziegeln erbauten Haus aus dem Jahr 1889, Getränke und Essen, abends z.T. Live-Musik.
- **Café Kalevite Kodu,** Laada 14, Kuchen und Schokoladenspezialitäten der Marke Kalev.
- **Kuur Saal,** Tööstuse 4, modernes Restaurant, nur im Sommer geöffnet.
- **O Grill,** Koidula 1, Selbstbedienung am Buffet.
- **Old Victoria,** Tallinna tn. 27, englischer Pub mit englischem Bier und Speisen, abends Musik und Tanz.
- **Virma Bar/Dragonhouse,** Tallinna tn. 8, asiatische Küche, abends Musik und Tanz, Freitag- und Samstagabend oft Live-Musik, donnerstags Karaoke.

Feste und Veranstaltungen

- Im Mai findet üblicherweise die **Finnische Woche** statt; im Juni feiert man ein mehrtägiges **Stadtfest.**

Aktivitäten

- In Vinni, etwa 8 km südöstlich von Rakvere (Straße 21), befindet sich ein **Hallenbad** mit Sauna, Dampfbad und Kinderschwimmbecken: Vinni Spordikompleks, Sõpruse 16, Tel. 3257164, www.vinnisport.ee. Es gibt dort auch einfache **Zimmer** mit Doppelstockbetten.

Verkehr

- **Züge** von Tallinn nach Narva halten in Rakvere. Der Bahnhof liegt im Norden der Stadt an der Raudtee-Straße.
- Regelmäßige **Busverbindungen** nach Tallinn, Tartu, Narva, Jõhvi und in weitere Städte der Umgebung sowie in andere Teile des Landes vom Busbahnhof aus, der unweit der Touristeninformation an der Laada 18 liegt.

Kunda

↗ IV/A1

Jahrzehntelang galt Kunda als „weiße Stadt", nicht etwa aufgrund von pittoresker Architektur wie in spanischen oder griechischen Dörfern, die ähnliche Titel tragen, sondern weil eine gewaltige **Zementfabrik** unermüdlich Staub über Häuser, Straßen und Natur schüttete. Mittlerweile beugen Spezialfilter dem vor, doch ist die Stadt nach wie vor von der riesigen Fabrik geprägt. Am Fluss Kunda befindet sich eine alte Fabrikruine. Hier fand die Zementherstellung im 19. Jahrhundert ihren Anfang. Einen Überblick über die Geschichte der Zementproduktion und der Ortschaft, bei der auf Anweisung des Zaren *Alexander I.* 1805 ein großer Hafen entstand, kann man sich in einem kleinen **Museum** verschaffen.

- **Kunda Linnamuuseum,** Jaama 11, Tel. 3221594.

Am Strand von Letipea, nordöstlich von Kunda, liegt einer der größten Findlinge des Baltikums. Der **Ehalkivi-Findling** hat einen Umfang von knapp 50 Metern und ist 7,60 Meter hoch.

Informationen

- Informationen erhält man in einem kleinen **Touristenbüro,** Kasemäe 7, Tel. 3222170, turinfo@kunda.ee.

Service

- In der Bibliothek, Mäe 11, hat man Zugang zum **Internet.**

Essen und Trinken

- Stärken kann man sich in zwei **Cafés bzw. Gaststätten,** Jaama 2 und 6.

Der Nordosten

Umgebung von Kunda

Karepa ⇗ IV/A1

Am Rand des Dorfes Karepa, an der Küste, liegt eine Außenfiliale des Museums von Haapsalu. Es handelt sich um das **Bauernhofmuseum Kalame,** das das Leben der örtlichen Fischer dokumentiert.

- **Museum Kalame,** Kontakt über Mobiltel. 5034040, 53455762, nur im Sommerhalbjahr geöffnet, Mai bis September Mi–So 11–17 Uhr.

Toolse

In Toolse (Tolsburg) sieht man noch Ruinen einer **Burg,** die 1471 vom Livländischen Orden zum Schutz vor Piraten errichtet wurde. Malerisch auf einer Landzunge im Meer gelegen, ist sie ein beliebtes Postkarten- und Fotomotiv. Zahlreiche Legenden, wie die über einen Seeräuberschatz, einen stürmischen Ritter und eine mordende Jungfrau, ranken sich um das Gemäuer.

Viru-Nigula ⇗ IV/B1

Von Kunda aus führt die Straße 20 wieder auf die Straße 1 (Tallinn – Narva). Dabei lohnt ein Zwischenstopp in Viru-Nigula (Maholm). Die dortige **Nikolaikirche** stammt aus dem 13. Jahrhundert und ist damit die älteste der Region. Leider fiel sie 1657 und 1941 zwei verheerenden Bränden zum Opfer. Nach dem Zweiten Weltkrieg wurde sie wieder aufgebaut. Das Altarbild Jesus am Kreuz von *Paul Raud* stammt aus der Heiligengeistkirche in Tallinn. Im Pastorat befindet sich heute das **Geschichtsmuseum** des Ortes. Ein **Gedenkstein** neben der Kirche erinnert an eine Frau namens *Kongla Anne,* die im 17. Jahrhundert der Hexerei beschuldigt und hingerichtet wurde.

Ein paar Hundert Meter hinter dem Ortsausgang kann man Reste einer mittelalterlichen Steinkapelle finden. Die **Marienkapelle** wurde Ende des 13. Jahrhunderts mit kreuzförmigem Grundriss erbaut, liegt jedoch seit dem 17. Jahrhundert in Ruinen.

Kalvi ⇗ IV/B1

Die Straße 20 stößt beim Ort **Pada,** wo sich zwei alte Burghügel erheben, wieder auf die Straße 1. Ein paar Kilometer vor Aseri geht von dieser abermals eine kleine Stichstraße Richtung Küste ab und führt an die Stelle, wo einstmals eine Vasallenfestung aus dem 15. Jahrhundert gestanden hat. In den Jahren 1908–14 wurde hier das stattliche **Herrenhaus Kalvi** erbaut, eines der jüngsten Herrenhäuser des Landes. Der dunkle Steinbau wurde nach Erlangen der Unabhängigkeit restauriert und beherbergt seit 2002 ein edles Hotel. In der Nähe befindet sich ein **Badestrand,** die Ruinen des ehemaligen Schlosses kann man an der Einfahrt sehen.

Unterkunft

- **Ferienzentrum Lammasmäe** (Lammasmäe puhkekeskus), Viru-Nigula vald, Tel. 3255697,

Der Gutshof Kalvi beherbergt heute ein luxuriöses Hotel

mobil 5205763, Fax 3255697, info@lammasmae.ee, www.lammasmae.ee. Liegt am Fluss Kunda, ausgeschildert. Blockhütten (ganzjährig) sowie einfache Sommerhäuschen (nur im Sommer), pro Person €, Sauna, kleines Schwimmbecken, Verpflegung auf Vorbestellung. Die Besitzer vermieten **Kanus** und **Motorschlitten** und bieten **Jeeptouren** an.

- **Kalvi Mõis** €€€€, Kalvi, Tel. 3395300, Fax 3395301, kalwihotel@kalwimois.ee, www.kalvi-hotel.com. Stilvolles Hotel mit A-la-carte-Restaurant, untergebracht in altem Gutshof. Jagdausflüge, Tennisplatz und Sportbereich, schöner Spa-Bereich mit normaler und finnischer Dampfsauna, Swimmingpool und gesicherter Parkplatz.
- **Gutshof Kohala** €€€, im Dorf Kohala, Sõmeru vald, am Fluss Kunda gelegen, ungefähr auf halber Strecke zwischen Rakvere und Kunda, Tel. 3257796, mobil 56467760, Fax 3257797, kohalamois@kohalamois.ee, www.kohalamois.ee. DZ und 3er-Zimmer in einem ehemaligen Herrenhaus, schön in einen Park eingebettet, mit Sauna und Kamin im ehemaligen Kutschenstall, **reiten** möglich.

Kiviõli

↗ IV/B2

Folgt man der Hauptstraße nach Narva, biegt einige Kilometer hinter der Abzweigung nach Aseri eine Straße Richtung Süden ab. Hier beginnt das Industriegebiet des Landkreises Ida-Virumaa. Nach wenigen Kilometern gelangt man nach Kiviõli, einer wenig sehenswerten Industriestadt, deren Name auf Deutsch so viel wie „Steinöl" heißt. Hier erhebt sich der mit 115 Metern **höchste künstliche Berg** des Baltikums. Von der Aussichtsplattform auf der Spitze des Aschehügels kann man einen Blick auf die industriegeprägte Landschaft werfen. Bei gutem Wetter sieht man jedoch nicht nur Schornsteine, Halden, weitere Aschehügel und Industriegebäude, sondern kann zu

020es Foto: af

den Inseln im Finnischen Meerbusen hinüberschauen.

Auf dem Weg zurück zur Straße Tallinn – Narva passiert man den Ort **Lüganuse** (Luggenhusen) mit seiner (heute) baptistischen Kirche aus dem 14. Jahrhundert, die ausnahmsweise keinen eckigen, sondern einen runden Turm hat.

Rund zehn Kilometer nördlich von Kiviõli befindet sich eine hübsche, restaurierte **Vasallenburg** aus dem 16. Jahrhundert. Die weißen Mauern und das rote Ziegeldach sind von Weitem sichtbar. Die Burg diente den ehemaligen Besitzern, der Familie *Taube,* nicht nur als Wohnstätte, sondern auch zur Verteidigung, wovon die 2,50 Meter dicken Mauern zeugen.

Service

- **Bank:** Hansapank, Filiale bzw. Geldautomat Viru 9.
- **Polizei:** Kiviõli, Tel. 3372100, 3372110

Unterkunft

- **Allika** €, Maidla, Dorf Uniküla, Tel. 335 4119, mobil 55686056, www.maidlavv. ee. Einfache, aber preiswerte Herberge.

Von Aa nach Toila an der Küste entlang ↗ V/C1

Kurz vor Kohtla-Järve hat man die Wahl zwischen zwei Strecken. Der direkte und schnellere Weg nach Narva führt an den Städten Kohtla-Järve, Jõhvi und Sillamäe vorbei quer durch das wenig sehenswerte Ölschieferindustriegebiet. Alternativ kann man eine kleine Stichstraße wählen, die nach Aa abbiegt und sich bis Toila an der Küste entlangschlängelt. Will man nicht eine der Sehenswürdigkeiten in Kohtla-Järve oder Jõhvi aufsuchen, ist dieser Weg auf jeden Fall empfehlenswerter, führt er doch durch eine der landschaftlich schönsten Gegenden im Nordosten Estlands mit der bis zu 56 Meter hohen Steilküste, der Baltischen Glint.

Gleich hinter dem Gutshof von **Aa,** in dem ein Altersheim untergebracht ist, breitet sich ein Sandstrand aus. Von hier aus hält man sich gen Osten. Noch verdecken Bäume oft die Sicht auf die Steilküste. Bei **Saka** jedoch hat man Gelegenheit, einen Blick auf das Kalksteinplateau und das Meer zu werfen. In einem Nebengebäude des Saka-Gutshofes ist ein luxuriöses Hotel untergebracht, in dem man sich verwöhnen lassen kann (s.u.). Wer will, kann hier sein Auto stehen lassen und zu Fuß den rund 5,5 Kilometer langen Wanderweg entlang der Küste laufen.

Bei **Ontika,** nördlich von Kohtla-Järve, erreicht die Steilküste mit rund 56 Metern ihre maximale Höhe. Zwar erstreckt sich die Baltische Glint nahezu an der ganzen Nordküste Estlands,

026es Foto: jl

doch präsentiert sie sich in diesem Landschaftsschutzgebiet höher und steiler als andernorts.

Ein Stückchen weiter östllich, etwa zehn Kilometer vor Toila, stürzt der **Wasserfall Valaste** aus rund 25 Metern Höhe hinab. Er ist leider nicht gut ausgeschildert, an der Straße weist in Höhe eines kleinen Cafés rechter Hand lediglich das kleine Schild „Valaste Oja" auf den Wasserfall hin. Dort befindet sich ein Parkplatz. Während der Valaste-Fall im Frühjahr relativ wasserreich ist, kann es sein, dass sich im Sommer nur ein Rinnsal in die Tiefe ergießt. Zwei steile Wendeltreppen führen zu einer Plattform hinunter und erlauben Besuchern, den durch Entwässerungsarbeiten entstandenen Wasserfall auch von unten zu fotografieren. Von hier aus kann man gut die verschiedenen Schichten der Glint sehen. Im oberen Teil liegen Kalkablagerungen, am Fuße sind es Lehm-, Sandstein- und Schieferschichten.

Übrigens hinterlassen Liebespaare am Gitter der Aussichtsplattform gern Schlösser, manchmal mit eingravierten Namen. Manche werfen als Zeichen der (erhofften) ewigen Liebe die zugehörigen Schlüssel in die Tiefe.

An der Mündung des Flusses Pühajõgi, etwa elf Kilometer nordöstlich von Jõhvi, findet sich beim Ort **Toila** eine der größten **Parkanlagen** Nord-

Der Wasserfall Valaste lädt Liebespaare zu symbolischen Handlungen ein estlands. Von dem dreistöckigen Gutshaus Oru, das der St. Petersburger Geschäftsmann *Grigori Jelissejev* im 19. Jahrhundert erbauen ließ, ist leider nichts mehr zu sehen. Noch zu Zeiten der ersten Estnischen Republik weilte der damalige Präsident *Konstantin Päts* in den Sommermonaten in der schlossähnlichen Anlage, aber im Zweiten Weltkrieg wurde das Ansehen komplett zerstört. Dennoch ist der Park mit seinen über 250 verschiedenen Pflanzenarten einen Besuch wert. Eine Höhle und ein Pavillon laden zum Verweilen ein. Bei einem Picknick auf der alten Terrasse kann man die Aussicht von der Glintküste genießen.

Von Toila oder auch ein Stückchen weiter, von **Voka,** wo sich die Ruinen eines alten Gutshofes befinden, gelangt man über Stichstraßen zurück auf die Hauptstraße.

Unterkunft, Essen und Trinken

- **Saka Spa Cliffhotel** €€€€, Kohtla vald, Saka mõis, Tel. 3364900, Fax 3364901, saka@saka.ee, www.saka.ee. Das Hotel befindet sich in einem der Nebenhäuser des Herrenhauses in unmittelbarer Strandnähe, Zimmer mit Dusche, WC, Fernseher und Telefon, im Hotel auch kabelloser Internetzugang. Massagen, Sprudelbäder, Infrarot- und Dampfsauna, Fahrradverleih. Das Restaurant bietet sehr gute russische Küche. Auf dem Gelände befindet sich auch ein **Zeltplatz** mit Feuerstelle und Grill.
- **Sanatorium und Spa-Hotel Toila,** Ranna 12, Toila vald, Tel. 3369591, Fax 3325326, info@toilasanatoorium.ee, www.toilasanatoorium.ee, am Rande des Toila-Oru-Parks gelegen. Das Hotel bietet Kuraufenthalte im Haupthaus €€€ an, betreibt aber auch Ferienhäuschen €, wo Selbstverpfleger unterkommen können. Restaurant, Sauna, Kurangebote, Schwimmhalle.
- **Toila Puhkemajad,** Pikk 24, Toila, Tel. 5014302, Fax 3370599, ivikavillers@hot.ee. Blockhaus mit drei Zimmern, ganzes Haus oder auch einzelne Zimmer € zu mieten, in der Nähe des Sanatoriums. Komplett ausgestattete Küche, Grill, Sauna.

Verkehr

- **Toila** wird mehrmals täglich von Bussen von Jõhvi aus angefahren.

Kohtla-Järve

↗ V/C2

Schnell hochgezogene, sowjetische Mietskasernen prägen das Stadtbild von Kohtla-Järve. Die „Ölschiefer-Hauptstadt", wie sie sich selbst nennt, setzt sich eigentlich aus separaten Ortschaften zusammen. Sehenswert sind lediglich zwei Museen, die sich mit dem Ölschieferabbau beschäftigen.

In Kohtla-Järve befindet sich in einem grauen Betonklotz, gleich gegenüber einem riesigen sowjetischen Denkmal, ein **Museum,** das Hintergrundinformationen zum Ölschieferabbau in der Region liefert.

- **Kohtla-Järve Põlevkivimuuseum,** Kesk 19, Tel. 3344701, 3378526, 3378541, www.kjlv.ee, Mo–Fr 9–17 Uhr.

Bergwerkpark Kohtla

Ein Besuch im Bergwerkpark Kohtla ist ein richtiges Erlebnis. Besucher fahren mit einem **unterirdischen Zug** tief in die Tunnel der Mine ein, die 1937 in Betrieb genommen und erst 2001 stillgelegt wurde. Ein geführter Rundgang durch die Anlage, das kleine **Museum** und durch die bis zu 35 Meter tiefen

Tunnel ist vor allem auch für (nicht zu junge) Kinder spannend. In dem 1,7 Kilometer langen Labyrinth werden Arbeitsstellen, Minenfahrräder und Werkzeug der Bergleute gezeigt.

Stilecht werden Besucher mit Kleidung und Schutzhelmen der Arbeiter ausgestattet. Allerdings ist es ratsam, im Voraus zu buchen. Manchmal werden nur Gruppen zugelassen und um fremdsprachige Führer zu bekommen, sollte man vorher anrufen bzw. per E-Mail anfragen. Auf Wunsch kann man auch in der zugehörigen einfachen Herberge übernachten (s.u.) oder bei vorheriger Reservierung das „Minenarbeitermenü" bestellen, das unten im Schacht aufgetischt wird.

- **Kohtla Kaevanduspark-Museum,** Kohtla-Nõmme, Jaama 1, Tel. 3324017, mobil 5076944, muuseum@kohtla-nommevv.ee, www.kaevandus park.ee.

Ölschiefer und Umweltpolitik

Die Gegend um Kohtla-Järve will so gar nicht zu Estlands sonst unberührter Naturlandschaft passen, die sich in anderen Teilen des Landes seinen Besuchern präsentiert. Ölschiefer-Tagebau und Kraftwerke, Ascheberge und Industrieanlagen, Torfabbau und qualmende Schlote prägten lange Zeit das Gesicht dieses Gebietes und Teile davon sind noch heute zu sehen. Besonders der Abbau und die **Verbrennung** des „braunen Goldes" richten nach wie vor große Schäden an. Neben Holz handelt es sich hierbei schließlich um den einzigen bedeutenden Naturrohstoff des Landes.

Seit in Järve und Kukruse Anfang des 20. Jahrhunderts erste Gruben entstanden, hat sich die Ölschieferverbrennung zur **primären Energiequelle Estlands** entwickelt. Zu Sowjetzeiten wurde der Ölschieferabbau forciert, wobei man erheblichen Raubbau an der Natur betrieben hat. Doch sicherte dies nicht nur Estlands Energieversorung, sondern auch die der umliegenden russischen Städte sowie der anderen beiden damaligen Sowjetrepubliken Lettland und Litauen. Zwar ist – nicht zuletzt aufgrund des Drucks der Europäischen Union – der Abbau weit zurückgegangen, doch sichert er selbst heute noch 90 % der Strom- und Wärmeversorgung Estlands.

Die Vorkommen, die noch unter der Erde schlummern, reichen noch für Jahrzehnte aus und jährlich werden mehrere Millionen Tonnen in den **Tage- und Untertagebauten** bei Kothla-Järve gewonnen. Der hohe Schwefeldioxid- und Staubanteil, der bei der Verbrennung in Wärmekraftwerken freigesetzt wird, führte und führt trotz besserer Filtereinrichtungen zu erheblicher **Luftverschmutzung,** während der Tagebau triste **Mondlandschaften** hinterließ. Obgleich die Abbauunternehmen zur **Wiederaufforstung** verpflichtet sind, die langsam greift, sind Spuren des Raubbaus an der Natur bis heute zu erkennen.

Bis Ende 2015, so hat sich Estland in den Beitrittsverhandlungen mit der Europäischen Union verpflichtet, soll kein giftiges Schwefeldioxid mehr ausgestoßen werden. Da sich Estland ungern von Russland und dessen Gaslieferungen abhängig machen möchte, sind erste Ansätze bei der **Suche nach alternativen Energiequellen** zu erkennen. Erste Windkraftanlagen wurden bereits aufgebaut, Ziel ist es, bis 2010 den Anteil der alternativen Energie auf fünf Prozent anzuheben.

Service

●**Bank:** Hansapank, Filialen bzw. Geldautomaten Keskalle 20 und Järveküla tee 71.
●**Post:** Keskalee 14.
●**Polizei:** Kohtla-Järve, Tel. 3372444, 3372400.

Unterkunft, Essen und Trinken

●**Jugendherberge** €, an den Bergwerkpark angeschlossene einfache Herberge, Mehrbettzimmer, www.hot.ee/nommehostel.
●**Hotel Alex** €€, Kalevi 3, Tel. 3396230, Fax 333396241, alex@alex.ee, www.alex.ee. Modern, Zimmer mit eigenem Bad, Telefon und Fernsehen; mit Restaurant.
●**Kohvik Malahat,** Keskalle 5, Café mit einfachen Speisen, täglich bis etwa 23 Uhr.

Aktivitäten

●**Adrenaator,** Jaama 1, Kohtla-Nõmme, Tel. 5213726, info@adrenaator.ee, www.adrenaator.ee, organisiert Autosafaris über die Ascheberge, Kletterausflüge und diverse Extremsportarten rund um Kohtla-Järve.

Jõhvi

↗ V/C2

Jõhvi ist wie Kohtla-Järve eine typische Industriestadt. Zwar wurde sie schon 1241 erstmals schriftlich erwähnt, aber Stadtrechte erhielt sie erst 1938. Im Zweiten Weltkrieg wurde Jõhvi weitestgehend zerstört und bekam beim Wiederaufbau ein sowjetisch anmutendes Anlitz. Besondere Bedeutung hat der Güterbahnhof, der ein wichtiger Warenumschlagplatz ist.

An Sehenswürdigkeiten bietet Jõhvi nicht viel. Doch wer die Stadt durchfährt, sollte auf jeden Fall einen Zwischenstopp an der spätmittelalterlichen **St.-Michaelis-Wehrkirche** einlegen, eines der wenigen erhaltenen Baudenkmäler des alten Jõhvi und größtes einschiffiges Gotteshaus Estlands. Zwar wurde sie schon im 13. Jahrhundert errichtet, erlangte ihr heutiges Aussehen nach zahlreichen Wiederaufbau- und Umbauarbeiten aber erst im 18. Jarhundert. Aus dieser Zeit stammt auch die barocke Kanzel von *Johann Valentin Rabe*. Im ehemaligen Schießpulverkeller unter dem Chor sind heute eine Kapelle und ein kleines **Museum** untergebracht. In der Kapelle sollen früher Reliquien aufbewahrt worden sein.

Sowohl Kirche als auch Museum sind auf internationale Touristen eingestellt. Besucher können sich vorn am Eingang des Museums melden, worauf ein „Hörspiel" in der gewünschten Sprache (auch Deutsch) abgespielt wird. Innerhalb einer halben Stunde erfährt der Besucher auf seinem Rundgang durch die alten Mauern die Geschichte und Legenden der Kirche. In der Kirche selbst können Besucher auf Wunsch eine Info-CD auf Englisch hören.

Nicht weit entfernt, am Hauptplatz der Stadt, befindet sich die **russisch-orthodoxe Kirche** von 1895.

●**Jõhvi Kindluskiriku Muuseum,** Tel. 3370013, info@johvimuuseumiselts.ee, www.johvimuuseumiselts.ee, Di–Sa 11–16 Uhr.

Informationen

●**Touristeninformation,** Rakvere 13a, Tel./Fax 3370568, johvi@visitestonia.com. Sehr hilfsbereite und freundliche Damen helfen bei der Vermittlung von Unterkunft und Fremdenführern und halten Kartenmaterial bereit.

Service

- **Bank:** Hansapank, Filialen Rakvere 5 und Keskväljak 6.
- **Post:** Sompa 1a.
- **Polizei:** Jõhvi, Tel. 3372333, 3372300.
- **Taxi:** Tel. 5227990 oder 3327900.

Unterkunft

- **Hotel Wironia** €€, Rakvere tn. 7, Tel. 3364200, Fax 3364210, info@wironia.ee, www.wironia.ee. Zimmer mit Dusche, WC, Fernsehen und Telefon, Bar im Haus.
- **Neptun** €€, Narva 139, Tel. 3342180, Fax 3342181, info@pkn.ee, www.pkn.ee. Rustikale Pension an der Tallinn-Narva-Straße mit kleinem See, Sauna, Gaststätte, Zeltplatz, im Sommer werden auch einfache Campinghäuser vermietet.

Essen und Trinken

- Speisen kann man in der alten Gaststätte **Valge Hobu Trahter** im Dorf Edise (Hausnummer 16, Tel. 3370522, www.valgehobu.ee), kurz vor Jõhvi in Richtung Kohtla-Järve. Das Lokal ist in der umgebauten Scheune eines alten Gutshofes untergebracht. Am Wochenende fungiert die Gaststätte auch als Diskothek für die Jugendlichen der Umgebung.

Weiterfahrt

Von Jõhvi aus führt die sehr gut ausgebaute Straße Nr. 1 (Tallinn – Narva) weiter nach Sillamäe. Reisende, die nicht weiter **nach Osten** fahren möchten, können in Jõhvi die Straße nach Süden in **Richtung Peipus-See** einschlagen. Vor dem See passiert man – wenn man ein paar kleine Umwege in Kauf nimmt – das Kurtna-Seengebiet, das Kloster Kuremäe und Iisaku (siehe „Nördlich des Peipus-Sees“ am Ende dieses Kapitels).

Sillamäe

↗ V/D1-2

Bereits im 16. Jahrhundert war das Gebiet um die Stadt Sillamäe bewohnt, doch lagen hier bis zum 20. Jahrhundert nur unbedeutende Siedlungen. Im 19. Jahrhundert entwickelte sich die Ortschaft zu einem kleinen Ostseekurort, in dem namhafte Wissenschaftler und Künstler wie *Peter Tschaikowski* Erholung suchten. Ende des Zweiten Weltkriegs entdeckte man jedoch, dass aus Ölschiefer Uran extrahiert werden kann. Dies führte dazu, dass die Stadt zu Sowjetzeiten komplett für Fremde gesperrt und zum **Zentrum der Nuklearindustrie** aufgebaut wurde. Jahrzehntelang war Sillamäe nicht einmal auf Landkarten vermerkt und im Zuge der Geheimhaltung in der Umgebung nur unter dem Stichwort „Postschließfach“ bekannt. Ein Drittel des Urans, das die Sowjetunion für ihre Atomraketen brauchte, wurde in Sillamäe aufbereitet.

Vor den Toren der Stadt entstand eine riesige Abfalllagune, der sogenannte „See des Todes“, in dem die sowjetische Atomfabrik ihre Abfälle deponierte. Erst Ende der 1990er Jahre begann man mit der Befestigung der Schutzdämme, um einer drohenden Umweltkatastrophe entgegenzuwirken, grenzt das Gebiet doch an den Finnischen Meerbusen. Auch heute sollte man rund um Sillamäe lieber von einem Bad im Meer absehen.

Bewohnt wurde die zu Stalinzeiten aus dem Boden gestampfte Stadt, zu deren Aufbau man Kriegsgefangene herangeholt hatte, größtenteils von

Fachkräften, die von Moskau aus in die Region deligiert wurden. Noch heute sind über 90 % der rund 16.000 Bewohner russischsprachig.

Vom Hafen aus fahren im Sommer mehrmals pro Woche Fähren nach Kotka/Finnland.

Sehenswertes

An der Stadt Sillamäe scheiden sich die Geister. Die Außenbezirke sind trist: Wohnblöcke, verlassene Industriegebiete, leere Fabrikhallen und riesige Halden entlang der Bahnstrecke. Die Innenstadt jedoch lohnt einen Besuch. Egal wie man die Architektur ästhetisch bewertet, Sillamäe ist eines der wenigen Beispiele einer komplett durchgeplanten **stalinistischen Stadt,** die man – in einer derartigen Einheit – selbst in Russland nur schwer findet.

Blickfang im Zentrum ist eine breite, rosa-türkis bemalte **Treppe,** die zum Strand hinunterführt. Bevor man sich am Fuß der Treppe über die Allee Mere pst. zum Strand hinunterbegibt, lohnt es sich, oberhalb der Stufen einen Blick auf die Gebäude rund um den Platz Keskväljak zu werfen.

Das heutige **Kulturzentrum** aus dem Jahr 1949 wurde ursprünglich als Kino erbaut. Im Inneren des Gebäudes, welches heute für Konzerte und sonstige Aufführungen genutzt wird, schauen *Lenin* und *Marx* in Form von Reliefbildern von den Wänden herab.

Gleich gegenüber befindet sich die **Stadtverwaltung.** Untergebracht ist sie in einem mit Turm versehenen Gebäude aus dem Jahr 1949. Obgleich das Bauwerk in den streng atheistischen Zeiten Stalins errichtet wurde, erinnert der Turm an den einer Kirche. Architekt *Popov* und Chefingenieur *Gordejev* wollten so dem Anspruch gerecht werden, dass jede baltische und nordeuropäische Stadt ein Rathaus im mittelalterlichen Stil haben sollte.

Ein kleines **Museum** gibt einen Überblick über die Entwicklung der Stadt und beherbergt außerdem eine Gesteinsausstellung.

- **Museum Sillamäe,** Kajaka 17a, im Sommer Mo–Fr 10–18 Uhr, im Winter Di–Sa 10–18 Uhr.

Service

- **Polizei:** Sillamäe, Tel. 3922555, 3922500.

Unterkunft, Essen und Trinken

- **Hotel und Restaurant Krunk** €€, Kesk 23, Tel. 3929030, mobil 5143116, Fax 3929035, orders@krunk.ee, www.krunk.ee. Nettes Hotel und Restaurant mit Kamin und Sauna im Haus, Apartments oder Zimmer zu mieten.
- **Ferienhof Orava** €, im Dorf Vana-Sõtke, Vaivara vald, südlich von Sillamäe, Tel. 5045485, 56222955, priit.orav@mail.ee. Einfache, pyramidenförmige Campinghütten, geöffnet von März bis Oktober, Feuerstelle, Sauna, auch Camper und Wohnwagen willkommen. Der Besitzer bietet geführte Wanderungen und Ausflüge in die Umgebung an.
- **Café-Bar Maksim,** Viru 29, www.maksimbaar.ee.

Einkaufen

- **Sillamäe Plaza,** Viru pst. 35, Einkaufszentrum mit Supermarkt, Apotheke, Pizzeria und weiteren Geschäften.

Umgebung von Sillamäe

Blaue Berge bei Sinimäe ↗ V/D2

Auf dem Weg nach Narva bzw. Narva-Jõesuu passiert man die „Blauen Berge" (Sinimäed), etwa 50 Meter hohe **Kalksteinhügel,** die Schauplatz blutiger Schlachten waren. Auf dem Hügel Tornimäe (Turmberg) wurde während des Nordischen Kriegs auf Befehl von *Peter I.* ein Aussichtsturm errichtet, damit man die herannahenden Truppen der Schweden rechtzeitig erblicken konnte. Am Hang des Berges Põrguhaua erinnert ein rund zwölf Meter hohes Metallkreuz an die Gefallenen des Zweiten Weltkriegs. Rund 100.000 Soldaten kamen rund um die Ortschaft Sinimäe ums Leben. Der Name der dritten Erhebung, Lastekodumägi, was übersetzt „Kinderheimberg" bedeutet, rührt daher, dass an dieser Stelle in den 1920er Jahren das erste Kinderheim Estlands stand. Der Hügel wird bisweilen auch Pargimäe (Parkberg) genannt.

Unterkunft

- **Camping-Hotel Laagna** €€€, Dorf Laagna, nördlich der Straße Tallinn - Narva, Tel. 3925900, Fax 3925918, info@laagna.ee, www.laagna.ee. Hotel mit etwa 30 Zimmern, idyllisch im Wald gelegen, Stellplatz für 30 **Wohnwagen** mit Stromanschluss, estnische und türkische Sauna im Haus, Boots- und Fahrradverleih.

Narva-Jõesuu ↗ V/D1

An der Küste des Finnischen Meerbusens, im äußersten Nordosten Estlands, liegt der beschauliche **Kurort** Narva-Jõesuu („Flussmündung der Narva"). Kleine Holzhäuschen, zum Teil künstlerisch verzierte Holzvillen und alter Baumbestand säumen die kleinen, schachbrettartig angelegten Sträßchen des Ortes, die in den Wald oder an den Strand hinunterführen. Man fühlt sich in alte Zeiten zurückversetzt, die – wenn man den Zustand der Holzgebäude näher betrachtet – sicherlich für den Ort rosiger waren als die heutigen.

Der ehemalige Fischerort und Vorhafen von Narva stieg Ende des 19. Jahrhunderts zu einem mondänen Kurort auf. Gäste aus Moskau, von der Krim und aus Kaukasien kamen hierher, um sich am kilometerlangen weißen **Sandstrand** und in den Kiefernwäldern rings um Narva-Jõesuu zu erholen. Trug der Ort zuvor aufgrund seiner Armut lange den Beinamen „Hungerburg", wurde er zu seinen besten Zeiten „Riviera des Baltischen Meeres" genannt.

Heute ist es aufgrund von Visabestimmungen für Russen sehr schwierig, den Ort aufzusuchen, und westliche Kurgäste vergnügen sich lieber auf den estnischen Inseln oder in den Kurorten entlang der Westküste. Auch ist fraglich, ob die zum Teil stolzen Preise der vielfach leeren und sowjetisch anmutenden Kurhotels angemessen sind. Während viele Holzvillen einen morbiden Charme ausstrahlen, zeigen die

„Sanatorien" aus der Sowjetzeit, obgleich sie noch heute genutzt werden, oft deutliche Zeichen des Verfalls.

Ein Spaziergang durch den idyllischen Ort und entlang des Strandes lohnt sich auf jeden Fall. Sehenswert sind einige mit aufwendigen Schnitzereien verzierte Holzvillen, beispielsweise auf der Aia-Straße, Teile des Kursaals von 1882 sowie die kleine orthodoxe Wladimirkirche aus dem 19. Jahrhundert. In einem kleinen Park bietet der verzierte Tschaikowski-Pavillon Schutz gegen Sonne oder Regen.

Auf dem Weg nach Narva

Folgt man der Straße Richtung Südwesten, gelangt man in die etwa 14 Kilometer entfernte Stadt Narva. Auf dem Weg dorthin, immer am **Grenzfluss Narva** entlang, passiert man zwei Denkmäler: Der **T-34-Panzer** erinnert an die Gefechte im Zweiten Weltkrieg, das **Monument in Siiversti,** ein wenig weiter, an die berühmte Schlacht zwischen Russen und Schweden im Jahr 1700 und ehrt besonders mutige Kämpfer. Wirft man einen Blick hinüber auf die russische Uferseite, sieht man nichts als dunkle Wälder.

Unterkunft

● **Hostel Algus** €-€€, Rahu 7, Tel. 3577192, Fax 3561356, algusnancy@hot.ee, www.hot.ee/alguskeskus. Einfaches, aber sauberes Hostel, zentral, 100 m bis zum Strand, EZ, DZ und Mehrbettzimmer, Sauna, Internetzugang, Fahrradverleih.

● **Gästehaus (Külalistemaja) Liivarand** €€€, Koidula 21, Tel./Fax 3577391, liivarand@hot.ee, www.liivarand.ee. Frische Luft durch die Nähe zum Wasser und die zahlreichen Pinien, Sandstrand, Zimmer mit Telefon und Fernseher, Sauna, Billiardzimmer und Fitnessraum im Haus.

● **Hostel Mereranna** €€, Aia 17, Tel. 3572827 Fax 3572826, mereranna@narvahotel.ee, www.narvahotel.ee. Großer Komplex mit rund 150 Zimmern, der sicher schon bessere Tage gesehen hat, in der Nähe der Dünen gelegen, Zimmer mit Balkon, Restaurant.

● **Narva Jõesuu Spa** €€€, Aia 3, Tel. 3599529, 3599524, Fax 3599525, info@narvajoesuu.ee, www.narvajoesuu.ee. Alle klassischen Spa-Anwendungen, es werden Exkursionen in das Kloster Kuremäe, in den Toila-Oru-Park und nach Narva angeboten.

Narva

↗ V/D2

Die Frage, ob sich eine Reise nach Narva wirklich lohnt, ist schwer zu beantworten. Während sich die Stadt selbst in Imagebroschüren gern das **„Tor in die EU"** nennt, bezeichnete eine deutsche Tageszeitung im Zuge der EU-Osterweiterung Narva als „hässlichste und verwahrloseste Stadt Europas". Einerseits ist von der einstigen „barocken Perle der Ostsee" nicht mehr viel zu sehen. Statt der schmucken Häuser der Schwedenzeit, die bis zum Zweiten Weltkrieg Narva zierten, prägen heute graue Plattenbauten das Stadtbild. Andererseits markieren die imposante Hermannsfestung und ihr auf russischer Seite liegendes Pendant, die Burg Ivangorod, die Grenze zwischen Ost und West. Wo sonst auf der Welt liegen zwei ehemals feindliche Festungen so nah beieinander? Ein imposantes Architekturensemble, das seinesgleichen sucht!

Der zwischen den Burgen fließende Grenzfluss, der wie die Stadt Narva

heißt, galt von jeher als wichtige Handelsroute, die schon von den Wikingern ab dem 5. Jahrhundert genutzt wurde. Seit dem 1. Mai 2004 markiert der Fluss die EU-Außengrenze.

Außer der sehenswerten Festung hat die drittgrößte Stadt Estlands jedoch in der Tat nicht viel zu bieten. Die Innenstadt, deren Hauptverkehrsstraße die Pushkini-Straße darstellt, ist gut zu Fuß zu durchqueren. Allerdings verläuft man sich trotz der kurzen Distanzen rasch, da Informations- und oft auch Straßenschilder fehlen. An vielen Hauswänden findet man neben der estnischen Beschriftung noch Straßenschilder in kyrillischer Schrift – 90 % der Einwohner nennen Russisch ihre Muttersprache. Dennoch ist hier wie im Rest des Landes Estnisch Amtssprache.

Die wenigen Gebäude, die der Krieg verschont hat und die teilweise renoviert wurden, liegen versteckt hinter tristen Gebäuden aus der Chruschtschow- und Breschnew-Zeit. Sie stehen großteils leer und sind dem Verfall preisgegeben. Trotzdem kann man den Besuch der Burg gut mit einem kleinen Rundgang verbinden, der eine so ganz andere Seite Estlands zeigt. Nirgendwo sonst im Land fühlt man

Hier endet die EU: Grenzfluss Narva und ein Stückchen Russland sich Russland so nah wie in Narva. Nicht nur, dass sich die Grenzstation mitten in der Stadt befindet – die russische Metropole St. Petersburg liegt mit lediglich 140 Kilometern Entfernung näher als die estnische Hauptstadt (nach Tallinn sind es 210 km).

Leider ist von einem beeindruckenden Naturschauspiel – dem Narvaer Wasserfall – seit Errichtung eines Staudamms im Jahr 1955 nichts mehr zu sehen – obgleich sich Tourismusbroschüren gern noch heute damit schmücken.

Stadtgeschichte

Am linken Ufer des Narva-Flusses entstand im 13. Jahrhundert, als die Dänen über Nordestland herrschten, eine **Kaufmannssiedlung,** die im Jahre 1240 erstmals schriftlich erwähnt wurde. Ein Jahrhundert sollte es jedoch dauern, bis die Ortschaft die Stadtrechte Lübecks verliehen bekam. Im Laufe der Jahrhunderte herrschten Dänen, Deutsche, Schweden, Russen und Esten über die Stadt. Dänenkönig *Woldemar IV.,* der Schwede *Karl XII., Iwan IV.,* der nicht umsonst den Beinamen „der Schreckliche" trug, *Peter I.* und zuletzt die deutschen und russischen Truppen im Zweiten Weltkrieg bauten Narva um oder zerstörten die Stadt. Seine günstige Lage am Kreuzpunkt der Handelswege musste sie mehr als einmal mit Menschenleben und Zerstörung der Bebauung bezahlen. Kein Wunder, dass die wechselnden Herrscher die **Befestigungsanlage** – die Hermannsburg und später die Bastionen – immer weiter ausbauten. Leider nutzte dies meist nicht. Die vom Deutschen Ordnen errichtete Stadtmauer wurde erst von den Russen und später von den Schweden zerstört. Innerhalb zweier Tage sollen ihre Kanonen große Teile der Stadtmauer niedergerissen haben. So ist heute nichts mehr von den Verteidigungsmauern zu sehen.

Doch auch die Herrschaft der **Schweden** hatte keinen Bestand. Ihr im 17. Jahrhundert errichtetes Bastionssystem wurde Anfang des 18. Jahrhunderts vom russischen Zaren **Peter I.** durchbrochen. Zehn Tage lang beschossen die Russen die Verteidigungsanlage, dann soll es, so heißt es in einer Legende, *Peter I.* binnen 45 Minuten gelungen sein, die hohen Mauern zu überwinden – er musste einfach den Berg der davorliegenden Toten erklimmen.

Nachdem die Stadt im 17. Jahrhundert durch mehrere große **Brände** zerstört worden war, verbot man Holzgebäude. Stattdessen gaben deutsche und holländische Architekten unter schwedischer Herrschaft Narva ein **barockes Antlitz.** Infolge der Industrialisierung wurde 1857 außerhalb der Altstadt die backsteinerne Kreenholm-Textilmanufaktur erbaut und mit ihr zwei Kirchen im südlichen Teil der Innenstadt.

Zur Zeit der ersten Unabhängigkeit gehörte auch die **Nachbarstadt Ivangorod** zum estnischen Staat, eine Entscheidung, die die UdSSR gleich nach Eingliederung Estlands als Sowjetrepublik rückgängig machte.

Die letzte große Katastrophe ereilte Narva im 20. Jahrhundert. Während der russischen „Befreiung" im März 1944 wurden 98 % der Stadt durch **russische Bomben,** aber auch durch **deutsche Rückzugsgefechte** zerstört. Vom barocken Narva der Schwedenzeit, das über die Landesgrenzen hinaus für seine Schönheit bekannt war, blieben nichts als Ruinen übrig. Zu Sowjetzeiten wurde Narva im damals üblichen Baustil wieder aufgebaut – was man bis heute sehen kann. Es wurden gezielt **russische Familien** hier angesiedelt, was den hohen Anteil an russischer Bevölkerung erklärt. 1922 waren ca. 63 % der Bewohner Esten, 1989 nur noch drei Prozent. Bis heute hat sich an diesem Verhältnis nicht viel geändert.

Tipp: In der Tallinner Domkirche kann man auf dem Grabstein des schwedischen Heerführers *Pontus de la Gardie* eine Schlachtszene des Jahres 1581 besichtigen, die einzige Darstellung, auf der die **mittelalterliche Stadtmauer Narvas** zu sehen ist.

Hermannsfestung

Die touristische Hauptattraktion Narvas, wenn nicht sogar der Grund, überhaupt dorthin zu fahren, ist ohne Zweifel die stattliche Burg. Ausgehend vom Peetri-Platz, schlendert man zunächst durch den kleinen **Schlossgarten** (Lossiaed), der eher einem begrünten Platz als einem Garten ähnelt, und betritt dann durch einen Torbogen den Burghof. Von hier aus bietet sich ein guter Blick auf die Anlage, die

029es Foto: jl

von dem gut 50 Meter hohen Turm Langer Hermann dominiert wird.

Doch vorher sollte man links einen Blick um die Ecke werfen. Hinter dem schönen Burgcafé Rondeel, das leider oft geschlossen ist bzw. nur zu bestimmten Anlässen geöffnet wird, findet man eine Lenin-Figur, die früher auf dem Peetri-Platz aufgestellt war. Bei diesem **Lenin-Denkmal** handelt es sich wohl um das einzige des Landes,

Die Hermannsfestung hat viele verschiedene Herrscher gesehen

Burg Ivangorod

Die Burg Ivangorod, Ende des 15. Jahrhunderts erbaut und damit ein wenig jünger als ihr auf estnischer Seite liegendes Pendant, ist ein hervorragendes Beispiel **russischer Festungsbaukunst** des 15. bis 18. Jahrhunderts. Ihr Name geht auf den russischen Zaren *Iwan III.* zurück. Mehr als fünf Jahrhunderte lang diente das Bollwerk als Schutz gegen westliche Mächte. Später wurde auf dem Gelände eine **Kirche** errichtet, die bis heute als solche fungiert.

Zurzeit versuchen sich die Stadtherren von Ivangorod darauf zu einigen, wie der Komplex künftig genutzt werden soll. Wenn die erforderlichen 2,5 Mrd. Dollar aus Moskau fließen sollten, möchte die Stadtverwaltung die Burg fertig restaurieren und zu einem Kulturzentrum ausbauen.

Nur wer sich zuvor von zu Hause aus ein **Visum** besorgt hat, kann eine **Stippvisite** in der Stadt Ivangorod (auf Estnisch: Jaanilinn) und auf der Burg einlegen. Dazu passiert man die 1966 erbaute sogenannte „Brücke der Freundschaft" über den Fluss Narva, die Grenzpassage zwischen der Europäischen Union und Russland. Ein spontaner Besuch ohne Visum ist nicht möglich, obgleich beide Städte seit Jahren darüber diskutieren, wie man beide Burgen Touristen leichter zugänglich machen kann. Ob dies jemals ohne bürokratischen Aufwand möglich sein wird, steht in den Sternen.

027es Foto: jl

Rechts die russische Burg Ivangorod, links die estnische Hermannsfestung das noch öffentlich aufgestellt ist. Ein paar wilde Anekdoten ranken sich um das Standbild. Der ausgestreckte Finger Lenins, so heißt es, zeige einen Platz an, der vom Unglück heimgesucht wird. Zunächst soll er so gestanden haben, dass er auf das Burgcafé zeigte, das kurz darauf Pleite ging. Nun weist er gen Osten, nach Russland. Gerade bei westlichen Touristen hat sich das Denkmal zum beliebten Fotomotiv entwickelt.

Zum Eingang in das Burgmuseum geht es einmal um den Burghof herum. Bevor man das Museum betritt, lohnt sich ein Blick über den Grenzfluss Narva auf die gegenüberliegende **Burg Ivangorod.** Hier beginnt Russland.

Zurzeit können drei Flügel und der Lange Hermann besichtigt werden. Geplant ist jedoch, im Laufe des Jahres 2007 auch den nördlichen Innenhof der Burg für Touristen zugänglich zu machen. Hier sollen traditionelle Handwerksstuben und -geschäfte eröffnet werden, wie es sie im 17. Jahrhundert gegeben hat (damals allerdings nicht an diesem konkreten Ort, sondern rund um die Burg).

Geschichte

Die Narvaer Burg wurde Ende des 13. Jahrhunderts von den damals in Nordestland herrschenden **Dänen** als kastellartige Festung angelegt. Das quadratische Bauwerk sollte als Residenz für den Statthalter des dänischen Königs dienen und war, im Vergleich zu seinen späteren Ausmaßen, mit einer Seitenlänge von 40 Metern eher klein. Der große Burghof wurde Mitte des 14. Jahrhunderts errichtet, um den ringsum angesiedelten Menschen im Kriegsfall Schutz zu bieten. 1347 verkaufte der dänische König Estland an den Livländischen Orden, der die Burg in ein **Konventgebäude** umbaute, das aus vier Flügeln und dem auf sechs Stockwerke erweiterten Turm bestand. In den Flügeln wurden Versammlungs-, Speise- und Schlafsaal untergebracht.

In den nächsten 150 Jahren wurde der Komplex aufgrund der sich stetig weiterentwickelnden Waffensysteme mehrfach erweitert und umgebaut. So kam im Westen ein **Rundturm** – das Rondell – hinzu, der heute das (nicht immer geöffnete) Burgcafé beherbergt.

Ende des 17. Jahrhunderts wurde die Burg unter den **Schweden** ein Bestandteil des **Bastionssystems,** das die Stadt umfasste, wohl auch, um mit der Ende des 15. Jahrhunderts errichteten Burg Ivangorod mithalten zu können, die natürlich ebenfalls immer weiter ausgebaut wurde. Während des Zweiten Weltkriegs erfuhren beide Komplexe starke Zerstörungen, ab den 1950er (Burg Narva) bzw. 1960er Jahren (Burg Ivangorod) wurden sie wieder aufgebaut und restauriert.

Rundgang und Museum

Schmale Treppen führen die Besucher durch die bis zu vier Meter dicken Festungsmauern in die Säle und Ausstellungsräume sowie in die Aussichtsgalerie hoch oben im Langen Hermann. Der größte Saal ist das **Re-**

fektorium, das als Versammlungs- und Speisesaal diente. Wegen seiner guten Akustik finden unter den Kreuzgewölben oftmals Konzerte statt.

In fünf Sälen sind die ständige **Ausstellung** des Museums sowie wechselnde Sonderausstellungen untergebracht. Interessant ist vor allem die Geschichte der Stadt vom 13. Jahrhundert bis zu ihrer Zerstörung im Zweiten Weltkrieg.

Es empfiehlt sich, den **Langen Hermann** bis ganz oben zu erklimmen. Vom hölzernen Wehrgang an der Außenseite des Turms hat man einen guten Ausblick auf beide Grenzstädte. Die einzelnen Stockwerke stammen aus verschiedenen Epochen, da im Laufe der Jahrhunderte unter den wechselnden Herren immer wieder eines aufgesetzt wurde.

● **Hermannsfestung / Narva Muuseum,** Peterburgi mnt. 2, Tel. 3599230, www.narvamuuseum.ee, Mi–So 10–18 Uhr, an Feiertagen oftmals geschlossen.

Weitere Sehenswürdigkeiten

Peetri-Platz

Verlässt man die Burg, geht es durch den Schlossgarten (Lossiaed) wieder auf den Peetri-Platz, der seinen Namen *Peter dem Großen* zu verdanken hat. Neben der Grenzstation zur Rechten fallen besonders zwei Gebäude ins Auge: ein hässlicher, grauer, zwölfstöckiger Klotz mit einem seltsamen Gebilde auf dem Flachdach. Er wurde als Wasserturm gebaut, tatsächlich aber nie als solcher genutzt. Heute beherbergt er Büros und Privatwohnungen. Das andere auffällige Gebäude ist ein grell violett gestrichenes Haus, in dem die Stadtverwaltung untergebracht ist.

Bastionen

Auf den ersten Blick sind nicht alle Bastionen leicht zu finden, liegen sie doch mitten in der Innenstadt und sind zum Teil überbaut. Von ursprünglich neun geplanten konnte der schwedische Staatsmann, Heeresführer und Baumeister *Erik Dahlberg* im 17. Jahrhundert sieben realisieren, bevor der Nordische Krieg ausbrach. Die Bastionen tragen lateinische Namen: Fortuna (Glück), Spes (Hoffnung), Justitia (Gerechtigkeit), Pax (Frieden), Victoria (Sieg), Honor (Ehre) und Gloria (Ruhm). Am besten erkennt man die am Fluss gelegenen Bastionen vom Ufer aus (von der Burg aus gesehen hinter der Grenzstation). In einigen befinden sich Kasematten, die jahrzehntelang geschlossen waren. Die Stadt Narva plant jedoch, sie mittelfristig zu sichern und für die Öffentlichkeit zugänglich zu machen. Da ungewiss ist, wann diese Pläne realisiert werden, sollte man in der Touristeninformation nachfragen, ob sie geöffnet sind.

Die am Ufer der Narva liegenden Bastionen laden zu einem schönen Spaziergang ein, denn von hier aus hat man einen hervorragenden Blick auf die beiden Burgen. Auf der 16 Meter hohen **Bastion Viktoria** wurde bereits im 19. Jahrhundert ein Park angelegt, der „Dunkle Garten“. Zwei Denkmäler erinnern an vergangene Schlach-

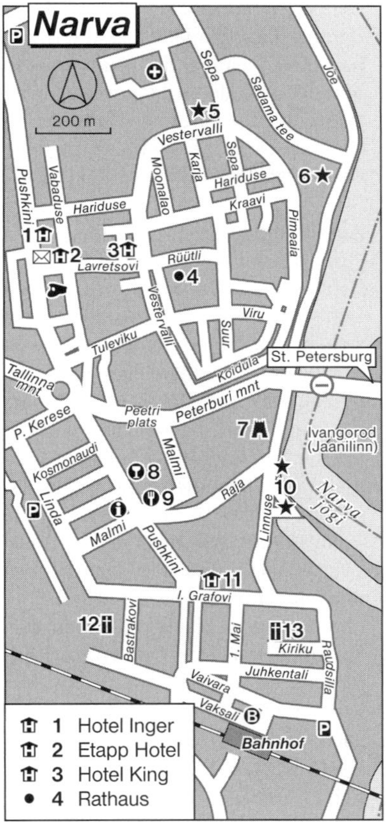

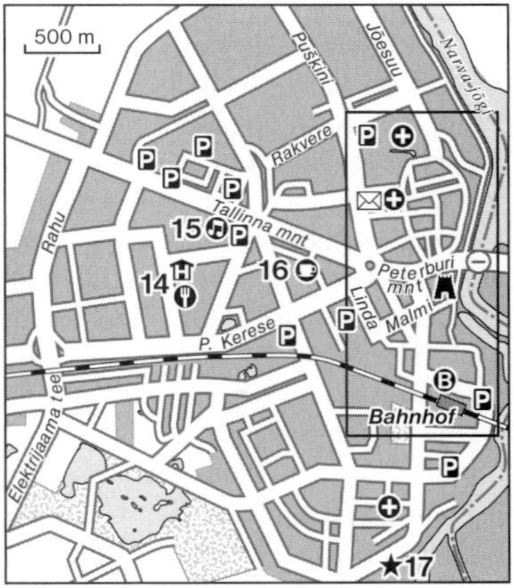

- ★ 5 Gloriabastion/Kunstgalerie
- ★ 6 Bastion Victoria/Dunkler Garten
- 7 Hermannsfestung
- 8 Tavris Bar
- 9 Pizza und Kebab Narva und German Pub
- ★ 10 Denkmal Schwedischer Löwe, Aussichtspunkte
- 11 Hotel Narva
- 12 Auferstehungskirche
- 13 Alexanderkirche
- 14 Hostel und Restaurant Lell
- 15 Café und Nachtclub Geneva
- 16 Café Belgrad
- ★ 17 Kreenholm Textilmanufaktur

ten: den Nordischen Krieg und den Freiheitskrieg (1918).

Auf der **Gloriabastion** wurde das ehemalige Munitionslager aus dem 18. Jahrhundert wieder aufgebaut, es beherbergt heute eine **Kunstgalerie.** Neben zeitgenössischen Exponaten ist hier eine Sammlung russischer Kunstwerke der Kaufmannsfamilie *Lavretsov* ausgestellt.

- **Kunstigalerii,** Vestervalli 21, Tel. 3592151, www.narvamuuseum.ee/kunstigalerii/eng.htm, Mi–So 10– 18 Uhr, an Feiertagen geschlossen.
- Eine **virtuelle Tour** durch die Narvaer Bastionen kann man unter http://bastion.narva.ee machen.

Rathaus

Das Rathaus bietet einen traurigen Anblick, vielleicht weil es die einstige Schönheit der Stadt erahnen lässt. Der zweigeschossige Bau wird von acht toskanischen Pilastern an der Hauptfassade und einem schmalen Türmchen auf dem Walmdach geschmückt. Sein Grundriss folgt den Traditionen niederländischer Paläste. Nach Plänen des Lübecker Architekten *Georg Teuffel* im 17. Jahrhundert erbaut, war es bis zum Zweiten Weltkrieg Teil eines Architekturensembles, das einst aus Rathaus, Börse, Apotheke und den Wohnhäusern schwedischer Bürger bestand, die sich um den Rathausplatz gruppierten. Heute rahmen stattdessen Plattenbauten das Rathaus ein, dessen gelb-rosa Farbe samt Putz von den Außenwänden bröckelt. Zu Sowjetzeiten als Pionierlager genutzt, steht das Gebäude heute zum größten Teil leer. Im Inneren wurden das Treppenhaus und das Deckengebälk der Vorhalle renoviert, jedoch ist das Rathaus trotz einer kleinen Fotoausstellung, die sich dort befindet, meistens geschlossen. Wer ein paar Worte Russisch beherrscht, kann einmal klingeln, denn der Hausmeister lässt gern Touristen einen Blick in das Gebäude werfen und erzählt ihnen Geistergeschichten.

Die Stadtverwaltung plant eine Renovierung des Rathauses sowie die Neugestaltung des davorliegenden Platzes. An der Stelle, wo einstmals die alte Börse stand, soll wieder ein Gebäude errichtet werden. Bislang konnten sich die Verantwortlichen jedoch nicht entscheiden, ob es sich dabei um eine Rekonstruktion oder ein modernes Haus handeln soll. In das Rathaus sollen einmal die Touristeninformation und kleine Handwerks- und Souvenirläden einziehen. Sicher ist jedoch eines: Es wird wohl noch Jahre dauern, bis diese Pläne realisiert sind.

Aussichtspunkte

Südlich der Burg, auf dem Weg zum Bahnhof und Busbahnhof, befinden sich zwei nette Aussichtspunkte, die sich hervorragend für ein Foto von den beiden Festungen eignen. Der eine liegt am Ende der Raja-Straße, auf der man auch einen kleinen Snack in der Pizza-Döner-Bude oder im German Pub einnehmen kann (siehe „Essen und Trinken").

Etwas repräsentativer ist der Aussichtspunkt weiter südlich beim **Schwedischen Löwen.** Das Denkmal erinnert an die Schlacht zwischen den Streitmächten *Peters I.* und des schwedischen Königs *Karl XII.* am 19. November 1700. Von hier aus kann man auch einen Blick auf eine kleine Flussinsel mit Sandstrand werfen, auf der sich im Sommer Angler und Badende tummeln.

Alexanderkirche

Ein Stückchen weiter südlich, hinter der Grafovi-Straße, erhebt sich eine der beiden Kirchen vom Ende des 19. Jahrhunderts. Leider wurde die in den Jahren 1881–84 errichtete, lutherische Alexanderkirche im Krieg stark beschädigt. Der gut 60 Meter hohe Glockenturm wurde völlig zerstört. Zu Sowjetzeiten diente das achteckige

Gebäude als Lager für Alkoholika. Genau wie die Auferstehungskirche wurde auch dieses Gotteshaus von der Kreenholm Manufaktur (siehe unten) finanziert.

Zurzeit wird die Alexanderkirche restauriert. Dennoch wird das Gebäude im Sommer von Zeit zu Zeit als Veranstaltungsort für Konzerte genutzt, die einen Teil der Renovierungskosten abdecken sollen. Im Winter sind Fenster und Türen zugemauert. Der Spitzhelmturm und die Rosettenfenster wurden bereits erneuert. Es ist geplant, dass die Renovierungsarbeiten 2009 abgeschlossen sein sollen, doch dies bleibt abzuwarten.

Auferstehungskirche

Folgt man der Grafovi-Straße, gelangt man zur Auferstehungskirche. 1890–96 wurde das knapp 30 Meter hohe, backsteinerne Gebäude für die orthodoxen Arbeiter der Kreenholm Manufaktur errichtet. Im Gegensatz zur nahe gelegenen, etwa gleich alten Alexanderkirche hat das im byzantinischen Stil erbaute Gotteshaus den Zweiten Weltkrieg unbeschadet überstanden. Auch heutzutage finden hier regelmäßig Gottesdienste statt. Eine klassische dreiteilige Ikonostase und ein hölzernes Kreuz aus dem 17. Jahrhundert schmücken das Innere. Wände und Kuppel wurden aus Backstein, Treppen und Ornamente aus Granit angefertigt. Leider ist das hübsche Bauwerk – ähnlich wie das Rathaus – von schäbigen Plattenbauten umringt.

Kreenholm Textilmanufaktur

Die Kreenholm Manufaktur im Süden der Stadt ist zum Glück von den Zerstörungen des Zweiten Weltkriegs weitgehend verschont geblieben. Die „Stadt in der Stadt" ist ein beeindruckendes Beispiel für die **Industriearchitektur des 19. Jahrhunderts.** Die damals benutzte Technologie war innovativ – als billige Energiequelle diente ein Wasserfall –, sodass der Komplex auf der Pariser Weltausstellung 1900 mit dem Grand Prix ausgezeichnet wurde. Neben einer Fabrik englischen Stils wurden ein Krankenhaus (1913 zu Ehren der 300-jährigen Romanow-Dynastie im modernistischen Stil errichtet), Arbeiterunterkünfte, Wohnhäuser für die Leiter der Fabrik sowie ein Park angelegt.

Auch heute werden in dem backsteinernen Komplex Textilien hergestellt, vorwiegend für den Export. Leider hat die einst größte Fabrik des Russischen Imperiums mit mehreren Zehntausend Angestellten seit der Unabhängigkeit Estlands die Zahl seiner Angestellten immer weiter reduziert.

Weitere alte Gebäude

Weitere vom Krieg verschonte bzw. wieder aufgebaute Gebäude gibt es wenige, sie sind eigentlich keinen Umweg wert. Wer doch noch etwas durch die Stadt schlendern will, findet in der Kraavi-Straße 2 das ehemalige Gebäude des Barons *von Velio,* in dem heute eine Schule untergebracht ist. Auf der Koidula-Straße (Nr. 3a und 6) befinden sich weitere Gebäude, die ein wenig an die prächtige Vergangen-

030es Foto: jl

Ausstellung zur Stadtgeschichte
in der Burg

heit erinnern. Im Norden der Stadt, auf dem Weg nach Narva-Jõesuu, passiert man die neue orthodoxe Kirche.

Praktische Tipps

Informationen

- **Touristeninformation,** Pushkini tn. 13, Tel. 3560184, Fax 3560186, narva@visitestonia.com. Mitte September bis Mitte Mai 10–17 Uhr, in der Sommerzeit 10–18 Uhr. In der Touristeninformation bekommt man die englischsprachige Broschüre **„In your pocket – Narva",** die man auch online einsehen kann: www.inyourpocket.com/estonia/narva/en. Sie beinhaltet sämtliche Adressen von touristischen Sehenswürdigkeiten.

Service

- **Bank:** Hansapank, drei Filialen bzw. Geldautomaten: Peetri 1, Kangelaste 12, Võidu pst. 1.
- **Post:** Mõisa 10.

Unterkunft

- **Etapp Hotel** €€€, Lavretsovi 5, Tel. 3591333, 3592333, Fax 3591333, etapp@hot.ee, www.hot.ee/etapp. Untergebracht in einem der wenigen erhaltenen Gebäude aus dem 19. Jahrhundert, vor wenigen Jahren komplett renoviert, Bar, 19 Zimmer mit eigenem Bad und Telefon, auch Haustiere sind willkommen.
- **Hotel Inger** €€€, Pushkini 28, Tel. 6881100, Fax 26881101, inger@inger.ee, www.inger.ee. 70 modern ausgestattete Zimmer mit Bad, TV und Telefon, Spezialräume für Allergiker, bewachter Parkplatz.
- **Hotel King** €€€, Lavretsovi 9, Tel. 3572404, Fax 3572404, vestaking@hot.ee, www.hotel

king.ee. Zimmer mit Bad, TV und Telefon. Frühstück auf Anfrage, gemütliches Restaurant mit Kamin.

- **Hostel und Restaurant Lell** €€, Partisani 4, Tel. 3549009, Fax 3573461, lell@narvahotel.ee, www.narvahotel.ee. Rund 50 Zimmer, Sauna, Fitnessraum, Billiardtisch, Restaurant.
- **Hotel Narva** €€€, Pushkini 6, Tel. 3599600, Fax 3599603, hotell@narvahotell.ee, www.narvahotell.ee. Mitten im Zentrum gelegen, renoviert, großes Restaurant im Hotel, allerdings sollte man sich auch als Hotelgast vorsichtshalber anmelden, wenn man dort speisen möchte, da es manchmal aus unerklärlichen Gründen geschlossen ist.

Essen und Trinken, Nachtleben

- **Café Belgrad,** Energia 2a, Tel. 3594089, einfache Speisen.
- **Café und Nachtclub Geneva,** Võidu 2, Tel. 3561135, zu später Stunde oft Live-Musik.
- **German Pub,** Pushkini 10, Tel. 3591548, www.germanpub.ee. Obgleich dieses Lokal „Pub" heißt und in einem dunklen Untergeschoss gelegen ist, ist die Auswahl an Speisen relativ groß und der Service nicht zu bemängeln. Außerdem ist die Speisekarte nicht nur auf Estnisch und Russisch, sondern auch in Englisch angelegt.
- **Pizza und Kebab Narva,** Pushkini 10, Tel. 3572828, gleich neben dem German Pub.
- **Tavris Bar,** Pushkini 12, Tel. 3594482, kleine Bar im ersten Stock des Hauses. Man sollte sich darauf einrichten, dass das Personal nur Russisch spricht. Beliebter Treffpunkt der Jugendlichen von Narva.

Verkehr

- Der gleich neben dem Bahnhof gelegene **Busbahnhof** an der Vaksali tn. erinnert eher an einen größeren Kiosk als an ein Bahnhofsgebäude. Von hier fahren etwa 15-mal am Tag Busse nach Tallinn, und auch Rakvere, Jõhvi, Narva-Jõesuu und Tartu werden regelmäßig angefahren. Die **Eurolines-Busse** nach St. Petersburg halten hier.
- Über Rakvere fährt außerdem ein **Zug** nach Tallinn.

Nördlich des Peipus-Sees

↗ IV-V/B-C2-3

Südlich von Narva führt keine befestigte Straße direkt an der Grenze entlang zum größten See des Landes, dem **Peipsi järv.** Will man Richtung Süden fahren, muss man sich zunächst nach Jõhvi zurückbegeben, um von dort aus an den See zu gelangen. Dichte Wälder und Moorlandschaften, darunter der größte Sumpf des Landes, Puhatu, zeichnen dieses dünn besiedelte Gebiet aus.

Zwischen Küste und Peipus-See

Kurtna-Seengebiet

↗ V/C2

Wanderfreunden sei das Kurtna-Seengebiet empfohlen, das östlich der Straße 32 nach Vasknarva liegt. In einem Umkreis von rund 30 Quadratkilometern liegen zwischen malerischen, bewaldeten Hügeln über 40 Seen, die in der Eiszeit entstanden sind. Pilz- und Beerensammler kommen in dieser einsamen Gegend auf ihre Kosten.

Illuka

↗ V/C2

Westlich des Seengebiets, in Illuka, befindet sich ein hübsches **Herrenhaus.** *Conrad Diekhoff* errichtete das Haupthaus 1888. 1999 wurde das Anwesen, das seit 1921 eine Schule beherbergt, restauriert. Leider ist es nur von Außen zu besichtigen. Wenn man Glück hat, ist aber die kleine, gelbe **Holzkirche** des Ortes geöffnet.

031es Foto: jl

Kloster Pühitsa ↗ V/C2

Das **Nonnenkloster** von Pühitsa beim Dorf **Kuremäe** gehört zu den herausragenden Sehenswürdigkeiten der Region. Es liegt in einer einsamen Gegend, eingebettet in eine nahezu unbesiedelte **Moor- und Waldlandschaft** etwa 20 Kilometer südöstlich von Jõhvi. Das einzige bewohnte Kloster Estlands war eines der wenigen in der ehemaligen Sowjetunion, das ohne Unterbrechung in Betrieb war. Es hat gerade für westliche Besucher ein besonderes Flair. Wandelt man durch den Klosterkomplex, fühlt man sich in eine vergangene Zeit im tiefsten Russland versetzt. Prachtvolle Kirchen mit Zwiebeltürmchen, in lange Gewänder und Kopftücher gehüllte Nonnen, wertvolle Ikonen und meterhohe, zu Türmen aufgeschichtete Brennholzstapel wirken auf westliche Augen durchaus exotisch.

Im 16. Jahrhundert soll einem Hirten auf dem Hügel Pühitsa die heilige Jungfrau Maria erschienen sein. Wenig später fanden Bauern unter einer Eiche eine Ikone der Muttergottes, die noch heute zu den Schätzen des Klosters gehört. Doch erst drei Jahrhunderte später begann man auf Veranlassung des Gouverneurs von Estland, *Sergej Shakhovsky,* mit dem Bau des Klosters, das der heiligen Synode der russisch-orhtodoxen Kirche angehören sollte.

Heute betritt man den von einer Mauer umgebenen Komplex durch ein stattliches Tor mit grünem Dach und farbenprächtiger Wandbemalung und schreitet durch einen schönen Rosengarten auf die **Uspenski-Kathedrale** zu, die Anfang des 20. Jahrhunderts erbaut wurde. Das dreischiffige Sakralgebäude wird von drei Altären und einer wertvollen Ikonostase geschmückt. Bis zu 1200 Menschen finden in dem Gotteshaus Platz. Außen krönen fünf grüne Kuppeln die Kathedrale.

Neben ihr gehören eine weitläufige Parkanlage, fünf kleinere Kirchen, hölzerne Wohnhäuser der Nonnen, ein Friedhof, eine Schule und ein Altersheim zu dem Gebäude-Ensemble. Allerdings sind nicht alle Bereiche zugänglich. Eine heilige Quelle, die im Winter nicht zufrieren soll, zieht ferner die Besucher an. Die rund 150 russischsprachigen Nonnen leben auch heute noch weitgehend eigenständig von Landwirtschaft, Viehzucht und Handarbeiten, die in einem kleinen Kiosk verkauft werden.

Iisaku ↗ V/C3

Das kleine Örtchen Iisaku liegt inmitten des **Moorgebietes Alutaguse** nahe der Straße 3. Sehenswert ist das **Heimatmuseum** (Koduloomuuseum) des Ortes. Zu besichtigen sind unter anderem ein Wohn- und Wirtschaftshaus, eine alte Schulklasse und ein Raum, der der Feuerwehr gewidmet

Im Klostergarten von Pühitsa

ist. Außerdem befindet sich im Ort eine kleine Touristeninformation.

Ganz in der Nähe, auf dem Weg nach Tudulinna, führt der **Wanderweg Kotka** durch das **Hochmoor Rüütli.** Vom Aussichtsturm auf dem Berg Tärivere genießt man einen weiten Blick über die Umgebung.

- **Koduloomuuseum,** Tartu mnt. 17, Iisaku, Tel. 3393736.
- **Iisaku Touristeninformation,** Tartu mnt. 49, Tel./Fax 3393006, iisakuinf@hot.ee.

Mäetaguse ↗V/C2

Das **Herrenhaus** in Mäetaguse, weiter nördlich nahe der Straße 3, kann auf Voranmeldung besichtigt werden (Tel. 3369130, 3369125, maetagusevv@maetagusevv.ee. www.maetagusevv.ee). Man kann dort ein kleines Café besuchen und auch übernachten.

Südwestlich von Mäetaguse geht beim Dorf **Metsküla** der **Selisoo-Wanderweg** ab, der auf Holzstegen durch das gleichnamige Moor führt. Der Wanderclub Alutaguse (Tel. 5141692), organisiert auf Wunsch Fremdenführer, die Touristen das Moorgebiet zeigen.

Unterkunft

- **Vaikla Puhkekeskus** €, Mäenurga talu, Vaikla, Gemeinde Lisaku, Tel. 3327314, mobil 5069020, vaiklaphkus@vaiklapuhkus.ee, www.vaiklapuhkus.ee. Einfaches Ferien- und Erholungszentrum, idyllisch an einem kleinen See mitten im Wald gelegen, Zelt- und Wohnwagenstellplätze und Vermietung. Gemütlicher Speiseraum mit Bar, Lagerfeuerplatz, Boots- und Kanuverleih, großer Abenteuerspielplatz für Kinder, großer Grillplatz, Fischen und Eisfischen im Winter, täglich 11–22 Uhr geöffnet.

Am Nordufer des Peipus-Sees ↗V/C3

Von Kiefernwald umrahmte Strände, menschenleere Dünen und ein Gewässer, das so groß ist, dass es vom Ufer aus wie das Meer wirkt, so lässt sich das Nordufer des Peipus-Sees beschreiben. Der See lädt zum **Baden** ein, beispielsweise bei Remniku, Alajõe, Uusküla, Rannapungerja, aber vor allem in **Kauksi** mit seinem schönen Sandstrand. In Kauksi und Raadna befinden sich einfache Campingplätze.

Das Gebiet ist dünn besiedelt und hat bis auf kleine orthodoxe Kirchen in **Alajõe** und **Vasknarva** sowie den sich dort befindlichen Resten einer Ordensburg aus dem Jahr 1427 nicht viel zu bieten, ist aber der ideale Ort für einen ruhigen Badeurlaub.

Der Peipus-See wird im Kapitel „Der Süden" ausführlich beschrieben.

Lohusuu ↗IV/B3

In Lohusuu beginnt das Gebiet der **Altgläubigen** (siehe auch Exkurs im Kapitel „Der Süden"). Die knapp 1000 Einwohner umfassende Gemeinde teilt sich auf in Esten, Altgläubige und Russen, die zu Sowjetzeiten hierher gezogen sind. Auf dem örtlichen Friedhof finden sich noch Gräber deutscher Soldaten aus dem Zweiten Weltkrieg. Lohusuu ist der Geburtsort von *Otto Wilhelm Masing* (1763–1832), der den Buchstaben „õ" in die estnische Sprache eingeführt hat. Ihm und weiteren Persönlichkeiten des Ortes ist ein kleines, privates **Museum** in einem Nebengebäude der Schule gewidmet. Die lutherische Kirche stammt aus dem Jahr 1882, die orthodoxe wurde 1898 errichtet.

Jeden Sommer findet in Lohusuu ein großer Fischmarkt statt, der sich wachsender Beliebtheit erfreut.

Fährt man landeinwärts nach **Avinurme,** einem kleinen Ort, der außer einem Schwimmbad (s.u.) nicht viel zu bieten hat, passiert man ein seltsames **Denkmal.** Der auf einer Brücke aufgestellte Zug verkehrte bis in die 1970er Jahre nach Mustvee am Westufer des Sees. Über Mustvee kann man weiter in Richtung Tartu fahren.

Unterkunft

- **Hostel Peipsi Lained** €€, Kalmaküla, Gemeinde Lohusuu, Tel./Fax 3393723, mobil 55690131, info@peipsi-lained.ee, www.peipsi-lained.ee. Direkt am Ufer des Peipus-Sees gelegen. Unterkunft in einzelnen Hütten, Dusche und WC sind separat, aber im selben Haus, Koch- und Grillplätze auf dem Gelände.
- **Kauksi Ferienhaus (Puhkemaja) und Campingplatz** €-€€, Kauksi, Tel. 3372996, mobil 5219362, kauksi.puhkemaja@mail.ee. Zur Auswahl stehen zwei Holzhäuser, die man komplett mieten kann, sowie kleine, einfache Sommerhäuschen; auch Camper sind willkommen; Rauchsauna, Grill und Lagerfeuerplatz.
- **Feriendorf Kauksi,** Kauksi, pk. 138, Tel. 56640649, Fax 3393835, kauksirand@hot.ee, www.hot.ee/kauksirand. Nur Juni bis August geöffnet, einfache Hütten, z.T. mit Mehrbettzimmern, Dusche und WC in separatem Haus, Kiosk, Boots- und Sportartikelverleih. Campinghaus pro Person €.
- **Kopraonu Gästehaus** €€, Raadna, Gemeinde Lohusuu, Tel. 3393660, mobil 53466583, raadnakopraonu@hot.ee, www.hot.ee/raadnakopraonu. Gemütliche Zimmer, Dusche und WC auf dem Flur; Suite mit Dusche, WC und Fernseher, Gemeinschafts- und Speiseraum mit Kamin. Auf dem Gelände ist außerdem eine große Holzschaukel für 6 Personen sowie ein Camping- und Grillplatz zu finden.
- **Suvi Motell** €€, Remniku, Gemeinde Alajõe, Tel. 3393119, mobil 5229809, Fax 3368067, info@peipsi-suvi.ee, www.peipsi-suvi.ee. Im Wald gelegen, nicht weit vom See, alle Zimmer mit Dusche, WC, TV und Kühlschrank; außer dem Motel gibt es zwei Ferienhäuser.
- **Herberge Villa Marika** €, Alajõe, Tel. 3393110, villa@villamarika.ee, www.villamarika.ee. Einfache Mehrbett- und Doppelzimmer, Bad auf dem Gang, auch **zelten** möglich; Grill, Sauna.

Essen und Trinken

- **Restaurant Kuldkala Baar,** im Dorf Raja bei Mustvee am Westufer des Sees, Kuldkala 2, Tel. 7765440. Typische, sehr gute Fischgerichte, frisch zubereitet aus den kurz zuvor geangelten Fischen. Zwei Kilometer Richtung Tartu auf der entgegengesetzten Straßenseite gibt es eine zweite Kuldkala Baar mit gleichem Angebot.

Einkaufen

- **Tipp:** Probieren Sie unbedingt *suitsukala,* **geräucherten Fisch,** der entlang der Straße, vor allem rund um Mustvee, an kleinen Verkaufsständen feilgeboten wird. Als Selbstverpfleger halte man die Augen auf. Im Sommer wird überall **Gemüse aus eigenem Garten** für wenig Geld verkauft.

Aktivitäten

- **Schwimmbad und Dampfsauna Avinurme,** im Kulturhaus Avinurme (westlich von Lohusuu), Voidu 9, www.avinurme.ee, Tel. 53437675, 53430030, Schwimmbad Di–So 14–17 Uhr, Sauna Di–Fr 17–22 Uhr, Sa und So 14–22 Uhr, die Öffnungszeiten können sich kurzfristig ändern.

034es Foto: jl

Im Zentrum Estlands

040es Foto: jl

033es Foto: jl

Landleben

Ruinen der Ordensburg von Laiuse

Typische Tracht der Altgläubigen

Überblick

Die im Zentrum liegenden Landkreise Raplamaa, Järvamaa und Jõgevamaa werden von den meisten Reisenden eher stiefmütterlich behandelt, sind sie im Großen und Ganzen doch nicht für herausragende Sehenswürdigkeiten bekannt. Doch wer es nicht allzu eilig hat, kann auf dem Weg von der Hauptstadt nach Tartu, Viljandi oder Pärnu den einen oder anderen Zwischenstopp bei kleineren Sehenswürdigkeiten einlegen oder sich in einem einsamen, kleinen Landschafts- und Naturschutzgebiet die Füße vertreten. Vor allem wer **Moore** und **Karstgebiete** mag, wird auf seine Kosten kommen. Auch im **Pandivere-Hochland** findet man beim Urtal Porkuni eine liebliche Landschaft mit Hügeln und Seen vor. Die sehenswertesten Städte in Zentralestland sind **Paide** und **Põltsamaa,** in deren Herzen jeweils alte **Burgruinen** liegen, die heute Museen beherbergen. So manches **Herrenhaus** hat wieder zu altem Glanz gefunden, mittelalterliche **Kirchen** und kleine **Museen** haben zumindest im Sommer ihre Pforten geöffnet.

Rapla

↗ VI/A1

Rapla, etwa 50 Kilometer südlich von Tallinn, ist eine Provinzstadt, die außer der **Maria-Magdelena-Kirche** (Kalda 1), die seit dem 14. Jahrhundert immer wieder umgebaut wurde, nicht mit viel aufwarten kann. Auffällig an dem neoromanischen Umbau von 1901 sind die vom Architekten *Rudolf Moritz von Engelhardt* errichteten zwei Türme, die an die Kaarli-Kirche in Tallinn erinnern. Auch die Inneneinrichtung ist sehenswert, etwa die Kanzel von *Christian Ackermann* aus dem 17. Jahrhundert oder die Altarwand aus dem 18. Jahrhundert von *Quirinus Rabe*. Neben der Kirche erinnert ein **Denkmal** mit Radkreuz an den estnischen Freiheitskrieg. Jedes Jahr im August findet in dem Gotteshaus ein Chormusik-Festival statt.

035es Foto: jl

Die Maria-Magdalena-Kirche in Rapla

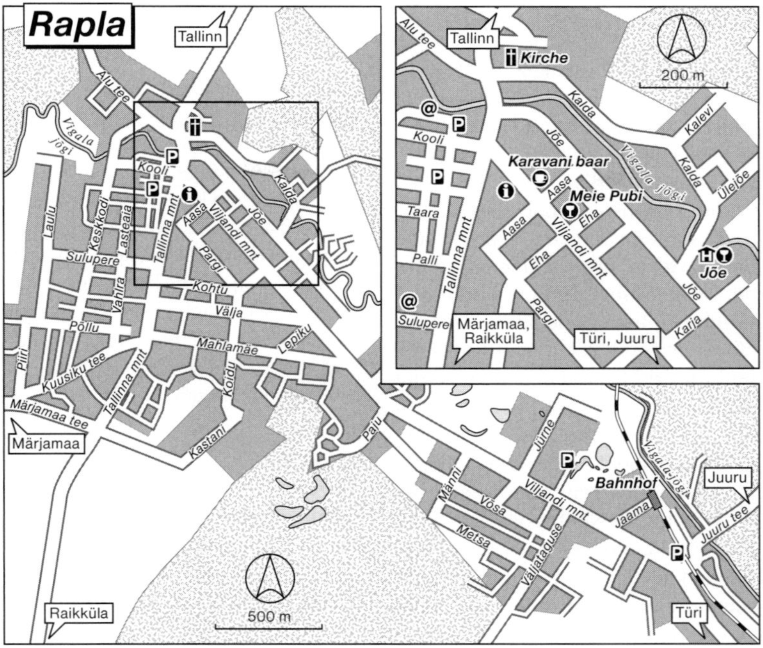

Informationen

- **Touristeninformation,** Viljandi mnt. 4, Tel. 4894359, rapla@visitestonia.com. Hier bekommt man Karten mit Tourbeschreibungen („Rattaga Raplamaal", in englischer Sprache) diverser **Fahrradrouten** durch den Landkreis.

Unterkunft, Essen und Trinken

Einfache **Cafés und Kneipen** findet man auf der Viljandi 5 **(Karavani baar),** am Busbahnhof und entlang der Tallinna mnt.

- **Gästehaus Jõe** (Külalistemaja) €-€€, Jõe 31a, Tel. 4894600, info@joe.ee, www.joe.ee. Die einfachen Zimmer mit geteiltem Bad, die anderen mit eigenem, alle Zimmer mit Kiefernmöbeln ausgestattet, im Sommer Forellenangeln. Zum Gästehaus gehören eine **Kneipe,** ein bewachter Parkplatz und eine Sauna.
- **Meie Pubi,** Viljandi mnt. 15, Tel. 4894700, www.meiepubi.ee. Rustikale Kneipe mit guter Auswahl an preiswerten Speisen und Getränken, für jeden etwas dabei, öffnet täglich um 11 Uhr.
- Südlich des Stadtrandes (etwa 1,5 km in Richtung Märjamaa, Dorf Tuti) liegt das Lokal **Krantsi Kõrts** (Tel. 94944, andrus.bonder@krantsikorts.ee, www.krantsikorts.ee), zu dem auch ein paar Zimmer für Gäste, eine Sauna und ein Billardtisch gehören.

Umgebung von Rapla

Der **Landkreis Raplamaa** rings um die Stadt Rapla, der etwa 25 Kilometer südlich der Hauptstadt beginnt, gilt seit jeher als Einzugsgebiet Tallinns. So wie heute mancher Pendler zur Arbeit in die Küstenstadt fährt, ließen sich bereits in den vergangenen Jahrhunderten Adlige und Landherren in der mit vielen **Moor-, Sumpf-, Karst- und Waldgebieten** bedeckten Gegend nieder und errichteten rund 100 **Guts- und Ritterhöfe,** von denen heute gut 25 erhalten sind. Einige befinden sich nun in Privatbesitz, die meisten beherbergen aber Schulen, Verwaltungsgebäude oder seit Neuestem Konferenzzentren. Noch vor Einzug der Hansekaufleute und Ordensritter standen auf dem Gebiet des heutigen Landkreises **altestnische Festungen,** in Loone, Keava und – am besten noch heute zu erkennen – in Varbola.

Südlich von Rapla

Tamme ↗ VI/A2

Der Besitzer des **Herrenhauses Kabala** im Dorf Tamme, *Otto von Lilienfeld,* begründete 1870 die Wollindustrie vor Ort. Wer sich für die alten Gerätschaften interessiert, kann auf Voranmeldung die immer noch tätige **Wollspinnerei** besuchen. Das alte Herrenhaus wird heute als Verwaltungsgebäude und Bibliothek genutzt (es ist nicht zu verwecheln mit einem gleichnamigen Gutshof im benachbarten Landkreis Järvamaa).

- **Kabala Villaveski,** Wollspinnerei, etwa 400 m vom Herrenhaus entfernt, Tel. 4865578, mobil 51935776, koidu52@hot.ee.

Märjamaa ↗ VI/A2

Weiter im Westen liegt Märjamaa mit einer mächtigen (nachgebauten) mittelalterlichen Kirche, die von außen recht düster wirkt, was daran liegen mag, dass auf der Nordseite kein einziges Fenster in die dicken Mauern eingelassen ist. Nach ihrer Zerstörung 1941, die die prächtige Innenausstattung leider nicht überstand, wurde sie 1960 wieder aufgebaut.

Raikküla ↗ VI/A2

In der Nähe von Raikküla, auf der **Anhöhe Pakamägi,** sollen sich Anfang des 13. Jahrhunderts, so heißt es in der Chronik von *Henrik dem Letten,* estnische Stammesälteste zu Beratungen zusammengefunden haben.

Auch der **Gutshof Raikküla,** zu dem ein klassizistisches Herrenhaus und einige Nebengebäude gehören, diente als Treffpunkt kluger Köpfe. Der Wissenschaftler *Alexander Keyserling,* der zusammen mit *Adam Johann von Krusenstern* auf Expeditionen ging, hat hier *Otto von Bismarck* empfangen. Sein Enkel *Hermann von Keyserling* machte sich als Philosoph einen Namen, sein Schwiegervater Graf *Georg von Cancrin* war ebenfalls Wissenschaftler und stieg unter dem russischen Zaren in hohe Ämter auf. Leider ist das Haus in einem sehr schlechten Zustand.

Kehtna
↗ VI/B2

Von Raikküla aus kann man weiter in Richtung Südwesten fahren (s.u.) oder sich in südöstlicher Richtung auf den Weg zu einem weiteren **Herrenhaus** in Kehtna (Kechtel) machen. Unterwegs passiert man die **Windmühle Põlma** aus dem 19. Jahrhundert. Wie die Herrenhäuser Atla und Tohisoo (s.u.) wurde auch der Gutshof Kehtna bei den Unruhen 1905 in Brand gesetzt und wieder im alten Stil aufgebaut.

Järvakandi
↗ VI/A2

Wer mag, kann dem **Landschaftsschutzgebiet Mukri** östlich von Järvakandi einen Besuch abstatten. Järvakandi an der Straße 27 wartet mit einem kleinen **Glasmuseum** auf, das in einem alten Haus aus dem 19. Jahrhundert untergebracht ist.

- **Järvakandi Klaasimuuseum,** Tel. 53904677, Mi–Sa 10–18 Uhr.

Võerahansu

Wer sich von Raikküla in Richtung Südwesten hält, kann noch einige kleinere Stopps einlegen, die aber keinen eigenen Umweg wert sind. Zu den Ferienhäusern Võerahansu (s.u.) gehört auch ein kleines **Heimatmuseum** (Võerahansu Kodumuuseum), das Bilder und Zeichnungen der estnischen Maler *Johannes Võerahansu* und *Kalev Laube* ausstellt.

Velise
↗ VI/A2

Landwirtschaftliche Geräte und eine Ausstellung zum Flachsanbau sind Thema des **Landwirtschaftsmuseums Sillaotsa,** das etwa 25 Kilometer südwestlich von Raikküla im Dorf Velise am Fluss Päärdu liegt.

- **Sillaotsa Talumuuseum,** Velise, Kreis Märjamaa, Tel. 4897764, 4897748 (abends), velisesillaotsa@hot.ee, www.hot.ee/velisesillaotsa, nur auf Voranmeldung geöffnet.

Kivi-Vigala
↗ VI/A2

Weitere 13 Kilometer nach Südwesten muss man zurücklegen, um der **Kirche Vigala** in Kivi-Vigala einen Besuch abzustatten, die wie viele im Landkreis einen barocken Altar und eine Kanzel von *Christian Ackermann* vorzuweisen hat. Der mehrmals umgebaute Turm ist Denkmal für die im Freiheitskrieg Gefallenen.

Im **Gutshof Vana-Vigala** (Schloss Alt-Fickel), etwa zehn Kilometer nordwestlich, ist heute eine Schule untergebracht. Das Anwesen blickt bereits auf 500 Jahre Geschichte zurück, die über lange Zeit eng mit der der Familie *Uexküll* verknüpft war, von denen ein Spross wertvolle Reliefs aus Pompeji mitbrachte – die ältesten Kunstwerke auf estnischem Boden. Das heutige Herrenhaus wurde in der zweiten Hälfte des 18. Jahrhunderts errichtet, fiel wie so viele im Landkreis den Unruhen von 1905 zum Opfer und wurde seinerzeit in Brand gesteckt. Bei der bald darauf folgenden Renovierung bekam es sein altes Aussehen wieder, außerdem pflanzte man verschiedene Baumarten an, die man heute noch im umliegenden Park betrachten kann.

Unterkunft, Essen und Trinken

- **Kove Puhkemaja,** Raela, Gemeinde Raikküla, Tel. 5042917, Fax 4896167, kovejako@hot.ee, www.hot.ee/kovejako. Hübsches Ferienhaus, in dem man aber auch eines der vier einfachen Zimmer mieten kann, inkl. Frühstück pro Person €. Kaminzimmer, Küche, schöner Garten, in dem man auch **zelten** darf. In der Nähe beginnt ein netter Wanderpfad.
- **Luhtre Tourismushof** €€€, Nõmmeotsa, südöstlich von Märjamaa, Tel./Fax 4898014, mobil 5057043, info@luhtre.ee, www.luhtre.ee. Altes Bauernhaus mit Gästehaus und Speisesaal (Verpflegung auf Vorbestellung) in ehemaliger Scheune, sehr rustikal. Die Räume sind mit origninellen Namen versehen, man hat u.a. die Wahl zwischen dem Drei-Bären-Zimmer, dem Sonnenzimmer, dem Zimmer Prinzessin auf der Erbse oder dem Brautzimmer, alle mit TV und Duschbad; Sauna.
- **Gästehaus Varjula** €-€€, Pargi 3, Kehtna, Tel. 4875245, 4894911, mobil 5069774, Fax 4894912, varjula@hot.ee, www.hot.ee/varjula. Mit allem Nötigen ausgestattete DZ und 3–4-Bett-Zimmer, Frühstück gegen Aufpreis, Kochgelegenheit, auf Wunsch auch Verpflegung.
- **Võerahansu Ferienhäuser,** Keo, Gemeinde Raikküla, Tel. 4897965, mobil 53993305, 50155655, Fax 4897965, vorahansu@hot.ee, www.hot.ee/vorahansu. Drei gemütliche, in Kiefer gehaltene Ferienhäuser, die komplett (€€€€) oder zimmerweise (pro Person €) gemietet werden können, **Camper** und **Wohnwagenbesitzer** sind ebenfalls willkommen. Grill, Kochgelegenheit, Billard, Tischtennisplatte u.a. stehen zur Verfügung, Massage im Angebot und Vermittlung von Ausritten. Zum Hof gehört ein kleines Heimatmuseum.

Aktivitäten

- Der Aktivurlaubsveranstalter Talli-Jaani Talu, Tamme (Kabala), Gemeinde Raikküla, Tel. 5141432, info@parvematkad.ee, organisert **Floß-, Kanu- und Flusssaunafahrten** (d.h. schwimmende Sauna auf einem Floß).

Nördlich von Rapla

Estenfestung Varbola

↗ VI/A1

Auf einem Hügel ganz im Nordwesten des ansonsten flachen Landkreises Raplamaa stand vor Jahrhunderten die altestnische Burg Varbola, auch Jaanilinn genannt, die größte ihrer Art, die bereits 1212 erstmals schriftlich erwähnt wurde und bis zum 14. Jahrhundert bewohnt war. Noch heute kann man einen Eindruck von ihrer einstigen Größe bekommen, da Teile des bis zu zehn Meter hohen und 600 Meter langen **Kalksteinschutzwalls,** der die Burg sicherte, erhalten sind. Die **Toröffnung** und ein **Brunnen** wurden wieder hergerichtet, außerdem hat man einen **hölzernen Turm** und eine **Steinwurfmaschine** rekonstruiert, um Besuchern die vorzeitliche Verteidigungsanlage vorführen zu können.

Naturliebhaber finden weiter südwestlich im **Naturreservat Vardi,** westlich der Straße 4, einen artenreichen Alvarwald vor.

Hageri

↗ VI/A1

Strahlend weiß mit rotem Dach präsentiert sich die **Lambertuskirche** in Hageri, einige Kilometer westlich von Kohila. Der Architekt *Erwin Bernhardt* errichtete sie 1892 anstelle eines Vorgängerbaus, von dem noch Teile der Inneneinrichtung erhalten sind. Erstmals soll bereits 1221 eine Kirche an dieser Stelle gestanden haben.

In der alten Apotheke ist ein kleines **Heimatmuseum** untergebracht. Das **Gutshaus Sutlema** aus dem 18. Jahrhundert, das einst *Eduard von Stackel-*

berg gehörte, fiel leider dem Zahn der Zeit zum Opfer, im Jahr 1999 wurde allerdings das von einer Kuppel bedeckte, turmartige, **barocke Tor,** das in den Gutshofpark führt, restauriert.

●**Hageri Koduloomuuseum,** Hageri, Gemeinde Kohila, Tel. 4897461.

Kohila ↗ VI/A1

Die Gegend um Kohila ist reich an Gutshöfen. Das hölzerne **Gutshaus Tohisoo** (Tois) in Kohila selbst aus dem 17. Jahrhundert brannte während der Aufstände 1905 ab, doch bereits fünf Jahre später wurde ein steinerner Neubau ganz in der Nähe errichtet, der knapp 30 Jahre später teilweise aufgestockt wurde. Er ist schön renoviert und beherbergt heute ein Schulungszentrum. Von Zeit zu Zeit finden hier Konzerte und Feierlichkeiten statt.

Auch der **Gutshof Pirgu** weiter östlich wurde in den 1980er Jahren renoviert und kann heute für Feierlichkeiten und Tagungen gemietet werden (www.pulmapidu.ee).

Wer sich stärken möchte, kann dies im **Wassermühlen-Café Veski baar** (s.u.) tun. Die Mühle wurde 1875 errichtet und wird heute als Raum für Feierlichkeiten genutzt. Das Café steht Besuchern offen, hier gibt es preiswerte Speisen.

Lohu ↗ VI/A1

Im **Herrenhaus Lohu** entdeckte man französische Tapeten vom Anfang des 19. Jahrhunderts, auf denen Szenen des Romans „Don Quijote" zu sehen sind. Sie befinden sich heute im Estnischen Geschichtsmuseum in Tallinn. Bei einer Renovierung des Herrenhauses stellte man fest, dass sich unter den Tapeten weitere Schätze verbargen, nämlich Wandmalereien, die *Gottlieb Christian Welte* 1791 geschaffen hatte. 1970–80 wurde das Haus teilweise renoviert, heute befindet es sich in Privatbesitz, sodass man es leider nicht von innen besichtigen kann.

Juuru ↗ VI/B1

In Juuru an der Straße 14 lohnt eine Kirche einen weiteren Zwischenstopp. Den Namen **Michaeliskirche** trug bereits im 13. Jahrhundert ein hölzerner Vorgängerbau des heutigen Gotteshauses, das mehrfach umgebaut wurde. Es vereint damit Elemente und Einrichtungsgegenstände verschiedener Epochen: einen mittelalterlichen Chor und eine barocke Kanzel von *Christian Ackermann.* Auf dem Friedhof findet man steinerne Rundkreuze aus dem 18. Jahrhundert.

Zwei Kilometer nordöstlich stehen das **Herrenhaus Atla** (Groß-Attel, Tel. 5040563, www.keraamika.ee) und der dazugehörige, hübsch renovierte ehemalige Stall, der heute eine **Keramikfabrik** mit angegliedertem Keramikgeschäft beherbergt. Das Herrenhaus, das sich in Privatbesitz befindet, erhielt nach 1905, als ein Vorgängerbau abgebrannt war, sein heutiges Aussehen. Erstmals schriftlich erwähnt wurde das ehemalige Rittergut 1422. Der Besitzer führt Besucher gern herum, allerdings sollte man sich vorher anmelden.

Mahtra ⇗ VI/B1

Das **Bauernmuseum** im nahe gelegenen Mahtra gibt einen Überblick über das bäuerliche Leben Mitte des 19. Jahrhunderts. Werkzeug und Dinge des täglichen Gebrauchs, Bilder und Dokumente sind in der Ausstellung zu sehen. Andere Exponate widmen sich dem Bauernaufstand, der sich hier Mitte des 19. Jahrhunderts zutrug, dem sogenannten „Mahtra-Krieg". Der Aufstand entfesselte sich aufgrund eines Gesetzes, welches die Bauern zu Fronleistungen nötigen sollte, nachdem diese endlich die Leibeigenschaft abgelegt hatten. Mit Mistgabeln und anderem Werkzeug ausgerüstet, stürmten 700–800 aufgebrachte Bauern die Gutshöfe der Umgebung.

- **Mahtra Talurahvamuuseum,** Gemeinde Juuru, Tel. 4844199, Mai bis Sept. tägl. 10–18 Uhr, ansonsten Mo–Fr 10–18 Uhr, am Wochenende nach Voranmeldung. Zum Museum gehört auch die Ausstellung in der alten Dorfschenke Atla-Eeru von 1811.

Karstfeld bei Kuimetsa ⇗ VI/B1

Folgt man der Straße 14 weiter nach Osten, passiert man kurz hinter Kuimetsa ein von Mischwald bewachsenes, etwa zwölf Hektar großes Karstfeld. Das unterirdische Flussbett befindet sich etwa drei Meter unter der Erde. An manchen Stellen ist der Erdboden eingebrochen, sodass man einen Blick auf das Wasser werfen kann. Ein drei Kilometer langer **Wanderweg** führt durch das Gebiet.

Unterkunft, Essen und Trinken

- In der historischen Kneipe **Nõmme kõrts** €€ aus dem Jahr 1796 im Dorf Nõmme kann man heute noch speisen und übernachten (Hagudi, Gemeinde Rapla, Tel. 4894988, Fax 4894939, info@nommekorts.ee, www.nommekorts.ee. Rustikale Gaststätte, zu der auch etwa 10 mit Kiefernmöbeln ausgestattete Zimmer gehören; Sauna, Kaminraum, Grill, außerdem **Wohnwagenstellplätze** und Platz für **Zelte.**
- **Ristimäe Gästehaus** €-€€, auch **Kohila Hotell** genannt, Loone, Gemeinde Kohila, nicht weit von der alten Estenburg Loone entfernt, Tel. 4898000, mobil 58055327, www.kohilahotell.ee. Relativ neues Haus, Zimmer sehr spartanisch eingerichtet, aber neu und sauber, Sauna, Billard (gegen Extrabezahlung), kleine Bar und Fahrradverleih.
- **Ruunawere Gästehaus (külalistemaja)** €€, Varbola, in der Nähe der Straße 4, Gemeinde Märjamaa, Tel. 6709395, reception@ruunawere.com, www.ruunawere.com. Zu dem netten Gästehaus gehören ein in einer alten Poststation von 1824 untergebrachtes **Restaurant** und eine Sauna. Auch **Wohnwagenstellplätze,** man kann gern auf dem Grundstück zelten.
- Nicht weit von Varbola liegt das **Tammerinna Gästehaus,** Purga, Gemeinde Märjamaa, Tel. 5144136, info@tammerinna.ee, www.tammerinna.ee. Sehr hübsches kleines Haus mit wenigen Zimmern, außerdem kleines Ferienhäuschen. Wer mag, kann die Küche mitbenutzen. Es gibt eine Sauna und man kann sich Kanus ausleihen, pro Person inkl. Frühstück €.
- Wer sich in Kohila stärken möchte, kann die **Veski baar** aufsuchen, Viljandi mnt. 5, Tel. 4890882, www.veski.ee. Hübsches, rot-weißes Wassermühlenhaus, einfache Speisen, u.a. Fisch.

Östlich von Rapla

Gutshöfe bei Ingliste ⇗ VI/B1

Ein paar Kilometer nordöstlich von Rapla liegt das **Gutshaus Maidla** malerisch am Wasser. Etwa fünf Kilometer weiter südöstlich stößt man auf zwei weitere Gutshöfe. Das klassizistische **Herrenhaus von Hõreda** am Fluss Keila stammt von 1810, sein Kuppelsaal soll mit schönen Malereien und Stuck verziert gewesen sein, doch nachdem es lange Jahre dem Verfall überlassen wurde und zeitweise ohne Dach war, ist vieles dem Zahn der Zeit und dem Wetter zum Opfer gefallen. Heute befindet es sich in Privatbesitz.

Die Geschichte des **Gutshofs Ingliste** (Haehl) ähnelt der von anderen Gutshöfen der Umgebung. Das ab dem späten Mittelalter in verschiedenen Etappen erbaute Herrenhaus wurde 1905 während der Aufstände in Brand gesetzt. Zwar hat man es bald darauf wieder aufgebaut, aber 1984 wütete erneut ein Feuer. Inzwischen wurde es nach und nach renoviert.

Durch das südwestlich von Ingliste gelegene **Karstgebiet Pae** führt ein Wanderweg, vorbei an unterschiedlichen Karsterscheinungen wie Höhlen, Trichtern, Gräben und Löchern.

Landschaftsschutzgebiet Kõnnumaa

↗ VI/B2

Folgt man von Rapla der Straße 15 in südöstlicher Richtung, kann man nach ca. sieben Kilometern zum Landschaftsschutzgebiet Kõnnumaa abbiegen, das mehrere Sümpfe vereinigt. Noch bevor man das Gebiet erreicht, passiert man **Keava,** wo sich bis zum 11. Jahrhundert eine vorzeitliche Estenfestung befand.

Um den bis zu fünf Meter tiefen See Loosalu im Osten des Landschaftsschutzgebiets liegt das **Moor Loosalu.** Ein acht Kilometer langer **Wanderpfad** führt hindurch. Etwa die Hälfte des Moorgebiets bildet ein Hochmoor, dessen Torfschichten bis zu sieben Meter messen. Die **Anhöhe Paluküla Hiiemägi,** wo der Wanderweg endet, ist mit 106 Metern über dem Meeresspiegel bereits der höchste Punkt im Nordwesten Estlands. Besonders gering erscheint dies, wenn man am Fuße des Hügels steht (die Esten nennen ihn „Berg"): Bis zur Spitze sind es gerade einmal gut 30 Meter.

In **Käru,** südlich des Landschaftsschutzgebietes, findet sich eine hübsche, kleine **Holzkirche** (1860).

Aktivitäten

- **Toosikannu Holiday Centre,** Gemeinde Käru, etwa 30 km südöstlich von Rapla, Tel. 56495643, info@toosikannu.ee, www.toosikannu.ee. Mit Sauna, die Betreiber organisieren Jeep-Trips, Reit- und Anglerausflüge, Fahrradverleih.

Paide

↗ VII/C2

Die Stadt Paide (Witten- oder Weißenstein) liegt im **Landkreis Järvamaa,** der sich südwestlich von Tapa bis zum Städtchen Võhma im Süden erstreckt. Die Stadt liegt etwa auf halber Strecke zwischen Tallinn und Tartu und nennt sich deshalb etwas großspurig „Herz von Estland" (Eesti süda), was wirklich nur geografisch stimmen mag. Bis auf die alte **Befestigungsanlage** hat Paide nicht sehr viel zu bieten, deshalb verwundert es kaum, wenn viele Touristen die Stadt und den umgebenden Landkreis einfach durchfahren. Wer es aber nicht allzu eilig hat, sollte einen Zwischenstopp einlegen und die Hauptsehenwürdigkeit des Ortes, den Befestigungsturm auf dem Burghügel, besuchen.

Im Landkreis können einige sehenswerte **mittelalterliche Kirchen**, zum Beispiel in **Ambla,** ganz im Norden, sowie einige schön herausgeputzte **Herrenhäuser,** beispielsweise **Jäneda** im Norden Järvamaas oder **Laupa,** ganz im Süden, besucht werden. Eine der ältesten Siedlungen Estlands, das Dorf Kareda, liegt zwischen Paide und Järva-Jaani. Der Ort tauchte unter dem Namen Carethen bereits in der Livländischen Chronik auf. Die Landschaft in der Umgebung ist sehr abwechslungsreich und umfasst Karstgebiete, Drumlins, Moore und ein Quellgebiet.

1265 entstand auf dem Vallimägi (Burghügel) unter Leitung *Konrad von Manderns* anstelle einer altestnischen Burg eine Ordensburg, um die sich schon bald eine Siedlung entwickelte, die bereits 1291 zum ersten Mal Stadtrechte erhielt. Sie ist für die Stadtbewohner eng mit dem Aufstand in der Georgsnacht (Jüriöö) im Jahre 1343 verbunden, als sich die Esten gegen die deutschen Herren erhoben, denn auf dem Burggelände wurden einige Zeit später vier estnische Älteste, die zu Verhandlungen abgesandt waren, auf Anordnung des Livländischen Ordensmeisters *Burchardt von Dreileben* getötet. Im Volksmund werden die Stammesältesten „Könige" genannt und noch heute erinnern der Name des ortsansässigen Hotels „Vier Könige" (Nelja Kuninga) und ein Denkmal auf dem Vallimägi an das Ereignis.

Im Laufe des 16.–17. Jahrhunderts eroberten immer wieder die Russen und die Schweden, 1602 auch einmal die Polen die Stadt. Bei einem Brand im Livländischen Krieg wurden schließlich die Festung und mit ihr große Teile der Stadt zerstört. 1636 wurde sie dem nordöstlich gelegenen Gutshof Mäo zugordnet und erhielt erst 1783 erneut Stadtrechte.

Der **Name** Paides, auf Deutsch Witten- oder **Weißenstein,** geht auf den weißen Kalkstein zurück, aus dem auch die Burg errichtet ist. Ähnliches gilt für den estnischen Namen: Aus *Pae linn* (Stadt oder Burg aus Kalkstein) wurde *Paide.*

Die Geburtsstadt des international bekannten Komponisten *Arvo Pärt* ist gut zu Fuß zu durchschreiten. Zentraler Platz ist der Keskväljak, wo sich neben Rathaus und Kirche noch einige ältere Gebäude aus dem 19. Jahrhun-

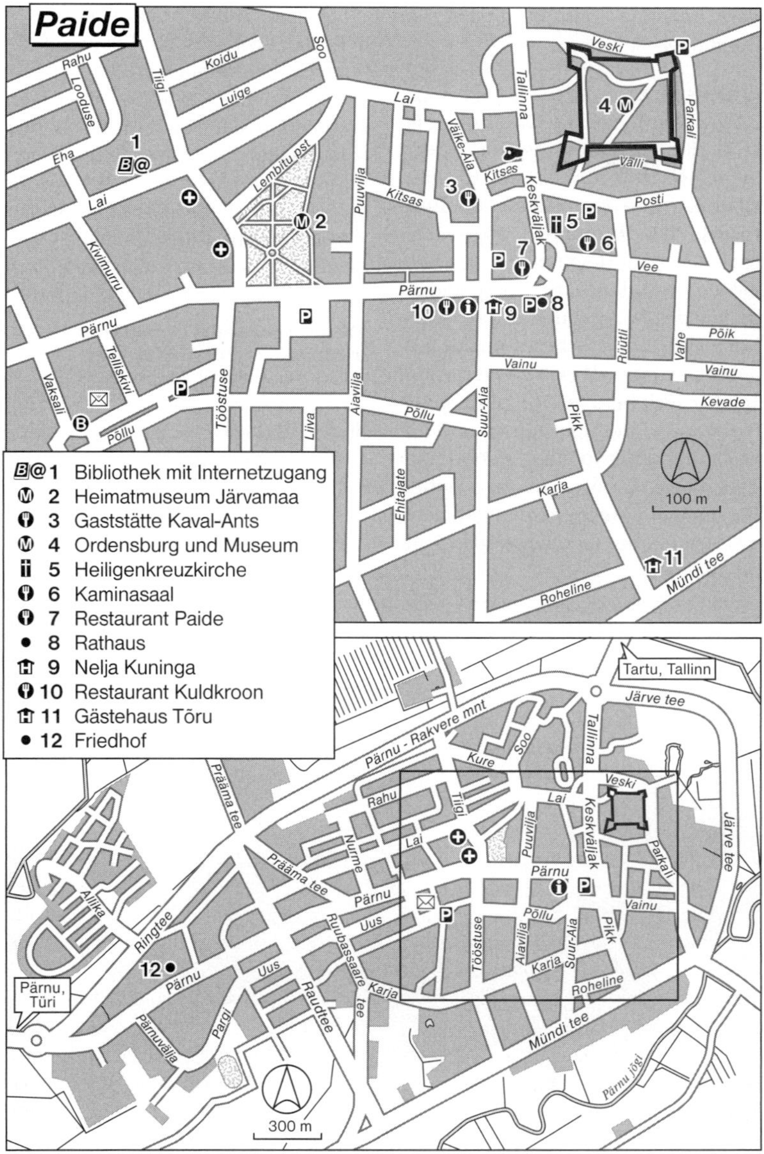
Paide
Rahu
Koidu
Soo
Looduse
Tiigi
Luige
Lai
Veski
Tallinna
Parkali
Väike-Aia
Eha
Lembitu pst
Kitsas
Valli
Keskväljak
Posti
Puuvilja
Kivimurru
Vee
Pärnu
Rüütli
Vahe
Põik
Vainu
Telliskivi
Vaksali
Tööstuse
Aiavilja
Suur-Aia
Kevade
Põllu
Liiva
Pikk
Ehitajate
Karja
100 m
Mündi tee
Roheline
B@ 1 Bibliothek mit Internetzugang
2 Heimatmuseum Järvamaa
3 Gaststätte Kaval-Ants
4 Ordensburg und Museum
5 Heiligenkreuzkirche
6 Kaminasaal
7 Restaurant Paide
8 Rathaus
9 Nelja Kuninga
10 Restaurant Kuldkroon
11 Gästehaus Tõru
12 Friedhof
Tartu, Tallinn
Järve tee
Pärnu - Rakvere mnt
Kure
Prääma tee
Nurme
Allika
Ringtee
Uus
Ruubassaare tee
Raudtee
Pärnu, Türi
Pärnuvälja
Pargi
300 m
Pärnu jõgi

dert befinden, darüber thront der Burghügel.

Ordensburg

Zwar wurde die alte Ordensburg im Livländischen Krieg zerstört, doch lohnt sich trotzdem ein Besuch ihrer Überreste und des restaurierten **Burgturms Pikk Hermann** (Langer Hermann). Er gehörte zu den ersten Bauteilen der Ordensburg, die später, zu Beginn des 14. Jahrhunderts, zu einem Konventshaus-ähnlichen Komplex ausgebaut wurde, dessen Mauern zum Teil noch stehen. Im 16. Jahrhundert hat man die Burg ausgebaut und mit Wällen und Bastionen gesichert. Neben einem **Café** ist in dem hohen Bergfried ein **Museum** untergebracht, das sich mit der Geschichte der Stadt beschäftigt.

Von der **Aussichtsplattform** des achteckigen Turms kann man auf die Stadt hinuntersehen. Ursprünglich war er 30 Meter hoch, seine Wände waren drei Meter dick. Heute wird die Höhe sogar noch übertroffen: Zusammen mit dem Turmhelm misst der wieder aufgebaute Lange Hermann 42 Meter.

Eine **Freilichtbühne** auf dem Gelände zeugt davon, dass hier öfters Konzerte und Aufführungen stattfinden.

● **Verteidigungsturm der Ordensburg,** Vallimägi, Tel. 3850576, Jaak.Almar@mail.ee, www.weissenstein.ee, Mi–So 11–18 Uhr.

In der Altstadt

Am Fuße des Burghügels erstreckt sich der zentrale **Platz Keskväljak,** an dessen Enden Kirche und Rathaus stehen. Die lutherische **Heiligenkreuzkirche** fällt vor allem durch die unge-

036es Foto: jl

wöhnliche Lage ihres Turms auf, der nicht im Westen des Gebäudes, sondern mittig an der Südseite in den Himmel ragt. Sie folgte 1786 auf einen mittelalterlichen Vorgängerbau, 1848 wurde sie erneut umgebaut und erhielt ihr heutiges Aussehen. Die Stadtbewohner sind stolz auf die hübschen Glasmosaikfenster, die *Ernst Tode* 1901 schuf, und das aus einer Riesenmuschel angefertigte Taufbecken.

Zwischen der Kirche und dem am Südende des Platzes befindlichen **Rathaus,** dessen Fassade aus dem Jahr 1920 Jugendstilelemente aufweist, befinden sich einige hübsche **spätklassizistische Holzhäuser.**

Weitere alte Gebäude findet man auf der Tallinna-Straße, die westlich am Vallimägi vorbeiführt, beispielsweise ein **Speicherhaus** von 1786 (Haus Nr. 25) oder das alte **Gerichtsgebäude** von 1783 (Nr. 18).

Heimatmuseum

Wer vor dem Rathaus rechts in die Pärnu-Straße abbiegt, kommt – vorbei an der Touristeninformation – zu einem zweiten zentralen Platz, der von einem klotzigen Bau, dem Kulturhaus, dominiert wird. Rechter Hand liegt das Heimatmuseum des Landkreises Järvamaa, das im Jahr 2005 sein 100. Bestehen feierte. Besonders hübsch sind die Innenausstattung der **alten Apotheke** und weitere Wohnstätten- und Arbeitseinrichtungen.

- **Järvamaa Muuseum,** Lembitu 5, Tel. 3850276, 3851867, Fax 3851867, jarva.muuseum@neti.ee, Mi–So 11–18 Uhr.

Friedhof Reopalu

Folgt man der Pärnu-Straße zum Ortsausgang, findet man rechter Hand den Friedhof Reopalu vor, auf dem einige wichtige Persönlichkeiten der Ortsgeschichte begraben liegen, so etwa der ehemalige Kreisarzt *Carl Hermann Hesse* (1802–96), Großvater des Schriftstellers *Hermann Hesse*. Gleich daneben liegt das Grab von Pastor *Carl Gotthard Hammerbeck* (1800–70), der 1835 im Ort die erste estnischsprachige Schule gründete und damit auch der einfachen Bevölkerung einen leichteren Zugang zu Bildung verschaffte.

Informationen

- **Paide Touristeninformation,** Pärnu 6, Tel. 3850400, paide@visitestonia.com.

Service

- **Erste Hilfe:** Tiigi tn. 8, Tel. 112.
- **Polizei:** Tallinna tn. 12, Tel. 110.
- **Post:** Telliskivi tn. 5.
- **Internetzugang:** in der Stadtbücherei, Järvamaa Keskraamatukogu, Lai tn. 33.
- **Busbahnhof:** Jaam tn. 15, Tel. 3846131.

Unterkunft

- **Nelja Kuninga Hotell** €€€, Pärnu 6, Tel. 3850882, Fax 3850167, neli.kuningat@neti.ee, www.nelikuningat.ee. Gleich bei der Touristeninformation, 24 mäßig geschmackvoll eingerichtete Zimmer, nichts Besonderes, aber ganz okay, zumal das **Restaurant Kuldkroon** angegliedert ist.

Lebendige alte Zeit im Heimatmuseum – der Apotheker ist aus Wachs

●**Gästehaus Tõru** (Külalistemaja) €€, Pikk 42a, Tel. 3850385, Fax 3851884, assot@estpak.ee, www.assotrans.ee/toru. Schlichte Räume, aber sauber und nett, Sauna und Frühstück auf Vorbestellung, bewachter Parkplatz. Wer länger bleibt, erhält Rabatt.

Essen und Trinken

●Neben dem **Restaurant Kuldkroon** (s.o.) gibt es am Keskväljak zwischen Rathaus und Kirche zwei weitere Lokale. Das **Pizza-Bistro Kaminasaal,** Keskväljak 8, Tel. 3852700, liegt ein wenig versteckt, man muss hinter die Häuser an der Straße gehen. Allerdings gibt es keine klassisch-dünne, sondern eher mit dickem Teig ausgestattete Pizzen, dafür hat man am Pizzabuffet die freie Wahl.

●Das **Restaurant Paide,** Keskväljak 15, Tel. 3849190, liegt im oberen Stockwerk des „Hochhauses" schräg gegenüber dem Rathaus. Einfache Gerichte, leider manchmal unter lauter Musikbeschallung, aber dann kann man auf die Terrasse flüchten, von wo aus man einen netten Blick auf die Stadt hat.

●In der **Gaststätte Kaval-Ants,** Väike-Aia 20, findet man rustikales Ambiente mit Holzverkleidung und Wildschweinfellen vor. Das Essen ist eher deftig, es gibt auch kleine Gerichte, etwa Pfannkuchen.

●Auf dem Burghügel im Turm befindet sich das kleine Café **Vallitorni Kohvik.**

Türi

↗ VII/C2

Über 50 **Drumlins,** parallel liegende Höhenrücken, die die letzte Eiszeit hinterlassen hat, liegen in dem Gebiet zwischen Paide, Väätsa und Türi. Der Fluss Pärnu fließt durch die fruchtbaren Felder, Wiesen und Weiden. Über **Kirna** mit seinem alten Gutshofpark samt klassizistischem Herrenhaus gelangt man von Paide nach Türi.

„Eesti kevadepealinn", Estlands **Frühlingshauptstadt,** nennt sich das von nicht einmal 7000 Menschen bewohnte Städtchen, das sich damit in die Reihe diverser „Hauptstädte" des Landes (Sommerhauptstadt Pärnu, Geisteshauptstadt Tartu, Winterhauptstadt Otepää) einfügt. Das Wort „Hauptstadt" mag angesichts der Größe etwas lächerlich erscheinen, aber immerhin lassen die netten **Gärten, Alleen und Parks** des Ortes tatsächlich eine Anmutung von Frühling erkennen, eine Zeit, in der in Türi alles grünt und blüht und diverse Festivitäten, etwa ein großer Blumenmarkt, abgehalten werden.

Erstmals tauchte der am Fluss Pärnu gelegene Ort 1347 unter dem Namen Turgel in historischen Dokumenten auf. Einen gewissen Zuwachs verzeichnete er nach Anlegen der später zur normalen Bahnlinie ausgebauten Schmalspurbahn Tallinn – Viljandi um die Jahrhundertwende (19./20.), sodass Türi 1926 Stadtrechte bekam. Im Laufe der Zeit verwandelte es sich in eine Gartenstadt, landesweit bekannt wurde ferner das hier ansässige Rundfunkstudio.

Museen

Nicht weit vom Bahnhof, südlich der Gleise, befinden sich nebeneinander die beiden Museen der Stadt sowie die Touristeninformation. Im **Rundfunkmuseum** kann man verschiedene technische Geräte, Fotos und Wachsfiguren populärer Radiomacher betrachten. Das **Heimatmuseum** dokumentiert die Stadtgeschichte.

- **Eesti Ringhäälingumuuseum,** Vabriku pst. 11, Tel. 3857055, www.rhmuuseum.ee, Di-Sa 10–17 Uhr.
- **Türi Muuseum,** Vabriku pst. 11, Tel. 3857429, Di–Sa 10–17 Uhr.

St. Martinskirche

Weiter nördlich, an der Wiedemanni-Straße 7, steht das älteste Bauwerk der Stadt, die St. Martinskirche, ein mittelalterliches Bauwerk, das sein heutiges Aussehen 1867 erhielt, als der **neogotische Turm** mit seinem Wetterhahn auf der Spitze erbaut wurde. Sie stellt eine interessante Mischung der für Nordestland typischen Bauweise aus Kalkstein und der in Südestland verbreiteten Ziegelsteintechnik dar. Das Südportal ist mit hübschen **Ornamenten** verziert. Im Sommer ist das Gotteshaus normalerweise mittwochs bis sonntags geöffnet (abgesehen von einer Mittagspause von etwa 13–15 Uhr), dann kann man im Inneren den von *Christian Ackermann* 1693 geschnitzten **Altar** bewundern. Das Altarbild von 1856 stammt von *August Pezold*.

Gutshöfe

In Särevere, etwas südlich des Ortes, kann man einen Blick auf ein schönes, rotes Holzhaus, das **Herrenhaus Särevere** aus dem 19. Jahrhundert, werfen.

Hält man sich gen Süden, erreicht man ein paar Kilometer weiter den sehr schönen **Gutshof Laupa,** der idyllisch am Ufer des Flusses liegt. Das reich dekorierte rosa Gebäude wurde 1913 für die Familie *von Taube* errichtet. Der Steinbau wird von einem hohen Walmdach abgeschlossen, die Fassaden sind von Terrassen, Vorsprüngen, Balkonen und reicher Ornamentik verziert.

Informationen

- **Touristeninformation,** Vabriku 11, Türi, Tel. 3857376, info@tyri.ee, www.tyri.ee, So/Mo geschlossen, ansonsten 10–17 Uhr.

Service

- **Post:** Viljandi 1a.
- **Internetzugang:** in der Bücherei, Kohtu 2.
- **Bankautomaten** findet man auf der Viljandi 4 und der Tallinna 1.
- **Bahnof** und **Busbahnhof:** Jaama 8, Tel. Bus 3846131, Tel. Bahn 3857123.
- **Taxi:** Tel. 56465476.

Unterkunft

- Übernachten kann man in Väätsa, etwa 5 km westlich von Paide: **Vana Tall Gästehaus** €€-€€€, Kooli 4, Väätsa, Tel. 3892301, mobil 53411290, Fax 3849250. Sechs ordentliche Zimmer, untergebracht in einem ehemaligen Stall aus dem 19. Jh., der zu einem alten Gut gehörte, Verpflegung auf Vorbestellung, Sauna.
- Alternativ gibt es das **Hotel Veski-Silla** €€-€€€ in Türi-Alliku, Tel. 3857050, Fax 3857464, veskisilla@veskisilla.ee, www.veski silla.ee. Nette Zimmer mit Minibar, TV und Duschbad, morgens Frühstücksbuffet, ansonsten kann man sich in der hauseigenen **Gastwirtschaft** stärken; verschiedene Saunen, diverse Aktivitätsangebote wie Paintball und Bowling, zum Haus gehört eine Kartbahn.

Essen und Trinken

- **Bahnhofsrestaurant Külla Jürile,** Jaama 8, Tel. 3848420.
- **Café Kadri Tare,** Paide 10, Tel. 3878346.
- **Café Saara,** Vabriku 1, Tel. 3857188.

Umgebung von Türi

Wer von Türi aus nicht Richtung Pärnu weiterfahren will, sondern sich weitere Sehenswürdigkeiten des Landkreises Järvamaa, die Richtung Põltsmaa liegen, anschauen möchte, sollte der Straße 26 folgen.

Kabala

↗ VII/C2

Das frühklassizistische **Gutshaus** von Kabala (Kabbal), das im Jahr 1774 fertiggestellt wurde, ist in rosa gehalten und beherbergt eine Schule. Wappen und hölzerne Tafeln, Kachelöfen, zwei renovierte Festsäle und sogar ein alter Fahrstuhl aus Holz gehören zu den Schätzen der Innenausstattung. Rund um das Gebäude liegen ein artenreicher Park sowie einige Nebengebäude, u.a. der mit Pilastern verzierte Speicher. Übrigens gibt es im Landkreis Rapla einen Gutshof gleichen Namens.

Imavere

↗ VII/C2

In der **Molkerei** von Imavere ist seit einigen Jahren ein **Museum** untergebracht, das die Geschichte des estnischen Molkereiwesens dokumentiert.

Wer exotische Tiere sehen möchte, kann eine **Straußenfarm** besuchen, wo nicht nur die Langhälse, sondern auch Hühner zu finden sind.

- **Eesti Piimandusmuuseum,** H. Rebase 1, Tel. 3897533, www.piimandusmuuseum.ee, Mai bis Sept. Mi–So 11–17 Uhr, sonst Di–Sa 11–16 Uhr.
- **Sassi talu Jaanalinnufarm,** Tel. 56657199, sassitalu@hot.ee, www.hot.ee/sassitalu, am besten meldet man sich vor dem Besuch an.

Koigi

↗ VII/C2

Wenn man der Straße 2 zurück nach Paide folgt, passiert man bei Koigi einen weiteren **Gutshof,** der von alten Eichen und Ahornbäumen eingerahmt liegt. Das Haus von 1771 vereinigt frühklassizistische Elemente mit solchen des Barock.

Essen und Trinken

- **Imavere Kõrts,** Tel. 3849360, mobil 56463044, Fax 3849360, trahter@imavere.ee. Kneipe, manchmal Live-Musik, herzhafte Gerichte, auch **Zimmervermietung,** pro Person €€ mit Frühstück.

Von Paide nach Osten

↗ VII/C2-D1

Östlich von Paide gibt es die eine oder andere Sehenswürdigkeit, die den Besuch lohnt. Man folgt zunächst bei Mäo der Straße 2 in südlicher Richtung und biegt links in die 25 nach Koeru ab. Wer den Umweg nicht scheut, kann unterwegs links nach **Peetri** abzweigen, wo die dreischiffige Järva-Peetri-Kirche aus dem 14. Jahrhundert steht, die allerdings meist geschlossen ist. Das alte Pastorat beheimatet heute eine Schule.

Kurz vor Koeru kann man einen Blick auf das **klassizistische Gutshaus Aruküla** werfen, das von einem auf vier Säulen gestützten Portikus dominiert wird. Nach einem Brand Anfang des 19. Jahrhunderts wurde es wieder aufgebaut. Damals gehörte es dem Grafen *Karl von Toll,* der sich im

Napoleonischen Krieg verdient gemacht hat. Es beherbergt wie so viele alte Gutshöfe im Landkreis eine Schule, jüngst wurde die längst fällige Renovierung in Angriff genommen.

Von Aruküla aus führt eine Stichstraße zum **Endla-Moor,** das man allerdings besser von Osten aus erreicht (siehe weiter hinten in diesem Kapitel).

Koeru ↗VII/D1

In Koeru steht einer der ältesten Sakralbauten des Landkreises, die dreischiffige **Maria-Magdalena-Kirche** (Paide tee 4) aus dem 13. Jahrhundert. Schön sind die alten Bänke und die Kanzel vom Ende des 19. Jahrhunderts. Das Kruzifix ist ein Werk *Christian Ackermanns* und stammt vom Ende des 17. Jahrhunderts.

Im **Janune Kägu** (Paide tee 1) kann man aus mehreren Gründen einen Stopp einlegen. Das hübsche Haus beherbergt eine kleine **Touristeninformation** (10–18 Uhr) und ein Geschäft, in dem man ein paar Andenken erstehen kann, außerdem befinden sich darin eine **Gastwirtschaft** und das **Hotel Käopesa.**

Südlich von Koeru liegen der klassizistische **Gutshof Norra** (Kaltenborn) aus dem 18. Jahrhundert und das wasserreichste **Quellengebiet** des Landes, **Norra-Oostriku** genannt. Allein die Quellen Oostriku und Sopa, die tiefsten des Landes, stoßen pro Stunde 1,2 Millionen Liter Wasser aus – und das sind nur zwei von vielen an dieser Stelle. Aus den Quellen und den daraus entstandenen Seen gehen Flüsse hervor wie der Oostriku. Zu den seltenen Pflanzen, die in diesem Gebiet gedeihen, zählen Frauenschuh und Fuchs-Knabenkraut.

Unterkunft, Essen und Trinken

●**Hotel Käopesa,** Tel. 3854302, mobil 5023971, pille@janunekagu.ee, www.janunekagu.ee (nur auf Estnisch). Man kann im oberen Stockwerk des Hauses oder in der sogenannten „Sauna Villa Amanda" im Hinterhof übernachten, zu der zwei Räume gehören. Die Zimmer sind verschiedenen Standards, aber recht schlicht eingerichtet, das preiswerteste € mit geteiltem Bad, die anderen €€ mit eigenem Badezimmer, TV und Kühlschrank. Das Saunahaus €€€ kann man komplett mieten, außerdem gibt es kleine, einfache Campinghäuschen.

Von Paide nach Norden ↗VII/C1

Anna ↗VII/C1

Auch nördlich von Paide gibt es einige kleinere Sehenswürdigkeiten, die man auf der Durchreise kurz besichtigen kann. Wer sich für Kirchenarchitektur interessiert, kann, bevor er der Straße 5 folgt, einen Abstecher nach Anna an der Straße 2 machen und die 1780 errichtete, **spätbarocke Kirche** aufsuchen, die nicht weit vom **Gutshaus Purdi** entfernt liegt. Das Altarbild wurde 1892 von *Rudolf Julius zur Mühlen* geschaffen. Allerdings ist die Kirche meist geschlossen, nur an den Wochenenden im Sommer hat man oft Glück. Kirche und Herrenhaus sind durch eine Allee verbunden, auf dem Weg liegt eine **Kapelle** der Familie *von Ungern-Sternberg. Alexander von Un-*

gern-Sternberg wurde im Gutshof geboren, der Wissenschaftler *Karl Ernst von Baer* (siehe auch Tartu im Kapitel „Der Süden“) verbrachte hier einige Sommer.

Roosna-Alliku ⇗ VII/C1

Weiter nordöstlich an der Straße 5 kann man einen Stopp in Roosna-Alliku (Kaltenbrunn) einlegen und im Park des hier ansässigen Gutes spazierengehen. Das hübsche frühklassizistische **Herrenhaus** wurde von *Johann Schultz* errichtet, jenem Gouvernementarchitekten, der auch das Dombergschloss in Tallinn entwarf. Zierde des „Rosa Saals“ und des „Blauen Salons“ sind mit Kunstmarmor bedeckte Wände, Kachelöfen und hübsche Stuckreliefs. Ab 1924 fungierte das Haus als Schule. Aus einer nahe gelegenen Quelle entspringt der Fluss Pärnu.

Järva-Jaani ⇗ VII/C1

Eine weitere **mittelalterliche Wehrkirche** kann man in Järva-Jaani an der Straße 39 besuchen. Das einschiffige Gotteshaus (Pikk 25) aus dem 13. Jahrhundert wurde Johannes dem Täufer geweiht. Später umgebaut, erhielt es 1881 mit Anbau des Westturms sein heutiges Aussehen. Im Sommer ist die Kirche zumeist freitags bis sonntags in den Nachmittagsstunden geöffnet. Man sollte unbedingt einen Blick auf die farbenprächtige **barocke Kanzel** mit wertvollen Holzschnitzereien sowie den Epitaph werfen. Im Pastorat lebte der Verfasser der Livländischen Chronik von 1695, *Christian Kelch*.

Nur auf Vereinbarung öffnen sich die Pforten des **Feuerwehrmuseums** (Pikk 24). Vor allem für Kinder mag ein Besuch interessant sein, da man alte Feuerwehrwagen besichtigen kann.

- **Feuerwehrmuseum Järva-Jaani,** Pikk 24, Tel. 5149485, www.jjts.ee.

Järva-Madise ⇗ VII/C1

Einige Kilometer nördlich von Roosna-Alliku, noch bevor man das **Herrenhaus Seidla** aus dem 18./19. Jahrhundert passiert, kann man linker Hand einer Stichstraße nach Järva-Madise folgen, wo die hübsche kleine **Matthäuskirche** steht, auch sie ein mittelalterliches Gotteshaus aus dem 13. Jahrhundert. Neben dem Triumpfbogen sind der Alter von *Christian Ackermann* aus dem Jahr 1670 und die Kanzel von *Elert Thiele* und *Lüdert Heissmann* hervorzuheben.

Der Ort Järva-Madise, das Gebiet um den Gutshof Albu und ein Museum weiter südwestlich sind eng mit Estlands großem Schriftsteller **Anton Hansen Tammsaare** verbunden, dem Verfasser des Romans „Wahrheit und Recht“ (siehe auch Kapitel „Land und Leute: Literatur“). Auf dem Friedhof von Järva-Madise liegen Tammsaares Eltern und weitere Menschen begraben, die er als Figuren in seinen Roman einfließen ließ.

Matthäuskirche in Järva-Madise

Im **Geburtshaus** des Schriftstellers im Nachbardorf Vetepere wurde bereits 1958 ein Museum eröffnet. Das Wohnhaus, aber auch Speicher, Stall und weitere Nebengebäude können besichtigt werden. Man bekommt einen Einblick in das Werk Tammsaares und das bäuerliche Leben im 19. Jahrhundert. Das Museum liegt bereits im unteren Teil des Landschaftsschutzgebiets Kõrvemaa (s.u.). Beim Museum starten markierte **Wanderwege** verschiedener Länge.

● **Hausmuseum A. H. Tammsaare,** Vetepere, Gemeinde Albu, Tel. 3859020, Mitte Mai bis Mitte Nov. Di–So 11–18 Uhr, sonst Mi–So 10–15 Uhr.

Gutshof Albu

↗ VII/C1

Das hübsche **Herrenhaus** im Nachbarort Albu ist bereits das dritte Gebäude, das an dieser Stelle steht. Die ältesten Zeugnisse über das Gut stammen aus dem Jahr 1282. Das heutige Herrenhaus wurde vermutlich Anfang des 18. Jahrhunderts errichtet, aber später umgebaut. So hat man 1888 eine Holzveranda hinzugefügt. In den 1990er Jahren wurde das Gebäude renoviert, wobei einige alte Schätze zu Tage kamen, etwa Deckenmalereien und alte Öfen. Das Haus beherbergt eine Schule; im Sommer finden wechselnde Ausstellungen statt, sodass man das Gebäude auch betreten kann. Wer

037es Foto: jl

auf Nummer sicher gehen will, meldet sich unter albupk@albu.ee vorher an.

Aravete ↗ VII/C1

Weiter östlich an der Straße 5 kann man in Aravete ein nettes **Heimatmuseum** besuchen, das sich im ehemaligen **Gutshof Kurisoo** aus dem 19. Jahrhundert befindet. Östlich von Aravete liegt ein Karstgebiet.

- **Aravete Muuseum,** Kurisu 1, Tel. 3838249, Mo–Di 10–16 Uhr, Fr 10–14 Uhr.

Ambla ↗ VII/C1

Die **Marienkirche** in Ambla (Valguse tee 1) gilt als ältester Kirchenbau Zentralestlands. Bereits im 13. Jahrhundert wurden Langhaus und Chor vom Deutschen Orden am nördlichsten Punkt ihres Gebietes errichtet, weiter nördlich lagen schon die Ländereien der Dänen. Später kamen die beiden Seitenschiffe und der Turm hinzu. Von Außen eher schlicht, bestechen im Inneren die verzierten Kapitelle der Säulen, der Renaissance-Altar von *Berendt Geistmann* (um 1620), die zwei Fensterrosetten an Westfassade und Südwand des Chors sowie die Kanzel und das Gestühl aus der Werkstatt *Adam Pampes*.

Über **Käravete,** wo man auf ein weiteres Gutshofsensemble aus dem 18. bzw. 19. Jahrhundert stößt, geht es weiter nach Jäneda.

Das Planetarium im Gutshof Jäneda ist noch in Betrieb

Gutshof Jäneda ↗ III/D3

Nordwestlich von Ambla bzw. etwa 15 Kilometer westlich von Tapa (von dort kommend immer an den Schienen entlangfahren) stößt man auf den stattlichen Gutshof von Jäneda (Jendel), der seit Jahrhunderten im Herzen des Dorfes liegt. Erstmalig erwähnt wurde das Anwesen 1510, doch das heutige Gebäude aus rotem Backstein, in dessen Turm sich ein Observatorium befindet, wurde erst 1915 von *Hans von Benckendorff* errichtet. Es trägt neogotische Elemente, hat aber auch Anlehnungen an den nordischen Jugendstil. Die Gutsherrin *Maria Zakrevskaja Benckendorff* hat in Italien für den Schriftsteller *Maxim Gorki* gearbeitet und hielt rege Kontakte zu anderen Schriftstellern und Intellektuellen. Sie übersetzte die Werke von *Herbert George Wells*, der Jäneda 1934 besuchte. 1921, nach der Bodenreform der ersten Estnischen Republik, zog eine landwirtschaftliche Schule in das Herrenhaus.

Heute beherbergt der Komplex verschiedene Einrichtungen. So dient das Observatorium nach wie vor als **Planetarium,** in dem oft Musikveranstaltungen stattfinden, außerdem gibt es ein kleines **Museum.** Zur Anlage gehört ein **Gästehaus,** das in einem nachträglich erbauten Nebengebäude aus den 1970er Jahren untergebracht ist. Im ehemaligen Stall von 1888 befindet sich die **Gastwirtschaft Musta Täku Tall** („Zum schwarzen Hengst"), in der häufig Folklore- und Musikabende stattfinden. Außerdem hat das hier ansässige **Handarbeitszentrum** im

Sommer seine Pforten für Touristen geöffnet (So–Di 10–18 Uhr, Mi–Sa 10–19 Uhr).

●**Jäneda Mõis,** Jäneda, Gemeinde Tapa, Tel. 3849749, -50, Fax 3849751, info@janeda.ee, www.janedaturism.ee. Das **Gästehaus** €€ verfügt über DZ und 3er-Zimmer und kann bis zu 120 Gäste beherbergen. Wer mag, kann auch **zelten.** Außerdem helfen die Besitzer bei der Vermittlung von Ausritten und geführten Touren; Minigolfplatz. Die **Gastwirtschaft Musta Täku Tall** bietet 300 Gästen Platz, rustikale Atmosphäre, Hausmannskost, offener Grill.

Camping

●**Esna Camping,** Raudteejaama 2, Esna, Gemeinde Kareda, Tel. 51944543, info@esnankeidas.com, www.esnankeidas.com. 3 km nördlich von Mäo (Kreuzung der Straßen 2 und 5) in Höhe von Voja von der Straße 5 rechts abbiegen. Strom für Wohnwagen, Küche und Sauna im Haus, auch einfache Zimmer €€, in denen man übernachten kann, Waschmaschine, Reitausflüge; geöffnet von Mai bis August.

038es Foto: jl

Aegviidu und Schutzgebiet Kõrvemaa ↗ III/C-D2-3

Von Jäneda aus sind es rund sechs Kilometer nach Aegviidu, das am Rand des Landschaftschutzgebietes Kõrvemaa liegt. Mit dem Bau der Eisenbahnstrecke von Tallinn nach St. Petersburg erlebte der Ort in der zweiten Hälfte des 19. Jahrhunderts einen wirtschaftlichen Aufschwung. Zu dieser Zeit wurde auch der mit Holzschnitzereien verzierte Bahnhof angelegt.

Vor den Toren der Stadt gibt es zwei schöne Naturschutzgebiete, die beide *Kõrvemaa* im Titel tragen und eng beieinanderliegen. Das nördliche Gebiet heißt **Põhja-Kõrvemaa maastikukaitseala** und erstreckt sich von der Straße 1 (Tallinn – Narva) bis zum nördlichen Stadtrand Aegviidus. Hier lockt vor allem die unberührte Fluss- und Waldlandschaft am 36 km langen Wanderweg von Aegviidu nach Liiapeksi Naturfreunde an. Das Gebiet ist unübersehbar von der Eiszeit geprägt, zahlreiche Drumlins, also durch sich zurückziehende Gletscher entstandene, langgezogene Senken und Gruben, durchziehen das Gebiet.

Das **Kõrvemaa maastikukaitseala** verläuft südwestlich von Aegviidu kilometerweit nach Süden und umfasst unberührte **Wald- und Sumpflandschaften,** in die viele kleine Seen gebettet sind. In diesem Teil, der von vielen Wanderwegen durchzogen ist, kann man mit etwas Glück Steinadler, Schwarzstörche oder am Wegesrand einige seltene Orchideenarten entdecken. Der Valgehobusemägi ist unter den vielen Hügeln der höchste. Auf der gut 100 Meter hohen Anhöhe steht ein **Aussichtsturm.** Übersetzt bedeutet der Name soviel wie „Berg des weißen Pferdes" und geht – wie so viele Naturdenkmäler des Landes – auf die Legenden um den epischen Helden Kalevipoeg zurück. Sein stolzer Schimmel sei hier von Wölfen gerissen worden, als sich Kalevipoeg vom Pflügen ausruhte.

Unterkunft, Essen und Trinken

- **Ferienzentrum Nelijärve** (Nelijärve Puhkekeskus), Nilijärve 4, Aegviidu, Tel. 6055940, info@nelijarve.ee, www.nilijarve.ee. Ferienzentrum in Nelijärve, einer idyllischen Hügellandschaft mit vier Seen, etwa auf halber Strecke zwischen Jäneda und Aegviidu. Man hat die Wahl zwischen einem Zimmer in der Villa Pässu €€€€ oder im Hostel €€, wo DZ und Mehrbettzimmer mit Doppelstockbetten zur Verfügung stehen. Zum Komplex gehört ein Bierhaus, auf Wunsch werden Reitausflüge organisiert, Bootsverleih, Billard, Sauna.
- Folgt man von Aegviidu der Straße Piibe mnt. (13) nach Norden, kann man in der urigen **Schenke Raudoja Kõrtsi Talu** eine Rast einlegen (Raudoja, Gemeinde Anija).
- An der Straße 2, unterhalb des Kõrvemaa-Naturschutzgebiets Richtung Paide, liegt das **Ferienhaus Vana-Veski,** Puiatu, Gemeinde Paide, Tel. 5071484, 5058284, vanaveski@hot.ee, www.hot.ee/vanaveskipuhkemaja. Nette Blockhäuser mit zwei bzw. drei Zimmern, Kochecke, Sauna (extra zu bezahlen, nicht billig), pro Person €, das ganze Haus €€€€. Wer will, kann sein Zelt auf dem Grundstück aufschlagen.

Aktivitäten

- Der **Reiterhof Kivisaare** in der Nähe des Sees Nikerjärv bei Aegvidu bietet Reitunterricht, Kutschfahrten, Fahrrad-, Fluss- und Pferdewanderungen sowie Reiterferien mit Übernachtung an, Järve 10, Aegviiduu, Tel. 56631520, kivisaa re@maaturism.ee.

Kadrina

↗ IV/A2

Etwa auf halber Strecke zwischen Tapa und Rakvere liegt die Ortschaft Kadrina (Catrinenhof). Die **Katarinenkirche** aus dem 15. Jahrhundert birgt mittelalterliche Fresken und ein Kruzifix aus derselben Zeit. Bei der Schule stößt man auf das **Denkmal für die estnische Muttersprache.** Es steht nicht zufällig in Kadrina. Im Ort lebten einige wichtige Sprachwissenschaftler und Schriftsteller wie *Heinrich Stahl*, der Verfasser eines Handbuchs zum Erlernen der estnischen Sprache, der Dichter *Joachim Gottlieb Schwabe* und *Arnold Friedrich Johann Knüpffer*, ein Sprachwissenschaftler, der sich mit der estnischen Mythologie beschäftigte. Hauptberuflich waren alle drei Pastoren.

Unterkunft

- In Kadrina gibt es eine **Jugendherberge** bzw. ein einfaches Hostel. Da es zum Sportzentrum des Ortes gehört, kann man das Schwimmbad und den Fitnessraum mitbenutzen, außerdem steht Gästen eine Küche zur Verfügung. **Kadrina Spordihoone Hostel,** Rakvere tee 14, Tel. 5089922, 53842595, pro Person €.

Pandivere-Hochland

↗ IV/A2-3

Südlich von Rakvere und östlich von Tapa erstreckt sich die bedeutendste Erhebung Nordestlands, das Pandivere-Hochland. Beim Berg Emumägi erreicht der Kalkstein-Höhenzug eine **maximale Höhe von 166 Metern.** Wie so viele Orte im Land wird auch der Emumägi mit dem Sagenheld Kalevipoeg in Verbindung gesetzt. Sein Pferd habe ihn vor einem Rudel Wölfe retten wollen, dazu habe es mit den Hufen die Erde aufgegraben und sie zu einem Haufen zusammengescharrt. Von der Spitze des Berges kann man auf die umliegenden Felder, Wälder und das Moor Endla blicken.

Neeruti

↗ IV/A2

Im Norden des Hochlands, südlich von Kadrina, erstreckt sich das **Naturschutzgebiet** Neeruti. Fragt man die Bevölkerung, war auch hier der Sagenheld Kalevipoeg tätig. Er habe die pittoreske Hügellandschaft mit darin eingebetteten **Seen** beackert und geformt. In Wirklichkeit wurden die von Fichtenwald bewachsenen Berge in der Eiszeit von einem sich zurückziehenden Gletscher ausgebildet. Um die Seen verläuft ein **Wanderweg.** Im See Tagajärv kann man schwimmen, am Eesjärv zelten.

Das hübsche **Jugendstilgutshaus** Neeruti aus dem 19. Jahrhundert wurde Anfang des 20. Jahrhunderts von einem St. Petersburger Fabrikanten gekauft und umgebaut. Heute befindet es sich in Privatbesitz. Im **Museum** Neeruti erfährt man Wissenswertes über die Entstehungsgeschichte des Landschaftsschutzgebietes und kann einen Führer bestellen.

●**Neeruti Muuseum,** Tel. 56642158, www.neerutimuuseum.ee, Mi–So 9–21 Uhr.

Porkuni ⇗ IV/A2

Im Herzen des Pandivere-Hochlands liegt das Urtal Porkuni, eine liebliche Landschaft mit Hügeln und Seen, die bereits Ende der 1980er Jahre zum Wasserschutzgebiet erklärt wurde. Der **Porkuni-See** (Suurjärv) wird von zahlreichen Quellen gespeist, sodass das Wasser rein und klar ist. Um den See mit den darin liegenden kleinen Inseln ranken sich zahlreiche Legenden, wie die einer Nixe, die in dem Gewässer lebt. Das hohe Ufer ist von alten Bäumen umsäumt, an einer Seite gibt es einen kleinen **Sandstrand,** wo im Sommer Boote vermietet werden.

Von der Burg aus dem 15. Jahrhundert, die auf der **Insel Küngassaare** mitten im See liegt, ist nur noch ein **Turm** erhalten. Dieser wurde liebevoll renoviert und beherbergt ein sehenswertes **Kalksteinmuseum.** Wer die in den Stein gehauene, enge Treppe besteigt, kann von der 21 Meter hohen Turmspitze auf die reizvolle Landschaft und den zu Füßen des Turms liegenden **Gutshof Porkuni** (Borgholm) blicken. Im 17. Jahrhundert gehörte der Gutshof der *Familie Tiesenhausen.* Das heutige Gebäude wurde von *Ludwig von Rennenkampf* in Auftrag gegeben und war 1870 fertiggestellt. Es dient als Wohnheim für die Schüler der gegenüberliegenden Gehörlosenschule. Man erreicht die Insel über eine Brücke.

●**Porkuni Kalksteinmuseum,** Tel. 144836, Mai bis Sept. täglich 11–18 Uhr, im Winter auf Anfrage.

Väike-Maarja ⇗ IV/A3

In Väike-Maarja kann man die **mittelalterliche Kirche** (Tamme 4) besichtigen, deren dicke Mauern davon zeugen, dass sie auch zu Verteidigungszwecken genutzt wurde. Den Turm hat man 1873 auf eine Höhe von knapp 62 Metern aufgestockt. Auf manchem Grabstein des alten Friedhofs liest man noch deutsche Namen.

Das kleine **Museum** des Ortes ist in einem hübschen Holzhaus untergebracht. Dort gibt es auch ein Informationsbüro, das gern bei der Suche nach einer Unterkunft behilflich ist und deutschsprachige Broschüren über die Gutshöfe der Gegend bereithält.

●**Väike-Maarja Touristeninformation und Museum,** Pikk 3, Tel. 3261625, muuseum@v-maarja.ee, www.v-maarja.ee, Mai bis September Di–Sa 10–17 Uhr, Winter Mo–Fr 10–17 Uhr.

Gutshof Vao ⇗ IV/A3

Anfang des 18. Jahrhunderts ging der nahe gelegene Gutshof Vao in Besitz der Familie *von Rennenkampff* über. Auf einem Hügel am Rande des Gutsparks steht ein deutlich älteres Gebäude: die **Turmburg** aus der zweiten Hälfte des 14. Jahrhunderts. Ein kleines Museum im Inneren des Kalksteinturms dokumentiert die Ge-

039es Foto: jl

Im Zentrum

schichte des Gutshofes und seiner Besitzer. Im gesamten Baltikum gibt es nur ein weiteres erhaltenes Beispiel einer derartigen Wohnturmfestung, nämlich in Kiiu im Landkreis Haarjumaa (siehe Kap. „Umgebung von Tallinn"). Jedes der vier Stockwerke diente einem anderen Zweck: Der Keller wurde als Lagerfläche genutzt, im Erdgeschoss gearbeitet, darüber lagen die Schlafräume. Vom obersten Stockwerk konnte man Ausschau nach Feinden halten.

Am Porkuni-See

Kiltsi ↗ IV/A3

Auf den Ruinen einer alten Ordensburg, die im Livländischen Krieg zerstört wurde, ließ *Johann von Benkendorff* Ende des 18. Jahrhunderts ein frühklassizistisches Herrenhaus errichten. Später gehörte das Anwesen in Kiltsi dem Weltumsegler *Adam Johann von Krusenstern*. Nach seiner Weltreise 1803–06, die er im Dienste des russischen Zaren unternahm, stellte er hier seinen „Atlas der Südsee" zusammen. Zwar wird das Gebäude bereits seit 1922 als Schule genutzt, ein Museumszimmer erinnert jedoch an den berühmten Seefahrer.

Weiter südlich, zu beiden Seiten der Straße 22 nach Rakke, führt ein 13 Kilometer langer **Naturpfad** um die pittoresken **Äntu-Seen.** Er nimmt am Hügel Punmägi seinen Anfang, wo im ersten Jahrtausend einmal eine alte Estenburg gestanden hat. Am grünblau schimmernden See Sinijärv, der für sein klares Wasser bekannt ist, kann man **zelten.**

Gutshof Muuga

↗ IV/B3

Wer Richtung Norden nach Rakvere weiterfahren und nicht den Weg über Väike-Maarja nehmen will, kann kurz vor Rakke eine Querverbindung über Simuna einschlagen, die zur Straße 21 führt. Auf dem Weg kann man beim Gutshof Muuga (Münkenhof) eine kleinen Zwischenstopp einlegen. Auf dem **ehemaligen Klostergut** lebte *Carl Timoleon von Neff* (1804–76), der sich im 19. Jahrhundert als Hofkünstler des russichen Zaren einen Namen machte. Er arbeitete als Professor an der St. Petersburger Kunstakademie und als Konservator in der Eremitage. Das Herrenhaus stammt aus dem Jahr 1860 und wird heute als Schule genutzt.

Viru-Jaagupi

↗ IV/A2

Auf dem Friedhof vor der **St. Jakobi-Kirche** (19. Jahrhundert) in Viru-Jaagupi liegen der russische Seefahrer und Polarforscher *Ferdinand Wrangel* und die Maler *Kristjan* und *Paul Raud* begraben. Kristijan (1865–1943) hinterließ zahlreiche Kohlezeichnungen vom ländlichen Leben und illustrierte eine Ausgabe des Nationalepos Kalevipoeg. Paul (1865–1930) schuf hauptsächlich Porträts.

Gutshof Mõdriku

↗ IV/A2

Kurz vor Rakvere liegt der erstmals im Jahr 1470 schriftlich erwähnte Gutshof Mõdriku (Mödders), der seit Anfang des 20. Jahrhunderts verschiedene Schulen beherbergte. Sein heutiges Aussehen geht auf das ausgehende 18. Jahrhundert zurück. Gutsherr *Kaulbar* ließ hinter dem Gutshof eine Säule errichten, die an den Sieg über *Napoleon* 1812 erinnern soll. Die Anhöhe, auf der die Säule thront, wird im Volksmund „Berg des weißen Pferdes" genannt, denn der verwundete Kaulbar soll seinerzeit auf dem Rücken eines Schimmels nach Hause zurückgekehrt sein.

Unterkunft

- **Tamsalu Spordihoone Hostel,** Tehnika 2a, Tel. 3230788, tamsalusk@hot.ee, in Tamsalu, westlich von Porkuni und Väike-Maarja. Einfaches Hostel/Jugendherberge, das zum Sportcenter des Ortes gehört. DZ und Mehrbettzimmer, pro Person €. Außer der Küche kann man auch die Angebote des Sportzentrums nutzen, zu dem ein Schwimmbad, eine Sporthalle, ein Tennisplatz und ein Fitnessstudio gehören.
- Auf halber Strecke zwischen Viru-Jaagupi und Rakvere liegt das **Sportzentrum von Vinni,** Sõpruse 16, Tel. 3257164, Fax 3257364, info@vinnisport.ee, www.vinnisport.ee. Hier gibt es mehrere einfache Zimmer, teils saniert, man hat die Wahl zwischen DZ €-€€, einem Mehrbettzimmer mit Doppelstockbetten oder einer Matraze im Schlafsaal €. Natürlich kann man die Angebote des Centers mitnutzen: Schwimmbad, Fitnessraum, diverse Kurse. In einer kleinen Bar kann man Snacks zu sich nehmen.

Endla-Moor

↗ VII/D2

An den südlichen Ausläufern des Pandivere-Hochlands erstreckt sich auf über 80 Quadratkilometern das sehenswerte **Moorschutzgebiet** Endla, ein typisches Hochmoorareal mit zum Teil drei bis vier Meter dicken Torfschichten. Einige **Adlerarten,** aber auch **Schwarzstörche** und verschiedenste **Sumpf- und Wasservögel** brüten an den Ufern der Flüsse, Seen und Quellen, die das Gebiet mit seinen sieben Hochmooren durchziehen. Moosbeeren sowie der insektenfressende Sonnentau verwandeln das Moor in eine farbenprächtige Landschaft, die von dunklen Moorseen durchzogen und teilweise von niedrigem Wald bewachsen ist.

Die **Besucherzentrale** des Moorgebietes befindet sich in Tooma an der Straße 22. Die meisten **Wanderpfade** starten hier. Der bekannteste ist der knapp zwei Kilometer lange Lehrpfad durch das Hochmoor Männikjärve. Vom **Aussichtsturm** hat man einen herrlichen Blick auf das Moor.

- **Besucherzentrale Endla kaitseala,** Tel. 7763133, Fax 7763375, endlalk@hot.ee, www.endlakaitseala.ee.

Kärde

↗ VII/D2

Südlich von Toomaa passiert man auf dem Weg nach Jõgeva den kleinen Ort Kärde, wo im Gutspark das sogenannte **Friedenshäuschen** steht. Hier soll 1661 der Friedensvertrag zwischen Schweden und Russland unterzeichnet worden sein.

Jõgeva

↗ VIII/A1

Die Hauptstadt und Namensgeberin des Landkreises Jõgevamaa, etwa 20 Kilometer südlich des Endla-Moors, bietet keine hervorzuhebenden Sehenswürdigkeiten. Sie kann nicht einmal mit einer Kirche aufwarten, was für Estland sehr ungewöhnlich ist. Auf den Ländereien des ehemaligen Gutshofes Jõgeva (Laisholm; Mihkel Pilli 5), wo sich heute ein landwirtschaftliches Forschungsinstitut befindet, wurden ab 1876 Gleise verlegt und eine Bahnstation errichtet, die zur Gründung der Provinzstadt führten. So ist Jõgeva allenfalls wegen seiner Verkehrsanbindung interessant oder wenn Durchreisende hier einen Zwischenstopp einlegen wollen, um eine Bank aufzusuchen oder einen Snack zu sich zu nehmen.

Informationen

- **Information,** Lai 4, Tel. 7723166, info@jogeva.lib.ee, Mo–Fr 11–18 Uhr, Sa 11–16 Uhr.

Service

- **Bank:** Suur 18a und Aia 1.

Unterkunft, Essen und Trinken

- **Gästehaus Hämarik** €-€€, Linnumetsa tee 8, Tel. 7766901, jogeva@jpbi.ee. Mäßig geschmackvoll eingerichtet, dafür preiswerte Zimmer, mit Sat-Fernsehen, Küche und Grill können mitbenutzt werden.
- **Restaurant Kosmos,** Suur 14, Jõgeva.

Verkehr

- Der **Bahnhof** befindet sich an der Jaama 4b. Jõgeva ist eine Station an der Strecke Tartu – Tallinn. Es halten auch Schnellzüge.

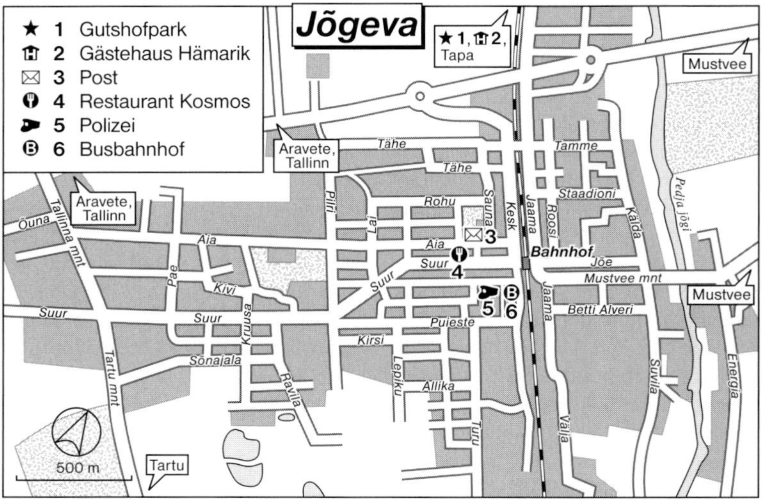

●Die **Busse** halten an der Pargi-Straße. Busverbindungen mehrmals am Tag nach Tallinn, Tartu, Põltsamaa, Mustvee und zu kleinen Orten in der Umgebung.

Laiuse

↗ VIII/B1

Fährt man von Jõgeva die Straße 36 in östlicher Richtung, gelangt man nach etwa zehn Kilometern nach Laiuse (Lais). Die **Wehrkirche St. Georg** stammt ursprünglich aus dem 14. Jahrhundert. Die Kriege, die über Estland herzogen, der Livländische, der Nordische und der Zweite Weltkrieg, beschädigten das Gotteshaus immer wieder, sodass es im Laufe der Zeit mehrfach um- und wieder aufgebaut wurde.

Folgt man weiter der Straße 36 Richtung Mustvee, sollte man die Augen aufhalten, um die Hinweisschilder mit dem Aufdruck „Laiuse lossivaremed" nicht zu verpassen. Die stattliche Ruine der livländischen **Ordensburg** liegt rechter Hand. Der Livländische Orden errichtete die Burg im 14. Jahrhundert, um die Ostgrenze seines Gebietes abzusichern. Während des Nordischen Krieges diente sie dem Schwedenkönig *Karl XII.* von 1700 bis 1701 als Winterquartier.

Wer den Peipus-See und die Dörfer der Altgläubigen kennenlernen möchte, sollte weiter der Straße 36 Richtung Mustvee folgen (siehe Kapitel „Der Süden").

Von Laiuse führt eine Straße nach Süden zum **Badesee Kuremaa** mit seinem kleinen Sandstrand. Nördlich davon liegt ein klassizistischer **Gutshof** aus dem Jahr 1843, in dem heute in einem Zimmer ein kleines **Heimatmuseum** untergebracht ist (Tel./Fax 7762581, nur auf Voranmeldung geöffnet). Im Park gibt es einige erhalten gebliebene Nebengebäude zu besichtigen. Das ganze Anwesen gehörte einst der Familie *von Oettingen*, von der einige Mitglieder bei der nahen, leider sehr verfallenen Kapelle begraben liegen.

Palamuse

↗ VIII/B1

Südöstlich des Sees von Kuremaa liegt der kleine, aber sehenswerte Ort Palamuse, der ein guter Ausgangspunkt für einen Besuch des Schutzgebietes Vooremaa darstellt. Einige Geschäfte, eine Post, eine eigene kleine Sängerbühne und eine Gastwirtschaft gruppieren sich um das Zentrum des Ortes, das nördlich der Seen Veskijärv und Paisjärv liegt. Am Ufer des Vesksijärv (Mühlensees) steht eine **Wassermühle** aus den 1870er Jahren.

Ein kleines Informationsbüro versorgt Besucher mit Karten- und Infomaterial. Gleich um die Ecke erhebt sich die **St. Bartholomäuskirche** aus dem Jahr 1234, die mehrfach um- und wieder aufgebaut wurde. Im Inneren sind der barocke Altar und die Kanzel vom Ende des 17. Jahrhunderts erwähnenswert. Die Grabsteine und Steinkreuze auf dem Friedhof datieren bis ins 15. Jahrhundert zurück.

Nicht weit davon wurde im **alten Schulhaus** von 1873 ein kleines Museum untergebracht, das sich dem estnischen Schulwesen sowie dem Leben des Schriftstellers *Oskar Luts* widmet, dessen Roman „Kevade" (Frühling) vor Ort spielt.

- **Palamuse Museum,** Köstri pst. 3, Tel. 7760514, www.palmuseum.ee, Mai bis Sept. täglich 10–18 Uhr.

Informationen

- **Palamuse Touristeninformation,** Jõgeva mk, Tel. 7768520, Fax 7768521, palamuse@visitestonia.com.

Unterkunft, Essen und Trinken

- Etwas außerhalb von Palamuse liegt der **Ferienhof Mokko** €€, wo Selbstverpfleger unterkommen können, Änkküla, bei Palamuse, Tel. 7763710, mobil 5052573, kylliki@infesto.ee, www.mokko.ee. Es stehen Küche und Grill zur Verfügung, Frühstück kann man auf Wunsch bekommen. Die Deutsch sprechenden Besitzer verleihen Boote und Fahrräder, außerdem kann man in der Nähe reiten. Besonders hübsch ist der Garten des Anwesens, in dem man sich abends von den Ausflügen erholen kann.
- **Lible juures,** Schnellimbiss in Palamuse.

Saare

↗ VIII/B1

Wer etwas über den Helden des estnischen Nationalepos, Kalevipoeg, erfahren will, sollte das **Kalevipoeg-Museum** in Saare aufsuchen, das östlich der Straße 3 im Osten des Landkreises Jõgevamaa liegt. Man erreicht es von Palamuse aus, indem man der Landstraße über Kudina und den **Gutshof Saare** bei Saarjärve folgt. Im Gutspark befinden sich ein Kräutergarten und ein Haustierpark.

●**Kalevipoeg-Museum,** Saare, Tel. 7734896, 7734789, mobil 55583825, Mo, Mi, Fr 10–14 Uhr.
●**Haustierpark und Kräutergarten Saare,** Saarjärve, Gemeinde Saare, geöffnet 15. Mai bis 15. Sept.

Landschaftsschutzgebiet Vooremaa

↗ VIII/B2

Die von ungewöhnlich lang geformten Höhenzügen gezeichnete Gegend südlich von Jõgeva ist beim Zurückweichen des Festlandeises nach der letzten Eiszeit entstanden. Durch den Druck der Gletscher Richtung Nordwesten und die Verschiebung des Moränenmaterials entstanden zahlreiche **längliche Hügel,** die sich allesamt von Nordosten nach Südwesten erstrecken. Diese spezielle Moränenform, die man auch in anderen Ländern, etwa Großbritannien, aber auch in Süddeutschland (beispielsweise in der Nähe von Konstanz) vorfindet, wird **Drumlin** genannt. Der Höhenzug bei Laiuse ist mit 144 Metern der höchste Drumlin der Region. Bei dem Gebiet um Kassinurme handelt es sich um eine der ausgeprägtesten Drumlin-Landschaften Osteuropas. Der südliche Teil dieses Gebiets wurde unter Schutz gestellt. Das Vooremaa-Schutzgebiet zeichnet sich dadurch aus, dass sich zwischen den Drumlins acht ebenso lang gezogene **Seen** erstrecken, von denen der Badesee Saadjärv und der Kaiavere järv die größten sind.

Wie auch sonst vielerorts in Estland wird die eigentümliche Landschaft mit dem Sagenheld Kalevipoeg in Verbindung gebracht. Die Drumlins und die dazwischenliegenden Täler seien entstanden, als der Riese das Land beackert habe, sagt eine Legende. Eine große Vertiefung westlich von Kassinurme sei sein Bett, eine andere seine Badewanne. Fuß- und Handabdrücke seien später zu Seen geworden.

Beim See Raigastvere lädt ein **Aussichtsturm** dazu ein, einen Blick auf die Umgebung zu werfen. Der bis zu 25 Meter Tiefe **Saadjärv** ist sehr fischreich, vor allem Barsche, Zwergmuränen und Hechte kommen in dem Gewässer vor. Das Ostufer des Sees wird von kleinen Orten und zwei Herrenhäusern gesäumt. Beide können jedoch nicht besichtigt werden, da sie sich in Privatbesitz befinden. Natürlich kann man zumindest von außen einen Blick auf die Gebäude werfen.

Der **Gutshof von Kukulinna** ist ein auffälliges Gebäude mit großen Fenstern und aufgesetzten kleinen Holztürmchen, die mit einer Art Zinnen versehen sind. Seine neogotischen Züge bekam das ursprünglich einstöckige Holzgebäude Ende des 19. Jahrhunderts. Zu Zeiten der ersten Estnischen Republik diente das Gebäude als Sommerhaus der Pallas-Kunstschule in Tartu, die Sowjetzeiten überlebte es als Pionierlager.

Zum **Gutshof von Saadjärve,** auch unter dem Namen Brackelshof bekannt, gehören einige noch erhaltene Nebengebäude: Gärtnerhaus, Speicher, Schmiede und Pferdestall.

Informationen

- Informationen über Vooremaa erhält man im Örtchen **Äksi,** am Südufer des Saadjärv, Tel. 7732347.

Luua ⇗ VIII/B2

Am Nordrand des Schutzgebietes Vooremaa liegt ein weiteres **Gutshof-ensemble,** das aus Herrenhaus, Wassermühle und Pastorat besteht. Es ist umgeben von einem der artenreichsten Parks Estlands, was die Vielfalt der Baum- und Buscharten angeht. 1730 ließ der Graf *Ernst von Münnich* ein barockes Herrenhaus errichten. Der Name des Anwesens - estnisch Luua, deutsch Ludenhof - geht aber auf seine vorherigen Besitzer, die Familie *Luden* zurück. Von 1831 bis 1921 gehörte es wie der Gutshof Kuremaa der Familie *von Oettingen.* Nach dem Zweiten Weltkrieg wurde das Hauptgebäude umgebaut und um ein Stockwerk erweitert, seither beherbergt es eine Forstwirtschaftsschule. Sehenswert sind neben dem Park das reichlich verzierte „Pfefferkuchenhäuschen".

- **Arboretum Luua,** Gemeinde Palamuse, Tel. 7762111, 7741282, ganzjährig geöffnet. Man kann eine Naturausstellung besichtigen oder sich bei einer Führung (auf Deutsch) die Flora und Fauna erklären lassen.

Wildpark Elistvere ⇗ VIII/B2

Wer auf seiner Reise durch Estland noch keinem Elch oder Bären begegnet ist, kann dies in Elistvere nachholen. 1997 wurde der ehemalige Park des Gutshofes Elistvere (Ellistfer), zu dem in der Mitte des 19. Jahrhunderts 28 Gebäude gehörten, in einen Wildpark umgewandelt. Neben **Elchen, Luchsen,** einem **Bären** und **Wildschweinen** - natürlich hinter Zäunen gehalten - können unter anderem Rehe und verschiedene Kleintiere aus nächster Nähe beobachtet werden.

- **Loomapark Elistvere,** Elistvere, Gemeinde Tabivere, Tel. 7764666, mobil 5230058, eli zoo@hot.ee, täglich geöffnet, Juni bis Aug. 10–20 Uhr, März bis Mai und Sept./Okt. 10–17 Uhr, Nov. bis Febr. 10–17 Uhr.

Unterkunft, Essen und Trinken

- **Motel Äksi** €€€, Äksi, Gemeinde Tabivere, Tel./Fax 7764988, mobil 5158191, www.aksi motell.ee. Nur 400 Meter vom Ufer des Saadjärv entfernt, das Restaurant bietet Suppen, Gebratenes und Süßes zu guten Preisen. Für die in unmittelbarer Nähe gelegene Kirche ist der Schlüssel am Moteltresen auszuleihen.

Põltsamaa ⇗ VIII/A2

Obgleich das weiter westlich liegende Jõgeva Verwaltungssitz des gleichnamigen Landkreises ist, hat die Stadt Põltsamaa (Oberpahlen) nicht nur mehr zu bieten, sondern liegt gerade für Durchreisende auf der Strecke Tallinn - Tartu verkehrsgünstiger. Dass Põltsamaa sich von anderen Provinzstädten abhebt, ist vor allem seiner wohl bekanntesten Sehenswürdigkeit zu verdanken, den **Ruinen des Schlosses Põltsamaa,** dem einzigen ehemaligen Königssitz des Landes.

Mitte des 18. Jahrhunderts kam der deutsche Geistliche *August Wilhelm Hupel* (1737–1819) als Pastor in die

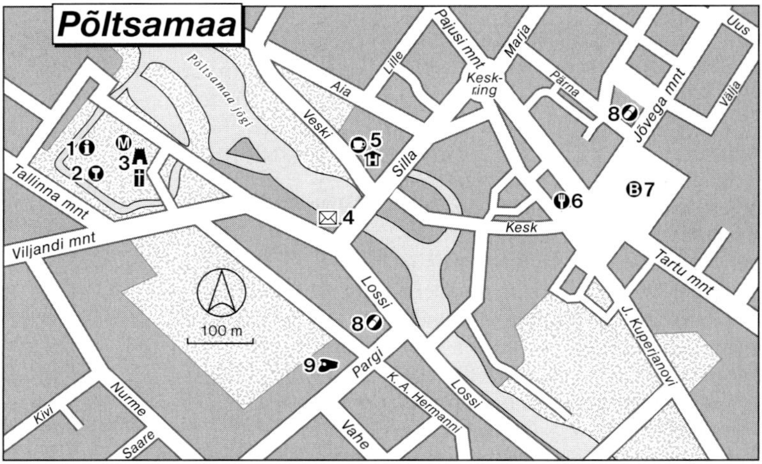
Põltsamaa
Põltsamaa jõgi
Aia
Lille
Pajusi mnt
Maria
Kesk-ring
Pärna
Uus
Jõvega mnt
Välja
Veski
Silla
Tallinna mnt
Viljandi mnt
Kesk
Tartu mnt
J. Kuperjanovi
Lossi
Pargi
K. A. Hermanni
Vahe
Nurme
Kivi
Saare
100 m
1
2
3
4
5
6
7
8
9

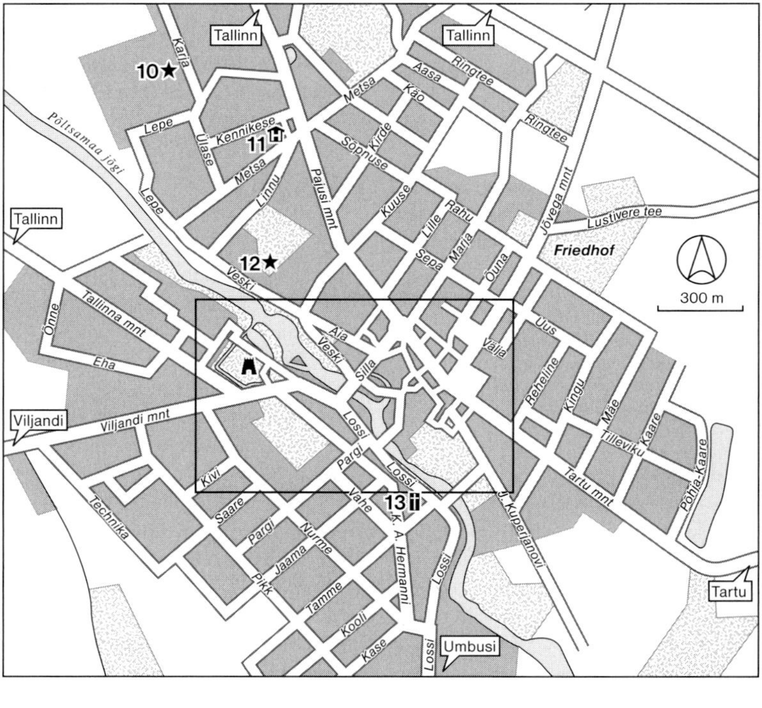
Tallinn
Tallinn
Tallinn
Viljandi
Tartu
Umbusi
Karja
Ringtee
Aasa
Metsa
Käo
Kirde
Lepe
Ülase
Kennikese
Sõpruse
Metsa
Linnu
Pajusi mnt
Kuuse
Lille
Rahu
Lustivere tee
Jõvega mnt
Põltsamaa jõgi
Friedhof
Sepa
Maria
Õuna
Veski
Aia
Veski
Silla
Uus
Välja
Õnne
Tallinna mnt
Eha
Viljandi mnt
Lossi
Pargi
Lossi
Reheline
Kingu
Mäe
Tilleviku
Kaare
Põhja-Kaare
Tartu mnt
J. Kuperjanovi
Kivi
Saare
Vahe
Technika
Pargi
Nurme
Jaama
Pikk
Tamme
Kooli
Kase
K. A. Hermanni
Lossi
Lossi
300 m
10
11
12
13

	1	Touristeninformation
	2	Weinkeller
	3	Ordensburg
		mit Museum
		und Kirche
	4	Post
	5	Gästehaus
		und Café Rivaal
	6	Hullava Naise Pubi
	7	Busbahnhof
	8	Apotheke
	9	Polizei
★	10	Rosengarten
	11	Heleni Külalistemaja
★	12	Gutshaus
		und Park Uue Põltsamaa
	13	Orthodoxe Kirche

Stadt. Er beschäftigte sich intensiv mit der estnischen Sprache und Literatur, gab ein Wörterbuch zu estnischen Dialekten heraus, sammelte Volkslieder und Sprichwörter, schuf einen dreiteiligen Band mit volks- und landeskundlichem Inhalt und korrespondierte mit Intellektuellen im In- und Ausland. Gemeinsam mit dem Arzt und Lehrer *Peter Ernst Wilde* (1732–85), der eine der ersten Druckereien Estlands gründete, gab Hupel 1766 die erste estnischsprachige Zeitschrift des Landes heraus.

Ordensburg und Museum

1272 wurde am Ufer des Flusses Põltsamaa, der damals Pala genannt wurde, eine Ordensburg gebaut, die von einer kastellartigen Mauer und Wallgräben umringt war. Im 14. Jahrhundert kam in der Ostecke ein Konventshaus hinzu, später hat man die Mauer erhöht und mit Türmen ausgestattet.

Acht Jahre lang, von 1570 bis 1578, diente sie dem Bischof von Ösel-Wiek und Vasallenkönig *Magnus* als Residenz. *Iwan der Schreckliche* hatte den jüngeren Bruder von Dänenkönig *Frederik II.* zum Herrscher über Livland erklärt, damit dieser von dort aus Reval (Tallinn) erobern konnte, das sich seinerseits in schwedischer Hand befand. Da das Magnus jedoch nicht gelang und sich dieser kurz darauf mit dem König von Polen verbündete, löste der Zar das Vasallenreich auf. Die Burg wurde während des Livländischen Krieges beschädigt und verlor an Bedeutung, im Nordischen Krieg brannten die Mauern nieder.

1750 ging sie in Besitz von *Woldemar Johann von Lauw* über, der zahlreiche Manufakturen vor Ort aufgebaut hatte: Er ließ Spiegel und Glas herstellen, besaß eine Kupferwerkstatt und eine Gerberei. Auf den Ruinen ließ er schließlich ein prächtiges **Rokokoschloss** errichten und ringsherum einen **Park** mit mehreren Brücken anlegen, die über den Fluss führten.

Leider lebte Lauw über seine Verhältnisse, am Ende war er so verschuldet, dass sein Schloss auf einer Auktion veräußert werden musste. Es ging an *Katharina II.* über, die es dem Grafen *Aleksei Bobrinsky* schenkte.

Von der Schönheit und Pracht des Rokokoschlosses ist heute leider nichts mehr zu sehen, 1941 wurde es komplett zerstört. Dennoch ist die Anlage einen Besuch wert. Teile der Ringmauer wurden konserviert, in einem Schlosstrakt wurde ein **Restaurant** eröffnet, außerdem gibt es ein **Museum,** das die Geschichte des Schlosses dokumentiert und gleichzeitig als Informationsbüro fungiert. Nebenan findet sich ein kleines **Kunsthandwerksgeschäft.**

Wer den lokalen Wein probieren möchte, kann dies im **Weinkeller** tun, allerdings muss man wissen, dass es sich dabei um Fruchtweine handelt, die aus verschiedenen Beeren hergestellt werden. Die Esten, die ihren Sehenswürdigkeiten, Städten und Regionen gern klangvolle Namen geben, haben Põltsamaa den Titel „Weinhauptstadt" verliehen.

- **Põltsamaa Museum,** Lossi 1b, Tel. 7751390, www.poltsamaa.ee, Mitte Mai bis Mitte Sept. tgl. 10–18 Uhr, im Winter Mo–Sa 10–16 Uhr.

Nikolaikirche

Beim Betreten der Burganlage fällt die gelbe Kirche auf, die in die alte Festungsanlage integriert ist. Bereits im 13. Jahrhundert stand am linken Ufer des Flusses eine Kirche, die jedoch Anfang des 17. Jahrhunderts wie auch die Burg im Krieg zerstört wurde. Also errichtete man auf einem Teil der Festungsmauern 1730 kurzerhand ein neues Gotteshaus. Dabei diente das alte Torgebäude als Kirchenschiff und der runde Kanonenturm als Sakristei, nach dem Nordischen Krieg als Altarchor. Mitte des 18. Jahrhunderts wurde dem Turm ein **barocker Helm** aufgesetzt. Wie das Rokokoschloss fiel auch die Kirche 1941 dem Zweiten Weltkrieg zum Opfer. In den Nachkriegsjahren widmete man sich dem Wiederaufbau, seit 1969 wird die Spitze wieder von dem Turmhelm geschmückt.

Ein Großteil der Einrichtung wie Kanzel, Altar, Bänke und Kronleuchter stammen aus der ebenfalls im Krieg zerstörten Universitätskirche der Stadt Tartu. Die **Orgel,** die von der Firma Sauer in Frankfurt an der Oder im Jahr 1900 angefertig wurde, stammt aus der Johanniskirche in Viljandi und wurde 1966 durch die Orgelbauerfamilie *Kriisa* erweitert. Besonders stolz sind die Gemeindemitglieder auf das **drehbare Altarbild.**

Weitere Sehenswürdigkeiten

Auf der gegenüberliegenden Flussseite liegt das in einen Park eingebettete **Gutshaus Uue-Põltsamaa** (Neu-Oberpahlen; Veski 7), das *Jakob Heinrich von Lilienfeld* Mitte des 18. Jahrhunderts erbauen ließ.

Die Nikolaikirche in Põltsamaa

An der Lossi-Straße wurde 1895 für die anwachsende orthodoxe Gemeinde eine hübsche **Kirche** aus Ziegel- und Natursteinen gebaut, die von typischen Zwiebeltürmchen gekrönt ist.

Die 17 **Brücken,** die über den Fluss und auf die darin liegenden Inseln führen, laden zu einem netten Spaziergang ein. Neben dem Titel „Weinhauptstadt" brachten sie Põltsmaa den Namen „Stadt der Brücken" ein. Doch – aller guten Dinge sind drei – noch ein weiterer Titel schmückt den Ort: Die Bezeichnung „Rosenstadt" ist der Tatsache geschuldet, dass hier Rosen gezüchtet werden. Im **Rosengarten,** der etwas außerhalb des Zentrums an der Karja-Straße liegt, kann man 800 verschiedene Arten vorfinden. Er ist von Mai bis September geöffnet.

Informationen

- **Põltsamaa Touristeninformation,** Lossi 1b, Tel. 7751390, turism@poltsamaa.ee.

Service

- **Bank/Geldautomat:** Silla 2, Kesk 2 und 4, Lossi 9.
- **Post:** Silla 2.
- **Apotheke:** Kesk 3, Pärna 1, Lossi 9.
- **Busbahnhof:** Tartu mnt.
- **Internet:** Kesk 2

Unterkunft

- **Gästehaus Heleni Külalistemaja** €€, Pajusi mnt. 12, Tel. 7762720, Fax 7762720, helenimaja@hot.ee, www.helenimaja.ee. Neues Gästehaus, vielleicht etwas steril eingerichtet, aber mit Kaminraum, Billard, Sauna und in den Zimmern TV.
- **Gästehaus und Café Rivaal** €€, Veski 1, Tel. 7762620, rivaal@rivaal.ee, www.rivaal.ee. Kleines, neu eingerichtetes Gästehaus, Zimmer etwas karg, mit TV, Sauna, Frühstück.

041es Foto: jl

Essen und Trinken

- Im Weinkeller des alten Schlosses kann man die hiesigen **Fruchtweine** probieren und kaufen.
- **Hullava Naise Pubi,** Kesk 4a, Gastwirtschaft mit Billardtisch.
- **Adavere Tuulik,** Adavere, Gemeinde Põltsamaa, Straße 2 in nordwestlicher Richtung, wenige Kilometer hinter Põltsamaa. In der restaurierten Mühle ist ein gutes Restaurant untergebracht.

Umgebung von Põltsamaa

Herrenhaus Lustivere ↗ VIII/A2

Das Herrenhaus Lustivere liegt östlich von Põltsamaa, etwa zwei Kilometer nördlich der Straße 2 (Põltsamaa – Tartu). Allerdings kann man das neogotische Herrenhaus aus dem Jahr 1875 mit seinem achteckigen Nordturm nur von außen besichtigen, da es ein Altenheim beherbergt.

Herrenhaus Puurmani ↗ VIII/A2

Das weiter östlich, etwa auf halber Strecke nach Tartu gelegene Herrenhaus Puurmani (Talkhof), das als Schloss bezeichnet wird, stammt aus der gleichen Zeit. 1864 ließ der Graf *Gotthard von Manteuffel* das weiße Gutsgebäude mit seinem auffälligen, achteckigen Turm errichten und einen hübschen Park anlegen. War der Graf zu Hause, wehte auf dem 25 Meter hohen Turm die Staatsflagge.

Umbusi ↗ VIII/A2

In der Nähe von Puurmani liegt das entlegene Umbusi, das aufgrund zweier seltsamer Begebenheiten bekannt ist. Zum Einen verschanzte sich hier im Zweiten Weltkrieg eine Gruppe von **Waldbrüdern** (Widerstandskämpfern gegen die Sowjetmacht), die kurzerhand die „Republik Umbusi" ausriefen. Zum Zweiten wurde Ende des 19. Jahrhunderts im Ort das buddhistische Oberhaupt des Baltikums, *Karl Tennisons*, der sich später *Bruder Vahhindra* nannte, geboren. Als sein Leichnam nach seinem Tod in Burma 1962 wochenlang trotz großer Hitze nicht verweste, wurde er heilig gesprochen.

Naturschutzgebiet Alam-Pedja ↗ VIII/A2

Südlich von Põltsamaa liegt das 260 Quadratkilometer große Naturschutzgebiet Alam-Pedja, das sich fast bis zum Võrtsjärv (Wirz-See) erstreckt. Ein 7,5 Kilometer langer **Wanderweg,** der in Kirna, etwa fünf Kilometer flussabwärts von Puurmani, startet, führt durch das menschenleere Hochmoorgebiet.

Ironischerweise ist es der Sowjetbesatzung, die hier einen Truppenübungsplatz anlegte und die Gegend zum militärischen Sperrgebiet erklärte, zu verdanken, dass in dem abgeschiedenen Gebiet Sumpfwiesen und Moorinseln, ursprüngliche Wälder und liebliche Flusslandschaften vor menschlichen Einflüssen geschützt waren. See-, Fisch- und Steinadler, Tüpfelsumpfhühner und Schnepfen, Singschwäne und

Herrenhaus Puurmani

042es Foto: jl

viele andere **Wat- und Wasservögel** rasten auf den weiten Auenwiesen und Hochmooren. Hinzu kommen **Otter, Biber, Luchse, Bären** und sogar **Wölfe,** die hier beheimatet sind.

- Wer das Gebiet besuchen und mehr über die Flora und Fauna erfahren möchte, kann sich zu einer Führung beim **Verein Kotkas** in Tartu anmelden, Riia 185a, Tel. 7428149, 5039996, robert@kotkas.ee, kotkas@kotkas.tartu.ee, www.elfond.ee/alampedja.
- Bei Kärevere, am Rand des Naturschutzgebietes an der Straße 2, hat ein **Bootsverleih** seinen Sitz. Hier kann man sich auch eine **Angelausrüstung** leihen, außerdem werden **Bootstouren** organisiert. Paadilaenutus, Kärevere, Gemeinde Laeva, Tel. 5118411, 5020411, paadirent@paadirent.ee, www.paadirent.ee.

Kõo und Pilistvere ⇗ VII/C3

Wer von Põltsamaa nach Viljandi fahren möchte, kann entweder querfeldein über Võisiku und Kolga-Jaani (Straße 51) durch weite, menschenleere Naturlandschaften fahren oder einen kleinen Schlenker über Võhma (Straße 38) machen. Da sich zwischen Võhma und Viljandi einige kleinere Sehenswürdigkeiten (siehe Kap. „Der Süden: Nördlich von Viljandi") befinden, die einen Zwischenstopp rechtfertigen, ist Letzteres zu empfehlen.

Auf dem Weg nach Võhma liegt das 1670 gegründete **Gut Kõo** (Wolmarshof). Ende des 18. Jahrhunderts entstanden das Herrenhaus, ein Pavillon, ein Vorratsspeicher, der Stall und eine Schnapsbrennerei.

Keine andere Landkirche hat einen derart hohen Turm wie die des Ortes Pilistvere. 66 Meter ragt er in den Himmel empor. Die Jahreszahl am Giebel der **Kirche,** 1762, zeigt an, wann das Gebäude nach schweren Beschädigungen im 17. und 18. Jahrhundert umfangreich renoviert wurde. Die Geschichte des Gotteshauses geht bis ins 13. Jahrhundert zurück. Am Südportal überdauerten die in die Wand integrierten Drachen- und Menschenskulpturen aus dem 14. Jahrhundert die Zeit. Sehenswert sind die reich verzierte Kanzel vom Dorpater (Tartuer) Meister *Thomas Öhmann* aus dem Jahr 1686. Die Orgel kommt aus Frankfurt an der Oder, wo sie *Wilhelm Sauer* 1893 baute.

Etwa ein Kilometer weiter erinnert ein **Steinhaufen mit Kreuz** an die Bürger Estlands, die zu Sowjetzeiten nach Sibirien deportiert wurden. Ihre Verwandten haben in Gedenken an sie die Feldsteine hier abgelegt.

Gutshof Võisiku ⇗ VII/C3

War es *Oskar Luts*, der dem Ort Palamuse südöstlich von Jõgeva ein litarisches Denkmal setzte, so ist es ein anderer berühmter Schriftsteller, der die Handlung eines Romans nach Võisiku verlegte, einem Gut an der Straße 51, wenige Kilometer hinter der südlichen Stadtgrenze von Põltsamaa.

Im Gutshof Võisiku (Woiseck) lebte im 19. Jahrhundert der deutsche Offizier *Timotheus Eberhard von Bock*, dessen Leben den Schriftsteller **Jaan Kross** zu seinem Roman **„Der Verrückte des Zaren"** inspirierte. Bock war ein frei denkender, für seine Zeit fortschrittlich eingestellter Mann, dessen Ideen und Visionen ihm schließlich zum Verhängnis wurden. Nachdem er dem russichen Zaren einen Verfassungsentwurf vorgelegt hatte, der Gleichheit und Redefreiheit beinhaltete, ließ ihn *Alexander I.* gefangennehmen. Nach neun Jahren Haft wurde er für geisteskrank erklärt. Zurück in Võisiku erschoss er sich im Jahre 1836. Man mag es als Ironie der Geschichte betrachten, dass in seinem Gutshof heute eine Nervenheilanstalt untergebracht ist.

Kolga-Jaani

↗ VII/C3

Folgt man der Straße 51, die später in eine unasphaltierte Landstraße übergeht, in südlicher Richtung, erreicht man den Ort Kolga-Jaani. Anfang des 14. Jahrhunderts wurde die hiesige **Steinkirche** errichtet, doch das Bauwerk erfuhr im Laufe der Jahrhunderte zahlreiche Umbauten. Obgleich das Johannes dem Täufer geweihte Gotteshaus mehrfach in Kriegen beschädigt wurde, ist das alte Gewölbe bis heute erhalten. Der Westturm wurde 1875 angebaut, Anfang des 20. Jahrhunderts hat man eine Sakristei hinzugefügt und die Fenster vergrößert. Sehenswert sind das Altarkruzifix von etwa 1380 und die Gemälde auf dem Orgelchor, die Szenen des alten Testaments aufgreifen.

Hochmoor Parika

↗ VII/C3

Von Kolga-Jaani kann man in Richtung Viljandi weiterfahren. Etwa 17 Kilometer vor der Stadt passiert man das Hochmoor Parika, das vor etwa 9000 Jahren entstand. Ein Bretterweg führt durch den Moorwald bis an einen **See mit Aussichsturm.** Die Torfschichten sind bis zu 8,50 Meter dick. Der **Väikejärv** weiter nördlich ziert viele Postkarten, die man in Põltsamaa und Umgebung kaufen kann – der See ist herzförmig.

044es Foto: jl

Der Süden

061es Foto: jl

051es Foto: jl

Altes Wohnhaus in Tartu

Teufelsfigur beim Meteoritenkrater von Ilumetsa

Schloss Alatskivi

Überblick

Südestland zeichnet sich durch eine liebliche Landschaft mit Hügeln und kleinen Bergen aus, zwischen denen romantische Seen, Flüsse und Bäche liegen, die zum Teil durch eiszeitliche Urstromtäler fließen. In den Landkreisen Võrumaa und Valgamaa gehen die sanften Moränenhügel in Höhenzüge über, deren höchste Erhebung der Suur Munamägi ist, mit 318 Metern bereits der **höchste Berg des Baltikums.** Auch die „Große Himmelspforte" und „Kleine Himmelspforte" genannten **Sandsteinklippen** am Ufer des Flusses Ahja sowie die **Sandsteinhöhlen** in Piusa sind interessant.

Etwa 185 Kilometer von Tallinn entfernt liegt die Universitätsstadt **Tartu.** Die zweitgrößte Stadt des Landes gilt als Wiege der estnischen Kultur. Fast alle Esten mit Rang und Namen haben hier studiert, außerdem spielte die Stadt eine bedeutende Rolle in der „Zeit des Nationalen Erwachens".

Tartu und der umliegende Landkreis Tartumaa sind durch den **Fluss Emajõgi** (Embach) geprägt, welcher die beiden größten estnischen Seen, den **Peipus-See** und den **Võrtsjärv,** verbindet und auf einer Länge von zehn Kilometern durch die Stadt fließt. Am Ufer des Peipus-Sees befinden sich die **Altgläubigen-Dörfer,** langgestreckte Ansiedlungen, in denen alteingesessene Russen mit einer eigenen Kultur und traditionellen Sitten leben.

Weiter südlich, in den Landkreisen Põlvamaa und Võrumaa, ist die **Volksgruppe der Seto** beheimatet, die ebenfalls eine eigene Kultur pflegt und für ihre farbenprächtigen Trachten bekannt ist.

Die Landkreise Valgamaa und Võrumaa sind die beliebtesten **Skigebiete** des Landes. Das Städtchen **Otepää,** ganz auf Winterurlauber eingestellt, gilt als Estlands Winterhauptstadt. Das Hochland von Otepää ist das sicherste Schneegebiet des Baltikums und lockt jedes Jahr Tausende Skifans an. Als Ausrichter internationaler Wettkämpfe ist Otepää auch über die Landesgrenzen hinaus bekannt.

Etwas ruhiger, aber landschaftlich ebenso ansprechend geht es im Haanja-Hochland zu. Im Sommer laden indes viele kleinere und größere **Badeseen,** zum Beispiel im hübschen Örtchen Rõuge, zum Baden ein.

Die Stadt **Valga** bildet zusammen mit ihrer lettischen Schwester Valka eine Grenzstadt. Nicht weit davon bietet der **Nationalpark Karula** gute Möglichkeiten für Wandertouren.

Tartu

↗ VIII/B3

Die südestnische **Universitätsstadt** Tartu (Dorpat) ist nach Tallinn mit ca. 100.000 Einwohnern die zweitgrößte Stadt des Landes. Tartu gilt als geistiges Zentrum der Esten, seine Universität ist die älteste und größte des Landes. In der **„geistigen Hauptstadt"** entwickelten sich Literatur, Theater und Kunst. Zudem ist Tartu Ausdruck des estnischen Nationalbewusstseins. Hier fand 1869 das erste große Sängerfest des Landes statt, das Ausdruck des nationalen Erwachens war und bis heute alle fünf Jahre abgehalten wird, mittlerweile jedoch in Tallinn. Die heutige Nationalflagge ging aus der 1884 kreierten blau-schwarz-weißen Fahne eines Studentenvereins hervor.

Bis heute prägen Studenten entscheidend das Stadtbild. Etwa 20.000 junge Leute studieren in der am Fluss Emajõgi (Embach) gelegenen Stadt und machen damit fast ein Fünftel der Einwohner aus. Dennoch ist Tartu nicht überlaufen. In den kleinen Straßencafés des Zentrums finden Besucher auch in den Sommermonaten immer ein Plätzchen, können sich für ein paar Euro satt essen und ein Glas der estnischen Biersorte „A Le Coq" genießen, das hier gebraut wird.

Tartu ist mit über 30 verschiedenen **Museen und Galerien** ein Kulturzentrum Südestlands. Hervorzuheben sind besonders das **Estnische Nationalmuseum** sowie die **KGB-Zellen.** In diesem Kapitel werden nur die wichtigsten vorgestellt, eine vollständige Liste bekommt man unter www.tartu.ee oder in der Touristeninformation der Stadt. Dort gibt es auch die sehr empfehlenswerte Broschüre „Innenstadt zu Fuss".

Orientierung

Dorpat, wie die Stadt auf Deutsch genannt wurde, ist touristisch gut erschlossen, doch Bettenburgen und horrende Preise sind nicht bis hierher vorgedrungen. Die meisten Sehenswürdigkeiten gruppieren sich um den zentralen **Rathausplatz** (Raekoja plats), wo sich auch die **Touristeninformation** befindet, und den dahinter gelegenen **Domberg.** Die gesamte Innenstadt kann man gut zu Fuß erkunden.

Haupteinkaufsstraße ist die Rüütli/Küüni, die von den Einkaufszentren an der Vanemuise über den Rathausplatz bis zur Lai-Straße führt. Auf der Rüütli/Küüni-Straße und der parallel liegenden Ülikooli, die weiter hinten in die Jaani-Straße übergeht, befinden sich viele **Restaurants und Cafés.**

Hauptverkehrsstraßen sind die Riia, die weiter nördlich in die Narva übergeht, sowie die Vabaduse (später Turu). An der Kreuzung in der Innenstadt, wo ein großes, im Volksmund „Flachmann" genanntes und ebenso geformtes Hochhaus steht, liegen nicht nur die **zentrale Bushaltestelle** der Stadtbusse, sondern, ein paar Meter dahinter, der **Busbahnhof,** der **Markt** und die Schwimmhalle Aura. In der Nähe entstehen ein neues Hotel mit 200 Betten, ein weiteres Hochhaus mit 23 Stockwerken und das Science-Center AHHAA. Die mit einer

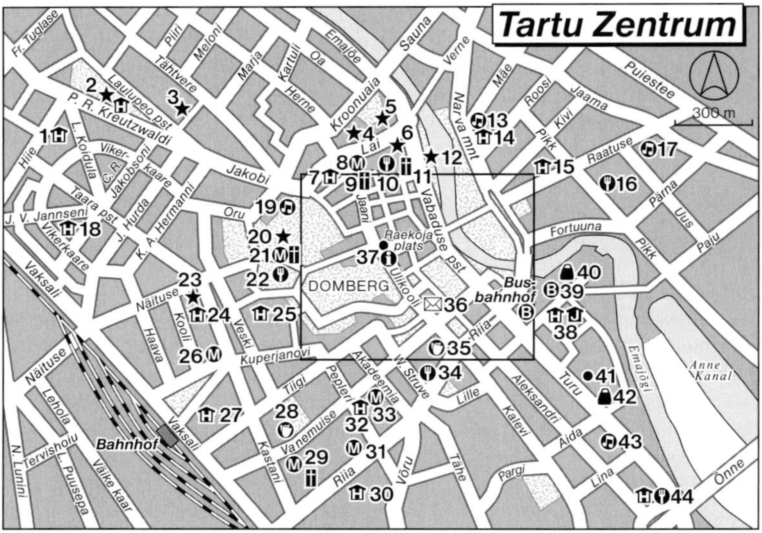
Tartu Zentrum
300 m
Fr. Tuglase
Piiri
Meloni
Tähtvere
Laulupeo pst
P. R. Kreutzwaldi
Marja
Kartuli
Oa
Emajõe
Herne
Kroonuaia
Sauna
Verne
Narva mnt
Mäe
Roosi
Jaama
Puiestee
Kivi
Pikk
Raatuse
Pärna
Uus
Paju
Fortuuna
Lai
Jakobi
Hiie
L. Koidula
Viker-kaare
C. R. Jakobsoni
Taara pst
J. Hurda
K. A. Hermanni
Oru
J. V. Jannseni
Vikerkaare
Vaksali
Jaani
Raekoja plats
Vabaduse pst
Ülikooli
DOMBERG
Bus-bahnhof
Riia
Näituse
Kooli
Haava
Veski
Kuperjanovi
Akadeemia
W. Struve
Tiigi
Pepleri
Lille
Aleksandri
Kalevi
Turu
Emajõgi
Anne Kanal
Lehola
Vaksali
Bahnhof
Tervishoiu
N. Lunini
L. Puusepa
Väike kaar
Vanemuise
Kastani
Riia
Võru
Tähe
Pargi
Aida
Lina
Õnne
1 2 3 4 5 6 7 8 9 10 11 12 13 14 15 16 17 18 19 20 21 22 23 24 25 26 27 28 29 30 31 32 33 34 35 36 37 38 39 40 41 42 43 44

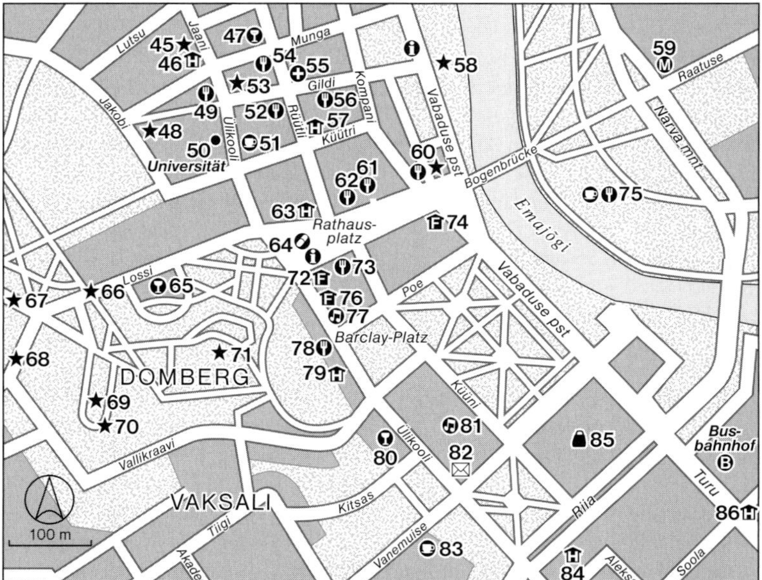
Lutsu
Jaani
Munga
Gildi
Kompani
Rüütli
Küütri
Jakobi
Ülikooli
Universität
Vabaduse pst
Raatuse
Narva mnt
Bogenbrücke
Emajõgi
Rathaus-platz
Lossi
Poe
Vabaduse pst
Barclay-Platz
DOMBERG
Küüni
Ülikooli
Vallikraavi
Bus-bahnhof
Turu
Riia
VAKSALI
Kitsas
Tiigi
Vanemuise
Akadeemia
Aleksandri
Soola
100 m
45 46 47 48 49 50 51 52 53 54 55 56 57 58 59 60 61 62 63 64 65 66 67 68 69 70 71 72 73 74 75 76 77 78 79 80 81 82 83 84 85 86

1 Hiie Maja
2 Tähtvere Hostel,
★ Sängerbühne
★ 3 A le Coq Brauerei
★ 4 Adelshäuser
★ 5 Botanischer Garten
★ 6 Reste der Stadtmauer
7 Uppsala Maja
8 Spielzeugmuseum
9 Johanniskirche
10 Sviit
11 Uspenski-Kirche
★ 12 Denkmal von Kalevipoeg
13 Tallinn
14 Narva mnt. 27
15 Raatuse
16 Tai Restaurant
17 Club Illusioon
18 Vikerkaare Gästehaus
19 Krooks
★ 20 Denkmäler, Opferstein
21 Domruine
22 Restaurant Neljas aste
★ 23 Dt. Kulturinstitut
24 B&B Kastani
25 Park Hotel
26 Verein Studierender Esten,
Nationalmuseum
27 Rändur Gästehaus
28 Kleines Haus/dt. Theater
29 Pauluskirche,
Zoologie- und Geologie-Museum
30 Era Villa
31 KGB-Zellen
32 Pepleri
33 Kunsthaus
34 Pappa Pizza
35 Vanemuine Theater
✉ 36 Hauptpost
• 37 Rathaus, Information
38 Tartu Hotel
und Jugendherberge
39 Eurolines
40 Markt
• 41 Schwimmbad Aura Keskus
42 Zeppelini Kaubanduskeskus
43 Pattaya
44 Aleksandri Hotel und Gästehaus,
Hansa Hotel, Hansatall, Õlle Tare

★ 45 Antoniushof
46 Tampere Hause
47 Maailm
★ 48 Denkmal von Gustaf Adolf II
49 Ülikooli Kohvik
• 50 Hauptgebäude der Universität
51 Werner Café-Lounge
52 Gruusia Saatkond
★ 53 Denkmal von J. Tõnisson
54 Crepp
55 Poliklinik
56 Itaalia köök Restaurant
57 London Hotel
★ 58 Denkmal von F. R. Kreutzwald
59 Stadtmuseum
60 Taverna,
★ Gemäldegalerie/Schiefes Haus
61 Chocolaterie Pierre
62 Suudlevad Tudengid
(„Küssende Studenten")
63 Draakon Hotel
64 Rathausapotheke
65 Püssirohukelder
(Pulverfasskeller)
★ 66 Engelsbrücke
★ 67 Staatsgericht
★ 68 Teufelsbrücke
★ 69 Denkmal von F. R. Faehlmann
★ 70 Altes Anatomikum
★ 71 Sternwarte
72 Ferienwohnungen Domus
Dorpatensis
73 China Garden
74 Ferienwohnung Carolina
75 Star Café/
Restaurant Atlantis
76 Ferienwohnungen Wilde
77 Illegard Art und Jazz Club
78 Trahter Rasputin
79 Barcley Hotel
80 Wilde Irish Pub und Café
81 Nachtclub Maasikas
✉ 82 Post
83 Café Shakespeare
84 Pallas Hotel
85 Tartu Kaubamaja
86 Hotel de Dorpat

Hansekogge geschmückte **Marktbrücke** führt Fußgänger hinüber zum Stadtteil Annelinn. An der Riia-Straße nahe dem Fluss sind mehrere größere **Einkaufszentren** angesiedelt und die **Hauptpost** ist nicht weit entfernt.

Geschichte

Tartu ist die **älteste Stadt Estlands,** sie wurde 1030 erstmals urkundlich erwähnt. Bereits zuvor soll eine altestnische Festung gestanden haben, die den Namen **Tarbatu** trug. Sie soll gegen 550 n. Chr. erbaut und erst 1030 vom Großfürsten von Kiew *Jaroslaw dem Weisen* erobert worden sein. Knapp zwei Jahrhunderte später wurde sie von **deutschen Ordensrittern** niedergebrannt, die an ihrer Stelle eine Burg und eine Domkirche errichteten.

Die Blütezeit der von da an **Dorpat** genannten Stadt ist im Mittelalter anzusiedeln: Um 1280 wurde sie Mitglied der **Hanse** und vermittelte die Geschäfte zwischen Westeuropa und Russland, sodass sie neben Riga als zweitwichtigste Stadt Livlands galt. Aus dieser Zeit stammen die wichtigsten historischen Baudenkmäler, die backsteinerne **Johanniskirche** sowie die Ruine des **Doms** auf dem nach ihm benannten zentralen Hügel. Auch die **Stadtmauer,** von der heute nur noch Reste am Ufer des Emajõgi zu finden sind, wurde damals auf zwei Kilometern Länge und mit 27 Türmen versehen errichtet.

Doch zahlreiche wechselnde Herrscher – erst die **Russen,** dann ab 1582 die **Polen** –, Kriege und verheerende Brände vernichteten fast die gesamte mittelalterliche Bausubstanz. Auch die neuen Herrscher hinterließen ihre Spuren. 1625, nach dem Schwedisch-polnischen Krieg, geriet Tartu unter **schwedische Herrschaft.** Kurz darauf errichtete Schwedenkönig *Gustav Adolf II.* die Universität, die bis heute als wichtigste Lehranstalt des Landes gilt.

Anfang des 18. Jahrhunderts wurde die Stadt während des Nordischen Krieges vom russischen Heer erobert und fast völlig zerstört. Dies bedeutete das Ende der sogenannten guten schwedischen Zeit, von nun ab regierte das **russische Zarenreich,** das die Stadt nach einem weiteren Großfeuer in der Innenstadt im Jahr 1775 im spätbarock-klassizistischen Stil wieder aufbauen ließ – diesmal in Stein, statt zuvor aus Holz.

Trotz des Machtwechsels wurde an der Universität bis Ende des 19. Jahrhunderts in **deutscher Sprache** gelehrt. Die russischen Zaren wollten so die Europäisierung ihres Landes vorantreiben. Das änderte sich erst in der „Zeit des Nationalen Erwachens", in der die Universitätsstadt Vorreiter der **nationalen Bewegung** Estlands war. 1876 wurde die **Eisenbahnstrecke** nach St. Petersburg und Tallinn eröff-

Das Rathaus

net, 13 Jahre später nach Riga und Pskov. Am 2. Februar 1920 wurde in Tartu der nach ihm benannte Friedensvertrag unterzeichnet, in dem Sowjetrussland die Souveränität der Estnischen Republik anerkannte, die jedoch nur wenige Jahre halten sollte.

Im Zweiten Weltkrieg erneut stark zerstört, war die Stadt anschließend unter **sowjetischer Herrschaft** bis zur Unabhängigkeit Estlands 1991 jahrzehntelang abgeschirmt, da sie einen Militärflughafen beherbergte. Seit dem erneuten Erlangen der Freiheit hat sich Tartu allmählich wieder zu einer Vorzeigestadt Estlands entwickelt, die stolz auf ihre Geschichte und Kultur ist. 2005 wurde hier der Internationale Hansetag gefeiert.

Rund um den Rathausplatz

Rathaus

Zentraler Platz und Ausgangspunkt zu den meisten Sehenswürdigkeiten ist der **Raekoja plats.** Das rosa gestrichene Rathaus aus dem 18. Jahrhundert ist bereits das dritte, das an dieser Stelle gebaut wurde. Den Entwurf machte der damalige Stadtbaumeister *Johann Heinrich Bartholomäus Walter*, der aus Rostock stammte. Obgleich die Grundsteinlegung auf das Jahr 1782 datiert ist und die feierliche Einweihung des Gebäudes 1786 stattfand, dauerten die Ausbauarbeiten noch bis 1789 an. Das mit einem hohen Walmdach versehene Gebäude, von dessen zierlichem **Turm** dreimal

045es Foto: jl

täglich ein **Glockenspiel** erklingt, weist Charakteristika verschiedener Stilepochen auf: Im Wesentlichen sind dies frühklassizistische Formen, aber auch Anleihen aus dem Barock und Rokoko sind vor allem bei der Außengestaltung eingeflossen.

Im Erdgeschoss waren ursprünglich ein Gefängnis und das Wiegehaus untergebracht, während in den oberen Stockwerken der Rat tagte. Anstelle des Wiegehauses zog 1922 eine Apotheke in den rechten Flügel, die auch heute noch dort ansässig ist.

Brunnen der küssenden Studenten

Vor dem Rathaus steht eines der mittlerweile bekanntesten Symbole der Stadt, der Brunnen der küssenden Studenten. Als 1998 ein Brunnen errichtet werden sollte, wurden die Bürger aufgerufen, sich an der Kreation zu beteiligen. Ein verliebtes Studentenpaar schickte ein Foto ein, das sie eng umschlungen in einen Kuss vertieft zeigte. Schon bald darauf durften die jungen Leute Modell stehen. Das Figurenpaar mit Schirm, von dem das Wasser herunterfließt, hat sich zu einem beliebten **Treffpunkt** von Stadtbewohnern und Touristen entwickelt.

Webcam

Hinter einem Fenster des Rathauses ist eine Webcam angebracht, die den **Platz und den Brunnen** rund um die Uhr filmt. Man kann also fröhlich in die Kamera winken und die Lieben daheim grüßen, wenn man sich zum verabredeten Zeitpunkt an den Brunnen stellt (unter www.tartu.ee auf Webcam klicken). Das erklärt die manchmal „verrückt ins Nichts" winkenden und hüpfenden Gruppen um den Brunnen.

Schiefes Haus

Zahlreiche klassizistische Gebäude säumen den Rathausplatz, der sich trapezförmig zum Fluss Emajõgi (Embach) erstreckt. Sie beherbergen Geschäfte und kleine Galerien, wie im Falle des sogenannten Schiefen Hauses, das am unteren Ende des Platzes einstmals auf hölzernen Pfählen im feuchten Untergrund errichtet wurde und sich im Laufe der Jahre immer mehr zur Seite geneigt hat. Hier ist die **Gemäldegalerie** untergebracht.

- **Kunstmuseum Tartu/Gemäldegalerie,** Raekoja plats 18, Tel. 7441080, 7441920, www.tartmus.ee, Mi–So 11–18 Uhr.

Universität

Gleich hinter dem Rathaus verläuft die schmale Ülikooli-Straße, auf der sich das weiß-grau gestrichene und von sechs toskanischen Säulen dominierte Universitätsgebäude (Ülikooli 18) erhebt. Es wurde von *Johann Wilhelm Krause* (1757–1828) entworfen und 1802 eingeweiht, doch die Geschichte der Universität reicht weiter zurück.

1632 von Schwedenkönig *Gustav Adolf II.* (1594–1632) errichtet, galt die „Academia Gustaviana Dorpatensis" damals wie heute als wichtigste Lehranstalt des Landes. Bis auf kleinere Unterbrechungen bestand sie zunächst bis 1699 und wurde aufgrund der Unruhen im Land dann nach Pärnu ver-

046es Foto: jl

047es Foto: jl

legt, wo sie bis 1710 ihren Betrieb aufrechterhielt. 1802 wurde sie von Zar *Alexander I.* wiedereröffnet.

Trotz offizieller Zugehörigkeit zum Russischen Reich lehrte man bis 1895 in den Vorlesungssälen in deutscher Sprache (danach in Russisch und erst ab 1919 in Estnisch). Im 19. Jahrhundert entwickelte sich Dorpat, wie Tartu damals noch hieß, zu einem bedeutenden Wissenschaftszentrum des Russischen Reiches. Der Botanische Garten, das Observatorium und das Universitätsklinikum entstanden.

Am Rathausplatz:
Brunnen und Schiefes Haus

Die **Universitätsbibliothek** verfügt bis heute über mehr als zwei Millionen deutschsprachige Bücher, die weitgehend aus dem 18. und 19. Jahrhundert stammen. *Karl Ernst von Baer*, der 1827 die Eizelle der Säugetiere entdeckte, und *Alexander Schmidt*, der sich mit der Blutgerinnung beschäftigte, gehörten zu den Lehrenden der Universität. Ende des 19. Jahrhunderts beseitigte die Russifizierung die liberalen Tendenzen, doch zuvor war bereits das estnische Nationalbewusstsein an der Alma Mater erwacht. 1869 fand hier das erste estnische **Sängerfest** statt.

Zu den bedeutendsten Lehrenden jüngerer Zeit gehört beispielsweise der Semiotiker *Juri Lotman*. Die meisten Mitglieder der Regierung und die bekanntesten Schriftsteller, Wissenschaftler und Intellektuellen Estlands haben hier studiert. Schwerpunkte sind **Gentechnik** und **Laseroptik, Umwelttechnologie** und **Philologie.**

Im imposantesten Raum der Universität, der über zwei Stockwerke gehenden **Aula,** die mit Säulen und einer umlaufenden Empore geschmückt ist, finden neben universitären Zeremonien und Vorlesungen auch Konzerte und Feierlichkeiten statt. Im Südflügel befindet sich das **Kunstmuseum** der Universität mit Nachbildungen antiker Skulpturen.

● **Kunstmuseum der Tartuer Universität,** Ülikooli 18, Tel. 7375384, www.ut.ee/artmuseum, Mo–Fr 11–17 Uhr, am Wochenende auf Voranmeldung.

Denkmal Jaan Tõnisson

Gegenüber der Universität ist in dem Eckhaus an der Ülikooli/Gildi-Straße die Tartuer Redaktion der renommierten estnischen **Zeitung „Postimees"** untergebracht. Auf der anderen Straßenseite erinnert ein Denkmal an den ehemaligen Besitzer und Chefredakteur, *Jaan Tõnisson*. Der 1868 geborene Tõnisson war auch Premierminister des Landes und wurde 1940 von der Okkupationsmacht verhaftet, sein Todestag ist unbekannt.

Rund um die Johanniskirche

Egal, von welcher Seite man sich Tartu nähert, als erstes fällt das Auge auf den mächtigen Backsteinturm der **gotischen Johanniskirche,** die nur eine Pflastersteinstraße von der Universität entfernt liegt. Neben der Domkirche und den Resten der Stadtmauer am Ufer des Emajõgi ist die Johanniskirche das einzige Gebäude, das von einer Zeit zeugt, als Tartu eine reiche und bedeutende Hansestadt war. 1944 während der sowjetischen Offensive zerstört, wurde die dreischiffige Basilika auch mit finanzieller Hilfe aus Deutschland renoviert und erstrahlt seit 2005, als Tartu den Internationalen Hansetag feierte, wieder in

048es Foto: jl

Die Johanniskirche

neuem Glanz. Zahlreiche Persönlichkeiten, darunter der deutsche Bundespräsident *Horst Köhler,* waren eigens zur Wiedereinweihung der Kirche angereist.

Berühmt ist das Gebäude vor allem für die rund 1000 **Terrakottafiguren** aus dem 14. Jahrhundert, die das Innere und Äußere der Kirche schmücken. Allerdings werden die Restaurationsarbeiten noch einige Jahre in Anspruch nehmen. Die Skulpturen wurden Anfang des 14. Jahrhunderts aus Tonblöcken geschnitzt und stellen einzigartige Unikate dar. An dem von einem Ziergiebel gekrönten Westportal befanden sich 15 Figuren, die Christus, Maria, Johannes den Täufer und die zwölf Apostel darstellen. Sie sollen einen Teil des Jüngsten Gerichts symbolisieren. Weiter oben ist die Fassade ringsherum mit einem Halbfigurenfries, der die ehemalige Höhe des Mittelschiffes markierte, sowie einem Hauptfries geziert. Zurzeit sind hier teilweise nur die Nischen sichtbar, doch irgendwann werden wieder alle Figuren zu sehen sein.

Auch im Inneren der Kirche werden die teilweise nur aus Büsten, teilweise aus Köpfen oder ganzen Körpern bestehenden Terrakotten nach und nach die Wände schmücken: an den Wänden des Mittelschiffes, oberhalb der Säulen, an den Stirnwänden, als lebensgroße Kruzifixgruppe und Halbfigurenfries an der Ostwand oder in Form von Tier- und Blumenmotiven an den Kapitellen der Säulen. Um die wertvollen Stücke vor Wind und Wetter zu schützen, werden an den Außenfassaden nur noch handgefertigte Kopien angebracht, die Originale kann man im Inneren der Kirche bewundern.

Klassizistische Gebäude und Museen

In der Jaani- und der angrenzenden Lai-Straße stehen einige Häuser im klassizistischen und historistischen Stil aus dem 18. und 19. Jahrhundert. Ein weiteres in der Lutsu-Straße beherbergt das **Spielzeugmuseum.**

Gegenüber der Johanniskirche liegt das sogenannte **Museum des Stadtbürgers von Tartu aus dem 19. Jahrhundert.** Im Inneren des hübschen Holzgebäudes, das um 1740 errichtet wurde, findet sich eine typische Wohnung mit Biedermeiermöbeln, Bildern und Gebrauchsgegenständen, die das Leben um 1830 dokumentiert.

- **Spielzeugmuseum,** Lutsu 8, Tel. 7461777, www.mm.ee, Mi–So 11–18 Uhr, das Spielzimmer ist Mi–So 11–16 Uhr geöffnet.
- **Museum des Stadtbürgers von Tartu,** Jaani 16, Tel. 7361545, http://linnamuuseum.tartu.ee, April bis September Mi–So 11–18 Uhr, Oktober bis März 10–15 Uhr.

Antoniushof

Der sehr hübsche Antoniushof bietet sich für einen netten Bummel an. Hier haben sich viele **Künstler und Handwerker** zu einer **Gilde** zusammengeschlossen und präsentieren ihre Werke in geschmackvollen kleinen Läden, die auf drei Häuser verteilt sind. Auf dem dazwischenliegenden kleinen Marktplatz finden oft Theater- oder Tanzvorführungen statt. Die

Künstler knüpfen mit ihrer neuen Gilde an eine alte Tradition an, war hier vor Jahrhunderten doch die 1499 erstmals erwähnte Kleine Gilde von Tartu (auch St.-Antonius-Gilde genannt) ansässig.

●**Antoniushof und Gilde,** Lutsu 5, Tel. 7423823, www.antonius.ee, Di–Fr 12–18 Uhr, jeder erste Sa im Monat 12–16 Uhr.

Am Ufer des Emajõgi

Am unteren Ende des Rathausplatzes überspannt eine **Bogenbrücke** den Emajõgi. Besonders nachts am Wochenende kann man häufig Studenten und Schüler beobachten, die waghalsig über den Bogen der Brücke balancieren. Dies gehört zu einem Ritual, das ihren Mut beweisen soll – offiziell ist es natürlich verboten.

Früher hat an dieser Stelle eine Steinbrücke gestanden, die auf Befehl von *Katharina II.* 1785 erbaut wurde. Leider wurde die prächtige Bogenbrücke im Zweiten Weltkrieg zerstört.

Vorbei an **Denkmälern** des Schriftstellers und Arztes *Friedrich Reinhold Kreutzwald* und des Helden seines Hauptwerks „Kalevipoeg" kommt man an der Ecke Vabaduse/Lai zu den wenigen Resten der mittelalterlichen **Stadtmauer.** Von der einstmals fast zwei Kilometer langen Mauer ist nur noch wenig zu sehen. Man kann zuvor in Höhe des Kalevipoeg-Denkmals (Munga-Straße) einen Abstecher zur **orthodoxen Uspenski-Kirche** machen, ein Beispiel des russischen Frühklassizismus aus dem Jahr 1781. Ein paar Schritte weiter, auf der Rüütli-Straße, liegen das **Estnische Sportmuseum** sowie das **Postmuseum** (beide Rüütli 15, Mi–So 11–18 Uhr).

Botanischer Garten

Alternativ bleibt man am Flussufer und geht bis zur Ecke Lai. Hier bietet sich ein Spaziergang durch den Botanischen Garten der Universität an. 1803 angelegt, beherbergt er heute über 6500 verschiedene Pflanzen, die man sowohl unter freiem Himmel als auch in verschiedenen Pflanzenhäusern wie dem **Palmenhaus** betrachten kann.

Hinter dem Botanischen Garten beginnt schon das für seine Holzhäuser bekannte Stadtviertel Supilinn (s.u.).

●**Botanischer Garten der Universität,** Lai 40, Tel. 7376180, www.ut.ee/botaed, Garten tgl. 9–19 Uhr, Gewächshäuser tgl. 10–17 Uhr.

Domberg

Hinter der Universität und dem Rathaus erhebt sich die grüne Lunge der Stadt, der Domberg. Die hübsche **Grünanlage** mit ihren zahlreichen Denkmälern, die zwischen Buchen und Ahornbäumen stehen, und der darüberliegenden stattlichen Ruine der Domkirche lädt zu einem Spaziergang ein.

Engels- und Teufelsbrücke

Man erreicht die Parkanlage über verschiedene Wege. Entweder man geht hinter die Universität, wo sich am Fuße des Stadthügels ein **Denkmal** von Schwedenkönig **Gustav Adolf II.** (1594–1632) befindet, dem Gründer der Lehranstalt, und biegt dann in die kleine Stichstraße ab, die von der Jakobi nach oben führt. Alternativ kann man der hinter dem Rathaus hochführenden Lossi-Straße folgen, die auf die Engelsbrücke stößt, eine von zwei Brücken, die die beiden Teile des Dombergs verbinden. Die andere, etwas weiter hinten gelegene, heißt Teufelsbrücke. Letztere wurde 1913 zum 300. Jahrestag der russischen Zarendynastie der *Romanov* eingeweiht. Ihr Name geht aber nicht etwa auf den Höllenbewohner zurück, sondern auf den Chirurgen und ehemaligen Professor der Tartuer Universität, *Zoege von Manteufell*. Die ältere Engelsbrücke stammt bereits aus dem Jahr 1838. Eine lateinische Inschrift, die übersetzt soviel heißt wie „In der Ruhe liegt die Kraft", weist auf die Rolle hin, die der Domberg für die Tartuer spielt: ein Ort der Muße und der Entspannung, nicht nur für die Studenten, die hier gern ihre Pause verbringen.

Auf den Brücken veranstalten die Studenten jedes Jahr während der Studententage im Frühjahr ein Wettsingen, wobei es gilt, die andere Gruppe zu übertönen. Dabei stehen die Studentinnen auf der Engels-, die Studenten auf der Teufelsbrücke.

Denkmäler

Weiter oben, zwischen den Bäumen der Parkanlage, erinnern **Skulpturen** und Gebäude an weitere bedeutende Söhne der Stadt wie den Begründer der Embryologie, *Karl Ernst von Baer*, der die Eizelle der Säugetiere entdeckte, oder den Gründer der Universitätsbibliothek, *Johann Carl Simon Morgenstern* (1792–1852). Nicht weit entfernt von einem Denkmal, das den ersten estnischen Dichter *Kristjan Jaak Peterson* (1801–22) zeigt, liegt ein alter **Opferstein.**

Domkirche

Auf der Spitze des Dombergs erhebt sich schließlich die **gewaltige Ruine** der Domkirche aus dem 13. Jahrhundert. Im intakt gebliebenen Chorraum der gotisch-romanischen Backsteinbasilika, die Opfer zahlreicher Kriege und Brände wurde, ist das **Museum für die Geschichte der Universität** untergebracht. Nicht nur aufgrund seiner Exponate, sondern auch wegen seiner schönen Räumlichkeiten ist ein Besuch des Museums lohnenswert. Besonders hübsch sind der Weiße Saal und die Morgenstern-Halle.

- **Museum für die Geschichte der Universität,** Lossi 25, Tel. 7375674, 7375677, www.ut.ee/REAM, Mi–So 11–17 Uhr.

Sternwarte

Auf der anderen Seite des Dombergs, zu dem man über eine der Brücken gelangt, findet man neben einem Denkmal, das an den Schriftsteller *Friedrich Robert Faehlmann* (1798–1850) erinnert, zwei interessante Gebäude vor. Nach einem Entwurf des Architekten *Johann Wilhelm Krause*, der auch die Universität entwarf, wurde Anfang des 19. Jahrhunderts eine Sternwarte (Tähetorn) errichtet. Hier arbeiteten bedeutende Astronomen wie *Friedrich*

Georg Wilhelm Struve, der vor allem für seine umfangreiche Katalogisierung der Doppelsterne und die trigonometrische Vermessung Livlands und des Baltikums bekannt ist. Struve schaffte im 19. Jahrhundert ein von *Fraunhofer* geschaffenes Fernrohr an und baute damit die Sternwarte zur größten ihrer Zeit aus. Sein Nachfolger *Johann Heinrich Mädler* (1794–1874), der 1840 seine Stelle bezog, fertigte unter anderem detailreiche Zeichnungen vom Mond an. Zu Sowjetzeiten errichtete man im Landkreis eine neue Sternwarte, außerhalb bei Tõravere (siehe „Südlich von Tartu"). Beide kann man besichtigen, sie werden vom sogenannten **AHHAA-Zentrum,** das zur Universität gehört, betrieben. Der lautmalerische Name soll das Staunen darstellen, das Besuchern beim Blick ins Weltall hoffentlich aus dem Mund fährt.

● **AHHAA-Zentrum,** Besuch auf Voranmeldung, Tel. 7375798, ahhaa@ahhaa.ee, www.ahhaa.ee.

Altes Anatomikum

Das zweite sehenswerte Gebäude, das halbkreisförmige Alte Anatomikum aus dem Jahr 1805, befindet sich nur einen kurzen Fußweg entfernt. Das Herz des ebenfalls von *Johann Wilhelm Krause* errichteten Gebäudes ist sein Mittelteil, eine **klassizistische Rotunde.** Die etwa 50 Jahre später hinzugefügten Anbauten stammen von *Karl Rathaus*. Im Inneren befindet sich ein **Hörsaal,** der mit schmalen Bänken ausgestattet ist, die hohe Rückenlehnen haben. In der Mitte steht das alte Rednerpult. 1979 fand man im Bestand des Anatomikums eine Totenmaske, die *Immanuel Kant* zugeschrieben wird. Heute gehört das Gebäude zum Geschichtsmuseum und kann besichtigt werden.

● **Altes Anatomikum,** Lossi 25, Tel. 7375671, 7375677, Di–Sa 11–17 Uhr.

Pulverfasskeller

Wer sich nach dem Spaziergang stärken will, kann zum Abendessen in dem rustikalen Lokal **Püssirohukelder** einkehren. Es ist im alten Schießpulverkeller (Lossi 28) in der Nähe der Engelsbrücke am Hang des Dombergs untergebracht. Der Keller wurde 1767 in einem Graben angelegt und trennte einst Bischofsburg und Vorburg voneinander. Seinem eigentlichen Zweck diente er nur 42 Jahre lang, bis 1982 nutzte man ihn als Lagerraum.

Südlich des Dombergs

Im Viertel **Vaksali,** das südlich des Dombergs an die Innenstadt grenzt, sind einige interessante Museen und weitere Sehenswürdigkeiten angesiedelt, denen man bei einem längeren Aufenthalt in Tartu einen Besuch abstatten kann. Vor allem ein Besuch des Estnischen Nationalmuseums und der KGB-Zellen sind sehr empfehlenswert.

Estnisches Nationalmuseum

Das Nationalmuseum ist ein Muss für jeden, der sich mit der estnischen Geschichte und Landeskunde auseinandersetzen möchte. Bereits 1909 gegründet, stellt das Museum Kostüme und Fotografien sowie Gebrauchs- und Kunstgegenstände aus allen Teilen des Landes aus. Allerdings plant das Museum einen Umzug. In einigen Jahren wird es in Raadi (Ratshof) am Stadtrand von Tartu zu finden sein.

● **Estnisches Nationalmuseum,** Kuperjanovi 9, Tel. 7350455, www.erm.ee, Mi–So 11–18 Uhr, freitags Eintritt frei, Führungen auch in Deutsch möglich.

Verein Studierender Esten

Auf der J. Tõnissoni-Straße, gleich hinter dem Nationalmuseum, fällt eine schöne **Jugendstilvilla** ins Auge (Tõnissoni 1). Hier hat der „Verein Studierender Esten" seinen Sitz. 1870 gegründet, war er der erste Verbund, der aus Esten bestand, bis dahin waren nur deutsch-baltische Korporationen gestattet. Die Fahne der Vereinigung, **Blau-Schwarz-Weiß,** wurde im Streben um die Unabhängigkeit ein Symbol der Freiheit und schließlich **Nationalflagge Estlands.** Auch das 1902 erbaute Haus ist eng mit der estnischen Geschichte verknüpft, wurde hier doch der finnisch-sowjetische Friedensvertrag unterzeichnet. Im Inneren erinnern Gedenktafeln an die finnischen Freiwilligen, die im Kampf um die erste estnische Unabhängigkeit Anfang des 20. Jahrhunderts gefallen sind.

Deutsches Kulturinstitut

Zwischen Nationalmuseum und Villa kreuzt die Kastani- die Kuperjanovi-Straße. Unter den nett anzusehenden **Holzhäusern** an beiden Seiten der Straße beherbergt eine weitere hübsche **Jugendstilvilla** am Anfang der Kastani das Deutsche Kulturinstitut einschließlich **deutscher Bibliothek.** Neben Deutschkursen finden hier deutsch-estnische Stammtische und Kulturveranstaltungen statt.

● **Deutsches Kulturinstitut,** Kastani 1, Tel. 7422639, dki@dki.ee, www.dki.tartu.ee.

Bahnhof

Am Ende der Kuperjanovi-Straße liegt der Bahnhof der Stadt. Das **hölzerne Bauwerk** mit den überdachten Bahnsteigen und Zierschnitzereien stammt aus dem 19. Jahrhundert, als die Zugverbindung zu den großen Handelspartnern entstand. Heute spielt der Zugverkehr eine eher unbedeutende Rolle, ist aber ein nettes Erlebnis, wenn man Zeit für einen Ausflug hat – beispielsweise nach Elva (siehe weiter hinten in diesem Kapitel). Dem Bahnhof ist auch der Name des Stadtviertels zu verdanken, *Vaksali* heißt auf Russisch nichts anderes als Bahnhof. Leider fiel das Gebäude im Herbst 2006 einem **Brand** zum Opfer, aber bald darauf begannen die Renovierungsarbeiten. Geplant ist, in seinem Inneren ein Restaurant sowie eine Dauerausstellung über die Geschichte der Bahn in Estland unterzubringen. Bis dahin ist das Gebäude allerdings geschlossen.

Theater

Wer nicht denselben Weg zurückgehen möchte, kann der Vaksali-Straße parallel zu den Bahnschienen bis zur Vanemuise-Straße folgen. An dieser

Straße, die vom Stadtviertel Vaksali in die Innenstadt führt, liegen zwei Theater, die beide den Namen **Vanemuine** tragen – benannt nach einem altestnischen Liedergott.

Das **frühere Deutsche Theater,** das nur ein paar Fußminuten vom Bahnhof entfernt liegt, wird – um es nicht mit dem nördlich gelegenen Pendant zu verwechseln – **Kleines Haus** (Väike Maja) genannt. Es befindet sich in einem hübschen Jugendstilbau.

Holzhäuser in der Kastani-Straße

Das **Große Haus** (Vanemuine) nahe der Innenstadt ist das älteste Berufstheater des Landes. 1870 wurde hier das erste Theaterstück in estnischer Sprache aufgeführt. Leider ist das ursprüngliche Gebäude abgebrannt und wurde 1971 durch einen modernen Bau ersetzt. (Weitere Informationen siehe „Praktische Tipps".)

Weitere Museen

Unterwegs passiert man einige kleinere Museen: das **Zoologische Museum** und das im gleichen Gebäude untergebrachte **Geologiemuseum,** die beide zur Universität gehören, sowie das **Estnische Literaturmuseum.**

Hinter dem Zoologischen Museum, schon an der Riia-Straße, erhebt sich die **Pauluskirche** aus dem Jahr 1917, die leider in beiden Weltkriegen schwere Schäden davontrug.

Wer der Riia-Straße folgt, gelangt an der Ecke zur Pepleri-Straße an ein weiteres sehr sehenswertes Museum, in dem man Einblicke in eines der dunkelsten Kapitel der estnischen Geschichte bekommt, die **KGB-Zellen.** Man läuft durch die **ehemaligen Gefängniszellen** des südestnischen KGB-Hauptquartiers. Hier saßen Oppositionelle und Regimegegner ein oder solche, die dafür gehalten wurden.

Wem eher der Sinn nach Kunst ist, der kann an der Ecke Vanemuise/Akadeemia, nicht weit vom Theater Vanemuine, das **Kunsthaus** besuchen, in dem wechselnde Ausstellungen zeitgenössischer Künstler stattfinden.

- **Zoologisches Museum der Universität Tartu,** Vanemuise 46, Mi–So 10–16 Uhr.
- **Estnisches Literaturmuseum,** Vanemuise 42, Mo–Do 9–17 Uhr, Fr 9–16.30 Uhr.
- **KGB-Zellen,** Riia 15b, Tel. 7461717, Di–Sa 11–16 Uhr.
- **Kunstimaja,** Vanemuise 26, Mi–Mo 12–18 Uhr.

In den Außenbezirken

Etwas abseits nordwestlich der Innenstadt und des Dombergs sind die malerischen Viertel Tähtvere und Supilinn sehr idyllisch gelegen. **Tähtvere** wurde vom legendären Stadtarchitekten *Arnold Matteus* in den 1930er Jahren entworfen und galt lange als „Professorenstadt". In **Supilinn,** der „Suppenstadt" am Ufer des Emajõgi, sind die Straßen nach den Zutaten für eine gute Suppe benannt: Kartoffelstraße, Bohnenstraße, Erbsenstraße etc. **Bunte Holzhäuser** mit Schornsteinen, aus denen auch im Sommer Rauch austritt, da mit Holz geheizt und gekocht wird, Pflasterstraßen und kleine Gärten zeichnen diese Stadtteile aus. Etwas abseits der üblichen touristischen Wege sind die von morbidem Charme umhüllten Viertel durchaus einen Besuch wert, zumal sie nur einen kurzen Spaziergang vom Zentrum entfernt liegen. Allerdings sind die zum großen Teil recht verfallen wirkenden Häuser nicht jedermanns Geschmack.

Sängerbühne

Westlich von Supilinn und nördlich von Tähtvere befindet sich im Tähtvere-Park die Sängerbühne von Tartu, die ihrer großen Schwester in Tallinn architektonisch sehr ähnlich ist. Zwar findet das große Sängerfest mittlerweile in Tallinn statt, doch lässt Tartu, die Geburtsstadt dieser Tradition, es sich nicht nehmen, ein eigenes **Sängerfest** zu veranstalten. Hier feiern die Tartuer auch jedes Jahr den Johannistag mit einem Feuer.

- **Tartu Song Festival Arena,** Laulupeo 25, Tel. 7422108, ats@arena.ee, www.arena.ee.

Stadtmuseum

Auf der anderen Seite des Emajõgi gibt es bis auf das Stadtmuseum nicht viel zu sehen. Zum Museum gehört noch eine Außenfiliale: das Wohnhaus des Schriftstellers **Oskar Luts.**

- **Linnamuuseum,** Narva 23, Tel. 7461911, Di–So 11–18 Uhr.

●**Museum Oskar Luts,** Riia 38, Mi–Sa 11–17 Uhr, So 13–17 Uhr.

Peterskirche

Wer in Richtung Narva fährt, kann an der Kreuzung Narva mnt/Puiestee einen Blick auf die neogotische Peterskirche aus dem 19. Jahrhundert werfen, die im Zweiten Weltkrieg wie so viele Kirchen des Landes sehr gelitten hat. Heute dient das Gebäude drei Gemeinden als Gotteshaus.

Raadi-Park

Etwas weiter am Stadtrand liegen zur Linken große Friedhöfe, während sich rechter Hand der Raadi-Park mit dem gleichnamigen **Teich** erstreckt. Der alte Gutshof wurde im Zweiten Weltkrieg zerstört, aber es gibt Pläne, hier das neue Gebäude für das Nationalmuseum zu errichten.

Annelinn

In der Nähe des riesigen **Plattenbauviertels** Annelinn sind in den letzten Jahren sehr große und moderne **Einkaufszentren** entstanden. Hier fließt, parallel zum Fluss, der **Anne-Kanal,** in dem Anwohner im Sommer baden. Man erreicht ihn über die Fußgängerbrücke hinter dem Markt.

🏨	1	Carolina Gästehaus
🏨	2	Hostel Kooli
🏨	3	Iivi Oja
🏨	4	Raadimõisa Hotel
🏨	5	Liiva
🏨	6	Herne Pension
🛍	7	Eeden
🏨	8	Starest Hotel
🏨	9	Ihaste
✚	10	Notaufnahme
🏨	11	Elva
🏨	12	Viive Koni
🏨	13	Gretchen
🏨	14	Eha Suija
🛍	15	Lõunakeskus
🏨	16	Kantri
🏨	17	Hotel Rehe

Praktische Tipps

Informationen

●Die **Touristeninformation** hat eine Filiale im Rathaus, Tel./Fax 7442111. Hier sind Touristen bestens bei allen Fragen und Problemen aufgehoben, außerdem können sie hier das Internet nutzen. Es werden Broschüren, Landkarten und Postkarten verkauft. Außerdem gibt es die kostenlose Broschüre „Tartu zu Fuß“ und weiteres Informationsmaterial, darunter das Heft „Tartu in your pocket“ mit aktuellen Adressen neuer Hotels oder Cafés, die jedes Jahr hinzukommen.

●Es gibt verschiedene **Webseiten** rund um die Stadt und den Landkreis Tartu: www.tartu.ee, http://kultuuriaken.tartu.ee (in Englisch) und www.visittartu.com, hier findet man viele nützliche Informationen in deutscher Sprache.

Service

●**Hauptpost:** Vanemuise 7.

●**Banken:** Raekoja plats 20, Küüni 9, Rüütli 2 sowie im Kaubamaja (Riia 1).

●**Internetzugänge** sind in vielen Cafés und auf öffentlichen Plätzen vorhanden. Hier nur einige: Stadtbibliothek, Kompanii 3/5; Finnisches Institut, Vanemuise 19; Touristeninformation; Elion, Küüni 5b, Fortuuna 1, Riia 2; Café Virtuaalkohvik, Pikk 40.

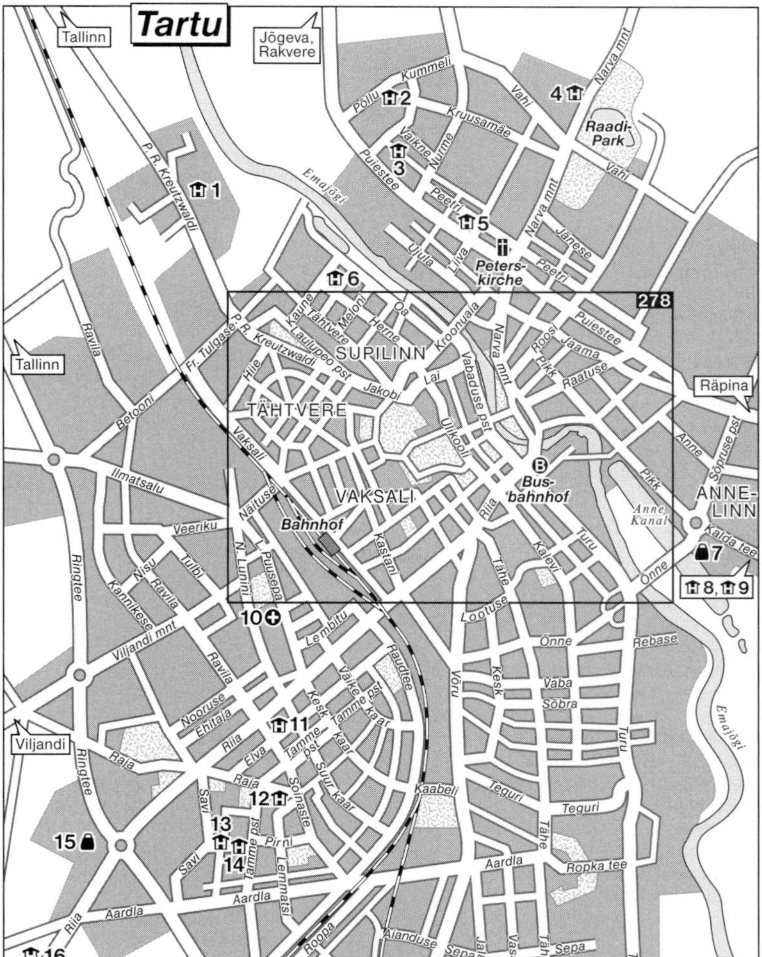
Tartu
Tallinn
Jõgeva, Rakvere
Kummeli
Põllu
2
Narva mnt
Vahi
4
Raadi-Park
Kruusamäe
Vaikne
Nurme
3
Puiestee
P. R. Kreutzwaldi
1
Emajõgi
Peetri
5
Narva mnt
Jänese
Vahi
Ujula
Liiva
Peterskirche
Peetri
6
278
Kaune
Tähtvere
Meloni
Oa
Herne
Kroonuaia
Narva mnt
Roosi
Puiestee
Jaama
Fr. Tulgase
P. R. Kreutzwaldi
Laulupeo pst
SUPILINN
Lai
Vabaduse pst
Pikk
Raatuse
Tallinn
Ravila
Hiie
Jakobi
Räpina
TÄHTVERE
Betooni
Ülikooli
Anne
Sõpruse pst
Vaksali
Ilmatsalu
Bus-bahnhof
Pikk
ANNE-LINN
Näituse
VAKSALI
Riia
Anne Kanal
Bahnhof
Veeriku
Turu
Kalda tee
L. Puusepa
N. Lunini
Kastani
Kalevi
7
Tulbi
Nisu
Ravila
Kannikese
Ringtee
Tähe
Õnne
8, 9
Lootuse
10
Lembitu
Viljandi mnt
Raudtee
Õnne
Rebase
Ravila
Väike Tamme pst
Kesk
Võru
Kesk
Vaba
Sõbra
Nooruse
Ehitaja
11
Väike kaar
Kesk kaar
Viljandi
Raja
Riia
Elva
Tamme pst
Turu
Emajõgi
Ringtee
Raja
Suur kaar
Savi
12
Soinaste
Kaabeli
Teguri
Teguri
13
15
Pirni
14
Tamme pst
Lemmatsi
Savi
Aardla
Tähe
Ropka tee
Aardla
Aardla
Riia
Roopa
Aianduse
Sepa
Jalaka
Vasara
Tähe
Sepa
16
Turu
Võru
Kopli
Alasi
Valga
500 m
Ringtee
17, Otepää, Võru

Hotspots (kabelloser Internetzugang) gibt es über die ganze Stadt verteilt, beispielsweise auf dem Rathausplatz, in der Universitätsbibliothek und in Cafés wie Illegard, Wilde, Tsink Plekk Pang, Zavood, Atlantis, Rodeo Saloon.

Notfälle

- **Polizei:** Tel. 7308805 oder 110.
- Die **Rathausapotheke** direkt im Rathaus ist 24 Stunden durchgängig geöffnet.
- **Notaufnahme:** EMO, Puusepa 8, Tel. 7318199.
- **Poliklinik:** Gildi 8, Tel. 7441372, Puusepa 8, Tel. 7318101.
- **Pannenhilfe:** Tel. 69188, mobil 5074304.
- **Fundbüro:** www.tartu.ee/leiubyroo. Ein Fundbüro existiert in Tartu nur virtuell. Die gefundenen Gegenstände werden online aufgelistet, mit Beschreibung, Datum und Uhrzeit. Kontakt ist dann per Internet aufzunehmen.

Stadtverkehr

Busse:

In Tartu gibt es zwei verschiedene Bussysteme. Neben den normalen Bussen fahren kleine, den Großraumtaxis ähnelnde **Expressbusse,** die ähnliche Routen haben wie die großen, aber einige Zwischenstationen auslassen. Tickets kauft man im Expressbus beim Fahrer. Für die **großen Busse** kann man die Tickets an jedem **Kiosk** erstehen. Wer mehrere Fahrten plant, sollte sich ein Zehnerblöckchen zulegen, da die einzelnen Fahrten so preiswerter sind. Man kann die Fahrkarten auch im Bus kaufen, sie kosten dann aber mehr. **Fahrpläne** hängen an den Bushaltestellen aus, es kommt jedoch öfters zu Zeitverschiebungen.

Taxis:

- **Taxistände:** Vallikraavi/Ülikooli, Vanemuine/Küüni, Raekoja plats/Vabaduse.
- **Tartu Linna Takso,** Tel. 7366366
- **Takso 1,** Tel. 7420 001, 1300
- **Rivaal,** Tel. 7422222, 91522
- **SV Takso,** Tel. 7343333
- **Vatex,** Tel. 7366566
- **Mercedes Takso,** Tel. 7333666
- **Tartu Taksopark,** Tel. 7300200
- **Barclay Takso,** Tel. 7420420
- **Minu Takso,** Tel. 7333333

Parkplätze:

- Rings um den engen Innenstadtkern findet man problemlos Parkplätze. Es gibt mehrere um das **Kaufhaus Tartu Kaubamaja** herum, andere **neben dem Busbahnhof** beim Markt (Vabaduse pst., die erste Stunde ist frei) und **auf der anderen Flussseite** beim Nachtclub Atlantis. Von dort aus sind es nur 2–3 Minuten zum Rathausplatz.
- Das **Parkhaus** im Kaubamaja ist für die erste Stunde gebührenfrei.
- Einen **Parkplatz für Wohnmobile** nahe der Innenstadt gibt es auf der Sadama-Straße, die Einfahrt befindet sich neben McDonald's.

Unterkunft

Hotels:

- Wer vom Busbahnhof aus sofort in einem Hotel unterkommen will, kann sich an das **Hotel de Dorpat** €€€, Soola 8, www.dorpat.ee, wenden. Die Eröffnung des bislang größten Hotels der Stadt ist für Sommer 2007 angekündigt. Rund 200 Zimmer, z.T. für Allergiker geeignet und behindertengerecht, mit Restaurant, Frühstücksbuffet, Day-Spa, Schönheitssalon und Parkplätzen.
- **Aleksandri Hotel und Gästehaus** €€, Aleksandri 42, Tel. 7366659, Fax 7349446, aleksandri@aleksandri.ee, www.aleksandri.ee. Ein- bis Vierbettzimmer, Sauna, Gemeinschaftsraum mit Fernseher etc., Frühstück gegen Aufpreis und Vorbestellung, bewachter Parkplatz vorhanden; außerdem vermieten die Betreiber Autos.
- **Barcley Hotel** €€€€, Ülikooli 8, Tel. 7447100, Fax 7447101, barcley@barcley.de, www.barcley.ee. Zentral gelegenes Hotel mit Restaurant (estnische Küche); Parkplätze, Tiere erlaubt, auch Autoverleih. Alle Zimmer mit Bad, TV und Tel. Das Haus war zu Sowjetzeiten Hauptquartier der Roten Armee.
- **Draakon Hotel** €€€, Raekoja plats 4, Tel. 7442045, tonyas@solo.delfi.ee, www.draakon.ee. Kleines, luxuriöses Hotel am Rathausplatz mit Sauna, Parkmöglichkeiten; Tiere er-

laubt, spezielle Zimmer für Allergiker, Sat-TV, Autovermietung; Restaurant nur für Gäste geöffnet.

●**Hansa Hotel** €€€, Aleksandri 46, Tel. 7371800, Fax 7371801, info@hansahotell.ee, www.hansahotell.ee. Etwa 10 Min. Fußmarsch zur Innenstadt, am Emajõgi bei der großen Brücke (Sõpruse sild / Õnne), verschiedene relativ große Zimmer und Apartments; rustikale Schenke ist angegliedert.

●**Ihaste** €€€, Pallase pst. 25/27, Tel. 7331060, 7331046, Fax 7331048, info@ihastehotell.ee, www.ihastehotell.ee. Weit außerhalb im Südwesten der Stadt, deshalb nur für Gäste mit Auto geeignet. Zimmer verschiedener Standards, Bowling, Billard, Sauna mit Feuerplatz, Restaurant, Vermittlung von Mietwagen, auch Haustiere sind gestattet.

●**Kantri** €€€, Riia 195, Tel. 7383043, 7383044, Fax 7477213, info@kantri.ee, www.kantri.ee. Am Stadtrand von Tartu noch südlich des Einkaufszentrums Lõunakeskus Richtung Elva, Restaurant im Haus mit vegetarischen Menüs, Zimmer mit und ohne Sauna.

●**London Hotel** €€€€, Rüütli 9, Tel. 7305555, Fax 7305565, london@londonhotel.ee, www.londonhotel.ee. In einer der schönsten Straßen im Herzen von Tartu gelegen, eines der besten Hotels der Stadt, auch behindertengerechte Zimmer; im Haus liegt das Restaurant Entri.

●**Pallas Hotel** €€€-€€€€, Riia 4, Tel. 7301200, Fax 7301201, pallas@pallas.ee, www.pallas.ee. Obwohl das zentral gelegene, an ein Einkaufszentrum angegliederte Hotel von außen nicht gerade schön aussieht, hat es geräumige und geschmackvoll eingerichtete Zimmer mit Dusche oder Badewanne, Kabelfernsehen, Telefon; Zimmer für Nichtraucher und Allergiker und behindertengerechte Räume.

●**Park Hotel** €€€, Vallikraavi 23, Tel. 7427000, Fax 7427655, info@parkhotell.ee, www.parkhotell.ee. Zimmer mit Bad, Telefon und Fernseher, Reinigungsservice, Internet im Haus, nett am Domberg gelegen.

●**Raadimõisa Hotel** €€€, Mõisavärava 1, Tel. 7338050, info@raadihotell.ee, www.raadihotell.ee. Neuer, moderner Komplex am Stadtrand Richtung Narva an der Narva mnt., etwa in Höhe des (östlich davon gelegenen) Raadi-Sees; Sauna und Restaurant im Haus.

●**Hotel Rehe** €€€, Võru 235, Tel. 7307287, Fax 7307288, rehehotell@rehehotell.ee, www.rehehotell.ee. Größeres Haus mit Restaurant außerhalb, im Süden der Stadt. Den Gästen stehen Sauna, Billardzimmer und Fitnessraum zur Verfügung. Zimmer meist in Brauntönen mit einfachen Möbeln, Frühstücksbuffet.

●**Starest Hotel** €€, Mõisavahe 21, Tel. 7400674, Fax 7489362, info@starest.ee, www.starest.ee. Modernes Haus mit freundlichen Zimmern mit Fernseher, Dusche und WC, Internetzugang, Restaurant im Haus, liegt etwas außerhalb im Plattenbauvorort Annelinn, aber gut mit dem Bus zu erreichen.

●**Tartu Hotel** €€€, Soola 3, Tel. 7314300, Fax 7314301, info@tartuhotell.ee, www.tartuhotell.ee. Zimmer mit Dusche, Fernseher und Telefon, angeboten werden Sauna, Frisör und Massagen. Service auch in Deutsch.

Ferienwohnungen:

Dies ist nur eine Auswahl an Ferienwohnungen, weitere Adressen bekommt man von der Touristeninformation.

●**Carolina,** Raekoja plats 11, Tel. 7422070, Fax 7422070, carolina@hot.ee, www.carolina.ee. Apartment für 4 Personen, Bad, Fernseher, Telefon und Kochmöglichkeit, Waschmaschine, Sauna. (€€€€)

●**Domus Dorpatensis,** Raekoja plats 1 / Ülikooli 7, Tel. 7331345, mobil 53333031, Fax 7331340, dorpatensis@dorpatensis.ee, www.dorpatensis.ee. Je nach Ausstattung Wohnraum mit Fernseher, Schlafraum und Extrabett, Küche, Dusche, WC. (€€€)

●**Wilde,** Ülikooli 3 und 6, weitere Küüni 4–9, Tel. 7309765, mobil 5097129, 5053573, wilde@wilde.ee, www.wilde.ee. Komfortable Wohnungen in der Innenstadt. Bad, Fernseher und eigene Kochmöglichkeiten gehören zur Grundaussattung, je nach Preis ist eine Sauna zu nutzen. (€€€)

Gästehäuser und Bed&Breakfast:

●**Carolina,** Kreutzwaldi 15, Tel. 7422070, Fax 7422070, carolina@hot.ee, www.carolina.ee (auf der Homepage ist auch das gleichnamige Gästehaus in Tartu aufgeführt, nicht verwechseln!). Auch Autoverleih, etwas außerhalb gelegen, einfache, mit Kiefernmöbeln ausgestattete Zimmer, die Preise schwanken je nach Saison, EZ €€, DZ ab €€.

●**Eha Suija,** Tamme pst. 73a, Tel. 7304080, mobil 5086834, Fax 7304079, eha.suija@mail.ee, www.hot.ee/ehasuija. Liegt etwa 3 km vom Stadtzentrum entfernt, aber in der Nähe hält ein Stadtbus. Private Gästezimmer mit Gemeinschaftsraum, wo es einen Fernseher und Kamin gibt, Sauna, Fahrradverleih. Zimmer wirken ein bisschen wie Omas Gästezimmer, dafür preiswert und Frühstück inklusive, Kinder unter 16 zahlen die Hälfte. EZ €, DZ €€.

●**Elva,** Elva 37c, Tel. 7380441, mobil 5069761, 56918605, marcellol@hot.ee. Privat vermietete Zimmer, Bad auf dem Flur. Fünfzehn Minuten bis zum Stadtzentrum, Parkplätze auf dem Hof. Pro Person €.

●**Era Villa,** Era 1, Tel. 7314380, mobil 5105877, Fax 7314381, eravilla@eravilla.ee, www.eravilla.ee. Jugendstilvilla, einige Gehminuten vom Rathausplatz entfernt, Zimmer verschiedenen Standards, die meisten mit Bad, Sat-TV, EZ €€, DZ €€€.

●**Gretchen,** Tamme põik 7a, Tel. 7474466, 5159835. Vier Zimmer in privatem Wohnhaus, außerhalb im Stadtteil Tammelinn, Küche zur Mitbenutzung, Garten, Parkplätze in Hof oder Garage. EZ €, DZ €€.

●**Herne Pension,** Herne 59, Tel. 7441959, mobil 5167891, rek.saks@neti.ee, www.hot.ee/supilinn. Zwei- und Vierbettzimmer, Bad muss man sich teilen, im pittoresken „Suppenviertel" von Tartu gelegen, Grillplatz und netter Garten; im Hof kann man Auto oder Wohnwagen aufstellen, pro Person €, DZ €€.

●**Hiie Maja,** Hiie 10, Tel. 7421236, info@bed.ee, www.bed.ee. Nennt sich selbst Bed&Breakfast, vom Standard her aber eher kleines Hostel mit nur 4 spartanischen, aber farbenfroh eingerichteten Zimmern, z.T. mit Doppelstockbetten. Im Garten kann man zelten, das Auto kann im Hinterhof geparkt werden. Inkl Frühstück EZ €, DZ €€.

●**Iivi Oja,** Vaikne 20, Tel. 7401429, mobil 53817682, Iivi.Oja@mail.ee, www.iivimaja.ee. Am Stadtrand westlich des Friedhofs Raadi Kruusamäe gelegen, Privathaus mit 4 Gästezimmern, jeweils mit TV, Mitbenutzung von Küche und Sauna, Garten, pro Person inkl. Frühstück €.

●**B&B Kastani** (Kastani Kodumajutus), Kastani 3, Tel. 7427663, mobil 5297703, kastanikodu@hot.ee, www.hot.ee/kastanikodu. Etwa 10 Min. Fußmarsch zur Innenstadt, in ruhiger Wohngegend, sehr kleine, an Privathaus angegliederte Pension, nettes Holzhaus, Sat-TV in jedem Zimmer, Gemeinschaftsraum mit Internetanschluss, Frühstück, Wäschedienst, EZ €, DZ €€.

●**Liiva,** Liiva 38, Tel. 7333645, mobil 55548180, www.liivakodumajutus.eu. Nettes Haus mit zwei einfachen Gästezimmern, Sat-TV, Küche und Bad zur Mitbenutzung, Garten, inkl. Frühstück pro Person €.

●**Rändur ,** Kuperjanovi 66, Tel. 7427190, mobil 5131852, Fax 7427275, randur66@hot.ee, www.zone.ee/randur. Hübsches, typisch estnisches Holzhaus, eigenes Bad zu jedem Zimmer. DZ €€.

●**Tampere Hause,** Jaani 4, Tel. 7386300, Fax 7386301, maja@tamperemaja.ee, www.tamperemaja.ee. Zentral gelegenes Holzhaus, v.a. für finnische Gäste, Sauna, Fernsehzimmer, 1–4-Bettzimmer. DZ €€€.

●**Uppsala Maja,** Jaani 7, Tel. 7361535, Fax 7361536, uppsala@uppsalamaja.ee, www.uppsalamaja.ee. Hübsche (Nichtraucher-) Zimmer im schwedischen Stil mit und ohne Bad, Gemeinschaftsraum; Haustiere sind willkommen. DZ inkl. Frühstück €€€.

●**Vikerkaare,** Vikerkaare 40, Tel. 7421190, Fax 7421192, viker.kaare@hot.ee, www.hot.ee/tdc. Schöne, saubere Zimmer im hübschen kleinen Haus, großes Fühstücksbuffet. Ein wenig außerhalb der Stadt, aber wenn man nichts gegen einen netten Spaziergang hat, durchaus (ohne Gepäck) zu Fuß erreichbar. EZ €, DZ €€.

●**Viive Koni,** Õuna 32, Tel. 7381433, mobil 5226834, viiveko@hot.ee, www.hot.ee/viiveko. Liegt außerhalb der Innenstadt im Stadtteil Tammelinn, aber in der Nähe fährt ein Bus. Die etwas plüschigen Zimmer mit dunkelbraunen Holzmöbeln sind vielleicht nicht jedermanns Geschmack, dafür kann man Küche und Grillplatz im Garten mitbenutzen. EZ €, DZ €€.

Hostels, Jugendherbergen, Wohnheime:

●**Kooli,** Põllu 11, Tel. 7461471, Fax 7461470, dagmar.lind@mail.ee. Am Stadtrand, man folgt der Puistee Richtung Jõgeva, rechts davon geht die Põllu ab. Erreichbar mit den Bussen 4 (Haltestelle Muru) oder 7 (Põllu). EZ €, DZ €-€€, auch Vierer-Zimmer.

●**Narva mnt. 27,** Narva mnt. 27, Tel. 7409955, 7420393, kyla@ut.ee, www.kyla.ee. Studentenwohnheim, darunter auch Zimmer mit Fernseher und freier Internetverbindung für Gäste, die sich länger in Tartu aufhalten, praktisch und gut eingerichtet, EZ €, DZ €€.

●**Pepleri,** Pepleri 14, Tel. 7409955, 7427608, kyla@ut.ee, www.kyla.ee. Studentenwohnungen, einfache, aber nette Zimmer mit Küchenecke und Fernseher. Café Kotka Kelder im Haus. EZ €, DZ €€.

●**Raatuse,** Raatuse 22, Tel. 7409955, mobil 5089875, 5662021, kyla@ut.ee, www.kyla.ee. Studentenwohnungen, einige Zimmer mit Küchenecke und Bad, freier Internetzugang, Café Mamma'n im Gebäude. EZ €, DZ €€.

●**Tartu Hostel,** Soola 3a, Tel. 7314300, info@tartuhotell.ee, www.tartuhotell.ee. Jugendherberge neben dem gleichnamigen Hotel. Pro Person €.

●**Tähtvere Hostel,** Laulupeo 19, Tel. 7421708, 7421364, Fax 7421364 sktahtvere@hot.ee. Ganz in der Nähe der berühmten Sängerbühne gelegen, sehr einfach ausgestattet, aber sehr preiswert. EZ €, DZ €-€€.

●**Torni Hostell,** Kreutzwaldi 52, Tel. 7313262 (8–16 Uhr), 7313263, malleko@eau.ee. Im am Stadtrand gelegenen Studentenwohnheim sind einige Etagen für Gäste reserviert. Die Zimmer wurden saniert und sind schlicht, aber farbenfroh eingerichtet, jeweils zwei Räume teilen sich eine kleine Küche, jedes Zimmer mit TV und Internetanschluss, EZ €, DZ €€.

Camping

●Die **Herne Pension** und das **Hotel Rehe** (siehe oben) bieten auch Stellmöglichkeiten für Wohnwagen und Zeltplätze.

Essen und Trinken

Die Liste der hier aufgeführten Restaurants und Cafés umfasst nicht alle Lokalitäten Tartus. Wenn etwas nicht aufgeführt ist, heißt das nicht, dass die Qualität nicht gut ist. Wer über den Rathausplatz, die Rüütli- oder Küüni-Straße schlendert, wird zahlreiche weitere nette Gaststätten vorfinden. Im Kaufhaus Kaubamaja, Riia 1, sind im oberen Stockwerk weitere Bistros untergebracht, zum Teil mit Selbstbedienungscafé.

●**China Garden,** Raekoja plats 3, Tel. 7441295, info@chinagarden.ee, www.chinagarden.ee. Der Name verrät schon, um welche Küche es sich handelt.

●**Chocolaterie Pierre,** Raekoja plats 12, Tel. 7304680, 5040458, pierre@pierre.ee, www.pierre.ee. Köstlichkeiten aus Schokolade, dazu Kaffee oder – was sonst? – Kakao.

●**Crepp,** Rüütli 16, Tel. 7422133, crepp@hot.ee, www.crepp.ee. Französische Küche, Eierkuchen, guter Kaffee.

●**Restaurant Entri,** Rüütli 9, Tel. 7409223, entri@entri.ee, www.entri.ee. Im gleichen Haus wie das London Hotel; die Speisekarte bietet eine gute Auswahl an Vorspeisen, Hauptgerichten und köstlichem Nachtisch.

●**Gruusia Saatkond,** Rüütli 8, Tel. 7441386, gruusiasaatkond@gruusiasaatkond.ee, www.gruusiasaatkond.ee. Gute georgische Küche in uriger und gemütlicher Umgebung.

●**Hansatall,** Aleksandri 46, Tel. 7371802, info@hansahotell.ee, www.hansahotell.ee. Im Hansa-Hotel, rustikale Holzeinrichtung, deftiges Essen, in den Sommermonaten manchmal folkloristische Tanzgruppe.

●**Illegard Art und Jazz Club,** Ülikooli 5, Tel. 7423743, illegaard@hot.ee. Anders als in vielen dunklen und rauchigen Jazzclubs sind hier die Wände eher farbenfroh, erinnert an ein Schülercafe, aber nett.

●**Itaalia köök Restaurant,** Gildi 7, Tel. 7423747. Italienische Küche.

●**Krooks,** Jakobi 34, Tel. 7441506. Typischer Pub mit rockigen Klängen, manchmal auch Live-Musik, gemütlich für lange Nächte. Kleine, gute Snacks werden geboten.

●**Maailm,** Rüütli 12, Tel. 7429099, restoran@klubimaailm.ee, www.klubimaailm.ee. Bistro-Kneipe, originelle Wand- und Innengestaltung, sehr witzig: Schaukeln als Sitzgelegenheit, gutes und internationales Essen.

●**Restaurant Neljas aste,** Lossi 17, Tel. 7441264, info@neljasaste.ee. Liegt im Gerichtsgebäude am Domberg.

●**Café Shakespeare,** Vanemuise 6, Tel. 7440140, cafe@shakespeare.ee, www.shakespeare.ee. Gehört zum Theater, gute Auswahl an Menüs.

●**Sviit,** Rüütli 23, Tel. 5646 9059, info@sviit.ee, www.sviit.ee. Loungebar, hier kann man nicht nur essen und trinken, sondern auch Wasserpfeife rauchen, öffnet erst um 16 Uhr.

●**Õlle Tare,** Aleksandri 42, Tel. 7344766, olletare@hot.ee, www.olletare.ee. Rustikale Kneipe und Restaurant beim Hotel Hansa, etwa 10 Min. zu Fuß von der Innenstadt.

●**Pappa Pizza,** Riia 7, Tel. 7427933, pappapizza@pappapizza.ee, www.pappapizza.ee. Nüchterne Einrichtung, Imbisscharakter, dafür gute Pizza zu moderaten Preisen.

●**Püssirohukelder** (Pulverfasskeller), Lossi 28, Tel. 7303555, pyss@pyss.ee, www.pyss.ee. Kneipe mit rustikalem, herzhaftem Essen im alten Pulverfasskeller am Domberg, sehr nett, aber man muss lärmunempfindlich sein, denn zu späterer Stunde verwandelt sich die Kneipe mit Tanzfläche in eine Disco.

●**Tai restoran,** Pikk 40, Tel. 7402509, nostalgija@hot.ee, www.hot.ee/nostalgija. Asiatische Küche, v.a. chinesisch und thailändisch, zum Restaurant gehört auch das Internetcafé Virtuaal.

●**Trahter Rasputin,** Ülikooli 10, Tel. 7305996, info@rasputin.ee, www.rasputin.ee. Russische Taverne mit sehr gutem, typischem Essen; in Trachten gekleidete Bedienung und passende Musik, Do, Fr und Sa werden russische Balladen zum Essen „serviert".

●**Star Café/Restaurant Atlantis,** Narva 2, Tel. 7385485, info@atlantis.ee, www.atlantis.ee. Gehört zum Club Atlantis, vorzugsweise werden Hits aus den Achtzigern gespielt.

●**Suudlevad Tudengid** („Küssende Studenten"), Raekoja plats 10, Tel. 7301892, Fax 7301895, pubi@maksuamet.com, www.maksuamet.com. Zentrales Café, mittags gibt es einige Tagesgerichte günstiger als am Abend, im „Whiskyzimmer" im 1. Stock sind Zigarren erhältlich.

●**Taverna,** Raekoja plats 20, Tel. 7423001, taverna@hot.ee, www.taverna.ee. Pizza und Grillgerichte.

●**Ülikooli Kohvik,** Ülikooli 20, Tel. 7375402, kohvik@kohvik.ut.ee, www.kohvik.ut.ee. Di-

050es Foto: jl

rekt neben der Universität, dementsprechend gern von Studenten besucht, gemütlich und preiswert.

● **Werner Café-Lounge,** Ülikooli 11, Tel. 7426377, Fax 7426377, cafe@werner.ee, www.werner.ee. Café, Restaurant und Bäckerei in einem, viel von Studenten besucht.

● **Wilde Irish Pub und Café,** Vallikraavi 4, Tel. 730 9764, Fax 730 9761, wilde@wilde.ee, www.wilde.ee. Gutes Essen, ein kleines Muss für jeden Besucher: Apfelkuchen mit Vanilleeis. Angenehme Räumlichkeiten, Treffpunkt vieler Studenten und Geschäftspartner gleichermaßen, wireless LAN, donnerstags manchmal Karaoke. Im Erdgeschoss befindet sich das Café, im ersten Stock das Restaurant, im Sommer ist die Veranda geöffnet.

Nachtleben

Clubs und Discos:

● **Atlantis,** Narva 2, Tel. 7385485, info@atlantis.ee, www.atlantis.ee. Große Disco direkt am Ufer des Emajõgi, Terrasse, verschiedene Räume mit unterschiedlicher Musik, von den Achtzigern über die Neunziger bis hin zu elektronischen Beats, gemischtes Publikum. Do–Sa 22–4 Uhr. Zum Atlantis gehört auch das **Star Café,** gemischtes, auch älteres Publikum.

● **Club Illusioon,** Raatuse 97, Tel. 7402602, www.illusion.ee. In einem Ballsaal werden Partys und Themenabende geboten, sehr schöne Räumlichkeit und angenehmes Publikum.

● **Nachtclub Maasikas,** Küüni 7, Tel. 7366273, maasikas@maasikas.com, www.maasikas.com. Spricht Publikum ab einem Alter von etwa 25 Jahre an, zentral gelegen, Mi–Sa ab 22 Uhr.

● **Pattaya,** Turu 21, Tel. 7303400, pattaya@pattaya.ee, www.pattaya.ee. Sehr gemischtes, eher junges Publikum; für jene, die sich gern in Inselpartystimmung begeben, Casino 24 Stunden geöffnet.

● **Tallinn,** Narva mnt. 27, Tel. 7403157, club tallinn@clubtallinn.ee, www.clubtallinn.ee. Drum'n Bass, seichte Loungekläge und Elektrobeats, gemütliche Couchecken. An einigen Tagen für Frauen bis 23 Uhr Eintritt frei, Fr und Sa 22–4 Uhr.

Kino:

● **Ekraan,** Riia 14, www.superkinod.ee.

Konzerte:

● **Tartu Song Festival Arena,** Laulupeo 25, Tel. 7422108, ats@arena.ee, www.arena.ee. Fast alle im Sommer aufgeführten Konzerte Tartus finden dort statt, die zweitgrößte Sängerbühne Estlands. Der Jaanipäev, der Johannistag im Juni, wird dort mit einem großen Lagerfeuer und Musik gefeiert.

● **Vanemuise Konzerthalle,** Vanemuise 6, Tel. 7377530, pilet.tartu@concert.ee, www.concert.ee, Seite auch in englischer Sprache.

Theater:

● **Vanemuine Theater, „Großes Haus",** Vanemuise 6, Tel. 7440100, teater@vanemuine.ee, www.vanemuine.ee. Im Jahr 1870 gegründet, stellte es das erste professionelle Theater in Estland dar. Es ist das einzige, das auch Opern, Dramen und Ballett aufführt. Das kleine Vanemuine Theater und das Hafentheater gehören dem großen Vanemuine Theater an.

● **Väike Maja, „Kleines Haus",** Vanemuise 45a, Tel. 7430785.

● **Sadamateater,** Hafentheater, Soola 5b, Tel. 7440165, modernes Gebäude direkt am Fluss Emajõgi.

● **Tartu Theater Labor,** Lutsu 2, Tel. 7461045, labor@teatrilabor.ee, experimentelle und zeitgenössische Aufführungen.

● **Emajõe Suveteater** (Sommertheater), Pepleri 27, www.suveteater.ee.

Einkaufen

● **Markthalle:** Vabaduse pst 1, Mo–Fr 7.30–17.30 Uhr, Sa 7.30–16 Uhr, So 7.30–15 Uhr.

● **Wochenmarkt:** Soola 10, im Winter Mo–Sa 8–16 Uhr, So 8–15 Uhr, im Sommer Mo–Fr 8–17 Uhr, Sa 8–16 Uhr, So 8–15 Uhr.

Einkaufszentren/Kaufhäuser:

● In der Innenstadt liegen das **Tartu Kaubamaja,** Riia 1, sowie das **Zeppelini Kaubanduskeskus,** Turu 14, beide Mo–Sa 9–21 Uhr, So 9–18 Uhr.

● Etwas außerhalb findet man das **Lõunakeskus,** Ringtee 75, tgl. 9–21 Uhr, sowie das große **Eeden,** Kalda 1c, tgl. 10–21 Uhr.

Kunsthandwerk und Souvenirs:

● Originelle Mitbringsel und vor allem Kunsthandwerk findet man im **Antoniushof,** Lutsu 5, bei der Johanniskirche, www.antonius.ee, Di–Fr 12–18 Uhr, jeder erste Sa im Monat 12–16 Uhr. Hier haben sich viele Künstler und Handwerker zusammengeschlossen und präsentieren ihre Werke in geschmackvollen kleinen Läden: Töpferwaren, Teppiche, Glaskunst, Lederwaren, Textilien, Puppen und andere schöne Dinge. So manchem Künstler kann man in den offenen Werkstätten bei der Arbeit über die Schulter schauen.

● **Gildi Galerii,** Varalaegas, Gildi tn. 2, Gemälde, Grafiken, Aquarelle, außerdem lederne Geldbörsen etc.

● **Rae käsitöö Suveniirid, Kunst ja Käsitöö,** Raekoja plats / Küüni tn., Kunsthandwerk am Rathausplatz.

● Weitere Souvenir-, Handarbeits- und Kunsthandwerksgeschäfte findet man in der Innenstadt unter folgenden Anschriften: Küüni 2, Gildi 2, Rüütli 6 / Küütri 3, Rüütli 18, Lai 24, Riia 9, Võru 4 und Raekoja plats 8. Auf dem Markt gibt es ebenfalls zwei kleine Handarbeitsgeschäfte, in einem werden auch leckerer Honig und Honigprodukte verkauft.

Bücher:

● Buchhandlungen, in denen häufig auch gute deutschsprachige Bildbände und Werke über Estland zu finden sind, findet man in der Ülikooli 11, Küütri 7, Ülikooli 1 und Riia 1 im Einkaufszentrum.

Fotos:

● Fotos entwickeln lassen und Zubehör kaufen kann man im Kaubamaja, Riia 1, sowie in der Küüni 7 und Rüütli 2.

Feste und Veranstaltungen

● Im Sommer zelebriert man in Tartu lokale **Hansetage.** Sehr schön mit vielen Ständen und Aufführungen, genaue Daten auf der Webseite der Touristeninformation. Ähnlich sind die **Tartuer Tage,** die im Sommer gefeiert werden.

● Im Dezember findet auf dem Rathausplatz und im Antoniushof ein kleiner **Weihnachtsmarkt** statt.

Aktivitäten

Wer sich für bestimmte **Sportarten** oder **Ausflüge** interessiert, ist bei der Touristeninformation gut aufgehoben. Es gibt Broschüren mit Adressen von Anbietern diverser Aktivitäten. Wer sich länger im Landkreis Tartumaa aufhalten möchte, kann sich nach der (englischsprachigen) **Broschüre** „Tartu County – 10 Routes" erkundigen, sie ist mit einer detaillierten Landkarte des Gebiets ausgestattet.

Brauereibesichtigung:

● Besichtigung der Brauerei **A le Coq** ist Do um 14 Uhr und Sa um 10, 12 und 14 Uhr für Einzelpersonen möglich, Gruppenführungen nach Absprache. Tähtvere 56/62, Tel. 7449711, Fax 744 9775, info@alecoq.ee.

Fahrradverleih:

● **Kauplus Jalgratas,** Laulupeo 19, Tel. 7421731.

● **Kauplus Velospets,** Riia 130, Tel. 7380406, www.velospets.ee.

● **Kauplus SportTex,** Raekoja plats 11, Tel. 7401000.

● **Kauplus Rattaring,** Aardla 112, Tel. 5045961, www.rattaring.ee.

Schiffsfahrten:

● Im Sommer legen vor der Diskothek Atlantis, etwa in Höhe des Rathausplatzes auf der gegenüberliegenden Seite, **Ausflugsboote** an, die den **Emajõgi** entlangfahren. Aktuelle Fahrpläne erhält man in der Touristeninformation.

● Von Mai bis Mitte September gibt es Linienschiffe zur Insel Piirissaar im **Peipus-See,** außerdem legen hier Ausflugsboote zum Peipus-See ab. **Hafen:** Tartu Sadam AS, Soola 7, Tel. 7340066, Fax 7340026, tartusadam@transcom.ee, www.transcom.ee.

● Zur Recherchezeit plante man Ausflugsfahrten auf dem Emajõgi mit einem historischen **Hanse-Schleppkahn** (estn.: Lodi), der 2006 nach altem Vorbild gebaut wurde. Gruppen können den ganzen Kahn mieten, geplant sind aber auch Fahrten am Wochenende, denen sich Individualreisende anschließen können. Da sie noch nicht regelmäßig stattfinden, ist es ratsam, sich an die

Toursteninformation zu wenden oder sich unter www.historicships.ee, Stichwort „Lodi“, bzw. unter www.lodi.ee zu informieren. Anlegestelle: Ujula tn. 98, vielleicht wird das Schiff in Zukunft auch in der Innenstadt ablegen.

Schwimmbad:

- **Aura Keskus,** Turu 10, Tel. 7300280, www.aurakeskus.ee, Mo–Fr 6.30–22 Uhr, Wochenende ab 9 Uhr, Schwimmbad, Sauna, Jacuzzi, Café, Kinderbecken.

Verkehr

Bus:

- Vom **Busbahnhof** Tartu gibt es landesweite Busverbindungen: Bussijaam, Soola 1, Bussireisid, Tel. 12550, tgl. 6–21 Uhr, Fahrpläne unter www.bussireisid.ee.
- Tickets für Busverbindungen im Landkreis Tartu (und Linienbusse in der Stadt) erhält man bei **Go Bus,** Ringtee 25, Tel. 7362290, Fax 7362802, info@gobus.ee, www.gobus.ee.
- **Internationale Busverbindungen:** Eurolines, Soola 1, Tel. 7340075, www.eurolines.ee.

Bahn:

- **Bahnhof:** Rongijaam, Vaksali 6, www.edel.ee. Von hier aus fahren Züge nach Tallinn (schnellere Verbindung als auf den anderen Strecken), Valga und Pärnu.

Autovermietungen:

- **Avis,** Vallikraavi 2, Tel. 7440360, tartu@avis.ee, www.avis.ee.
- **Autorent Q,** Linda 20, Tel. 5149555.
- **Carolina,** Kreutzwaldi 15, Tel. 5092529, Carolina@hot.ee, www.carolina.ee.
- **Carring,** Ringtee 56, Tel. 5203653, carring@carring.ee, www.carring.ee.
- **City Car,** Jõe 9a, Tel. 5239669, info@citycar.ee, www.citycar.ee.
- **Hertz,** Jõe 9a, Tel. 6116333, hertz@hertz.ee, www.hertz.ee.
- **Julisurent,** Tõnissoni 9a, Tel. 56649309, info@autolaenutus.ee, www.autolaenutus.ee.
- **Sixt,** Ülikooli 8, Tel. 7447260, 7447284, tartu@autoliising.ee, www.sixt.ee.
- **Tauf-Auto,** Sepa 24b, Tel. 7300868, info@tauf-auto.ee, www.taufauto.ee.

Nördlich von Tartu ↗VIII/B2

Entweder in Verbindung mit einem Ausflug zum Võrtsjärv (siehe weiter hinten im Kapitel) oder als eigenständiges Reiseziel bieten sich einige Ziele im Norden von Tartu an. Für Naturliebhaber interessant sind das Landschaftsschutzgebiet Vooremaa und – nicht nur für Kinder – der Tierpark Elistvere. Mehr darüber findet sich im Kapitel „Im Zentrum Estlands: Landschaftsschutzgebiet Vooremaa“.

Kloster von Kärkna ↗VIII/B2

Auf dem Weg nach Vooremaa kann man einen Abstecher zur Ruine des Klosters von Kärkna machen, das auch unter dem Namen **Falkenau** bekannt war. Auf Anordnung von *Hermann I.,* dem ersten Bischof von Tartu, der auch hier begraben liegt, wurde das Kloster errichtet, schriftlich erwähnt erstmals im Jahr 1234. Es entwickelte sich zum größten Zentrum des **Zisterzienserordens** in Livland, wurde aber im Laufe der Zeit mehrfach zerstört und wieder aufgebaut, bis es im Livländischen Krieg 1558 so sehr beschädigt wurde, dass seither nur noch Ruinen übrig sind. Man darf bei einem Besuch nicht zu viel erwarten, lediglich die Grundmauern sind noch erhalten. Im umliegenden **Park** kann man einen Spaziergang machen, ein Picknickplatz mit Feuerstelle lädt zu einer Rast ein.

Von Tartu zum Peipus-See

Wer zum Ufer des großen Peipus-Sees (Peipsi järv) fahren möchte, hat von Tartu aus mehrere Alternativen. Die hier beschriebene Route beginnt mit Sehenswürdigkeiten entlang der Straße 43, die von Tartu aus in nordöstlicher Richtung über Alatskivi ans Ufer des Sees führt. Auf dem Rückweg kann man westlich des Emajõgi-Deltas eine Querverbindung nach Süden nehmen, um über Luunja zurück in die Universitätsstadt zu gelangen.

Vara

↗ VIII/B2

Folgt man besagter Straße 43, kann man einen kleinen Zwischenstopp in Vara einlegen. Neben der **Brigittenkirche,** die Mitte des 19. Jahrhunderts errichtet wurde, erinnern Denkmäler an die in verschiedenen Kriegen gefallenen Soldaten und Freiwilligen.

Unterkunft

- **Kivi Puhkemajad** €€, Kauda, Gemeinde Vara, Tel. 7351351, mobil 53492225, info@kivipuhkemajad.ee, www.kivipuhkemajad.ee. Hübsche Ferienhäuser mit Teich und Sauna; einfach ausgestattete (Mehrbett)-Zimmer, aber auch zu zweit nutzbar. Man kann auf dem Grundstück auch **zelten** oder seinen **Wohnwagen** aufstellen.

Alatskivi

↗ IX/C2

In **Rupsi,** einem kleinen Ort, den man kurz vor Alatskivi passiert, wurde in dem ehemaligen **Wohnhaus der Familie Liiv** ein Museum eingerichtet, das an das Leben und Schaffen der estnischen Dichter und Schriftsteller *Juhan* (1864–1913) und *Jakob Liiv* (1859–1938) erinnert. Neben dem hölzernen Wohnhaus sind kleinere Nebengebäude zu sehen. Eine Ausstellung widmet sich außerdem dem Komponisten *Eduard Tubin* (1905–82), der in der Nähe gelebt hat.

- **Liiv Museum,** Rupsi, Gemeinde Alatskivi, Tel. 7453846, mobil 5144851, www.muusa.ee, Di–Fr 9–17 Uhr, Sa 10–16 Uhr, an Feiertagen geschlossen.

Schloss Alatskivi

Das **neogotische Gutshaus** in Alatskivi wurde in den Jahren 1880–85 nach dem Vorbild des schottischen Schlosses Balmoral erbaut. Es ist wohl das imposanteste Gutshaus Tartumaas, sodass das weiße, mit mehreren Türmchen ausgestattete Gebäude auch als Schloss bezeichnet wird. Sein ehemaliger Besitzer *Baron Arved Georg von Nolcken* (1845–1909) war von England fasziniert. Nach einer Reise durch Großbritannien in den 1870er Jahren begann er, das Gut nach eigenen Entwürfen zu bauen.

Das Gutshaus ist auch von innen zu besichtigen, allerdings sollte man sich angesichts des prächtigen Äußeren nicht zu viel versprechen. Die Innenräume wurden von Baron von Nolcken bei weitem nicht so präzise geplant wie das Äußere des Gebäudes und sind eine bunte Stilmischung. Nachdem die Familie des Barons das Gut 1906 verlassen hatte, folgten verschiedene Institutionen und Gruppen, u.a. eine Schule und die Armee, die sich in dem Gutshof einrichteten.

Seit 1999 gehört er der gleichnamigen Kommune. Die Innenräume werden zurzeit mit Unterstützung der Europäischen Union restauriert, aber es wird wohl noch Jahre dauern, bis die Arbeiten abgeschlossen sind.

Hübsch ist auch der 60 Hektar große **Park,** der das Anwesen umgibt. Auch er wurde von seinem ehemaligen Besitzer nach englischem Vorbild angelegt.

● **Schloss Alatskivi,** Tel./Fax 7453846, mobil 5286598, 5144851, info@muusa.ee, www.muusa.ee, zurzeit nur nach Voranmeldung geöffnet. An der Kasse gibt es Informationsmaterial über den Peipus-See.

Kirche und Friedhof

Die Kirche von Alatskivi steht auf dem Hügel Kirikumäe („Kirchenhügel"). Gutsherr *Baron von Stackelberg* ließ sie in den Jahren 1777–82 errichten, im 19. Jahrhundert wurde sie zweimal umgebaut. Nach Plünderungen und Zerstörungen in den 1970er Jahren wurde die Kirche 1993 restauriert. Auf dem Friedhof befinden sich der Grabstein des Schriftstellers *Juhan Liiv* sowie ein Denkmal, das an den Unabhängigkeitskrieg erinnert. Beide wurden von dem Bildhauer *Mellik* in den 1920er Jahren geschaffen.

Ameisenschutzgebiet

Westlich von Alatskivi, in **Padakõrve,** gibt es ein Ameisenschutzgebiet (Alatskivi-Padakõrve lka), in dem große Ameisenhügel zu sehen sind.

Unterkunft

● **Haus Hirveaia** €€, Hierveaia 4, Alatskivi, Tel. 7453837, hierveaia@hot.ee. Bed&Breakfast mit zwei Doppelzimmern und einer kleinen „Suite für Jungvermählte" mit Kamin und Sauna, in der Nähe des Schlosses Alatskivi. Lagerfeuerplatz, Grill und Spielplatz; die Besitzer bieten Bootsfahrten und geführte Ausflüge an, auch Massage möglich.

Essen und Trinken

● **Kivi Kõrts,** Alatskivi, Tel. 7453872, mobil 5067605, aigne.taska@mail.ee, www.hot.ee/kivikorts. Einfache Gerichte, vor allem Fisch, aber auch Pizza und Hamburger, Suppen und Pfannkuchen; preiswert.

● **Talli Tare Pubi,** Hirveaia 1, Alatskivi, Tel. 7453887, mobil 5140991. Gerichte mit Zutaten aus der Umgebung.

Verkehr

● Es gibt östlich von Tartu nicht allzu viele **Tankstellen,** deshalb sollte man den Tank voll haben, bevor man sich in diese Richtung begibt. Eine 24-Stunden-Tankstelle befindet sich in Alatskivi.

● Von Tartu aus fahren mehrmals täglich **Busse** nach Kallaste, die auch in Alatskivi halten.

Peipus-See

↗ IX

Der Peipus-See (estnisch: Peipsi järv) ist nicht nur der **größte See Estlands,** sondern mit über 3550 Quadratkilometern auch einer der größten Europas. In ihm verläuft die **estnisch-russische Grenze** und somit auch die Ostgrenze der EU. Festgelegt wurde sie schon sehr früh. Mitte des 13. Jahrhunderts fand auf dem zugefrorenen See eine Schlacht zwischen Russland und den deutschen Ordensrittern statt. Eine Ikone in der Kirche von Vasknarva, am Nordufer des Sees, erinnert an den Sieger, den russischen Feldherrn *Aleksander Nevski* aus Nowgorod. Den

052es Foto: il

Namen Peipus trägt der See seit dem 14. Jahrhundert.

Nicht wenigen Besuchern kommt das riesige Gewässer mit 143 Kilometern Länge und bis zu 48 Kilometern Breite wie das Meer vor, schließlich kann man das gegenüberliegende Ufer an den meisten Stellen mit dem bloßen Auge nicht erkennen. Ausnahme ist eine Stelle bei Mehikoorma im Süden (oberhalb der Grenze von Põlvamaa zu Tartumaa): Hier liegt das russische Ufer nur zwei Kilometer entfernt. Trotzdem ist der See hier mit ca. 17,50 Metern am tiefsten. Dieser Teil des Peipus-Sees hat allerdings schon einen anderen Namen: Im Süden, unterhalb der Insel Piirissaar, geht der Peipus-See in den Lämmi-See und schließlich in den See von Pskov über, der ganz auf russischem Gebiet liegt.

Die größten Städte am See sind **Mustvee** in Jõgevamaa und **Kallaste** in Tartumaa, doch muten sie eher wie größere Dörfer an. Die kleinen Orte Nina, Varnja, Kasepää und Kolkja südlich von Kallaste sowie Kükita und Raja nördlich davon sind typische **Ansiedlungen von altgläubigen Russen.** Ihre Holz- und Steinhäuser reihen sich manchmal kilometerlang an der Straße aneinander. Allen ist eines gemein: Mindestens zwei Fenster müssen zur Straße zeigen. Dazwischen befinden sich Felder, auf denen in langen, geraden Reihen Zwiebeln angepflanzt werden, was dazu führte, dass die Altgläubigen im Volksmund auch „Zwiebelrussen" genannt werden. In den Orten befinden sich hübsche, kleine **russisch-orthodoxe Kirchen.**

Der Peipus-See hat einige **Badestrände,** unter anderem in Nina und Kallaste.

Informationen

- Das **Touristeninformationsbüro in Tartu** gibt Auskünfte über das Gebiet rund um den Peipus-See. Auch an der Kasse von **Schloss Alatskivi** (s.o.) gibt es Informationsmaterial, u.a. die estnisch-englische Landkarte „Peipsiveere Culture & Nature Route", in der alle Sehenswürdigkeiten am See eingezeichnet sind.

Am Westufer des Peipus-Sees

↗ IX/C1-3

Von Alatskivi aus kann man entweder über einen kleinen Weg direkt ans Ufer des Peipus-Sees fahren – hier gelangt man zu den Dörfern der Altgläubigen – oder der Straße 43 weiter Richtung Norden folgen. So trifft man in der kleinen Stadt Kallaste auf das Seeufer.

Kallaste

↗ IX/C1-2

Am Ufer des Peipus-Sees liegt ein bis zu acht Meter hoher und über 900 Meter langer, roter Sandsteinaufschluss, der vor 350 Millionen Jahren im Devon entstand. Der **Rote Berg** (russisch: Krasnaja Gora) dient zahlreichen Uferschwalben als Niststätte und enthält neun größere Höhlen, die man

Größter See des Landes: Peipsi järv

betreten kann. Im 16. und 17. Jahrhundert war das Gebiet um den Roten Berg unter dem Namen Purmuranna bekannt.

Bis auf eine kleine, weiß-gelbe **Holzkirche,** die einige Ikonen aus dem 20. Jahrhundert beherbergt, gibt es in Kallaste nicht viel zu sehen. Der kleine Ort bekam zwar 1938 Stadtrechte verliehen, wirkt aber mit seinen bunten Holzhäuschen nicht viel anders als die umliegenden Fischerdörfer. Doch ist der im 18. Jahrhundert gegründete Ort ein typisches Beispiel für die Ansiedlungen der Altgläubigen (siehe Exkurs). Ein **Altgäubigen-Friedhof** befindet sich am Ufer des Sees.

● **Kallaste Altgläubigenkirche,** Kiriku 14, Tel. 7452256, Mai bis Sept. So 9–12 Uhr, wobei zwischendurch der Gottesdienst stattfindet.

Raja ⇗ VIII/B1

In Raja, nördlich von Kallaste, fällt ein seltsamer Turm ins Auge. Dieser **Glockenturm** ist das einzige Überbleibsel einer alten Kirche, Zentrum der Altgläubigen zu Sowjetzeiten. Im Nachbardorf **Kükita** steht eine Altgläubigenkirche.

Wer kurz zuvor durch **Kasepää** gefahren ist, kann leicht den Eindruck bekommen, er hätte sich verfahren. Aber keine Angst, es gibt zwei Orte am Ufer des Sees, die diesen Namen tragen, das andere Kasepää liegt weiter südlich zwischen Kolkja und Varnja.

Mustvee ⇗ VIII/B1

Mustvee, das schon im Landkreis Jõgevamaa liegt, zieht sich, wie die meisten Dörfer am Ufer des Sees, an der Hauptverkehrsstraße entlang. Kaum zu glauben, dass dies bereits die größte Ortschaft auf der estnischen Seite des Peipus-Sees ist!

Mustvee ist ein Musterbeispiel für religiöse Vielfalt. **Vier Kirchen** zieren den Ort: eine orthodoxe aus dem Jahr 1864, eine mit goldfarbenen Turmhelmen gekrönte baptistische (ursprünglich orthoxe) von 1877, eine lutherische, die um 1880 erbaut wurde, sowie ein Gotteshaus aus dem Jahr 1930, das den Altgläubigen dient. Anfang des 20. Jahrhunderts gab es sogar einmal sieben Kirchen.

● **Museum der Altgläubigen,** Narva 22, Tel. 7726445, 7726491, mobil 55647321, nur nach vorheriger Terminabsprache.

Nina ⇗ IX/C2

Nina, südlich von Kallaste, ist das älteste der altrussischen Reihendörfer. Die mit Zwiebeltürmchen versehene, orthodoxe **St. Marienkirche** aus dem Jahr 1827 steht gegenüber einem kleinen **Leuchtturm** von 1936. Daneben, am Ufer des Sees, befindet sich ein Friedhof.

Will man weiter nach Kolkja, kann man entweder einem kleinen Weg am See entlang folgen oder die 12 Kilometer lange Straße über Alatskivi nehmen.

Kolkja ⇗ IX/C2

Im Dorf Kolkja kann man sich in einem kleinen **Museum,** das 1998 eröffnet wurde, Einblicke in die Traditionen und Lebensweise der Altgläubigen verschaffen. Hier hat sich das Leben seit Jahrzehnten kaum verändert. Ruhig ist es, nur das Lachen badender

Die Altgläubigen am Peipus-See

Die kleinen Orte am westlichen Ufer des Sees haben einen eigenen, altmodischen, aber auch romantischen Charakter. Bewohnt werden sie von sogenannten altgläubigen Russen, von den Esten auch augenzwinkernd als „Zwiebelrussen" bezeichnet, da in den Gärten hinter den kleinen Holzhäuschen lange Reihen von Zwiebeln und anderem Gemüse wachsen. Wie die Zwiebelreihen schlängeln sich auch die Dörfchen an der Uferstraße entlang, Holzhaus neben Holzhaus, nur ab und zu von einer kleinen orthodoxen Kirche oder einem Fischerhafen unterbrochen, von wo aus die Männer des Dorfes auf den See hinausfahren. Wenn sie abends zurückkehren, nageln sie ihren Fang an die Wände ihrer Häuser und Schuppen. Luftgetrocknet, so weiß man hier seit Generationen, ist der Fisch eine Köstlichkeit.

37 verschiedene Fischarten wurden im Peipus-See gezählt, die nicht nur im Sommer mit Netzen gefangen, sondern auch im Winter durch Eislöcher geangelt werden. Dazu fahren die Fischer auf Motorschlitten über die dicke Eisdecke weit auf den See hinaus. Die Radarstationen der Grenzer passen auf beiden Seiten auf, dass sich dabei niemand ins Nachbarland verirrt. Im Frühjahr treiben oft riesige Eisschollen und -berge über den See. Nur fünfzehn Meter vor seinem braunen Holzhaus habe vor einigen Jahren ein riesiger, um die 20 Meter hoher Eisberg Halt gemacht, berichtet ein Einwohner von Nina.

Die Altgläubigen kamen bereits im 18. Jahrhundert aus Russland, vor allem aus der Gegend um Nowgorod, an die Westküste des Peipus-Sees, wo sie der Verfolgung im eigenen Land entgingen und friedliche Plätze zum Leben fanden. Seither bewohnt diese Bevölkerungsgruppe das ganze Ufer des Peipus-Sees und Narva-Flusses, von den Dörfern Gorodenka und Kuningaküla im Norden bis zum Gebiet der Seto im Süden.

Die Altgläubigen leben seither in einer sehr isolierten und streng abgegrenzten Gesellschaft, ihr Alltagsleben hat sich seit ihrer Ansiedlung kaum verändert. Die modernen Zeiten haben nicht viel Gutes für diese Bevölkerungsgruppe gebracht. Arbeitslosigkeit zwingt die Jugend, ins Landesinnere umzusiedeln, wo die moderne Welt als kulturelle Konkurrenz eine ständige Bedrohung für die Weiterexistenz der Altgläubigenkultur darstellt.

Mittlerweile sind erfolgreiche Maßnahmen zu Förderung und Erhaltung der Traditionen ergriffen worden. So eröffneten in Kolkja ein Restaurant mit örtlichen Spezialitäten sowie ein Heimatmuseum. Ferner haben sich in Raja und Mustvee Priester bereiterklärt, ihre Kirchen der Öffentlichkeit zugänglich zu machen und sie über die Eigenart der russisch-orthodoxen Altgläubigen-Kirche und die Besonderheiten der Liturgie zu informieren. Auf der Insel Piirissaar wird jedes Jahr der Peter-und-Paul-Tag festlich begangen. Ein Besuch der Altgläubigensiedlungen ist eine exotische Reise in ein anderes Estland!

054es Foto: jl

Altgläubigenfamilie in Nina

Kinder, das Rauschen der Birkenblätter und der Gesang von Vögeln durchdringt die Stille.

Kostproben der traditionellen Speisen der Region, die vor allem aus Fisch und Zwiebeln bestehen, sowie heißen Tee aus dem Samowar gibt es im örtlichen **Restaurant** (s.u.). Die Rezepte wurden seit Jahrhunderten von Generation zu Generation weitergegeben.

- **Vanausuliste muuseum,** Tel. 7453431, Besichtigung nur nach Anmeldung.

Kasepää und Varnja ↗ IX/C2

Die **Altgläubigen-Kapelle** in Kasepää (Achtung, nördlich von Kallaste in der Nähe von Raja gibt es noch einen Ort, der so heißt) wurde seit dem 18. Jahrhundert durchgehend genutzt. Die **Steinkirche** im Nachbarort Varnja und ihre Ikonen stammen aus dem Jahr 1903. Auf Voranmeldung kann man in Varnja ein kleines **Heimatmuseum** besichtigen.

Von Varnja aus führt eine kleine Straße zurück ins Landesinnere, wo sie in Koosa auf die Regionalstraße Richtung Tartu stößt. Will man weiter in das Mündungsgebiet des Emajõgi und auf die Insel Piirissaar fahren, muss man einen Umweg durchs Landesinnere machen.

- **Varnja Museum,** Tel. 7452925, mobil 56695262, varnja.raamatukogu@mail.ee.

Mündungsgebiet des Emajõgi ↗ IX/C2-3

Auf etwa 250 Quadratkilometern erstreckt sich das Mündungsdelta des Flusses Emajõgi, wovon ein Großteil seit 1981 unter dem Namen **Emajõe-Suursoo** („Großer Sumpf") unter Schutz gestellt ist. In dem **Naturpark** sind **verschiedene Moortypen** vorzufinden – ein wenig Hochmoor, aber vor allem Nieder- und Übergangsmoor mit zahlreichen Inseln und acht Seen. Zum Vogelzug zieht es Ornithologen hierher, die sich mit dem Fernglas auf die Lauer legen. Pflanzenkenner werden seltene Arten wie die Sibirische Schwertlilie entdecken. Im Frühjahr nach der Schneeschmelze stehen große Flächen unter Wasser. Überhaupt entdeckt man das feuchte Gebiet am besten per Boot, es gibt aber auch verschiedene **Wanderpfade,** wie den rund acht Kilometer langen Weg von Ahunapalu nach Virvissaare (kein Rundweg!).

In **Kavastu,** wo sich das Informationszentrum des Schutzgebietes befindet, stand früher einmal eine von zwei alten Bischofsburgen am Ufer des Flusses. Ihre Bewohner kontrollierten den Handel zwischen Tartu und Nowgorod und trieben Zölle ein. Nach der Zerstörung der Burg im 18. Jahrhundert wurde an ihrer Stelle ein hübsches Feldsteinhaus errichtet, das als Gastwirtschaft diente. Auch dieses verfiel jedoch im Laufe der Zeit. 2001–2003 hat man auf dem Gebiet Ausgrabungen durchgeführt und das

Typisches Altgläubigendorf: Kolkja

heutige Informationszentrum errichtet, Teile der alten Mauern wurden dabei in das neue Gebäude integriert. In der Nähe beginnt ein etwa einen Kilometer langer Lehrpfad.

● **Informationszentrum Kavastu,** am Westrand des Schutzgebietes, Tel. 7353999, Fax 7353994, info@emajoe-suursoo.ee, www.emajoe-suursoo.ee, im Sommer Mo–Do 9–17 Uhr, Fr 9–21 Uhr, Sa/So 10–21 Uhr, hier bekommt man Kartenmaterial und kann Führer buchen. Eine weitere Anlaufstelle ist die **Touristeninformation in Tartu.**

Südlich des Mündungsgebiets

Nur wenige Touristen dringen in das sehr **entlegene Gebiet** südöstlich der Emajõgi-Mündung vor. Um hierher zu gelangen, bedarf es eines großen Umwegs über das Landesinnere, wenn man nicht von Süden über Räpina anreist (siehe weiter hinten in diesem Kapitel). Es geht über unbefestigte Straßen in die ziemlich menschenleere Gegend, die mit keinen größeren Sehenswürdigkeiten aufwartet.

Bei **Järvselja** wurde bereits 1924 ein Waldstück unter Schutz gestellt, weil sich hier auf kleiner Fläche 200 Jahre alte Fichten bis zu 40 Meter hoch in die Luft strecken. Ferner wachsen in dem urtümlichen Mischwald Birken, Linden, Ahornbäume sowie Eschen und Espen. Ein Bohlenweg führt durch das Gebiet.

Wenn man von hier aus nach **Mehikoorma** ans Ufer des Peipus-Sees fährt – und man sollte sich gut überlegen, ob man diesen Umweg in Kauf nehmen will – ist man an der schmalsten Stelle des Sees angelangt. Hier

053es Foto: jl

geht der Peipus-See in den **Lämmijärv** über. Mehikoorma ist eine der ältesten Siedlungen am See, doch bis auf den Leuchtturm und die orthodoxe Kirche von 1934 hat das Dorf nicht viel zu bieten. Vom **Badestrand** aus kann man nach Russland hinüberblicken, das Dorf Pnevo liegt nur zwei Kilometer entfernt.

Etwa 15 Kilometer nördlich von Mehikoorma gibt es eine Anlegestelle, von wo aus Schiffe auf die **Insel Piirissaar** übersetzen (s.u.). Noch zehn Kilometer weiter nördlich liegt die Siedlung Meerapalu.

Informationen

- In **Kallaste** findet man am Keskväljak 1 ein kleines Informationsbüro (Tel. 7452731). Außerdem kann man im Sommer in der Bibliothek von **Võnnu** (s.u., Tel. 7492471) Auskunft erhalten.

Unterkunft

- **Aarde Villa** €€-€€€, Sääritsa, Gemeinde Pala, Tel. 7764290, mobil 5050425, info@aardevilla.ee, www.aardevilla.ee. Auf halber Strecke zwischen Mustvee und Kallaste liegen die netten Holzhäuser der Aarde Villa. Die Betreiber vermitteln auch Aktivitäten wie Angeltrips und Reitausflüge; Fahrrad- und Bootsverleih; nett ist das kleine Saunahäuschen, das Gästen offensteht. EZ bis 4er-Zimmer inkl. Frühstück, zum Teil mit Seeblick, die Preise variieren nach Saison. Man kann auf dem Grundstück auch **zelten.**
- **Hansu turismitalu,** Kodavere, Gemeinde Pala, Tel. 7452518, mobil 55599850, hansu@hansu.ee, www.hansu.ee. Einige Kilometer nördlich von Kallaste in Kodavere, mit Sauna. **Zelten** und aufstellen von **Wohnwagen** möglich, Frühstück gegen Aufpreis. DZ €€ im Bauernhaus, pro Person im Campinghaus €.
- **Indo Ferienhaus** €€-€€€, Melliste, Gemeinde Mäksa, Tel. 7483868, mobil 5082133, ovester@hot.ee, www.indopuhkemaja.ee. Westlich des Emajõgi-Schutzgebietes, eigene Kochmöglichkeiten, Sauna, Fernseher auf dem Zimmer, **Wohnwagenstellplätze,** auf Wunsch auch Verpflegung.
- **Hostel Laguun,** Liiva 1a, Kallaste, Tel. 7452553, lagoons@hot.ee, www.hostel-laguun.ee. Kleines Häuschen am Peipus-See, sehr einfache und kleine Zimmer, dafür die meisten mit Blick auf den See, Küche, Bad und Fernsehzimmer zur Mitbenutzung, auf Wunsch mit Frühstück, pro Person €. Man kann auf dem Grundstück auch **zelten.**
- **Marjan Maja,** Ranna, Gemeinde Pala, Tel. 7765366, mobil 56222993, marja@marjanmaja.com, www.marjanmaja.com. Renoviertes altes Gasthaus südlich von Mustvee im Dorf Ranna, 6 Zimmer, Verpflegung auf Vorbestellung, die Besitzer bieten auch Ausflüge an, u.a. Angeln, pro Person mit Frühstück €-€€.
- **Pootsman** €€-€€€, Kodavere, Tel. 7734411, mobil 53461701, pootsman@pootsman.ee, www.pootsman.ee. In der Nähe von Kodavere, ca. 3 km vom Peipus-Ufer entfernt. Mit Kamin und Sauna, Bootsverleih, auch **zelten** möglich.
- **Willipu Külalistemaja** €€, Pusi, Gemeinde Alatskivi (2 km südlich von Kallaste am Ufer des Sees), Tel. 56352117, aivar.toomsalu@willipu.ee, info@willipu.ee, www.willipu.ee. Nettes Gästehaus mit 2- und 3-Bettzimmern, jeweils mit TV und Duschbad. Wer mag, kann angeln oder die Sauna benutzen; Fahrrad- und Bootsverleih. Man kann auch **zelten** oder seinen **Wohnwagen** auf dem Grundstück aufstellen.

Essen und Trinken

- **Restaurant Kuldkala Baar,** Kuldkala 2, im Dorf Raja nahe Mustvee, Tel. 7765440. Typische, sehr gute Fischgerichte, frisch zubereitet mit Fisch aus dem See. 2 km Richtung Tartu auf der entgegengesetzten Straßenseite gibt es eine zweite Kuldkala Baar mit gleichem Angebot.
- **Kolkja Kalaja Sibularestoran** (Fisch- und Zwiebelrestaurant), Kolkja, Tel. 7453431, 7453445, pvald@hot.ee. Typische Spezialitäten der Altgläubigen vom Peipus-See.

Einkaufen

Tipp: Probieren Sie unbedingt *suitsukala,* **geräucherten Fisch,** der entlang der Straße, vor allem rund um Mustvee, an kleinen Verkaufsständen feilgeboten wird. Als Selbstverpfleger halte man die Augen auf. Im Sommer wird überall **Gemüse aus eigenem Garten** für wenig Geld verkauft.

Kleine **Lebensmittelgeschäfte** gibt es in Alatskivi, Kallaste, Varnja und Kolkja.

Verkehr

- Es gibt östlich von Tartu nicht allzu viele **Tankstellen,** deshalb sollte man den Tank voll haben, bevor man sich in diese Richtung begibt. Eine 24-Stunden-Tankstelle befindet sich in Alatskivi.
- Von Tartu aus fahren mehrmals täglich **Busse** über Alatskivi nach Kallaste. In die kleinen Altgläubigendörfer, v.a. nach Kolja, fahren zwar Busse, aber selten. Informationen erhält man beim Busbahnhof oder in der Touristeninformation von Tartu.

Insel Piirissaar

↗IX/C2-3

Die von altgläubigen Russen besiedelte, wenige Kilometer vom Festland entfernte Insel Piirissaar („Grenzinsel") ist – glaubt man der Legende – wie so mancher Ort Estlands auf die Taten des Kalevipoeg zurückzuführen. Als der epische Held eines Tages von Russland kommend durch den Peipus-See watete, wurde er plötzlich von Feinden angegriffen. Er schleuderte Schlamm und Modder in die Richtung seiner Verfolger und konnte so unverletzt fliehen. Aus den liegen gebliebenen Schlammgeschossen ist die Insel Piirissaar erstanden.

Die erste Besiedlung des etwa acht Quadratkilometer großen Inselchens ist nicht eindeutig festzustellen. Wahrscheinlich wurde sie zu Zeiten *Peters des Großen* von Altgläubigen besiedelt, die vor der sogenannten „Bartsteuer" hierher flohen. Wie am Ufer des Peipus-Sees leben die rund hundert Inselbewohner hauptsächlich von Landwirtschaft und Fischfang.

Quer durch die Insel verläuft ein Kanal, durch den auch die Ausflugsboote von Tartu fahren. Flankiert wird er vielerorts von Bruchmoor, das hervorragende Bedingungen für diverse Krötenarten bietet.

Auf der Insel gibt es weder Restaurant noch Hotel. Man muss also ausreichend Proviant mitnehmen und kann zelten oder privat unterkommen, bei der Vermittlung ist die Touristeninformation in Tartu behilflich. Mit ein bisschen Glück kann man von den Einheimischen frischen Fisch erstehen.

Anfahrt

- Die **Anlegestelle der Boote** befindet sich in Laaksaare, etwa 15 km nördlich von Mehikoorma (s.o.: „Südlich des Mündungsgebiets"). Um mit dem Auto von Tartu dorthin zu gelangen, nimmt man die Straße 45 Richtung Räpina und dann die Abzweigung Richtung Võnnu. Hinter Lääniste der unbefestigten Straße Richtung Meerapalu folgen und bei Laaksaare abbiegen.
- **Ausflugsboote** fahren vom Hafen in Tartu über den Emajõgi und sein Mündungsgebiet auf die Insel, allerdings kehren sie meist auch gleich wieder um. An manchen Tagen, meistens sonntags, legen die Boote dort einen Halt von ein paar Stunden ein, sodass man eine Weile auf der Insel verweilen und dann wieder zurückfahren kann. Es ist angeraten, sich vorher am Hafen oder in der Touristeninformation von Tartu zu erkundigen. Infos unter www.transcom.ee.
- Die Insel kann man im Winter auf dem Eisweg erreichen.

Võnnu ⇗ IX/C3

Über Võnnu, südwestlich des Emajõgi-Mündungsgebietes, geht es zurück nach Tartu. Die **Jakobskirche** in Võnnu aus dem 13. Jahrhundert, die ihr heutiges Aussehen im 18./19. Jahrhundert erhielt, gehört zu den größten Landkirchen Estlands. Hervorzuheben sind das Altarbild aus den 1870er Jahren von *Otto von Moeller*, die alte Orgel vom Ende des 18. Jahrhunderts sowie das Grabmal, das Baron *von Nolcken* für seinen in der Schlacht von Borodiono gefallenen Sohn bauen ließ. Der Bildhauer *Paolo Triscorni* fertigte das eindrucksvolle Denkmal an.

In **Luunja** an der Straße 45, wenige Kilometer vor Tartu, kann man im alten **Gutshofpark** mit seinen hübschen Alleen und Teichen einen Spaziergang machen. Das Herrenhaus, das 1503 erstmals erwähnt wurde, verfiel leider, aber die erhaltenen Viehställe aus dem 18./19. Jahrhundert stehen unter Denkmalschutz.

Südlich von Tartu ⇗ VIII/B3

Ülenurme ⇗ VIII/B3

Etwa fünf Kilometer südlich von Tartu an der Straße 2 in Ülenurme liegt das **Estnische Landwirtschaftsmuseum,** das einen Überblick über die Entwicklung der landwirtschaftlichen Technik und der Agrarkultur in Estland gibt. Neben einer Ausstellung sowie alten Dampflokomotiven und Trakto-

055es Foto: jl

ren kann man eine alte Schmiede, die noch in Betrieb ist, sowie eine typische kleine Holzwindmühle aus Saaremaa besichtigen. Untergebracht ist das Museum in einem alten Gutshof, von dem sowohl das Haupthaus, das zwischen 1856 und 1878 errichtet wurde, als auch die Nebengebäude sehr gut erhalten sind.

● **Estnisches Landwirtschaftsmuseum,** Pargi 4, Ülenurme, Tel. 7383810, 7412597, www.epm.ee. Täglich außer an Feiertagen April bis Oktober 9–17 Uhr, November bis März 10–16 Uhr.

Das Museum ist auch von Tartu mit zwei öffentlichen **Bussen** (Richtung Uhti) zu erreichen. Die Fahrzeiten kann man beim Tartuer Busbahnhof oder unter www.bussireisid.ee erfahren. Von der Haltestelle in Ülenurme ist es ein zehnminütiger Spaziergang an den Bahnschienen entlang und durch den Gutshauspark zum Museum.

Mit dem Auto folgt man in Tartu der Võru-Straße, die zur Straße 2 wird. Das Museum ist ausgeschildert.

Flugzeug- und Luftfahrtmuseum

Flugzeugfans können vor der Weiterfahrt nach Kambja einen Abstecher zum Flugzeug- und Luftfahrtmuseum machen. Zur Ausstellung gehören vor allem **Kampfflugzeuge,** aber auch **Hubschrauber** des Grenzschutzes und der Polizei. Das Museum, zu dem eine große Freifläche gehört, befindet sich 16 km südlich von Tartu, etwa 5 km östlich von Ülenurme in Veskiorg bei Lange.

Im Landwirtschaftsmuseum von Ülenurme

● **Tartu Luftfahrt- und Flugmuseum,** Veskiorg 1, Gemeinde Haaslava, Tel. 5135490, www.lennundusmuuseum.ee, Mai bis Nov. 10–18 Uhr, in der Nebensaison Besichtigung nach Voranmeldung unter mati.meos@fortumtartu.ee.

Kambja

↗ VIII/B3

Von Ülenurme führt die Straße 2 nach Süden an Kambja vorbei. Der kleine Ort wurde erstmalig im Jahr 1330 erwähnt. In dem wieder aufgebauten **Gutshof Väike-Kambja** (Kleines-Kambja) ist heute die Verwaltung des Ortes untergebracht. Sehenswert ist die **St.-Martin-Kirche,** die ebenfalls Mitte des 14. Jahrhunderts erstmalig erwähnt, aber im Laufe der Zeit immer wieder zerstört wurde. 1874 hat man sie als Steinkirche wieder aufgebaut und erweitert, der Turm stammt aus dem Jahr 1937. Nach ihrer Zerstörung im Zweiten Weltkrieg, bei der die Glocken gerettet werden konnten, lag sie lange Jahre in Ruinen, bevor 1989 mit dem Wiederaufbau der größten Kirche Südestlands begonnen wurde.

Auf dem Friedhof stehen symbolische Grabsteine für die Gründer der estnischen Schule *Andreas Virginius, Albrecht Sutor, Bengt Gottfried Forselius* und *Ignatsi Jaak*. Ersterer übersetzte im 17. Jahrhundert das Neue Testament in den südestnischen Dialekt. Kambja gilt als Wiege des estnischen Chorgesangs, was Pastor *Albrecht Sutor* (1691–1758) zu verdanken ist, der die ersten estnischen Kirchenchöre ins Leben rief.

Vom ehemaligen **Gutshof Suur-Kambja** (Groß-Kambja), der in einem elf Hektar großen Park etwa 2,5 Kilometer in Richtung Võru liegt, sind leider nichts als mit Graffiti versehene Ruinen geblieben.

Pangodi ⇗ VIII/B3

Folgt man nicht der Straße 2, sondern der Straße 46 Richtung Otepää (Kreuzung kurz vor Kambja), durchfährt man eine malerische Gegend mit sanften Hügeln und einem hübschen **See** bei Pangodi.

Luke ⇗ VIII/B3

Von Pangodi aus führt eine kleine Landstraße nach Luke (Lugden). Zwar ist von dem ehemaligen Gutshaus aus dem Jahr 1557 nicht mehr viel zu sehen außer Ruinen und einem netten Gärtnerhäuschen, doch ist der **Park,** der in dieser Form 1898 angelegt wurde, einer der schönsten Tartumaas. Englische Informationsschilder zeigen, wie die Anlage einst aussah. Eine Allee, an deren Anfang auch heute noch zwei steinerne Löwen thronen, führt durch den sehr schönen alten Baumbestand. Leider ist der Weg zum Park, der etwas außerhalb des Ortes liegt, schlecht ausgeschildert, sodass man sich unter Umständen durchfragen muss.

Nõo ⇗ VIII/B3

Vier Kilometer nördlich von Luke, von Tartu aus über die Straße 3 Richtung Elva erreichbar, liegt Nõo (Nüggen), ein kleiner Ort, in dem man die **Laurentziuskirche** besuchen kann. Das dreischiffige Gotteshaus, das in schriftlichen Dokumenten erstmals 1559 auftaucht, wurde wahrscheinlich Ende des 13. Jahrhunderts als Wehrkirche erbaut und ist weitgehend im Originalzustand erhalten. Das Altarbild „Christus am Kreuz" schuf 1895 *Tõnis Grenzstein*, ein Schüler der Düsseldorfer Kunstakademie. Sehenswert ist der Giebeldekor am Außenbau.

Im Gemeindehaus (Voika 23, Tel. 7455237, Besichtigung auf Voranmeldung) befindet sich ein kleines **Heimatmuseum.** In der Nähe der Kirche gibt es einen kleinen **Dorfladen,** in dem man sich mit Reiseproviant eindecken kann.

Tõravere ⇗ VIII/B3

Auf dem Weg nach Elva erreicht man nach weiteren vier Kilometern Tõravere, wo sich ca. einen Kilometer von der Straße entfernt das **Observatorium** der Universität Tartu befindet. Erbaut wurde es zwischen 1958 und 1964 auf dem Tuulemäe-Hügel, es verfügt über vier Teleskope, von denen das größte einen Durchmesser von 1,50 Meter hat. Das Hauptgebäude schmückt ein kleinteiliges Mosaik, das eine Himmelskarte darstellt.

- **Tõravere Observatorium,** Tel. 7410261, 7410261, Fax 741 0205, www.aai.ee, Besuch nur nach Voranmeldung möglich.

Berg Vapramägi

Etwa zwei Kilometer hinter Tõravere bzw. vier Kilometer vor Elva erhebt sich der 78 Meter hohe Vapramägi („Berg des Tapferen"). Das unter **Naturschutz** stehende Gebiet ist ein beliebter Ausflugsort. Im Winter kann man hier Skifahren.

- Informationen oder Führungen erhält man durch die **Vapramäe-Vellavere-Vitipalu Stiftung** (vvvs), Voika 23, Nõo, Tel. 7455491, mobil 5254172, 5088359, Fax 455141, sihta sutus@vvvs.ee, www.vvvs.ee.

Unterkunft

- Die **Vapramäe-Vellavere-Vitipalu Stiftung** (s.o.) betreibt ein **Campinghaus** €€€ für Wanderer, das allerdings als Ganzes gemietet werden muss. Wer Interesse hat, kann sich telefonisch bei Ilmar melden: 5021640. Das Campinghaus befindet sich in der Nähe von Tõravere, es hat eine Sauna, eine Küchenecke und ein Bad sowie zwei Zimmer mit mehreren Betten/Pritschen. Etwa 10 Personen können hier unterkommen.

Essen und Trinken

- **Kalarestoran**, Pangodi, Gemeinde Kambja, Tel. 7411840, www.kalarestoran.ee. Fischlokal im Dorf Pangodi.
- **Vapramäe forell,** Allika talu, Tõravere, Tel. 53626666, zwischen Nõo und Elva. Forellenhof, Ende April bis September 12–21 Uhr.

Verkehr

- Von Tartu fahren mehrmals täglich **Busse** in den Süden des Landkreises. Ülenurme und Kambja sind leicht zu erreichen. Informationen beim Tartuer Busbahnhof oder in der Touristeninformation. Unter www.bussireisid.ee kann man im Internet nach den Fahrzeiten schauen.

Elva

↗ VIII/A-B3

Die **malerische Kleinstadt** Elva, rund 25 Kilometer südwestlich von Tartu, liegt idyllisch in einer Hügellandschaft zwischen Kiefernwäldern und hübschen **Seen,** die zum Baden einladen. Kein Wunder, dass sich das Städtchen zu einem beliebten **Urlaubsort** der Esten entwickelt hat und deshalb auch über eine gute Infrastruktur verfügt: kleine Hotels und Restaurants, Geschäfte und Museen sowie Tennis- und Sportplätze, die sonst in der Gegend nicht so häufig anzutreffen sind. Die vom Bahnhof kommende Kesk ist die Hauptstraße des Ortes, hier befinden sich die meisten Geschäfte und Restaurants.

Die Stadtgeschichte ist eng mit der Eröffnung der Bahnlinie Tartu – Riga verbunden. Noch heute kann man die Strecke von Tartu gemächlich im Zug zurücklegen (oder, etwas schneller, mit dem Bus). Das hölzerne **Bahnhofsgebäude** stammt aus dem Jahr 1889. Stadtrechte erhielt Elva 1938.

Überall im Ort stößt man auf **alten Kiefernbestand,** der der Stadt maßgeblich Atmosphäre verleiht. Einige hübsche **Villen** liegen malerisch am Seeufer. Der größte See des Ortes ist der Verevi, auch Suurjärv genannt. Er ist elf Meter tief und eine ideale **Badestelle.** Ebenfalls hübsch in der Stadtmitte liegt der naturbelassene Arbi-See.

Das **Tartumaa-Museum,** das die Geschichte des Landkreises dokumentiert, ist nur auf Voranmeldung geöffnet (Pikk 2, Tel. 7456141, www.tartumaamuuseum.ee).

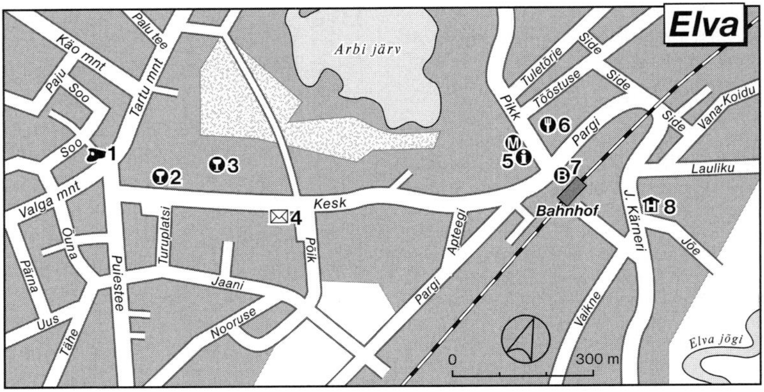
Elva
Arbi järv
Käo mnt
Palu tee
Tartu mnt
Paju
Soo
Valga mnt
Kesk
Turuplatsi
Õuna
Pärna
Puiestee
Jaani
Põik
Nooruse
Uus
Tähe
Apteegi
Pargi
Pikk
Tuletõrje
Tööstuse
Side
Vana-Koidu
Lauliku
J. Kärneri
Jõe
Vaikne
Bahnhof
Elva jõgi
0
300 m
1
2
3
4
5
6
7
8

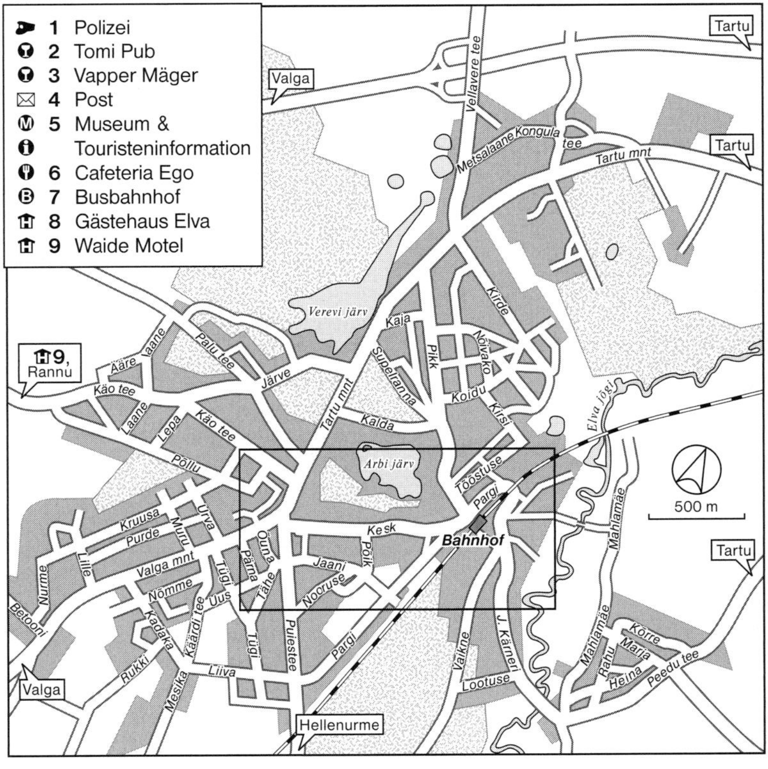
1 Polizei
2 Tomi Pub
3 Vapper Mäger
4 Post
5 Museum &
Touristeninformation
6 Cafeteria Ego
7 Busbahnhof
8 Gästehaus Elva
9 Waide Motel
Tartu
Valga
Vellavere tee
Metsalaane
Kongula tee
Tartu mnt
Verevi järv
Arbi järv
Kaja
Kirde
Supelranna
Pikk
Nõivako
Koidu
Kirsi
Kalda
Järve
Palu tee
Laane
Äare
Käo tee
Lepa
Põllu
Elva jõgi
Tööstuse
Pargi
Kesk
Bahnhof
Mahlamäe
9, Rannu
Hellenurme
500 m
Kõrre
Marja
Peedu tee
Heina
Rahu
Liiva
Mesika
Rukki
Kadaka
Betooni
Nurme

Zu Fuß, mit dem Fahrrad, dem Kanu oder im Winter gar auf Skiern kann man die hübsche Umgebung, darunter das **Naturreservat Elva-Vitipalu,** erkunden.

Informationen

- **Touristeninformation,** Pikk 2, Tel. 7456141, elva@kodu.ee, www.elva.ee (englisch), Di–Fr 10–17 Uhr, Sa 10–15 Uhr.
- Für die Naturschönheiten rund um Elva steht die **Vapramäe-Vellavere-Vitipalu Stiftung** (vvvs) mit Rat und Tat zur Seite; Voika 23, Nõo, Tel. 7455491, Fax 455141, mobil 5254172, 5088359, sihtasutus@vvvs.ee, www.vvvs.ee.

Unterkunft

- **Gästehaus (külalistemaja) Elva** €€, Kärneri 6, Tel. 7300139. Hübsches, kleines Holzhäuschen mit einfachen Zimmern und Garten.
- **Verevi Motell** €€, H. Raudsepa 2, Tel. 7457084, verevi@verevi.ee, www.verevi.ee. Hübsch am See gelegen, Zimmer mit Bad und TV, außerdem Sauna und Kamin, auch Camping möglich, Wohnwagenstellplätze mit Elektroanschluss, Fahrradverleih.
- **Waide Motel** €€-€€€, Käo, Gemeinde Elva, Tel. 7303606, mobil 5204219, Fax 7303605, info@waide.ee, www.waide.ee. Liegt etwa 2 km westlich von Elva, nette, ordentliche Zimmer mit Dusche, TV, Telefon und Balkon, behindertengerechte Räumlichkeiten, Sauna, eigene Bar im Motel. Außerdem **Zelt-** und knapp 30 **Wohnwagenstellplätze,** Vermittlung von Ausflügen, Kanufahren und Segeln.

Essen und Trinken

- Zum **Motel Waide** gehört ein Restaurant, das auch Nicht-Gästen offen steht.
- **Cafeteria Ego,** Pikk 1, Mo–Sa 11–18 Uhr.
- **Tomi Pub,** Kesk 2, Tel. 5021670, gegenüber dem Einkaufzentrum in Elva, So–Do 11–24 Uhr, Fr–Sa 11–2 Uhr. Einfache Snacks.
- **Pubi Vapper Mäger,** Kesk 10, Tel. 7303616. Kneipe, täglich geöffnet bis mindestens Mitternacht, Snacks und Getränke.

Verkehr

- Vom Tartuer Busbahnhof fahren mehrmals täglich **Busse** nach Elva.
- Elva ist von Tartu aus auch mehrmals täglich mit dem **Zug** zu erreichen. Das geht zwar etwas langsamer, als mit dem Bus, aber man fühlt sich angesichts der alten Bahnhöfe wie in alte Zeiten zurückversetzt. Bahnhof Elva: Kesk 37, Tel. 7456939.

Am Ostufer des Võrtsjärv (Wirz-Sees)

↗ VIII/A3

Drei größere Dörfer liegen östlich des Võrtsjärv, wenige Kilometer vom Ufer entfernt: Rõngu, Rannu und Puhja. Will man nicht sowieso an den See fahren, lohnt sich ein Besuch dieser Orte nicht unbedingt, vor allem, wenn man mit öffentlichen Verkehrsmitteln unterwegs ist. Doch haben sie hübsche Kirchen, die man sich auf dem Weg von oder zum See anschauen kann. Die Besichtigung ist leider nicht immer möglich, da die Öffnungszeiten, wie bei den meisten Kirchen in Estland, nur kurz sind und ständig variieren.

Der Võrtsjärv ist mit 270 Quadratkilometern nach dem Peipus-See der **zweitgrößte See Estlands** bzw. der größte Binnensee, der ausschließlich zu Estland gehört. Durchschnittlich ist er 2,80 Meter, höchstens jedoch sechs Meter tief. Er eignet sich zum **Baden,** da das Wasser bis zu 20 °C warm werden kann. Es ist recht sauber und wird regelmäßig vom Limnologischen Forschungszentrum (Tel. 7454546, www.limnos.ee) im Dorf Rannu untersucht.

27 verschiedene Fischarten wurden im See entdeckt, vor allem Hechte, Zander, Barsche und Aale.

Im Norden des Sees entspringt der Fluss Suur-Emajõgi, der sich von hier aus 100 Kilometer durch die Landschaft und die Stadt Tartu schlängelt, um schließlich im Peipus-See zu münden. Das **Westufer des Sees** wird am Ende dieses Kapitels beschrieben. Das Ostufer ist vielerorts sehr zugewachsen und nur an einigen Stellen kann man direkt an den See heranfahren. Von der parallel zum Ufer verlaufenden Straße 47 führen hier und da kleine Stichstraßen an den See.

Rõngu ⇗ VIII/A3

Bekannt war der südwestlich von Elva gelegene Ort Rõngu (Ringen) lange Zeit vor allem für seine Kneipe Kõver Kõrts (Krumme Schenke), die in einem runden, steinernen Gutshaus aus dem 19. Jahrhundert untergebracht war. Von hier aus sieht man schon den hohen, spitzen Turm der einschiffigen **Backsteinkirche.**

Auf einem Hügel etwa zwei Kilometer außerhalb des Ortes sind noch Reste einer alten **Vasallenburg** zu sehen. Der Ort Rõngu selbst liegt nicht am See, doch folgt man der Straße in nordwestlicher Richtung, kann man nach einigen Kilometern entweder eine Stichstraße dorthin nehmen oder weiter nach Rannu fahren.

Rannu ⇗ VIII/A3

Das Dorf Rannu (Randen), ca. zwölf Kilometer westlich von Elva, ist mit einer traurigen Geschichte verbunden, die den Komponisten *Eduard Tubin* (1905–82) zu seiner Oper „Barbara von Tisenhusen" inspirierte. Mitte des 16. Jahrhunderts verliebte sich die adlige *Barbara* in den jungen *Franz Bonnius,* der ihrer Familie aber nicht standeswürdig erschien. So floh das Paar nach Riga, um sich dort zu vermählen. Dies sollte streng bestraft werden. Die Liebenden wurden gefasst und das Familiengericht beschloss, Barbara im Wirz-See zu ertränken. Ihr Verlobter entwickelte sich daraufhin aus Rache zum gefürchteten Straßenräuber, doch auch er wurde eines Tages brutal getötet.

Die Gutshäuser der Gegend, von denen großteils nicht mehr viel zu sehen ist, gehörten der Familie *von Tisenhusen.* Das **Gutshaus Rannu** wurde 1770 aus den Steinen einer ehemaligen Festung (erstmals 1288 schriftlich erwähnt) gebaut, die an derselben Stelle stand, aber im Livländischen Krieg 1558 zerstört wurde.

Die orthodoxe **Kirche „Maria geht nach Jerusalem"** in Lüllemäe bei Rannu wurde in den Jahren 1899–1901 erbaut. 1990 umfangreich restauriert, dient sie jetzt als neuapostolische Kirche. Nebenan steht ein schönes **altes Holzhaus,** das mit Schnitzarbeiten verziert ist. Ebenfalls im Jahr 1901 erbaut, diente es früher den Pastoren als Unterkunft. Jetzt wohnt und arbeitet die Dorfärztin darin.

Fährt man von Rannu aus Richtung **Trepimägi/Vehendi,** stößt man auf einen hübschen, kleinen **Sandstrand,** an dem man gut baden gehen oder von wo man den See per Boot erkunden kann. Gleich dahinter liegt das Gästehaus Vehendi (s.u.). Das kleine Dorf ist eine der ältesten Siedlungen am Ostufer des Sees. Baden kann man auch bei **Rannaküla,** weiter südlich. Auf halber Strecke zwischen Rõngu und Rannu führt eine Straße dorthin.

Neemisküla

↗ VIII/A3

Etwas weiter nördlich in Neemisküla steht die mit einem Holzturm gekrönte **St. Martinskirche** aus dem 15. Jahrhundert. Das jetzige Gebäude stammt von 1876. Bekannt ist die Backsteinkirche für das 1890 von *Rudolf zur Mühlen* geschaffene Altarbild sowie die Renaissance-Kanzel, die älteste ihrer Art im Baltikum. Der barocke Kronleuchter stammt aus dem Jahr 1699.

Von Neemisküla führt eine kleine Stichstraße zum See, der hier durch eine bis zu 8,50 Meter hohe **Steilküste** begrenzt wird. Etwas weiter südlich, bei dem in einem hübschen Park gelegenen **Gutshof Tamme,** sieht man bis zu 6,50 Meter hohe, **rote Sandsteinklippen** aus der mitteldevonischen Zeit, die sich auf 200 Metern Länge erstrecken.

In der Nähe befindet sich die Ende des 19. Jahrhunderts im holländischen Stil erbaute **Mühle Tamme.** An der Bushaltestelle Kureküla an der Landstraße nach Rannu beginnt ein etwa zwei Kilometer langer **Wanderpfad,** der ausgeschildert ist und einen Überblick über die Gegend verschafft.

Puhja

↗ VIII/A3

Auf dem Weg nach Tartu (Straße 92) liegt der Ort Puhja. Wie in Rannu steht hier eine spätgotische Kirche mit fast quadratischem Grundriss. Die dreischiffige **Wehrkirche St. Dionysius** wird durch einen Holzturm gekrönt. Das Originalgebäude vom Ende des 15. Jahrhunderts wurde leider teilweise 1627 zerstört, doch hat man es weitestgehend im Originalzustand wieder aufgebaut.

Nur wenige Kilometer nördlich von Puhja liegt das **Naturschutzgebiet Alam-Pedja**. Mehr darüber findet sich im Kapitel „Der Nordosten" unter „Põltsamaa, Umgebung".

Die Straße 92, die von Puhja zurück nach Tartu verläuft, führt durch das bis zu 40 Meter tiefe und einen halben Kilometer weite **Urstromtal von Kavilda** (auch Soova genannt).

Informationen

- Die **Touristeninformation in Tartu** gibt Auskünfte über das Gebiet rund um den Võrtsjärv.

Service

- **Apotheken** befinden sich in Rõngu und Puhja.
- **Postämter** findet man in Rõngu und Rannu.
- Eine **Polizeistation** gibt es in Puhja.

Unterkunft, Essen und Trinken

- **Vehendi Gästehaus** €€, Trepimägi/Vehendi bei Rannu, Tel. 7460580, mobil 5041725. Idyllisch am Sandstrand des Võrtsjärv gelegen. Hübscher Ausblick, Sauna, Schwimmbecken, Bootsverleih, Reiten und Angeln möglich.

In der Nähe von Trepimäe bei Vehendi gibt es einen **Campingplatz,** der zum Motel gehört und auch Wohnwagenstellplätze bietet.

● **Ilmatsalu Motel** €-€€, Ilmatsalu, Gemeinde Tähtvere, Tel. 7499135, 5544690, info@ilmatsalumotell.ee, www.ilmatsalumotell.ee. Das Motel liegt etwa 10 km westlich von Tartu, Bad und TV im Zimmer, Sauna im Haus, Tiere gern gesehen. Geboten werden auch **Zelt- und Wohnwagenstellplätze.**

● **Barbara Pub,** Rannu, Tel. 7454249, www.barbarapubi.ee. Der Name der Schenke, zu der auch einige Gästezimmer gehören, erinnert an die Gräfin *Barbara von Tisenhusen,* die im 16. Jahrhundert im Võrtsjärv ertränkt wurde.

Aktivitäten

● Die meisten Hotels bieten Freizeitaktivitäten an oder helfen Touristen, Anbieter zu finden. Man hat meist die Auswahl zwischen **Angeln, Reiten, Boots- und Wandertouren.** Es lohnt sich nachzufragen.

● **Segelausflug:** Eine besonders schöne Art, den Võrtsjärv zu erkunden, ist an Bord des traditionellen Fischtrawlers „Kale". Im Sommer 2005 wurde das Segelschiff, das noch zu Vorkriegszeiten ein gebräuchliches Fischerboot war, rekonstruiert, es kann von Touristen gebucht werden. Weitere Infos und Anmeldung unter www.historicships.ee, info@historicships.ee, Tel. 5518386, oder direkt bei der Veranstalterin *Jaanika Kaljuvee:* Tel. 5298561, jaanika@vortsjarv.ee, www.vortsjarv.ee, oder über das Reisebüro Kumari Reisid: Tel. 4778214, mobil 53496695, info@kumari.ee, www.kumari.ee.

Põlva

↗ XI/C1

Põlva ist nicht unbedingt eine Reise wert, hat das Städtchen außer seiner alten Kirche doch nicht viel zu bieten. Die von einer Geländestufe durchzogene Provinzstadt ist jedoch ein guter Ausgangspunkt zu zahlreichen schönen Naturlandschaften des Landkreises Põlvamaa. In der Touristeninformation kann man sich mit gutem Karten- und Infomaterial eindecken. Sportbegeisterte bekommen dort auch Adressen von Kanuverleihern, Reitställen und Wanderzentren. Im in der Stadt gelegenen Põlva-See kann man baden.

Entlang der zentralen Kesk-Straße findet man Banken, kleine Geschäfte und Cafés. Hier ragt auch das rote Dach der **Marienkirche** (Maarjakirik) empor, die wie so viele Gotteshäuser

- 1 Touristeninformation
- 2 Busbahnhof
- 3 Hotel Pesa und Restaurant
- 4 Postamt
- 5 Kulturzentrum
- 6 Restaurant
- 7 Marienkirche
- 8 Pargi baar
- 9 Kalev-Café
- 10 Kirri-Mirri, Markt
- 11 Badestrand
- 12 Friedhof

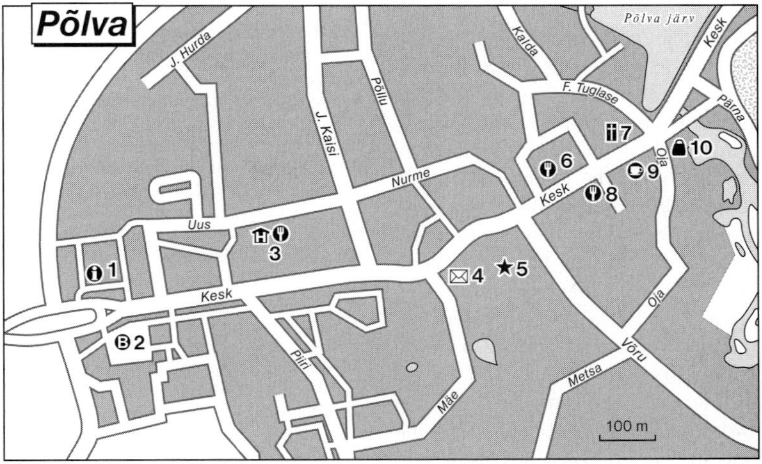
Põlva
Põlva järv
J. Hurda
Põllu
J. Kaisi
Kalda
F. Tuglase
Kesk
Pärna
Nurme
Uus
Oja
Võru
Metsa
Mäe
Piiri
1
2
3
4
5
6
7
8
9
10
100 m

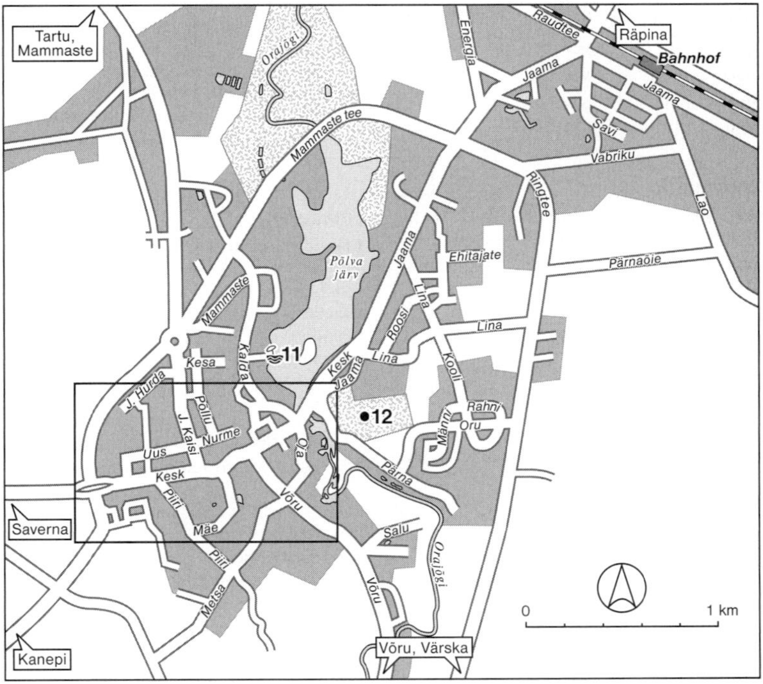
Tartu, Mammaste
Räpina
Bahnhof
Raudtee
Energia
Jaama
Savi
Vabriku
Ringtee
Lao
Orajõgi
Mammaste tee
Põlva järv
Ehitajate
Pärnaõie
Mammaste
Lina
Roosi
Kooli
Kesa
Kalda
11
Kesk
J. Hurda
Põllu
J. Kaisi
Nurme
Uus
Oja
Rahni
Männi
Oru
12
Pärna
Võru
Piiri
Mäe
Salu
Metsa
Saverna
Kanepi
Võru, Värska
0
1 km

im Land seit ihrer Erbauung im 13.–14. Jahrhundert mehrfach zerstört und wieder aufgebaut wurde. Ihr heutiges Aussehen erhielt sie 1845, einige Gemälde im Inneren wie das Altarbild von 1650 stammen aus früheren Zeiten. Beim Bau der Kirche soll im Mittelalter ein kniendes Mädchen eingemauert worden sein, vielleicht stammt daher der Name der Stadt: *Põlv* heißt „Knie".

Die Stadt Põlva ist eng mit dem Namen *Jakob Hurt* verbunden, so wurde ihm beispielsweise das 1991 eingeweihte Kulturzentrum (Kesk 15) gewidmet. Der Professor der Philologie und spätere Präsident des Estnischen Schriftstellerverbandes wurde 1839 in Himmaste (Himmewitz), einer kleinen Ortschaft etwa zwei Kilometer nördlich von Põlva, geboren. Hurt gilt als Begründer der Volkskunde in Estland.

Informationen

- **Touristeninformation Põlva,** Kesk 42, Tel. 7995001, Fax 7994089, polva@visitestonia.com, www.polvamaa.ee.

Service

- **Bank:** Kesk 10 und Kesk 11.
- **Busbahnhof:** Kesk 41, regelmäßige Verbindungen mit Tartu, Võru, Tallinn, aber auch in die Dörfer der Umgebung.
- **Bahnhof:** Jaama 81, Verbindungen nach Tartu und Tallinn, Fahrpläne unter www.edel.ee.

Unterkunft

Eine lange Liste weiterer Unterkünfte im Landkreis findet man (auf Deutsch) auf der Website www.polvamaa.ee.

- **Hotel Pesa** €€€, Uus 5, Tel. 7998530, kagureis@kagureis.ee, www.kagureis.ee. Dusche, TV und Telefon auf dem Zimmer, Räumlichkeiten für Rollstuhlfahrer, Sauna, deutschsprachiges Personal, Schwimmbad, Bar und Restaurant im Hotel; Jagen, Reiten, Fahrrad- und Bootsverleih.
- **Jugendherberge Timmo Tallid,** Mammaste, Gemeinde Põlva, Tel. 7998530, kagureis@kagureis.ee, www.kagureis.ee. Gehört zu einem Reitstall (s.u.), Service in Englisch und Deutsch, eigene Kochmöglichkeit in der Gemeinschaftsküche, Sauna, Reiten, Jagen, Fahrrad- und Bootsverleih, pro Person €.
- **Motel und Camping Tamme Trahter,** Mammaste, Gemeinde Põlva, Tel. 7993275, tammetrahter@maaturism.ee. In der Nähe des Tammekännu-Freizeitparks. Service nur in Russisch und Estnisch, eigene Kochmöglichkeit und Sauna, Zelt- und Wohnwagenstellplätze, Bootsverleih. Pro Person ab €, verschiedene Preisklassen.

Essen und Trinken

- Einfache Snacks bekommt man in der **Pargi baar,** Kesk 9.
- Schokoladenspezialitäten und Kaffee kann man im **Kalev-Café** genießen, Kesk 5.
- Auf der Kesk 10 findet man ein **Restaurant,** außerdem beherbergt das **Hotel Pesa** eine Gaststätte.

Einkaufen

- **Handarbeitsartikel** und weitere Mitbringsel kann man im Geschäft Kirri-Mirri, Kesk 1, erstehen.
- **Kunstgegenstände** gibt es in der Galerie Maarja, Kesk 15.
- **Keramikwaren** erhält man im Töpferwarengeschäft Mõisa Keramiikka, Jaama 13.

Aktivitäten

- **Freizeitzentrum Tammekännu,** Mammaste, Gemeinde Põlva, Tel. 7993275, mobil 5155214, info@tammekannuu.ee, www.tammekanuu.ee. Der Freizeitpark, etwa 2,5 km von Põlva entfernt, bietet Minigolf, Sauna, **Camping- und Wohnwagenstellplätze,** einen Lagerfeuer- und Grillplatz, diverse Ausflugs- und Verpflegungspakete. Für Sportbegeisterte gibt es Surfbikes, Kanus, Kajaks, Tret- und Ruderboote zu mieten.

●**Reiten:** Timmo Tallid, Mammaste, Tel. 7994444, mobil 56959120, ivo@kagureis.ee. Man kann direkt oder über die Touristeninformation in Põlva Kontakt mit den Besitzern des idyllisch gelegenen Reitstalls aufnehmen, die Betreiber bieten auch einen Shuttleservice an und betreiben ein Hostel.

Umgebung von Põlva

Taevaskoja und Ahja-Fluss ↗XI/C1

Nur ein paar Kilometer nördlich von Põlva befindet sich inmitten des Ahja-Urstromtals eines der schönsten Naturdenkmäler des Landes: die **Große Himmelshalle** (Suur Taevaskoja), ein 24 Meter hoher Sandsteinaufschluss, der sich am Ufer des Ahja-Flusses in leuchtenden Rottönen präsentiert. Wer den Ahja mit dem Kanu entlangfährt (sehr empfehlenswert!), entdeckt eine wildromantische Landschaft. Neben der Großen Himmelshalle gibt es etwa 40 weitere rote Sandsteinfelsen und -wände aus dem Devon.

Wie ihre große Schwester beherbergt auch die einige Fußminuten entfernt gelegene **Kleine Himmelshalle** (Väike Taevaskoja) zahlreiche Schwalben- und einige Königsfischernester. Im Laufe der Jahrhunderte hat das Quellwasser eine Höhle in die knapp 13 Meter hohe und etwa 190 Meter lange Kleine Himmelshalle gespült. Zahlreiche Legenden ranken um die

Das Wasser des Ahja hat Höhlen in den weichen Sandstein gespült sogenannte Mädchenhöhle (Neitsikoobas) und weitere Quellen, Findlinge und Höhlen. Davon zeugt auch der Name eines großen Findlings, der inmitten der Stromschnellen liegt – er wird als Hexenstein bezeichnet. Zu früheren Zeiten wurde Taevaskoja als heiliger Ort verehrt und war eine Opferstelle.

Am Ufer des Flusses entlang führt ein idyllischer **Wanderweg,** der am kleinen Parkplatz an der Straße beginnt. Man kann die malerische Gegend aber auch mit dem Fahrrad oder auf dem Pferderücken erkunden. Der Wanderweg führt durch den Kiefernwald am Flussufer entlang zu den beiden Himmelshallen. Unterwegs kann man den Blick von einem höher gelegenen Aussichtsplatz genießen. Im Sommer baden Einheimische und Touristen im kühlen Fluss, ein Ausflugsboot bietet Fahrten über den nahen Stausee.

- Wer mehr über das Gebiet erfahren will, Fremdenführer sucht oder Kartenmaterial braucht, findet im Weiler Kiidjärve, etwa auf halber Strecke zum nördlich gelegenen Naturschutzgebiet Akste, das Informationszentrum des Naturparks Ahja: **RMK Kiidjärve Loodusmaja-Teabepunkt,** Kiidjärve, Gemeinde Vastse-Kuuste, Tel. 7992122, www.rmk.ee. Nicht weit davon befindet sich auch eine kleine Unterkunft.

Ameisenhügel von Akste und Moorgebiet Valgesoo ⇗ XI/C1

Wer eine Insektenphobie hat, sollte das Naturschutzgebiet Akste tunlichst meiden. Die **größte Waldameisenkolonie des Baltikums** wurde bereits 1977 unter Schutz gestellt. Milliarden von Ameisen haben hier Nester gebaut. Manche Ameisenhügel ragen bis zu zwei Metern aus dem Boden empor und haben einen Durchmesser von stattlichen 3,50 Metern. Zwei Lehrpfade führen durch das Gebiet. Wer es besuchen will, muss sich anmelden, denn man darf das Schutzgebiet nur in Begleitung eines Führers betreten. Informationen erhält man beim Umweltamt des Landkreises Põlva unter Tel. 7998198, einen Führer kann man aber auch im Infozentrum in Kiidjärve buchen (s.o.).

Das **Moorgebiet Valgesoo** lässt sich auf Bretterwegen erkunden. Im Herbst ist der Blick vom Aussichtsturm besonders schön, da die Moosbeeren das Naturschutzgebiet in ein warmes Rot tauchen.

Mooste ⇗ XI/C1

Von Akste führt eine Stichstraße zur 45 (Tartu – Räpina), die man in Höhe des Dorfes **Kärsa** erreicht. Die orthodoxe Kirche von 1889 aus roten Ziegeln und Feldsteinen wird seit 1990 von der Methodistischen Gemeinde genutzt.

Auf dem Weg nach Räpina kann man einen Zwischenstopp in Mooste einlegen. Hier ließ *Eduard von Nolken* 1903 ein stattliches **Herrenhaus** errichten, das in einen weitläufigen Park am gleichnamigen See eingebettet ist. Heute beherbergt es eine Schule und ein Kunststudio. Sehr schön sind auch die großteils aus Feldsteinen erbauten Nebengebäude, darunter eine Destillerie und Stallungen. Wer mag, kann hier übernachten (s.u.).

Der alte Postweg und seine Museen

Eine sehr schöne, alternative Route zu der Straße 61, die von Tartu nach Põlva führt, sowie die von Põlva nach Võru weiterführende Straße 64 ist die von Bäumen gesäumte, jahrhundertealte Poststrecke Tartu – Võru, die westlich verläuft.

Unterwegs lohnt sich ein Stopp beim **Bauernmuseum Põlva.** Das Freilichtmuseum im Dorf **Karilatsi** gibt einen Eindruck vom Leben im ausgehenden 19. Jahrhundert. Besichtigen kann man ein altes Schulgebäude aus dem Jahr 1889, ein Gerichtshaus und eine historische Schmiede sowie ein Gemeindehaus von 1879. Die holländische Windmühle aus dem Jahr 1901 stammt ursprünglich aus dem Dorf Prangli. Eine alte Rauchsauna, Stallungen und diverse landwirtschaftliche Geräte vervollständigen das Bild einer typischen Siedlung der damaligen Zeit.

● **Põlva Talurahvamuuseum Karilatsi,** Gemeinde Kõlleste, Tel. 7970310, mobil 5210671, muuseum@polvamaa.ee, Mitte Mai bis Ende Sept. 9–18 Uhr, sonst nach Vereinbarung.

Kurz hinter dem Dorf Karilatsi erstreckt sich linker Hand das **Naturschutzgebiet Ihamaru** und etwa einen bis zwei Kilometer weiter der **See Palojärv,** der bei warmem Wetter zu einem Badeausflug einlädt.

Ein ganzes Stück weiter südlich, beim Landschaftsschutzgebiet Tilleorg, lädt ein weiteres Museum zum Verweilen ein. Das **Straßenmuseum** wurde in der alten **Poststation Varbuse** von 1863 untergebracht. Fotos und Briefe, historische Fahrzeuge aller Art, Verkehrsschilder und weitere Ausstellungsstücke sind in dem roten Steinhaus und seinen Nebengebäuden – Stall, Unterkunft, Schmiede und Sauna – zu besichtigen.

● **Eesti Maanteemuuseum,** Varbuse, Gemeinde Kanepi, Tel./Fax 7993057, maantee muuseum@kagutv.mnt.ee, http://muuseum.mnt.ee, Juni bis Sept. Di–So 11–18 Uhr, Okt. bis Mai Di–Fr 11–15 Uhr.

Nach einem Besuch des Museums bietet sich ein Spaziergang durch das **Landschaftsschutzgebiet Tilleorg** an, ein bis zu 35 Meter tiefes Urstromtal, durch das sich der Fluss Tille schlängelt. Am Westufer erhebt sich eine rote Sandsteinwand. Wer dem 4,5 Kilometer langen **Wanderweg** folgt, passiert einige Quellen.

Erastvere ↗ X/B1

In Erastvere nahe der Straße 2 erinnert ein **Gedenkstein** an die Gefallenen des Nordischen Krieges. 1701 besiegten die Russen an dieser Stelle das schwedische Heer. Im alten Gutspark am See Erastvere ist, vom Gedenkstein abgesehen, von den Schrecken des Krieges heute nichts mehr zu bemerken. Der Eichenwald eignet sich vorzüglich für einen kleinen Spaziergang oder ein Picknick.

Kanepi ↗ X/B1

Das Nachbardorf Kanepi ist vor allem wegen seiner pittoresken Umgebung, einer hügeligen Landschaft mit vielen (Bade-)Seen, einen ausgedehnten Zwischenstopp wert. Dabei kann man der hübschen kleinen **Kirche** (Weizenbergi 2a) von 1810 einen Besuch abstatten. Statt eines Hahns oder Kreuzes wird die Dachspitze von einem Stern gekrönt. Auf dem Friedhof befindet sich die **Skulptur** einer jungen Frau, die einen Kranz hochhält – ein Meisterwerk des estnischen Bildhausers *August Ludwig Weizenbergs* (1837–1921), das den Titel „Hoffnung" trägt.

In der „Zeit des Nationalen Erwachens" spielte der Ort keine unwichtige Rolle. 1804 wurde die Schule gegründet, die sieben Jahre später auch von Mädchen besucht werden durfte. 1810 wurde die Leibeigenschaft aufgehoben, ein Jahrzehnt früher als andernorts.

Kooraste ⇗X/B1

Etwa zwölf Kilometer westlich von Kanepi reihen sich im idyllischen **Urtal von Kooraste** mehrere kleine Seen aneinander, von denen einige zum Baden optimal geeignet sind. Wer über Nacht bleiben will, kann im Gästehaus Mesipuu (s.u.) unterkommen oder am Pikkjärv zelten.

Naturlandschaften südöstlich von Põlva ⇗XI/C1

Naturfreunde sind im Süden des Landkreises Põlvamaa hervorragend aufgehoben. Zahlreiche Landschaftsschutzgebiete lassen sich per pedes oder Rad, auf dem Pferderücken oder vom Kanu aus entdecken. Die sanften Moränenhügel werden von Urstromtälern und Flüssen durchzogen, viele Seen laden zum Baden ein.

Vom Otepää-Höhenzug schlängelt sich der **Fluss Võhandu** in Richtung Peipus-See. Das 20–30 Meter tiefe **Urstromtal** zwischen Leevi und Süvahavva ist unter Schutz gestellt. Hier befinden sich einige hohe **Sandsteinaufschlüsse** aus der mitteldevonischen Zeit. Einige Quellen bilden kleine Wasserfälle und Stromschnellen. Ein vier Kilometer langer Wanderpfad führt durch einen Teil des Schutzgebiets. Mutige, die die Stromschnellen nicht scheuen, können den teilweise recht wilden Fluss mit dem Kanu bewältigen.

Im **Hochmoor Meenikunno,** das sich südlich der Straßen 65 und 90 erstreckt, faszinieren vor allem zwei Seen die Besucher. Der **Valgejärv** (Weiße See), das vielleicht klarste Gewässer des Landes, erlaubt einen Blick bis in acht Meter Tiefe. Nicht weit entfernt liegt der **Mustjärv** (Schwarze See), dessen Wasser – wie eine Imagebroschüre passend umschreibt – „dunkler als Cola" ist. Man kann in beiden Seen baden oder durch den Wald wandern. Das Moor ist teilweise mit Bretterwegen versehen.

Nordöstlich vom Hochmoor stößt man in Höhe der Bahnstrecke auf einen etwa 6600 Jahre alten Meteoritenkrater. Holzfiguren entlang eines Fußweges verweisen auf die Legenden, die um den **Krater von Ilumetsa** kreisen. Der Teufel selbst soll hier zu Hause sein, weshalb das Haupteinschlag-

Kanutour auf dem Ahja-Fluss

loch auch Höllengrab genannt wird. Die Nebenkrater haben nicht minder düstere Namen: Teufels- und Gespenstergrube.

Unterkunft

- **Bauernhof Käbliku talu** €, Palutaja, Gemeinde Kõlleste, Tel. 5291958, kabliku@hot.ee, http://kabliku.co.nr. Kochmöglichkeit in Gemeinschaftsküche, Platz zum **Zelten,** Tiere gern gesehen, Sauna. Palutaja liegt östlich von Saverna, nicht weit von der Straße 2 auf dem Weg nach Krootuse, noch vor der nach Norden abbiegenden Stichstraße.
- **Bauernhof Mesipuu** €€, bei Kanepi, Tel. 56483908, mesipuu@mesipuu.ee, www.mesipuu.ee. Auf der Straße von Kanepi nach Antsla nach 7 km an der Busstation Paali rechts abbiegen. Alternativtourismus, Reiten, Lagerfeuer, Bootstouren. Wer mag, kann an traditionellen Landarbeiten teilhaben.
- **Gästehaus Mooste,** im alten Gutshof, Tel. 5117848, info@moosteguesthouse.com, www.moosteguesthouse.com. Einfach eingerichtete Zimmer für 2–4 Personen, renoviert. Pro Person €.
- **Relvos Sportmotel,** Saverna, Gemeinde Valgjärve, Tel. 7998068, 7970808, cantervilla@hot.ee, www.hot.ee/cantervilla. Im alten Gutshof bei Pikajärve, ganz im Westen des Landkreises, nicht weit von der Straße 2 (Tartu – Võru) ist ein Motel mit einfachen Zimmern untergebracht, zum Komplex gehört auch eine Sauna, **Camper** sind willkommen. DZ im Gutshof €€, im Hostel €.
- **Velo Matkad Kodumajutus,** Saverna, Gemeinde Valgjärve, Tel. 6010166, velo@velo.ee, www.velo.ee. Wander- und Fahrradzentrum, Sauna, eigene Kochmöglichkeiten, Fahrrad- und Helmverleih, Schlittenfahrten im Winter, Wochenendpaket inklusive Frühstück und Hin- und Rückfahrt von und nach Tallinn ab €€€, Übernachtung für Wanderer pro Person ab €, **Zelt- und Wohnwagenstellplätze.**

Der Süden

057es Foto: jl

Essen und Trinken

- Estnische Speisen kann man auch in der kleinen Gastwirtschaft **Tiina Köök** in Veriora zu sich nehmen.

Aktivitäten

Am einfachsten wendet man sich an die Touristeninformation von Põlva, wenn man ein Kanu mieten möchte oder reiten will, auf eigene Faust kann man es hier versuchen:

- **Kanuumatkad Vesipapp,** Tel. 5145430, sander@vesipapp.ee, www.vesipapp.ee. Ansprechpartner ist *Sander Hausenberg,* spricht gut Deutsch. Vermittlung von Kanutouren in Südestland, besonders schön sind Fahrten auf dem Ahja-Fluss. Mehrstündige, aber auch mehrtägige Kanuausflüge mit Verpflegung möglich. Hausenberg verabredet Treffpunkte und Strecken individuell. Sehr empfehlenswert bei schönem Wetter.

Räpina

↗ XI/C1

Auf der wichtigen Handelsroute Tartu – Pskov (Dorpat – Pleskau) entstand im 18. Jahrhundert die Fabriksiedlung Räpina (Rappin). 1734 wurde auf Anordnung des Gutsherrn *Gustav von Löwenwolde* eine **Papiermühle** am Fluß Võhandu errichtet, der bald darauf eine Papierfabrik folgte.

Im klassizistischen **Gutshof Sillapea** von 1842 sind heute eine Gartenbauschule sowie ein kleines Informationsbüro und **Heimatmuseum** untergebracht. Der **Gutspark** mit über 300 verschiedenen Baum- und Buscharten lädt zu einem Spaziergang ein.

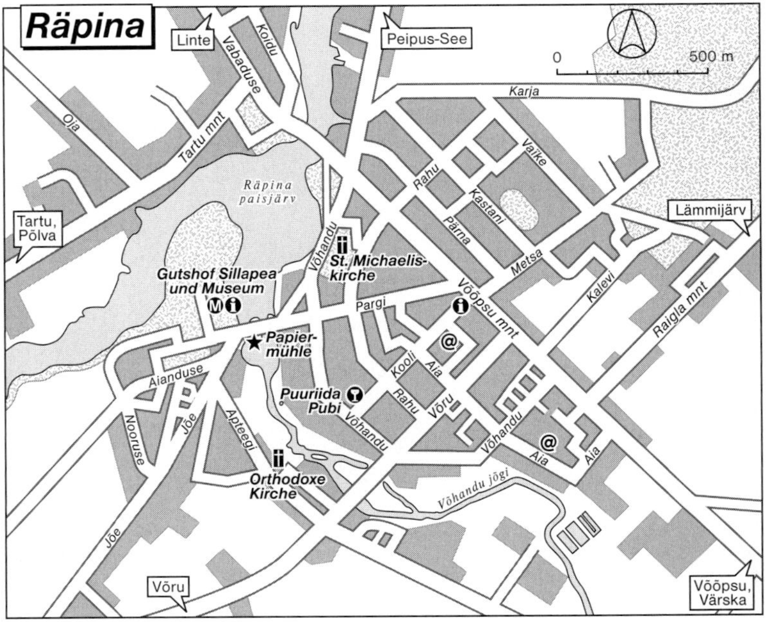

Überhaupt ist das Städtchen gut zu Fuß zu erkunden. Neben dem Gutshof und der alten Mühle am Stausee kann man zwei Kirchen besichtigen. Die lutherische **St. Michaeliskirche** an der Võhandu-Straße wurde 1785 im spätbarocken Stil erbaut, den Turm ließ der Architekt *Reinhold Guleke* 1885 anfügen. Die **orthodoxe Kirche** wurde auf Geheiß *Nikolais I.* zwischen 1829 und 1833 errichtet.

- **Räpina Heimat- und Gärtnereimuseum,** Pagi 28 (von der Parkseite aus zu erreichen), Tel. 7961661, rapinamuuseum@hot.ee, Di–Sa 10–17 Uhr.

Informationen

- **Touristeninformation Räpina,** Kooli 1, Tel. 796484810, rapina@visitestonia.com, Mo–Fr 10–17 Uhr, 15.5.–15.9. auch Sa/So 10–15 Uhr.

Service

- **Bank:** Kooli 1.
- **Puuriida Pubi,** Kooli 16, Tel. 7964665, www.puuriida.ee. Frühstück, Snacks und Hauptgerichte für wenig Geld.

Lämmijärv (Pskover See) ↗ XI/C-D1

Nur ein paar Kilometer östlich von Räpina erstreckt sich der Lämmijärv, der zwischen dem Peipus-See (Peipsijärv) und dem Pskover See liegt und die Grenze zu Russland bildet. Am Ufer liegen die **Altgläubigendörfer Beresje und Lüübnitsa,** die von den für diese Dörfer so typischen Gärten umgeben sind, in denen lange Reihen von Zwiebeln und anderen Gemüsesorten wachsen.

Südlich von Lüübnitsa kann man von der Plattform eines Aussichtsturms einen Blick auf die nahen, schon zu Russland gehörenden Inseln Kolpino und Mte werfen. In Lüübnitsa findet jedes Jahr im August ein traditioneller Zwiebel- und Fischmarkt statt. Die Dörfer gehören schon zum Seto-Gebiet, das sich von hier bis in den Landkreis Võrumaa und über die russische Grenze hinaus nach Petseri (Pečory) erstreckt.

Das Grenzgebiet zu Russland im Südosten ↗ XI

Der südöstlichste Teil Estlands entlang der russischen Grenze ist die Heimat eines eigenständigen Volksstammes, der **Seto** (siehe Exkurs). Der frühere Landkreis Setomaa befindet sich heute zum Teil auf russischem Staatsgebiet. Seit die russische Grenze (und EU-Außengrenze) das Land der Seto spaltet, befindet sich ihre Hauptsehenswürdigkeit auf russischer Seite. Wer das großartige **Kloster von Petseri** (Pečory) aus dem 15. Jahrhundert trotzdem besuchen möchte, muss sich schon vor der Reise ein Visum beschafft haben.

Der ehemalige Landkreis Setomaa beginnt in Vööpsu bei Räpina. Der Fluss Võhandu markiert die Grenze zu Setomaa, das auf einem Straßenschild tatsächlich noch als solches ausgezeichnet ist. Da Petseri auch für die Seto nicht mehr allzu einfach zu erreichen ist, gilt die Ortschaft Värska neben Obinitsa und Meremäe als einer der Hauptorte der Seto.

Wer das Gebiet der Seto durchfährt, kann nicht nur alte Friedhöfe und typische **Seto-Höfe** entdecken, sondern wird vielerorts auf typische kleine **Gebetshäuser** stoßen, die *Tsässons* genannt werden und in Orten stehen, die keine eigene Kirche haben. Man findet derartige, meist hölzerne Kapellen beispielsweise in den Dörfern Tobrova, Võõpsu, Laossina, Podmotsa, Treski, Võmmorski und Usinitsa.

Värska

↗ XI/D1

Värska, nahe der russischen Grenze und dem Pskover (Pleskauer) See gelegen, ist vor allem für sein **Mineralwasser** bekannt, von dem mehrere Sorten mit verschiedenen Salzgehaltsstufen verkauft werden. Im örtlichen **Sanatorium,** das ein wenig außerhalb bei Väike-Rõsna liegt, können Gäste Mineralwasserbäder nehmen und sich Heilschlammpackungen aus der Värskaer Bucht verabreichen lassen.

Die **orthodoxe Kirche,** die Anfang des 20. Jahrhunderts auf einen hölzernen Vorgängerbau folgte, beherbergt einige schöne Ikonen aus dem 19. Jahrhundert.

Auf dem Friedhof liegt **Anne Vabarna** (1877–1964) begraben, die wohl berühmteste Seto-Sängerin, die – obgleich Analphabetin – 100.000 Verszeilen auswendig konnte. Im Dorf Tonja, einem ruhigen Fischerdorf nordwestlich von Värska, wirkte die „Gesangsmutter"; im nahe gelegenen Dorf Võpolsova wurde ihr ein Denkmal gesetzt.

Wer sich für die Seto-Kultur interessiert, kann sich im kleinen Touristeninformationsbüro mit Broschüren und Landkarten Setomaas ausrüsten, die zum Teil in deutscher Sprache verfasst sind. Hier erhält man auch den aktuellen Veranstaltungskalender. Wer Glück hat, bekommt das Seto-Gesangsfest mit, das alle drei Jahre in Värska abgehalten wird.

Informationen

- **Touristeninformation Värska,** Pikk 12, Tel. 7964782, tik@verska.ee, www.verska.ee, Mitte Mai bis Mitte Sept. Di–Sa 10–18 Uhr, im Winter Mo–Fr 9–17 Uhr.

Unterkunft

- **Gästehaus Hirvemäe** €€, Silla tn. 4, Tel. 7976105, hirvemae@hot.ee, www.hirvemae.ee. Nahe der russischen Grenze, in jedem Zimmer eigenes Bad und TV, Sauna, **zelten** ebenfalls möglich. Deutschsprachiges Personal, Tiere erlaubt; zu dem neuen Haus gehört ein Freizeitzentrum mit Tennisplatz, Minigolf, Verleih von Sportartikeln.
- **Spahotel Värska Sanatoorium** €€€, Väike-Rõsna, Gemeinde Värska, Tel. 7964793, 7993901, 7964666, info@spavarska.ee, www.spavarska.ee. Liegt am Ufer des Lämmijärv, der für seinen heilenden Schlamm bekannt ist. Das Gebäude stammt aus Sowjetzeiten,

Bauernküche im Seto-Museum

wurde aber Ende der 1990er Jahre renoviert. Zimmer mit Bad, TV und Telefon, im Haus Restaurant, Sauna, Schwimmbecken, Bücherei, Billard. Gesundheits- und Spa-Behandlungen, Massagen und Aromabäder. Das Klima ist hervorragend für Atemwegserkrankungen.

Im Landkreis Setomaa

Seto-Bauernmuseum

Den besten Eindruck über die Kultur dieser Volksgruppe, ihre Lebensweise und Architektur bekommt man im sehr sehenswerten Seto-Bauernmuseum, das sich im Dorf **Õrsava** befindet, südlich von Värska in Richtung Saatse. Die Seto-Bauweise, die man hier bei einem Rundgang wunderbar erkennen kann, unterscheidet sich von der anderer Dörfer. Ein **typisches Seto-Anwesen** besteht aus dem Wohnhaus und verschiedenen Nebengebäuden, die sich von der Straße abgewandt um einen Innenhof gruppieren. Im Museum kann man eine typische Sauna, Ställe, eine Scheune und kleine Werkstätten besuchen, in denen oft kulturelle Veranstaltungen durchgeführt werden. Mit etwas Glück trifft man Frauen in typischen Trachten an.

058es Foto: jl

Im Hof steht eine hölzerne Figur: der Peko, eine gottesähnliche Gestalt aus dem setokesischen Nationalepos. Der Stellvertreter des Peko auf Erden wird jedes Jahr am **Königreichstag,** dem ersten Samstag im August, gekrönt. Das bunte Fest findet an wechselnden Lokalitäten statt, am besten, man erkundigt sich im Informationsbüro in Värska nach dem Ort. Im **Teehaus,** das Teil des Seto-Museums ist, bekommt man oft typische Köstlichkeiten serviert.

- **Seto-Bauernmuseum,** Õrsava bei Värska, Tel. 5054673, www.hot.ee/setomuuseum, Mai bis Sept. 10–17 Uhr, im Winter Di–Sa 10–16 Uhr.

Seto-Museen in Saatse und Obinitsa ⇗ XI/C2, D2

Zwei weitere Museen in der Region dokumentieren das Leben der Volksgruppe. Auf dem Weg nach Saatse stoßen Besucher jedoch zunächst auf eine Kuriosität. Die Straße zwischen Värska und Saatse, das in einem nach Russland hineinragenden Zipfel liegt, führt ein paar Hundert Meter weit durch **russisches Zollgebiet.**

In Saatse kann man die 1801 errichtete **orthodoxe Kirche der heiligen Paraskewa** besichtigen, die von alten Kreuzen umringt ist. Sie beherbergt eine wertvolle holzgeschnitzte Ikonosta-

Die Volksgruppe der Seto

Eine mittlerweile über die Landesgrenzen bekannte und in vielerlei Hinsicht **kulturell eigenständige Volksgruppe** in Estland sind die Seto, die auch unter dem Begriff Setu oder im Deutschen Setokesen/Setukesen bekannt sind. Da sich die Gruppe selbst „Seto" nennt, wird dieser Ausdruck hier übernommen. Es gibt immer wieder Diskussionen unter Linguisten wie auch unter Esten und Seto, ob ihre **Sprache** nun eine eigene ist oder ob es sich um einen **südestnischen Dialekt** handelt. Sie ist mit dem südestnischen Võru-Dialekt (Võrumaa ist ein südestnischer Landkreis) nah verwandt, einige Wörter kommen wiederum aus dem Russischen.

Der estnische Staat betrachtet die Seto als Gruppe, die sich kulturell von den Esten unterscheidet, aber nicht als Minderheit. Deshalb ist auch ihre Zahl nicht genau auszumachen. 1934 sollen ca. 15.000 Seto registriert worden sein, heißt es in der „Sowjet-estnischen Enzyklopädie". Als diese im Jahr 1975 erschien, sollen es nur noch 6.780 gewesen sein. Später gab es keine genauen Zahlenangaben mehr. Heute geht man von etwa 8000 Personen aus.

Auch die Herkunft der Seto ist nicht vollständig geklärt. Sind sie ein eigenständiger finno-ugrischer Stamm oder eine archaische estnische Volksgruppe? Ähnlich wie die Frage nach der Sprache ist auch diese Einordnung unter Forschern umstritten. Erstmals schriftlich erwähnt wurden die Seto unter dem Begriff „Pleskauer Esten" 1861 in der Zeitschrift „Inland".

Fest steht jedoch, dass die Religionszugehörigkeit ein Unterscheidungskriterium zur estnischen Bevölkerung ist. Während die Esten in Alt-Livland vom Deutschen Orden christianisiert wurden und sich später nach dem Sieg der Reformation dem lutherischen Glauben zugehörig fühlten, nahmen die Seto, die bereits im 6. Jahrhundert christianisiert wurden, im 10.–13. Jahrhundert, als sie dem Fürstentum Pskov angehörten, den **russisch-orthodoxen Glauben** an. Jedoch spielen auch **vorchristliche** Elemente in ihrer Kultur eine Rolle, weshalb sie von Russen oft als „Halbgläubige" bezeichnet wurden.

Bis 1920 war das Gebiet der Seto Teil verschiedener Staaten, dann wurde es im Frieden von Tartu 1920 dem unabhängig gewordenen Estland zugeteilt und trug den Namen **Setomaa** oder Petserimaa. Nach der Zwangsintegration Estlands in die Sowjetunion revidierte diese jedoch die Gebietseinteilung und zog eine innersowjetische Verwaltungsgrenze quer durch Setomaa. Zu Sowjetzeiten war dieser Schritt in der Praxis folgenlos, doch mit der Unabhängigkeit Estlands 1991 ergaben sich für die Seto große Probleme: Heute geht durch ihr Gebiet, das etwa 50 Kilometer breit und 80 Kilometer lang ist und gleich hinter Räpina beginnt, die estnisch-russische und somit auch die **EU-Außengrenze.**

Wenngleich nach Schätzungen eines Seto-Forschers heute nur noch rund **500 Seto auf russischer Seite** leben, ist für die Volksgruppe die Teilung gravierend, nicht nur in wirtschaftlicher Hinsicht. Der Entschluss, nach Estland überzusiedeln, bedeutete für die russischen Seto die Aufgabe ihrer Häuser. Außerdem befindet sich das kulturelle und religiöse Zentrum der Seto, das **Kloster von Petseri (Pečory),** auf russischer Seite und ist ohne Visum für estnische Seto

Tracht und Schmuck der Seto

nicht erreichbar. Neben dem Kloster befinden sich wichtige Friedhöfe jenseits der Grenze, die für die Volksgruppe eine wichtige Rolle spielen. Hier liegen ihre Vorfahren begraben, an Feiertagen versammeln sich die Seto auf den Friedhöfen, um traditionsgemäß bei den Toten zu speisen. Wenn sie den Friedhof verlassen, bleibt stets ein wenig von ihrem Mahl für die Verstorbenen zurück.

Tradition und Folklore spielen in der Seto-Kultur vor allem in den letzten Jahren eine große Rolle. In früheren Zeiten war es eher so, dass ihre ethnische Identität von Faktoren wie Religionszugehörigkeit oder Verbundenheit mit dem Heimatort überdeckt wurde. Lediglich der Gesang und die Trachten der Frauen waren zu allen Zeiten für die Seto wichtig.

Heute jedoch sind die Seto-Traditionen für jüngere Menschen geradezu identitätsstiftend. Bekannt sind nach wie vor neben den improvisierten **Liedertexten** die bunten **Trachten der Frauen,** der prächtige Silberschmuck, der von Generation zu Generation weitervererbt wird, und als auffälligstes Schmuckstück riesige, schildförmige **Broschen,** die die Seto-Frauen an Festtagen anlegen.

Der estnische Staat ist bemüht, die Traditionen der Seto zu fördern. So wurden in den letzten Jahren zahlreiche **kulturelle Veranstaltungen** durchgeführt und jahrzehntelang nicht gepflegte Bräuche wieder belebt. Seit 2004 haben die Seto eine **eigene Fahne,** seit 1995 feiern sie im August den sogenannten **Königreichstag.** Broschüren für Touristen, Kochbücher für Einheimische und auch eigene Zeitungen wie die „Setomaa" sind in den letzten Jahren herausgegeben worden, vieles davon sicherlich auch aus Marketinggründen.

059es Foto: jl

060es Foto: jl

se. Wer das im ehemaligen Schulgebäude untergebrachte Museum besichtigen will, sollte sich vorher anmelden, um nicht vor verschlossener Tür zu stehen (Tel. 53421428).

Das gleiche gilt für das kleine **Seto-Museum in Obinitsa,** das schon im benachbarten Landkreis Võrumaa liegt (aber zum historischen Landkreis Setomaa gehört). Im Gebäude ist auch eine kleine Touristeninformation untergebracht. Die **Kirche** stammt von 1952.

- **Touristieninformation Obinitsa** und **Seto Muuseumitarõ,** Obinitsa, Gemeinde Meremäe, Tel. 7854190, setotour@hot.ee, www.hot.ee/setotour, Mo–Fr 10–17 Uhr, Mitte Mai bis Mitte Sept. auch am Wochenende.

Obinitsa-See

Eine **Steinskulptur,** die eine Seto-Sängerin darstellt, blickt von einem Hügel auf den Obinitsa-See hinab, um sie herum sind Gedenksteine mit den Namen berühmter Seto-Sänger verteilt. Im See kann man schwimmen, Kanu fahren oder im Sandsteinaufschluss am linken Ufer die sogenannte **Judashöhle** (Juudatarõ) besichtigen.

Unterkunft

- **Setomaa Tourismushof (Turismitalo)** €€€, Mäealuse talu, Kalatsova, Gemeinde Meremäe, Tel. 5087399, seto@maatruism.ee, http://setotalu.maaturism.ee. Von Seto betriebene Gästehäuser, sehr schön, rustikal gemütlich. Wer mag, kann nach dem Besuch der Rauchsauna ein Bad im Teich nehmen. Auf Vorbestellung und gegen Extrageld Seto-Kulturabende und Verpflegung. Man kann auch die Häuser komplett mieten (4 bzw. 7 Zimmer).

Piusa

XI/C2

Die beeindruckenden **Sandhöhlen von Piusa** nördlich von Obinitsa sind durch Quarzsandabbau entstandene Gewölbe und Gänge. 1920 begann nahe der Bahnstation Piusa auf der Strecke Valga – Petseri (Pečory) der Abbau des Sandsteins, der für die Glasindustrie benötigt wurde. Nicht alle der zum Teil meterhohen Gänge des Höhlenkomplexes sind der Öffentlichkeit zugänglich, da hier jedes Jahr Tausende **Fledermäuse** überwintern. Wer die Höhlen besichtigen will, sollte auch an Sommertagen warme Kleidung mitnehmen, innen herrschen stets kühle Temperaturen.

Am Parkplatz findet man ein **Informationshäuschen** sowie einen **Dorfladen** und ein kleines **Handarbeitsgeschäft.** Im sogenannten Kunstwerkzimmer (Piusa Käsitöötuba) kann man sich mit Andenken eindecken, außerdem gibt es dort eine **Töpferei.**

Weiter südwestlich in der Gemeinde Meremäe finden sich im Urstromtal Piusa schöne **Sandsteinaufschlüsse.**

Unterkunft

- **Piusa Puhkemaja** €€, Väiko-Härma, Gemeinde Meremäe, Tel. 5289134, info@puhkemaja.ee, www.puhkemaja.ee. Kleines Ferienhaus mit vier Zimmern direkt am Fluss im Urstromtal Piusa, mit Kochgelegenheit und Sauna, außerdem gibt es die Möglichkeit zu **zelten.** Einfache Unterkunft zudem im renovierten Speicher. Kanuverleih, gleich in der Nähe ein Wanderpfad.

Rund um Vastseliina

↗XI/C2

Etwa 25 Kilometer südöstlich von Võru liegt an der Straße 2 der Ort Vastseliina (Neuhausen, Neustadt). Das **Heimatmuseum** (Võidu 29, Tel. 5249897) der Ortschaft ist nur donnerstags von 10 bis 16 Uhr geöffnet, es sei denn, man meldet sich vorher an. Nördlich des Ortes liegt die hübsche **Katharinenkirche,** die 1772 erbaut wurde, aber erst im 20. Jahrhundert ihr heutiges Aussehen bekam. Im Inneren steht eine Orgel der Brüder *Kriisa*.

Nicht weit von Vastseliina liegt im tiefen Tal des Flusses Piusa **Vana-Vastseliina** mit der Ruine einer alten **Bischofsburg.** Sie wurde 1342 auf Anordnung von *Burchard von Dreileben*, dem Meister des Livländischen Ordens, als Grenzburg zwischen dem Bistum Tartu und dem russischen Isborsk errichtet. 1354 entwickelte sie sich aufgrund eines angeblich wundertätigen Kreuzes, das – so erzählen sich manche Menschen in der Umgebung noch heute – angeblich in der Luft schwebte, zum Wallfahrtsort. Im Laufe der Jahre wurde die Burg mehrfach umgebaut und erweitert, Ende des 14. Jahrhunderts galt sie als mächtigste Livlands. Weitere Tore, Türme und eine neue Vorburg kamen im 15. und 16. Jahrhundert hinzu. Leider liegt das imposante Bollwerk seit dem Nordischen Krieg in Ruinen, Teile der Ringmauer und der mächtigen Rundtürme mit Blendnischen sind jedoch erhalten.

Wer dem hier beginnenden Wanderweg entlang dem Piusa-Fluss weiter nach Norden folgt, kann zwölf schöne **Sandsteinaufschlüsse** aus dem Devon bewundern. Der höchste bei Härma, der Mäemine Müürmägi, ist 150 Meter lang und 43 Meter hoch.

Informationen

- Die kleine **Touristeninformation** in Vana-Vastseliina ist nur im Sommer geöffnet (Tel. 5249897).

Service

- **Bank und Post:** in Vastseliina, Võidu 28.

Essen und Trinken

- Stärken kann man sich in der Schenke **Piiri Kõrts** (Tel. 5100818) in Vana-Vastseliina, die schon im Jahre 1695 als Gaststätte an der alten Handelsstraße erwähnt wurde.

Urstromtal Kütiorg

↗XI/C2

Auf dem Weg nach Võru genießt man die schöne Aussicht auf das Haanja-Hochland. Auf halber Strecke kann man einen kleinen Abstecher nach rechts machen: Das Urstromtal Kütiorg, mit 70 Metern das tiefste seiner Art in Estland, ist zu allen Jahreszeiten schön anzusehen. Hier lohnt sich ein Spaziergang oder im Winter eine kleine Skitour.

Der Ort **Kose** kurz vor Võru liegt idyllisch zwischen drei Seen.

Haanja-Naturpark ⇗ XI/C2-3

Der Landrücken Haanja (Harrien) südlich von Võru mit dem **höchsten Berg des Baltikums,** dem Suur Munamägi, zahlreichen malerischen Dörfern, Seen, Urstromtälern, Wäldern und sanften Hügeln wurde zum etwa 17.000 Hektar umfassenden Naturpark Haanja zusammengefasst. Ein Besuch des Gebietes lohnt sich im Sommer ebenso wie im Winter. In den warmen Monaten locken unzählige Seen zum **Baden oder Kanufahren,** im Winter kann man auf **Skiern** die Gegend erkunden. Nirgendwo sonst im Land liegt so lange Schnee wie hier. Ein guter Ausgangspunkt ist die hübsche kleine Ortschaft Rõuge, herausragendste Sehenswürdigkeit ist – im wahrsten Sinne des Wortes – besagter Suur Munamägi.

Berg Suur Munamägi ⇗ XI/C2

Auch wenn es so manchen Besucher aus dem Ausland, beispielsweise aus Süddeutschland, Österreich und der Schweiz, schmunzeln lässt – die Esten sind stolz auf den höchsten Berg des Baltikums. Der Suur Munamägi, was übersetzt „Großer Eierberg" bedeutet, weist gerade einmal eine Höhe von **318 Metern** über dem Meeresspiegel auf. Da er mitten im Haanja-Höhenzug beim **Dorf Haanja** (Hahnhof) liegt und sich von der Umgebung nur durch gute 60 Meter abhebt, kommen hier nicht gerade alpine Gefühle auf. Dennoch lohnt sich ein Aufstieg auf den knapp 30 Meter hohen Aussichtsturm auf der Spitze des Berges, denn von hier eröffnet sich ein weiter Blick über die dichten Wälder der Umgebung und auf den zweithöchsten Berg des Gebiets, den 296 Meter hohen Vällamägi.

Am Fuße des Suur Munamägi kann man einige Souvenirs erstehen, ein kleiner **Laden** verkauft Holzschnitzereien, außerdem bieten im Sommer Bauern Honig und selbstgemachte Marmelade an. Vor dem Aufstieg auf den Suur Munamägi kann man sich am Fuße des Berges im **Café Suur Muna** stärken.

- **Aussichtsturm auf dem Suur Munamägi,** Mai bis August tägl. 10–20 Uhr, Sept. tägl. 10–17 Uhr, Okt. Sa/So 10–17 Uhr, im Winter Sa/So 12–15 Uhr, im November ist der Turm geschlossen.

Vaskna- und Tuul-See

Der See Vaskna südöstlich des Suur Munamägi wurde wie so viele Seen und Hügel in der Umgebung der Legende nach vom epischen Helden Kalevipoeg geschaffen – das Wasser habe sich in seinem Fußabdruck gesammelt. Südlich vom „Großen Eierberg" erstreckt sich der höchstgelegene See des Landes, der Tuuljärv, der 257 Meter über dem Meeresspiegel liegt.

Berg Vällamägi ⇗ XI/C2

Auch eine zweite Erhebung lädt zu Spaziergängen ein. Auf dem Vällamägi, mit 296 Metern Höhe nicht viel kleiner als der Suur Munamägi, verläuft ein **Lehr- und Wanderpfad.** Er führt durch die verschiedenen Naturlandschaften: Wiesen und Fichtenwald, Übergangsmoore und Sümpfe mit dicken Torfschichten, Natur- und Wirtschaftswald. Eine deutschsprachige Wanderkarte erhält man in den Touristeninformationen von Võru oder Rõuge, eine **Wanderhütte** bietet Besuchern Unterschlupf. Wer keinen Wert auf großen Luxus legt, kann hier auch gegen ein kleines Entgelt auf einer der Pritschen nächtigen. Das sollte man jedoch vorher mit dem Forstamt (Tel. 7868020), der Naturparkverwaltung in Haanja (Tel. 7829090) oder der Touristeninformation in Võru klären.

Um den Berg ranken sich verschiedene Legenden und Geschichten, so die einer Hexe, die jeden bestraft, der einfach einen Baum fällt. Natürlich gibt es auch Verbindungen zu Kalevipoeg: Der Berg, so sagt man, könne der Sattel des Helden sein. Eine andere Geschichte erzählt, dass der Suur Munamägi und der Vällamägi die Hörner des Teufels seien, der sie vor Wut, dass Kalevipoeg ihn gefesselt zurück in die Hölle geworfen hat, in die Erde gerammt habe. Gern erzählt man sich auch, dass der Berg das Wetter voraussagen kann: Ist es trocken und der Berg „dampft" (Dunst an den Hängen), werde es bald regnen.

Uue-Saaluse

XI/C2

Vom alten **Gutshof Uue-Saaluse** (Neu-Salishof), der bis 1919 in Händen des Barons *von Maydells* lag, sind heute nur noch Ruinen erhalten, der Park am Rande des **Sees Kavadi** steht unter Schutz. Ein fünf Kilometer langer Wanderweg führt um das Gewässer.

Kokõmäe

In Kokõmäe, zwei bis drei Kilometer westlich von Haanja, erinnert ein Gedenkstein an die Brüder *Kriisa*. Zahlreiche Orgeln stammen von der berühmten Orgelbauerfamilie, unter anderem die der Marienkirche in Rõuge und der St. Katharinenkirche in Võru.

Plaani

XI/C2

Fährt man von Haanja Richtung Süden, passiert man vor Ruusmäe das Dorf Plaani. Dort steht eine **aposto-**

070es Foto: il

Höchster Berg des Baltikums – Blick vom Aussichtsturm auf dem Suur Munamägi über den Haanja-Naturpark

lisch-orthodoxe Kirche aus dem Jahre 1873, die dem heiligen *St. Nikolaus* gewidmet ist. Außen mit ihren fünf Zwiebeltürmchen durchaus pittoresk, sind im Inneren der Kirche nur weiße Wände zu sehen. Lediglich im Sommer zieren im Rahmen von wechselnden Ausstellungen Zeichnungen oder Grafiken die Kirchenmauer. Das Gotteshaus soll renoviert und auf dem Grundstück ein Kloster errichtet werden. Da der Gemeinde allerdings keine ausreichenden finanziellen Mittel zur Verfügung stehen, ist ungewiss, ob und wann diese Pläne überhaupt realisiert werden.

Ruusmäe ⇗ XI/C3

In Ruusmäe am Südrand des Haanja-Naturparks ist der alte, kastellartige **Gutshof Rogosi** erhalten. Sein Name geht auf den ehemaligen Inhaber *Stanislaus Rogosinsky* zurück, der polnische Vorfahren hatte. Das Gebäude, das erstmals Ende des 16. Jahrhunderts Erwähnung fand, wurde mehrfach umgestaltet. Nach der Landreform der ersten Estnischen Republik stand es zeitweise leer, seit Sowjetzeiten dient es als Schule. 1989–91 wurde es restauriert, seither befindet sich im alten Glockenturm ein kleines **Heimatmuseum,** außerdem wartet ein angeschlossenes Gästehaus auf Besucher.

Von hier aus kann man zum schon außerhalb des Haanja-Parks liegenden Sumpfgebiet Luhasoo (siehe weiter hinten in diesem Kapitel) oder nach Rõuge fahren, dem Hauptort des Gebietes. Auf dem Weg dorthin passiert man unweit der Straße eine mächtige **Eiche,** die einen Umfang von fast sechs Metern hat und Mustahamba (Schwarzer Zahn) genannt wird.

Gutshof Viitina ⇗ X/B2

Vor Rõuge liegt an einem kleinen See der ehemalige Gutshof von Viitina, der als Schule fungiert. Bis heute erzählt man sich die Geschichte der ehemaligen Gutsherrin, Baronin *Barbara Juliane von Krüdener* (1764–1824). Sie verkehrte in höchsten Kreisen, betätigte sich als Schriftstellerin und galt als Dame von Welt, bevor sie ihr Leben ganz Gott verschrieb.

Unterkunft

Im Naturpark Haanja findet man eine sehr große Auswahl an Unterkunftsmöglichkeiten. Einige Pensionen in Haanjamaa haben sich zu einem Netzwerk zusammengeschlossen. Ist eine Unterkunft belegt, ist der Besitzer gern bei der Zimmersuche behilflich und vermittelt an seine Kooperationspartner. Die meisten Unterkünfte bieten auch **Campingmöglichkeiten** mit Feuerstelle und Grill. Nach Absprache ist auch Verpflegung möglich, obgleich die meisten Unterkünfte keine eigenen Restaurants haben. Auch in Punkto Freizeitgestaltung arbeiten die Kooperationspartner zusammen und organisieren Ausflüge, Reiten, Skiverleih etc. In den meisten Pensionen wird Englisch gesprochen. Die Touristeninformationen in Rõuge und Võru sind bei der Suche nach einer Unterkunft behilflich.

- **Jaanimäe Bauernhof,** Jaanimäe, Gemeinde Hanja, Tel. 7829007, mobil 5155600. 14 km von Võru Richtung Haanja. Zelten, Grill- und Feuerplatz, Sauna, pro Person €, Frühstück inklusive.
- **Turismitalu Kavadi** €€, im Dorf Uue-Saaluse, Gemeinde Hanja, Tel. 7878811. Kleines Gästehaus am See Kavadi, auch **zelten** möglich; den Gästen stehen Küche, Feuerstelle und Grill zur Verfügung. Bootsverleih, bei Be-

darf auch Kinderbetreuung und Reiseführerdienste.

- **Plaani Lodge** €€, Plaani, Gemeinde Hanja, Tel. 7820116, mobil 5543161, info@activeestonia.com, www.activeestonia.com. Bed& Breakfast, 6 km vom Suur Munamägi entfernt, gegenüber der orthodoxen Kirche in Plaani. Vor dem Haus hält der Bus von und nach Võru. Jedes Zimmer mit eigenem Bad, im Obergeschoss auch Familienzimmer. Die britischen Besitzer bieten Shuttleservice zum Tallinner Flughafen, nach Võru oder Haanja. Essen nach Absprache möglich. DZ inklusive Frühstück (auch english breakfast möglich).
- **Vaskna Turismitalu** €€€, Plaksi, Gemeinde Hanja, Tel. 5087359, info@vaskna.ee, www.vaskna.ee. Gästehaus, sehr idyllisch am Vaskna-See in der Nähe des Suur Munamägi gelegen, mit frei laufenden Kaninchen im Garten. Sehr gute Verpflegung nach Absprache, Verkauf von Handarbeitsartikeln, Tretbootverleih, Sauna, Konferenzraum.
- Ein wenig nördlich vom Haanja-Naturpark, etwa 9 km südwestlich von Võru, passiert man die nette **Villa Arossa** €€, Nooska, Tel. 7829114, mobil 5175600, arossa@arossa.ee, www.arossa.ee. Man kann ein kleines Ferienhäuschen oder ein DZ im Haus mieten, allerdings haben nicht alle Räume ein eigenes Bad. Es gibt ein Grillhaus im Garten, zum Gästehaus gehört eine Sauna mit Swimmingpool (wie das Grillhaus kostenpflichtig), **zelten** ist möglich. Der Besitzer, dessen Tochter Deutsch spricht, organisiert Kanufahrten, Reit-, Boots- und Wanderausflüge.
- Am Vällamägi befindet sich eine **Wanderhütte** mit Pritschen und Sauna (s.o.).
- Im **Kulturhaus Haanja** befinden sich auch einige Gästezimmer für Touristen, einfach mal nachfragen.

Aktivitäten

- In Viitina kann man eine **schwimmende Sauna** mieten. Ansprechpartner: *Jaanis Koppel*, Tel. 5034028, jaanis@viitina.ee, www.viitina.ee.
- In Haanja befindet sich im Erholungs- und Sportzentrum ein **Skicenter:** Haanja Suusakeskus, Tel. 7878835. Skiloipen in der Umgebung sind im Dunkeln beleuchtet.

Verkehr

- Die meisten kleinen Orte werden nur selten von **Bussen** frequentiert. Allerdings sind viele Unterkünfte bereit, ihre Gäste am nächsten Busbahnhof, zumeist in Võru, abzuholen. Ist man auf öffentliche Verkehrsmittel angewiesen, empfiehlt sich eine Unterkunft in Rõuge oder Haanja. Dort verkehren nahezu stündlich Busse nach Võru. In Haanja hält ein Expressbus, der auch zum Tallinner Flughafen fährt.

Rõuge

↗ X/B2

Der etwa 15 km südlich von Võru gelegene Ort Rõuge (Rauge), 1613 erstmals urkundlich erwähnt, liegt in einer idyllischen Landschaft, die sich durch sanfte Hügel und bis zu 75 Meter tiefe Täler, Laub- und Nadelwälder sowie zahlreiche Seen, Flüsschen und Quellen auszeichnet. Wie an einer Perlenkette aufgereiht, liegen sieben durch den Rõuge-Bach miteinander verbundene Seen in und um den Ort. Im Zentrum Rõuges befindet sich der **Suur Järv,** der mit 37 Metern der tiefste See Estlands ist.

Die **Marienkirche** im Zentrum des Dorfes gilt als Symbol Rõuges. Bereits im Jahr 1550 stand hier ein Gotteshaus, das jedoch im Nordischen Krieg zerstört wurde. Das jetzige Gebäude stammt aus dem Jahr 1730. Die einstmals katholische, jetzt lutherische Kirche beherbergt eine der besten Orgeln der **Orgelbauerfamilie Kriisa,** die aus Kokõmäe stammt, einem kleinen Ort in der Nähe von Rõuge. Das Altarbild „Jesus am Kreuze" ist von *Rudolf zur Mühlen*. Die Öffnungszeiten schwanken leider sehr, am Eingang informiert jedoch ein Schild darüber, wann man die Kirche besichtigen kann und an wen man sich wenden soll. Ansonsten hilft der Touristeninfopunkt weiter. Die Besteigung des Turmes kostet etwa 10 EEK, für Kinder 5 EEK. Gegenüber der Kirche erinnert ein **Denkmal** an die Opfer des Unabhängigkeitskrieges.

Im Park befindet sich ein für den Betrachter seltsam anmutendes Denkmal, das einen Stein zeigt, der sich in einem Nest befindet. Der sogenannte **Rabenstein** (Kaarna Kivi) stammt aus einer Geschichte des Schriftstellers *Juhan Jaik* (1899–1948). Demnach sollte der Wünsche erfüllende Stein demjenigen in die Hände fallen, der weise genug sei, ihn zu nutzen. Dies gelang dem armen Schäferjungen Junts, der den Stein in einem Rabennest fand.

Vom alten **Festungshügel Linnamägi** hat man einen schönen Ausblick auf die liebliche Landschaft. Auf dem Linnamägi stand vom 6. bis 11. Jahrhundert eine alte Estenburg. Ausgrabungen brachten zutage, dass hier bereits zur Eisenzeit eine Siedlung gelegen haben muss. Fundstücke befinden sich im Võrumaa Museum (siehe Võru). Heute kann man von einem hölzernen Aussichtsturm aus die wunderschöne Seenlandschaft betrachten. Zur anderen Seite des Linnamägi liegt das **Tindiorg** (Tindi-Tal), das von Kalksteinfelsen dominiert wird.

Nachtigallental

Eine Reihe von Tälern in der Umgebung von Rõuge laden zum Spaziergang ein, vor allem das 300 Meter lange und bis zu 15 Meter tiefe Nachtigallental (Ööbikuorg) südöstlich des Ortes. Es ist besonders im Frühling, wenn der Gesang zahlreicher Nachtigallen durch das bewaldete Tal schallt, ein beliebter Ausflugsort der Esten.

Naturwanderweg

Ein wunderschöner, zehn Kilometer langer Wanderweg führt an den sieben Seen entlang durch den beschaulichen kleinen Ort und das Nachtigallental und endet in einem Sandsteinaufschluss, der **Hinni-Schlucht** („Canyon“ genannt). Die bis zu acht Meter tiefe und 200 Meter lange Schlucht liegt nördlich der Ortschaft in der Nähe des Dorfes Nursi, sie steht unter Schutz. Rõuge selbst liegt in der Mitte des Wanderweges, d.h. man sollte sich entweder an ein Ende bringen lassen oder in zwei Etappen laufen, um nicht insgesamt 20 Kilometer zurücklegen zu müssen. Im Sommer nicht vergessen, ein Anti-Mücken-Mittel aufzutragen!

Energiepfad

Ein weiterer Wanderweg ist 1,5 Kilometer lang und führt an **natürlichen Energiequellen** (zumeist Wasserkraft) vorbei. Schilder erklären dem Wanderer, wie die Energiequellen technisch genutzt werden. Der Rõuge Engergiepark gibt ein kleines Faltblatt mit englischsprachiger Information und Wanderroute heraus.

- **Rõuge Energiapark,** Ööbikuoru 1, Tel. 7859312, energiapark@rauge.ee, www.rauge.ee/energiapark.

Spielzeugmuseum

In **Nursi,** etwa fünf Kilometer nördlich von Rõuge, nordöstlich der Hinni-Schlucht, befindet sich ein Jugendhaus mit einer Art kleinem Spielzeugmuseum. Da es keine regelmäßigen Öffnungszeiten hat, sollte man sich an den Touristeninfopunkt wenden.

Informationen

- **Rõuge Touristeninfopunkt,** Haanja mnt. 1, Tel. 7859245, raugeinfo@hot.ee, www.rauge.ee, 15.–31. Mai sowie 1.–15. September Mo–Fr 10–16 Uhr, Juni bis August Mo–Fr 10–16 Uhr, Sa/So 10–14 Uhr. Im Winter befindet sich der Infopunkt im Gemeindehaus, Ööbikuoru 1, der Straße Richtung Kirche etwa 200 m folgen, dann rechts abbiegen, nach 300 m liegt das Gemeindehaus auf der rechten Seite. 16. September bis 30. April Mo–Fr 8–16 Uhr.

Service

- **Post:** zwei Gehminuten vom Touristeninfopunkt an der Straße von Võru/Haanja Richtung Sänna/Krabi.
- **Internet:** Rõuge Huvikoda, Keskuse 1, in dem gelben Holzhaus neben dem Rabenstein (s.o.).

Notfälle

- **Apotheke:** Tel. 7859360
- **Arzt:** Tel./Fax 7859171
- **Zahnarzt:** Tel. 7859171
- **Pannenhilfe:** Tel. 1888 oder 786969188

Unterkunft

- **Ala-Rõuge Külastemaja** €€, Võru mnt. 13, Tel. 7859236, mobil 5226384, info@alarouge.ee, www.alarouge.ee. Gästehaus mit einfach ausgestatteten Zimmern, nicht jedes mit eigenem Bad, z.T. mit TV; Whirlpool, Sauna, Konferenzraum. Preiswertes Restaurant mit einfachen Gerichten angeschlossen.
- **Eha Talu** €€-€€€, Tel. 7859110, mobil 5243047, eha@ehatalu.ee, www.ehatalu.ee. Nettes Ferienhaus für 2–4 Personen mit Küche und Sitzecke, nur Selbstverpflegung möglich. Idyllisch am Ratas-See nur wenige Gehminuten vom Zentrum Rõuges gelegen. Reiten, Kutsch- und Planwagenfahrten, Paddelbootverleih, Sauna, Schaukel. Auch **Camping** möglich.
- **Kiidi Turismitalu** €, Kiiidi, Gemeinde Rõuge, Tel. 7823342, mobil 5056293, Fax 7820914, kiidi@kiidi.ee, www.kiidi.ee. Schöne Lage inmitten der idyllischen Hügellandschaft des Rõuge-Tals zwischen dem Tõug- und dem Kahrila-See. Sehr einfache Zimmer, z.T. mit Doppelstockbetten, auch ganze Häuschen mietbar. Eine sehr preiswerte Unterkunft, oft von Jugendgruppen besucht, deshalb sollte man sich vorher telefonisch erkundigen, wie ausgebucht die Herberge ist. Der Besitzer ist eine Koryphäe im Tourismusbereich, bietet Ausflüge und Einführung in Tradition und Folklore an und spricht Deutsch. Skier und Schlittschuhe vorhanden, Sauna, Rauchsauna.
- **Tamme Puhkemaja** €€, Vadsa, Gemeinde Rõuge, Tel. 7860835, mobil 5064465, tampuhkemaja@hot.ee, www.hot.ee/tampuhkemaja. Ferienhäuser und Zimmervermietung, liegt zwischen Rõuge und Haanja. Schön angelegtes und gepflegtes Grundstück mit Grill, Sauna, Schaukel, Volleyballplatz. Die Besitzerin spricht etwas Deutsch. **Camping** möglich, Essen nach Absprache.

Essen und Trinken

- Das Restaurant des Gästehauses **Ala-Rõuge Külastemaja** (s.o.) ist täglich 11–18 Uhr geöffnet.
- **Saarsilla Talu Kohvik,** Haanja mnt. 2, 10–23 Uhr. Einfache Gerichte, von der Terrasse hat man einen netten Blick auf den Suur Järv.
- Forellen kann man im Sommer bei **Saarlasõ Veski Talu,** Saarlase, Gemeinde Rõuge, Tel. 7860946, mobil 53437532, oder bei **Tindioru forellipüük** (Tindi küla, Gemeinde Rõuge) fangen oder fangen lassen und grillen.

Einkaufen

- **Ööbikuoru käsitöötare,** auf dem Linnamägi in Rõuge, Hariduse 3, Mai bis August tgl.

10–16 Uhr. Typisches Kunsthandwerk, geschnitzte Gebrauchsgegenstände, gestrickte Socken und andere Handarbeitsartikel.

●Drei kleine **Supermärkte** bzw. Tante-Emma-Läden befinden sich schräg gegenüber dem Touristeninfopunkt. Ein weiterer Laden ist in Nursi.

Aktivitäten

Verleih von **Fahrrädern, Booten, Angelzubehör** und **Skiern** bieten die meisten Unterkünfte an. Es werden auch – je nach Jahreszeit – **Kutsch- und Schlittenfahrten** angeboten. Der Touristeninfopunkt hilft gern weiter.

●**Reiten:** Eha Talu, Tel. 7859110, mobil 5243047, eha@ehatalu.ee, www.ehatalu.ee.

Verkehr

●Von Rõuge verkehren nahezu stündlich **Busse** nach Võru. Dreimal täglich hält ein Bus von und nach Tartu.

Võru

↗ XI/C2

Võru (Werro) liegt am **Tamula-See** und mutet – obwohl Hauptstadt des gleichnamigen Landkreises – von der Größe und Atmosphäre her wie eine Provinzstadt an. Auf Verheiß der russischen Zarin *Katharina II.* wurde die Stadt am 21. August 1784 gegründet und in quadratischen Vierteln angelegt. Archäologische Funde weisen darauf hin, dass die Gegend schon in der Steinzeit bevölkert war.

Im Mittelalter stand am linken Flussufer des Võhandu (gleich hinter Võru Richtung Väimela) die **Bischofsburg Kirumpää,** von der allerdings nicht mehr als ein paar Mauerreste zu sehen sind. Bereits 1656 wurde die Burg, die erstmals 1322 Erwähnung fand, zerstört, ihre Steine sind beim Bau der Stadt verwendet worden. Die Fundstücke aus der Zeit sind im Võrumaa Museum ausgestellt.

Võru hat keine großartigen Sehenswürdigkeiten vorzuweisen, doch ist die Stadt eng mit dem Namen ihres berühmtesten Sohnes verbunden, dem auch ein Museum gewidmet ist: *Friedrich Reinhold Kreutzwald,* der die Geschichten des in Estland immer wieder auftauchenden Sagenhelden Kalevipoeg aufgeschrieben hat.

Vom Bahnhof aus sind es nur einige Gehminuten in die Innenstadt. Folgt man der Tartu-Straße, stößt man an der Ecke Jüri auf die Touristeninformation. Rund um die Kreuzung Tartu/Jüri bzw. Antsla, wie die Verlängerung der Jüri-Straße heißt, finden sich die meisten Sehenswürdigkeiten und zahlreiche bunt gestrichene Holzhäuser.

Kirchen und Estonia-Denkmal

Auf dem Weg vom Bahnhof zur Touristeninformation liegt die **orthodoxe Jekateriina-Kirche** (Tartu tn. 26) aus dem Jahr 1804. Nur einige Meter weiter auf der gegenüberliegenden Straßenseite ist noch eine Kirche zu sehen. In Anbetracht dessen, dass Võru auf Anordnung *Katharinas II.* errichtet wurde, erstaunt es nicht, dass auch sie den Namen **Katharina** trägt. Für die Fertigstellung hatte ihre Namensgeberin 28.000 Silberrubel gestiftet. Das einschiffige, evangelische Gotteshaus (Antsla/Ecke Tartu) wurde am 24. Juli 1793 eingeweiht. Die Orgel aus dem Jahr 1913 stammt aus der in Haanja ansässigen Orgelbauerfamilie *Kriisa*.

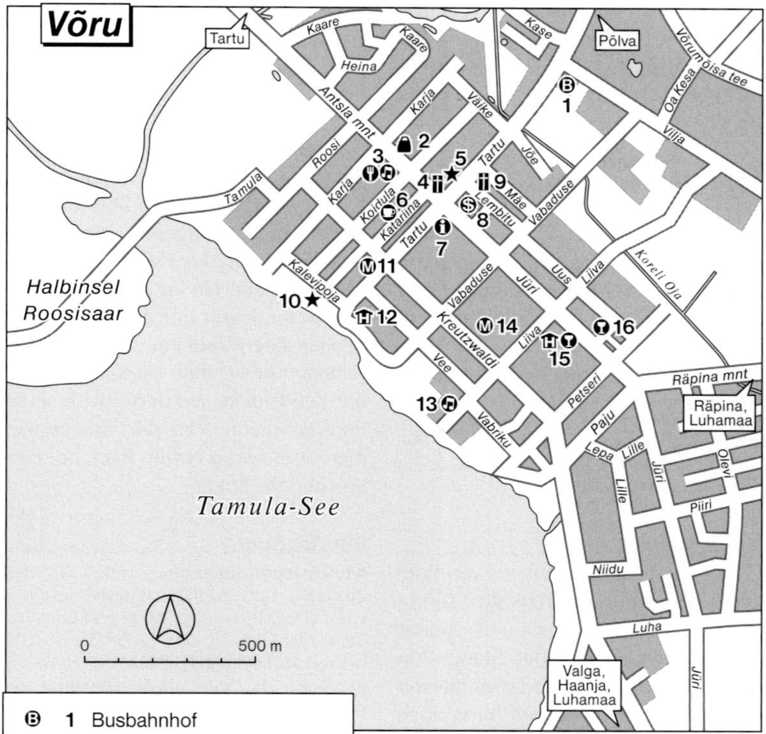

- 1 Busbahnhof
- 2 Antiquitäten Karma
- 3 Võhandu Trahter
- 4 luth. Katharinenkirche
- 5 Estonia-Denkmal
- 6 Café Katariina
- 7 Touristeninformation
- 8 Bank
- 9 Jekateriina-Kirche
- 10 Kreutzwald-Denkmal
- 11 Võrumaa Museum
- 12 Hotel Tamula
- 13 Guubik Nachtclub
- 14 Kreutzwaldmuseum
- 15 Ränduri Gästehaus
- 16 Õlle 17

Der Süden

Vor der Kirche erinnert ein **Denkmal** aus Granit an die 17 Einwohner, die beim Untergang der „Estonia" 1994 ihr Leben verloren haben (siehe Exkurs im Kapitel „Die westlichen Inseln").

Võrumaa Museum

Das Võrumaa Museum zeigt Exponate aus der Geschichte Võrus und Südestlands. Hier kann man auch typische **Seto-Trachten** bewundern und den Unterschlupf eines **Waldbruders** – so hießen die estnischen Widerstandskämpfer gegen die sowjetische Besatzung – besichtigen.

● **Võrumaa Museum,** Katariina 11, Tel. 7821939, 7824479, www.hot.ee/muuseumvoru, Mi–So 11–18 Uhr.

Kreutzwald Museum

Das ehemalige Wohnhaus von **Friedrich Reinhold Kreutzwald** (1803–1882) wurde 1793 erbaut und ist eines der ältesten Häuser der Stadt. Von 1833 bis 1877 lebte ihr berühmtester Bürger in dem Haus und hatte auch seine Arztpraxis darin. Zu besichtigen sind im sehr sehenswerten Kreutzwald Museum Wohn- und Arbeitsräume sowie die verschiedensten Ausgaben des estnischen Nationalepos „Kalevipoeg", an denen er hier im Haus gearbeitet haben soll.

● **Kreutzwald Museum,** Kreutzwaldi 31, Tel. 7821798, www.hot.ee/muuseumvoru, Mi–So 11–18 Uhr.

Am Ufer des Tamula-Sees

Läuft man die Tartu-Straße Richtung See, stößt man rechter Hand auf einen kleinen **Park.** Auch hier ist wieder *Friedrich Reinhold Kreutzwald* – gleich in doppelter Form – anwesend. Im Park steht ein Denkmal und die parallel laufende Straße heißt nach seinem großen Werk Kalevipoja.

Am See befindet sich ein kleiner **Badestrand,** der im Sommer auch gern genutzt wird. Geht man über die große Brücke zum anderen Ufer des Tamula-Sees auf die **Halbinsel Roosisaar,** vermerkt ein Informationsschild, wo Archäologen auf die Reste einer neolithischen Siedlung stießen. Zu besichtigen gibt es hier allerdings nichts, die Fundstücke wurden im Museum untergebracht. Von der Brücke hat man aber einen netten Blick auf den See und die Stadt.

Informationen

● **Touristeninformation,** Tartu 31, Tel. 7821881, Fax 7821881, voru@visitestonia.com, www.visitvoru.ee, Mitte Mai bis Mitte Sept. Mo–Fr 9–18 Uhr, Sa/So 10–15 Uhr (außer an Feiertagen, dann nur zeitweise geöffnet), im Winter am Wochenende geschlossen. Sehr empfehlenswert ist die (auch deutschsprachige) Homepage. Das Personal spricht Deutsch und ist sehr zuvorkommend. Hier bekommt man einen Stadtplan und Informationen über die Sehenswürdigkeiten in der Umgebung, Übernachtungs- und Ausflugsmöglichkeiten. **Tipp:** Sehr detailliert und informativ ist die kleine Broschüre „Võrumaa Reiserouten".

Võru am Tamula-See

Service

- **Banken:** Liiva 11, Tartu 25, Tartu 23 und Vabaduse 10a.
- **Internet:** Jüri 12, 1. Stock, außerdem kostenpflichtig: Elion Internet, im Kaufhaus Semu Kaubamaja, Vabaduse 1.

Notfälle

- **Krankenhaus Võru:** Meegomäe, am Ortsrand, von der Stadtmitte ca 4,5 km, Tel. 7868569. Filiale in der Stadt: Jüri 19, Tel. 7821522.
- **Polizei:** Kreutzwaldi 52, Tel. 7868211.
- **Wasserrettung:** Vee 4, Tel. 7821080, mobil 5020750.
- **Abschleppdienst:** Jaama 75, Tel. 5040528, 24 Stunden.

Unterkunft

- **Hotel Kubija** €€€, Männiku 43a, Tel. 7866000, mobil 5045745, Fax 7866001, info@kubija.ee, www.kubija.ee. Etwa 3 km von Võru entfernt in südlicher Richtung, sehr idyllisch im Wald und am Badesee Kubija gelegen, mit Restaurant. Besonders bekannt für seine Behandlungen bei Schlafstörungen, außerdem diverse Spa- und Schönheitsanwendungen; auch 20 Stellplätze für **Wohnwagen** mit Wasseranschluss und Waschmöglichkeiten.
- **Hotel Tamula** €€€, Vee 4, Tel. 7830430, Fax 7830431, hotell@tamula.ee, www.tamula.ee. Obgleich das Hotelgebäude von außen nicht besonders attraktiv aussieht, sind die Zimmer in Ordnung und die Lage am gleichnamigen See ist sehr nett. Vom Zimmerbalkon aus kann man direkt auf den schönen Badestrand vor dem Hotel blicken. Dort gibt es einen kleinen Spielplatz für Kinder, außerdem Sportplätze, Sauna, Restaurant und Fahrradverleih. Zum Zimmer gehören Sat-TV, Duschbad und Telefon.
- **Külalistemaja Ränduri** €€-€€€, Jüri 36, Tel. 7868050, Fax 7868051, pub@randur.ee, www.randur.ee. Rustikales Gästehaus im Herzen der Stadt, Zimmer verschiedenen Standards, Sauna, mit angegliederter Gaststätte.

071es Foto: jl

Essen und Trinken

- **Café Katariina,** Katariina 4, Tel. 7824490.
- **Pub Ränduri,** Jüri 36, einige Gerichte zur Auswahl.
- **Õlle 17,** Jüri 17, Irish Pub mit entsprechender Musik, auch Speisen.
- **Pubi Võhandu Trahter,** Koidula 16a, Tel. 7821191, trahter@trahter.ee, www.trahter.ee. Rustikale Gastwirtschaft mit preiswerten Gerichten, fungiert abends als Nachtclub.
- **Nachtclub Guubik,** Liiva 24a.

Einkaufen

- Das **Antiquitätengeschäft Karma** ist eines der größten im Lande. Untergebracht ist es in einem der ältesten Gebäude der Stadt an der Ecke Antsla/Koidula.
- Eine große Auswahl an handgefertigten Mitbringseln gibt es im **Käsitöökelder** auf der gegenüberliegenden Seite von Karma.

Aktivitäten

- **Reiten:** Tamula Tallid, Võlsi küla, Tel. 5048621, tallid@tamulatallid.ee.
- Falls das Wetter einen Strich durch die Rechnung macht, kann man die **Schwimmhalle** von Väimela nördlich von Võru (Väimela Tervisekeskus, Tel. 7874247) aufsuchen, bei Sonnenschein bieten sich die zahlreichen Seen der Umgebung an.

Verkehr

- **Busbahnhof,** Vilja 2, Tel. 7821018. Der Bus von Tallinn nach Võru ist etwa vier Stunden unterwegs, mehrmals täglich. Gute Anbindung auch nach Tartu, Põlva und in andere Städte. Außerdem fahren von Võru die Regionalbusse ab, beispielsweise nach Haanja oder Rõuge.
- **Taxi:** Tel. 7820002, 7822222, mobil 1300 und 1200.

Umgebung von Võru

Väimela

↗ XI/C2

Ein Stück weiter nördlich, etwa sechs Kilometer von Võru entfernt, liegt das **Gutsensemble Väimela** (Waimel). Das barocke Herrenhaus brannte während des Ersten Weltkriegs nieder, wurde jedoch 1922 wieder aufgebaut. Seither beherbergte es unterschiedliche Berufsschulen. Recht gut erhalten sind die alte Scheune, die Schnapsbrennerei, das Haus der Bediensteten und der alte Stall aus dem ausgehenden 19. bzw. beginnenden 20. Jahrhundert.

Vagula

↗ X/B2

Am **See Vagula,** westlich von Võru, liegt das einstige Sommergut der Familie *von Möller,* **Järvere** (Jerwen). In einem alten Park, der in der ersten Hälfte des 19. Jahrhunderts angelegt wurde, ließ die Familie Anfang des 20. Jahrhunderts ein Herrenhaus im historistischen Stil errichten, das heute dem Landkreis gehört.

Nicht weit vom Gutshof Järvere liegt **Gut Sõmerpalu** (Sommerpahlen), das ebenfalls der Familie *von Möller* gehörte. Von einer alten Vasallenfestung aus dem 15. Jahrhundert ist nur noch eine Steinmauer erhalten, zu sehen sind jedoch das Herrenhaus aus dem 19. Jahrhundert und der nette Park. Auch hier sind Nebengebäude wie Ställe und das alte Haus des Verwalters erhalten. Lange diente das Herrenhaus als Schule, bevor es in Privatbesitz überging. Leider ist es in keinem allzu guten Zustand und wartet noch auf seine Renovierung.

Antsla ⇗ X/B2

Folgt man der Straße 69 in westlicher Richtung, gelangt man nach Antsla. Der Ort hat außer dem See **Nässmetsa järv** am Ortsausgang, in dem man auch baden kann, nichts zu bieten. Man findet hier jedoch Einrichtungen wie Post und Bank (Kreutzwaldi 3 und Jaani 4) sowie kostenlosen Internetzugang (Kooli 19). Stärken kann man sich im **Triinu Kohvik** (Jaani 7), in der Nähe gibt es auch eine Apotheke. Biegt man im Ort kurz hinter der **Touristeninformation** (Kreutzwaldi 1, Tel. 7855164) rechts ab in die Veski-Straße, kommt man nach Vana-Antsla.

Vana-Antsla ⇗ X/B2

In Alt-Antsla stand in früheren Zeiten einmal eine alte Vasallenburg. Im 15. Jahrhundert ließ *Hermann von Uexküll* einen Gutshof errichten, später gehörte das Anwesen der Familie *von Ungern-Sternberg*. Das heute hier stehende **Herrenhaus,** nun wie so viele seiner Art eine Schule, stammt jedoch aus dem 18. Jahrhundert und liegt in einem englischen **Park.** Dieser beherbergt verschiedene Baum- und Pflanzenarten, darunter eine alte Eiche, die angeblich 1601 zu Ehren der Geburt des schwedischen Königssohns gepflanzt worden sein soll. Ein Spaziergang durch den Park lohnt sich, etwa 20 Nebengebäude des Anwesens sind erhalten. Vor allem das „Flaschenhaus" genannte **Gärtnerhaus,** das auch zur Lagerung von Äpfeln diente, ist sehenswert. Es ist 200 Jahre alt und aufgrund seines runden Grundrisses leicht zu erkennen.

Urvaste ⇗ X/B2

Weiter Richtung Norden führt die Straße zum lang gezogenen **Urstromtal Urvaste.** In ihm liegt der See Uhtjärv, der für sein kühles Wasser bekannt ist. Östlich der Straße erhebt sich beim Dorf Kirikukäla (Kirchdorf) die dreischiffige **Kirche Urvaste** aus dem 13./14. Jahrhundert, die einzige Landbasilika Estlands. Ihr Name soll den Päpsten *Urbanus V. und VI.* gewidmet worden sein, zu deren Zeit das gotische Bauwerk entstand. Es wurde mehrfach zerstört und wieder aufgebaut, zuletzt 1889. Im Inneren erklingt eine Orgel der Brüder *Kriisa*, Altargemälde und Glocken stammen aus dem 19. Jahrhundert.

Nicht weit von Urvaste befindet sich die stattliche **Tamme-Lauri-Eiche.** Als dickster Baum des Landes hat sie es bis auf den 10-Kronen-Schein geschafft und ist mit einem Blitzableiter ausgestattet!

Schutzgebiete Luhasoo und Paganamaa ⇗ X/B3

Südwestlich des Naturparks Haanja an der **Grenze zu Lettland** liegt das Landschaftsschutzgebiet Luhasoo, eine frei von menschlichem Einfluss gebliebene **Sumpflandschaft,** die sich auf einer Fläche von knapp 800 Hektar erstreckt. Durch die verschiedenen Abschnitte – Hoch-, Übergangs- und Niedermoor – führt eine 4,5 Kilometer lange **Wanderstrecke,** die größtenteils auf Holzbohlen verläuft, damit man trockenen Fußes die Hochmoorseen, Mineralbodeninseln und Sumpfpflanzen betrachten kann. Man läuft einmal um den See Mustjärv herum und macht einen Abstecher zum Tiksijärv. Raststätten und Feuerstellen sind als solche gekennzeichnet.

Fährt man an der estnisch-lettischen Grenze entlang, gelangt man bald zu einem weiteren Landschaftsschutzgebiet: Paganamaa. Es gilt als Teufelsland; die vielen Täler, Gruben und Grumlins werden in Sagen zu Fußspuren des Teufels erklärt. In Wirklichkeit waren es die letzte Eiszeit und die sich zurückziehenden Gletscher, die die Landschaft formten. Von einem Aussichtsturm kann man sich einen guten Überblick über die Wälder, Seen und Flüsschen verschaffen.

Das Gebiet der Waldbrüder

Vastse-Roosa ⇗ X/B3

Ganz in der Nähe von Paganamaa fanden nach dem Beginn der sowjetischen Besatzung zahlreiche **Widerstandskämpfer** Unterschlupf im Wald – daher ihr Name Waldbrüder. Sie lebten über Jahre hinweg teils unterirdisch in einer Art Bunkern, um nicht aufgespürt zu werden. Einige dieser Behausungen kann man heute noch besichtigen. Wer bereit ist, auf Luxus zu verzichten, kann sogar in einem der Bunker übernachten und sich so ein wenig in das Leben der Waldbrüder hineinversetzten.

● **Hof der Waldbrüder** €, Vastse-Roosa, Gemeinde Mõniste, Tel. (wochentags) 7891280,

073es Foto: jl

mobil 5230850, 5030850, info@metsavennatalu.ee, www.metsavennatalu.ee. Zum Übernachten gibt es außer den Bunkern der Waldbrüder einfache Campinghäuser. Auch der Heuspeicher steht Gästen, die einen Schlafsack haben, offen. Auf Vorbestellung erhält man Verpflegung.

Mõniste

X/B3

Von Vastse-Roosa aus kann man der Straße 68 in nördlicher Richtung nach Mõniste folgen, das rund 40 Kilometer südwestlich von Võru und südlich des Karula-Nationalparks liegt. In diesem Gebiet gab es oftmals Überschwemmungen, die dazu führten, dass die Bewohner abgeschirmt von anderen Teilen des Landes lebten. So nah am Nachbarland Lettland erstaunt es nicht, dass die lettische Sprache Einfluss auf den lokalen Dialekt nahm. Zum Ort gehört ein artenreicher ehemaliger Gutspark. Weiter im Westen, beim Dorf Kuutsi, liegt das **Freilichtmuseum** Mõniste, das mit alten Bauernhäusern aufwartet.

Wer von hier aus nach Võru fährt, kann einen Blick auf die orthodoxe **Kirche Mõniste-Ristiku** (von 1855) werfen. Die lutherische **Kirche in Vana-Roosa** stammt aus dem Jahr 1893.

- **Freilichtmuseum Mõniste,** Kuutsi, Gemeinde Mõniste, Tel. 7890622, www.hot.ee/monistem, Mai bis Sept. täglich 10–17 Uhr, im Winter Mo–Fr 10–14 Uhr.

Im Luhasoo-Schutzgebiet nahe der lettischen Grenze

Karula-Nationalpark

X/A-B2

Etwa 25 Kilometer südöstlich von Valga erstreckt sich der Nationalpark Karula, der etwa zwei Drittel des gleichnamigen **Höhenzugs** umfasst. Sanfte Moränenhügel, die sich bis 137 Meter über dem Meeresspiegel in den Himmel erheben, Sümpfe, Wälder und zahlreiche Seen prägen die malerische Landschaft. Der Nationalpark erstreckt sich auf einer Fläche von mehr als 11.000 Hektar innerhalb der Landkreise Valgamaa und Võrumaa. Der Name Karula geht auf das estnische Wort *Karu* für Bär zurück, doch statt auf Bären stößt man hier mit etwas Glück eher auf Hirsche, Elche, Wildschweine, Wölfe, Luchse, Biber, Füchse oder Marder.

Von Valga kommend, folgt man zunächst der Straße 67 bis zur Abzweigung einer Landstraße, die nach Lüllemäe führt. Dort startet einer der vier **Lehrpfade,** die durch den Nationalpark führen. Auf der höchsten Erhebung, dem Tornimägi bei Rebasemõisa, steht ein **Aussichtsturm.** In der Nähe befindet sich auch ein Platz, auf dem man **zelten** kann.

Im Süden des Nationalparks liegt der etwa drei Kilometer lange **See Ähijärv,** an dem auch das Besucherzentrum zu finden ist.

- **Informationszentrum des Nationalparks Karula,** Ähijärve, Gemeinde Antsla, Tel. 7828350, www.karularahvuspark.ee (in Englisch), Kartenmaterial und Informationen über die Gegend, außerdem gibt es einige Gästezimmer.

Familienpark

Eine Attraktion für Kinder ist der am Rand des Nationalparks gelegene **Metsamori-Perepark** (Familienpark der Waldhexe), ein liebvoll angelegter Garten mit verschiedenen Spielgeräten aus Holz. Die Betreiber haben sich mit einigen anderen pfiffigen Geschäftsleuten der Gegend zusammengeschlossen, die **Ferienzimmer** vermieten.

- **Metsamoor,** Ähijärve, Gemeinde Antsla, Tel. 7852426, 5260325.

Unterkunft

- **Nakatu Taluturism** €€, Karula (von Valga kommend, rechts Richtung Ringiste abbiegen, nach etwa 10 km), Tel./Fax 7670300, mobil 5134024, ants.jarvmagi@mail.ee, www.nakatu.ee. Ferienhof ein paar Kilometer westlich des Nationalparks mit Sauna an kleinem Teich, Fahrradverleih, auf Wunsch mit Verpflegung. Die Besitzer organisieren auch Kanufahrten in der Gegend.
- **Ferienhäuser Järvenukka** €€, Ähijärve, Gemeinde Antsla, Tel. 5232066, 5076293. Zwei rustikale Ferienhäuschen im Dorf Ähijärve, eingebettet in einen Birkenhain am Nordufer des Ähijärv. Den Gästen stehen ein Grill, die Sauna und ein Boot zur Verfügung.

Valga und das lettische Valka

↗ X/A2

Ganz im Süden des Landes, rund 250 Kilometer südöstlich von Tallinn und etwa 150 Kilometer nordöstlich der lettischen Hauptstadt Riga, liegt die Grenzstadt Valga (Walk). Seit 1920, als beide Länder ihre Unabhängigkeit erklärten, verläuft die **estnisch-lettische Grenze durch den Ort,** die sie in einen estnischen und einen lettischen Teil trennt, letzterer nennt sich Valka. Nach der langen Sowjetbesatzung ist sie seit 1991 wieder eine Staatsgrenze.

Festgelegt wurde der Grenzverlauf bereits in der ersten Hälfte des 13. Jahrhunderts, als ein Gesandter des Papstes die Grenze zwischen den Ländereien des Livländischen Ordens und des Bischofs von Riga bestimmte. 1584 wurde Valga unter polnischer Herrschaft von König *Stefan Bathory* das Stadtrecht verliehen, aber der Ort existiert schon viel länger. Schriftlich tauchte die Ortschaft erstmals 1286 im Schuldenregister der Stadt Riga auf, doch wahrscheinlich ließen sich schon vor Beginn des zweiten Jahrtausends Menschen hier nieder, kreuzen sich an dieser Stelle doch wichtige Handelswege.

Diese Tatsache führte auch zum Bau der **Eisenbahn** Ende des 19. Jahrhunderts. Die Züge zwischen Riga und Tallinn wie auch in östlicher Richtung nach Pskov verkehrten via Valga und brachten der Stadt Aufschwung. Von 1902 bis 1917 war der ehemalige Apo-

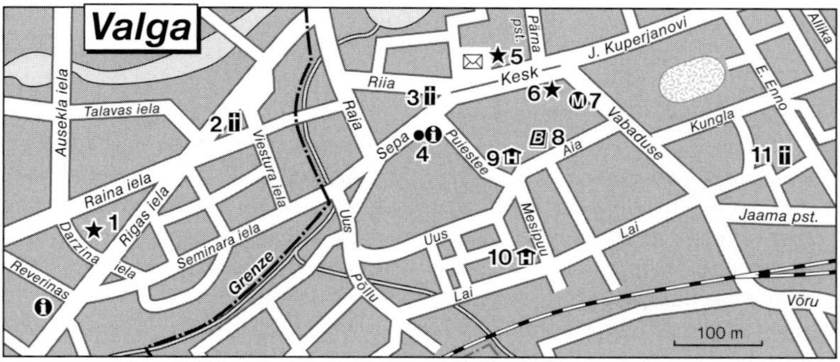

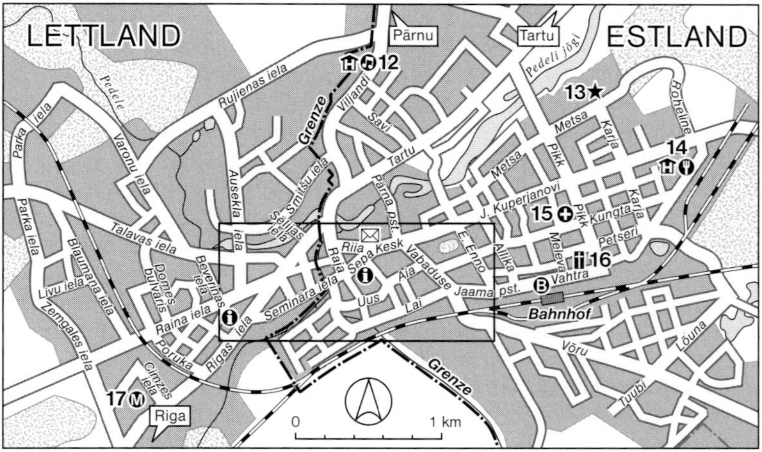

★ 1 Kulturhaus
2 Katharinenkirche
3 Johanniskirche
● 4 Rathaus, Touristeninformation
★ 5 Stadtverwaltung und Gebäude der Deutschen Bank
★ 6 Kulturzentrum
7 Valga Museum
8 Bibliothek
9 Apartment Aia
10 B&B Kähri
11 Isidor-Kirche
12 Hostel Tolli, Nachtclub Yes
★ 13 Stalag-Denkmal
14 Metsis
15 Krankenhaus
16 Heiligengeistkirche
17 Valka Museum

theker *Johannes Märtson* Bürgermeister Valgas, was insofern hervorzuheben ist, als es sich bei ihm um den ersten estnischen Bürgermeister des Landes handelte.

Heute wohnen etwa 21.000 Menschen in beiden Teilen der Stadt, wovon etwas mehr als zwei Drittel auf der estnischen Seite angesiedelt sind. Wer sich in Valga aufhält, kann problemlos zu Fuß oder mit dem Auto die innerstädtische Grenze passieren. Da die wenigen Hotels vor Ort oft ausgebucht sind, ist man manchmal sogar gezwungen, auf die lettische Seite auszuweichen. Man kann beide Stadtteile problemlos an einem Tag besichtigen, sollte sich aber kein durch die Teilung bedingtes, besonderes Flair erhoffen. Den größten Unterschied stellen die Straßen- und Informationsschilder dar, die in verschiedenen Sprachen verfasst sind, und die Flaggen, die an offiziellen Gebäuden wehen: rot-weiß-rot die lettischen, blau-schwarz-weiß die estnischen. Vor der Einführung des Euro sollte man jedoch nicht vergessen, dass in Valka die lettische Währung in Gebrauch ist.

Sehenswertes auf estnischer Seite

Johanniskirche

Im Herzen Valgas, am Ende der Kesk-Straße (in Verlängerung der Kuperjanovi) ragt auf einer Straßeninsel die gelb-weiße, oval angelegte **Jaani Kirik** in den Himmel empor. Das Kirchenschiff ist von einem hohen Mansarddach gekrönt. *Christoph Haberland,* ein Architekt aus Riga, entwarf das Gotteshaus Ende des 18. Jahrhunderts, das 25 Jahre nach seiner Fertigstellung um einen Turm erweitert wurde. An der Außenwand hat man eine Gedenktafel zu Ehren von finnischen Gefallenen angebracht, die Opfer des estnischen Befreiungskampfes Anfang des 20. Jahrhunderts wurden.

Rund ums Rathaus

Gegenüber der Kirche befindet sich ein hübsches hölzernes Gebäude, das rot-weiß gestrichen ist. Es beherbergt nicht nur das Rathaus, sondern auch die **Touristeninformation** sowie ein **Handarbeitsgeschäft.** Mit einem kleinen Türmchen und aufgesetzten Fenstern auf dem Halbwalmdach gehört das 1865 erbaute Haus zu den schönsten Gebäuden der Stadt.

Ein wenig jünger ist das Haus der **Stadtverwaltung** (Kesk 12), ein paar Schritte weiter auf der gegenüberliegenden Seite. Wie die Johanniskirche plante auch das ehemalige **Gebäude der Deutschen Bank** ein Rigaer Architekt. Nach den Entwürfen *Wilhelm Rösslers* wurde das neoklassizistische Gebäude 1912 eingeweiht. Ionische Doppelsäulen und ein Dreiecksgiebel schmücken seine Fassade.

Im **Kulturzentrum** (Kesk 1), das zu Sowjetzeiten erbaut wurde, finden wechselnde Ausstellungen statt, außerdem kann man hier kostenlos das Internet nutzen. Dies ist auch in der **Stadtbibliothek** möglich, die sich im ehemaligen Gutshof (Aia 12) befindet. Das von *Karl Schmidt* entworfene Gebäude aus dem Jahr 1902, das in einem kleinen Park liegt, erstrahlt seit seiner Renovierung 1996 wieder in neuem Glanz.

Museum

Wer sich für die **Geschichte** der Grenzstadt sowie die **Flora und Fauna** der Umgebung interessiert, sollte dem Museum einen Besuch abstatten. Das Gebäude wurde 1911 vom estnischen Architekten *Georg Hellat* für die estnische Gesellschaft „Säde" (Funken) erbaut, der Lehrer, Anwälte, Ärzte und Juristen angehörten, die sich der Pflege des estnischen Kulturguts verschrieben hatten.

- **Valga Museum,** Vabaduse 8, www.valgamuuseum.ee (nur auf Estnisch), Tel. 7668862, 7668863, Di–Fr 11–18 Uhr, Sa 10–15 Uhr, im Sommer auch sonntags.

Kirchen

Auf dem Weg zum Bahnhof passiert man zwei weitere Kirchen. Die **orthodoxe Isidor-Kirche,** die von fünf Kuppeln und einem Glockenturm überragt wird, entstand Ende des 19. Jahrhunderts, die **Heiligengeistkirche** liegt etwas versteckt hinter dem Bahnhof (Maleva 8). Sie gehört zu den wenigen katholischen Kirchen des Landes. Ihre Fassade ist von neogotischen Fenstern und einem Giebel geziert. Der Bau eines Turms wurde zur Zeit ihrer Entstehung 1907 von der Zarenregierung nicht gestattet, schließlich durfte ein katholisches Gotteshaus nicht höher sein als die orthodoxe Kirche vor Ort.

Bahnhof

Das heutige, weiß-gelb gestrichene Bahnhofsgebäude (Jaama 10) haben deutsche Kriegsgefangene errichtet. Eine **Lokomotive** an der Bahnstrecke wurde 1998 als Erinnerung an die einstmals wichtige Verbindung Riga – Valga – Pskov aufgestellt.

Kriegsgefangenenlager

Am nordöstlichen Ende der Stadt lag im Wald Priimetsa das **Stalag 351,** ein Kriegsgefangenenlager, das die Deutschen im Herbst 1941 für russische Gefangene gründeten. Im Spätherbst 1944 wendete sich das Blatt, nun saßen deutsche Kriegsgefangene hier ein. Heute erinnert ein **Denkmal** an die Soldaten, die im Lager ums Leben kamen.

Valka in Lettland

Nur ein paar Schritte und schon befindet man sich jenseits der Grenze im lettischen Landkreis Vidzeme. Den lettischen Teil der Stadt, Valka, kann man ebenso wie Valga schnell zu Fuß durchlaufen. Ein **Grenzübergang** befindet sich im Norden der Stadt an der Viljandi-Straße, der zentrale Grenzübergang an der Raja-Straße ist nur für Fußgänger geöffnet. Autos und Kleinbusse dürfen am Ende der Sepa-Straße die Grenze überqueren.

Die **Touristeninformation** liegt ein paar Hundert Meter östlich des zentralen Grenzübergangs. Dort kann man sich mit größtenteils englischsprachigen Informationen ausstatten.

Man findet das Büro leicht, es liegt gleich hinter dem zentralen Platz, auf dem sich auch das **Kulturhaus** (Darzina iela 8) befindet, das 1927 im neoklassizistischen Stil erbaut wurde.

Auf einer Grünfläche zwischen den Straßen Raina iela und Rigas iela erhebt sich die lutherische **Katharinenkirche,** die 1477 erstmals erwähnt, aber in diversen Kriegen und Bränden mehrfach zerstört wurde. Das jetzige Gebäude stammt aus dem Jahr 1910. Einen Ausblick auf beide Stadtteile hat man von ihrem **Turm** aus.

Auch in Valka gibt es ein **Stadtmuseum,** das in einem alten Seminarhaus aus dem Jahr 1850 untergebracht ist.

- **Stadtmuseum Valka,** Rigas iela 64, Tel. 00371-4722198, Mo–Fr 10–17 Uhr, Sa 10–16 Uhr.

Informationen

- **Touristeninformation Valka,** Beverinas iela 3, Tel. 00371-4707522, tic@valka.lv, www.valka.lv.

Währung

Die lettische Währung heißt **Lats (LVL).**

- 1 Euro = 0,69 LVL, 1 LVL = 1,46 Euro
- 1 EEK = 0,04 LVL, 1 LVL = 23 EEK
- 1 SFr = 0,41 LVL, 1 LVL = 2,41 SFr

Praktische Tipps Valga

Informationen

- **Touristeninformation,** Kesk 11, Tel./Fax 7661699, valga@visitestonia.com. Wenn es einen Preis für das beste Touristeninformationsbüro in Estland gäbe, stände Valga auf der Favoritenliste weit oben. Die Angestellten sind sehr freundlich und stehen mit Rat, Tat und Infos – auch was die Schwesterstadt Valka angeht – den Besuchern zur Seite. In den beiden Büros von Valga und Valka erhält man auch Karten und Broschüren, auf denen Ausflüge entlang des Grenzgebietes vorgestellt werden.

Im Keller des Gebäudes findet sich ein **Handarbeitsgeschäft,** in dem man preisgünstig nette Souvenirs erstehen kann.

Service

- **Bank:** Eesti Ühispank, Aia 5, und Hansapank, Aia 18.
- **Grenzschutz:** Pikk 16, www.pv.ee.

Unterkunft

- **Hotel und Restaurant Metsis** €€€, Kuperjanovi 63, Tel. 7666050, Fax 7666051, info@hotellmetsis.com, www.hotellmetsis.com. Frisch renoviertes, stilvoll eingerichtetes Hotel, alle Zimmer mit Bad, TV, Telefon.
- Wer mit dem Auto unterwegs ist, kann auch im **Motel Jaanikese** €€, Jaanikese, Gemeinde Tõlliste, Tel. 7668745, www.jaanikese.com, übernachten, das etwa 2 km außerhalb der Stadt liegt. Allerdings sollte man sich erkundigen, ob nicht zufällig an dem Tag ein Motocrossrennen auf der Rennstrecke rings um das Motel stattfindet. Wer mag, kann auf dem Grundstück auch **zelten** oder seinen Wohnwagen aufstellen. Dazu gehört ein kleines **Café/Bar,** in dem man Snacks bekommt.
- Nur zwei Zimmer, allerdings mit Wohnzimmernutzung und Parkmöglichkeit auf dem Innenhof, bietet das kleine **Bed&Breakfast Kähri** €, Lai 26, Tel. 5245878, Fax 7668745.
- Ein kleines **Apartment** mit zwei Räumen, Küche und Dusche/WC kann man in der Aia 18a, Tel. 7663453, mieten. Der Preis richtet sich nach der Personenanzahl, pro Pers. €.
- Wer lärmunempfindlich ist, kann im einfachen **Hostel Tolli** €, Tolli 1, Tel. 7640853, übernachten, das aber nicht viel preiswerter als die anderen Alternativen ist. Es befindet sich gleich an der Grenze, im selben Haus wie der Nachtclub Yes.

Essen und Trinken

- **Cafés** und **Bistros** befinden sich entlang der Straßen Vabaduse (z.B. Nr. 29, 39, 41) und Kesk (Nr. 1, 8, 16).

Traktor vor der Touristeninformation im lettischen Teil der Stadt

• Das **Restaurant im Hotel Metsis** (s.o.) steht auch Nicht-Übernachtungsgästen offen.

Nachtleben

• Junge Leute besuchen den **Nachtclub Exotica Ööklubi,** Turu 6, oder das **Yes,** Tolli 1.
• Wem ein Glas Bier abends reicht, der kann sich eine Kneipe aussuchen: **Voorimehe Pubi,** Kuperjanovi 57, **Säde Baar,** Jaama pst. 1, **Tammi Baar,** Tartu 6, oder **Tsc Baar,** Metsa 21.

Verkehr

• **Bahnhof und Busbahnhof,** Jaama pst. 10. Die Busse sind auf jeden Fall schneller als der Zug. Regelmäßige Busverbindungen nach Tallinn, Tartu, Pärnu, Viljandi, Otepää. Regionalbusse halten an den an der Hauptstraße gelegenen Orten und Sehenswürdigkeiten, beispielsweise in Sangaste und Tõrva. Mit dem Zug kann man nach Tartu oder Riga fahren.
• **Autovermietung:** A-Karuse, Rükkeli 4, Tel. 7661020, mobil 5152229, Fax 7661844. Im Vergleich zu anderen Anbietern sehr preiswert. Liegt etwas außerhalb, deshalb sollte man ein Taxi dorthin nehmen.

Umgebung von Valga

Fluss Koiva ↗ X/A2-3

Die bekannteste Naturlandschaft östlich von Valga ist der Nationalpark Karula. Aber auch die **Gehölzwiesen** am Fluss Koiva entlang der estnisch-lettischen Grenze stehen unter Schutz und sprechen Naturliebhaber an. **Alte Eichen** säumen den idyllischen Fluss, der eingebettet zwischen Auenwiesen liegt. Am besten erreicht man das Gebiet über die Straße 67, die nahe an der Grenze entlangläuft. Bei **Laanemetsa** biegt man rechts ab.

Die Touristeninformation im Rathaus von Valga

Kaagjärve ↗ X/A2

Zweigt man von der Straße 67 zum Nationalpark Karula ab, passiert man auf dem Weg dorthin die ehemalige **Fabrik Kaagjärve,** einst zum nahe gelegenen Gutshof gehörig, der heute als Schule genutzt wird. Zu der aus roten Ziegeln erbauten Anlage, die im 19. Jahrhundert entstand, gehörten eine Brauerei, eine Mühle, eine Spinnerei sowie ein Sägewerk.

Karula ↗ X/A2

Das **Herrenhaus** von Karula (Carolen) wurde 1919 von einem Feuer zerstört, doch erhalten ist das Haus des Gutsverwalters und, etwas abseits auf dem Hügel Krootimägi, das Grab der Familie *Grote*, Besitzer des Herrenhauses und der Fabrik Kaagjärve.

Denkmal von Paju

Etwa sieben Kilometer hinter Valga auf der Straße 3 passiert man einen künstlich angelegten, pyramidenförmigen Hügel, auf dem ein Denkmal thront. Es erinnert an die **Schlacht von Paju,** die am 31. Januar 1919 im Kampf um die estnische Unabhängigkeit ausgetragen wurde. An der Seite der Esten kämpften auch finnische Freiwillige, die das sogenannte „Regiment Sühne des Nordens" (Põhja Pojad) bildeten.

Hummuli ⇗ X/A2

Zwischen den Bäumen östlich der Straße 6, auf halber Strecke zwischen Valga und Tõrva, ragt der rote Ziegelturm des **Gutshofs Hummuli** hervor. 1914 kaufte der Gutsherr von Sangaste, *Friedrich von Berg*, das 1860 erbaute Herrenhaus für seinen Sohn. Die Sowjetzeiten hat es gut überstanden, da seit 1930 eine Schule darin untergebracht ist. Ein Gedenkstein vor dem Herrenhaus erinnert an eine Schlacht im Nordischen Krieg, die zahlreiche Opfer forderte.

Tõrva ⇗ XIII/D2

Man darf Tõrva nicht versehentlich als Dorf bezeichnen. *Tõrva linn,* „Tõrva-Stadt", nennen die rund 3300 Einwohner ihre Ortschaft, der Begriff Tõrva allein reicht ihnen nicht. Tõrva liegt direkt an der Hauptstraße Valga – Pärnu und ist ein ruhiges Fleckchen nahe der lettischen Grenze.

Durchs Zentrum schlängelt sich der Fluss Õhne, außerdem liegen zwei nette **Badeseen** mit jeweils kleinen Stränden in der Innenstadt: der Riiska järv, an dem man vorbeifährt, wenn man von Valga kommt, und der Vanamõisa järv, an dessen Ufer ein zehn Meter hoher Sprungturm errichtet wurde.

Kurz hinter dem Riiska järv erhebt sich an der Hauptstraße die ehemalige orthodoxe **Christi-Geburt-Kirche** vom Anfang des 20. Jahrhunderts, die im Zweiten Weltkrieg stark beschädigt wurde. Seit der Renovierung in den 1980er Jahren wird sie als Konzertsaal genutzt.

Am zentralen Platz, wo sich die Hauptverkehrsstraßen kreuzen, steht ein auffälliges **Steinhaus** aus dem Jahr 1834, das einstmals als Gaststätte diente. In dem Gebäude sind heute die Post, eine Bank und die Touristeninformation untergebracht. Davor halten die Regionalbusse. Im gegenüberliegenden Supermarkt kann man sich mit Verpflegung eindecken.

Informationen

- **Touristeninformation Tõrva,** Valga 1, Tel. 7663300, info@torva.ee, www.torva.ee.

Unterkunft

● **Hotel Pigilinna** €€, Valga 17, Tel. 7668727, www.pigilinna.ee. Kleines Hotel mit 11 etwas kargen, einfachen Zimmern, jedes mit TV und Telefon, im Haus Billard, Sauna und ein Café.

● **Hotel und Restaurant de Tolly** €€-€€€, Karja 6, Tel. 7633349. Ruhig an einer Seitenstraße gelegen, mit Sauna, Billard, Minigolf.

● **Hostel Udumäe,** Tel. 7671023, Fax 7632203, www.udumae.ee. Liegt 4,5 km außerhalb beim Dorf Kirikuküla (nicht weit von der Kirchenruine Helme, s.u.). Zimmer im rustikalen Gästehaus €€, auch einfache Campinghäuser €, Sauna, Fahrradverleih, **zelten** ist möglich. Die Besitzer organisieren auch Reitausflüge.

● Auch das **Missionshaus** des Ortes nimmt gern Reisende auf. Die Zimmer sind einfach, aber eine preiswerte Alternative: **Tõrva Misjonimaja,** Aia tn. 6, Tel. 7633522, 7633533, Enn.Palmik@mail.ee, www.torva.misjonimaja.eu.tt, pro Person €.

Umgebung von Tõrva

Helme

↗ XIII/D2

Gleich hinter Tõrva im Westen liegt das Urstromtal Tikste, an dessen Hang die Ruine der mittelalterlichen **Marienkirche** liegt, die während des Zweiten Weltkriegs zerstört wurde. Dahinter befindet sich, im ehemaligen Pfarrhaus aus dem 19. Jahrhundert, ein kleines **Heimatmuseum.**

● **Heimatmuseum Helme,** Kirikuküla, Gemeinde Helme, im Sommer eigentlich Mi–So 12–17 Uhr geöffnet, manchmal variieren die Öffnungszeiten.

Wesentlich bekannter ist jedoch eine andere Ruine, die etwa drei Kilometer entfernt auf der anderen Seite der Straße 6 liegt: die Ruine der alten **Ordensburg von Helme.** Strategisch günstig hatte man sie im 14. Jahrhundert auf einem zwischen zwei Tälern liegenden Sandsteinhügel errichtet. Während des Russisch-schwedischen Krieges Mitte des 17. Jahrhunderts wurde sie jedoch zerstört, aber einige Mauerreste sind bis heute erhalten. Auch diese Burg ist – wie fast jede im Land – mit der Legende eines in die Festung eingemauerten Mädchens verbunden. Nur wer ihren Namen kannte, der Anne lautete, konnte die Burg erobern, hieß es. Wie die schwedischen Truppen den Namen herausbekamen, ist indes nicht überliefert. Fest steht jedoch, dass die Burg einen ovalen Grundriss von etwa 120 x 60 Metern hatte.

In einem Hang nördlich der Ruine haben estnische Freiheitskämpfer etwa drei Meter hohe **Höhlen** gegraben, die ihnen als Zuflucht vor den Ordensrittern dienen sollten. Das Wasser einer Quelle, die im Tal entspringt, soll heilend wirken. Um sich ewige Schönheit zu sichern, sollen hier zu früheren Zeiten Mädchen ihre Perlen ins Wasser geworfen haben. Vielleicht geht darauf der Name der Stätte zurück: Perle heißt auf Estnisch *helmes.*

Der **Gutshof von Helme** aus dem 18. Jahrhundert, der im späten Barockstil erbaut wurde, dient seit 1924 als Landwirtschaftsschule. In Helme gründeten 1870 zur „Zeit des Nationalen Erwachens" einige estnische Intellektuelle, darunter *Lydia Koidula, Johann Woldemar Jannsen, Carl Robert Jakobson* und *Jacob Hurt,* die „Estnische Literarische Gesellschaft".

Musikliebhaber können auf dem Hof Torupillitalu beim Dorf **Riidaja** nördlich von Helme einen interessanten Musiker antreffen. *Ants Taul* ist der berühmteste **Dudelsackspieler** des Landes. Auf Vorbestellung kann man ihm lauschen oder unter seiner Anleitung versuchen, selbst Dudelsack zu spielen. Dazu gibt es ein leckeres Mahl, das seine Frau zubereitet (Kontakt über Tel. 5278149, www.torupilli talu.ee.)

Taagepera

↗ XIII/D2

Hugo von Stryk war es, der Anfang des 20. Jahrhunderts den Rigaer Architekten *Otto Wildau* mit dem Bau eines großen Herrenhauses im Stil eines englischen Schlosses beauftragte, das 75 unterschiedlich dekorierte Zimmer umfassen sollte. Seither gilt das im Art-Nouveau-Stil errichtete **Herrenhaus Taagepera** (Wagenküll) als eines der schönsten im Lande. Heute beherbergt es ein Hotel.

Vom 40 Meter hohen Turm des Herrenhauses hat man einen schönen Blick auf den umliegenden Park und die Wälder, in denen das Anwesen eingebettet liegt. Aber Vorsicht: Im Turm soll ein Geist umhergehen.

• **Schloss Taagepera** €€€, Taagepera, Gemeinde Helme, Tel. 7666390, Fax 7635590 hotell@taageperaloss.ee, www.taageperaloss.ee. Die Zimmer und Suiten sind zum Teil sehr geräumig, aber manche etwas düster, doch das gehört zu einem alten Schloss wohl dazu.

Holdre

↗ XIII/D2

Folgt man der Straße hinter Taagepera weiter nach Süden (sie führt zurück nach Helme), passiert man das **Gutshaus Holdre,** das Anfang des 20. Jahrhunderts für den Gutsherrn *von Ditmar* im Art-Nouveau-Stil erbaut wurde. Da man es nur von außen besichtigen kann, ist der direkte Weg über die Straße 6 jedoch einfacher und empfehlenswerter.

Mausoleum von Barclay de Tolly

Nahe dem Dorf **Jõgeveste** (Beckhof), wenige Kilometer östlich von Tõrva, liegt im Wald ein seltsamer kleiner Pavillon, dessen Eingang von Säulen und einem dreieckigen Giebel flankiert wird. Es handelt sich um das Mausoleum des russischen Feldherrn *Michail Bogdanowitsch Barclay de Tolly*, der seine letzten Lebensjahre auf dem nahe gelegenen **Gutshof Jõgeveste** verbrachte. Im Inneren befinden sich die Sarkophage des Heerführers und seiner Gattin *Eleanore von Smitten*. Darüber thront eine Büste Barclay de Tollys, die von allegorischen Figuren umringt wird. Eine soll das trauernde Russland darstellen, die andere Pallas Athene. Auf einem Reliefbild zu Füßen der Büste ist der Einmarsch der russischen Armee in Paris 1814 dargestellt. Das Denkmal wurde von *Vassili Demut-Malinovski* entworfen.

Bereits im Alter von 15 Jahren trat Barclay de Tolly (1761–1818) in den russischen Militärdienst. Er kämpfte im Russisch-Türkischen und im Russisch-Schwedischen Krieg. Von 1810 bis 1812 war er Kriegsminister Russlands, außerdem erster Generalgouverneur Finnlands. Von 1812 bis 1814 kämpfte er gegen die Truppen *Napoleons* und maschierte schließlich, wie auf dem Grabmal dargestellt, in Paris ein, wofür ihm zunächst der Grafen- und später der Füstentitel verliehen wurde.

Neben dem vom seinerzeit berühmten russischen Architekten *Apollon Stschedrin* gestalteten Mausoleum liegen Barclay de Tollys Sohn *Magnus* und dessen Frau begraben.

Sangaste

↗ X/A2

Auf dem Weg von Valga nach Otepää stößt man auf halber Strecke, etwa 25 Kilometer von beiden Städten entfernt, auf das hübsche **Schloss Sangaste,** das ein paar Kilometer außerhalb des gleichnamigen Dorfes liegt. Das aus roten Ziegeln errichtete Herrenhaus wurde in den Jahren 1874–81 erbaut, doch bereits Ende des 13. Jahrhunderts hat hier ein prächtiger Gutshof gestanden, der dem Bischof von Tartu gehörte.

Der letzte Besitzer, Graf *Friedrich Georg Magnus von Berg,* baute das Anwesen Anfang des 20. Jahrhunderts zu einem fortschrittlichen Gutshof aus, der sich aktiv der Landwirtschaft widmete. Bekannt war vor allem eine ertragreiche, kälteresistente Roggensorte, die der Gutsherr züchtete. Für seine wirtschaftlich erfolgreiche Arbeit wurde der Graf mit einer Goldmedaille des russischen Zaren ausgezeichnet. Der Architekt des Gutshofes, *Otto Pius Hippius,* hat sich bei der Planung des mit Türmen und Kaminen verzierten Backsteinbaus an ein englisches Vorbild gehalten: Windsor Castle. Eine Kuriosität ist der **Eingangsbereich:** Stellen sich zwei Personen in gegenüberliegende Ecken des überdachten Eingangs, können sie sich flüsternd unterhalten - nicht nur für Kinder ein verblüffendes akustisches Phänomen. Im Inneren sind vor allem der 300 Quadratmeter große **Ballsaal** und das holzvertäfelte **Speisezimmer** sehenswert.

Im Schlosspark findet man neben einem Teich auf der Rückseite des Schlosses alten Baumbestand, darunter eine Eiche, die angeblich von Zar *Peter I.* gepflanzt worden ist. Im Dorf steht eine Kirche aus dem 18. Jahrhundert.

Unterkunft, Essen und Trinken

- **Sangaste loss** €€, Tel. 7679300, Fax 7679303, sangasteloss@sangasteloss.ee, www.sangasteloss.ee. Das Schloss wird nach und nach renoviert, sodass demnächst einige Räume Hotel-, andere eher Hostelcharakter (Mehrbettzimmer) haben. Im Erdgeschoss befindet sich ein **Café.**
- **Gästezimmer und Kneipe Silva Pubi** €€, Tel. 7669323, pubi@silvaagro.ee. Über der Gastwirtschaft liegen die relativ neuen Gästezimmer, jeweils mit WC, Dusche, TV und Radio, zu denen auch eine Sauna gehört.

Verkehr

- Das Schloss Sangaste kann man mehrmals täglich mit dem **Bus** von Otepää, Tartu und Valga aus erreichen. Etwa fünfmal am Tag hält der Bus zwischen Tartu und Valga im Dorf Sangaste.

Otepää

↗ X/A-B1

Namentlich tauchte Otepää (Odenpäh) erstmalig unter dem Begriff *Medvezhya Golova* in der Chronik von Nowgorod auf, beides bedeutet soviel wie Bärenkopf. Der Name kam aber nicht etwa aufgrund einer hohen Anzahl von Bären in dem Gebiet zustande, sondern vielmehr durch die Form des Linnamägi (Stadtberges), der angeblich an einen Bärenkopf erinnert. Doch bereits lange vor ihrer ersten schriftlichen Erwähnung war die Stelle, wo sich heute die Stadt Otepää befindet, besiedelt. Hier soll sich das Zentrum der altestnischen Region Ugandi befunden haben.

Auch in späteren Zeiten spielte die höchste Stadt des Landes (152 Meter über dem Meeresspiegel) eine für die Esten bedeutende Rolle, schließlich wurde in Otepää die blau-schwarz-weiße Fahne, die seit 1922 Estlands Nationalflagge ist, 1884 heimlich geweiht. Stadtrechte erhielt der Ort jedoch erst 1936.

Otepää ist eine nette Kleinstadt, die nicht sehr viele Sehenswürdigkeiten zu bieten hat, aber ein guter Ausgangspunkt für Ausflüge in die Umgebung ist. Die Stadt ist sehr auf Tourismus eingestellt. Über 50 Hotels und Pensionen, zahlreiche Kneipen und Freizeitveranstalter locken besonders im Winter auch immer mehr ausländische Gäste an.

Im Zentrum des Städtchens auf dem Lipuväljak steht das **Rathaus,** in dem auch die Touristeninformation untergebracht ist. Rundherum befinden sich die meisten Kneipen und Restaurants, die Post, die Bibliothek und die Apotheke des Ortes. Östlich vom Platz liegt der Busbahnhof.

Sehenswertes

Burgberg

Ein kurzer Spaziergang vom Stadtzentrum aus führt zum Burgberg **Linnamägi,** auf dem einmal eine alte estnische Festung aus der Ugandi-Zeit gestanden hat. Im 13. Jahrhundert wurde sie durch eine Steinburg ersetzt, die erste Estlands, die aus Ziegeln bestand. Ein paar Reste sind noch heute zu sehen.

Kirche und Museen

Die Kirche von Otepää, das älteste Bauwerk der Stadt, ist vor allem bekannt, weil hier die verbotene blau-schwarz-weiße Fahne einer Studentenvereinigung heimlich geweiht wurde. Zwei Reliefs an der Hauptfront erinnern daran. Die Kirche selbst stammt aus dem Jahr 1671 und ist der Heiligen Jungfrau Maria geweiht. Im Laufe der Jahrhunderte wurde das Gotteshaus mehrfach umgebaut. Ihr heutiges neogotisches Aussehen erhielt sie in der zweiten Hälfte des 19. Jahrhunderts.

Das **Museum der Estnischen Flagge** ist zusammen mit dem **Skimuseum** im ehemaligen Pfarrhaus untergebracht. Der Volkskundler und Pastor *Jakob Hurt* (1839–1907), der hier wohnte, war es, der die heutige Staatsflagge 1884 heimlich weihte.

- **Eesti Lipu Muuseum** und **Suusamuuseum,** Kirikumõis, Tel. 7663670, Di–Fr 9–14 Uhr, Sa 10–13 Uhr.

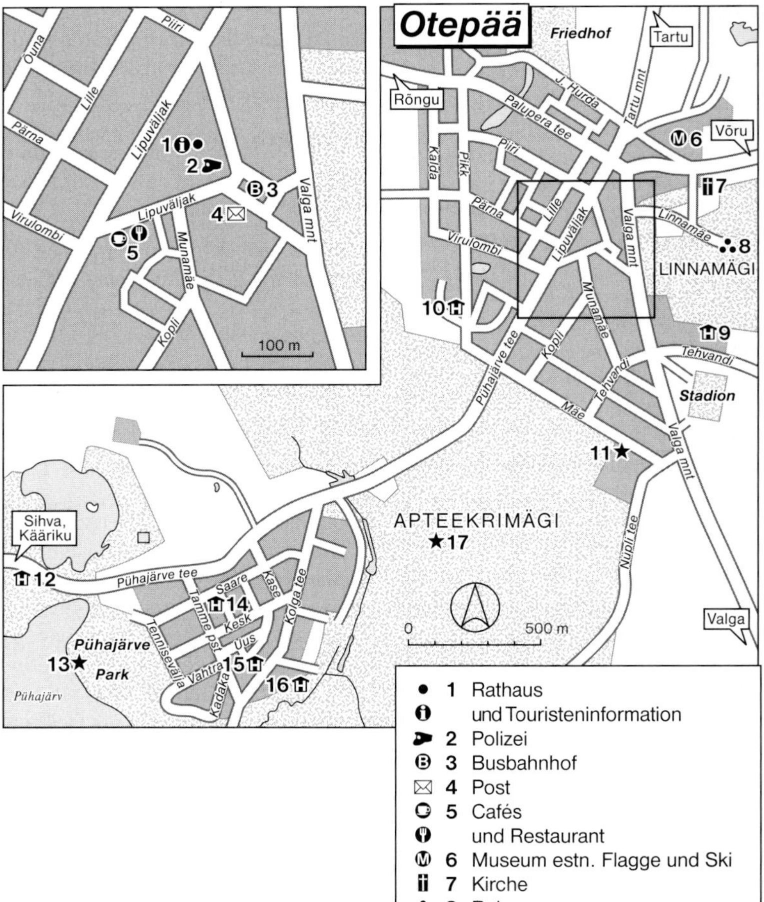

- ● 1 Rathaus
- ⓘ und Touristeninformation
- 2 Polizei
- Ⓑ 3 Busbahnhof
- ✉ 4 Post
- 5 Cafés
- und Restaurant
- Ⓜ 6 Museum estn. Flagge und Ski
- 7 Kirche
- ∴ 8 Ruine
- 9 Scandic Hotel Karupesa
- 10 Miku kodumajutus
- ★ 11 Energiesäule
- 12 Pühajärve Spa Hotel
- ★ 13 Dalai Lama Denkmal
- 14 Tamme Gästehaus
- 15 Valge Kroon
- 16 Hotel Bernhard
- ★ 17 Aussichtsturm

Energiesäule

Auf der Mäe-Straße befindet sich ein sehr seltsames Monument: Die mit Bärenköpfen verzierte Energiesäule soll die Gegenwart positiver Energiefelder verdeutlichen und Passanten daran erinnern, dass der Mensch ein Teil der Natur ist und von ihr abhängt. Ob das Umarmen der Säule wirklich neue Energie bringt, bleibt jedem überlassen auszuprobieren.

Apothekerberg

Südlich der Mäe-Straße erhebt sich der 180 Meter hohe **Apteekrimägi,** von dessen Aussichtsturm Besucher einen schönen Blick auf die Umgebung haben.

See Pühajärv

Im Winter sind die Tränen der Mütter zu Eis gefroren. Daraus soll er nämlich bestehen, der Pühajärv, übersetzt **Heiligensee,** der an den Ort grenzt. Unter den zahlreichen Sagen und Legenden, die um das Gewässer kreisen, ist die der Mütter, die ihre im Kampf gefallenen Söhne betrauern, die bekannteste. Ihre Tränen bildeten den See, die sich darin befindenden Inseln sind die Grabhügel der Gefallenen.

Im Winter sieht man hier Fischer, die dick eingemummelt dem im Baltikum beliebten **Eisangeln** nachgehen, oder dampfende Saunagänger, die Abkühlung im Eisloch suchen. **Baden** kann man auch im Sommer sehr gut im Pühajärv – ohne Eis. Hübsche Badestrände locken Besucher an den wohl **beliebtesten See Estlands.**

Um das 3,5 km lange, 1,6 km breite und bis zu 8,50 m tiefe Gewässer verteilen sich verschiedene, sehr schöne **Rad- und Wanderwege.** Diese führen auch an einem hölzernen **Monument** am nordöstlichen Ufer des Sees vorbei. Es erinnert an den Besuch des geistigen Oberhauptes Tibets, des Dalai Lama, der Anfang der 1990er Jahre zu einer Konferenz von unterrepräsentierten Ländern nach Estland kam. Das Denkmal liegt am netten **Badestrand** Pühajärve rand.

Bemerkenswert ist die sogenannte **Kriegseiche** (Pühajärve Sõjatamm) im Norden des Sees beim Erholungszentrum Pühajärve. Der nahezu 400 Jahre alte Baum ist 20 Meter hoch und hat einen Umfang von über 6,50 Metern.

Praktische Tipps

Informationen

- **Touristeninfomation,** Lipuväljak 13, Tel. 7661200, Fax 7661246, otepaa@visitestonia.com, weitere Infos zu Otepää findet man (auf Englisch) unter www.otepaa.ee.

Service

- **Banken:** Lipuväljak 4 und 11.
- **Post:** Lipuväljak 24.
- **Internetzugang** hat man in der Bibliothek, Lipuväljaku 13.
- **Apotheke:** Lipuväljak 12.
- **Arzt:** Evi Lill, Tartu 2a, Tel. 7655272.

Unterkunft

- **Hotel Bernhard** €€€, Kolga tee 22a, Tel. 7669600, hotel@bernhard.ee, www.bernhard.ee. Großer, von außen nicht übermäßig schöner Komplex, aber ordentliche Zimmer, Sauna, Swimmingpool, Restaurant, Verleih von Sportausrüstung, etwa 2,5 km vom Zentrum entfernt.

076es Foto: jl

Im Zentrum von Otepää

●**Miku kodumajutus** €-€€, Pikk 39, Tel. 7655462, lehtek@hot.ee, www.hot.ee/lehtek. Bed&Breakfast, nur 4 Zimmer, Garten, gemeinsamer Fernsehraum mit Kamin, Küche zur Mitbenutzung, Sauna.

●**Hotel Scandic Karupesa** €€-€€€, Tehvandi 1a, Tel. 7661500, karupesa@scandic-hotels.ee, www.scandic-hotels.ee. Nettes, Mitte der 90er Jahre eröffnetes Hotel im Stadtzentrum mit Restaurant, Kaminraum, Sauna, Tennisplatz, im Winter Eisbahn, Verleih von Sportausrüstung, Billard. Alle Zimmer mit eigenem Bad, Telefon und Sat-TV.

●**Tamme Gästehaus** €€, Tamme pst. 6, Tel. 7663747, info@tammemajutus.ee, www.tammemajutus.ee. Übernachtung in einfachen Zimmern mit Frühstück, weitere Verpflegung auf Anfrage, Sauna; die Besitzer organisieren verschiedene Ausflüge.

●**Valge Kroon** €€-€€€, Café und Gästehaus, Kolga tee 33, Tel. 7663697, Tel./Fax 7663284, info@valgekroon.ee, www.valgekroon.ee. Unschwer von außen zu erkennen an Türmchen und Aufschrift am Giebel, nah am See. Zum Gästehaus gehört nicht nur das Café, sondern auch der Handarbeitsladen „Vill ja lina" (Wolle und Leinen).

Sporthotels in der Umgebung:

●**Arula Gästehaus** €€€, Arula, Gemeinde Otepää, Tel. 70 690, mobil 5168655, arula@arula.ee, www.arula.ee. Etwa 10 km westlich beim Kuutsemägi-Skizentrum, 2–4-Bettzimmer mit Frühstück, Restaurant, Sauna, diverse Sport- und Freizeitangebote, Skiverleih.

●**Kääriku Urlaubs- und Sportzentrum,** Kääriku, Gemeinde Otepää, Tel. 7665600, Fax 7665668, kaariku@ut.ee, www.kaariku.com. Hotel €€-€€€ und Ferienhäuschen €, idyllisch am gleichnamigen See gelegen, Schwimmbad, Skistation, Sauna, diverse Sportangebote, Skiverleih, umgeben von Wanderwegen und Loipen.

●**Pühajärve Spa Hotel** €€€, Tel. 7665500, mobil 5044238, Fax 7665501, pjpk@pjpk.ee, www.pyhajarve.com. Das sehr idyllisch am Heiligensee liegende Spa-Hotel ist auf dem Gelände des alten Gutshofs untergebracht. Großes Restaurant mit Terrasse; im Pub stehen Billard, Dartvorrichtung und ein großer Bildschirm für Sportübertragungen bereit. Kamin und Grillküche, Schwimmbad, Stellplätze für **Wohnwagen.**

● **Tehvandi Olympic Center** €€-€€€, Gästehaus und Sportcenter in Nüpli, gleich hinter Otepää, Tel. 7669500, Fax 7669503, tehvandi@tehvandi.ee, www.tehvandi.ee. Von außen nicht besonders ansehnlicher Klotz aus Sowjetzeiten, aber das angegliederte Gästehaus verfügt über renovierte Zimmer. Rings um das Sportzentrum befinden sich diverse Loipen und eine Skirampe; natürlich kann man sich hier auch Skiutensilien ausleihen.

Essen und Trinken

● Die Hotels **Scandic Karupesa, Bernhard** und **Pühajärve** haben eigene Restaurants.

● Pizza bekommt man in der **Pizza-baar Merano,** Tartu 1a.

● Snacks gibt es im **Mülleri Kelder,** Lipuväljak 5.

● Ebenfalls zentral an der Straße Lipuväljak liegen die Gaststätten **Edgari Trahter** (Nr. 3), **Hermanni pubi** (Nr. 10), **Oti pubi** (Nr. 26), **Pubi Time Out** (Nr. 4) sowie das **Café Raekovik** (Nr. 15).

Nachtleben

● In den **Kneipen** entlang der Lipuväljak-Straße kann man abends noch ein Bier trinken. Hier befindet sich auch **Club/Diskothek Help** (Lipuväljak 4). Ein anderer Club namens **Come Back** ist in der Tartu mnt. 16.

Aktivitäten

● Das Unternehmen **Veetee**, Valga mnt. põik 2, Tel. 5060987, 56660987, info@veetee.ee, www.veetee.ee, verleiht im Sommer **Kanus** und **Fahrräder**, im Winter **Skiausrüstung.**

● In den Hotels Scandic Karupesa, Bernhard und Pühajärve sind sogenannte **Fansport-Läden** untergebracht. Hier kann man verschiedene **Rad-, Kanu-, und Skiwanderungen** buchen und sich **Rollerblades, Fahrräder, Snowboards** und **Skier** ausleihen. Infos auch unter Tel. 5077537, www.fansport.ee oder in fo@fansport.ee.

● Beim Dorf Mäha entsteht gerade ein **Golfplatz:** Otepää Golf Club, Tel. 56200115, www.otepaagolf.ee.

● **Reiten** kann man im Dorf Pedajamäe im Stall Kuhri tall, Tel. 7663725, oder im Dorf Nüpli im Stall Tobra Hobused, Tel. 7667478, tobrahobused@tobrahobused.ee.

● Wer schwindelfrei ist, sollte den **Kletterpark Seiklus** beim Tehvandi Sportzentrum ausprobieren. Man bewegt sich auf Seilen zwischen den Baumspitzen: Otepää Seikluspark, Tehvandi 3, Tel. 7661313, mobil 5049783, info@seikluspark.ee, www.seikluspark.ee.

Feste und Veranstaltungen

● Im Januar/Februar kann es in Otepää sehr voll werden, finden dann doch die **Worldcup-Wettkämpfe** und der **Tartu Marathon** statt, der größte Ski-Wettbewerb des Landes. Genaue Daten findet man auf der Seite der Touristenzentrale oder unter www.tartumaraton.ee.

● Zumeist im Februar wird die **Kuldkala (Goldfisch-) Party** auf dem Pühajärv abgehalten, ein vergnüglicher Wettsteit unter Eisfischern. Akutelle Daten unter www.kuldkala.ee.

● Im Juli und im September gibt es in Otepää alljährlich ein **Radrennen.**

● Sehr empfehlenswert ist das **Musikfest in Leigo** beim Dorf Nõuni, das im Juli oder August rund um einen See und auf einer darin schwimmenden Bühne stattfindet. Genaue Daten und Infos: www.leigo.ee. Zu dieser Zeit auf jeden Fall rechtzeitig ein Zimmer reservieren!

Verkehr

● **Busbahnhof:** Tartu mnt. 1. Es gibt drei direkte Busverbindungen von Tallinn nach Otepää, aber oft ist es schneller mit dem Expressbus nach Tartu und von dort weiter nach Tallinn zu reisen. Von Tartu aus geht es elfmal täglich nach Otepää. Verbindungen gibt es ferner nach Valga, Võru und in andere Städte der Umgebung wie etwa Sangaste.

Wintersport in Otepää

Anders als in den meisten Städten und Gegenden des Landes herrscht im Winter, zwischen Dezember und März, in und um Otepää Hochsaison. So haben die Esten die von 2500 Einwohnern bewohnte Stadt zur **Winterhauptstadt Estlands** gekrönt. Die hügelige Gegend ringsherum wird „Schweiz Estlands" genannt. Mit Bergen, die eine maximale Höhe von 200 bis 318 Metern erreichen, ist der Landkreis Valgamaa und auch das benachbarte Võrumaa zwar nicht gerade ein Mekka für Alpinisten, doch vor allem Langläufer kommen auf ihre Kosten.

Bis zu 14 Kilometer lange **Loipen,** zum Teil nachts beleuchtet, umgeben die größeren Skizentren der Stadt wie das nahe *Tehvandi Olympic Center,* das *Kääriku Holiday Center* elf Kilometer südwestlich von Otepää oder das *Kuutsemägi Ski Ressort.* Bei Tehvandi gibt es auch eine **K-70-Sprungschanze.** Die besten **Abfahrtspisten** befinden sich am Kuutsemägi, Väike Munamägi (Kleiner Eierberg) und Ansomägi (2 km südlich vom Stadtzentrum). Im Südosten der Stadt findet man weitere Skimöglichkeiten, zum Beispiel auf dem nur einen Kilometer entfernten Apteekrimägi.

Lifte, Schlittenhügel, ein Trainingszentrum für alpinen Skilauf, **Schlittschuh-, Motorschlitten- und Snowboardverleih, Snow-Tubing, Kutschfahrten, Eisfischen** und sogar ein kleines Skimuseum runden das Wintersportangebot ab. Letzteres dokumentiert die Geschichte des estnischen Skisports, der – vor rund einem Jahrhundert von Skandinavien kommend – schnell in Estland bekannt wurde. Seit in Otepää 1934 die erste Sprungschanze gebaut wurde, hat der Ort sich zum beliebtesten Winterzentrum des Landes entwickelt, wo vor allem der Inlandstourismus boomt. Dennoch: Obgleich es auch in Otepää **After-Ski-Kneipen** und Nachtclubs gibt, in denen man bis morgens tanzen kann, hat man gute Aussicht auf eine ruhige, angenehme

078es Foto: jl

Zeit, wenn man nicht gerade zum **Worldcup** oder **Tartu Marathon,** dem größten Skiwettbewerb des Landes, anreist. Im Vergleich zu Skiorten in den Alpen geht es hier recht ruhig und gelassen zu.

Mehrtägige Skiwanderungen wie beispielsweise in Finnland sind derweil noch nicht möglich, da die Wege eher sternförmig oder als Rundläufe angelegt sind und die Unterkünfte außerhalb Otepääs zu weit auseinander liegen, aber schöne Skiwanderwege laden dazu ein, die herrliche, eiszeitlich geprägte Moränenlandschaft zu erkunden.

Die **Ausrüstung** kann man sich im Tehvandi-Sportzentrum, im Kuutsemägi-Sportzentrum oder im Geschäft Fan-Sport ausleihen, das zum Hotel Scandic Karupesa gehört (siehe Unterkunft). Erfahrungsgemäß haben aber auch kleine Pensionen meist ein paar Skier für ihre Gäste übrig. Auch das Unternehmen Veetee (siehe Aktivitäten) verleiht Skiausrüstung und gibt Unterricht. Die Touristeninformation gibt **Karten** heraus, auf denen alle Loipen eingezeichnet sind.

Loipen

- **Otepää – Kääriku:** 9 km vom Pühajärve Spa Hotel bis zur Kääriku Skistation.
- **Kekkose:** 14 km, beginnt und endet an der Kääriku Skistation.
- **Loipen um Kääriku:** Längen von 3 km (beleuchtet), 3 km, 5 km, 7,5 km, 10 km (www.kaariku.com).
- **Loipen um Tehvandi:** Längen von 1 km, 1,5 km, 2 km, 2,5 km; 3 km, 5 km und 7,5 km. Beleuchtet ist ein 4 km langer Weg, zum Teil mit Kunstschnee, falls die Witterungsverhältnisse einmal nicht mitspielen sollten (www.tehvandi.ee).
- **Tartu Marathon:** 63 km, startet an der Tehvandi Skistation und führt bis nach Elva in Tartumaa, wird jedes Jahr im Februar abgehalten.

Umgebung von Otepää

Naturpark Otepää ⇗ X/A-B1

Nicht nur im Winter, auch im Sommer ist der 232 Quadratkilometer große Naturpark Otepää ein beliebtes Ausflugsziel. Die hügelige Seenlandschaft ist sehr abwechslungsreich und es empfiehlt sich eine ausgedehnte Wanderung oder Radtour. Die großen Waldflächen, Urstromtäler, Flüsschen und Quellen wurden bereits 1979 unter Naturschutz gestellt. Der schönste See des Parks ist der **Pühajärv,** der bis an den Ort Otepää heranreicht.

Der **Väike Munamägi** (Kleiner Eierberg) liegt südöstlich von Otepää. Von seinem Gipfel hat man einen hübschen Ausblick, bei schönem Wetter bis zu 50 Kilometer in die umliegende Landschaft.

Auch der **Harimägi** (auch: Leenardi mägi) lohnt einen Aufstieg. Auf der 211 Meter hohen Erhebung im Süden des Naturparks wurde 2003 ein etwa 25 Meter hoher Aussichtsturm gebaut, von dem aus der Blick über die pittoreske Landschaft bis nach Võrumaa reicht. Die Aussicht hatte bereits der Astronom *Friedrich Georg Wilhelm Struve* genossen, der hier für seine Arbeit eine Beobachtungsstation einrichtete.

Wassermühle Hellenurme ⇗ X/A1

Nordwestlich von Otepää befindet sich der Gutshof Hellenurme (Hellenorm). Die bis heute funktionierende Wassermühle aus roten Ziegeln und Feldsteinen vom Ende des 19. Jahrhunderts ist innen sehr sehenswert. In der

Mühle, die von der Familie *Middendorff* erbaut wurde, kann man Maschinen und Möbel aus den 1930er Jahren besichtigen und sich die Funktionsweise erklären lassen.

● **Hellenurme veski,** Hellenurme, Gemeinde Palupera, Tel. 7679809, mobil 5205142, www.hot.ee/hellenurmeveski. Wer die Mühle besichtigen will, muss sich auf jeden Fall vorher anmelden (am einfachsten über die Touristeninformation), nur dann lohnt ein Besuch. Ansonsten ist sie meist geschlossen und dann keinen Umweg wert.

Unterkunft

● **Leigo Talu** €€, Nõuni, Tel. 7679000, leigo @leigo.ee, www.leigo.ee. Etwas abgelegen am nördlichen Rand des Naturparks, aber sehr schön, am besten die Abfahrt nach Lutike nehmen. Gemütliches Bauernhaus, traditionelle Rauchsauna und eine auf dem See schwimmende Sauna, großer **Zeltplatz.** Im Sommer findet hier alljährlich das in Estland sehr bekannte **Musikfestival von Leigo** statt.

● **Vidrike Puhkemaja** €€, Vidrike, etwa 10 km südlich von Otepää, Tel./Fax 7661005, mobil 5059328, 5024444, vidrikepuhkemaja@hot.ee. Nahe dem Voki-See gelegen, Kaminraum, Kanutouren, Ausritte, **Zeltplatz.**

Viel ist nicht übrig von der Burg in Viljandi

Viljandi

↗ XIII/C1

Viljandi (Fellin) gehört neben Tallinn (Reval), Tartu (Dorpat) und Pärnu (Pernau) zu den **vier ehemaligen Hansestädten Estlands,** ist bei Touristen jedoch merklich unbekannter als die drei anderen. Während Tallinn als Hauptstadt, Pärnu als Seebad und Tartu als Stadt des Geistes mit der prestigereichen Universität den meisten ein Begriff ist, haben viele Besucher des Landes von Viljandi, das ein wenig abgelegen auf dem Höhenzug Sakala im Landesinneren liegt, wenig konkrete Vorstellungen.

Ein Besuch der von etwa 20.000 Menschen bewohnten Stadt ist aber durchaus lohnend und lässt sich gut in einen Tagesausflug integrieren, den man mit der Besichtigung einiger Sehenswürdigkeiten in der Umgebung verknüpfen kann. Mit seinen hübschen Holzhäuschen, dem Viljandi-See in einem eiszeitlichen Urstromtal im Südosten des Stadtgebiets und den vielen Grünflächen, allen voran dem unter Naturschutz stehenden Schlosspark mit der Burgruine, strahlt Viljandi eine heitere Kleinstadtatmosphäre aus. Das Zentrum, um das sich die meisten Baudenkmäler gruppieren, lässt sich problemlos zu Fuß erkunden.

Stadgeschichte

Eine der Hauptsehenswürdigkeiten Viljandis ist zweifelsohne die Ruine der alten **Burg,** die 1154 erstmals schriftlich erwähnt, jedoch wahrscheinlich schon Jahrhunderte zuvor an dieser Stelle errichtet wurde. Nach Einzug des Deutschen Ritterordens wurde die hölzerne Bauernburg zu einer stattlichen Festung ausgebaut, ringsherum siedelten sich Handwerker und Kaufleute an, sodass der Ortschaft bereits im Jahr 1283 die Stadtrechte verliehen wurden. Im 14. Jahrhundert trat sie der **Hanse** bei und war wichtiges Bindeglied zwischen dem Ostseehafen Pärnu und der südestnischen Stadt Tartu. Über den See Võrtsjärv und den Fluss Emajõgi wanderten die Waren von Viljandi gen Osten nach Tartu, um von dort weiter nach Nowgorod zu gelangen.

Nach der glanzvollen Hansezeit ging es in den darauffolgenden Jahrhunderten mit der Stadt bergab. 1481 fiel das Heer von *Ivar III.* ein, Mitte des 16. Jahrhunderts tobte der Livländische Krieg und im 17. Jahrhundert begann der Krieg zwischen Polen und Schweden. Als die Schweden nach den Russen und Polen in die Stadt einzogen, lagen die meisten Gebäude in Trümmern und die Einwohnerzahl war soweit geschrumpft, dass Viljandi seine Stadtrechte wieder verlor. Der Ort erhielt sie erst 1783 zurück, als Estland und damit auch Viljandi unter der Herrschaft des russischen Zarenreichs stand.

Danach ging es langsam wieder aufwärts. Das 19. Jahrhundert brachte wirtschaftlichen und kulturellen Aufschwung. Viljandi mauserte sich zu einem Zentrum der nationalen Bewegung. Die Bauern im Umland, das da-

079es Foto: jl

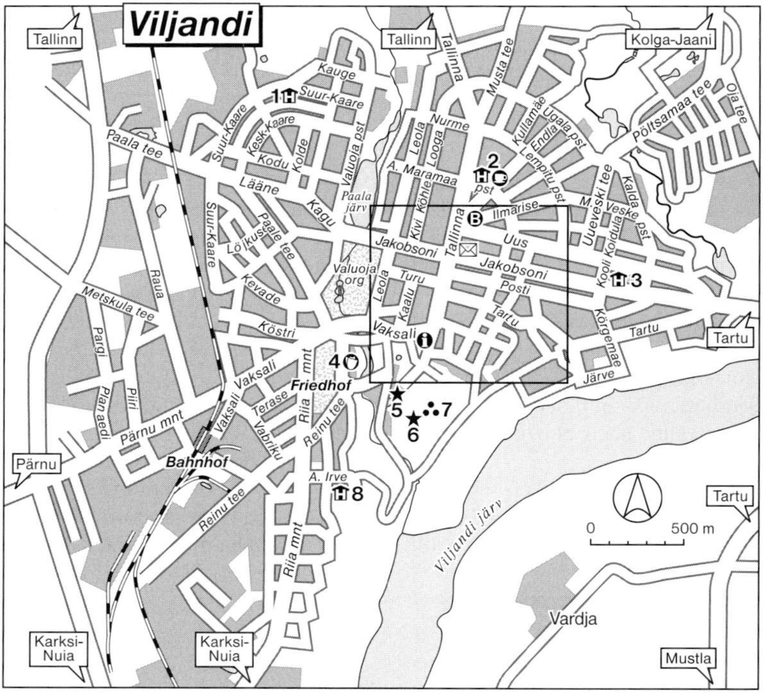

mals noch den Namen Sakala trug, waren die ersten des Landes, die sich von der **Leibeigenschaft** der deutschen Gutsherren **befreiten,** indem sie diesen die Höfe abkauften und selbst bewirtschafteten. Zu Geld kamen sie vor allem durch den **Flachsanbau,** aber auch Getreide wächst in der Gegend heute wie damals sehr gut. Daher stammt wohl auch der Name der Stadt (Getreide = *vili*).

Carl Robert Jakobson gründete 1878 die estnischsprachige Zeitung „Sakala", die in Viljandi herausgegeben wurde. Knapp 20 Jahre später schloss man die Stadt ans Schmalspurbahnnetz an. Nach der Gründung einiger größerer Fabriken erhielt Viljandi als eine der ersten Städte des Landes Wasserleitungen und Kanalisation. Der alte **Wasserturm** im Stadtzentrum stammt aus dieser Zeit und gilt – neben der Hängebrücke im Park – bis heute als eines der Stadtsymbole. 1920 wurde das Theater Ugala gegründet.

Nach der jahrzehntelangen Sowjetbesatzung wurden große Teile der Stadt seit den 1990er Jahren liebevoll

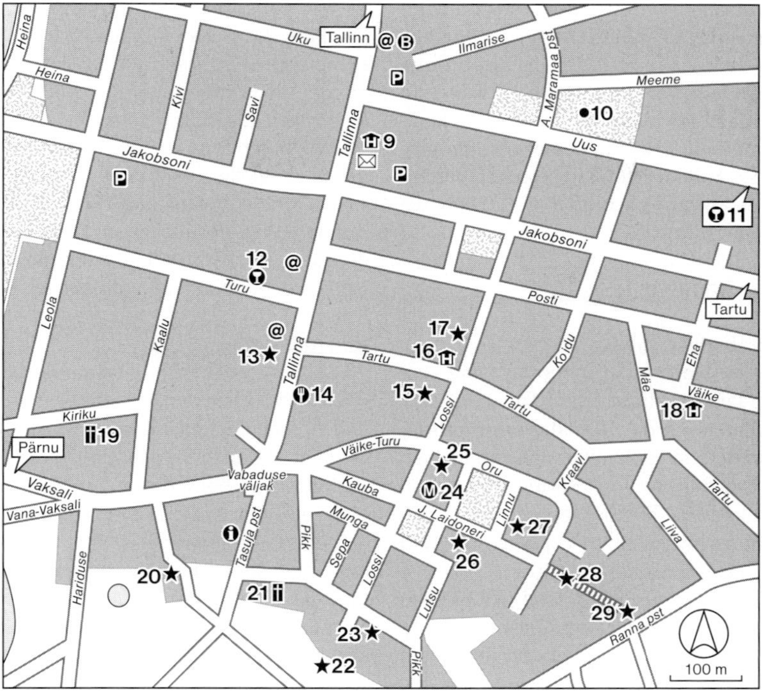

- 1 Bed & Breakfast Rehe
- 2 Gästehaus & Café Endla
- 3 Gästehaus Alice
- 4 Ugala-Theater
- 5 Sandsteinaufschluss
- 6 Hängebrücke
- 7 Ruine der Ordensburg
- 8 Bed & Breakfast Huntaugu
- 9 Hotel Centrum
- 10 Kinderpark
- 11 Õel õde
- 12 Kneipe Suur Vend
- 13 Kultuurimaja Kohvik
- 14 Pappa Pizza
- 15 Carl Robert Jakobson Denkmal
- 16 Grand Hotel Viljandi
- 17 Viljandi Kohvik
- 18 Hostel Oma Kodu
- 19 Pauluskirche
- 20 Herrenhaus Viljandi
- 21 Johanniskirche
- 22 Varese-Brücke
- 23 Kondas Kunstzentrum
- 24 Viljandi Museum
- 25 Johann Köler Denkmal
- 26 Wasserturm
- 27 Rathaus
- 28 Trepimägi
- 29 Läufer-Denkmal

restauriert. Bewohner und Stadtverwaltung bemühen sich, Viljandi als kulturelles Zentrum des Landes zu etablieren. Alljährlich werden **Musik- und Tanzfestivals** abgehalten, hinzu kommen die lokalen **Hansetage,** ein großes **Folklorefest** und diverse **Freilichttheateraufführungen,** die im Schlosspark stattfinden.

Sehenswertes

Vabaduse väljak

Im Herzen der Innenstadt, am zentralen Vabaduse väljak (Freiheitsplatz), findet sich die **Touristeninformation,** in der man sich mit deutschsprachigen Broschüren und Karten eindecken kann. Von hier aus lassen sich die Sehenswürdigkeiten Viljandis bequem zu Fuß erreichen.

Zu Zarenzeiten befand sich hier ein Apfelgarten, der zum Gutshof des Ortes, Schloss Fellin, gehörte. Hinter dem Gebäude der Stadtverwaltung im Westen des Platzes verbirgt sich das **Herrenhaus** aus dem Jahr 1880, das der Baron *von Ungern-Sternberg* bauen ließ.

Die Gutsherren residierten nicht immer an dieser Stelle. Das erste Schloss Fellin lag außerhalb des heutigen Stadtkerns: Im 16. Jahrhundert befand sich drei Kilometer entfernt ein Anwesen namens Rickhof. Erst nachdem der schwedische König *Gustav Adolf* Viljandi die Stadtrechte verlieh und die Ländereien ringsherum seinem Feldherrn *Jacob de la Gardie* zusprach, wurde das Anwesen in die Innenstadt verlegt, allerdings einige Hundert Meter von seiner heutigen Lage entfernt. Der **Park** des Gutshofes, der auch den kompletten Schlossberg umfasste, wurde 1867 umgestaltet und der Öffentlichkeit zugänglich gemacht.

Südlich der Touristeninformation an der Südostseite des Platzes führt die Tasuja-Straße hinauf zum Burgberg. Auf dem Weg dorthin passiert man eines der geschichtsträchtigsten Bauwerke der Stadt, die Johanniskirche.

Johanniskirche

Strahlend weiß blitzt die **Jaanikirik** (Pikk 8) zwischen den grünen Bäumen und Wiesen der Parkanlage hervor. Sie ist nicht die erste Stadtkirche, bereits im Mittelalter befand sich am Marktplatz ein vom Franziskanerorden errichtetes Gotteshaus mit langem Chorraum, großem Langhaus und Westturm. Es diente dem Orden bis 1560 als Klosterkirche, wurde jedoch zusammen mit dem Kloster im Livländischen Krieg zerstört.

Anfang des 17. Jahrhunderts bauten die Schweden auf den Ruinen der Klosterkirche ein neues Gotteshaus, das Johannes dem Täufer geweiht wurde. Überbleibsel des Vorgängerbaus liegen unter dem heutigen Altarraum. Doch dieser Nachfolgebau fiel wiederum dem Nordischen Krieg zum Opfer und wurde stark beschädigt. Nach und nach hat man das Gebäude wieder aufgebaut und erweitert. So bekam die Kirche Ende des 18. Jahrhunderts einen barocken Helm, der allerdings kurz danach abbrannte. Das heutige Dach stammt aus dem Jahr 1815.

Zu Sowjetzeiten diente das Gotteshaus als Warenlager, bis es ab den 1980er Jahren renoviert und 1992 wieder eingeweiht wurde. Die **Orgel** im Inneren ist ein Geschenk von Viljandis deutscher Partnerstadt Ahrensburg.

Brücken

Zwei Brücken führen auf den Burgberg mit der Ruine der Ordensburg. Die **Varese-Brücke** spannt sich direkt von der Innenstadt in Höhe der Lossi-Straße über den Burggraben. Ihr Name geht auf den ehemaligen Bürgermeister *Jaan Vares* zurück, der die Brücke 1925 erbauen ließ. Die zweite Brücke, zu der ein Fußweg an der gegenüberliegenden Seite des 13 Meter tiefen Wallgrabens führt, ist das bekannteste Wahrzeichen der Stadt. *Karl von Mensenkampf* schenkte die im 19. Jahrhundert konstruierte, hübsche, rot-weiße **Hängebrücke,** die ursprünglich den Park des Gutshofes Tarvastu schmückte, 1930 der Stadt Viljandi. 1995 wurde die 50 Meter lange Brücke renoviert.

Ruine der Ordensburg

Wann genau die hölzerne estnische Bauernburg auf einem Hügel des Höhenzugs Sakala über dem See Viljandi errichtet wurde, liegt im Dunkeln, doch schriftlich festgehalten ist, dass der Meister des Schwertbrüderordens *Folkwin* 1224 veranlasste, an ihrer Stelle eine stattliche **Festung** anzulegen, die sich wahrscheinlich im Grundriss an den Vorgängerbau anlehnte. In den kommenden Jahrhunderten wurde aus dem zunächst viereckigen Konventsgebäude eine der mächtigsten Burganlagen des alten Livland, die bis zum 16. Jahrhundert um einen quadratischen Nordwestturm (wie vielerorts Pikk Hermann – „Langer Hermann" – genannt), Vorburgen, eine Wallanlage und ein Wohnhaus für Söldner anwuchs. Im Nordflügel befanden sich die wichtigsten Räume der Festung, eine Kapelle und der Kapitelsaal. Im Museum der Stadt (s.u.) kann man erhaltene Teilstücke der reichen Dekore, die die Räume und den Kreuzgang schmückten, bewundern.

Nach zahlreichen Kriegen und Angriffen verlor die Anlage Ende des 17. Jahrhunderts an Bedeutung. Von ihrer einstigen Pracht und Größe ist heute nicht mehr viel zu sehen.

Erhalten geblieben ist das **Haupttor,** das auf den Burghof führt. Inmitten der Ruinen auf dem sogenannten Brunnenberg befindet sich eine **Freilichtbühne,** auf der das Theater Ugala im Sommer seine Stücke aufführt. Bis auf die **Westmauer** des Konventsgebäudes sind nur noch Fragmente der Festungsmauern erhalten. Der alte **Brunnen** im Südwesten des Burghofs wurde restauriert.

Vom Schlossberg (Lossimägi) genannten Burghügel hat man einen schönen Blick auf das malerische Urstromtal Viljandi und den tief im Tal liegenden gleichnamigen See. Westlich des Schlossberges befindet sich ein knapp sechs Meter hoher **Sandsteinaufschluss** aus der Devonzeit.

Kunstzentrum Kondas

Über die Varese-Brücke gelangt man zurück in die Innenstadt. Kunstinteressierte können sich im Kunstzentrum Kondas eine Ausstellung **lokaler Künstler** ansehen, darunter Werke des Namensgebers *Paul Kondas* (1900–1985), dessen Bilder der naiven Kunst zugeordnet werden, und Holzskulpturen von *Joann Sõstra*. Die Galerie ist im ehemaligen Pfarrhaus der Johanniskirche untergebracht.

● **Kondase Keskus,** Tel. 4333968, Mi–So 10–17 Uhr.

Viljandi Museum

Die Lossi-Straße führt weiter in die Innenstadt. Die Straßen rings um den General-Laidoneri-Platz werden von schönen **Holz- oder Steinhäusern** aus dem 18. und 19. Jahrhundert gesäumt, die größtenteils unter Denkmalschutz stehen. Rechter Hand, am Laidoneri plats 10, befindet sich seit 1942 in einem alten Apothekengebäude aus dem 18. Jahrhundert das Viljandi Museum. Gegründet wurde es parallel zu den Ausgrabungsarbeiten auf dem Schlossberg im Jahr 1878. Hier befinden sich unter anderem kunstvoll verzierte Fundstücke und ein **Modell der alten Ordensburg.**

Auf dem Platz vor dem Museum spritzen die kleinen Fontänen des **Brunnens „Junge mit Fisch"** Wasser in die Luft. Die Fische mögen daran erinnern, dass bis 1933 an dieser Stelle der Markt abgehalten wurde. Namensgeber des Platzes war der Armeeführer *Johan Laidoner,* der sich im Befreiungskrieg einen Namen machte. Ein ihn darstellendes Denkmal steht neben der Sängerbühne am Fuße des Burgbergs.

● **Viljandi Museum,** Laidoneri plats 10, Tel. 3433316, Mi–So 10–17 Uhr, www.muuseum.viljandimaa.ee.

Wasserturm

Vom Brunnen aus sieht man schon den Wasserturm aus dem Jahr 1911. Im Sommer (Mai bis Sept. 11–18 Uhr) kann man das 30 Meter hohe, in den 1960er Jahren zum **Aussichtsturm** umfunktionierte Bauwerk besteigen und den Blick über die Stadt, den See und die hügelige Umgebung genießen.

Rathaus

Wenige Meter daneben fällt ein weißes Bauwerk mit **Uhrturm** ins Auge: das Rathaus. Die Jahreszahl an der Wand – 1931 – weist auf den Umbau des Gebäudes hin, den der Architekt *Johann Fuks* gemeinsam mit dem Ingenieur *Erich Otting* vornahm. Vom Vorgängerbau, der in den Jahren 1768–74 entstand, blieben nur die Mauern des Erdgeschosses erhalten. Die Uhr hoch oben im Turm wurde von der Firma Siemens angefertigt.

Denkmäler

Nicht weit vom Rathaus entfernt erinnert ein Denkmal an den **Maler Johann Köler.** Es wurde 1976 anlässlich seines 150. Geburtstages aufgestellt. Ein zweites Denkmal, weiter nördlich, ist dem Gründer der Zeitung „Sakala", **Carl Robert Jakobson** gewidmet. Das ehemalige Redaktionsgebäude liegt

an der Tartu-Straße 4. Die heutige Redaktion arbeitet im Haus Nr. 9.

Treppe zum Strand

Neben dem Rathaus führt eine Treppe hinunter zum Strand am **Viljandi-See.** Am Fuße des **Trepimägi** (Treppenbergs), der um die Jahrhundertwende (19./20.) errichtet wurde, befindet sich die **Skulptur „Der Läufer"**, die für den jährlichen Wettlauf um den Viljandi-See steht, der seit 1928 jedes Jahr am 1. Mai stattfindet. Von hier aus kann man Bootsausflüge auf dem See unternehmen.

Der Laidoneri-Platz mit Brunnen und Wasserturm

Pauluskirche

Bevor man die Stadt verlässt, lohnt noch der Besuch der Pauluskirche (Kiriku 5) westlich des Zentrums. Mitte des 19. Jahrhunderts gab der Gutsherr *Paul von Ungern-Sternberg* den Bau des Gotteshauses in Auftrag. Eingeweiht wurde die im Tudor-Stil erbaute Kirche 1866.

Ugala-Theater und Friedhof

Südlich der Vaksali-Straße befindet sich hinter dem Ugala-Theater (Vaksali 7) der Friedhof der Stadt, zu dem auch der **Deutsche Soldatenfriedhof** gehört. Die Originalkreuze auf den Gräbern der Soldaten, die im Zweiten Weltkrieg fielen, wurden 1944 von den Sowjets zerstört. Die deutsche Kriegsgräberfürsorge stellte den Friedhof Anfang der 90er Jahre wieder her, nachdem Estland unabhängig geworden war.

Praktische Tipps

Informationen

- **Touristeninformation,** Vabaduse väljak 6, Tel./Fax 4330442, viljandi@visitestonia.com, www.visitestonia.com. Detaillierte deutschsprachige Informationen findet man im Internet unter www.viljandimaa.ee/turismiinfo.

Service

- **Banken:** Hansapank, Tallinna mnt. 7; Eesti Ühispank, Vaksali 2; Eesti Krediidipank, Tallinna mnt. 6.
- **Post:** Tallinna mnt. 22.
- **Internet:** im Kulturzentrum, Tallinna mnt. 5; in der Bibliothek, Tallinna mnt. 11/1, und im Busbahnhof, Ilmarise 1.

Notfälle

- **Apotheken:** Tallinna mnt. 2 und 29, Turu 8, Tartu 1, Tallinna 24, Lääne 2, Lossi 26, Vaksali 11a, Riia mnt. 35 und Koidu 2.
- **Privatklinik** (Viljandi Erakliinik): Maramaa pst. 5, Tel. 4347631.
- **Krankenhaus:** Gemeinde Pärsti, Tel. 4345913.
- **Zahnklinik** (Hambakliinik): Jakobsoni 13, Tel. 4334314.
- **Gesundheitszentrum** (Tervisekeskus): Turu 8/10, Tel. 4333783.

Unterkunft

- **Hotel Centrum** €€-€€€, Tallinna 24, Tel. 4351100, Fax 4351130, centrum@centrum.ee, www.centrum.ee. Im gleichnamigen Einkaufszentrum, 25 Zimmer und Suiten, Schönheitssalon, Solarium, Sauna und Restaurant.
- **Grand Hotel Viljandi** €€€-€€€€, Tartu 11/Lossi 29, Tel. 4355800, Fax 4355805, info@ghv.ee, www.ghv.ee. 2002 wiedereröffnetes Vier-Sterne-Hotel mit knapp 50 stilvoll eingerichteten Zimmern und Suiten im Herzen der Stadt, Restaurant, Fitnessraum und Sauna.
- **Bed & Breakfast Rehe** €€, Rehe 18, Tel. 4345575, rehe.kodumajutus@mail.ee. Kleines, gemütliches Gästehaus, etwa 1,5 km vom Zentrum, mit Sauna, Garten und Grill; Küche sowie ein Wohnzimmer können mitbenutzt werden.
- **Bed & Breakfast Huntaugu** €€, A. Irve 3–1, Tel. 4338506, huntaugu@hot.ee. Kleines Gästehaus mit Sauna und Garten, Fahrradverleih.
- **Gästehaus Alice** €€, Jakobsoni 55, Tel. 4347616, alice@matti.ee. Alle Zimmer mit Dusche, WC, TV.
- **Gästehaus Männimäe** €€, Riia mnt. 52d, Tel. 4354845, mobil 5096330, kersti@matti.ee. Liegt auswärts, die Zimmer stehen in verschiedenen Häusern zur Verfügung; Sauna mit Kaminraum kostet extra. Man kann auch in preiswerten, einfachen Campinghäuschen € unterkommen.
- **Gästehaus und Café Endla** €€, Endla 9, Tel. 4335302, reinup.reisid@mail.ee. Verschiedene (Nichtraucher)-Zimmer mit Frühstück, angegliedert ist ein nettes Café, Fahrradverleih.
- **Hostel Oma Kodu** €€-€€€, Väike tn. 6, Tel. 4355755, Fax 4355750, omakodu@omakodu.ee, www.omakodu.ee. Einfache EZ, DZ oder Mehrbettzimmer, Gemeinschaftsküche.

Essen und Trinken

- Die Restaurants im **Hotel Centrum** und **Grand Hotel Viljandi** sowie das **Café Endla** stehen auch Nicht-Übernachtungsgästen offen.
- Pizza, auch zum Mitnehmen, gibt es bei **Pappa Pizza,** Tallinna 6.
- **Kultuurimaja Kohvik,** Tallinna 5, das Café im Kulturzentrum ist nur tagsüber geöffnet.
- **Viljandi Kohvik,** Lossi 31, zentral gelegenes Café.
- **Õel õde,** Uueveski tee 27, Kneipe, wochentags bis Mitternacht, Do–So bis 3 Uhr morgens geöffnet.
- **Suur Vend,** Turu 4, Kneipe mit einiger Auswahl an Speisen.

Einkaufen

- **Film und Foto:** Maksi Foto, Tartu 3.
- **Souvenirs/Handarbeiten:** Külli Käsitöö, Tallinna 6, oder Viljandi Käsitöökoda, Lossi 14.

Aktivitäten

- Im **Kinderpark** nördlich der Uus-Straße können kleine Besucher Schaukeln und Klettergerüste benutzen.
- **Bowling und Minigolf:** Liiwi Bowling Club, Reinu tee 1, Tel. 4333077, www.bowling.liiwi.ee.
- **Fahrradverleih:** Jaan Joosepi Jalgrattapood, Turu tn. 6, Tel. 4345757.

Feste und Veranstaltungen

- Im Juli findet in Viljandi alljährlich ein mehrtägiges **Folklorefestival** statt. Genaue Daten und Programm unter www.folk.ee.
- Sehr beliebt ist das große **Traditionsmusikfestival,** das im Sommer zelebriert wird. Aktuelle Daten findet man auf der Homepage der Stadt.

Verkehr

- **Busbahnhof:** Ilmarise 1, Tel. 4333680 oder 4333466, etwa 700 m nördlich des Stadtzentrums. Regelmäßige Busse nach Tallinn, Tartu, Pärnu, Kuressaare, Haapsalu, Jõhvi, Valga, Võru und Jõgeva. 2–3-mal täglich werden auch Ortschaften in der Umgebung angefahren, z.B. Olustvere.
- **Bahnhof:** Vaksali 44, Tel. 4349425, etwa 1,5 km westlich des Stadtkerns. Langsame Verbindung zwischen Tallinn und Viljandi.
- **Autovermietung:** Unistar-Auto AS, Tehnika 2, Tel. 4355921, unistar@unistar-auto.ee, www.unistar-auto.ee; Rael Autokeskus, Tallinna mnt. 97, Tel. 4330980.
- **Taxi:** Tel. 4334441, 4333900, 15444 oder 4333833; vor dem Busbahnhof stehen üblicherweise Taxis.

Nördlich von Viljandi

Kõpu ↗XIII/C1

Westlich von Viljandi passiert man auf dem Weg zum Somaa-Nationalpark den Ort Kõpu (Groß-Köppo). Der klassizistische **Gutshof** des Ortes (Suure-Kõpu mõis) gehörte der Familie *von Stryk* und beherbergt seit 1921 eine Schule. Die **Petrikirche** im Ort aus den Jahren 1821–25 ersetzte eine Kapelle aus dem 17. Jahrhundert. Im relativ schlichten Inneren sind Epitaphe der Familie von Stryk erhalten.

Auf der Weiterfahrt Richtung Soomaa (siehe Kapitel „Der Westen“) passiert man ein kleines **Bauernmuseum** (Väike-Männiku talumuuseum), das allerdings nur geöffnet ist, wenn zufällig der Betreiber zugegen ist.

Olustvere (Ollustfer) ↗VII/C3

Am nördlichen Rand des Sakala-Höhenzugs liegt inmitten einer hübschen Parkanlage mit altem Baumbestand und langen Alleen der **Gutshof Olustvere,** der bis ins 15. Jahrhundert zurückgeht und wohl der besterhaltene Gutshofkomplex des Landkreises ist. Das Gut gehörte von 1734 bis 1918 der Familie *Fersen,* die das Anwesen Ende des 19. Jahrhunderts durch Stallungen, eine Wassermühle und eine Schnapsbrennerei erweiterte. Aus dieser Zeit stammt auch das heutige Herrenhaus, in dem sich eine Landwirtschaftsschule, eine kleine **Touristeninformation** und ein **Museum** befinden. Neben alten Möbeln und Fotos ist in dem Gebäude eine Sammlung hölzerner Pferdefiguren von *Vol-*

083es Foto: jl

demar Luht zu sehen, die die estnische Geschichte beschreiben sollen.

● **Schloss Olustvere,** Tel. 4374280, loss@alex.vil.ee, loss@olustvere.edu.ee; die hier ansässige Touristeninformation vermittelt auch Ausritte.

Burghügel Lõhavere ↗ VII/C3

Südwestlich von Olustvere passiert man auf dem Weg nach Suure-Jaani den Burghügel Lõhavere (Leol), auf dem im 12. Jahrhundert eine estnische Bauernburg stand, die nach einem legendären Freiheitskämpfer namens *Lembitu* (Lembitu linn) benannt wurde. Heute erinnert ein **Denkmal** an den Stammesältesten und die Schlacht am 21. September 1217, bei der die Esten gegen die Kreuzritter um ihre Freiheit kämpften.

Laden in Suure-Jaani

Suure-Jaani ↗ VII/C3

Diese Geschehnisse flossen in die Oper „Lembitu" ein, die *Villem Kapp* schrieb. An ihn und die übrigen Mitglieder seiner Familie, die sich alle der Musik verschrieben hatten, erinnert das kleine **Kapp-Museum,** das in dem ehemaligen Wohnhaus der Kapps in Suure-Jaani untergebracht ist.

● **Heliloojate Kappide Majamuuseum,** Tallinna mnt. 30, Suure-Jaani, Tel. 4371190, muuseum.kapid@suure-jaani.ee, April bis Oktober Mi–So 10–13.30 und 14–18 Uhr, sonst Di–Fr 11–13 Uhr.

Suure-Jaani ist ein hübscher, kleiner Ort, der an einem Stausee liegt. Hinter dem Dorfladen (Järve Pood) am See findet man eine nette Gastwirtschaft, in der man eine Pause einlegen kann. Die nahe gelegene **Kirche** stammt aus dem 13. Jahrhundert, wurde aber in diversen Kriegen und Schlachten mehrfach stark beschädigt. Aus dem Mittelalter stammen die Nischen im Altarchor. Ein Ringkreuz an der Turmmauer erinnert an eine Frau namens *Anne Ratesep*, die sich während des Livländischen Krieges aufopferungsvoll um die Pestkranken gekümmert haben soll. Auf dem **Friedhof** ruhen neben den Mitgliedern der Kapp-Familie und dem ehemaligen Besitzer des Gutshofes Olustvere, *Graf Fersen*, der Maler *Johann Köler*.

Gutshof Väikemõisa

Auf dem Weg zurück nach Viljandi kann man hinter Võivaku einen kleinen Schlenker machen und linker Hand der Landstraße zum Gutshof Väikemõisa (Kleinhof) folgen. Er kann jedoch nur von außen besichtigt werden, da im Inneren ein Waisenhaus untergebracht ist. Das hübsche Gebäude mit Fachwerkelementen und Wänden aus grobem Stein und Ziegeln steht am Ende einer Eichenallee. Das Herrenhaus, das 1890 nach Plänen des Architekten *Rudolf von Engelhardt* errichtet wurde, gehörte bis 1939 der Familie *Helmersen*.

Hinter der Ortschaft liegt das Landschaftsschutzgebiet Varesmäed, das den See Kehkna und das Urstromtal Tänassilma umfasst.

Unterkunft

- Westlich von Suure-Jaani liegt beim Ort Vihiküla ein Gästehaus, das für sich selbst beansprucht, auf einem Energiefeld zu liegen. Neben Unterkunft bieten die Betreiber verschiedene Gesundheits- und Wellness-Aktivitäten an: **Energia Talu** €€, Vihiküla, Gemeinde Suure-Jaani, Tel. 5106193, herba@energiatalu.ee, www.energiatalu.ee.
- In der Nähe liegt das hübsche **Feriendorf Vanaõue** idyllisch zwischen Bäumen am Fluss Navesti: Vihi, Gemeinde Suure-Jaani, Tel. 4357121, mobil 5209751, info@vanaoue.ee, www.vanaoue.ee. Zimmer im Gästehaus €€, kleine Ferienhäuschen €€€ für 4 Personen sowie einfache Campinghäuschen €€ bei einer alten Wassermühle; auf Wunsch Verpflegung, diverse Saunen, Kanuverleih, Ballfelder, Reiten und Jeep-Fahrten; auch **zelten** möglich.

Am Westufer des Võrtsjärv (Wirz-Sees)

↗ XIII/D1-2

Der etwa 270 Quadratkilometer große **Wirz-See** ist reich an Fischen, darunter Zander, Barsche, Hechte und Aale (mehr zum See siehe „Das Ostufer des Võrtsjärv" weiter vorn in diesem Kapitel). Von Viljandi aus gibt es zwei Möglichkeiten, an den See zu gelangen: Die Straße 92 führt am Nordufer entlang, die Straße 52 verläuft etwas entfernt vom südwestlichen Ufer und passiert schließlich das Südende des Sees. Auf beiden Strecken gibt es nur wenige Stichstraßen, die direkt ans Ufer führen. Die dazwischenliegenden Abschnitte sind relativ unerschlossen und schwer zu erreichen.

Am nördlichen Teil des Sees gibt es kleinere **Badestrände** bei Valma, Oiu und Vaibla, allerdings wuchert das Gewässer von Jahr zu Jahr mehr zu, sodass ungewiss ist, wie lange man hier noch einen Badestopp machen kann. Zumindest die **Wasserqualität,** die zu Sowjetzeiten sehr durch Pestizide der Landwirtschaft gelitten hatte, verbesserte sich in den letzten Jahren stark und wird regelmäßig überprüft.

Vaibla

In Vaibla ganz im Norden kann man seenah **zelten.** Hier errichtete der Gutsherr *Johann von Lauw* Ende des 18. Jahrhunderts die **Glasmanufaktur Meleski,** die zu Zarenzeiten zur zweitgrößten Glas- und Spiegelfabrik Russlands und größten des Baltikums aufstieg. Auf Voranmeldung kann man eine Sammlung verschiedener Glasgegenstände besichtigen.

- **Glassammlung Meleski,** Gemeinde Kolga-Jaani, Tel. 4359468, mobil 53958728.

Valma ↗ XIII/D1

Im Dorf Valma am Nordostufer hat man in den 1950er Jahren ein etwa 3000 Jahre altes Skelett gefunden. Viel zu sehen ist in Valma indes nicht – es gibt ein paar hölzerne Fischerhäuschen, Gärten voller Obstbäume, in denen der Löwenzahn wuchert, und ein paar Fischerboote liegen im kleinen Hafen. Hier oder im Seezentrum am gegenüberliegenden Ufer legt der historische Fischtrawler „Kale" an, mit dem man über den See segeln kann (siehe „Das Ostufer des Võrtsjärv" weiter vorn in diesem Kapitel).

Mustla ↗ XIII/D1

Die Straße 52 führt nah am südlichen Teil des Sees vorbei, den man hinter Mustla, einem netten kleinen Ort mit bunten Holzhäuschen und einem Café, über mehrere Stichstraßen erreicht. Einige Kilometer vor Mustla geht eine Straße nach **Kärstna** (Kerstenhof) ab. Vom dortigen **Herrenhaus** aus dem 18. Jahrhundert, das heute eine Schule beherbergt, führt eine Eichenallee zu einem **Denkmal,** das an den Generalleutnant *Reihnhold von Anrep* erinnert, der Anfang des 19. Jahrhunderts in der Schlacht von Austerlitz fiel. Es stellt einen schlafenden Löwen dar.

Die **Peetri-Kirche in Tarvastu** bei Mustla ist wahrscheinlich eines der ältesten Gotteshäuser der Gegend, wobei das heutige Gebäude aus dem Jahr 1893 stammt. Der erste Bau wird schriftlich erstmals 1329 im Zusammenhang mit einem Raubzug der Litauer erwähnt, doch vielleicht predigte hier bereits Bischof *Wilhelm von Modena* 1225. Die ältesten Teile des heutigen Gebäudes stammen aus dem 15. Jahrhundert, als das Gotteshaus aus einem nahezu quadratischen Langhaus mit angegliedertem Altarchor bestand. 1771 wurde die Kirche, die in verschiedenen Kriegen stark gelitten hatte, neu auf- und umgebaut und um einen Turm erweitert. Zweimal schlug der Blitz ein, 1893 brannte sie daraufhin nieder und musste erneut rekonstruiert werden. Mehr Glück hatte die Gemeinde im Jahr 2004: Bis auf einen Riss im Turm ist beim Einschlagen des Blitzes nicht viel passiert. Der Altar wird von zwei schönen hölzernen Engeln bewacht.

Pikasilla ⇗ XIII/D2

Der Name des Ortes Pikasilla im Süden des Sees bedeutet soviel wie „lange Brücke". Eine ebensolche soll hier auf der wichtigen Route Tartu – Viljandi im Mittelalter gestanden haben. An dieser Stelle verlief damals die Grenze zwischen den Ländereien des Ordens und denen des Bischofs von Tartu.

Südlich von Viljandi

Heimtali ⇗ XIII/C1

Am Hang des Urstromtals Raudna befindet sich etwa sechs Kilometer südwestlich von Viljandi der **Gutshof Heimtali.** Das klassizistische Herrenhaus und seine Nebengebäude, darunter Speicher und ein runder Pferdestall, liegen in einen schönen Park eingebettet. Bemerkenswert ist ein weiteres Nebengebäude des Gutshofes, die sogenannte **Schnapsbrennerei.** Ob hier wirklich Schnaps gebrannt wurde, ist fraglich, denn nach seiner Erbauung 1832 diente das auffällige Gebäude mit seinen vier runden Kaminen, die als Ecktürme „getarnt" sind, als Molkerei. So hübsch das Gebäude sein mag, ein Vergleich zum Tower of London, den die Esten gern ziehen, ist sicherlich nicht gerechtfertigt.

Das Anwesen selbst wurde Anfang des 16. Jahrhunderts erstmals unter dem Namen Linsen erwähnt. Der Gutsbesitzer *Peter Reinhold von Sievers* gab ihm jedoch 1793 im Andenken an seine verstorbene Geliebte *Luise Heimenthal* einen neuen Namen.

Im alten Schulgebäude von Heimtali, das im Jahr 1864 aus groben Feldsteinen und roten Ziegeln erbaut wurde, befindet sich ein kleines **Textil- und Heimatmuseum,** zu dem auch ein altes Klassenzimmer gehört.

● **Textilmuseum Heimtali,** Tel. 4398126 Di–Sa 9–13.30 und 14.15–17 Uhr.

Sinialliku-Quelle ⇗ XIII/C1

Folgt man der Hauptstraße 49 Richtung Süden, durchquert man verschiedene **Naturparklandschaften,** die sich über die Hügel des Höhenzugs erstrecken und kleine Seen, Quellen, grüne Täler und rote Standsteinaufschlüsse umfassen. Manche Orte sind mit Legenden verknüpft. So soll die Sinialliku-Quelle (Blaue Quelle) heilende Kräfte besitzen und einer der Sandsteinaufschlüsse weiter südlich, die sogenannte **Hölle von Loodi,** den Teufel beherbergen.

Gutshof Õisu ⇗ XIII/C1

Weiter südlich führt eine Straße rechts ab von der 49 zum Gutshof Õisu (Eusekúll, etwa fünf Kilometer westlich der Hauptstraße gelegen), der wie Heimtali der Familie *von Sievers* gehörte. Das klassizistische Herrenhaus, dessen Eingang von einer breiten Treppe und weißen Säulen flankiert ist, stammt aus den Jahren 1760–70. Die zwei barocken Mamorfiguren an der Treppe stellen die Göttin der Gerechtigkeit, Justitia, und die Göttin der

Weisheit, Prudentia, dar. Heute beherbergt das Gebäude eine Schule. Eingebettet in einen englischen **Park,** gehören noch einige Nebengebäude zum Gutshof, unter anderem der **„krumme Stall“,** der halbkreisförmig und von Säulen gesäumt angelegt wurde. Die Wetterfahne auf dem Dach dokumentiert das Datum seiner Erbauung: 1762.

Halliste

↗ XIII/C2

Die rot-weiße **Annenkirche** in Halliste (Hallist) lag nach einem Brand 1959 lange Zeit als Ruine darnieder, bis sie auf Initiative der Gemeinde und mit Hilfe von Spenden der Bevölkerung ab 1989 wieder aufgebaut wurde. Das Bauwerk lehnt sich an einen Vorgängerbau aus der zweiten Hälfte des 19. Jahrhunderts an. Erstmalig erwähnt wurde das Kirchspiel Halliste bereits im Jahre 1211. Die ältesten Teile des heutigen Gebäudes stammen aus dem 15. Jahrhundert. Immer wieder legten Kriege und Blitzeinschläge die Kirche in Schutt und Asche, so war sie vor dem letzten Brand bereits 1863 einem Feuer zum Opfer gefallen. Die Innenausstattung mit einer schwarzen Decke und dem in Blau- und Gelbtönen gehaltenen Altargemälde von *Jüri Arrak* ist durchaus unkonventionell.

Karksi-Nuia

↗ XIII/C2

Seit dem Nordischen Krieg ist von der **Ordensburg Karksi** (Karkus) am Hang eines malerischen Urstromtals nur noch eine Ruine erhalten. Die Festung aus dem 13. Jahrhundert bestand aus einer relativ großen Vorburg, einer schützenden Mauer samt mehreren halbrunden Türmen, die im 15. Jahrhundert hinzukamen, und einem nahezu quadratischen Hauptteil, der zusätzlich durch einen Graben geschützt war. Anstelle der im Nordischen Krieg zerstörten Burgkapelle errichtete man in den Jahren 1773–78 eine **barocke Kirche,** deren Turm sich aufgrund des absackenden Bodens im Laufe der Zeit etwas zur Seite geneigt hat. Von der Ruine aus hat man einen schönen Blick auf die im Urstromtal liegenden Seen und die bewaldeten Hügel der Umgebung.

Am Rand des Grundstücks liegt die kleine, weiße **Grabkapelle** des Feldmarschalls *Georg Reinhold von Lieven* (1696–1763). Dieser besaß ab 1747 den **Gutshof Karksi,** der wahrscheinlich zur gleichen Zeit wie die Burg angelegt wurde. Die ersten Gebäude überlebten die wechselnden Kriege und Herrscher – Deutsche, Litauer, Polen, Schweden und Russen – nicht. Außer dem Park sind jedoch einige Nebengebäude erhalten, darunter ein Speicher aus dem 19. Jahrhundert und das L-förmige Haus des Verwalters.

In der Nähe von Karksi lebte und arbeitete der Schriftsteller *August Kitzberg* (1855–1927). Ihm wurde ein Denkmal am Hang des Urstromtals nahe der Ortschaft sowie ein kleines Museum auf dem Weg zwischen Karksi-Nuia und Abja-Paluoja gewidmet.

Wer Richtung Valga weiterfahren möchte, sollte sich in Karksi-Nuia an der Hauptstraße nach Osten halten. Nach etwa 12 Kilometern erreicht man den Landkreis Valga. Dort liegt das Schloss Taagepera, in dem man übernachten kann (siehe „Tõrva, Umgebung“, weiter vorn in diesem Kapitel).

Abja-Paluoja

XIII/C2

Hält man sich auf der Hauptstraße in Karksi-Nuia Richtung Westen (Pärnu), gelangt man in eine weitere zusammengelgte Ortschaft. Abja-Paluoja ist ein hübscher, kleiner Ort mit bunten Holz- und Steinhäuschen, einem kleinen Geschäft und einem klassizistischen **Herrenhaus,** das bis 1922 der Familie *von Stackelberg* gehörte.

Mõisaküla

XIII/C2

Die Geschichte der kleinen Stadt Mõisaküla an der Grenze zu Lettland ist eng mit der Zugverbindung verknüpft, die ab 1895 die Städe Pärnu und Valga verband und diesen Ort passierte. Erst seither siedelten sich hier verschiedene Fabriken an, die Arbeitskräfte in die Gegend lockten. 1905 wurde die Ortsschule eröffnet.

Kein Wunder, dass das Thema Eisenbahn einen hohen Anteil an den Exponaten des hiesigen **Museums** hat, auch wenn der Bahnverkehr mittlerweile stillgelegt wurde und seit 1996 kein einziger Zug mehr die Stadt passiert hat. Das grüne Steinhaus, in dem die Ausstellung untergebracht ist, ist mit der estnischen und lettischen Fahne beflaggt. Neben diversen Zugmodellen ist ein bemalter Bauernschrank Schmuckstück der Sammlung. Besonders stolz sind die Einwohner auf die hier ausgestellten olympischen Medaillen (Silber 1928, Bronze 1936) des aus dem Ort stammenden Gewichthebers *Arnold Luhaäär.*

- **Museum Mõisaküla,** J. Sihveri 4, Tel. 4355607, Di–Sa 11–16 Uhr.

Informationen

- In Karksi-Nua gibt es eine kleine **Touristeninformation** mit Internetzugang, Rahumäe 2a, Tel. 435527.

Unterkunft

- Einige Kilometer östlich von Heimtali, am Südostufer des Viljandi-Sees, etwa vier Kilometer vor der Stadt, liegt das **Feriendorf** (puhkeküla) **Sammuli** €€, Tel. 5044298, sammuli@sammuli.ee, www.sammuli.ee. Gästehaus und einfache Campinghäuschen; rauchen in den Zimmern ist verboten; gut für Familien geeignet. **Stellplätze für Wohnwagen,** auch **zelten** ist möglich. Grill, Boot- und Fahrradverleih, Tennisplatz, Café.
- **Käbi puhkemaja,** Ainja, Gemeinde Karksi, Tel./Fax 4333272, mobil 05163462, 5113861, sgorjatsko@hot.ee. Rustikales Ferienhaus etwa 5 km östlich von Karksi-Nuia mit Kamin und Sauna. Platz für 6 Personen, man bezahlt nach Anzahl der Übernachtungsgäste: 2 Personen €€€.

Aktivitäten

- **Reiten:** Heimtali hobusekasvandus, Heimtali, Gemeinde Pärsti, Tel. 4333083. In der Nähe des Feriendorfs Sammuli gibt es einen weiteren Reitstall: Sammuli Tall, Tel. 5269100, www.sammulitallid.ee.

111es Foto: jl

Westküste und Hinterland

119es Foto: jl

120es Foto: jl

Pärnu ist Badeort Nr. 1 in Estland

Schief, aber schön

Wasserburg Koluvere

Überblick

Im Westen Estlands liegen die Landkreise Läänemaa und Pärnumaa sowie die größten Inseln des Landes (diese werden in einem separaten Kapitel am Ende des Buches beschrieben). Die wohl bekanntesten Orte an der Westküste sind die **Kurstädte Pärnu und Haapsalu.**

Bevor der im Nordwesten Estlands gelegene **Landkreis Läänemaa** erstmals im 16. Jahrhundert schriftlich erwähnt wurde, war er unter den Namen Rotala oder Rotelewich (nach den größten damaligen Siedlungen) bzw. Maritima bekannt. Besiedelt wurde er – archäologischen Ausgrabungen zufolge – bereits vor 4000 bis 5000 Jahren.

Im Mittelalter bildeten West-Estland und die Inseln ein **Bistum,** dessen Zentrum zunächst in Lihula, im Süden des heutigen Läänemaa, dann in Alt-Pärnu und schließlich in Haapsalu lag. Zu dieser Zeit entstand das berühmteste Baudenkmal der heutigen Landeskreisstadt: die **Bischofsburg mit Domkirche von Haapsalu.** Die Stadt wurde im Laufe ihrer Geschichte von unterschiedlichen Völkern geprägt. Russen, Schweden und Deutsche haben hier ihre Spuren hinterlassen. Sehenswert sind neben den Ruinen der alten Bischofsburg aus dem 13. Jahrhundert hübsche Holzhäuser und Kurgebäude aus Zarenzeiten.

Wer die Wahl zwischen Haapsalu und Pärnu hat, sollte wissen, dass Haapsalu die ruhigere Alternative ist und somit eher Kurgäste anspricht. Pärnu ist hingegen vor allem für diejenigen interessant, die gern unter Leuten sind und sich schon mal ins Nachtleben stürzen wollen.

Der Norden Läänemaas mag so manchen Besucher an Schweden erinnern. So haben die bis Mitte des 20. Jahrhunderts hier ansässigen **Küstenschweden** einen starken Einfluss auf Landschaft und Traditionen dieser Gegend gehabt. Typische rote Holzhäuser und schwedische Dorfnamen zeugen vor allem auf der **Halbinsel Noarootsi** für ihre jahrhundertelange Anwesenheit. Im **Vogelschutzgebiet Silma** kommen Vogelliebhaber auf ihre Kosten.

In den Dörfern abseits der Küstenstädte findet man zahlreiche **mittelalterliche Kirchen,** die zum Teil bis heute für Gottesdienste genutzt werden. Sie wurden zumeist einschiffig gebaut und erst später um einen Turm erweitert.

Im Süden Läänemaas erstreckt sich rund um die Matsaluer Bucht der **Nationalpark Matsalu,** der bei Ornithologen auf der ganzen Welt bekannt ist. Das Feuchtgebiet ist die größte Nist- und Raststätte von **Zugvögeln** im Ostseeraum und lockt besonders im Frühjahr, wenn Tausende Vögel aus dem Süden zurückkommen, oder im Herbst, wenn sie ihre Reise antreten, Vogelliebhaber aus dem In- und Ausland an.

Der im Südwesten Estlands gelegene **Landkreis Pärnumaa** erstreckt sich hufeisenförmig um die bekannte Kurstadt: **Pärnu** gilt als beliebtester Inlandsferienort der Esten. Die von historischen Bauten und Grünanlagen geprägte Stadt ist bekannt für ihre Kur- und Spa-Hotels, bietet aber auch für junge Menschen gerade im Sommer eine Vielzahl von Ausgehmöglichkeiten und Sportangeboten. Nicht umsonst wird Pärnu, günstig an der Via Baltica zwischen dem lettischen Riga und Tallinn gelegen, von den Esten „Sommerhauptstadt" genannt.

Etwa die Hälfte des Landkreises Pärnumaa besteht aus **Wäldern,** ein Viertel ist von **Sümpfen** bedeckt. Einer der längsten Flüsse des Landes, der ebenfalls den Namen Pärnu trägt, mündet in der gleichnamigen Bucht. Das Dorf Pulli bei Sindi gilt als älteste Siedlung des Landes, hat man hier doch menschliche Spuren gefunden, die sich auf das 8. Jahrtausend v. Chr. zurückdatieren lassen. Wie auch Läänemaa ist das Küstengebiet an dieser Stelle sehr flach und steinig. Die lange, **buchtenreiche Küstenlinie** schmücken Strände, Heidelandschaften, Wälder, Wacholderhaine und Moore, in denen im Herbst köstliche Beeren und Pilze wachsen. Hervorzuheben ist der **Nationalpark Soomaa,** der sich auch im benachbarten Landkreis Viljandimaa erstreckt und bislang als Geheimtipp unter Urlaubern galt. Kanufahrten oder Moorwanderungen durch das entlegene Gebiet sind ein besonderes Erlebnis.

Pärnu

↗ XVII/C1-2

Wie alle größeren Städte Estlands hat auch Pärnu (Pernau) einen Beinamen, den die Esten stolz hervorheben: Es ist die **Sommerhauptstadt** des Landes und wird diesem Titel auch gerecht. Wie Haapsalu ist Pärnu eine **Kurstadt,** doch dominieren hier im Sommer **junge Urlauber** das Stadtbild – wohl auch, weil der Tartuer Nachtclub Tallinn, den die Studenten während des Semesters aufsuchen, in deren Ferien ebenfalls nach Pärnu umsiedelt und die Stranddisco Sunset als Partylocation unter jungen Esten sehr beliebt ist. Von den ausländischen Gästen dominieren Finnen, die hier die vergleichsweise günstigen Kur- und Spa-Angebote nutzen.

Trotz der guten touristischen Infrastruktur, der zahlreichen Freizeitangebote und vieler Geschäfte und Restaurants in der Innenstadt findet man in Pärnu auch ruhige Ecken. Wenn man vom Zentrum durch eine der Alleen, vorbei an hübschen, alten Holzvillen Richtung Strand flaniert, fühlt man sich in Zarenzeiten zurückversetzt, als wohlhabende Kurgäste hier entlangschlenderten.

Die meisten Sehenswürdigkeiten sind um die **Touristeninformation** im Zentrum angesiedelt und gut zu Fuß zu erreichen. Das Büro gibt eine empfehlenswerte Broschüre mit dem Titel „Historische Sehenswürdigkeiten" heraus, der dort beschriebene Spaziergang durch die Stadt dauert etwa drei Stunden und führt an allen Sehenswürdigkeiten vorbei.

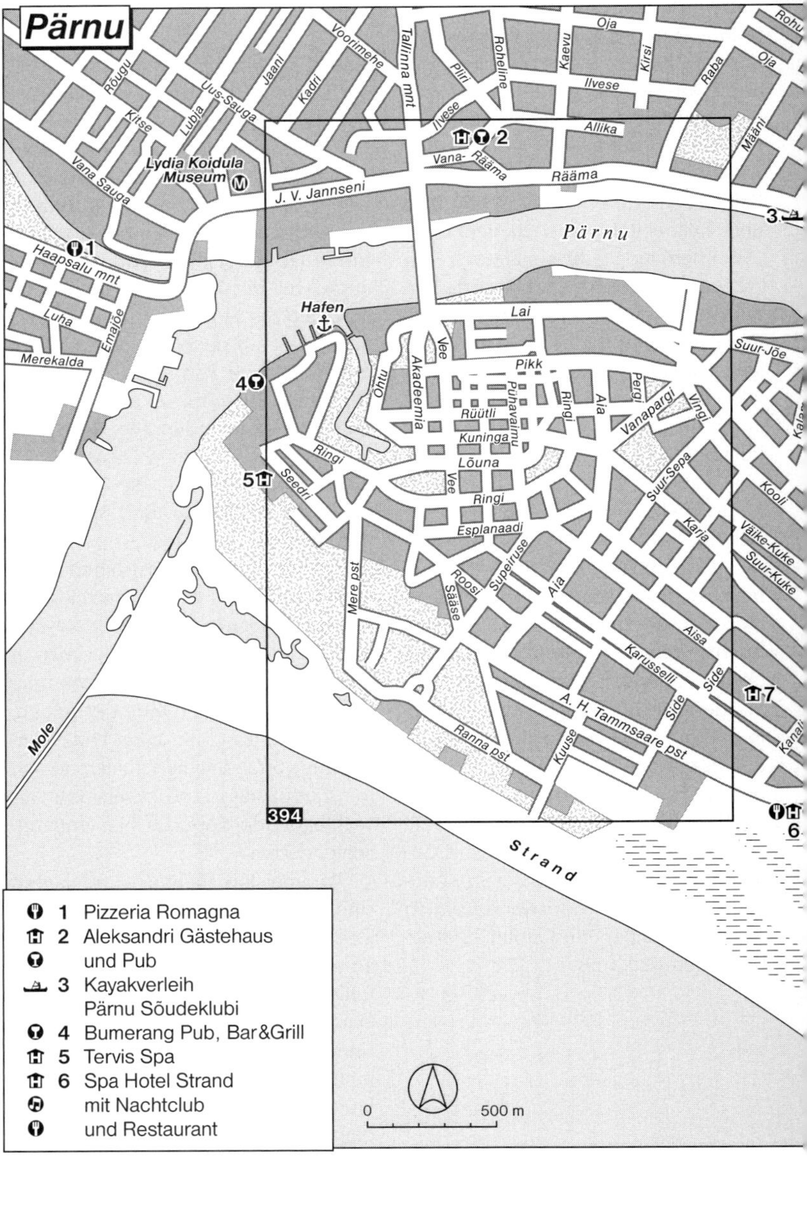
Pärnu
Rohu
Oja
Kaevu
Kirsi
Raba
Roheline
Tallinna mnt
Voorimehe
Jaani
Kadri
Rõugu
Uus-Sauga
Kitse
Lubja
Piiri
Ilvese
Mäani
Allika
Vana-Rääma
Rääma
Vana Sauga
Lydia Koidula Museum
J. V. Jannseni
Pärnu
Haapsalu mnt
Luha
Emajõe
Merekalda
Hafen
Lai
Suur-Jõe
Pikk
Vee
Akadeemia
Ohtu
Pühavaimu
Rüütli
Ringi
Aia
Pergi
Vanapargi
Vingi
Kuninga
Lõuna
Seedri
Esplanaadi
Suur-Sepa
Kooli
Karja
Väike-Kuke
Suur-Kuke
Mere pst
Roosi
Supeluse
Sääse
Aisa
Karusselli
Side
A. H. Tammsaare pst
Ranna pst
Kuuse
Kanali
Mole
Strand
394
1 Pizzeria Romagna
2 Aleksandri Gästehaus und Pub
3 Kayakverleih Pärnu Sõudeklubi
4 Bumerang Pub, Bar&Grill
5 Tervis Spa
6 Spa Hotel Strand mit Nachtclub und Restaurant
7
0
500 m

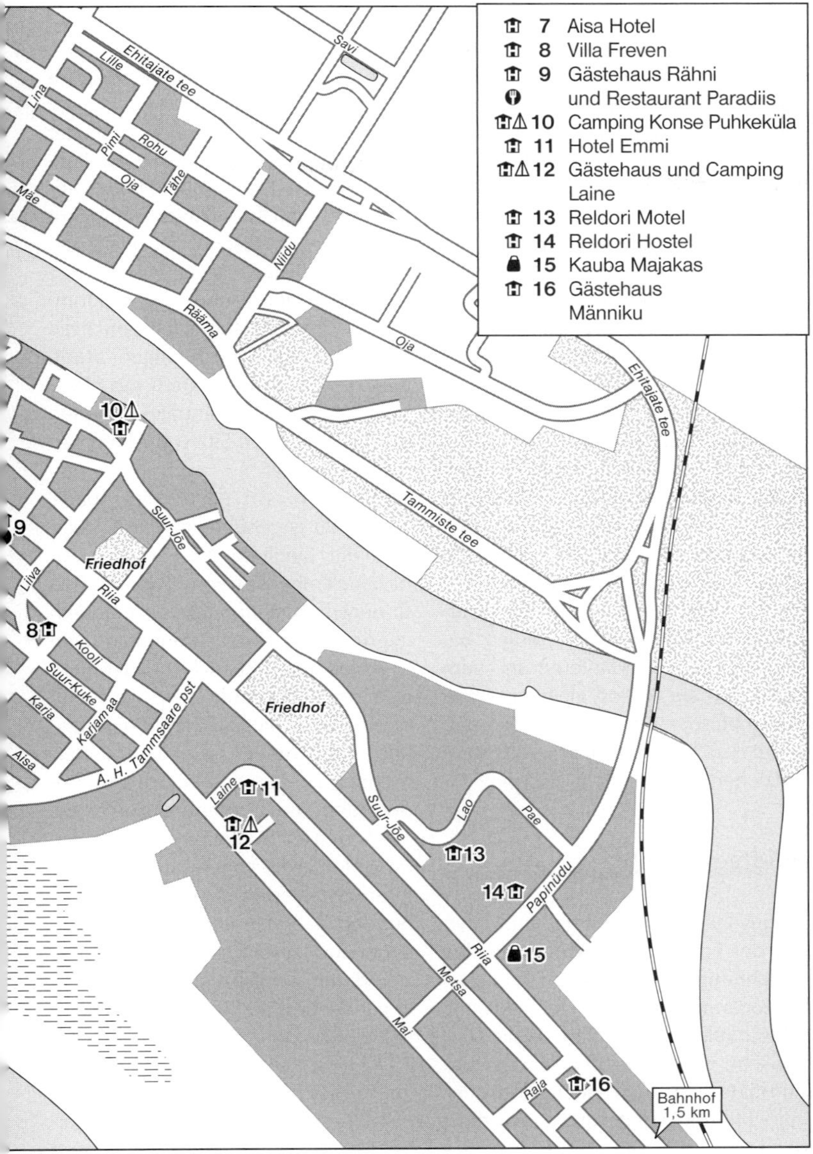
7 Aisa Hotel
8 Villa Freven
9 Gästehaus Rähni und Restaurant Paradiis
10 Camping Konse Puhkeküla
11 Hotel Emmi
12 Gästehaus und Camping Laine
13 Reldori Motel
14 Reldori Hostel
15 Kauba Majakas
16 Gästehaus Männiku
Ehitajate tee
Lille
Savi
Lina
Pirni
Rohu
Oja
Tähe
Mäe
Niidu
Rääma
Oja
Ehitajate tee
Tammiste tee
Suur-Jõe
Friedhof
Liiva
Riia
Kooli
Suur-Kuke
Karja
Kariamaa
Aisa
A. H. Tammsaare pst
Friedhof
Laine
Suur-Jõe
Lao
Pae
Papiniidu
Riia
Metsa
Mai
Raja
Bahnhof 1,5 km

Allerorts stoßen Besucher dabei auf die in Pärnu geborene Dichterin und Publizistin *Lydia Koidula* (1843–86), die Verfasserin des ersten Theaterstückes in estnischer Sprache (siehe Kapitel „Land und Leute: Literatur"). **Haupteinkaufsstraße** ist die Rüütli, wo sich ein Einkaufsbummel wunderbar mit einer Besichtigungstour verbinden lässt, da die kleinen Geschäfte in hübschen alten Stein- oder Holzhäusern untergebracht sind. Der **Busbahnhof** liegt an einer ihrer Querstraßen ebenfalls in Gehnähe. In Richtung Strand erstreckt sich ein Grüngürtel aus Parkanlagen.

Entlang des drei Kilometer langen **Sandstrandes** – etwa einen Kilometer südlich der Innenstadt – befinden sich die **Kureinrichtungen,** darunter einige alte und sehenswerte Gebäude. Pärnu ist – wie es sich für eine Sommerhauptstadt gehört – zum Erholen, Baden, Entspannen, Flanieren und zum Ausgehen am Abend gleichermaßen geeignet, seine Besucher werden sich kaum dem heiteren Charme der Stadt entziehen können.

Stadtgeschichte

Pärnus Geschichte ist eng verbunden mit der Lage an der **Mündung des gleichnamigen Flusses** und der ebenso genannten Bucht – einerseits aus wirtschaftlichen Gründen, da die strategische Lage zwar den Handel begünstigte, aber auch andere Herrscher anlockte und Kriege und Zerstörung nach sich zog, andererseits durch das sandige Meerufer, die seichte Bucht und den heilenden Schlamm, der den Wandel in eine Kurstadt möglich machte.

Bereits 9000 v. Chr. hat es an der Flussmündung menschliche Siedlungen gegeben. Der Pärnuer **Hafen** wurde 1241 erstmals erwähnt, zehn Jahre später weihte Bischof *Heinrich* den **Dom** des Bistums *Ösel-Wiek* (Saare-Lääne) ein und gründete eine Domschule. Dieses Datum gilt als offizielle Geburtsstunde der heutigen Stadt. Nach einem Angriff durch das litauische Heer zwölf Jahre später verlegten die Bischöfe ihren Sitz von Alt-Pernau nach Haapsalu.

Wiederum ein paar Jahre später wurde am gegenüberliegenden Flussufer die Siedlung Neu-Pernau (zunächst: Embecke) vom livländischen Ordensmeister *Konrad von Mandern* gegründet, die bald darauf Stadtrechte erhielt und sich im 14./15. Jahrhundert zur **Hansestadt** entwickelte. Auf diese glanzvolle Zeit folgten Kriege und Zerstörungen wie das Niederbrennen Alt-Pernaus im 16. Jahrhundert und die Eroberung durch die Schweden im 17. Jahrhundert. Kurzzeitig verlegte die Universität von Tartu ihren Sitz hierher, doch im 18. Jahrhundert gab es erneute Rückschläge in der Stadtgeschichte. Nach der Invasion durch russische Truppen herrschte gar die Pest und riss fast die gesamte Bevölkerung in den Tod.

Die Geschichte der Kurstadt beginnt im 19. Jahrhundert. 1838 wurde die erste **Badeanstalt** gegründet, daraufhin etablierte sich die Stadt nach und nach als anerkannter **Kurort des Zarenreiches.** Im gleichen Jahrhundert entstand die erste reguläre Zeitung in estnischer Sprache: 1857 hob *Johann Woldemar Jannsen* die „Perno Postimees" („Pernauer Postbote") aus der Taufe. Seine Tochter, die später den Namen *Lydia Koidula* annahm, wurde die wohl wichtigste Dichterin Estlands und eine bedeutende Protagonistin in der Phase des nationalen Erwachens. Zuvor hatte sich der Pastor *Johann Heinrich Rosenplänter* im Rahmen von Veröffentlichungen intensiv mit der estnischen Sprache auseinandergesetzt. Um die Jahrhundertwende entstand schließlich die erste **Eisenbahnanbindung** der Stadt.

Den Höhepunkt als Kurstadt erlebte Pärnu im frühen 20. Jahrhundert. Durch die Bahnverbindung, aber auch durch die Eröffnung einer **Schiffslinie über die Ostsee** in den 1930er Jahren kamen immer mehr Kurgäste. Zuvor, 1918, wurde vom Balkon des Endla-Theaters die erste estnische Unabhängigkeitserklärung proklamiert. Die beiden Stadtteile Alt- und Neu-Pärnu wurden endlich adminstrativ zusammengelegt.

Auch unter der sowjetischen Herrschaft galt Pärnu als **sozialistische Kurstadt.** Nach Erlangen der Unabhängigkeit 1991 erhielt Pärnu als erster Kurort in Osteuropa 1994 die Blaue Flagge, die als Symbol für **hohe Umweltstandards** gilt. Im Jahr 2000, ein Jahr, bevor Pärnu sein 750-jähriges Jubiläum beging, wurde die Stadt Mitglied des Europäischen Heilbäderverbandes (ESPA).

Sehenswertes

Lydia Koidula Museum

Zwischen der Ringi- und der Lõuna-Straße wurde ein **Park** nach der Dichterin *Lydia Koidula* benannt. Dort ist die zierliche Frau am Rand eines Brunnens in Form eines **Denkmals** verewigt.

Außerhalb der Innenstadt auf der anderen Seite des Pärnu-Flusses befindet sich das Lydia Koidula Gedenkmuseum. Untergebracht in einem alten Schulhaus aus dem 18. Jahrhundert, sind hier private Gegenstände der berühmten Dichterin zu sehen. Auch an ihren Vater *Johann Woldemar Jannsen*, der 1857 mit der „Perno Postimees" die erste estnischsprachige Zeitung herausgab, wird erinnert. Umgeben ist das Museum von den farbigen Holzhäusern des Stadtviertels Ülejõe, die so typisch für Pärnu sind.

- **Lydia Koidula Gedenkmuseum,** Jannseni tn. 37, Tel. 4433313, Mi–So 10–17 Uhr, außerhalb der Öffnungszeiten ist ein Besuch nach Absprache möglich.

Roter Turm

Nicht weit vom Busbahnhof steht das älteste Gebäude der Stadt. Hält man nach dem **Punane Torn** (Hommiku 11) Ausschau, einem im 15. Jahrhundert errichteten **Gefängnisturm,** der Teil der mittelalterlichen Stadtmauer war, sollte man sich nicht durch die Namensgebung beirren lassen. Der rote Backstein, aus dem der Turm gebaut ist und der auch Grund für die Bezeichnung war, ist mittlerweile weiß gestrichenen Wänden gewichen. Im oberen Stockwerk finden wechselnde Ausstellungen statt. Vor dem Turm steht eine hübsche, hölzerne Frauenfigur.

Pärnu-Museum

Die meisten Sehenswürdigkeiten befinden sich an der **Einkaufsstraße Rüütli,** wo auch die Touristeninformation (Rüütli 16) ansässig ist, oder den davon abgehenden Querstraßen. Am westlichen Ende der Rüütli-Straße führt das Pärnu-Museum Besucher in die Geschichte von Stadt und Landkreis ein. Hier sind auch einige der ältesten **archäologischen Fundstücke** Estlands ausgestellt, die auf das Jahr 9000 v. Chr. datieren.

● **Pärnu Museum,** Rüütli 53, Tel. 4433231, www.pernau.ee, Mi–So 10–18 Uhr, Eintritt 30 EEK, ermäßigt 15 EEK. Für Familien lohnt sich die Familienkarte, die 50 EEK kostet. Erster Mittwoch im Monat Eintritt frei.

Verklärungskirche

Von hier aus führt die Aia-Straße hinunter zur orthodoxen Verklärungskirche (Aia 5) aus dem Jahr 1904, ein schönes Beispiel für den **altrussischen Stil.**

Steinerimaja

Zwei hübsche Wohnhäuser lohnen einen kleinen Schlenker in die Pühavaimu-Straße. Das grünliche Giebelhaus eines ehemaligen Ratsherrn, das sogenannte Steiner Haus aus dem Jahr 1674, und das gelbe Haus des Apothekers *Heno* von 1670 wurden vom Kaufmann *Hans Diedrich Schmidt* gekauft, der die Gebäude im klassizistischen Stil umbaute. Eine neue Fassade vereinte 1877 die beiden Gebäude und der graue, mit Säulen versehene Vorbau entstand.

Rathaus

Eine Querstraße weiter (Uus/Ecke Nikolai) steht das Rathaus der Stadt, das 1839 in das 1797 erbaute, klassizistische Wohnhaus des Kaufmanns *Harder* einzog. Beachtenswert ist die **geschnitzte, bunt bemalte Tür,** durch die bereits Zar *Alexander I.* bei seinem Besuch in Pärnu 1806 getreten sein soll. 1911 wurde das Rathaus durch einen Jugendstil-Anbau erweitert.

Barockkirchen

In der Nähe des Rathauses liegen zwei Kirchen aus der Barockzeit. Folgt man der Nikolai-Straße bis an die Kreuzung zur Kuninga, gelangt man zur **Elisabethkirche** (Nikolai 22), die der Architekt *Joachim Hinrich Güterbock* entworfen hat. 1750 wurde sie der russischen Zarin *Elisabeth* (*Jelisaweta*) gewidmet, 1893 baulich erweitert. Die Innenausstattung stammt aus dem 19. Jahrhundert.

Geht man vom Rathaus die Uus hinunter, trifft man auf die **Katharinenkirche** (Vee 16). Sie fällt schon von Weitem ins Auge: Hellgelb gestrichen und mit einem grünen Dach, das die verspielt wirkenden Türmchen bedeckt, ist sie die prächtigste Barockkirche Estlands. Auch ihr Name geht auf eine russische Zarin zurück. *Katharina II.* besuchte Pärnu 1764 und ordnete den Bau der Kirche an, dem der Architekt *Pjotr Jegorov* 1765–68 nachkam.

112es Foto: jl

Pärnu hat nette Kneipen und Restaurants

Vee-Straße

Am **Endla Theater** vorbei, einem Sowjetgebäude, das ein in der Nähe gelegenes Jugendstilbauwerk (dort steht heute das Hotel Pärnu) in den 1960er Jahren ersetzte, führt die Vee-Straße nördlich Richtung Hafen und südlich zurück zur Rüütli. Hier gibt es zahlreiche **Wohn- und Geschäftsgebäude,** die historisch und architektonisch interessant sind, zum Beispiel die Häuser Nr. 1a, 28, 27, 36, 37 oder 41. Am besten flaniert man einfach die Straße hinunter und lässt die schönen Bauten auf sich wirken. In einem der zahlreichen Cafés kann man den Bummel jederzeit unterbrechen.

Mohrsches Haus

Gute Augen können am Giebel des sogenannten Mohrschen Hauses (Rüütli 21/23) ein auf einer Stange angebrachtes **Hufeisen** entdecken. Dieses soll das Pferd von *Karl XII.* verloren haben, als er im Jahr 1700 durch die Stadt ritt.

Wallgraben

Am westlichen Ende der Kuninga-Straße, die parallel zur Rüütli verläuft, blieb das **Tallinner Tor** (Tallinna Värav) aus dem 17. Jahrhundert erhalten. Bis

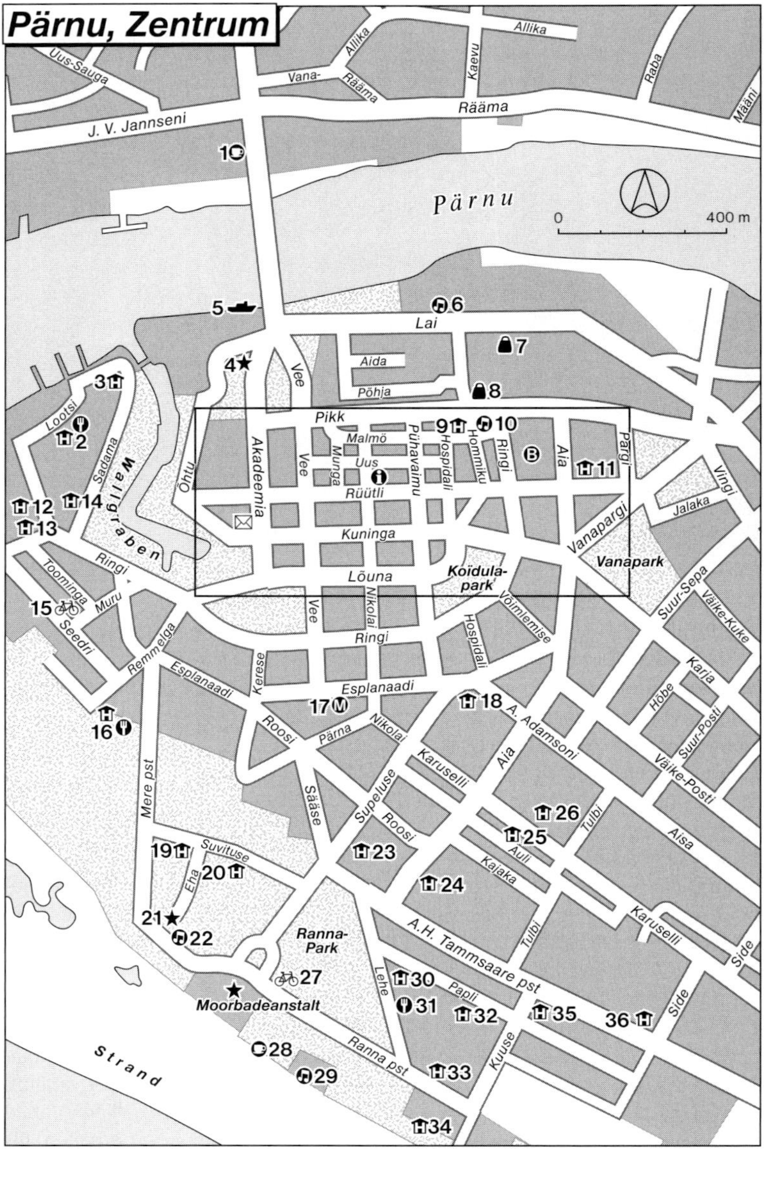
Pärnu, Zentrum
Uus-Sauga
Allika
Vana-
Rääma
Kaevu
Raba
Määni
J. V. Jannseni
Rääma
1
Pärnu
0
400 m
5
6
Lai
Aida
7
4
Vee
Põhja
8
3
Lootsi
2
Pikk
9
10
Malmö
Pühavaimu
Hospidali
Hommiku
Ringi
Aia
Pärgi
11
Sadama
Wallgraben
Õhtu
Akadeemia
Vee
Munga
Uus
Rüütli
Vingi
Jalaka
12
14
13
Kuninga
Vanapargi
Vanapark
Ringi
Toominga
Lõuna
Koidula-
park
15
Muru
Seedri
Vee
Nikolai
Võimlemise
Suur-Sepa
Väike-Kuke
Hospidali
Ringi
Remmelga
Kerese
Esplanaadi
Esplanaadi
Karja
16
17
18
A. Adamsoni
Hõbe
Suur-Posti
Roosi
Pärna
Nikolai
Karuselli
Aia
Väike-Posti
Mere pst
Sääse
Supeluse
Roosi
26
25
Tulbi
Aisa
19
Suvituse
23
Auli
20
Eha
Kajaka
24
21
22
Ranna-
Park
A.H. Tammsaare pst
Tulbi
Karuselli
Side
27
Lehe
30
Papli
Moorbadeanstalt
31
32
35
36
Side
Strand
28
Ranna pst
Kuuse
33
29
34

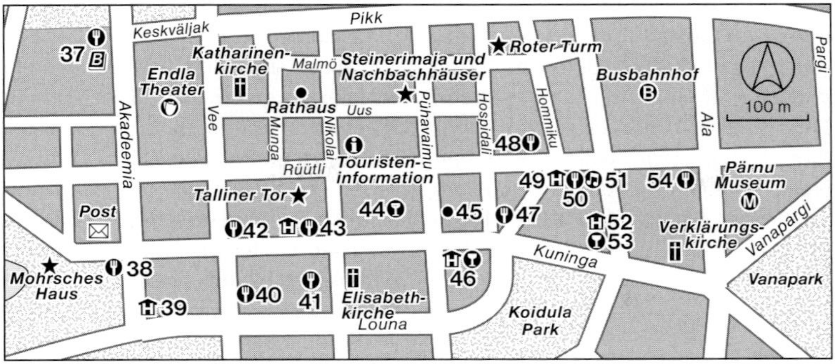

1 Café Campa
2 Jahisadama Gästehaus und Gaststätte
3 Sadama Villa
4 Minizoo
5 Bootsfahrten
6 Plaza
7 Port Artur 2
8 Port Artur 1
9 Hotel St. Peterburg
10 Bravo Nightclub
11 Best Western Hotel Pärnu
12 Carolina Hotel
13 Ranna Villa
14 Viiking Spa Hotel
15 Citybike
16 Villa Ammende
17 Museum für Moderne Kunst
18 Villa Artis
19 Villa Johanna
20 Kurhotel Sõprus
21 Kuursaal
22 Club Tallinn
23 Gästehaus Villa Mare
24 Estonia Spa Hotel
25 Villa Ene
26 Gästehaus Karusselli
27 Tõruke
28 Rannakohvik
29 Sunset Club & Star Café
30 Legend Hotel
31 Lehe Kohvik
32 Kapten Mihkle Kurgo Villa
33 Hostel Staadioni
34 Scandic Rannahotell, Strandhotel
35 Spa Hotel Tervise Paradiis
36 Astra Hotel
37 Zentralbibliothek, Deutscher Lesesaal, Tex-Mex Restaurant Mõnus Margarita
38 Objekt 27007
39 Hostel Lõuna
40 Postipoiss
41 Edelweiss
42 Lahke Madjar
43 Alex Maja Gästehaus und Restaurant
44 Piccadilly Veinikohvi
45 Reiseveranstalter Restling
46 Hotel Victoria und Café Grand
47 Pappa Pizza
48 Seegi Maja
49 Hommiku Hostel
50 Georgi kohvik
51 Mirage
52 Koidula Park Hotel
53 Jazz Café
54 Asian Village

1710 trug das Walltor noch den Namen Carl-Gustav-Tor. Tritt man hindurch, steht man vor dem alten Wallgraben und einem ihn umgebenden Park. Oberhalb des Tores, wo früher eine Bastion stand, wurde 1970 eine Freilichtbühne errichtet. Der sich zum Strand hin erhebende **Hügel Munamägi** (Eierberg) ist ein Rest der Bastion Mercurius, die 1860 abgetragen wurde.

Kuninga-Straße

Wie die Rüütli- säumen auch die Kuninga-Straße eine Reihe **bemerkenswerter Häuser,** zum Beispiel Nr. 18, 24, 26/28 oder 25. Schlendert man an ihnen vorbei, passiert man die schon erwähnte Elisabethkirche sowie den **Koidula-Park** und gelangt am östlichen Ende fast zum Ausgangspunkt des Rundgangs zurück, der Verklärungskirche.

Es bietet sich von hier aber auch ein **Spaziergang zum Strand** an. Von der Innenstadt führen mehrere Straßen, die von schönen, alten Holzvillen gesäumt sind, dorthin. Vor den mit Schnitzereien verzierten Häusern wachsen vierlerorts Linden, die hübsche Alleen bilden, wie beispielsweise die kreuzende Ringi-Straße, die auch am Koidula-Park entlangführt.

113es Foto: jl

Museum für moderne Kunst

Eine Querstraße weiter befindet sich das sehr sehenswerte Museum für moderne Kunst, auch **Chaplin-Centrum** genannt, in dem Dauer- und Wechselausstellungen zeitgenössischer Künstler untergebracht sind.

● **Pärnu Uue Kunsti Muuseum,** Esplanaadi 10, Tel. 4430772, www.chaplin.ee, täglich 9–21 Uhr.

Villa Ammende

Unten am Strand befinden sich die großen Hotels der Stadt, darunter einige, die durchaus auch touristisch interessant sind. Auch wenn man sich beispielsweise eine Übernachtung in dem luxuriösen Hotel, das die Villa Ammende (Mere pst. 7) beherbergt, nicht leisten kann oder will, ist ein Spa-

Mohrsches Haus

ziergang zu der wunderschönen **Jugendstilvilla** lohnenswert. Auf Anordnung des Pärnuer Großhändlers *Hermann Ammende* 1905 erbaut, ist das Gebäude heute das am vollständigsten erhaltene Bauwerk seiner Zeit in Estland. Wandmalereien, Originalmöbel, Kamine und Dekorgegenstände machen die Innenräume zu kleinen Kunstwerken. Umgeben ist die Villa Ammende von einem Park, vor der Haustür steht zumeist der hauseigene Oldtimer.

An der Mole

Von hier aus kann man sich entweder nach rechts wenden und Richtung Mole wandern oder nach links zu den Kuranstalten der Stadt. Männer sollten sich allerdings vorsehen, ein Stück des Strandes zwischen Kuranstalten und Mole ist **Frauenstrand** (Naiste rand), an dem Männer nicht gern gesehen sind.

Ein Gang bis ans Ende der zwei Kilometer langen Mole soll Glück bringen. Ob einem das Hüpfen von Stein zu Stein über die 1863 gebaute Mole das Wert ist, sollte jeder selbst abwägen. Nordöstlich der Mole geht es, vorbei am Kurhotel Tervis (Seedri 6), zum kleinen **Hafen** der Stadt.

Kuranstalten am Strand

Lohnender ist ein Spaziergang zu den alten Kuranstalten an der Pärnuer Bucht. Am Ende der Mere- bzw. Anfang der Ranna-Straße befindet sich der 1880 erbaute **Kuursaal** (Mere pst. 22). Darin ist ein Lokal untergebracht, in dem man recht gut und preisgünstig essen kann (s.u.). Auf der Bühne hinter der Terrasse finden zuweilen Konzerte statt.

Das dahinter liegende **Kurhotel Sõprus** (Eha 2) ist in einer Villa aus dem Jahr 1938 untergebracht. Die ehemalige Villa Wasa wurde im funktionalistischen Stil erbaut und während der Sowjetzeit durch einen Anbau erweitert.

Neben der Kurhalle befindet sich ein übermannsgroßes **Denkmal.** Der sitzende Mann, der Akkordeon spielt, soll den Komponisten und Liedermacher *Raimond Valgre* (1913–49) darstellen, dessen traurige Melodien sich noch heute bei Esten und Finnen großer Beliebtheit erfreuen.

Ganz in der Nähe liegt die **Moorbadeanstalt** (Ranna pst. 1). Das neoklassizistische Gebäude wurde anstelle eines abgebrannten Badehauses aus den 1920er Jahren errichtet. Von 1930 bis 1939 hat hier der Arzt und Heilschlammforscher *Voldemar Vadi* (1891–1951) gearbeitet. Zurzeit ist die Anstalt geschlossen, es wird sich zeigen, wofür das Gebäude in Zukunft genutzt wird.

Am Badestrand fällt eine pilzförmige Terrasse auf, die zum **Strandcafé** (Ranna pst. 3) gehört. Auch dieses Gebäude ist ein Beispiel für den Funktionalismus. Das 1939 eröffnete Haus beherbergt seit 1992 den Nachtclub Sunset (s.u.).

Ein Stückchen weiter den Strand hinunter befinden sich zwei weitere große Hotels, das moderne **Tervise Paradiis** (Side 14) und das **Scandic Rannahotell** (Strandhotel, Ranna pst. 5).

Letzteres ist gleich neben dem Strandcafé gelegen und soll von seiner Form her an ein Schiff erinnern. Entworfen von den Architekten *Anton Soans* und *Olev Siinmaa,* ist dieses Gebäude das herausragendste Beispiel für den Funktionalismus in Estland.

Im Sommer 2006 wurde eine wellenförmige **Strandpromenade** zwischen dem Scandic Rannahotell und dem Tervise Paradiis eröffnet, die von einigen Pflanzenbeeten und Springbrunnen gesäumt wird.

Praktische Tipps

Informationen

- **Touristeninformation Pärnu**, Rüütli 16, Tel. 4473000, Fax 4473001, parnu@visitestonia.ee.
- Aktuelle Veranstaltungstipps und Adressen findet man in dem Heft **„Pärnu in your pocket"**, das man in der Touristeninformation erhält.
- Wanderfreunde sollten sich in der Touristeninformation die Karte **„Wanderpfade in Westestland"** (Lääne-Eesti Matkarajad) besorgen, die englischsprachige Informationen über Wanderwege, Zeltplätze und Unterkünfte beinhaltet.
- Die **Zentralbibliothek** (Pärnu Keskraamatukogu) hat einen deutschen Lesesaal, Akadeemia 3, Tel. 4455704, www.pkr.ee.

Service

- **Post:** Akadeemia 7
- **Banken:** Keskväljak 1; Rüütli 40a, Hommiku 1 und 3 sowie im Kauba Majakas, Papiniidu 10.
- **Internet:** Rüütli Internetipunkt, Rüütli 25, außerdem im Einkaufszentrum Port Artur 1 und im Museum für moderne Kunst.
- Seine **Wäsche waschen** kann man bei Sauberland (im Gebäude Blauhaus), Hommiku 3, Mo–Fr 8–19 Uhr, Sa 9–17 Uhr, So 10–15 Uhr, oder bei Pesukaru, Lai 11 (Einkaufszentrum Port Artur 2, 1. Stock), tgl. 9–22 Uhr.

Notfälle

- **Apotheken:** Hommiku 1, Kuninga 3a, Pikk 11, Rüütli 14 und 39, weitere in den Einkaufszentren.
- **Krankenhaus** (Pärnu Haigla): Ristiku 1, Tel. 4473100, www.ph.ee.
- **Zahnklinik:** Pärnu Hambapolikliinik, Väike-Kuke 4b, Tel. 4459299, info@hambapolikliinik.ee.

Unterkunft

Hotels:

- **Aisa Hotel** €€-€€€, Aisa 39, Tel. 4438044, Fax 4425866, aisa@aisa.ee, www.aisa.ee. Traditionelles Hotel im Strandviertel mit großem Parkplatz; unterschiedliche, zum Teil etwas plüschig-bunt eingerichtete Zimmer, auch geräumige Familienzimmer mit Küchenecke, Café im Haus.
- **Astra Hotel** €€€, Tammsaare 24b, Tel. 4455500, Fax 4455501, info@astra.ee, www.astra.ee. Nur 500 m vom Strand, etwa 10 Min. in die Innenstadt; 2005 neu eröffnetes Hotel mit 23 modernen, hellen Zimmern mit Sat-TV und Telefon, Schönheitssalon, Sauna, A-la-carte-Restaurant, Parkplatz. Wer mit dem Bus kommt, wird am Busbahnhof abgeholt.
- **Best Western Hotel Pärnu** €€€, Rüütli 44, Tel. 4478911, Fax 4478905, hotparnu@pergohotels.ee, www.pergohotels.ee. Standardzimmer in zentral gelegenem Hochhauskomplex, Sauna mit Whirlpool, Schönheits- und Massagesalon.
- **Carolina Hotel** €€€, Ringi 54b, Tel. 4420440, parnu@carolina.ee, www.carolina.ee. 2006 neu eröffnetes, modernes Hotel mit 24 Zimmern inkl. Familienzimmern, bis zum Strand und zur Innenstadt sind es nur paar Minuten zu Fuß.
- **Hotel Emmi** €€€, Laine 2, Tel. 4476444, Fax 4476445, emmi@uninet.ee, www.emmi.ee. Schlichte Zimmer mit Sat-TV, verschiedene Spa-Anwendungen, Sauna, Restaurant und Bar, Parkplatz.

114es Foto: jl

In der Einkaufsstraße Rüütli

●**Koidula Park Hotel** €€€, Kuninga 38, Tel. 4477030, Fax 4477033, info@koidulaparkhotell.ee, www.koidulaparkhotell.ee. Im Zentrum mit Blick auf den Koidula-Park gelegen, alle Zimmer mit Bad, Fernseher und Telefon.

●**Legend Hotel** €€€, Lehe 3, Tel. 4425606, Fax 4425770, info@legend.ee, www.legend.ee. Ca. 200 m vom Strand und 10 Minuten vom Stadtzentrum entfernt. Terrasse, Sauna mit Kaminraum; Kosmetikanwendungen, Ayurveda-Therapien und Massagen.

●**Ranna Villa** €€-€€€, Ringi 52, Tel. 4451120, Fax 4425720, www.rannavilla.ee. 2005 eröffneter Hotelblock (erinnert eigentlich wenig an eine Villa) in unmittelbarer Nähe zu Jachthafen und Strand, bis zur Innenstadt sind es 5 Min. zu Fuß. 20 moderne Räume inkl. Familienzimmer, Räume für Allergiker, alle mit Dusche/WC, Safe, Sat-TV, Parkplätze im Innenhof.

●**Scandic Rannahotell** €€€€, Strandhotel, Ranna pst. 5, Tel. 4432950, 4432955, Fax 4432918, rannahotell@scandic-hotels.com, www.scandic-hotels.com. Fantastischer Blick auf den Strand, 2 km vom Zentrum entfernt. Das Gebäude im Stil des Funktionalismus ist einzigartig in Europa. Zuletzt 1994 renoviert.

●**Hotel St. Peterburg** €€€-€€€€, Hospidali 6, Tel. 4430555, Fax 4430556, sanktpeterburg@hot.ee, www.seegimaja.ee. Sehr schönes Hotel im mittelalterlichen Gebäude, stilvoll eingerichtet, auch Suiten mit Sauna und Jacuzzi.

●**Villa Ammende** €€€-€€€€, Mere pst. 7, Tel. 4473888, ammende@ammende.ee, www.ammende.ee. Wunderschönes Hotel in Jugendstilvilla, Billard- und Kaminzimmer, sehr gutes Restaurant in stilvollem Ambiente.

●**Hotel Victoria** €€€, Kuninga tn. 25, Tel. 4443412, Fax 4443415, info@victoriahotel.ee, www.victoriahotel.ee. Seit 1928 befindet sich in diesem Gebäude ein Hotel. Zimmer in verschiedener Größe und Raumlösung, alle mit Duschbad, Telefon, TV, Radio und Minibar.

Kur- und Spa-Hotels:

Die Preise in den Kur- und Spa-Hotels variieren je nach Saison beträchtlich. Es gibt oft Sonderangebote, wenn man Unterkunft, Verpflegung und Anwendungen als Paket bucht.

- **Estonia Spa Hotel (Estonia Taastusravikeskus)** €€-€€€, Tammsaare pst. 4a, Tel. 4476905, Fax 4476901, estonia@spaestonia.ee, www.spaestonia.ee. Rehabilitationszentrum mit Gesundheitsfokus, Restaurant, Bar, Fitnessbereich, Schönheitssalon.
- **Kurhotel Sõprus** €€€, Eha 2, Tel. 4450750, Fax 4450770, soprus@soprus.ee, www.spahotelsoprus.com. Gemütliches Kurhotel mit Rehabilitationszentrum unweit des Strandes zwischen Parks und Alleen. Professionelles medizinisches Personal gibt Behandlungen bei Herz-Kreislauf-Krankheiten, Gelenk- und Knochenerkrankungen und Störungen des vegetativen Nervensystems; Schönheitssalon. Es besteht die Möglichkeit, an Ausflügen teilzunehmen und Theater- und Konzertkarten zu bestellen.
- **Spa Hotel Strand** €€€-€€€€, A.H. Tammsaare pst. 35, Tel. 4475370, Fax 4475371, sales@strand.ee, www.strand.ee. Schwimm- und Massagebecken, Fitnessraum, Schönheitszentrum, mit Restaurant und Nachtclub.
- **Tervis Spa** €€€, Seedri 6, Tel. 4450111, 4450310, Fax 4450307, sanatoorium.tervis@neti.ee, www.sanatooriumtervis.com. Bei der Mündung des Flusses Pärnu gelegen, Gesundheits- und Spa-Anwendungen, Schwimm- und Sporthalle, Fitnessraum, Tanzabende und Konzerte, Billard, Fahrradverleih.
- **Spa Hotel Tervise Paradiis** €€€-€€€€, Side 14, Tel. 4451600, 4451666, Fax 445161601, sales@spa.ee, www.terviseparadiis.ee. Spa-Behandlungen, großer Wasserpark, Fitnessraum, Solarium, Tischtennis, Bowling, eigenes Kasino.
- **Viiking Spa Hotel** €€€, Sadama 15, Tel. 4431293, Fax 4431492, info@viiking.ee, www.viking.ee. Reha-Hotel mit Gesundheitszentrum, Tennis, Billard, Schwimmbad, Restaurant, Bar.

Pensionen und Bed&Breakfast:

- **Aleksandri** €€-€€€, Vana-Rääma 8, Tel. 4432160, Fax 4432161, www.aleksandripub.ee. Nördlich des Pärnu-Flusses gelegen, 14 Gästezimmer und kleine Campinghäuser im Garten, man hat die Wahl zwischen Zimmern mit eigenem Bad und etwas preiswerteren mit Bad auf dem Flur, alle mit TV; bewachter Parkplatz. Im gleichen Gebäude ist eine Biker-Kneipe untergebracht.
- **Alex Maja** €€€, Kuninga 20, Tel. 4461866, Fax 4461867, info@alexmaja.ee, www.alexmaja.ee. Elegant eingerichtetes, gemütliches, kleines Gästehaus in der historischen Altstadt mit Restaurant, im Sommer mit Terrasse, abends oft Live-Musik.
- **Gästehaus (külalistemaja) Jahisadama** €€€, Lootsi 6, Tel. 4471740, Fax 4471751, www.jahisadam.ee. Direkt am Jachthafen gelegenes, nettes Gästehaus mit 13 gemütlichen Zimmern, alle mit Dusche/WC und Sat-TV.
- **Kapten Mihkle Kurgo Villa** €€-€€€, Papli 13, Tel. 4425736, Fax 4425662, kapten@kurgovilla.ee, www.kurgovilla.ee. Renovierte Holzvilla mit 5 Apartments, 10 Min. zu Fuß zur Innenstadt, 300 m zum Strand, mit Garten und kleinem Café (nur für Hotelgäste).
- **Gästehaus Karusselli** €€-€€€, Karusseli 18, Tel. 4442124, Fax 4442124, karussell@hot.ee, www.karusselli.ee. Ruhig, mit nettem Garten und Sauna, 10 Min. zu Fuß zur Innenstadt und zum Strand, im Sommer auch Frühstück.
- **Gästehaus (Külalistemaja) Laine** €€, Laine 6a, Tel.4439111, Fax 4429932, laine@gh-laine.ee, www.gh-laine.ee. Liegt in von außen nicht gerade schönem Hotelblock in einem Wohngebiet, bis zum Strandviertel ca. 15 Minuten zu Fuß; einfache Zimmer. Zum Haus gehören ein Schönheitssalon und ein am Fluss liegender Campingplatz.
- **Gästehaus (Külalistemaja) Männiku** €€, Männiku 8, Tel. 56488020, Fax 4429400, manniku88@hotmail.com, www.hot.ee/manniku. 2 km außerhalb des Stadtzentrums bei einem Waldgebiet gelegen, mit Garten und Grill, 13 Zimmer mit TV und Bad.
- **Gästehaus (Külalistemaja) Rähni** €€, Rähni 9, Tel./Fax 4436222, rahni@delfine.ee, www.delfine.ee. Hübsches, rotes Holzhaus mit eigenem Restaurant und Garten, 18 Zim-

mer z.T. mit Kühlschrank und PC, Sat-TV; DZ, Dreier-Zimmer und Suite, bewachter Parkplatz.

●**Sadama Villa** €€-€€€, Sadama 13, Tel. 4470008, Fax 4470009, sadamavilla@hot.ee, www.sadamavilla.ee. Renoviertes Haus aus dem Jahr 1934 mit 17 unterschiedlichen Zimmern inkl. Mehrbettzimmer; Garten mit Grillgelegenheit, Sauna, Schönheitssalon, Sat-TV, Saunahaus mit Pool, Organisation von Ausflügen.

●**Villa Artis** €€€, A. Adamsoni 1, Tel. 4471480, Fax 4471482, reiser@reiser.ee, www.reiser.ee. Kleines Haus mit nettem Garten zwischen Innenstadt und Strandviertel mit 12 neuen, in hellen, warmen Tönen gehaltenen Zimmern, teils mit Balkon.

●**Villa Ene** €€, Auli 10a, Tel. 4425532, villa ene@hot.ee, www.hot.ee/villaene. 5 Min. zu Fuß zum Zentrum, Zimmer mit TV und z.T. Kaffeemaschine und Kühlschrank, Sauna, Garten, 2 Garagen für Autos.

●**Villa Freven** €-€€, Kooli 31, Tel. 4441540, fred.jyrisoo@mail.ee, www.freven.ee. Bed& Breakfast, Zimmer mit TV, Dusche und z.T. Kochnische, kostenloser Internetzugang, Sauna, Feuerstelle, schöner Garten.

●**Villa Johanna** €€€, Suvituse 6, Tel. 4438370, Fax 4438371, villa-johanna@villa-johanna.ee, www.villa-johanna.ee. Hübsches Holzhaus mit 9 Zimmern, 300 m zum Strand, mit kleiner Bar, Garten und Sauna.

●**Gästehaus Villa Mare** €€€, Supeluse 24, Tel. 4426900, Fax 4426901, delfine@delfine.ee, www.delfine.ee. Nah am Strand, renoviert, auch 3er-Zimmer und Apartments, Sat-TV, Schönheitsanwendungen und Massage, Restaurant.

Hostels:

●**Hommiku Hostel** €€-€€€, Hommiku 17, Tel. 4451122, Fax 4431214, admin@hommikuhostel.ee, www.hommikuhostel.ee. Kleines, neues Hostel, zentral gelegen, DZ mit TV und Miniküche.

●**Hostel Lõuna** €€, Lõuna 2, Tel. 4430943, Fax 4430944, hostellouna@hot.ee, www.hot.ee/hostellouna. In einem hübschen Steinhaus aus dem Jahr 1909, DZ und Mehrbettzimmer, die oberen Räume werden als Hostel, die unteren als Hotel geführt. Gemeinschaftsküche und Fernsehzimmer, die Mehrbettzimmer sind vergleichsweise teuer.

●**Reldori Motel** €€-€€€, Lao 8, Tel. 4478400, Fax 4478401, www.reldor.ee. Außerhalb des Zentrums inmitten einer Wohngegend, neue DZ und Dreibettzimmer, alle mit Dusche/WC, Sat-TV; gute Parkmöglichkeiten auch für größere Autos und Reisebusse; preisgünstiges Bistro (eher Fastfood-Gerichte).

●**Reldori Hostel** €€, Papiniidu 13, Tel. 4478409 (im Sommer), 4478410 (im Winter), reldor@reldor.ee, www.reldor.ee. Liegt gleich um die Ecke vom Reldori Motel. Unterschiedliche Zimmer, auch Mehrbettzimmer; nur während der Hochsaison geöffnet.

●**Hostel Staadioni** €-€€, Rannapuiestee 2, Tel. 4425799, Fax 4459683. Beim alten Stadion, DZ und Mehrbettzimmer, Gemeinschaftsraum und -küche, 100 m zum Strand, etwa 15 Min. zu Fuß in die Innenstadt.

Camping und Ferienhäuser

●**Konse Puhkeküla** €€, Suur Jõe 44a, Tel. 53435092, Fax 4475561, info@konse.ee, www.konse.ee (auch deutschsprachige Informationen). Das Feriendorf befindet sich direkt am Ufer des Flusses Pärnu. Komfortable Zimmer im Haus, Zeltplatz und 50 Stellplätze für Wohnwagen, auch Zeltverleih. Gemütliche Sauna mit Kaminraum und Familiensauna, Fahrrad- und Scooterverleih, Ruder- und Motorbootverleih. Der Badestrand und die Einkaufsstraßen der Innenstadt liegen nur 15 Minuten zu Fuß entfernt.

●**Jõekääru kämping,** Nurme, Gemeinde Sauga (4 km nordwestlich der Stadtgrenze), Tel. 4430034, mobil 50 22455, Fax 4430034, info@joekaaru.ee, www.joekaaru.ee. 19 Blockhütten (je 4–5 Zimmer), Zeltplätze und Stellplätze für Wohnwagen; Grill, Feuerstelle, Sauna, verschiedene Aktivitätsangebote wie Kanufahren.

●**Pruuli Puhkekeskus** (Feriendorf Pruuli), Nurme, Gemeinde Sauga, Tel. 56450421. Ca. 4 km vor der Stadtgrenze, 6 Campinghäuser und Stellplätze für Wohnwagen, Zeltplätze, Forellenzucht (Fang und Vorbereitung vor Ort). Nur in der Hochsaison geöffnet.

115es Foto: jl

Campingplatz Konse am Pärnu-Fluss

Essen und Trinken

- **Alex Maja,** Kuninga 20, Tel. 4461866, www.alexmaja.ee. Sehr gute, vorwiegend estnische Gerichte, mit Sommerterrasse, abends oft Live-Musik, morgens Frühstücksmenü.
- **Villa Ammende,** Mere pst. 7, Tel. 4473888, ammende@ammende.ee, www.ammende.ee. Feinstes Restaurant in Pärnu, gute Weinauswahl, gehört zum gleichnamigen Edelhotel.
- **Asian Village,** Rüütli 51a, Tel. 4429488, www.goldendragon.ee. Asiatische Küche.
- **Bumerang Pub, Bar & Grill,** Ringi 37, Tel. 4420302. Direkt am Pärnu-Fluss gelegen, Grillgerichte.
- **Edelweiss,** Kuninga 15, Tel. 4420600, www.edelweiss.ee. Österreichische und internationale Küche, Frühstücksmenü.
- **Brasserie Strand,** A.H.Tammsaare pst. 35, Tel. 4475370. Gehört zum gleichnamigen Hotel, Imbiss und Mittagsmenüs.
- **Café im Endla Theater,** Keskväljak 1. Beliebter Treffpunkt junger Stadtbewohner.
- **Café Campa,** Tallinna mnt. 2, Tel. 4439992. Moderne Café-Lounge, italienische und internationale Küche.
- **Café Grand,** Kuninga 25, Tel. 4443412. Beim Hotel Victoria, galt bereits in den 1920er Jahren als hervorragendes Café-Restaurant, renoviert im alten Stil.
- **Georgi kohvik,** Rüütli 43, www.georgi.ee. Einfach und preisgünstig.
- **Jahisadama kõrts,** Lootsi 6, Tel. 4471760, www.jahisadam.ee. Im Sommer sehr beliebtes Pub-Restaurant, direkt am Jachthafen gelegen, Dekoration entsprechend; gute Speisen, vor allem Fisch, Biergarten.
- **Kuursaal,** Mere pst. 22, Tel. 4420367, www.kuur.ee. Rustikales Restaurant im alten Kursaal, Grill- und Biergarten. Am Wochenende gibt es ein Abendprogramm, dann muss man Eintritt bezahlen.
- **Lahke Madjar,** Kuninga 18, Tel. 4440104. Ungarische Küche, folkloristische Ausstattung.
- **Lehe Kohvik,** Lehe 5, Tel. 4425788. Beliebtes Restaurant-Café im Strandviertel mit traditionellen und internationalen Speisen, Sommergarten.
- **Objekt 27007,** Kuninga 1, Tel. 4425299. Einheimische und internationale Küche, Sommergarten.
- **Restaurant Paradiis,** Riia mnt. 57, Tel. 4464633. Gehört zum Gästehaus Rähni, europäische und estnische Küche, am Abend oft klassiche Tanzabende.
- **Pappa Pizza,** Kuninga 34, Tel. 4430616. Sehr gute Pizza.
- **Pizzeria Romagna,** Haapsalu mnt. 11, Tel. 4452383. Von einem Italiener geführtes Restaurant im Stadtteil Vana-Pärnu.
- **Postipoiss,** Vee 12, Tel. 4464864, www.trahterpostipoiss.ee. Rustikal, russische Küche, am Wochenende Live-Musik und Tanzabende.
- **Seegi Maja,** Hospitali 1, Tel. 4430550, www.seegimaja.ee. Restaurant und Weinkeller in stilvollem Ambiente, mittelalterliche Kost.
- **Tex-Mex Restaurant Mõnus Margarita,** Akadeemia 5, Tel. 4430929. Tex-Mex- und Grillspeisen.

Kneipen und Cafés:

- **Jazz Café,** Ringi 11. Jeden Freitag Live-Musik.
- **Piccadilly Veinikohvi,** Pühavaimu 15, Tel. 4420085. Stilvolles kleines Caféhaus mit großer Weinauswahl. Besonders empfehlenswert sind die selbstgemachten Trüffelpralinen und Kuchen.
- **Aleksandri Pub,** im gleichnamigen Gästehaus (s.o.) außerhalb der Innenstadt gelegene, rustikale Kneipe, unter Einheimischen und Motorradfahrern beliebt - der Besitzer ist leidenschaftlicher Biker.
- **Rannakohvik,** Ranna pst. 1d, Tel. 4464890. Strandcafé, nur während der Hochsaison geöffnet.

Nachtleben

Kultur:

- **Pärnu Konzerthaus,** Aida 4, Tel. 4455801, moderne und klassische Stücke.
- **Endla Theater,** Keskväljak 1, Tel. 4420666, Vorführungen auf Estnisch.

Clubs und Diskotheken:

- **Bravo Nightclub,** Hommiku 3, www.bravoclub.ee.
- **Club Strand,** A.H. Tammsaare pst. 35, www.strand.ee, beim gleichnamigen Hotel.
- **Club Tallinn,** Mere pst. 22, beliebt bei Studenten.
- **Mirage,** Rüütli 40, www.mirage.ee, Club und Kasino.
- **Plaza,** Lai 10, www.nightclub-plaza.ee.
- **Sunset Club & Star Café,** Ranna pst. 3, www.sunset.ee.

Einkaufen

Märkte:

- **Vana Turg,** Suur-Sepa 18, Di–So.
- **Kiire Turg,** Vee 10.
- **Lepa Turg,** Väike-Kuke 9, Di–So.

Einkaufszentren:

- **Kauba Majakas,** Papiniidu 8/10.
- **Lepa Kaubakeskus,** Väike-Kuke 9.
- **Port Artur 1,** Hommiku 2.
- **Port Artur 2,** Lai 11.

Souvenirs:

- **Kauplus Suveniir,** Ringi 5.
- **Gildi Maja,** Tallinna mnt. 12.
- **Kuninga Käsitöö,** Kuninga 28.
- **Punane torn** (Roter Turm), Hommiku 11.

Bücher und Karten:

- **Apollo Raamatupood,** Rüütli 41.

Foto:

- **Anu Foto,** Hommiku 2.
- Vee 4 und Lai 11 (im Einkaufszentrum Port Artur 2).
- **Pildikoda,** Rüütli 16.

Antiquitäten:

- **Antiik Vanavara,** Karja 26.

Galerien:

- In der **Stadtgalerie** (Aida 4) und der **Galerie des Endla-Theaters** (Keskväljak 1) werden wechselnde Ausstellungen estnischer sowie internationaler Künstler gezeigt.
- **Eddi potitehas** (Eddis Topffabrik), Tallinna mnt. 12, Keramik.
- **Klaasikoda,** Tallinna mnt. 12, kleine Glasfabrik.
- **Vuhti galerii**, Ringi 40, www.vuhtigalerii.ee, Keramik.

Aktivitäten

Ausflüge:

- **Reiseveranstalter Restling,** Kuninga 30a, Tel. 4470071, Fax 4470041, info@restling.ee, www.restling.ee, Ausflüge, Touren und Unterkunftsvermittlung rund um Pärnu und in ganz Estland. Die Mitarbeiter sind sehr nett und sprechen hervorragend Deutsch.

Baden:

- Wer nicht ins Meer hüpfen möchte, kann den **Wasserpark des Hotels Tervise Paradiis** (s.o.) besuchen; ein weiteres Schwimmbad wird zurzeit gebaut.

Bootsfahrt auf dem Pärnu-Fluss:

- **M/S Pärnu Printsess,** an der Lai-Straße westlich der Brücke, Tel. 4470033, mobil 56470775, 53477670, www.parnu-queen.com.

Bowling:
- **Perona Bowling,** Metsa 13a, Tel. 4420410, www.peronabowling.ee.

Fahrrad und Kanu:

Die meisten großen Hotels verleihen Fahrräder an ihre Gäste.
- Das auch in Tallinn ansässige Unternehmen **Citybike,** Seedri 4, Tel. 56608090, mail@city bike.ee, www.citybike.ee, organisiert von Mitte Juni bis Mitte August auch in Pärnu Fahrradtouren und verleiht Räder. Außerdem vermitteln sie Kanu- und Reitausflüge rund um Pärnu, Nordic Walking etc.
- **Tõruke,** Ranna pst. / Ecke Supeluse, Tel. 5028269, www.torukebicycles.ee, Fahrradverleih.
- **Pärnu Sõudeklubi,** Rääma 27, Tel. 4426484, klubi@rowing.ee, www.rowing.ee, Kayakverleih.

Tennis und Badminton:
- **Pärnu Tennisehall,** A.H. Tammsaare pst. 39, Tel. 4427246, info@tennisehall.ee, www.ten nisehall.ee.
- **Kesklinna Tenniseklubi,** Ringi 14a, Tel. 4459688, parnu@tennis.ee, www.parnuten nis.ee.
- **Pärnu Tennisekeskus,** A.H. Tammsaare pst. 18a, Tel. 4464648, www.parnutennise keskus.ee.

Tierpark:
- **Minizoo,** Akadeemia 1, www.hot.ee/mini zoo.

Verkehr

- **Taxi:** Tel. 4439222, 4430600, 1300 oder 1555.

Bus:
- Vom zentralen **Busbahnhof,** Ringi 3, Tel. 4471001 (aktuelle Fahrpläne www.bussirei sid.ee), gelangt man mehrmals täglich in die größeren Städte des Landes, z.B. nach Tallinn (ca. 2½ Std.), Tartu (je nach Bus 3½–4½ Std.), Viljandi (2½ Std.) oder Haapsalu (3 Std.).
- Einige Busse fahren täglich von Tallinn nach **Riga** (etwa 4 Std.) und machen in Pärnu Zwischenstopp, www.eurolines.ee.

Bahn:
- **Bahnhof,** Riia mnt. 116, Tel. 4422667; zwei Züge täglich fahren in drei Stunden nach Tallinn, schneller ist der Bus.

Flug:
- Vom **Flughafen Pärnu,** Tel. 4475001, gibt es Verbindungen auf die Inseln Saaremaa, Ruhnu und Kihnu, www.eepu.ee. Mit der Buslinie 23 gelangt man in die Innenstadt.

Autovermietung:
- **Cavitron,** Kilgi 4, Tel./Fax 4495600, info @cavitron.ee, www.cavitron.ee.
- **Hertz,** Roheline 66, Tel. 4476100, Fax 4476101, hertz@hertz.ee, www.hertz.ee.
- **Privalon Autorent,** Riia mnt. 131, Tel./Fax 4437167, mobil 5014095, info@privalon.ee, www.privalon.ee.
- **Sixt,** Rüütli 14, Tel. 6058148, rent@autolii sing.ee, www.sixt.ee.

Umgebung von Pärnu

Rund um Audru ↗XVII/C1

Wem der Strand in Pärnu zu voll ist, der sollte auf das Küstengebiet südlich der Stadt ausweichen. Etwa sieben Kilometer westlich von Pärnu beginnt beim Dorf Papsaare der 3,5 Kilometer lange **Sandstrand Valgeranna.** Der Name spricht für sich: Valgeranna heißt so viel wie „weißer Strand". Gesäumt wird er von einem schattigen Wald.

Ganz in der Nähe liegt eine eher einfache, aber originelle Herberge namens **Villa Andropoff.** Auf einem abgetrennten Grundstück ließ sich die sowjetische Politprominenz das Gebäude als Feriendomizil erbauen. Besonders bizarr ist das ehemalige Privatkino der sowjetischen Politiker. Zur Villa gehört auch ein Golfplatz (s.u.).

Fährt man weiter, kommt man am Gasthof Kuldne Kõvi („Zum Goldenen Löwen"), einer typisch estnischen Schänke, vorbei, die leider kürzlich geschlossen wurde. Der Gasthof war einstmals Teil des Gutes Audru (Audern), das Gebäude stammt aus dem 19. Jahrhundert.

Kurz hinter Papsaare liegt der Ort Audru. Neben besagtem **Gutshof** aus dem 19. Jahrhundert ist die erste lutherische **Kirche** Alt-Livlands (Tõstamaa mnt. 5) eine kurze Besichtigung wert. Bevor sie 1680 erbaut wurde, soll hier bereits ein hölzerner Vorgängerbau gestanden haben. Der Turm stammt aus dem Jahr 1715. Die bunten Glasfenster erinnern an die Familien *Pilar von Pilchau* und *von Ungern-Sternberg*. In der Nähe gibt es einen weiteren Golfplatz (s.u.).

Schmalspurbahnmuseum

Eisenbahnliebhaber sollten einige Kilometer weiter der Landstraße nach **Lavassaare** folgen. Im Schmalspurbahnmuseum erfährt man Wissenswertes über die einstige Linie Valga – Pärnu, die Ende des 19. Jahrhunderts in Betrieb genommen wurde (heute stillgelegt), und kann Dampflokomotiven und Waggons bewundern.

- **Lavassaare Schmalspurbahnmuseum,** Müramaa 1, Lavassaare, Tel. 5272584, www.museumrailway.ee.

Hochmoor Nätsi-Võlla ↗ XVI/B1

Westlich von Audru und Lavassaare liegen einsame Moore wie das Hochmoor Nätsi-Võlla, das sich westlich der Straße 60 erstreckt.

Munalaid und Insel Manilaid ↗ XVI/B2

Um auf die Inseln Manilaid oder Kihnu zu gelangen (siehe Kapitel „Die westlichen Inseln"), nimmt man im **Hafen Munalaid,** der etwa 40 Kilometer südwestlich von Pärnu an der Landspitze Torila (Torila ots) liegt, die Fähre. Die Insel Manilaid liegt nur 800 Meter vom Festland entfernt vor Munalaid. Wie die Bewohner Kihnus pflegen auch sie bis heute ihre Traditionen und Bräuche.

Tõstamaa ↗ XVI/B2

Nordwestlich von Munalaid liegt der Ort Tõstamaa (Testama) mit einer Kirche aus dem 18. Jahrhundert. Im ehemaligen **Gutshof Tõstamaa** ist seit 1921 eine Schule untergebracht. Im 16. Jahrhundert gehörte das Anwesen dem Bischof von Saare-Lääne (Ösel-Wiek), das heutige Bauwerk wurde im 19. Jahrhundert errichtet. Bei einer Restauration, die 2004 abgeschlossen wurde, kamen Decken- und Wandmalereien zutage. Seither strahlen auch die Fassade und das prächtige Treppenhaus wieder in neuem Glanz. Im Sommer bieten Studenten Besichtigungstouren auf Englisch an. Im ehemaligen Pferdestall ist in den Sommermonaten ein einfaches Hostel untergebracht (s.u.).

Pärnu-Jaagupi ↗ XVII/C1

Über die Straße 4 von Pärnu Richtung Tallinn erreicht man nach etwa 25 Kilometern Pärnu-Jaagupi, wo eine Kirche aus dem Jahr 1534 erhalten ist.

Der Turm der **Jakobikirche** wurde 1888 angebaut.

Unterkunft

- **Gasthaus Ojaku** €€, Marksa, Gemeinde Audru, Tel. 4457444, mobil 5084585, ojako@hot.ee, ly.oja@neti.ee, www.hot.ee/ojako. Hübsches, rotes Holzhaus mit zehn Zimmern, die meisten mit Meerblick; rustikaler Aufenthaltsraum mit Kamin, sehr gemütlich, Außensauna direkt am Wasser, Verpflegung auf Anfrage, Grill, Bootsverleih.
- **Villa Andropoff,** Valgeranna küla, Gemeinde Audru, Tel. 4443453, mobil 5567233, Fax 4442004, annika.lahteenmaki@villaandropoff.fi, villap@estpack.ee, www.villaandropoff.fi. Die Clubanlage mit Ferienvilla ist 8 km von der Pärnuer Altstadt entfernt. DZ ab €€, Bungalows für 4 Personen €€€, ohne Frühstück. Idyllisch im Wald gelegen mit Minigolfanlage und Volleyballfeld, Golfplatz.
- In der Nähe des Ortes Saulepa südlich von Audru befindet sich der **Reitstall Sassi Talu,** Tel. 56467301, info@sassitalu.com, www.sassitalu.com. Hier kann man in kleinen Campinghäusern unterkommen, **zelten,** im Swimmingpool oder Meer baden und natürlich reiten.
- **Hostel Tõstamaa,** im Gutshof Tõstamaa, Kalli mnt. 13, Tel. 53468635, kristina@tostamaa.ee, www.tostamaa.edu.ee.
- **Ferienhof Maria** €€, Kõpu, Gemeinde Tõstamaa, Tel. 4474558, Fax 4443415, info@maria.ee, www.maria.ee. Schöner, alter Bauernhof mit Sauna, Lagerfeuerstelle, Fahrradverleih und Reitpferden, auch Kutschfahrten möglich.

Aktivitäten

- **Valgeranna Golf,** Tel. 4443453, villap@estpak.ee, www.andropoff.ee, bei der Villa Andropoff, westlich von Pärnu.
- **Audru Golf & Country Club** (Tel. 5020358, 5059868 oder über die Villa Andropoff, info@audrugolf.ee, www.audrugolf.ee), bei Jõõpre, nicht weit vom Gasthof Kuldne Lõvi.

Tori

↗ XVII/C1

Um von Pärnu zum Nationalpark Soomaa zu gelangen, folgt man zunächst der Straße 5 und passiert nach wenigen Kilometern die Kleinstadt **Sindi,** die 1833 um eine Tuchfabrik herum entstand. Die alten Anlagen und die zugehörigen Wohngebäude der damals größten Fabrik Estlands sind noch heute erhalten.

Am Rande des Nationalparks liegt der Ort Tori, der ein guter Ausgangspunkt für Ausflüge in das Moorgebiet ist. Bekannt wurde das Dorf durch ein 1856 von der livländischen Ritterschaft gegründetes **Gestüt,** auf dem man die nach dem Ort benannten, dunklen Pferde der Tori-Rasse züchtete. Es wurde beim 1528 erstmals urkundlich erwähnten **Gutshof** des Ortes errichtet. Heute stehen noch der Getreidespeicher, die Schnapsbrennerei sowie die wieder aufgebaute alte Schenke. Man betritt das Anwesen durch ein hübsches Backsteintor.

Die über den Pärnu-Fluss führende **Brücke** trennt, so heißt es im Volksmund, Himmel und Hölle. Der Himmel wird durch die Dorfkirche an der rechten Seite der Brücke symbolisiert. Davor steht ein Denkmal, das den heiligen St. Georg darstellt, wie er einen Drachen tötet. Auf der anderen Seite des Flusses liegt die sogenannte Tori-Hölle. In einer mittlerweile eingefallenen Höhle in den zehn Meter hohen **Sandsteinklippen** am Fluss soll der Teufel wohnen.

In **Jõesuu,** nur wenige Kilometer hinter Tori, besteht die letzte Möglichkeit, im kleinen Nahrungsmittelgeschäft Proviant für Exkursionen in den Soomaa-Nationalpark zu kaufen. Im Dorf befindet sich eine für die Gegend typische **Hängebrücke,** die über den Pärnu führt. Der Gang über die 1975 errichtete, über 67 Meter lange Brücke ist eine leicht wackelige Angelegenheit.

Unterkunft

- **Klaara-Manni Ferienhaus,** Randvälja, Gemeinde Tori, Tel. 4475575, mobil 56457745, Fax 4475571, klaara.manni@mail.ee, www.klaaramanni.ee. Hübsches, am Wald von Tori gelegenes, rot gestrichenes Ferienhaus, nur 200 Meter zum Fluss Pärnu. Fahrradverleih, Kanuwanderungen, Reiten und Massage möglich. Sportplatz und Seminarraum vorhanden, **Wohnwagenplätze.** Pro Person €.
- **Villa Tori Veski** €€, Tori alev, Tel. 5659990, 5072007, eve@tori.ee, www.hot.ee/veskivilla. Liegt am Pärnu-Fluss bei der alten Wassermühle, gemütliches Haus mit Kamin, Sauna, Terrasse mit Grill und Seminarraum, Kochgelegenheit, Fahrrad- und Bootsverleih, Reitstall in der Nähe.
- **Linnamehe Ferienhof** €€, Kuiaru, Gemeinde Tori, Tel./Fax 4474059, mobil 5178379, info@linnamehe.ee, www.linnamehe.ee. Neues Gästehaus mit Kamin, Sauna, Seminarraum, Außenschwimmbecken und zwei netten Terrassen. Die Besitzer verleihen auch Fahrräder und organisieren Moor- und Kajakwanderungen im Nationalpark Soomaa. Verpflegung möglich.
- **Soomaa Hostel** €-€€, Jõesuu, Tel. 4474894, mobil 5061896, hostel@soomaa.com. DZ und Räume mit 4, 6 oder 8 Betten. In unmittelbarer Umgebung des Hostels können verschiedene Natur- und Sportaktivitäten durchgeführt werden.

Soomaa-Nationalpark

↗ XVII/D1-2

Im Osten des Landkreises Pärnumaa erstreckt sich der rund 40.000 Hektar große Nationalpark Soomaa („Moorland"), der in den Kreis Viljandimaa hineinreicht und für seine großen **Moore, Wälder und Auen** bekannt ist. In dem Gebiet sind 524 Pflanzenarten und 172 Vogelarten zu Hause, darunter **Adler, Schwarzstörche und Kraniche,** die sich auch auf dem Logo des Nationalparks wiederfinden. Zu den 46 verschiedenen Säugetierarten, die hier ansässig sind, gehören **Biber, Elche, Wölfe, Luchse und Bären.**

Das wohl nasseste Gebiet Estlands wurde 1993 unter Schutz gestellt und umfasst bis zu acht Meter tiefe Moore, die von zahlreichen Flüssen durchschnitten werden. Mehrmals im Jahr ist die Landschaft zu großen Teilen **überflutet.** Dies rührt daher, dass die Wasserpegel der Flüsse stark variieren und die flache Landschaft ein schnelles Abfließen verhindert. Bis zu fünf Meter hoch steigt der Pegel in der von den Einwohnern „fünften Jahreszeit" genannten **Hochwasserperiode** im Frühjahr nach der Schneeschmelze. Das größte Flutgebiet befindet sich in der Nähe des Ortes Riisa und dehnt sich auf 110 Quadratkilometer aus.

Die **Bau- und Lebensweise** der Einwohner hat sich im Laufe der Jahrhunderte den natürlichen Gegebenheiten angepasst. Typisch für die Region sind Haabjas, aus Espenstämmen gefertigte **Einbäume,** die in der „fünften Jahreszeit" oft das einzige Fortbewegungsmittel waren. Noch heute ist die junge Generation bemüht, die Herstellung dieser traditionellen Gefährte fortzuführen, und auch Touristen sind eingeladen, im Einbaum – stehend und mit einem langen Paddel ausgerüstet – die Wasserstraßen Soomaas zu erkundigen.

Ebenfalls charakteristisch für die Gegend sind und waren Hänge- und Stelzenbrücken. Nahezu jeder Bauernhof hatte sich auf diese Art einen eigenen Zugang errichtet, wobei die Stelzenbrücken nur im Sommer aufgestellt wurden, da sie im Winter und zur Flutzeit vom Wasser mitgerissen worden wären. Stelzenbrücken gibt es heute nicht mehr, aber klassische **Hängebrücken** findet man noch in den Orten Läti bei Tipu, Aesoo, Jõesuu und Viira sowie am Fluss Raudna zwischen Riisa und Sandra. Es kann ein höchst abenteuerliches Vergnügen sein, auf derartige Weise von einem Ufer ans andere zu gelangen.

Die Zahl der Einwohner hat im Laufe der Zeit – wohl nicht zuletzt aufgrund der schwierigen natürlichen Bedingungen – immer mehr abgenommen. Archäologische Funde aus der Stein- und Bronzezeit weisen auf frühe menschliche Anwesenheit hin. Die erste schriftlich belegte Besiedlung datiert auf das Jahr 1599. Anfang des 20. Jahrhunderts lebten noch rund 1000 Menschen in dem Gebiet, das heute den Nationalpark bildet. Jetzt sind es nur noch etwa 75.

Lediglich zwei **Schotterstraßen** führen durch das Gebiet. Das **Besucherzentrum** findet sich in Kõrtsi-Tõramaa zwischen den Dörfern Tipu und Riisa (dort, wo sich die beiden Schotterstraßen treffen) und dokumentiert die Natur-, Pflanzen- und Tiervielfalt. Gute Ausgangspunkte für einen Besuch sind die Orte **Tori** (s.o.) sowie Vastemõisa oder **Kõpu** in Viljandimaa (nicht zu verwechseln mit den gleichnamigen Orten in West-Pärnumaa sowie auf Hiiumaa). Kõpu liegt etwa 15 km von Viljandi entfernt an der Straße 56, Tori 19 km nordöstlich von Pärnu an der Straße 59. Mit dem eigenen Auto oder Mietwagen muss man in der Flutzeit damit rechnen, nicht alle Wege befahren zu können. Eine Direktverbindung von Pärnu nach Viljandi durch den Park gibt es nicht, man muss ihn – will man auf Asphaltstraßen bleiben – nördlich oder südlich umfahren.

In den Sommermonaten sollte man sich ausreichend mit **Insektenschutzmitteln** ausrüsten. Die Mücken und Bremsen können sonst zur Plage werden!

Der Nationalpark lässt sich am besten per **Kanu** oder auf den zahlreichen markierten Wander- und Lehrpfaden erkunden. Einen Überblick über die Wege gibt das Besucherzentrum. Gleich hinter diesem beginnt beispielsweise der ca. zwei Kilometer lange **Biberpfad,** der mit Informationstafeln ausgestattet ist. Schön ist auch der

Im Soomaa-Nationalpark

Toonoja-Wanderweg, der zu einer Landinsel im Kuresoo-Moor führt, wo einmal das Dorf Toonoja angesiedelt war. Auf dem **Ingatsi-Bohlenweg,** der ebenfalls ins Kuresoo-Moor führt, kann man sehen, wie die Waldlandschaft in ein Hochmoor übergeht.

Kleine **Museen** in **Hüpassaare** und **Ivaski** im Osten des Nationalparks erinnern an die berühmtesten Bewohner: den Komponisten *Mart Saar* (1882–1963) und den Maler *Johann Köler* (1826–99).

Informationen

- **Besucherzentrum des Nationalparks,** Tipu küla, Gemeinde Kõpu, Tel. 4357164, 4358685, soomaa@soomaa.ee, www.soomaa.ee (auch auf Englisch), 1. Mai bis 30. September Di–So 10–18 Uhr, Oktober bis April Di–Sa 10–16 Uhr. Das Besucherzentrum hilft auch bei der Suche von Unterkünften, vermittelt Kanutouren und Führer. Außerdem kann man hier einen englischsprachigen Film über den Nationalpark sehen und sich über Wanderpfade und Freizeitaktivitäten erkundigen.
- Sehr empfehlenswert ist die auch deutschsprachige Homepage des Kanuverleihs Saarisoo Kanuukeskus: **www.soomaa.com.** Sie gibt Auskunft über Natur und Kultur, Sehenswürdigkeiten und Aktivitäten.

Unterkunft

Im Park befinden sich mehrere **einfache Holzhütten** ohne Elektrizität, aber mit Feuerstellen, in denen gut ausgerüstete Wanderer z.T. sogar kostenlos übernachten können. Vielerorts kann man sein **Zelt** aufstellen, zum Beispiel in Karuskose in der Nähe des Besucherzentrums, das auch über Lage und Verfügbarkeit der Übernachtungsmöglichkeiten informiert.

Ansonsten kommt man am besten am Rande des Nationalparks unter. Die meisten

116es Foto: jl

Unterkünfte befinden sich in Tori (s.o.). Man kann auch über die Touristeninformationen in Pärnu und Viljandi Unterkünfte finden, dann ergeben sich auch keine Verständnisprobleme, falls die Vermieter kein Deutsch oder Englisch sprechen.

Essen und Trinken

Beim Besucherzentrum befindet sich ein kleiner **Souvenirladen,** der Holzfiguren, Holzstühle und handgemachte Kleinigkeiten anbietet. Kleine **Lebensmittelgeschäfte** findet man am Rand des Nationalparks, u.a. in Tori, Jõesuu, Suurejõe, Vihtra und Vastemõisa. Die meisten Unterkünfte bieten Verpflegung oder Kochmöglichkeiten an. **Restaurants bzw. Cafés** gibt es nur außerhalb des Nationalparks (z.B. in Vastemõisa, Jõesuu, Suurejõe).

Aktivitäten

- **Geführte Exkursionen:** Empfehlenswert sind die gut ausgebildeten, englischsprachigen Naturführer, Tel. 4357164, soomaa@soomaa.ee. Vermittlung auch durch das Besucherzentrum.
- **Kanutouren, Einbaumworkshops und -fahrten** sowie **Saunawanderungen** (Floßsauna) veranstaltet Aivar Ruukel, Tohera küla, Gemeinde Tori, Tel. 5061896, reservations@soomaa.com, www.soomaa.com (auch in Deutsch). Weitere Anbieter vermittelt das Besucherzentrum.
- **Reiten:** Riisa Rantso, Andre Arula, Tel. 4474804, mobil 53944855; in Tipu: Ulvi Rosenbert, Tel. 4359284, mobil 53433423.

Verkehr

Leider ist der Nationalpark sehr schwer mit **Bussen** zu erreichen. Das Besucherzentrum ist ebenso weit von Viljandi wie von Pärnu entfernt, aber nur von **Viljandi** (und das auch nur zweimal in der Woche) fährt ein Bus. Kommt man von Pärnu, fährt man am besten nach **Riisa** (täglich ein Bus) oder **Tori** (mehrere Busse täglich). Täglich verkehren Busse zwischen Viljandi und **Lia,** rund acht Kilometer vom Besucherzentrum entfernt. Da die Fahrpläne sehr schneller Änderung unterliegen, wende man sich am besten an das Besucherzentrum oder einen privaten Unterkunft- oder Tourenanbieter. Zumeist lässt sich problemlos ein Abholservice organisieren.

Kurgja

↗ XV/D3

In Vändra (Fennern) an der Straße 5 nordöstlich von Pärnu, einer kleinen Ortschaft mit Kirche und Gutshof, wurden der Gründer der ersten estnischen Zeitung, *Johann Woldemar Jannsen,* und seine Tochter, die Dichterin *Lydia Koidula,* geboren.

Etwa zwölf Kilometer entfernt erinnert in Kurgja ein Museum an einen weiteren wichtigen Bürger Estlands: *Carl Robert Jakobson* (1841–82). Der ehemalige Lehrer gilt als einer der bedeutendsten Protagonisten in der „Zeit des Nationalen Erwachens". Wie Jannsen gründete auch er eine estnischsprachige Zeitung („Sakala"), arbeitete als Schriftsteller und wurde Vorsitzender des estnischen Landwirtschaftsverbandes. Auf allen Ebenen setzte er sich für die Unabhängigkeit der Esten und gegen die Vormachtstellung der baltendeutschen Gutsherren ein. 1874 erwarb er das Anwesen Kurgja und baute es zu einer Art Mustergehöft auf, das seinen Landsleuten ein Vorbild für freies Bauerntum sein sollte. Zwar starb er früh an einer Lungenentzündung, doch seine Ideen sollten sich als wegweisend in der Zeit der estnischen Aufklärung herausstellen.

Seit 1948 befindet sich in seinem **ehemaligen Wohnhaus** eine Ausstellung, die Jakobsons Leben und Schaffen dokumentiert. Ebenfalls erhalten sind Stall und Speicher, ein Winterhäuschen für Bienenstöcke, eine Sauna und die alte Getreide- und Sägemühle. Das Museum hat sich zu einem beliebten Ausflugsziel entwickelt. Im **Freilichtbereich** werden noch heute Ackerbau und Viehzucht wie zu Jakobsons Zeiten betrieben. Im Sommer finden häufig Konzerte und sonstige Feierlichkeiten statt, bei denen traditionelles Essen gereicht wird.

● **C.R. Jakobson Bauernhofmuseum,** Kurgja, Tel. 4458171, www.kurg ja.ee.

Unterkunft

● **Lüiste-Alt Ferienhof,** Lüiste küla, Gemeinde Vändra, Tel. 4493627, mobil 56629157. Alter estnischer Bauerhof nördlich des Soomaa-Nationalparks in der Nähe des Ortes Suurejõe bei Vändra. Das aus einem Speicher umgebaute kleine Ferienhaus liegt direkt am Pärnu-Fluss. Sauna, Kamin, Kochecke; zelten und Verpflegung gegen Aufpreis möglich. Übernachtung pro Person €.

Von Pärnu zur lettischen Grenze

↗ XVII/C2-3

Von Pärnu sind es etwa 50 Kilometer bis zur lettischen Grenze. Dazwischen liegen Kiefernwälder und Strände, lang gezogene Dünen und Hochmoore, Fischerdörfer und Landschaftsschutzgebiete. Die Straße 4 führt über den Grenzort Ikla (auf lettischer Seite: Aina i) als **Via Baltica** weiter nach Riga. Auf dem Weg nach Süden passiert man einsame **Dünenlandschaften und Strände** (z.B. bei Uulu oder Loode), hinter denen sich ausgedehnte Strandwiesen oder Kiefernwälder erstrecken. Wer es nicht eilig hat, sollte ab Rannametsa (hinter dem Kanal) die Hauptstraße verlassen und die alte Küstenstraße entlangfahren.

Zunächst passiert man den Ort **Tahkuranna,** wo ein Denkmal an den berühmtesten Sohn der Gemeinde, *Konstantin Päts,* den ersten estnischen Präsidenten, erinnert. Einen schönen Ausblick auf die Pärnuer Bucht hat man vom **Kap Suurna nina.**

Um Tahkuranna, Rannametsa und Häädemeeste erstrecken sich lange **Dünenketten,** die bei Rannametsa eine Höhe von etwa 40 Metern erreichen. Zwischen Võiste und Häädemeeste wurden einige davon zum **Naturschutzgebiet Luitemaa** zusammengefasst. Diese Dünenlandschaft ist vor etwa 5000-8000 Jahren entstanden.

Den Ort **Häädemeeste** schmückt eine hübsche Kirche aus groben Steinen, die aus dem Jahr 1874 stammt. Das Fischerdorf **Kabli** mit typischen alten Häuschen und einem netten Strand ist ein ruhiges Erholungsgebiet. Läuft man durch den Ort, spürt man den Charme der alten Siedlung, die Ende des 19. bzw. Anfang des 20. Jahrhunderts durch seine Werft bekannt wurde. Ein Campingplatz lädt zum Verweilen ein.

Beim kleinen Grenzort **Ikla** muss man sich entscheiden, ob man einen Abstecher nach Lettland macht oder bei einem Glas Mineralwasser, das in Ikla gewonnen und als Tafelwasser abgefüllt wird, eine Pause einlegt und das estnische Küstenhinterland erkundet.

Unterkunft

- **Ferienhaus und Campingplatz Tackendorf** (Tackendorf Puhkemaja), Tahkuranna, Tel. 4457411, mobil 5219722, 5175667, info@tackendorf.ee, www.tackendorf.ee. 22 km südlich von Pärnu, 200 m vom Meer gelegen, Ferienhaus sowie 40 Stellplätze für Wohnwagen, Sauna.
- **Hotel und Campingplatz Lepanina** €, Kabli, Gemeinde Häädemeeste, Tel. 4465024, 4437368, Fax 4465024, lepanina@lepanina.ee, www.lepanina.ee. Größeres Hotel am Meer, Restaurant, Sauna, Stellplätze für Wohnwagen.

Naturschutzgebiet Nigula

↗ XVII/C3

Schwer zu erreichen ist das Naturschutzgebiet Nigula, das sich entlang der lettischen Grenze und darüber hinaus erstreckt. **Brettstege** führen durch die **Sümpfe,** in denen seltene – zum Teil fleischfressende – Pflanzen wachsen und Elche, Wölfe, Bären, Steinadler, Schwarzstörche und Birkhühner beheimatet sind. Ein etwa sieben Kilometer langer Naturpfad beginnt am **See Nigula Vanajärv,** allerdings muss man sich vor einem Besuch im Informationsgebäude anmelden. Beliebt sind die sogenannten Moosbeeren *(jõhvikas),* aus denen die Einheimischen Likör, Saftschorle und Marmelade machen.

Von der Küstenstraße kommend, fährt man das Gebiet am besten von Häädemeeste oder über kleine Straßen in Höhe des Ortes Penu an. Alternativ kann man es über die Straße 6 Richtung Valga und einige Stichstraßen nach Süden erreichen.

- **Nigula Informationszentrum,** im Osten des Gebiets bei Järve, Gemeinde Häädemeeste, Tel. 4451760, mobil 5245891, Fax 4451761, nigula@nigula.ee, www.nigula.ee.

Kilingi-Nõmme

↗ XVII/D2

Kilingi-Nõmme liegt etwa 40 Kilometer südöstlich von Pärnu. Schriftlich erwähnt wurde die Siedlung erstmals im 16. Jahrhundert, doch sie erhielt ihren heutigen Namen erst später nach dem Gutsherrn *Valentin Schilling,* dessen Name im Dialekt der Region zu Kilingi wurde, und dem Gasthaus Nõmme. Schilling ließ um 1560 einen Gutshof errichten, im 17. Jahrhundert kamen eine Kirche und das Gasthaus hinzu, doch erst 1938 erhielt die Ortschaft, die sich entlang der Straße Pärnu – Valga hinzieht, die Stadtrechte. Als zu Zarenzeiten ein Großteil der Bevölkerung zum orthodoxen Glauben übertrat, wurde 1870 eine orthodoxe Kirche erbaut.

Wer mit Kindern reist, kann beim nahe gelegenen Dorf **Sigaste** den **Raja Minizoo** (Tel. 4456509, www.miniloomad.ee) besuchen. Der Ort liegt in der Nähe der Bahntrasse.

Südlich von Kilingli-Nõmme befindet sich die weiß-rote Kirche von **Saarde** aus dem Jahr 1859. Von der dahinter liegenden russisch-orthodoxen Kirche ist nur eine Ruine erhalten.

Auf dem Weg zwischen Kilingi-Nõmme und Tihemetsa gelangt man einer Stichstraße nach rechts folgend (ausgeschildert: Allikukivi) zu einer kleinen **Höhle** aus rotem Sandstein. Wer Proviant dabei hat, kann die davor liegende, überdachte **Picknickstelle** für eine Rast nutzen.

Service

- **Post und Bank:** Pärnu tn. (Hauptstr.) 44.
- **Internet:** Sambla 20.

Notfälle

- **Apotheke:** Pärnu tn. (Hauptstraße) 65.
- **Erste-Hilfe-Station:** Pärnu tn. 65, Tel. 5010944
- **Rettungsstation:** Pargi 4, Tel. 112, 4427112.
- **Polizei:** Pärnu tn. 27, Tel. 4490110.

Unterkunft, Essen und Trinken

- **Kilingi-Nõmme Hostel** €€ und **Kanuverleih,** Urve 5, Kilingi-Nõmme, Tel. 4490125, mobil 56691318, kanuumatkad@hot.ee, www.kanuumatkad.ee. Kleine, helle Zimmer, Gemeinschaftsraum und Kochnische, Kanutouren bis nach Lettland werden angeboten.
- **Bar Rekkamees,** Straße 6 bei Thihemetsa, täglich 10–20 Uhr, kleine Snacks, Suppen, einfache Speisen, Eis, preiswert.

Verkehr

- In Kilingi-Nõmme halten die **Busse** zwischen Viljandi, Tartu, Valga und Pärnu.

Haapsalu

↗ XIV/A2

Haapsalu (Hapsal) ist ein beliebter und dennoch nicht überfüllter **Kurort,** der – nur 100 Kilometer von Tallinn entfernt – **Strand- und Badeliebhaber** mit mildem Wetter und relativ warmen Wassertemperaturen anlockt. In der seichten Bucht um die Kurstadt wird das Meerwasser schnell warm und erreicht im Sommer durchschnittlich 21 °C. Durch den heilenden Schlamm, der in den Kurzentren eingesetzt wird, finden Kranke Linderung ihrer Beschwerden. Schließlich kommen auch Kulturinteressierte in den **Museen** in und um die Stadt sowie auf den sommerlichen **Festen und Konzerten** auf ihre Kosten, die in der Burg, im Kursaal oder im Kulturzentrum veranstaltet werden.

Die Hauptstadt Läänemaas hat mehrere Wahrzeichen: Die Ruinen der mittelalterlichen **Bischofsburg** weisen auf die Ursprünge der Stadt zurück, die über 300 Jahre als Sitz der Bischöfe von Saare-Lääne (Ösel-Wiek, Inseln-Westland) diente. Das zweite Wahrzeichen, die **„Weiße Dame",** entstammt einer romantischen Legende, die alljährlich bei einem großen Fest gefeiert wird, dann nämlich, wenn der Geist besagter Dame durch die Kapelle der Domkirche wandelt. Schließlich steht der wunderschöne, hölzerne **Kursaal** aus dem Jahr 1898 dafür, dass sich Haapsalu im 19. Jahrhundert in eine Kurstadt verwandelte. Außerdem sind die zarten, handbestickten **Spitzentücher** Haapsalus, die so fein gestrickt sein müssen, dass man sie

117es Foto: jl

durch einen Damenring ziehen kann, ein Produkt der örtlichen Handarbeitskunst.

Spaziert man durch die von hübschen Holzhäusern gesäumten Straßen der Innenstadt, die früher oder später immer ans Meer führen, begegnet man allerorten einem dieser Wahrzeichen – und wenn es die Bischofsburg ist, die von Weitem sichtbar die Silhouette der Stadt bestimmt. Die hübsche Altstadt ist klein und gut zu Fuß zu erkunden.

Einige **Kurhotels** und ein Rehabilitationszentrum haben sich in Haapsalu angesiedelt, die sich voneinander nur durch Größe und Stil unterscheiden, im Wesentlichen aber das gleiche Angebot haben: Schlammbäder, Fango, Paraffin, Massagen etc. Hier können sich Gäste, die an Rückenschmerzen, Arthritis, Herz- und Kreislauferkrankungen, gynäkologischen Beschwerden und Krankheiten des vegetativen Nervensystems leiden, behandeln lassen. In den Außenbezirken der Stadt befinden sich weniger ansehnliche Wohnblöcke und Industrieviertel, die für Touristen nicht interessant sind.

Stadtgeschichte

Der älteste Teil der Stadt Haapsalu ist auf einem Gebiet gebaut, das noch wenige Jahrhunderte zuvor aus einzelnen Inseln bestand. Doch die **Versandung der Haapsaluer Bucht** durch die allmähliche Anhebung des Bodens (ca. zwei Millimeter im Jahr) sorgte dafür, dass aus mehreren Inseln schließlich Festland wurde.

Urkundlich erwähnt wurde die Stadt erstmals im Jahr 1279, demselben Jahr, in dem ihr auch Stadtrechte verliehen wurden. Einige Jahrzehnte zuvor, im Jahr 1228, hatte der Erzbischof von Riga das **Bistum Saare-Lääne (Ösel-Wiek)** gegründet, das sich aus dem heutigen Läänemaa und den Inseln vor der Westküste zusammensetzte. Die erste Residenz des Bistums befand sich im nahen Lihula, doch um Streit mit dem Deutschen Orden zu vermeiden, siedelte der Bischof die Residenz nach Alt-Pärnu um und schließlich, nachdem die Letten die dortige Burg niedergebrannt hatten, nach Haapsalu.

300 Jahre lang sollte Haapsalu das Zentrum des Bistums Ösel-Wiek bleiben. Die **Domkirche** und die Reste der Burg zeugen bis heute von dieser Zeit. Zwar wurde im 14. Jahrhundert in Kuressaare eine neue Bischofsresidenz gebaut, doch das geistliche Kollegium des Bischofs, das Domkapitel sowie der Bischofsstuhl behielten ihren Sitz in Haapsalu.

Im 15. und 16. Jahrhundert wechselten die Herren der Stadt: Schweden, Dänen, Russen und Polen kämpften um ihren Reichtum, bis sie schließlich unter **russische Herrschaft** fiel. Allerdings verlor Haapsalu unter Zar *Peter I.* an militärischer Bedeutung, da der Hafen immer mehr versandete und nicht mehr von großen Schiffen angefahren werden konnte.

Bischofsburg und Domkirche

Erst im 19. Jahrhundert ging es wieder bergauf. Bereits 1805 wurde das erste **Badehaus** gebaut, doch das Geburtsjahr Haapsalus als Kurort liegt im Jahr 1825, als *Dr. Carl Abraham Hunnius* die heilende Wirkung des Schlamms entdeckte und durch seine Initiative das erste **Heilschlammbad** gegründet wurde. Der russischen Zarenfamilie und der höheren Gesellschaft des Zarenreiches kamen die Heilwirkungen zu Ohren, sodass vermögende und einflussreiche Gäste die Stadt aufsuchten. Haapsalu erlebte endlich den lange ersehnten Aufschwung.

Mit der wachsenden Anzahl von Kurgästen veränderte sich die Stadt auch in architektonischer Hinsicht. **Kureinrichtungen, Villen und Pensionen** entstanden, die oftmals mit hübschen Holzschnitzereien verziert wurden. Auf Verheiß des Zaren wurden 1905 eine **Eisenbahnlinie** von Tallinn nach Haapsalu und der Bahnhof gebaut, der heute noch, neben dem hölzernen Kursaal, als eine der Hauptsehenswürdigkeiten der Stadt gilt.

Sehenswertes

Bischofsburg und Domkirche

Die Mitte des 13. Jahrhunderts erbaute Bischofsburg liegt im Zentrum der Altstadt und ist schon von Weitem gut sichtbar. Als Hauptattraktion der Stadt ist sie nicht nur aufgrund ihrer Lage, sondern auch, weil sie den Ursprung der Stadt darstellt, ein guter Ausgangspunkt, um Haapsalu zu erkunden.

Als Bischof *Herrmann I.* Haapsalu 1279 die Stadtrechte verlieh und den Sitz des Bistums Saare-Lääne von Alt-Pärnu hierher verlegte, waren die Domkirche und die Wohnräume der Domherren, die **Kleine Burg,** bereits fertiggestellt. Mit den Bauarbeiten der **Großen Burg** wurde wahrscheinlich auch schon im 13. Jahrhundert begonnen. Nach ihrer Fertigstellung sollte die Burg immer wieder umgebaut werden. Die endgültige Größe der mächtigen Anlage wurde unter Bischof *Johannes IV. Kievel* Anfang des 16. Jahrhunderts erreicht: Die Kleine Burg umgab eine 28 Meter hohe Mauer mit drei Türmen. Der sich anschließende Vorhof und die Große Burg wurden wiederum von einer mit Zinnen versehenen, über zehn Meter hohen und 800 Meter langen Mauer umringt, die weitere sieben gewaltige Türme umfasste.

Im Livländischen Krieg wurde die Anlage stark beschädigt und fiel in den Besitz des schwedischen Staates. 1625 verkaufte König *Gustav II. Adolf* Stadt und Burg an den Grafen *Jacob de la Gardie*, der die Burg zu einem Schloss umbauen wollte. Bis auf die Renovierung der Kirche blieben seine Pläne jedoch unverwirklicht. Unter russischer Herrschaft wurden die Mauern der Anlage auf Befehl *Peters I.* während des Nordischen Krieges niedriger gemacht. Im Laufe der nächsten Jahrhunderte verfiel die Burg aufgrund von Bränden und Stürmen zu einer Ruine.

Im 19. Jahrhundert wurde die Kirche restauriert und die Burganlage in einen romantischen Park umgewandelt. Während des Zweiten Weltkrieges kam es mehrmals zu Plünderungen der Kirche, danach stand sie zu Sowjetzeiten jahrelang leer und wurde später als Getreidespeicher genutzt. Eine erneute Restauration begann man 1971, zunächst unter dem Vorsatz, einen Konzertsaal dort unterzubringen. Nach der Unabhängigkeit des estnischen Staates beschloss man, die Kirche der Gemeinde zurückzugeben. Wieder geweiht wurde sie 1990.

Während heute von der eigentlichen Festung im Westteil des Hofes nur noch eine Ruine übrig ist, sind die Kathedrale und weite Teile der 800 Meter langen **Schutzmauer** samt Türmen erhalten. Man betritt den Komplex durch ein **Tor** an der Nordseite des Schlossplatzes (Lossiplats). Am Eingangstor ist das Wappen des Bischofs angebracht. Dort ist auch das Jahr 1515 vermerkt, in welchem die Bauarbeiten ihr vorläufiges Ende fanden. Im Innenhof der Anlage befindet sich eine **Freilichtbühne,** auf der im Sommer Konzerte und Theaterstücke aufgeführt werden.

Zur Rechten liegt der **Eingang zu Museum und Wachturm** der Burg sowie zur Domkirche. Das Museum vermittelt einen Überblick über die Anlage, ihre Geschichte und das Bistum. Eine Sammlung von Waffen aus dem 15. und 16. Jahrhundert ist ebenfalls ausgestellt. Den Wachturm kann man besteigen und den schönen Blick auf die Stadt und ihre Umgebung genießen.

Der Geist der Weißen Dame

Jedes Jahr in der **ersten Vollmondnacht im August** versammeln sich Hunderte Schaulustige rund um die Bischofsburg, um den Geist der Weißen Dame zu sehen. Ist die Nacht klar, so erscheint in einem Fenster der Kapelle die geheimnisvolle Frauengestalt.

Einer Legende zufolge hatte einst ein Domherr seine Geliebte, als Chorknabe verkleidet, in die Burg gebracht. Doch die Liebenden wurden entdeckt und streng bestraft, durfte doch eine Frau niemals die Burg betreten. Während man den Domherrn bis an sein Lebensende in den Kerker sperrte, hatte man sich für das Mädchen eine besonders grausame Strafe ausgedacht: Sie wurde lebendig in die Kapelle eingemauert. Doch da sich das Paar damals seine unsterbliche Liebe geschworen hatte, erscheint der Geist der Unglücklichen bis heute im Februar und im August im Kapellenfenster.

Weniger romantische Menschen halten die Erscheinung für eine Reflexion des Vollmondes, wenn dieser in einem bestimmten Winkel zur Erde steht, was genau zweimal im Jahr geschieht. Da im Februar der Himmel meist bewölkt und das Warten auf den „Geist" aufgrund der Temperaturen nicht so angenehm ist, zelebriert man die Erscheinung in lauen Augustnächten.

- **Museum und Wachturm der Bischofsburg,** Eingang am Lossiplats, 15. Mai bis 15. September Di–So 10–18 Uhr.

Vom Museum aus betritt man die **Domkirche.** Bei dem schlicht ausgestatteten, 425 Quadratmeter großen Gotteshaus handelt es sich um die größte einschiffige Kathedrale Nordeuropas. Besonders beeindruckend ist

- 1 Herberge Mesilane
- 2 Blue Holm
- 3 Story Kelder
- 4 Klubi@kaheksa
- 5 Denkmal des Kurortgründers
- 6 Kursaal
- 7 Maria-Magdalena-Kirche
- 8 Ilons Wunderland Museum
- 9 Denkmal Rudolf Tobias
- 10 Johanniskirche
- 11 Läänemaa Museum
- 12 Denkmal für den Freiheitskrieg
- 13 Polizei
- 14 Pizza Grande
- 15 Hermannuse Maja
- 16 Bischofsburg und Domkirche
- 17 Päeva Villa & Restaurant
- 18 Jugendherberge Sport
- 19 Gambrino baar
- 20 Fahrradvermietung

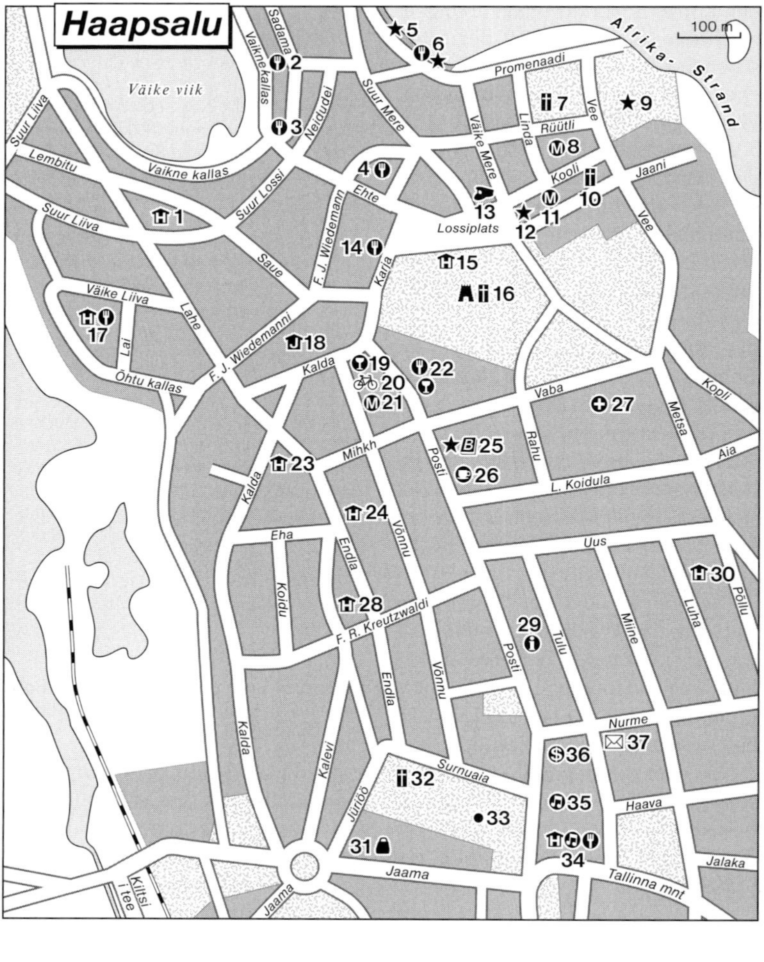

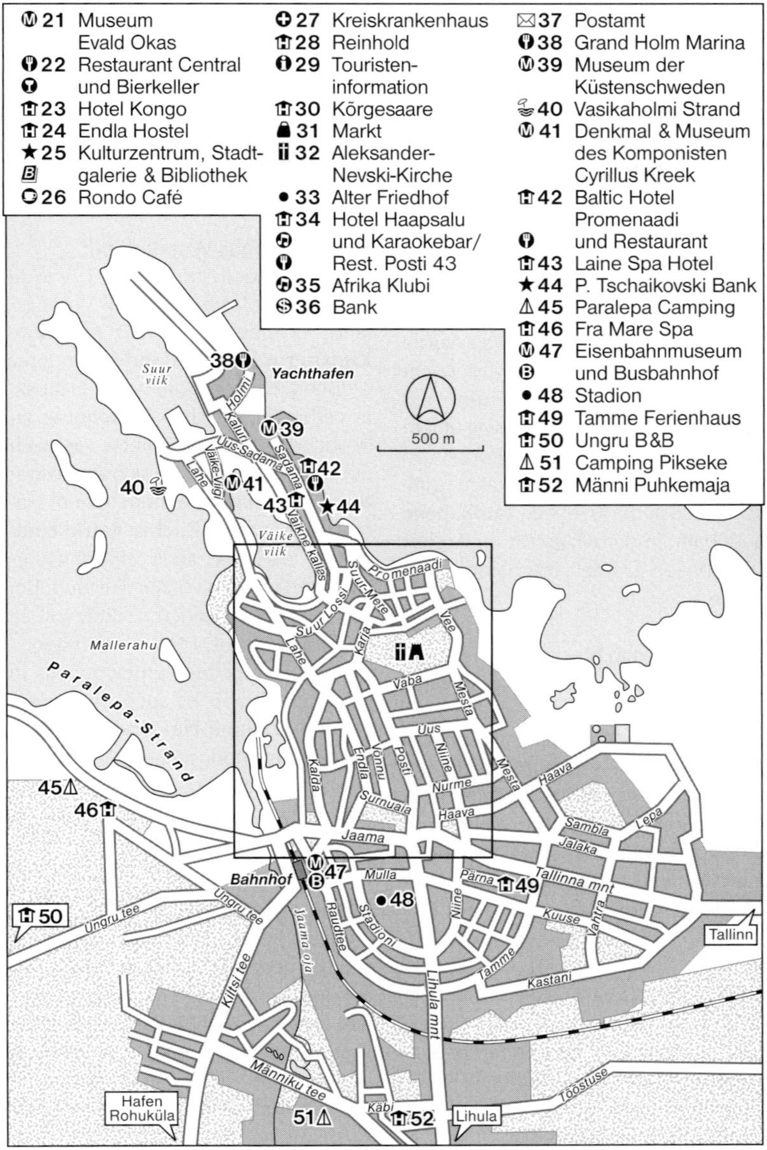
21 Museum Evald Okas
22 Restaurant Central und Bierkeller
23 Hotel Kongo
24 Endla Hostel
25 Kulturzentrum, Stadtgalerie & Bibliothek
26 Rondo Café
27 Kreiskrankenhaus
28 Reinhold
29 Touristeninformation
30 Kõrgesaare
31 Markt
32 Aleksander-Nevski-Kirche
33 Alter Friedhof
34 Hotel Haapsalu und Karaokebar/ Rest. Posti 43
35 Afrika Klubi
36 Bank
37 Postamt
38 Grand Holm Marina
39 Museum der Küstenschweden
40 Vasikaholmi Strand
41 Denkmal & Museum des Komponisten Cyrillus Kreek
42 Baltic Hotel Promenaadi und Restaurant
43 Laine Spa Hotel
44 P. Tschaikovski Bank
45 Paralepa Camping
46 Fra Mare Spa
47 Eisenbahnmuseum und Busbahnhof
48 Stadion
49 Tamme Ferienhaus
50 Ungru B&B
51 Camping Pikseke
52 Männi Puhkemaja
500 m
Yachthafen
Suur viik
Väike viik
Mallerahu
Paralepa-Strand
Holmi
Kaluri
Uus-Sadama
Sadama
Lahe
Väike-Viigi
Väikne kallas
Promenaadi
Suur-Mere
Suur Lossi
Karja
Vee
Vaba
Mesta
Uus
Niine
Posti
Võnnu
Endla
Kalda
Nurme
Surnuaia
Haava
Jaama
Sambla
Lepa
Jalaka
Tallinna mnt
Pärna
Mulla
Bahnhof
Ungru tee
Raudtee
Stadioni
Kuuse
Vahtra
Tamme
Kastani
Jaama oja
Kiltsi tee
Lihula mnt
Männiku tee
Käbi
Tööstuse
Tallinn
Hafen Rohuküla
Lihula

das Gewölbe der 40 Meter langen, elf Meter breiten und 15,50 Meter hohen Kathedrale. Der Bau wurde in der Übergangszeit von der Romanik zur Gotik errichtet. Auf letztere Stilepoche gehen die Spitzbögen des Gewölbes zurück, während die Pflanzenornamente an den Kapitellen der Säulen im Langhaus romanisch sind. Auch das Hauptportal war ursprünglich romanisch, bevor es Ende des 19. Jahrhunderts durch ein **neogotisches Stufenportal** ersetzt wurde. Der Bau wurde nach den Vorschriften des Zisterzienserordens errichtet, ohne Turm und mit schlichter Einrichtung sowie einem **Rosettenfenster** über dem Portal. Um 1300 hat man die mit schmalen, gotischen Fenstern versehene **Taufkapelle** angebaut, in der alljährlich im August die „Weiße Dame" erscheint (siehe Exkurs).

Rund um den Schlossplatz

Tritt man aus der Burganlage hinaus auf den Schlossplatz (Lossiplats), erblickt man zur Rechten hinter einigen Bäumen das hübsche, gelb gestrichene Haus, in dem heute das **Läänemaa Museum** untergebracht ist. Hier gibt es Dauer- und Wechselausstellungen zum Landkreis Läänemaa. Im 18. Jahrhundert erbaut, beherbergte das Gebäude in früheren Zeiten das **Alte Rathaus** der Stadt.

Der Schlossplatz war früher ein Marktplatz, von hier gehen die ältesten Straßen ab. Nebenan befindet sich die **Alte Apotheke** aus dem Jahr 1772. Ein paar Meter vor dem Alten Rathaus erinnert ein **Denkmal** von *Voldemar Melnik* an die Toten des Unabhängigkeitskrieges.

- **Läänemaa-Museum und Altes Rathaus,** Kooli 2, Tel./Fax 4737048, 4737065, www.muuseum.haapsalu.ee, 16. September bis 14. Mai Mi–So 11–16 Uhr, sonst Mi–So 11–18 Uhr. Am letzten Freitag des Monats freier Eintritt.

Museum „Ilons Wunderland"

Auf der Kooli-Straße (Nr. 5) wurde 2006 das Museum „Ilons Wunderland" eröffnet. Die 1930 geborene **Künstlerin Ilon Wikland** hat in ihrer Kindheit mehrere Sommer in Haapsalu verbracht, um ihre Großmutter zu besuchen. 1944 emigrierte sie nach Schweden und machte sich als Illustratorin von Kinderbüchern einen Namen. Die meisten **Bücher Astrid Lindgrens,** darunter auch „Pippi Langstrumpf", wurden von ihr illustriert. Bei dem einen oder anderen Motiv soll sie von Haapsalu inspiriert worden sein.

Das kleine gelbe Gemeindehaus in der Linda-Straße ist auch unter dem Namen **Wikland-Haus** bekannt, hier hat die Illustratorin in ihrer Kindheit die Sommer verbracht.

- **Ilon Wikland Museum,** Kooli 5, Tel. 4737065, Mi–So 11–18 Uhr.

Johanniskirche

Gleich hinter dem Läänemaa-Museum erhebt sich der weiße Spitzturm der Johanniskirche. Ursprünglich war das Gebäude im 15. Jahrhundert als Warenspeicher gebaut worden und unterscheidet sich deshalb von anderen Kirchen durch seine Nord-Süd-Ausrichtung. Nachdem die Domkirche im 18. Jahrhundert schwer beschädigt worden war und die Gemeinde die Aufbauarbeiten nicht mit eigenen Mitteln bestreiten konnte, bezog sie die Johanniskirche. Der Steinaltar von *Joachim Winter* aus dem Jahr 1630 und eine hölzerne Kanzel von 1707 schmücken das Innere. Der Turm kam 1856 hinzu.

Peters Haus

Folgt man der links vor dem Museum abgehenden Linda-Straße, stößt man auf die Rüütli-Straße. Im einstigen Stadtvogthaus soll, so heißt es, im Jahr 1715 der russische Zar *Peter I.* abgestiegen sein. Das Holzhaus trägt daher den Namen Peters Haus.

Maria-Magdalena-Kirche

Rund 130 Jahre nach dem Besuch des Zaren, Mitte des 19. Jahrhunderts, spendeten reiche russische Besucher Geld für den Bau einer **russisch-orthodoxen Kirche.** 1852 war die Maria-Magdalena-Kirche (Linda 2) fertiggestellt. Einer der Hauptspender, der Kaufmann *Alexey Vekshin*, stiftete der Kirche auch einige Ikonen. Zu Sowjetzeiten als Lagerhalle genutzt, wurde das Gebäude Ende der 1980er Jahre renoviert und fungiert jetzt wieder als Gotteshaus.

Strandpromenade

Die Linda-Straße und ihre Parallelstraßen führen auf die schöne Promenade zu, die schon im 19. Jahrhundert Zentrum für die Sommergäste war. Die Promenade beginnt beim **Afrika-Strand,** der bis zum Zweiten Weltkrieg ein beliebter Badestrand war, an dem heute aber aufgrund der Versandung nicht mehr gebadet werden kann. Dafür lassen sich hier gut die Vögel beobachten, die in der schilfbewachsenen Bucht nisten. Auf Höhe des Strandes befinden sich ein Spielplatz für Kinder und eine steinerne Sonnenuhr.

Die Promenade lädt auch heute noch zum Flanieren ein. Besonders abends, wenn die Sonne untergeht, bieten sich hier romantische Spaziergänge an.

Kursaal

Einkehren kann man im wunderschönen hölzernen Kursaal. Das mit Holzschnitzereien verzierte Gebäude wurde 1898 für die aristokratischen Kurgäste gebaut und ist der einzige Kursaal Estlands, der seine ursprüngliche Architektur beibehalten hat und immer noch als solcher benutzt wird: als **Sommerrestaurant und Konzertsaal.**

- **Kursaal,** Tel. 4735505, www.kuursaal.ee, Juni bis September täglich 10–2 Uhr (siehe auch „Praktische Tipps: Essen und Trinken").

Denkmäler

Entlang der Promenade sind mehrere Denkmäler, die von dem lokalen Bildhauer *Roman Haavamägi* geschaffen wurden, wichtigen Persönlichkeiten gewidmet, die Haapsalu besuchten oder hier eine wichtige Rolle spielten: dem estnischen Komponisten *Rudolf Tobias* (1873–1918, in Höhe des Afrika-Strandes), dem Gründer des ersten Heilschlammbades *Carl Abra-*

ham Hunnius (1797–1851, in der Nähe des Kursaals) sowie eine Musik abspielende Bank in der Nähe des Rehabilitationszentrums, die an *Pjotr Tschaikowski* erinnern soll. Der russische Komponist hat in Haapsalu mehrfach Urlaub gemacht und soll hier das estnische Volkslied „Kallis Mari" („Liebe Mari") gehört haben. Es gefiel ihm so gut, dass er es in seine Sechste Symphonie einbaute.

Bei der Tschaikowski-Bank geht die Promenade in die Sadama- (Hafen-) Straße über, die auf eine Landzunge hinausführt. Zwei kleine Einbuchtungen schneiden die Landzunge ein: die Große und die Kleine Wiek (Suur viik, Väike viik). Vor dem Laine Spa Hotel an der Kleinen Wiek steht eine weitere Skulptur: Der **Stockbrecher** von *Juhan Raudsepp* soll einen Mann symbolisieren, der – von einer Krankheit geheilt – seinen Gehstock zerbricht.

Museum der Küstenschweden

Die Sadama-Straße führt weiter am Baltic Hotel Promenaadi vorbei zum Museum der Küstenschweden, wo die wechselvolle Geschichte dieser Bevölkerungsgruppe in Westestland dokumentiert wird. Zum Museum gehört ein **traditionelles Segelboot,** das in dem kleinen Hafen nebenan vor Anker liegt. Von hier aus sieht man schon den weiter oben liegenden **Jachthafen** Haapsalus.

●**Rannarootsi Muuseum,** Sadama 31/32, Tel./Fax 4737165, mobil 5088697, www.aiboland.ee, Mai bis August Mi–So 10–18 Uhr, September bis April Mi–So 11–16 Uhr.

Badestrand

Auf der gegenüberliegenden Seite der Landzunge zwischen der Großen und der Kleinen Wiek gibt es einen netten Badestrand, den **Vasikaholmi rand.**

Cyrillus Kreek Museum

Am äußersten Zipfel der Kleinen Wiek erinnern ein **Denkmal** und ein kleines **Museum** an *Cyrillus Kreek*. Es werden englischsprachige Führungen durch die Wohnung des estnischen Komponisten zu den Klängen seiner Musik angeboten.

An der Kleinen Wiek vorbei führt die Lahe-Straße zurück in die Innenstadt. Biegt man links in die Saue ab, stößt man wieder auf die Burg. An der Küste entlanggehend, kommt man zum Bahnhof, ein sehr hübscher Spaziergang.

●**Cyrillus Kreek Museum,** Väike-Viigi 10, Tel. 4737065, www.muuseum.haapsalu.ee, Juni bis September Mi–So 14–19 Uhr.

Posti-Straße bis zum Bahnhof

Von der Bischofsburg aus führt eine lange **Einkaufsstraße** quer durch die Stadt. Am oberen Ende heißt sie Karja, anschließend Posti und schließlich Lihula-Straße. In Höhe der Burg endet sie an einem kleinen, mit einem Springbrunnen versehenen Platz: dem **Schwedenmarkt** (Rootsi turg). Hinter dem Springbrunnen steht eine Skulptur, die einen Jungen mit einem Fisch darstellt.

Die Karja- bzw. Posti-Straße wird von vielen kleinen, bunten **Holzhäusern** geschmückt, in denen Geschäfte

118es Foto: jl

und Restaurants untergebracht sind. Von der Karja- biegt die Wiedemann-Straße ab. Der Verfasser des ersten estnisch-deutschen Wörterbuchs, *Ferdinand Johann Wiedemann* (1805–87) wurde in Haapsalu geboren.

In ein schönes altes Haus auf der Posti, das im 19. Jahrhundert als Krankenhaus errichtet wurde, zog nach mehrfachem Umbau 1993 das **Restaurant Central** ein (siehe „Praktische Tipps: Essen und Trinken"). Schräg gegenüber liegt das **Museum des Künstlers Evald Okas** mit einer Ausstellung über das Schaffen des Malers; es werden auch Workshops angeboten.

● **Museum Evald Okas,** Karja 24, www.evaldokasemuuseum.ee, Juni bis August täglich 12–18 Uhr.

Hinter der Vaba-Straße befindet sich das **Kulturzentrum** Haapsalus, in dem neben einer Galerie auch die **Zentralbücherei** Läänemaas untergebracht ist. Wie in fast allen öffentlichen Bibliotheken hat man hier kostenlosen Internetzugang. Weiter unten liegt die **Touristeninformation** (Posti 37), die bei der Suche nach Unterkünften behilflich ist und aktuelles Informationsmaterial ausgibt.

Im stillgelegten Bahnhof ist ein Eisenbahnmuseum untergebracht

Die Jaama-Straße biegt rechts Richtung Bahnhof und Paralepa-Strand ab. An der Ecke Posti/Jaama liegen in einem Park die orthodoxe **Aleksander-Nevski-Kirche,** der **Alte Friedhof** sowie der **Markt,** wo sich Selbstversorger preiswert mit frischen Nahrungsmitteln eindecken können.

Estnisches Eisenbahnmuseum

Der sehr sehenswerte **Bahnhof** wird heute nicht mehr von Zügen angefahren, aber die Nah- und Fernbusse halten hier. Bei seiner Erbauung im Jahre 1907 war der mit hübschen, rot-gelb gestrichenen Holzsäulen geschmückte Bahnsteig der längste überdachte Bahnsteig Nordeuropas (216 Meter), worauf die Bewohner der Stadt heute noch stolz hinweisen.

Im rechten Flügel des Bahnhofs, der ursprünglich eigens für die russische Zarenfamilie gebaut worden war, ist heute das Estnische Eisenbahnmuseum untergebracht. Hinter dem Bahnhof können **Züge und Loks** aus alten Zeiten bewundert werden.

- **Eesti Raudteemuuseum,** Raudtee 2, Tel. 4734574, www.jaam.ee, Mi–So 10–18 Uhr.

Paralepa-Strand

Nicht weit vom Bahnhof kommen Badeurlauber auf ihre Kosten. Von der Jaama-Straße geht hinter den Bahnschienen ein kleiner Fußweg ab, der zum Paralepa-Strand führt, dem beliebtesten **Badeplatz** der Stadt. Minigolf- und Strandvolleyball-Anlagen sind vorhanden, für Kinder gibt es einen Spielplatz. Am Strand liegt das dritte Kurhotel der Stadt, das Fra Mare. Wem nicht nach praller Sonne zumute ist, der kann im nahe gelegenen Wald spazierengehen.

Praktische Tipps

Informationen

- **Touristeninformation Haapsalu,** Posti 37, Tel. 4733248, Fax 4733464, haapsalu@visitestonia.com, www.haapsalu.ee. 15. Mai. bis 15. September Mo–Fr 9–18 Uhr, Sa/So 10–15 Uhr, 16. September bis 14. Mai Mo–Fr 9–17 Uhr.

Man sollte sich in der Touristeninformation die Karte „Wanderpfade in Westestland" (Lääne-Eesti Matkarajad) besorgen, die englischsprachige Informationen über Wanderwege, Zeltplätze und Unterkünfte beinhaltet.

Service

- **Bank:** Posti 41, Bankautomaten: Nurme 2, Tallinna mnt. 1, Karja 21.
- **Internet:** Elion, Posti 26, Tel. 4725405; Zentralbücherei Läänemaa (Maakonna Keskraamatukogu), Posti 3; Sozialhaus Haapsalu, Kastani 7. Einige Hotels bieten ebenfalls die Möglichkeit, das Internet zu nutzen.
- **Post:** Nurme 2, Tel. 4720400.

Notfälle

- **Apotheken:** Tallinna mnt. 1 (im Kaufhaus), Nurme 1a, Posti 26.
- **Kreiskrankenhaus und Notfallstation:** Vaba 6, Tel. 4725870, Auskunft 4725875, Notruf 112.
- **Polizei** Lossiplats 4, Tel. 4732810, Notruf 110.
- **Veterinärmedizinische Apotheke:** Posti 5, auch Tierfutter erhältlich.

Unterkunft

Hotels:

- **Baltic Hotel Promenaadi** €€€, Sadama 22, Tel./Fax 4737250, hotell@promenaadi.ee, www.promenaadi.ee. Modernes Hotel an der wunderschönen Promenade, Zimmer und Suiten mit Telefon, TV, Bad, die meisten haben auch einen Balkon mit Meerblick. Fahrrad- und Bootsverleih, Konferenzsaal, Solarium, Massage, Jacuzzi, Freizeit- und Sportangebote, Restaurant.

● **Fra Mare Spa Hotel** €€€, Ranna Tee 2, Tel. 4724600, Fax 4724601, framare@framare.ee, www.framare.ee. Heilbad am Badestrand Paralepa mit Bar, Café, Schwimmbad, Sauna, Schönheits- und Gesundheitsanwendungen, Fitnessraum, Restaurant.

● **Hotel Haapsalu** €€€, Posti 43, Tel. 4733347, Fax 4733191, sales@haapsaluhotel.ee, www.haapsaluhotel.ee. Liegt im Herzen Haapsalus, von außen nicht gerade eine Schönheit, aber ordentliche Standardzimmer mit Duschbad, TV und Telefon. Im Haus gibt es einen Schönheitssalon und Sonnenbänke.

● **Hermannuse Maja** €€, Karja 1a, Tel. 4737131, Tel./Fax 4737199, hermannus@hot.ee, www.hot.ee/hermannus. Drei komfortable Zimmer mit Bad, TV und kleiner Sitzecke. Das Hotel ist zentral gelegen an den Ruinen der Bischofsburg. Die Servicekräfte sprechen Deutsch.

● **Hotel Kongo** €€€, Kalda 19, Tel. 4724800, Fax 4724809, kongohotel@hot.ee, www.kongohotel.ee. 15 Doppelzimmer, 5 Zimmer mit Küche, 1 Suite mit Sauna, Restaurant, Bar, Konferenzräume und Wintergarten.

● **Laine Spa Hotel** €€€, Sadama 9/11, Tel. 4724400, Fax 4724401, info@laine.ee, www.laine.ee. Großer Komplex, viele Zimmer für Allergiker, Restaurant, Schwimmhalle, Sauna, Dampfbad, diverse Kur- und Spa-Anwendungen.

● **Hotel Päeva Villa** €€-€€€, Lai 7, Tel./Fax 4733672, paevavilla@hot.ee, www.paevavilla.ee. Nah am Meer, zwei Gebäude mit unterschiedlichen Zimmern, die jeweils Bezug auf die Geschichte Haapsalus nehmen, also keine Angst im „Zimmer der Weißen Dame" bekommen! Zum Hotel gehören Sauna und Restaurant.

Gäste- und Ferienhäuser:

● **Endla Hostel** €€, Endla 5, Tel. 4737999, Fax 4755957, endlahostel@hot.ee, www.hot.ee/hostelendla. Rezeption geöffnet 8–10 und 17–22 Uhr, DZ mit Gemeinschaftsküche und Gemeinschaftsraum, sicherer Abstellplatz für Autos.

● **Herberge Mesilane,** Väike Lossi 3, Tel. 4733869, mobil 5201105 (besser über Mobiltelefon Kontakt aufnehmen, da englischsprachig), vaikelossi@hot.ee, www.hot.ee/vaikelossi/. Geöffnet April bis Dezember, pro Person €, Küche, Wohnwagen- und Zeltplatz vorhanden.

● **Ferienhaus Männi Puhkemaja** €€, Käbi 11, Tel. 4757238, mobil 5133643, 5109299, mannipuhkemaja@hot.ee, www.hot.ee/mannipuhkemaja. Schöner Garten, großer Balkon, Küchenecke.

● **Kõrgesaare** €€, Luha 3a, Tel. 4737197, mobil 5023049, Fax 4735613, korgesaare1@hot.ee, www.hot.ee/korgesaare/. Zwei getrennte Häuser mit DZ und Mehrbettzimmern, jeweils mit Küche, Bad, TV. Typisch estnische Holzschaukel im Garten, Sauna, Fahrradverleih, Grillen möglich. Häuser €€€ auch komplett zu mieten.

● **Reinhold** €€, Kreutzwaldi 8, Tel. 4735715, mobil 56607274, reinholdi@hot.ee, www.hot.ee/reinholdi. Pension in ruhiger Wohngegend, vier einfache DZ und 3er-Zimmer mit kleinem Duschbad, Parkplatz auf dem Hof, Frühstück gegen kleinen Aufpreis.

● **Ungru B&B,** Ungru tee 4-3, Tel. 4735843, mobil 5127346, 55686491, 55649924, ungrukodu@hot.ee. 3 km von der Stadt entfernt, idyllisch im Paralepa-Kiefernwald gelegen, einen Kilometer bis zum Strand, an dem auch Veranstaltungen und Konzerte stattfinden. 7 Betten, **Zeltplatz,** Selbstverpflegung, Lagerfeuer und Grillmöglichkeit. Tiere sind willkommen. Geöffnet Mai bis Oktober, EZ €, ganzes Haus €€€.

● **Ferienhaus Tamme,** Tamme 10a, Tel. 4756738, mobil 5224034, tnarusk@hot.ee. 17 Schlafplätze, Extrabetten, Sauna, Kaminraum, Küche, Frühstück auf Bestellung, Parkplatz, pro Person €.

Jugendherberge:

● **Jugendherberge Sport,** Wiedemanni 15, Tel. 4735140, mobil 5065688, haapsalu@spordibaasid.ee, www.spordibaasid.ee. In der Gemeinschaftsküche kann man auch selbst kochen, vorausgesetzt, die letzten Gäste haben sie in einem ordentlichen Zustand hinterlassen. Fitnessstudio und andere Sportmöglichkeiten stehen in dazu gehörigem Sportcenter zur Verfügung. Pro Person im DZ €.

Camping

●**Paralepa Camping,** Ranna tee 4, Tel. 5155666, info@paralepacamping.ee, www.paralepacamping.ee. Geöffnet von Mai bis Sept., nah beim Fra Mare Spa Hotel am netten Paralepa-Strand, auch einfache Campinghäuschen, pro Person €.

●**Camping Pikseke,** Männiku tee 34, Tel. 4755779, mobil 51922291, pikseke@albinet.com, www.albinet.com/camping. Etwa 2 km vom Zentrum entfernt, 40 Stellplätze für Wohnwagen, 24 Std. Überwachung, Autovermietung, Sauna, Waschmaschine.

Essen und Trinken

Die Restaurants in den folgenden **Hotels** sind empfehlenswert: Kongo, Fra Mare, Päeva Villa, Baltic Hotel Promenaadi, Haapsalu.

●**Blue Holm,** Sadama 9/11, Tel. 4724400, Fax 4724401, bluholm@bluholm.ee. Im Sommer gepflegtes Restaurant und Bar, gutes Angebot an Speisen, abends manchmal Live-Musik.

●**Café im Kulturzentrum,** Posti 3, Tel. 4735531, kleine Speisen, Süßes.

●**Restaurant Central und Bierkeller,** Karja 21, Tel. 4735595, central@hot.ee, www.central-haapsalu.ee. Stilvolles Restaurant mit edler Einrichtung und größerem Weinangebot mittlerer bis höherer Preisklasse in einem schönen, alten Haus, das im 19. Jahrhundert als Krankenhaus errichtet wurde. 1907 begann der Umbau. Seit 1993 gibt es im oberen Stockwerk das Restaurant, im unteren Bereich einen urigen Bierkeller.

●**Grand Holm Marina,** Westmeri 3, Tel. 5652887. Gutes Fischrestaurant am Jachthafen.

●**Hermannuse Maja,** Karja 1a, Tel. 4737131, Tel./Fax 4737199, hermannus@hot.ee, www.hot.ee/hermannus. Gleich an den Burgmauern mit kleiner Terrasse, estnische Küche, deutschsprachige Servicekräfte.

●**Klubi@kaheksa,** Ehte 8, Tel. 4737525, www.at8.ee. Neues A-la-carte-Café, manchmal mit Programm.

●**Kursaal,** Promenaadi 1, Tel. 4735505, info@kuursaal.ee, www.kuursaal.ee. Restaurant im Sommer täglich ab 10 Uhr morgens, tolles Ambiete und Ausblick.

●**Pizza Grande,** Karja 6, Tel. 4737200. Sommerterrasse, Lieferung frei Haus.

●**Restaurant Story Kelder,** Suur-Lossi 15, Tel. 735568, strykelder@hot.ee. Auch Zimmervermietung.

●**Rondo Café,** Posti 7, www.rondokohvik.ee. Torten und weitere leckere Kleinigkeiten warten auf den Gast. Wer mag, kann sich sein eigenes Foto auf eine Torte zaubern lassen.

Nachtleben

●**Afrika klubi,** Tallinna mnt. 1, Tel.4733959, Disco.

●**Gambrino baar,** Karja 20, kleine, dunkle Bar, in der man Russen und Esten zu einem Bier treffen kann.

●**Karaokebar und Restaurant Posti 43,** Posti 43, Tel. 4733347, gehört zum Hotel Haapsalu.

Einkaufen

●**Markt:** an der Ecke Posti/Jaama.

●**Haapsalu Kaubamaja,** Tallinna mnt. 1, Tel. 4720623, Mo–Sa 9–19 Uhr, So 9–15 Uhr. Größeres Kaufhaus mit umfangreichem Lebensmittelmarkt, Schreibwaren und Postkarten, Schuster. Im selben Gebäude befinden sich auch Läden und Boutiquen.

●**Stadtgalerie,** Posti 3, Tel. 4735642 oder 4735516, Eintritt frei, wechselnde Ausstellungen zeitgenössischer Kunst. Es gibt im Ort weitere kleine Galerien verschiedener Künstler, die zum Teil auch Werke verkaufen.

Aktivitäten

●**Golf:** Etwa 5 km außerhalb der Stadt in Tikasoo wurde ein neuer Golfplatz angelegt. Kontakt über AS Ridala Golf, Posti 21, Haapsalu, Tel./Fax 4733999, info@ridalagolf.ee, www.ridalagolf.ee.

- **Fahrradverleih:** Rattad-vaba aeg (Fahrradfreizeitgarten), Karja 22, Tel. 4729846, mobil 5212796, Verleih und Verkauf von Rädern und Ersatzteilen, Reparaturen.
- **Schwimmhalle:** Lihula mnt. 10, Tel. 4725065, veeskeskus@spordibaasid.ee, www.spordibaasid.ee. Großes Angebot vom klassischen Schwimmbecken mit vielen Wasserattraktionen und Rutschen bis hin zu Sauna, Aerobic und Schönheitssalon.
- **Bowling:** Vanalinna Bowling, Jaani 4, Tel. 4737900, arvibowling@hot.ee, tgl. 12–24 Uhr, sechs Bowlingbahnen, Bar und Billard.
- **Ausflüge:** Kumari Reisid, Tiigi 5, in Lihula, Tel. 372-4778214, info@kumari.ee. Naturausflüge sowie Fahrten auf alten Schiffen im ganzen Land. Die Angestellten sprechen Englisch.

Verkehr

Bus:

Das Bussystem außerhalb Haapsalus ist nicht sehr empfehlenswert. Zu vielen kleinen Orten fährt nur einmal täglich ein Bus, die meisten sind aber an Haapsalu angebunden.

- **Busbahnhof Haapsalu,** Raudtee 2 (im alten Bahnhofsgebäude), Tel. 4724734791, tgl. 5.30–13 sowie 14–19 Uhr.
- Täglich mehrere Busse nach **Tallinn, Tartu** und auf die **Inseln.**
- Der zwischen Tallinn und Virtsu (Fährhafen) verkehrende **Regionalbus** hält in mehreren kleinen Orten, zum Beispiel in Koluvere, Kullamaa oder Lihula. Am bestem dem Busfahrer vorher Bescheid sagen.
- **Stadtbus Nr. 1** fährt nahezu stündlich zum Hafen Rohuküla. Auch Fernbusse aus Tallinn oder Tartu fahren nach Rohuküla.
- **Gepäckaufbewahrung:** im Bahnhofsgebäude, tgl. 6–21 Uhr. Die Bahnverbindungen wurden eingestellt.

Autovermietung:

- **Aivar Rohilaid,** Tel. 4755013, mobil 5576740.
- **Haapsalu Autobaas,** Lihula mnt. 27, Tel. 47347911, Busbestellungen möglich.
- **Cargobus,** Raudtee 2, am Busbahnhof Haapsalu (im alten Bahnhofsgebäude), Tel. 4734791.

Taxi:

- **ETX Taxi,** Tel. **1700,** 4733500.
- **Urmas Kalde, Esra Taxi,** Tel. 1300, 4734555.
- **Haapsalu Takso,** Tel. 1200, 4733330.

Fähre:

Im **Hafen Rohuküla,** rund 10 km südwestlich von Haapsalu, legen Schiffe zu den **Inseln Vormsi** (zum Hafen Sviby) und **Hiiumaa** (zum Hafen Heltermaa) ab. Die Fähren fahren zwei- bis dreimal täglich nach Vormsi und bis zu sechsmal am Tag nach Hiiumaa. Die Überfahrt nach Hiiumaa dauert etwa 90 Minuten. Wenn man mit dem eigenen Auto unterwegs ist, sollte man gerade an den Wochenenden rechtzeitig da sein oder noch besser vorbuchen, da nur eine begrenzte Anzahl an Autoplätzen vorhanden ist. Die Touristeninformation in Haapsalu ist dabei gern behilflich.

- **Buchungszentrum,** Reservierung und Informationen, Tel. 4524444, broneerimine@laevakompanii.ee, www.laevakompanii.ee.
- **Hafen Rohuküla,** Haapsalu, Tel. 4733666.
- **Hafen Sviby,** Vormsi, Tel. 4726107.
- **Hafen Heltermaa,** Hiumaa, Tel. 4631630.

Umgebung von Haapsalu

Im Hinterland von Haapsalu befinden sich einige schöne kleine **Kirchen,** aber auch **Gutshäuser,** die in mehr oder weniger gutem Zustand erhalten sind.

Gutshof Ungru

Verlässt man Haapsalu in Richtung Rohuküla, wo die Schiffe nach Vormsi und Hiiumaa ab- und anlegen, fällt die mächtige, am Straßenrand liegende **Ruine** des Gutshofes Ungru ins Auge. Baron *Ewald von Ungern-Sternberg* hatte im Jahr 1893 mit dem Bau des Anwesens begonnen. Angeblich soll

121es Foto: jl

seine Geliebte ihm das Versprechen abgerungen haben, ihr ein Schloss ähnlich dem Merseburger bei Halle in Deutschland zu bauen, bevor sie ihn heiraten würde. Aber genau so wenig wie die Ehe zustande kam, wurde der Bau jemals beendet. 1896 waren die Außenarbeiten abgeschlossen, aber für die Innenausstattung fehlte das Geld. Im Zweiten Weltkrieg stürzte schließlich ein Flugzeug in das Gebäude, sodass seither zwar Fassaden und Giebel noch nahezu unversehrt erhalten sind, doch Dach, Fenster und Türen fehlen.

Ridala

Folgt man der Straße 31 von Haapsalu nach Südosten, erreicht man nach etwa acht Kilometern den kleinen Ort Ridala (Röthel). Neben einer modernen **baptistischen Kirche,** deren Holzkonstruktion im Eingangsbereich ein Steuerrad symbolisieren soll, befindet sich hier eine der ältesten Kirchen des Landes, die **Maria-Magdalena-Kirche** aus dem 13. Jahrhundert. Wie die meisten Kirchen Westestlands ist sie einschiffig, in die dicken Mauern wurden nur einige enge Fenster eingelassen. Im 15.–16. Jahrhundert kam ein kleiner Turm hinzu. Im Gegensatz zu anderen Gotteshäusern in der Umgebung hat man diesen jedoch nicht an der Front, sondern am Seiteneingang der Kirche angebaut. Über dem gotischen Spitzbogenportal mit seinem Ziergiebel befindet sich in einer Nische eine der ältesten estnischen Skulpturen, welche die Schutzpatronin der Kirche, Maria Magdalena, darstellen soll. Der barocke Altar und die Kanzel stammen aus dem 17. Jahrhundert. An der Ostseite sind im Inneren der Kirche noch einige Fragmente von Wandmalereien aus dem 14. Jahrhundert zu erkennen.

Auf dem **Friedhof** befinden sich neben zahlreichen deutsch beschrifteten Grabsteinen und Kreuzen aus dem 18. und 19. Jahrhundert einige trapezförmige Grabsteine aus dem 13. Jahrhundert.

Ganz in der Nähe des Ortes fanden Archäologen die Reste der altestnischen **Burg Tubrilinn,** die wahrscheinlich bereits im 1. Jahrhundert n. Chr. gebaut wurde.

Taebla

↗ XIV/B2

Folgt man von Haapsalu aus zwölf Kilometer der Straße 9 nach Tallinn, weist in Taebla ein Schild auf das Museum und **Wohnhaus des estnischen Malers Ants Laikmaa** (1866–1942) hin, das sich im Dorf Kardarpiku befindet. In den 1920er Jahren wurde das Haus vom Künstler selbst entworfen. Es ist heute neben einem Sommerhaus und einem Grabdenkmal, die sich wie das Wohnhaus in dem acht Hektar großen **Museumspark** befinden, eine Filiale des Läänemaa-Museums in Haapsalu. Im Erdgeschoss des Hauptgebäudes können Besucher den Lebensweg des Künstlers nachvollziehen. Im Obergeschoss befinden sich das Atelier sowie Arbeits- und Schlafzimmer mit persönlichen Dingen und einigen Originalen. Es sind auch zwei Bilder von Laikmaas Lieblingsschülerin *Erna von Brinkmann* ausgestellt. Das

Grabmal im Park wurde von *Juhan Raudsepp* geschaffen.

Ants Laikmaa (bis 1935 hieß er *Hans Laipman*) gilt als eine der herausragendsten Persönlichkeiten der estnischen Kunstszene. Der in der Gemeinde Vigala (40 km südöstlich von Haapsalu) geborene Maler hatte sich auf Pastellmalerei spezialisiert (mehr zu Ants Laikmaa siehe Kapitel „Land und Leute: Kunst").

● **Ants Laikmaa Haus und Museum,** Kadarpiku, Gemeinde Taebla, Tel. 4729756, 16. Mai bis 14. September Mi–So 10–18 Uhr, 15. September bis 15. Mai. Mi–So 11–16 Uhr. Führungen auf Deutsch möglich.

In der Nähe, nördlich von Taebla an der Straße Richtung Dirhami, liegt die **Lääne-Nigula-Kirche,** die dem heiligen Nikolaus gewidmet ist. Das mittelalterliche Gebäude wurde um einen barocken Westturm erweitert. Die Altarwand kam 1832 aus St. Petersburg.

Folgt man der Straße weiter, kommt man nach **Koela,** wo sich ein weiteres **Museum** befindet. Es zeigt eine altestnische Bauernwohnung mit Speicher, Sauna und Werkzeugen.

● **Bauernhofmuseum Koela,** Koela, Gemeinde Taebla, Tel. 472951, mobil 5169793, www.taebla.ee, geöffnet auf Anfrage.

Martna

↗ XIV/B2

In der Gemeinde Martna, südöstlich von Haapsalu, liegen einige weitere, für die Gegend typische Gebäude. Im Ort Martna selbst befindet sich die gleichnamige **Kirche,** die wie die meisten westestnischen Kirchen im 16. Jahrhundert einschiffig erbaut wurde. Der Turm kam erst 1883 hinzu. Das Wappen des damaligen Bischofs *Johannes III. Orgas* befindet sich über dem Nordportal. Im Inneren sind zahlreiche weitere Wappen an den Wänden angebracht, viele stammen von ehemals in der Region ansässigen baltendeutschen Familien. Das Taufbecken ist aus dem 15. Jahrhundert. An der Wand links neben dem Altar hängt das ehemalige Altarbild „Das letzte Abendmahl". Es wurde um 1700 durch ein neues ersetzt, das die Familie *von Taube* der Kirche stiftete.

Wer schwindelfrei ist, kann die enge Treppe des **Turms** hinaufsteigen und die Glocken sowie eine kleine Ausstellung unter dem Dach der Kirche besichtigen.

● **Martna-Kirche,** im Sommer normalerweise Fr und So 12–16 Uhr. Wenn man beim Pastorat anruft (Tel. 4792682, 4792605) oder im Ort nachfragt, kommt gern jemand und öffnet die Kirche auch außerhalb der offiziellen Öffnungszeiten.

Fünf Kilometer nördlich von Martna steht der rosa gestrichene **Gutshof Suure-Lähtru.** Das frühklassizistische Gebäude wurde zwischen 1775 und 1778 erbaut und befindet sich heute in Privatbesitz.

Der **Gutshof Keskvere** einige Kilometer südlich von Martna stammt aus dem 17. Jahrhundert. Das Holzgebäude ist ein sehr untypischer Gutshof und erinnert eher an einen Bauernhof, deshalb fährt man auch leicht an ihm vorbei, ohne ihn zu erkennen.

Koluvere ⇗ XIV/B2

In **Risti** an der Straße 9 nach Tallinn erinnert ein **Denkmal** an die zwischen 1941 und 1945 nach Sibirien Deportierten.

Vorbei an dem rechter Hand liegenden Naturreservat **Marimetsa** (Abzweigung in Rõuma bei Risti), erreicht man nach etwa zwölf Kilometern auf der Straße 10 die gut erhaltene, rosa gestrichene **Wasserburg Koluvere** (Lode/Lohde). Erbaut wurde die ehemalige Festung im 13. Jahrhundert. Das in einem hübschen Park mit alten Bäumen und einem kleinen, künstlichen Wasserfall gelegene Anwesen diente ab Mitte des 15. Jahrhunderts als Residenz der Bischöfe von Ösel-Wiek (Saare-Lääne), die dem Gebäude im 16. Jahrhundert den großen Turm im Nordosten hinzufügten. Ende des 18. Jahrhunderts ging es in den Besitz der Familie *von Buxhoevden* über.

Ein paar Jahre bevor sie die Burg vom russischen Zaren geschenkt bekamen, verstarb dort unter mysteriösen Umständen die nur 24-jährige württembergische Prinzessin *Augusta Carolina*, die von Zarin *Katharina II.* in den Mauern gefangen gehalten worden war. Ihr Grab befindet sich in der Kirche von Kullamaa (s.u.). 1905 wurde das mittlerweile zum Gutsschloss umgewandelte Gebäude von Revolutionären in Brand gesteckt, später hat man es im neogotischen Stil wieder errichtet.

Das Innere der Wasserburg ist zwar nicht zugänglich, da dort heute ein Altenheim ansässig ist, doch ein Abstecher lohnt sich aufgrund des sehenswerten Äußeren und der hübschen Parkanlage.

Kullamaa ⇗ XIV/B2

Nur wenige Kilometer hinter Koluvere liegt die Ortschaft Kullamaa (Goldenbeck), deren Hauptattraktion die im 13. Jahrhundert erbaute **Johanniskirche** ist. Der neogotische Turm des einschiffigen Gotteshauses wurde erst im 19. Jahrhundert angebaut. Neben dem Grab im Kircheninneren von Prinzessin *Augusta Carolina*, die in Koluvere ihr frühes Ende fand (s.o.), liegen auf dem Friedhof der in Kullamaa aufgewachsene Komponist *Rudolf Tobias* sowie der Schauspieler *Aare Laanemets* begraben. Vor der Kirche erinnert ein Denkmal an die Opfer des Freiheitskrieges 1918–20. Ein altes Rundkreuz steht dort seit 1621.

Auf dem Hügel Rohumägi, ein paar Meter hinter der Kirche, stand einstmals eine altestnische Festung aus dem 11.–12. Jahrhundert. Heute sind nur noch Mauerreste erhalten. Die **Wassermühle** am Liivi-Fluss wurde im 19. Jahrhundert errichtet.

Aus Kullamaa stammt das älteste erhaltene estnische Schriftstück, ein Liturgietext, der von *Johannes Lelow* im 16. Jahrhundert aufgezeichnet wurde. Pastor *Heinrich Göseken*, an den ein Epitaph in der Johanniskirche erinnert, verfasste 1660 eine estnische Grammatik. Außerdem übersetzte er Teile des Neuen Testaments und einige Lieder und leistete so einen großen Beitrag zur Entwicklung der estnischen Schriftsprache.

Laiküla ↗ XIV/B2

Von Kullamma führt die Straße 10 in südlicher Richtung nach Virtsu in den Süden Läänemaas. In Höhe des Dorfes Laiküla stößt die Straße 31 von Haapsalu und Ridala auf die 10. Einige Kilometer hinter der Kreuzung überquert man den Kasari-Fluss, der in der Nähe von Rapla entspringt und in die Matsaluer Bucht mündet. Neben der Brücke, über die heute der Autoverkehr fließt, steht noch die alte **Kasari-Brücke** aus dem Jahr 1904, die mit 308 Metern Länge und 13 Bögen für damalige Verhältnisse eine beachtliche Größe hatte. Im Frühjahr ist das Gebiet vor der Bucht überflutet, dann hat man von hier aus einen schönen Ausblick.

Kirbla ↗ XIV/B3

Im nahen Kirbla steht eine kleine **Kirche,** die Anfang des 16. Jahrhunderts errichtet wurde. Außerdem gibt es den Kirbla-Berg, eine **Kalksteinterrasse,** die für die westestnische Landschaft sehr charakteristisch ist. Auf ihr steht ein Gedenkstein, der dem estnischen Ornithologen und Gründer des Matsalu-Nationalparks, *Erik Kumari,* gewidmet ist.

Unterkunft

- **Gästehaus Käbi** €€, Herjava, Gemeinde Ridala, östlich von Haapsalu, Tel./Fax 4731165, info@jahimaja.ee, www.jahimaja.ee. Nette Unterkunft, schlichte, aber ordentliche Zimmer, Verpflegung auf Vorbestellung, Sauna, man kann auf dem Grundstück auch **zelten.**
- **Gästehaus Altmõisa** €€€, Tuuru, Gemeinde Ridala, Tel. 4724680, Fax 4724681, info@altmoisa.ee. Sehr ruhig in Richtung Nationalpark Matsalu an der Küste gelegen. Gemütliche Zimmer mit Bad und TV; Frühstück, Halbpension oder Vollpension möglich; Sauna, Fahrrad- und Fernglasverleih.
- **Gästehaus Mihkli** (Mihkli Talu) €€, Mäeküla, Gemeinde Ridala, Tel./Fax 4729055, mobil 5027488, arvoerik@hot.ee. Rustikales Ferienhaus südlich von Haapsalu, etwa 1 km vom Meer entfernt, Verpflegung auf Vorbestellung, Sauna, auch **zelten** möglich.
- **Ferienhof Tooraku,** Pusku, Gemeinde Ridala, Tel. 4729710, mobil 5015511, www.tooraku.ee. Ferienhaus an der Küste südlich von Haapsalu, mit Zimmern verschiedener Größe, einfache Sportplätze, Fahrräder und zwei Schlauchboote zum Verleih, pro Person €.

Lihula ↗ XIV/B3

Lihula (Leal), südlich der Matsaluer Bucht gelegen, ist nach Haapsalu der zweitgrößte Ort Läänemaas. Er ist ein guter Ausgangspunkt für Ausflüge in den Matsalu-Nationalpark. Hier gibt es Unterkunfts- und Verpflegungsmöglichkeiten sowie eine Tankstelle und kleinere Geschäfte.

Erstmals erwähnt wurde Lihula im Jahr 1211. Auf dem Lihula-Hügel befand sich damals eine alte Estenburg, die 1220 von den Schweden unter König *Johan I. Sverkersson* angegriffen wurde. Kaum war der König abgezogen, fielen Truppen aus Saaremaa über die Festung her. Lihula war später Sitz des Bistums Ösel-Wiek (Saare-Lääne). Anstelle der Estenburg wurde eine Bischofsburg errichtet, allerdings verlegte der Bischof den Sitz des Bistums Mitte des 13. Jahrhunderts nach Alt-Pärnu. Nachdem wechselnde Herrscher – Dänen, Schweden, Deutsche und Russen – die Burg eroberten, verfiel sie zusehends und wurde im 17. Jahrhundert abgetragen. Anfang der 1990er Jahre legten Archäologen einige **Ruinen** frei, die man besichtigen kann.

Schloss Leal

Gleich hinter dem Hügel liegt ein **Herrenhaus,** das um 1840 von der Familie *Wistinghausen* im klassizistischen Stil errichtet wurde. Heute befindet sich darin ein **Museum,** in dem die archäologischen Fundstücke aus Lihula gezeigt werden.

● **Lihula mõis,** Tiigi 5, Tel. 4778880, Di–So 10–18 Uhr.

St.-Elisabeth-Kirche

Folgt man der durch den Ort führenden Tallinna-Straße, passiert man die St.-Elisabeth-Kirche (Tallinna mnt. 2b), die zwischen 1876 und 1878 von dem Architekten *Johann Gottfried Mühlhausen* erbaut wurde. Die barocke Kanzel, die Orgel (1845) und die Glocke (1745) stammen aus früherer Zeit.

Aktivitäten

● **Ausflüge:** Kumari Reisid, Tiigi 5, in Lihula, Tel. 372-4778214, info@kumari.ee. Naturausflüge sowie Fahrten auf alten Schiffen im ganzen Land. Die Angestellten sprechen Englisch.

Landschaft bei Lihula

Matsalu-Nationalpark

↗ XIV/A-B2-3

Der Nationalpark Matsalu ist für Naturliebhaber und besonders für Ornithologen von großer Bedeutung. Das 488 Quadratkilometer große **Feuchtgebiet** ist die größte Nist- und Raststätte für **Zugvögel** im gesamten Ostseeraum. Im Sommer halten sich rund 250 Vogelarten auf dem Areal auf, im Frühjahr legen Hunderttausende Zugvögel, vor allem Entenarten wie Eisenten und Meerenten, Seetaucher und Schwäne, aber auch Adler und Kormorane, einen Zwischenstopp ein.

Das Zentrum des Parks liegt in **Penijõe** an einer kleinen, unasphaltierten Straße, die man von Lihula aus erreicht. Untergebracht in einem im Untergeschoss steinernen, im ersten Stock hölzernen Gutshaus aus dem

Foto: jl 123es

Jahr 1835, führt das **Museum des Nationalparks** mit einer Ausstellung und Videofilmen in die Flora und Fauna des Parks ein. Hier werden auch Fremdenführer vermittelt und Bootstouren durch die Matsaluer Bucht organisiert. Mehrere **Natur- und Lehrpfade** starten am Herrenhaus.

Von einigen **Aussichtstürmen** können Besucher die verschiedenen Landschaftstypen des Nationalparks überblicken: zahlreiche kleine Inseln und Holme in und um die Matsaluer Bucht, Strandwiesen, Heidelandschaften und Auen sowie weite Schilfflächen, die auf die Überdüngung von Feldern entlang des Flusses Kasari zurückgehen.

- **Matsalu Nationalparkmuseum,** Penijõe, Tel. 4724236, 4778432, Fax 4724235, muuseum@matsalu.ee, www.matsalu.ee, 15. April bis 15. September Sa–Do 8–12.15 und 13.15–17 Uhr, Fr bis 15.45 Uhr, im Winter Mo–Fr 8–12.15 und 13.15–17 Uhr, am Wochenende nach Voranmeldung. Die Angestellten des Museums sind sehr freundlich und helfen gern bei der Vermittlung von Unterkünften, außerdem erhält man Karten und Informationsbroschüren.

Nordseite der Matsaluer Bucht

Folgt man von Haapsalu der Straße 31 Richtung Süden, gibt es entlang der Matsaluer Bucht mehrere unbefestigte Wege, die in den Nationalpark hineinführen: hinter Parila in Richtung **Puise** bzw. **Kiideva** sowie Richtung **Haeska.**

Auf dem Weg dorthin kommt man an dem klassizistischen **Gutshof Haeska** (Hasik) vorbei, der etwa einen Kilometer vom Strand entfernt liegt. An dieser Stelle existierte bereits im 16. Jahrhundert ein Gutshof, der 1805 durch das eingeschossige Kalksteingebäude ersetzt wurde. Wieder aufgebaut wurde das Anwesen in den Jahren 1979–81, heute befindet es sich in Privatbesitz.

Ein Aussichtsturm (den man gegen ein sehr kleines Entgelt besteigen darf) befindet sich ganz im Nordwesten, an der Küste vor der Insel Tauksi.

Im Dorf **Kiideva** ist ein kleines **Heimatmuseum** mit Vogelbeobachtungsturm untergebracht. Von hier aus sind auch Bootsfahrten und Führungen in den Nationalpark möglich.

Ornithologen bezeichnen den acht Meter hohen **Aussichtsturm von Haeska** als einen der besten seiner Art in Nordeuropa. Bei einer Vogelzählung vor einigen Jahren zählte man binnen 24 Stunden 128 verschiedene Arten.

- **Heimatkundemuseum Kiideva,** Kiideva, Gemeinde Ridala, Tel. 4729070, mobil 53906050, www.kiideva.ee, geöffnet auf Voranmeldung.

Südseite der Matsaluer Bucht

Neben dem Zentrum des Nationalparks in Penijõe (s.o.) gibt es auch an der Südseite der Bucht mehrere **Aussichtstürme** und -plattformen: in Penijõe und, der Stichstraße folgend, Kloostri sowie bei Matsalu. Zwischen Penijõe und Matsalu steht der höchste Beobachtungsturm des Nationalparks, der 21 Meter hohe Suitsu-Turm.

Unterkunft

- Die Verwaltung des Nationalparks vermittelt **Unterkünfte** in Haeska, Matsalu und Penijõe.

122es Foto: jl

In der Matsalu-Bucht bei Haeska

- **Lauri-Antsu Ökobauernhof,** Keemu, Matsalu, Tel. 4729636, mobil 5093002, lauriantsu@hot.ee, www.zone.ee/lauriantsu. Zwei gemütliche Zimmer, großer Ess- und Aufenthaltsraum, Sauna, Angeln (im Winter Eisfischen), Boots- und Fahrradverleih, Schießstand für Luftgewehre, Grill, Grillhütte, auch **Camping** möglich. Sehr zuvorkommende und hilfsbereite Besitzer, sprechen z.T. Deutsch und Englisch. Sehr gute Beköstigung bei Voranmeldung. DZ €€ pro Person, Camping € pro Person.

Rund um Virtsu ↗ XIV/A-B3

Karuse und Hanila ↗ XIV/A-B3

Verlässt man den Matsalu-Nationalpark über die Straße 10 in Richtung Virtsu, trifft man in Karuse und Hanila (Hannehl) auf zwei weitere für Westestland typische, schlichte, einschiffig gebaute **Kirchen** aus dem 13. Jahrhundert. Auf den Friedhöfen liegen ebenso alte, trapezförmige Grabsteine. In Hanila gibt es ein kleines **Museum,** in dem das Leben der Menschen – es waren vor allem Fischer – in alten Zeiten dokumentiert wird (nach Voranmeldung, Tel. 4772202, 4775272). Untergebracht ist es in einem alten Schulhaus.

Vatla ↗ XIV/B3

An Karuse vorbei führt in südöstlicher Richtung die Straße nach Pärnu. Eine Stichstraße geht nach Vatla ab, wo ein weiterer **Gutshof** steht. Das hübsche, frühklassizistische Anwesen stammt aus dem Jahr 1807 und gehörte einst *Otto von Rosen*. Neben dem Hauptgebäude, in dem eine Schule untergebracht ist, stehen noch das ehemalige Lagerhaus und der Stall.

Virtsu ↗ XIV/A3

Vorbei an Wacholderhainen gelangt man auf der Straße 10 nach Virtsu (Werder), von dessen **Hafen** der Fährverkehr auf die **Inseln Muhu und Saaremaa** abgewickelt wird (siehe Kapitel „Die westlichen Inseln"). Auch Virtsu selbst war noch bis vor rund 150 Jahren eine Insel, bis es durch die Versandung zur Halbinsel wurde. Aus diesem Grund musste der Hafen schon mehrfach verlegt werden.

Im Mittelalter gehörte das Gebiet der Familie *Uexküll*, die in der Nähe eine Festung baute. Doch die 1430 errichtete Burg wurde bereits in den 1530er Jahren zerstört. Heute kann man am Strand noch **Ruinen** sehen.

Naturreservat Puhtu-Laelatu ↗ XIV/A3

Zwei Kilometer vom Hafen entfernt beginnt das bewaldete Naturreservat Puhtu-Laelatu. Es umfasst die Küstenregion um Virtsu, die Inseln und die Meeresbuchten, wo zahlreiche Vogelarten nisten und rasten. Die Gehölzwiese von Laelatu gehört zu den artenreichsten des Landes, bis zu 76 höhere Pflanzenarten wachsen hier auf einem Quadratmeter.

Die **Puhtu-Halbinsel,** die mit der Virtsu-Halbinsel verbunden ist, wurde im 18. Jahrhundert auf Befehl des Landherren *Carl Thore von Helwig* als Erholungspark im holländischen Stil gestaltet. Er stellte hier mehrere Skulpturen auf, unter anderem ein **Denkmal für Friedrich Schiller** aus dem Jahr 1813. Dabei handelt es sich um eines der ältesten Schiller-Denkmäler Europas. Das Original ist im Haapsaluer Läänemaa-Museum ausgestellt, während auf Puhtu eine Kopie steht. Der letzte Besitzer der Puhtu-Halbinsel war der Philosoph *Hermann Keyserling*.

Unterkunft

- **Paatsalu Puhkekeskus** €€, Paatsalu, Gemeinde Varbla, Tel. 4458172, mobil 5028040, Fax 4458572, info@paatsalu.ee, www.paatsalu.ee. Ferienhäuser südöstlich von Virtsu, direkt an der Paatsalu-Bucht gelegen. Hübscher Ausblick auf die Bucht von der Terrasse der Anlage, **Camper** ebenfalls willkommen.
- **Ferienhaus Pivarootsi** €€, Pivarootsi, Tel. 6790888, mobil 5125553, pivarootsimois@hiteh.ee, www.pivarootsimois.ee. Kleines Ferienhaus mit sechs DZ und Mehrbettzimmern gleich neben einem alten Gutshof, der zurzeit restauriert wird, etwa 200 m von der Küste entfernt am Rand eines Naturschutzgebiets, **zelten** möglich.
- **Pivarootsi tuulik,** Pivarootsi, Gemeinde Hanila, Tel. 56222353, tuulik@pivarootsi.ee, www.pivarootsi.ee. Die alte Mühle von Pivarootsi, zu einem ehemaligen Gutshaus gehörig, wurde 1869 errichtet und ist 2004 reno-

Im Hafen von Virtsu

viert worden. Um die Mühle herum ist ein Feriendorf entstanden, zu dem kleine Ferienhäuser, eine Sauna, ein Fahrradverleih und allerlei Aktivitätsangebote gehören. Auch in der Windmühle gibt es einige Gästezimmer. Gästehaus für 2 Pers. €€-€€€, weitere Personen zahlen einen Aufschlag.

Halbinsel Noarootsi

↗ XIV/A1-2

Fährt man auf die im Norden Läänemaas liegende Halbinsel Noarootsi (Nuckö), tauchen plötzlich Ortsschilder mit zwei Namen auf, estnischen und schwedischen. Bis zum Zweiten Weltkrieg lebten hier die estnischen Schweden oder **Küstenschweden,** die im 13. Jahrhundert über Finnland die nordwestliche Küstenregion Estlands besiedelten. Im Gegensatz zu den estnischen Bauern waren die Siedler frei, d.h. sie hielten und bewirtschafteten eigenes Land. Ein Gesetz besagte jedoch, dass sie diese Freiheit verloren, wenn sie sich mit Esten verheirateten – wohl einer der Hauptgründe, warum die schwedische Besiedlung 700 Jahre lang hielt. Von den etwa 8000 Schweden, die einstmals in Estland lebten (ca. 4500 davon in Noarootsi), flüchteten mehr als 7000 im Jahre 1944 vor der herannahenden Roten Armee nach Schweden.

Noarootsi oder Nuckö, wie sie von der schwedischen Minderheit genannt wurde, war früher einmal eine richtige Insel, an der einstmals Zar *Peter der Große* vorbeisegelte, um die Stadt

125es Foto: jl

Haapsalu zu erobern. Doch durch die Versandung der Haapsaluer Bucht aufgrund der allmählichen Anhebung des Bodens (ca. zwei Millimeter im Jahr), wurde sie im Laufe des 18. bis 19. Jahrhunderts zur Halbinsel. Einige Seen auf Noarootsi tragen immer noch den Begriff Meer *(meri)* im Namen und zeugen so von ihrem Ursprung.

Der größte Teil des flachen Küstengebiets ist mit Schilf bewachsen. **Badestrände** befinden sich in **Roosta** sowie an der Küste vor **Peraküla.** Kiefernwälder, Weideland und Wacholderhaine laden zu Spaziergängen ein. Zur Gemeinde Noarootsi gehört, neben zahlreichen Kleininseln, auch die Insel Osmussaare.

Obgleich nur drei Kilometer zwischen Haapsalu und dem kleinen Hafen **Österby,** ganz im Süden der Halbinsel Noarootsi, liegen, beträgt die Strecke über Land fast 40 Kilometer. Eine Landstraße führt über Linnamäe und Sutlepa zum Hauptort der Halbinsel, Pürksi. Leider verirrt sich nur einmal täglich ein Bus hierher, sodass man ohne eigenes Fahrzeug viel Geduld aufbringen muss. Das Feriendorf Roosta (s.u.) verleiht Fahrräder, mit denen man die Halbinsel erkunden kann.

Pürksi

↗ XIV/A1-2

Im Zentrum der Halbinsel liegt der Ort Pürksi (schwedisch: Birkas), wo sich auch Gemeindeverwaltung, Schule und Post von Noarootsi befinden. Die Schule ist im ältesten Gebäude des kleinen Ortes untergebracht, dem **Gutshof Pürksi** aus dem 19. Jahrhundert. Früher gehörte der Hof der Familie *von Ungern-Sternberg.* Der Künstler *Johann-Carl von Ungern-Sternberg* wurde 1773 in der Nähe geboren. Sein Grab befindet sich neben der wahrscheinlich im 14. Jahrhundert erbauten, einschiffigen **Noarootsi-Kirche,** die etwa fünf Kilometer außerhalb an der Landstraße nach Pürksi liegt. Sein heutiges Aussehen erhielt das Gotteshaus in den Jahren 1862–72, als es umgebaut wurde. Die barocke, geschnitzte Kanzel wurde von *Elert Thiele* geschaffen, das Taufbecken stammt aus dem Jahr 1528.

Gutshof Saare

↗ XIV/A1-2

Von Pürksi aus führt eine Stichstraße nach Osten Richtung Saare (schwedisch: Lyckholm). Das Anwesen, ein klassizistischer **Gutshof** und ein Pferdestall, ist im 18. Jahrhundert entstanden und wurde bis zum Zweiten Weltkrieg von der Familie *von Rosen* bewohnt. Das während der Sowjetzeit verfallene Hauptgebäude wurde 2001 nach mehrjähriger Renovierung des Wieder-Besitzers *Gustav von Rosen* (2007 verstorben) neu eingeweiht. Im Gutshof, der seither wieder strahlend weiß zwischen den alten Eschen, Kastanien, Eichen und Zedern hervorblitzt, befindet sich ein kleines Café. Wer noch keine Unterkunft hat, kann hier ein Gästezimmer beziehen. An der Frontseite des Gebäudes erinnert ein Wappen an die Besitzer: drei Rosen auf einem Schild.

Nebenan, im einstigen **Pferde- und Marstall** (1997 restauriert), wurde ein **Museum** untergebracht, das das Leben und die wechselvolle Geschichte des Hofes und des Landes anhand von alten Fotos, Haushalts- und Landwirtschaftsgeräten sowie volkstümlicher Handwerkskunst und Landkarten dokumentiert.

● **Museum zu Lyckholm und Gutshof Saare,** Saare, Noarootsi, Tel. 4741184, mobil 5048490, ylo@noavv.ee, Mai bis September Mi–So 10–18 Uhr und nach Voranmeldung.

Schutzgebiet Silma

An das Grundstück grenzt das Natur- und Vogelschutzgebiet Silma. Vom Aussichtsturm am See **Sutlepa meri** kann man zahlreiche Vögel beobachten.

Unterkunft
Essen und Trinken

● Im **Gutshof Saare (Lückholm)** gibt es einige Gästezimmer (€€) und ein kleines **Café.** Reservierung unter Tel. 56988440.

● **Kiige Feriendorf** €€, Gemeinde Oru, Tel./Fax 4795492, kiigefarm@hot.ee. Auf dem Weg von Linnamäe nach Dirhami, Ferienhäuschen, Bed&Breakfast, auch sonstige Verpflegung möglich, Sauna, originelle Schaukel, **Camper und Wohnmobile** willkommen.

● **Roosta Feriendorf und Restaurant,** Elbiku Küla, Tuksi, Gemeinde Noarootsi, Tel. 4797230, mobil 5256699, Fax 4797245, roosta@roosta.ee, www.roosta.ee. 32 gemütliche, ganzjährig bewohnbare Ferienhäuschen mit Bad, Sitzecke und Küchenzeile, behindertengerecht. Das Restaurant steht auch Nicht-Gästen zur Verfügung. Bowling, Sauna, Dampfbad, Jacuzzi, Kaminraum, Fahrradverleih, Kletterwand, Minigolf, Skiverleih und weitere Freizeitaktivitäten. Die Servicekräfte sprechen Deutsch oder Englisch. Preise für eine Hütte in der Hauptsaison €€€, in der Nebensaison ist die Unterkunft wesentlich preisgünstiger, Aufpreis zum Wochenende, 20 Stellplätze für **Wohnwagen.**

● **Tuksi Puhkemaja,** Tuksi, Gemeinde Noarootsi, Tel. 4797228, mobil 5044115, tuksi.puhkemaja@mail.ee. Einfaches Gästehaus mit 28 Betten, Dusche/Plumps-Klo im Flur, Sauna, TV-Raum, auch **Camping** möglich. Liegt gleich hinter dem Roosta Feriendorf, sodass man dort das Restaurant benutzen kann. Küche zur Selbstverpflegung steht zur Verfügung. 15. Mai bis 15. September, Preis pro Person €.

Aktivitäten

● **Reiten:** Marsi Talu, Riguldi, auf Noarootsi, Tel. 4729354, mobil 5055358. Unterricht auf dem Reitplatz und Ausritte.

Insel Osmussaare

↗ XIV/A1

Die 4,9 Quadratkilometer große Insel Osmussaare (schwedisch: Odensholm) verdankt ihren Namen dem Hauptgott der Wikinger, Oden. 1940 wurden die damals 130 Inselbewohner evakuiert und die sowjetischen Streitkräfte machten die Insel zum militärischen Sperrgebiet. Erst seit 2001 ist sie wieder besiedelt.

Im Zentrum Osmussaares befindet sich die Ruine einer 1766 erbauten Steinkapelle. Im Norden steht ein Leuchtturm. Zahlreiche Findlinge und die Kalksteinklippen im Norden zeugen von der letzten Eiszeit. Im Frühling und Herbst überfliegen Scharen von Zugvögeln wie Eisenten, Meerenten und Seetaucher die Insel.

Vom **Hafen Dirhami** (schwedisch: Dirhamn) ganz im Norden des Landkreises Läänemaa kann man bei Voranmeldung (Hafen: Tel. 4797221) nach Osmussaare übersetzen.

es Foto: jl

Die westlichen Inseln

135es Foto: af

124es Foto: jl

Panga-Steilküste auf Saaremaa

Die Martinskirche in Valjala

Mit der Fähre nach Muhu, von dort geht es über den Damm weiter nach Saaremaa

Überblick

Die Inseln vor der Westküste Estlands gehören zweifelsohne zu den touristischen Hauptattraktionen des Landes. Jede für sich lockt Besucher mit landschaftlicher Schönheit, typischer Architektur, Bräuchen, Geschichte und Geschichten an. Von den 1500 Inseln und Holmen Estlands sind die beiden größten des Landes, **Saaremaa** (Ösel) und **Hiiumaa** (Dagö), auch die bekanntesten. Saaremaa ist durch einen Damm mit der davor liegenden Insel **Muhu** verbunden, sodass ein Besuch Saaremaas problemlos mit Muhu kombiniert werden kann. Möchte man eine dritte Insel besuchen, kann man beispielsweise von Hiiumaa mit der Fähre nach Saaremaa übersetzen, um später über Muhu aufs Festland zuzurückzukehren. Dafür sollte man sich jedoch mindestens fünf Tage Zeit nehmen.

Touristisch am besten erschlossen ist die nach Gotland zweitgrößte Ostseeinsel Saaremaa mit ihren weiten, von Wacholderbüschen bedeckten Flächen, alten reetgedeckten Häusern, jahrhundertealten Trockenmauern und Bockwindmühlen. **Kuressaare,** die Inselhauptstadt, zieht Kurgäste mit bestens ausgestatteten, modernen Spa-Hotels an.

Hiiumaa gehört zum **Biospären-Reservat** der UNESCO der westestnischen Inselgruppe. Die reiche und vielfältige Natur dieser Insel bietet ein Zuhause für Robben, Wildschweine, Elche und Luchse. Hier wachsen über 1000 verschiedene Pflanzenarten, wovon einige unter Naturschutz gestellt sind.

Vormsi, Kihnu, Manilaid und **Ruhnu** waren jahrhundertelang von Schweden bewohnt, die hier ihre Spuren hinterließen. Sie sind wesentlich kleiner als Saaremaa und Hiiumaa, aber ebenfalls sehenswert. Vor allem auf Kihnu sind alte Traditionen und Bräuche noch lebendig. Für welche der Inseln man sich auch entscheiden mag, jede hat ihren speziellen Reiz.

Muhu

↗ XIX/C-D1

Muhu ist mit etwa 200 Quadratkilometern die drittgrößte Insel Estlands und vom Festland durch die Meerenge **Suur väin** (Großer Sund) getrennt. 1896 wurde ein 3,6 Kilometer langer **Fahrdamm** zwischen Muhu und der dahinter liegenden Insel Saaremaa errichtet, sodass seither die beiden durch den **Väike väin** (Kleinen Sund) getrennten Inseln miteinander verbunden sind.

Die Fähre vom Festland (Hafen Virtsu) legt mehrmals täglich nach halbstündiger Fahrt im **Hafen Kuivastu** an. Um weiter nach Saaremaa zu gelangen, fährt man einmal quer über die Insel (rund 30 Minuten Autofahrt) zum Damm. Muhus Sehenswürdigkeiten lohnen aber durchaus den einen oder anderen Umweg, vor allem das Museumsdorf **Koguva** und der sehr gut erhaltene **Gutshof Pädaste** laden dazu ein.

Die Insel ist wie ganz Westestland **sehr flach.** Im Norden befinden sich an mehreren Küstenabschnitten Steinaufschlüsse wie in Rannaniidi. Die bekannteste **Steilküste,** Üügu, ist knapp 300 Meter lang und bis zu zwölf Meter hoch. Landschaftlich ist die Insel ihrer großen Schwester im Westen sehr ähnlich: Weite **Wacholderhaine, Küstenwiesen** und kleinere **Moorgebiete** dominieren das Bild. Um den Ort Piiri herum befindet sich ein **Kiefernwald,** der im 19. Jahrhundert gepflanzt wurde. Kleinere Inseln wie Kesselaid, Viirelaid, Võilaid, Suurlaid und Kõinastu, auf denen zahlreiche Vogelarten nisten, umgeben Muhu.

Funde aus der Stein-, Bronze- und Eisenzeit zeigen, dass Muhu bereits 2500 v. Chr. besiedelt war. In der jüngeren Eisenzeit gehörten Muhu und Saaremaa zu den am dichtesten besiedelten Gebieten des Landes.

Gutshof Pädaste

↗ XIX/C-D1

Von der Hauptstraße führt, vom Hafen Kuivastu kommend, links eine Straße Richtung Pädaste (ausgeschildert). Der Gutshof Pädaste vom Ende des 19. Jahrhunderts, seine sehr gut erhaltenen Nebengebäude sowie der unter Naturschutz stehende **Park** mit Trockenmauern und altem Baumbestand bilden ein harmonisches Ensemble. Vor der Erbauung der heutigen Gebäude muss dort schon ein Gutshof gestanden haben. 1566 wurde dieser erstmalig erwähnt: Der König von Dänemark, *Frederik II.*, honorierte damals die Familie *von Knorr* für ihre Verdienste für die Dänische Krone, indem er ihr das Anwesen schenkte.

Die Geschichte des Gutshofes ist eng mit der Familie *von Buxhoeveden* verbunden. 1227 kam die deutsche Familie nach Muhu. Der letzte Inhaber Pädastes, *Axel von Buxhoeveden*, wurde im Winter des Jahres 1919 brutal

Die bunten Blumen der Muhu-Tracht

Seit Ende des 19. Jahrhunderts finden sich die Blumen, die auf Muhu wachsen, auf den Stoffen der Inseltracht wieder: Vergissmeinnicht und Mohn, Roggenblumen und Erdbeerblüten, Gänseblümchen und weitere heimatliche Gewächse schmücken in gestickter Form Hauben, Röcke, Strümpfe und vor allem die bekannten **Stoffschuhe** der Insel. Letztere gehören zur Inseltracht und wurden nur an Feiertagen getragen. Die **Stickkunst** wird bis heute gepflegt und ziert zahlreiche Souvenirs, die auf der Insel erhältlich sind.

Stoffe, Decken, Trachten und natürlich auch die typischen geblümten Schuhe sind in der **Välja Farm** im Bauernmuseum Koguva ausgestellt. Auffällig sind die bunten Muster und die Farbenpracht der Stoffe. Wie sich beides im Laufe der Zeit verändert hat, wird in dem Museum anhand von Stoffen aus verschiedenen Zeiten dokumentiert. Die berühmtesten Elemente dieser Handarbeitskunst sind die **Föhre** von Muhu sowie die bunten **Blumen.** Die Föhre, ein achteckiges Ornament, das von verschiedenen anderen, meist kreuzförmigen Verzierungen geschmückt ist, findet sich auf Strümpfen, Kleidern und natürlich auf den orangefarbenen Röcken der Muhu-Tracht.

ermordet und seine Frau, *Charlotte von Siemens*, musste daraufhin nach Deutschland fliehen. Heute ist in den Nebengebäuden des Gutshofs ein **luxuriöses Hotel** (s.u.) untergebracht, in dem man sich wunderbar in die gute alte Zeit versetzen kann. Selbst wenn man auf die doch recht kostspielige Übernachtung verzichtet – ein Besuch des Gutshofs ist sehr lohnenswert, nicht zuletzt wegen seiner idyllischen Lage an der Bucht.

Liiva ⇗ XIX/C1

Auf dem Weg zurück zur Hauptstraße, die man in Höhe des Ortes Liiva erreicht, kommt man in der Nähe des Dorfes Mäla an der **Grabstätte Ussimätta** vorbei, wo runde Steinkistengräber aus der älteren Eisenzeit sowie quadratische Grabstätten gefunden wurden, die aus der Christus-Zeit stammen.

Der kleine Ort Liiva mit seiner Dorfkirche aus dem 13. Jahrhundert liegt ziemlich genau im Zentrum der Insel. Die sehr hübsche **Muhu-Katharinenkirche** ist ihr ältestes architektonisches Denkmal. An das Langhaus schließen sich der Chorraum mit Apsis und eine kleine Vorhalle an, sodass das Gebäude stufenförmig aussieht. Im Inneren des weißen, turmlosen Gotteshauses sind einige Fragmente von Wandmalereien erhalten: lebensgroße Heiligenfiguren an der Nordwand des Chores und Engel in der Apsis. Die Inneneinrichtung wirkt im Vergleich zum strengen Äußeren eher spielerisch.

● **Muhu-Katharinenkirche,** Tel. 4594440, im Sommer tgl. 10–18 Uhr.

Koguva ⇗ XIX/C1

Ein paar Kilometer hinter Liiva verzweigt sich die Straße. Man kann den nach Süden führenden Weg über den Fahrdamm wählen oder einen kleinen Abstecher nach Koguva machen.

Koguva, ganz im Westen der Insel, ist ein **Bauernmuseum,** wobei die Häuser, die man besichtigen kann, an ihren ursprünglichen Standorten stehen und von einem bewohnten Dorf umgeben sind. Das Freilichtmuseum umfasst den **Tooma Hof,** ein typisches Beispiel estnischer Bauernarchitektur, eine **Dorfschule** aus dem 19. Jahrhundert sowie eine **Textilausstellung** in der **Välja Farm** (siehe Exkurs). Ferner steht in der Nähe der Dorfeinfahrt auf der linken Seite eine typische **Bockwindmühle.**

Umgeben ist das unter Denkmalschutz gestellte Areal von moosbedeckten Steinmauern. Die Steine stammen von den umliegenden Feldern, wurden aufgesammelt und hier aufgeschichtet. Dass neben dem Ackerbau der **Fischfang** eine besondere Rolle für die Einwohner spielte, zeigen Boote, die auf der Mauer angebracht sind. Die alten, ausgedienten Boote galten als Freunde der Fischer und man durfte sie allenfalls in der Jo-

Im Freilichtmuseum Koguva

hannisnacht verbrennen. An jedem anderen Tag hätte dies Unglück gebracht.

Die meisten der von hübschen Schilfdächern gekrönten Gebäude wurden in den Jahren 1880–1929 errichtet und stehen eng beieinander. Schriftlich erwähnt wurde der Ort erstmals im Jahr 1532, als der livländische Ordensmeister *Wolter von Plettenberg* einem Bauern, der ihm das Leben gerettet haben soll, Land gab und ihm den Status eines freien Bauern verlieh. Während die anderen Bauern des Landes Leibeigene blieben, lebten an dieser Stelle fortan freie Bauern.

Im Zentrum des Areals steht der **Tooma Hof,** auf dem der estnische Schriftsteller *Juhan Smuul* (1922–71) geboren wurde. Seine Werke sind eng mit Muhu verbunden. Der Hof besteht aus mehreren Gebäuden, deren Dächer mit Schilfrohr gedeckt sind. Im Haupthaus sind Werkzeuge und Haushaltsgegenstände, alte Möbel sowie der Schlaf- und Arbeitsraum des Schriftstellers zu besichtigen.

●**Muhu Museum,** Koguva, Tel. 4548885, mobil 5011566, im Sommer 10–19 Uhr, im Winter 10–17 Uhr, Eintritt 25 EEK. Im Textilmuseum kann man einige hübsche Souvenirs erstehen. Weitere Kunst- und Handwerksgegenstände können im Koguva Kunstitall erworben werden.

Bauernburg

Östlich der Hauptstraße, einige Kilometer vor dem Fahrdamm nach Saaremaa, lag einstmals eine alte estnische Festung. Erbaut Anfang des zwei-

126es Foto: jl

ten Jahrtausends zum Schutz vor Raubzügen, ist die Bauernburg vor allem durch die Belagerung deutscher Ordensritter im Jahr 1227 bekannt, denn dieses Datum (3. Februar) markiert das Ende des Freiheitskampfes der Esten gegen die Eindringlinge. Der **Burgwall** aus Kies, Erde und Feldsteinen ist teilweise erhalten.

Bockwindmühle

Etwa einen Kilometer vor dem Damm befindet sich beim Gehöft Eemu die einzige noch tätige Bockwindmühle der Insel aus dem Jahr 1881 (15.4.–1.10. Mi–So 10–18 Uhr, Tel. 4528130).

Unterkunft
Essen und Trinken

- **Aki-Gaststätte und Campinghäuser** €, Liiva, Tel. Gaststätte 4598104, Tel. Unterkunft 5148211, aki@neti.ee, www.muhu.info/aki. Rustikale Gaststätte mit regionalen Speisen, v.a. Fisch und Wild. Kleine Campinghäuschen im Garten, auch Zelt- und Wohnwagenstellplätze; Küche, Grill und Waschmaschine stehen zur Verfügung; geöffnet von Mai bis September.
- **Käspri Bed&Breakfast**, Koguva, Tel. 4548869, jaago.schmuul@mail.ee. DZ und Wohnraum mit TV, Sauna; pro Person €.
- **Gutshof Pädaste** €€€€, Tel. 4548800, Fax 4548811, info@padaste.ee, www.padaste.ee. Luxuriöses Hotel im alten Gutshausensemble direkt an der Küste, Zimmer und Suiten, Kinoraum, Sauna, Dampfbad, Massage und Spa-Anwendungen; zum Angebot gehören Reiten, Kanufahren, Radfahren, Naturführungen, Angeln und Jagen. Das **Restaurant** gehört zu den besten des Landes.
- **Reiterhof Tihuse** €€, Hellamaa, Tel. 4598943, mobil 5148667, Fax 4598932, martin.kivisoo@mail.ee, www.tihuse.cjb.net. Reitunterricht und Ausritte, auch Übernachtung mit Frühstück oder Vollpension möglich.
- **Vanatoa-Ferienhof** €€-€€€, Koguva, Tel. 4548884, vanatoa@saaremaa.ee, www.saaremaa.ee/vanatoa. DZ und Mehrbettzimmer in Ferienhäusern, Sauna, Grill, zelten möglich, Autvermietung auf Vorbestellung; Mai bis Oktober.

Verkehr

Fähre:

Von **Virtsu** auf dem Festland fährt nahezu stündlich eine Autofähre den Hafen **Kuivastu** auf Muhu an. Die Überfahrt dauert etwa eine halbe Stunde. Wenn man mit dem eigenen Auto unterwegs ist, sollte man besonders an Wochenenden rechtzeitig da sein oder noch besser vorbuchen, da nur eine begrenzte Anzahl an Autoplätzen vorhanden ist. Die Touristeninformation in Kuressaare ist dabei gern behilflich.

- **Buchungszentrum:** Tel. 4524444, broneerimine@laevakompanii.ee, www.laevakompanii.ee.
- **Hafen Virtsu:** Tel. 4775020.
- **Hafen Kuivastu:** Tel. 4545432.

Bus:

Busse fahren von Kuivastu hinüber zum Festland Richtung Tallinn, Tartu oder Pärnu und in entgegengesetzter Richtung über den Damm auf die Insel Saaremaa (Kuressaare).

Typische Küstenlandschaft auf Saaremaa

Saaremaa

Saaremaa (Ösel), die mit 2922 Quadratkilometern **größte Insel Estlands,** ist mit ihrem milden Klima (durchschnittlich 19 °C im Sommer und -1 °C im Winter), wunderschöner Natur, Stränden und hübschen alten Dörfern sowie seinen typischen kleinen Windmühlen ein beliebtes Reiseziel für Esten wie ausländische Touristen. Fast die Hälfte Saaremaas ist mit Wald bedeckt und lädt zu Wanderungen ein, während Badefreunde sich im flachen Meer vergnügen können.

Zu den touristischen Hauptattraktionen des westlichsten Landkreises Estlands gehören die sehr gut erhaltene Bischofsburg in Kuressaare, mittelalterliche Kirchen, urige Dörfer mit ihren typischen Trockenmauern und reetgedeckten Häusern, die Windmühlen von Angla sowie der Nationalpark Vilsandi ganz im Westen. Ferner liegt einer der größten Meteoritenkrater Europas im Zentrum der Insel.

Zum eigentlichen Landkreis Saaremaa gehören neben der Hauptinsel Hunderte weiterer Inseln und Holme. Die bekannteste von ihnen ist die Nachbarinsel Muhu, über die alle Reisenden nach Saaremaa kommen, es sei denn, sie fliegen direkt nach Roomassaare, dem Flughafen südlich von Kuressaare. Auch die südlich gelegene Insel Abruka sowie Ruhnu (Runö) in der Rigaer Bucht gehören zum Landkreis.

Vor 8000 Jahren scheinen sich bereits Menschen auf Saaremaa aufge-

127es Foto: af

halten zu haben. Deutsche Kreuzfahrer eroberten das Gebiet 1227 und setzten dem Freiheitskampf der alten Esten ein Ende. Im Laufe der nächsten Jahrhunderte wechselten die Herren des Landes einander ab. Zunächst waren dies die Deutschen, die die Insel dann 1559 an den dänischen König verkauften. Weniger als ein Jahrhundert später, 1645, lag Saaremaa in den Händen der Schweden, wurde allerdings im Laufe des Nordischen Krieges vom Heer *Peters I.* erobert und ans Zarenreich angeschlossen.

Während der Sowjetzeit wurden die Inseln isoliert, denn als westlicher Vorposten der Sowjetunion hatten sie eine große strategische Bedeutung. Die Folge war, dass sie zum **militärischen Sperrgebiet** erklärt wurden und somit nicht nur für Ausländer, sondern auch für die meisten Esten unzugänglich waren.

Im Nachhinein kann man dieser für die Inselbewohner dunklen Zeit unter Umweltgesichtspunkten etwas Positives abgewinnen. Jahrzehntelang fast ohne menschlichen Einfluss, blieb auf den Inseln eine **unberührte Naturlandschaft** erhalten, die man andernorts in Europa nur schwer findet.

Wer nicht vom Festland aus mit dem Auto anreist, kann sich in Kuressaare eines mieten. Mit eigenem bzw. **Mietwagen** kann man die Insel am besten erkunden. Teilstrecken lassen sich auch gut mit dem Fahrrad zurücklegen. Oftmals bieten Hotels und Pensionen Transfer und Ausflüge an.

Kuressaare

↗ XVIII/B2

Kuressaare (Arensburg) ist die Hauptstadt von Saaremaa und liegt an der gleichnamigen Bucht im Süden der Insel. Die Stadt besticht vor allem durch ihre großartige, sehr gut erhaltene **Bischofsburg.** Abgesehen von dieser befinden sich die meisten Sehenswürdigkeiten rund um den Hauptplatz (Keskväljak). Lediglich der historische **Friedhof Kudjape** ist außerhalb des Zentrums, am Ende der Tallinn-Straße gelegen. Er ist reich an Denkmälern, Kapellen und Krypten. Die meisten Grabsteine bestehen aus demselben Stein wie die Burg, dem Saaremaa-Dolomit.

Die vier großen **Spa-Hotels** der Stadt liegen westlich der Bischofsburg. Vor dem Hotel Meri befindet sich eine **Skulptur,** die Prospekte und Postkarten der Insel schmückt. „Der Große Tõll und seine Frau Piret“ vom Künstler *Tauno Kangros* stellt zwei Sagenfiguren der Insel dar. 189 mythische Erzählungen berichten über das Leben des Riesen **Suur Tõll,** der fünfmal so groß wie ein normal gewachsener Mann gewesen sein soll und die estnischen Inseln nicht nur beschützte, sondern auch formte – durch Kämpfe, Würfe oder auch Bewegungen im Schlaf, ähnlich wie die Sagenfigur Kalevipoeg, der man andernorts in Estland auf Schritt und Tritt begegnet.

Stadtgeschichte

Obgleich schon im frühen Mittelalter anstelle der heutigen Stadt eine Siedlung existierte, beginnt die eigent-

129es Foto: jl

liche Geschichte Kuressaares im 14. Jahrhundert, als die Ordensritter beschlossen, das Zentrum des **Bistums Ösel-Wiek** (Saare-Lääne) von Haapsalu auf die Insel zu verlegen. Zur gleichen Zeit begann der Bau der Bischofsburg. Im Jahr 1573 wurden Kuressaare vom Bruder des dänischen Königs, Herzog *Magnus,* die Stadtrechte verliehen und es entwickelte sich zu einem Handelsplatz. Ähnlich wie Haapsalu verlor die Stadt allerdings ab dem Ende des 17. Jahrhunderts an Bedeutung, da der Hafen versandete. 1710 setzten russische Truppen sie in Brand, wovon nur fünf Gebäude verschont blieben. Durch den Ausbruch der Pest im Nordischen Krieg kamen schließlich bis auf elf Menschen alle Bewohner um.

Der Riese Suur Tõll und seine Frau

Parallelen zwischen Haapsalu und Kuressaare sind auch in der Renaissance der beiden Städte zu sehen. Auch in Kuressaare entdeckte man im 19. Jahrhundert den heilenden Meeresschlamm, wodurch der Ort sich zur **Kurstadt** entwickelte. Die erste Heilstätte wurde 1840 eröffnet, und zur Zeit der ersten estnischen Unabhängigkeit 1918–40 war das damalige Arensburg ein bekanntes Gesund-

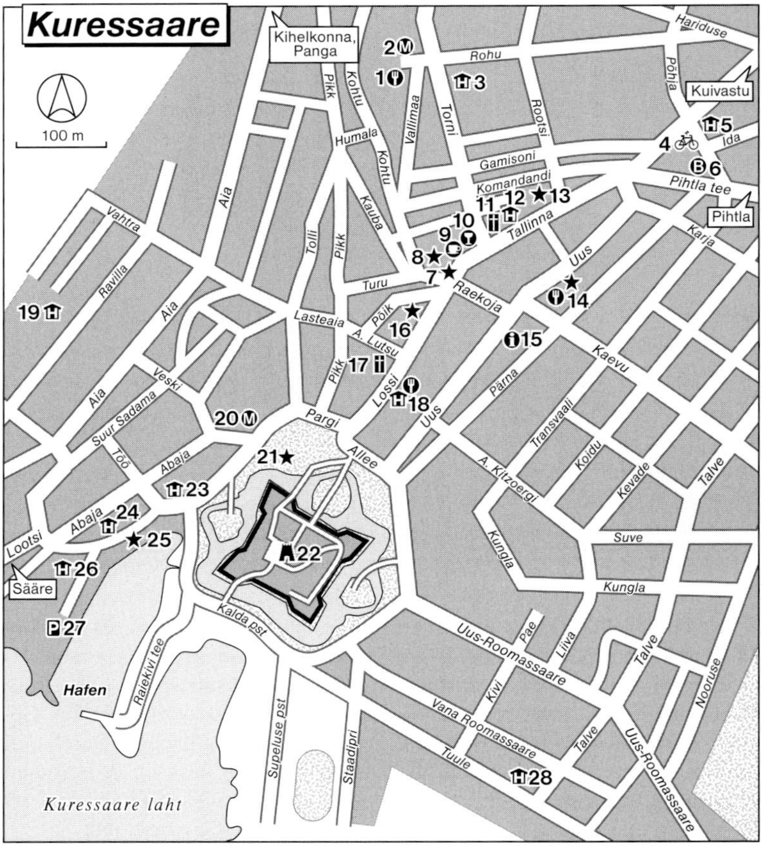

1 Restaurant Kass
2 Aavik-Museum
3 Arabella Hotel
4 Bivarix
5 Ferienhaus Aavik
6 Busbahnhof
7 Rathaus
8 Altes Eichamt
9 Café Wildenberg
10 Kodulinna Lokaal
11 Laurentiuskirche
12 Daissy Hotel
13 Gerichtsgebäude
14 Mühle und Restaurant Veski
15 Tourismusinformation
16 Denkmal
17 Nikolaikirche
18 Arensburg Hotel und Restaurant
19 Spa Hotel Saaremaa Valss

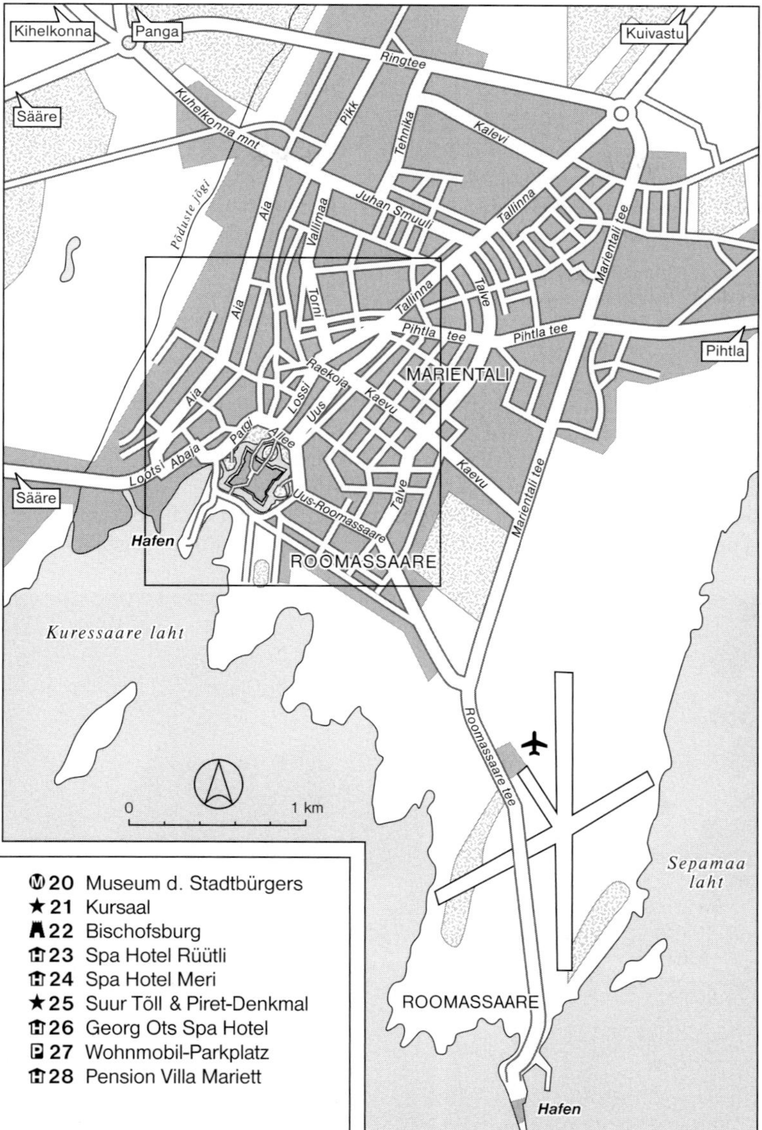

Ⓜ 20 Museum d. Stadtbürgers
★ 21 Kursaal
22 Bischofsburg
23 Spa Hotel Rüütli
24 Spa Hotel Meri
★ 25 Suur Tõll & Piret-Denkmal
26 Georg Ots Spa Hotel
27 Wohnmobil-Parkplatz
28 Pension Villa Mariett

heits- und Erholungszentrum. Seit 1991 versucht man, an diese Tradition anzuknüpfen, die großen Hotels konzentrieren sich wieder auf Schlammbehandlung und andere Gesundheitsdienste. Kuressaare war 1998 die erste Stadt Estlands, die Mitglied des Projekts „Gesunde Städte Europas" der Weltgesundheitsorganisation wurde.

Bischofsburg

Die Bischofsburg ist als einziger Festungsbau des Baltikums weitgehend **original erhalten** und stellt ein stilistisch in sich geschlossenes **spätgotisches Baudenkmal** dar. Ihre Geschichte ist wie so viele Orte in Estland vom Deutschen Orden geprägt, schließlich wurde die nach strengen geometrischen Grundsätzen erbaute Festung auf Verheiß des **Bistums Ösel-Wiek** (Saare-Lääne) errichtet, dessen Sitz sie ab Mitte des 14. Jahrhunderts war. Aber im Laufe seiner Geschichte sollte das Bauwerk noch in dänische, schwedische, russische und natürlich auch estnische Hände fallen.

Heute befindet sich in der gewaltigen Anlage das **Museum von Saaremaa** mit einer Ausstellung, die durch die Geschichte von Burg, Stadt und Insel führt. Wechselnde Kunstexpositionen sowie eine Naturausstellung im Keller runden die Sammlung ab. Vom Wehrgang aus bietet sich ein schöner **Ausblick** auf das Meer und die sechs Kilometer vor der Küste liegende Insel Abruka.

Die Burg hat nach dem Vorbild eines typischen Konventsgebäudes ei-

128es Foto: jl

nen **quadratischen Grundriss** und **zwei Türme** an der Nordfassade: den schlanken und höheren Wachturm Langer Hermann (Pikk Hermann) sowie den kleineren, dafür mächtigeren Wehrturm Sturvolt. Man betritt die Burg durch den einzigen Eingang, der mit einem Fallgitter ausgestattet ist und sich an der Nordseite zwischen den beiden Türmen befindet, und kommt von dort in den nahezu quadratischen Innenhof.

Der Hauptteil des Konventsgebäudes ist dreistöckig angelegt. Im **Kellergeschoss** befanden sich Lager und Nebenräume. Ein stark verrußter Mantelschornstein lässt vermuten, dass auch die Küche hier untergebracht war. Besucher, die heute durch das kühle Gemäuer spazieren, können sich davon überzeugen, dass auch damals schon eine Art Heizung existierte: Hinter einem Ausstellungssaal befindet sich das **Hypocaustum** aus dem 13. Jahrhundert, ein Luftwärmeofen, der das darüber liegende Stockwerk beheizte, in dem sich die Wohnräume des Bischofs und das Refektorium befanden. Heute ist hier die **Naturabteilung des Museums** untergebracht, in der die Pflanzen- und Tierwelt der Insel dargestellt ist.

Bereits vom Innenhof aus kann man sehen, welches das **Hauptstockwerk** der Burg war. Im Gegensatz zu den schlichten Fenstern darunter und darüber sind die in die bis zu drei Meter dicken Dolomitmauern des ersten Stocks eingelassenen Fenster größer und mit ihren spitzen Bögen ein hübsches Beispiel gotischer Baukunst. Auch im Inneren wird der Unterschied schnell deutlich. Auf drei Seiten des Innenhofs sind die Räume durch einen **Kreuzgang** verbunden, dessen Öffnungen zum Hof ebenfalls gotischspitz zulaufen. Die einzelnen Kreuzbögen werden durch rippenartige Profile hervorgehoben. Dazwischen befinden sich an den Wänden **Wappen** Öselscher Adliger. Allerdings wurden diese erst 1910 angefertigt und an der Innenseite des Kreuzgangs angebracht.

Im Nordwesten betritt man durch ein verziertes Stufenportal das **Festrefektorium,** den Speisesaal der Burg. Auch hier lassen spitz zulaufende Profilierungen an den Wänden und die gewölbten Bögen den Raum groß und luftig erscheinen. Die daran angrenzende, rechteckig angelegte **Kapelle** ist dem Festrefektorium stilistisch sehr ähnlich. Wappentafeln, ein Altartisch aus dem 14. Jahrhundert, Teile einer Kanzel und eine Sakramentennische können besichtigt werden. Zwischen den **Wappentafeln** an den Wänden befindet sich auch dasjenige des Bistums und somit der Burg. Es zeigt einen Adler und erklärt damit auch den deutschen Namen der Burg und Kuressaares: **Arensburg** (Burg des Adlers).

An der anderen Seite des Festrefektoriums schließen sich die schlichter

Die bekannteste Sehenswürdigkeit Saaremaas

ausgestatteten **Wohnräume des Bischofs** an. Während große, barocke Wappen an den Wänden von der Holzschnitzkunst des 17. Jahrhunderts zeugen, erweist sich ein kleiner Vorbau an der Mauer als profaneres Bauteil: die Toilette des Bischofs. Ein zweiter Abort befindet sich im großen Dormitorium im nordöstlichen Flügel.

Hinter den bischöflichen Wohnräumen schließt sich der **Sturvolt** an, den man besteigen kann. Zwei Türen in den Außenmauern führen von einem oberen Stockwerk hinaus auf den **Wehrgang** der Burg. Heute hat man durch seine Zinnen hindurch, die einstmals als Schutz vor Angriffen dienten, einen schönen Blick auf Bucht und Stadt. Im Sturvolt und im dritten Stock befanden sich die Räume der Bediensteten und der Wachen.

In den 29 Meter hohen **Langen Hermann** an der anderen Seite der Nordfassade gelangt man nur durch einen einzigen Zugang. Der sich in neun Metern Höhe befindliche Eingang ist mit dem übrigen Teil der Burg lediglich durch eine **Hebebrücke** verbunden. Der Turm war somit der letzte Zufluchtsort, falls Feinde in die Burg eindrangen. Besucher sollten sich nicht von dem lauten Löwengebrüll erschrecken lassen, das ertönt, wenn man über die Zugbrücke läuft. Das Tonbandgeräusch erinnert an eine Legende, nach der im Verließ unter dem Langen Hermann einstmals Löwen hausten, denen zum Fraß Feinde der Burg vorgeworfen wurden.

Eine weitere Legende kreist um ein **Skelett,** das man bei Restaurierungsarbeiten im Jahr 1785 in einem kleinen, zugemauerten Raum an einem Tisch sitzend gefunden hat. Wurde der Ritter aufgrund von Glaubensfragen oder wegen einer verbotenen Liebe zu einer Nonne auf so drastische Weise bestraft? Darüber kann jeder Besucher rätseln, der einen Blick in den Kellerraum wirft, der vom Innenhof abgeht.

● **Bischofsburg und Saaremaa Museum,** Lossihoovi 1, Tel. 4556307, 4554463, www.saaremaamuuseum.ee, täglich 11–18 Uhr, von September bis April Mo, Di und an Feiertagen geschlossen.

Stadtpark und Umgebung

Die Burg ist von einem schönen, im 19. Jahrhundert angelegten Park umgeben, der sich bis zur Kuressaare-Bucht erstreckt. Ein Denkmal von *Amandus Adamson* von 1928 erinnert an die Gefallenen im estnischen Freiheitskrieg. Hübsch ist der am Burggraben gelegene, hölzerne **Kursaal** aus dem Jahr 1889, in dem man nach der Burgbesichtigung einen Kaffee genießen kann.

Am Rand des Parks befindet sich neben anderen Holzvillen in einem kleinen Gebäude das **Museum des Stadtbürgers,** das zur selben Zeit wie der Kursaal entstand. Die aus Möbeln, Bildern und Haushaltsgegenständen bestehende Ausstellung zeigt, wie die damaligen Lebensverhältnisse waren.

● **Linnakodaniku Muuseum,** Pargi tn. 5, Tel. 4556307, 4554463, Mai bis Oktober Mi–So 11–19 Uhr.

Rund um den Hauptplatz

Von der Bischofsburg führt die von klassizistischen Häusern gesäumte Lossi-Straße zum zentralen Platz der Stadt. Unterwegs passiert man die orthodoxe **Nikolaikirche** (Lossi 8, Tel. 4533663) aus dem 18. Jahrhundert.

Am zentralen **Keskväljak** stehen zwei Gebäude, die aus der Schwedenzeit stammen: das im schlichten, nordländischen Barock erbaute **Rathaus** aus dem 17. Jahrhundert, das ein großes Deckengemälde beherbergt, sowie das einzige erhaltene **Eichamt** Estlands (Tallinna 3). In dem von einem Treppengiebel gezierten Gebäude befanden sich Waagen, Gewichte und Maße, die auf dem Markt gebraucht wurden. In dem von zwei steinernen Löwen bewachten Rathaus ist neben der Stadtverwaltung, einer Galerie und einem Restaurant auch die **Touristeninformation** untergebracht.

Ein paar Meter neben dem Eichamt ragt der Spitzhelm der **Laurentiuskirche** (Tallinna 13, Tel. 4536560) in den Himmel. Sie wurde 1836 im spätklassizistischen Stil aus Dolomit gebaut.

Das neben der Kirche gelegene **Gerichtsgebäude** (Tallinna 19) stammt aus dem Jahr 1789 und auch die Apotheke am Keskväljak kann auf ein stattliches Alter verweisen: Erstmals 1680 erwähnt, gilt sie als eine der ältesten Estlands.

Nicht weit vom Hauptplatz können Besucher in einem außergewöhnlichen Gebäude speisen: einer 1899 im holländischen Stil erbauten **Steinmühle** (siehe „Essen und Trinken").

Aavik-Museum

Nördlich des Hauptplatzes liegt das **Hausmuseum von Johannes und Joosep Aavik.** Es dokumentiert die Tätigkeit der beiden Vetter. Der Sprachwissenschaftler Johannes (1880–1973), der das kleine Holzhaus bewohnte, gilt als Erneuerer der estnischen Sprache. Joosep (1899–1989) war Musikwissenschaftler.

- **Aavik-Museum,** Vallimaa 7, Tel. 4557583, Mi–So 11–18 Uhr.

Informationen

- **Touristeninformation Kuressaare,** Tallinna 2, Tel. 4533766, Tel./Fax 4533120, info@visitestonia.ee, turism@kuressaare.ee.
- **Reisebüro Mere,** Tallinna 27, Tel. 4533610, Fax 4533609, mere@rbmere.ee, www.rbmere.ee, nettes Personal, spricht z.T. auch Deutsch und hilft bei der Vermittlung von Unterkünften, Ausflügen, etc.
- Wanderfreunde sollten sich in der Touristeninformation die Karte **„Wanderpfade in Westestland"** besorgen (Lääne-Eesti Matkarajad), die englischsprachige Informationen über Wanderwege, Zeltplätze und sonstige Unterkünfte beinhaltet. Weitere Informationen zu Naturwanderwegen, Flora und Fauna der Insel findet man unter www.saareeco.ee.

Service

- **Post:** Torni 1.
- **Bank:** Eesti Ühispank, Kauba 2.

Unterkunft

Es gibt zahlreiche weitere kleine Pensionen und Unterkünfte in Kuressaare, im Folgenden nur eine Auswahl.

- **Arandix** vermittelt und betreibt verschiedene Arten von Unterkünften, Kauba 18, Tel. 56633262, 55537975, info@arandix.ee, www.arandix.ee.
- **Hotel Arabella** €€-€€€, Torni 12, Tel. 4555885, Fax 4533443, hotell@arabella.ee,

www.arabella.ee. Modernes Hotel, ordentliche Zimmer mit TV und Bad.

- **Hotel Arensburg** €€, Lossi 15, Tel. 4524700, Fax 4524727, arensburg@sivainvest.ee, www.sivainvest.ee. Gediegenes Hotel, zentral an der Hauptstraße, mit Kaminzimmer, Sauna, Restaurant; 24 DZ, die meisten mit eigenem Bad, Sat-TV.
- **Ferienhaus Aavik,** Pihtla tee 3, Tel. 5114753, loortsi@hot.ee. Ferienhaus €€€ für max. vier Personen mit Kaminzimmer, Küche und Garten in der Nähe des Busbahnhofs. Die Besitzer betreiben auch ein weiteres Ferienhaus in Vanamõisa, 13 km außerhalb von Kuressaare.
- **Hotel Daissy** €€€, Tallinna 15, Tel. 4533669. Restaurant im Haus, Sauna, auf Wunsch Ausflüge.
- **Pension Villa Mariett** €€, Tuule 9, Tel. 5113065, mariett.villa@mail.ee. Hübsches, kleines Haus mit Garten, auch Küchenmitbenutzung möglich, sehr freundliche Inhaber.

Spa-Hotels:

Die Spa-Hotels sind allesamt hohen Standards und bieten ähnliche Anwendungen an, beispielsweise Massagen, Heilbäder, Gesichts- und Körperpflege, Schlammbäder, Akupunktur, Wassertherapie, Salzkammern. Sie gruppieren sich in der Nähe von Jachthafen und Bischofsburg.

- **Georg Ots Spa Hotel** €€€-€€€€, Tori 2, Tel. 4550000, Fax 4550001, info@gospa.ee, www.gospa.ee. 85 DZ sowie diverse Suiten, alle Räume mit Balkon und Blick auf Meer oder Burg, verschiedene Saunen, Swimmingpool, Fitnessraum, Friseur, Bar, Restaurant.
- **Spa Hotel Rüütli** €€€-€€€€, Pargi 12, Tel. 4548100, Fax 4527135, sanatoorium@sanatoorium.ee, www.sanatoorium.ee. Ca. 90 DZ, Wassercenter und Saunakomplex, Sqashhalle, Schönheitsalon, zwei Restaurants.
- **Spa Hotel Meri** €€€, Pargi 16, Tel. 4522100, Fax 4522107, sanatoorium@sanatoorium.ee, www.sanatoorium.ee. Etwa 75 DZ, Swimmingpool, Fitnessraum, Billardzimmer, Schönheitssalon, Restaurant.
- **Spa Hotel Saaremaa Valss** €€-€€€, Kastani 20, Tel. 4527100, Fax 4527145, sanatoorium@sanatoorium.ee, www.sanatoorium.ee. Ca. 75 DZ, Sauna, Swimmingpool, Therapie- und Sportcenter, Restaurant.

Essen und Trinken

Generell sind die Restaurants der Spa-Hotels und Hotels zu empfehlen. Außer den hier aufgeführten gibt es noch eine Reihe weiterer Gaststätten.

- **Café Wildenberg,** Tallinna 1, Tel. 4545325, wildenberg@hot.ee. Gemütliches Café, zentral gelegen.
- **Restaurant Arensburg,** Lossi 15, Tel. 4524728, Fax 4524727, sales@sivainvest.ee, www.sivainvest.ee. Liegt zentral an der Hauptstraße, gehört zum gleichnamigen Hotel.
- **Restaurant Kass,** Vallimaa 5, Tel. 4524640, Fax 4524636, mardi@ametikool.ee, www.saaremaa.ee/mardi. Zum Restaurant gehört auch ein Gästehaus.
- **Kodulinna Lokaal,** Tallinna 11, Tel. 4531178, www.tt.ee/kodulinn. Kneipe, eher kühl und modern ausgestattet, aber zentral gelegen.
- **Kursaal-Café,** Lossipargi 1, Tel. 4539749. Café von 1889 im alten Kursaal.
- **Restaurant Veski,** Pärna 19, Tel. 4533776, mobil 5082851, veski@sivainvest.ee. Liegt in einer alten Mühle, deshalb nicht schwer zu finden, typisch estnische Küche.

Einkaufen

- Typische **Mitbringsel** von der Insel sind **Saaremaa-Bier,** Küchenutensilien aus **Wacholderholz,** aber vor allem kleine Vasen, Schüsseln, Dosen, Kerzenständer oder Ähnliches aus **Dolomit.** Als „Saaremaas-Marmor" bezeichnen Imagebroschüren der Insel jenen Stein, mit dem bereits im 13. Jahrhundert gebaut wurde. Portale, Treppen, Kamine, Grabsteine und Türpfosten werden seit Jahrhunderten aus dem Stein gefertigt. In einer Seitengasse des Keskväljak (Hauptplatz) findet ein kleiner **Markt** statt, wo man verschiedene Mitbringsel erstehen kann.
- Zentral in der Innenstadt gibt es ein kleines **Einkaufszentrum** mit Supermarkt und Internetzugang (Bibliothek): Rae toidukaubad, Raekoja 10, 9–22 Uhr.

●**Galerie Haamer's House,** Vallimaa 15a, Tel. 4521979, mobil 53304891, haamer_waller@hot.ee. Gemälde und Zeichnungen von *Erik Haamer,* wechselnde Öffnungszeiten.

Feste und Veranstaltungen

●Im Juli findet das größte Volksfest auf Saaremaa statt – das **Bierfest.** Dort treffen sich Bewohner aus allen Teilen der Insel und Touristen gleichermaßen, um das beste Hausbier zu wählen. Genaue Daten und weitere Informationen unter www.olletoober.ee.

●In den letzten Jahren haben sich die **Operntage** in Kuressaare (Open-Air in der Bischofsburg) zu einem kulturellen Highlight entwickelt. Im Sommer werden hier außerdem zahlreiche andere **Konzerte** aufgeführt. Das aktuelle Veranstaltungsprogramm ist bei der Touristeninformation erhältlich (bzw. auf der Homepage schon von Deutschland aus abrufbar).

Aktivitäten

Viele Gast- und Bauernhöfe bieten neben der Unterkunft eine breite Palette an Sport- und Freizeitmöglichkeiten an.

●**Fahrradverleih:** Bivarix, Verkauf und Reparatur, Tallinna 26, Tel. 4557118, 4533338, bivarix@bivarix.ee, www.bivarix.ee.

●**Reisebüro:** OÜ Daissy, Tallinna 15, Tel. 4533669, Fax 4533670, daissy.hotell@mail.ee, www.daissy.ee. Organisiert werden Jagdtouren und Vogelobservationen, Fahrten zu den kleinen Inseln um Saaremaa, die bekannt für ihren Vogelreichtum sind. Fotosafaris, Fischen, Bogenschießen, Kanutouren und Ausritte können ebenfalls gebucht werden.

●**Golf:** Saaremaa golfivaljak, Kuressaare Linnavalitsus, Tallinna tn. 10, Tel. 5058045, www.golfinbaltics.ee.

Verkehr

Bus:

●Überlandbusse fahren unter anderem von Tallinn, Tartu, Pärnu, Haapsalu und Viljandi mehrmals täglich über Muhu nach Kuressaare. Sie sind mit dem Fahrplan der Fähre nach Muhu bzw. Virtsu abgestimmt. Regionalbusse verbinden die Inselhauptstadt mit anderen Teilen des Eilands, allerdings fahren die Busse in die Dörfer und zu den Sehenswürdigkeiten relativ unregelmäßig und selten. Man sollte sich beim Busbahnhof oder in der Touristeninformation die aktuellen Abfahrtszeiten geben lassen, sonst kann es sein, dass man einen Tag lang am Ende der Insel festsitzt. Mehrmals täglich fahren Busse von und nach **Orissaare** mit Zwischenstopp in der Nähe von **Valjala.** Auch **Leisi** wird mehrmals täglich angefahren. **Busbahnhof:** Pihtla tee 2, Tel. 4531661, bussijaam@saaremaa.ee.

Autovermietung:

Die Touristeninformation ist gern bei der Suche nach Autovermietungen bzw. bei der Buchung behilflich.

●**Herz,** Tallinna 9, Tel. 4533660, Fax 4521152, saaremaa@hertz.ee, www.hertz.ee.

●**Metra Autokeskus,** Aia 25, Tel. 4539363, Fax 4539808, metra@tt.ee, www.metra.ee.

Parken:

●**Parkplatz,** auch für **Wohnmobile:** Tori 4, Tel. 4533450, sivainvest@sivainvest.ee, www.sivainvest.ee.

Häfen auf Saaremaa:

●**Buchungszentrum:** Tel. 4524444, booking@laevakompanii.ee, www.laevakompanii.ee.

●**Kuressaare Jachthafen,** Tel. 4533450, mobil 5031953, www.kuressaare.ee/yachtharbour. Dusche, WC, Sauna, Bar, Restaurant, Telefon und Internetzugang, Tankstelle, Wohnwagenstellplätze und Bootsverleih.

●**Jachthafen von Roomassaare,** Tel. 4555930, Fax 4555574, roomassaare@saarteliinid.ee, www.saartaliinid.ee. Übernachtung möglich, Dusche, WC, Sauna, Tankstelle, Wohnwagenstellplätze, Bar und Restaurant, auch mit dem öffentlichen Bus erreichbar. Von hier aus fahren die Boote auf die Insel **Abruka,** Tel. 5136961. Normalerweise fährt in den Sommermonaten Do–So täglich ein Boot auf die Insel und wieder zurück. Vorsichtshalber sollte man jedoch mit Hilfe der Touristeninformation vorbuchen. Außerdem legen hier im Sommer etwa zweimal wöchentlich die Schiffe nach **Ruhnu** ab (Info und Buchung über das Buchungszentrum).

●Hafen Triigi, Tel. 4573203, saarteliinid@hot.ee, www.saarteliinid.ee. Etwa 46 km nördlich von Kuressaare, Zelt- und Wohnwagenstellplätze, Dusche, WC, Sauna, Feuerstelle, Bar und Verpflegungsmöglichkeiten. Im Norden der Insel beim Ort Leisi, von hier aus verkehren im Sommer zweimal täglich Fähren nach **Hiiumaa.** Die Überfahrt dauert etwa 65 Minuten.

●Jachthafen Kõguste, Tel. 5223327, *John Jansson* 5144140, *Thelma* 5220014, john.jansson@pp.inet.fi, www.venesatama.net/koiguste. Übernachtung, Dusche, Sauna, Zelt- und Wohnwagenstellplätze, Bar und Internetzugang, Fahrrad- und Bootsverleih.

●Hafen Mõntu, Tel. 4570570, mobil 5145578. Übernachtung, Dusche, WC, Sauna, Zelt- und Wohwagenstellplätze. An der Livischen Bucht gelegen, mit Badestrand. Von hier aus verkehren Schiffe ins **lettische Ventspils.**

Flughafen:

●Kuressaare Flughafen, Roomassaare tee 1, Tel. 4533793, Fax 4533790, kassa@eeke.ee, www.eeke.ee. Tägliche Verbindung nach Tallinn, der Flug dauert ca. 45 Minuten. Im Sommer gibt es außerdem einmal wöchentlich einen Flug nach Gotland.

Angla-Windmühlen

Rundfahrt über die Insel

Die Sehenswürdigkeiten der Insel lassen sich am besten mit dem Auto erkunden. Es bietet sich eine **Rundfahrt** mit mindestens zwei bis drei Übernachtungen in verschiedenen Teilen der Insel an oder aber einzelne **Tagesausflüge** von Kuressaare. Die folgenden Sehenswürdigkeiten und Naturdenkmäler lassen sich auf einer mehrtägigen Rundfahrt ab Kuressaare besuchen. Es geht zunächst in den Westen der Insel, dann entlang der Nordküste und schließlich durch den östlichen Teil Saaremaas.

Badestrände westlich von Kuressaare ↗ XVIII/B2

Schneeweiße Sandstrände, Wälder und ruhige Wanderwege, die an der Küste entlangführen, erwarten die Besucher westlich von Kuressaare. Auf dem Weg nach **Nasva,** wo die beliebten Badestrände beginnen, passiert man den Eichenwald von Loode sowie einige mit Schilf zugewucherte Lagunen. Das Gebiet ist touristisch sehr gut erschlossen und auf Badeurlauber und Erholungssuchende eingestimmt. In der Umgebung von **Mändjala** befinden sich – abgesehen von Kuressaare – die meisten Hotels der Insel. Die Küstenstraße wird von öffentlichen Bussen frequentiert, sodass die meisten Hotels gut ohne eigenes Auto zu erreichen sind.

Kaum zu glauben, dass an diesem idyllischen Küstenstreifen am späten Abend des 8. Oktober 1944 eine blutige Schlacht zwischen deutschen und sowjetischen Soldaten Hunderte Todesopfer forderte. Ein aus Beton und Dolomit gehauenes **Denkmal** aus dem Jahr 1967 erinnert an die Opfer des Kampfes.

Unterkunft

●**Ferienhof Arina** €€, Ülejõe 1, Nasva, Tel. 4544162, mobil 56691942, www.arinabb.ee. 8 km westlich von Kuressaare, schöner Sandstrand, fünf Räume und Sauna, Grill, auch Camper sind willkommen.

●**Ferienhof Järve** €€, Järve, Tel. 4571479, mobil 5209181, Fax 4556971, info@jarvetalu.ee, www.jarvetalu.ee. Unterkunft in rustikalem Holzhaus, einen halben Kilometer vom Strand entfernt, Fahrrad- und Autovermietung; die Besitzer organisieren auch Ausflüge auf die Insel Abruka.

●**Herberge Muha Ranna Puhketalu** €, Gemeinde Lümanda, Tel. 4526750, mobil 5092035, muha.puhketalu@mail.ee, www.muhatalu.ee. An der Küstenstraße westlich von Riksu, ausgeschildert, Mehrbettzimmer, Küche, Sauna.

●**Nasva Hotel und Yachtclub** €€€, Tel. 4544044, Fax 4544028, nasvahotel@tt.ee, www.saaremaa.ee/nasvahotel. Mit Meerblick und Badestrand, Fahrradverleih, Sauna, Bar, Restaurant und Einkaufsmöglichkeit.

●**Hotel Saaremaa** €€-€€€ (in manchen Prospekten steht noch der alten Name: Männikäbi), Mändjala, Gemeinde Kaarma, Tel. 4544100, mobil 5058272, Fax 4544106, saarehotell@saaremaa.ee, www.saarehotell.ee. Liegt direkt am weißen Sandstrand und ist mit dem öffentlichen Bus von Kuressaare aus zu erreichen. 45 DZ verschiedenen Standards, jedes Zimmer mit Bad, TV und Telefon; Tennisplatz, Billard, im Angebot u.a. Nordic Walking, Sauna, Massagen. Sehr gutes **Restaurant,** das auch Nicht-Gästen offen steht.

●**Villa Linda,** Tuletorni 6, Nasva, Tel. 5138301, 5058045, Fax 4544244, villalinda@hot.ee, www.villalinda.ee. Ferienhaus mit fünf Zimmern, Küche, etwa 1,5 km zum

130es Foto: af

Meer; der Besitzer organisiert Bootsausflüge und Vogelbeobachtungen. Komplettes Haus ab €€€.

Aktivitäten

●**RMK Saaremaa Erholungsgebiet,** Tel. 4579737, mobil 5032762, anu.metsniit@rmk.ee. Im Jagd- und Naturhaus von Mändjala werden Übernachtungen und Sauna angeboten. Wanderungen zu Bunkern und Waldhütten, buchbar mit einem persönlichen Reiseleiter. RMK ist eine landesweite Organisation, die sich um Schutz und Erhalt des Waldbestandes von Estland kümmert und die Abholzung reguliert.

Sõrve-Halbinsel

↗ XVIII/A-B3

Kurz hinter dem Tenumardi-Schlachtfeld muss man sich entscheiden, ob man die Rundfahrt nach Nordwesten fortsetzt oder die einsame Halbinsel Sõrve erkundet, die 32 Kilometer weit in die Ostsee hineinragt. Kulturelle Sehenswürdigkeiten sind hier nicht zu erwarten, außer der kleinen Kirche von 1864 am Westufer der Halbinsel im Weiler **Jämaja.** Etwas südlich des Ortes erhebt sich eine **Steilküste** und ein paar **Bockwindmühlen** ragen aus der Landschaft heraus. Auf Sõrve kann man stundenlang durch unberührte Natur spazieren, oft ohne eine Menschenseele zu treffen. Am Kap Sõrve säär, ein paar Kilometer südlich des Hafens, erhebt sich ein **Leuchtturm,** von wo aus man im Herbst die Zugvögel beobachten kann. Vom Hafen Mõntu verkehren Fähren zum lettischen Ort Ventspils.

Wie so viele Flecken Estlands ist auch dieser Teil des Landes mit den alten Sagen der Bevölkerung verbunden. Auf Sõrve soll der Riese Suur Tõll begraben liegen.

Unterkunft

●**Tehumardi Caravaning & Erholungszentrum,** Tehumardi, Gemeinde Salme, Tel./Fax 4571666, mobil 5105150, info@tehumardi.ee, www.tehumardi.ee. Am Anfang der Halbinsel Sõrve, hölzerne Ferienhäuschen €€ mit vier Betten, Hotelzimmer €€, Sauna, Zeltverleih, 30 Stellplätze für **Wohnwagen,** Fahrradverleih, Waschmaschine.

Der Inselwesten

Nationalpark Vilsandi

↗ XVIII/A1-2

Der Nationalpark Vilsandi, der sich über die Westküste Saaremaas sowie rund 100 vorgelagerte Inseln erstreckt, wurde bereits 1910 zum Schutz der reichhaltigen Vogelwelt, seltener Pflanzen und unberührter Natur gegründet. Er ist damit eines der ältesten Schutzgebiete Osteuropas. Sandstrände, stille Buchten, Inseln, auf denen sich Robben tummeln, Wacholderhaine, Glinte, Riffe und Kiefernwälder prägen die Landschaft. Besonders bekannt und geschätzt ist der Park aufgrund seiner **Vogelvielfalt.** Auf der Insel Vilsandi, die dem Nationalpark den Namen gab und als einziges Eiland des Parks bewohnt ist, sowie auf den zahlreichen kleinen Inseln ringsherum leben Zehntausende Vögel. Zu den rund 250 verschiedenen Vogelarten zählen Eiderenten, Gänsesäger, Berg- und Floridaenten sowie Seemöwen. Etwa 120 Vogelarten leben ständig hier.

Man kann das Gebiet auf verschiedenen **Lehrpfaden** erkunden oder mit dem **Boot oder Fahrrad** durchfahren, muss sich jedoch einer Führung anschließen. Das **Besucherzentrum** bietet Vögel- und Kegelrobbenbeobachtungen an, veranstaltet sogenannte Orchideen-Wandertage und zeigt Besuchern unter Naturschutz gestellte Biotope.

Vom **Leuchtturm** Vilsandi (1809) kann man den Blick weit über Meer und Holme schweifen lassen. Südlich des Nationalparks an der Küste erinnert ein **Gedenkstein** an den Seefahrer *Fabian von Bellingshausen* (1778–1852), der hier geboren wurde und von dem man annimmt, dass er die Antarktis entdeckte.

● **Besucherzentrum Nationalpark Vilsandi,** Tel. 4546880, Tel./Fax 4546554, loona@tt.ee, www.vilsandi.ee, www.loona.ee, Mai bis August täglich 9–17 Uhr. Es liegt in einem Gutshof aus dem 16. Jahrhundert etwa 40 km westlich von Kuressaare und ist auch bei der Vermittlung von Unterkunft und Fremdenführern behilflich.

Naturschutzgebiet Viidumäe

↗ XVIII/A2

Etwas unbekannter als Vilsandi ist das im Landesinneren und höher gelegene Naturschutzgebiet Viidumäe. Hier findet man eine Vielzahl der rund 120 unter Naturschutz stehenden Pflanzen der Insel (insgesamt sind rund 900 höhere Pflanzenarten registriert). Das Gebiet umfasst Gehölzwiesen, Wälder und Moore, in denen verschiedene Orchideenarten sowie über 660 Arten von Moorpflanzen wachsen, darunter der endemische Klappertopf (Rhinanthus osiliensis), der nur auf Saaremaa vorkommt – eine kleine Pflanze mit gelben Blüten. Von einem **Aussichtsturm** aus kann man über die Wälder hinweg auf die Küste blicken. Ein **Lehrpfad** führt durch das Gelände.

● **Besucherzentrum des Naturschutzgebiets Viidumäe,** mit kleiner Botanikausstellung, Tel. 4576442, 4576321, viidumae@tt.ee, www.tt.ee/viidumae, Juni bis August Mi–So 10–18 Uhr. Hier kann man auch Fremdenführer buchen.

Kihelkonna

↗ XVIII/A2

In der **Michaeliskirche** in Kihelkonna (Kiriku 4) am Rande des Nationalparks Vilsandi befindet sich ein Renaissancealtar mit einem Altarbild von 1591, das das Letzte Abendmahl darstellt. Die Kanzel ist von 1604, die Orgel von *Johann Andreas Stein* stammt aus dem Jahr 1805. Der Glockenturm aus dem 17. Jahrhundert steht getrennt von der Kirche auf einer Anhöhe; der ans Kirchenschiff direkt anschließende Turm wurde erst 1899 angebaut.

Östlich von Kihelkonna lädt der **Karujärv** (Bärensee), den man über Kärla erreicht, zum Baden ein. Am Ostufer kann man zelten, im Sommer werden an einem kleinen Kiosk Getränke verkauft.

Im nahe Kihelkonna gelegenen Dorf **Viki** öffnet im Sommer das **Bauernmuseum Mihkli** seine Pforten. Bauernhof, Scheune, Sauna und eine Bockwindmühle stammen überwiegend aus der Mitte des 19. Jahrhunderts. Wie es für die Bauernhöfe der Region typisch ist, umgibt eine Steinmauer den Hof.

● **Mihkli Bauernmuseum,** Viki, Tel. 4546613, Mitte April bis Ende Sept. Di–So 10–18 Uhr.

Unterkunft

- **Herberge Kipi-Koovi,** Kipi, Gemeinde Lümanda, Tel. 4576433, kipikoovi@maaturism.ee. Sehr einfache Hütte und Schlafsäle im Haus, noch aus Sowjetzeiten, Sauna, Grill, zelten möglich. Pro Person €.
- **Ferienhaus Kipi,** Kipi, Gemeinde Lümanda, Tel. 4576477, mobil 5265230, kipi@hot.ee, www.hot.ee/kipi. Zwei Ferienhäuser für Familien, neu und freundlich, mit Kamin, Sauna; nur ganzes Haus zu mieten €€€€.
- **Ferienhof Jaagu,** Varpe, Gemeinde Lümanda, Tel. 4576348, mobil 56604048, varpe.kyla@hot.ee, varpe.maaturism.ee. Ferienhaus mit drei Zimmern sowie Wohnraum mit Kamin, Sauna, Küche, TV, Mitbenutzung des Gartens sowie Grill, Fahrradverleih; etwa 3 km bis Lümanda, ganzes Haus €€€, im Winter preiswerter.
- **Gutshof Pilguse (Hoheneichen)** €€€, Gemeinde Lümanda, Tel. 4545445, info@pilguse.ee, www.pilguse.ee. Südlich von Lümanda an der Küste gelegen, sehr schönes Hotel im alten Gutshof, 15 helle Räume, einige mit Küchenzeile, Rauchsauna, Restaurant bis 22 Uhr geöffnet. Hier lebte auch *Fabian von Bellingshausen*, Seefahrer und mutmaßlicher Entdecker der Antarktis.

Essen und Trinken

- **Restaurant Lümanda (Lümanda Söögimaja),** Lümanda, Tel. 4576493, 4545449, Juni bis August täglich 10–22 Uhr. Direkt im Ort Lümanda (30 km westlich von Kuressaare) neben der Kirche. Wohl einer der besten Orte der Insel, wo man die typisch estnische Küche kennenlernen kann. Untergebracht ist das Restaurant in einem ehemaligen Pastorat aus dem Jahr 1875. Sehr empfehlenswert.

Aktivitäten

- **Reitstall Ratsukievari,** Jõgela küla, Gemeinde Lümanda, Tel. 5113395, tuulamakkonen@suomi24.fi, www.hot.ee/ratsukievari. Anbieter für Ausritte, Fahrten mit dem Pferdewagen, Ponys für Kinder, Ausflüge mit dem Geländewagen, Wanderungen, Kanu- und Radtouren, Vogelbeobachtung und Angeln. Auch eine Unterbringung im Zelt und Camping in einer kleinen Holzhütte mit Verpflegung sind möglich.

Ninase-Halbinsel ↗ XVIII/A-B1

Nur wenige Touristen verirrten sich auf die Halbinsel Ninase, bevor 2006 an ihrer Spitze an der Küdema-Bucht beim Dorf Ninase der **Kreuzfahrtschiffshafen Tagaranna** eröffnet wurde. Ab und zu schwärmen Hunderte Kreuzfahrtgäste über die Halbinsel in Richtung Angla-Windmühlen oder nach Kurressaare, doch zu den Zeiten, wo kein Schiff anlegt, ist die Landschaft nach wie vor menschenleer und still.

Auf dem Weg zur Panga-Steilküste bietet sich ein kleiner Zwischenstopp in **Mustjala** an, wo man die Dorfkirche oder eine kleine Galerie besichtigen kann.

- **Galerie und Café Musta Jala,** 100 m hinter der Kirche um die Kurve, Tel. 53421215, Juni bis August täglich 11–19 Uhr. Kleines Café im Garten der Galerie.

Wer den Umweg nicht scheut, kann einige Kilometer nördlich auf dem Weg zum Hafen eine orignell gestaltete **Windmühle** sehen, die mit aufgemaltem Anzug und Gesicht wie ein Riese aussieht. Leider ist seine Gefährtin, eine als Riesin gestaltete Mühle, vor einigen Jahren abgebrannt.

Unterkunft

- **Ferienhof Kuuli,** Ninase, Gemeinde Mustjala, Tel. 4556915, mobil 5660 6090, kuulitalu@hot.ee. Kleine, einfache Blockhütten, Sauna, Spielgeräte für Kinder, auch zelten und Aufstellmöglichkeit für Wohnwagen; von Mai bis Oktober, Übernachtung pro Person im Haus €€.

●**Ferienhof Värava,** Selgase, Gemeinde Mustjala, Tel. 4531467, mobil 5184814, aado @syg.edu.ee, www.varava.fie.ee. Drei Zimmer, auch zelten möglich, Grill, Sauna, Fahrradverleih, auf Wunsch geführte Ausflüge, von Mai bis Okt., pro Person €.

Steilküste bei Panga

↗ XVIII/B1

Die Steilküste bei Panga ist mit zum Teil über 20 Metern die höchste der Insel. Man sollte bei schönem Wetter unbedingt zum Sonnenuntergang am Fuße der knapp 2,5 Kilometer langen Wand spazieren gehen. Dann leuchtet die Kalksteinwand in warmen roten Farben. Wichtig ist jedoch gutes, stabiles Schuhwerk, weil der Weg über Stock und Stein führt. Wenn man nicht denselben Weg wieder zurückgehen möchte, muss man sich auf einen etwas waghalsigen Aufstieg gefasst machen. Am Ende der Wand hängt ein Seil hinab, an dem man sich hochhangeln kann. Zurück geht es dann oberhalb der Steilwand auf einem Wanderpfad. Von einem Aussichtsturm kann man weit aufs Meer hinausschauen.

Unterkunft

●**Ferienhof Panga,** Panga, Gemeinde Mustjala, Tel. 5208015, www.panga.ee. Mehrere Blockhäuser an der Steilküste, sehr nette Besitzerin, die Deutsch spricht; Sauna, Kamin, Verpflegung auf Wunsch, Fahrradverleih, Angel- und Jagdausflüge im Angebot. Übernachtung mit Frühstück pro Person €€.

Rund um Leisi

↗ XVIII/B1

Metsküla

↗ XVIII/B1

Entlang der Küstenstraße passiert man in Richtung Leisi den kleinen Ort Metsküla mit seiner roten, orthodoxen **Holzkirche** von 1915. Kurz vor Leisi wird die Straße wieder besser.

Hafen Triigi

↗ XVIII-XIX/B-C1

Hinter dem Dorf **Leisi** mit einer kleinen orthodoxen Kirche liegt in der Bucht Triigi der gleichnamige Hafen, von wo aus Fähren Richtung **Hiiumaa** an- und ablegen.

●**Hafen Triigi,** Tel. 4573203, saarteliinid@hot.ee, www.saarteliinid.ee. Zelt- und Wohnwagenstellplätze, Dusche, WC, Sauna, Feuerstelle, Bar und Verpflegungsmöglichkeiten.

131es Foto: af

Im Koigi-Moor

132es Foto: af

Die romanische Marienkirche von Pöide

Naturwanderpfad

Östlich von Leisi, zwischen den Dörfern Hiievälja und Järveküla, verläuft ein 6,5 Kilometer langer Naturwanderpfad, der zum Teil am Ufer des Flusses Võlupe entlangführt und einen Einblick in die reichhaltige Pflanzenwelt der Insel gewährt. Mit etwas Glück kann man einige der 45 Vogelarten, die in diesem Gebiet heimisch sind, beobachten.

Angla-Windmühlen ⇗ XVIII-XIX/B-C1

Von Leisi aus führt die Straße 79 in Richtung Süden zu dem Motiv, das viele **Postkarten** Saaremaas ziert, den Windmühlen von Angla, **Wahrzeichen** der Insel. Überall auf den westestnischen Inseln, besonders auf Saaremaa, stößt man auf kleine Holzwindmühlen. Ähnliche **Bockwindmühlen,** die von einem starken Pfosten getragen werden, findet man sonst vor allem in Skandinavien. Je nach Windrichtung können die Mühlen gedreht werden. Sie sind zweigeschossig, unten befindet sich der Mechanismus zur Regulierung der Mühlsteine, oben sind Mahl- und Zugvorrichtungen untergebracht, die von den Flügeln in Bewegung gesetzt werden.

Während früher nahezu jeder Hof eine eigene Mühle besaß, sind heute nicht mehr viele Exemplare erhalten. Es war üblich, mehrere Mühlen auf einer offenen Anhöhe zu gruppieren. Eine derartige Gruppe findet man heute nur noch in Angla, etwa 40 Kilometer nördlich von Kuressaare. Von den ursprünglich neun Bockwindmühlen, die hier Anfang des 20. Jahrhunderts erbaut wurden, sind heute noch vier erhalten. Dazwischen steht eine **holländische Windmühle** aus dem Jahr 1927, die im Sommer zur Besichtung geöffnet ist.

- **Windmühlen von Angla,** Tel. 4528910, www.leisivald.ee.

Karja-Kirche ↗ XIX/C1

Die **Katharinenkirche** in Karja ist nicht nur das kleinste mittelalterliche Gotteshaus Saaremaas, sie gilt auch als eine der **hübschesten Kirchen des Landes.** Von außen eher schlicht, schmücken mittelalterliche Fresken und bemerkenswerte Steinskulpturen das Innere der gotischen Kirche. Die Kapitelle und Basen der Portale an West- und Südseite sind reich mit Pflanzendekor versehen, während an den Säulen Figuren dargestellt sind. An den Pfeilern des Triumphbogens kann man Szenen aus dem Leben der Heiligen Nikolaus und Katharina erkennen, aber auch Teufel wurden hier verewigt. In den Gewölben finden sich Pentagramme und andere magische Motive. Taufstein und Kruzifix stammen aus dem 14. Jahrhundert, die Kanzel wurde 1638 angefertigt.

Aktivitäten

- **Reitstall Luulupe,** bei Leisi, Tel. 4528555, mobil 5061486, 5145586, luulupe.tall@mail.ee. Ausritte im Norden Saaremaas.

Ordensburg Maasi ↗ XIX/C1

Der Besuch der Ordensburg Maasi (ausgeschildert: Maasilinn) ist ein kleines Abenteuer. Zumeist ist kein Aufseher anwesend, sodass sich Besucher allein in den **Ruinen** und dem **unterirdischen kleinen Museum** umsehen können.

Vom Deutschen Orden im 14. Jahrhundert erbaut, ging die mächtige Festung im 16. Jahrhundert in dänische Hand über. Dänenkönig *Frederik II.* befahl 1576 die Zerstörung der Burg, um zu verhindern, dass die Truppen der Schweden sie erobern und für ihre Zwecke nutzten würden.

Die oberirdischen Ruinen wurden zum Teil überdacht und können besichtigt werden. Interessant sind die alten **Gewölbe,** mit deren Renovierung die Gemeindeverwaltung 2001 begonnen hat. Geht man am Ufer der Bucht um die Ruinen herum, kann man einer kleinen Treppe hinunter folgen. Der Lichtschalter befindet sich in Höhe der Eingangstür links an der Wand. Im Inneren sind Fotos ausgestellt, aber sehenswert sind vor allem die Gewölbe selbst.

- **Museum Ordensburg Maasi,** im Sommer 8–20 Uhr, Kontakt über die Gemeinde Orissaare, Tel. 4545593, www.orissaare.ee.

Rund um Orissaare ↗ XIX/C1

Pöide ↗ XIX/C1

Die **Marienkirche** von Pöide wurde im 13. Jahrhundert im romanischen Stil an der Seite einer Ordensburg erbaut, die zur damaligen Zeit Zentrum des livländischen Ritterordens war. Von der Burg, die bereits 1343 zerstört wurde, ist heute nichts mehr erhalten, doch die mächtige Wehrkirche überstand die Kämpfe und Stürme der Jahrhunderte. 1343, als es in Pöide zu einem Aufstand der estnischen Bevölkerung gegen die deutschen Landherren kam, verschanzten sich die Deutschen in den starken Mauern der Kirche. Nach acht Tagen Belagerung einigten sich die Parteien: Wenn die Deutschen die Kirche verließen, würde kein Este das Schwert gegen sie erheben. Doch als Erstere vor den schützenden Bau traten, wurden sie zu Tode gesteinigt.

Jahrhunderte später, 1940, schlug ein Blitz in den Kirchturm ein, Turm und Dach gingen in Flammen auf. Kurz darauf plünderten sowjetische Soldaten das Gotteshaus und verfeuerten die Einrichtung. Zu Sowjetzeiten diente das Gebäude als Heulager. Obgleich man nach Erlangen der Unabhängigkeit mit der Renovierung begonnen hat, ist noch viel zu tun. Die Restauration wird sicherlich noch Jahre in Anspruch nehmen, nicht zuletzt, weil es an Geld mangelt.

Koigi-Moorgebiet ↗ XIX/C1

Westlich von Pöide erstreckt sich das Koigi-Moorgebiet. **Hölzerne Wanderstege** führen durch das einsame Moor. Von einem Aussichtsturm kann man den Blick weit über das flache Land streifen lassen und mit etwas Glück Kraniche, Zwergmöwen und Gänse beobachten.

Herrenhaus Oti

Östlich von Pöide liegt das Herrenhaus Oti (Peudorf), der älteste Gutshof Saaremaas. Das 1309 erbaute Gebäude gehörte dem Deutschen Orden. 1710 fiel es russischen Truppen zum Opfer und wurde erst im 19. Jahrhundert wieder aufgebaut.

Aktivitäten

- **Reitunterricht und Ausritte:** Tika Stall (Tika Talu), Kõrkvere (etwa 2 km hinter dem Ortsausgang), Gemeinde Pöide, im äußersten Osten der Insel, Tel. 4528169, mobil 5162700, 5044169, info@tikatalu.ee, www.tikatalu.ee. Kurze sowie mehrtägige Ausritte möglich. Auf dem Gelände des Reitstalls gibt es auch einfache **Holzhütten** €€ ohne eigenes Bad, dafür ist die Sauna in der Übernachtung inbegriffen.
- **Paddelboottouren** auf Saaremaa und Hiiumaa, Orissaare, Tel. 56218479, loodusmatkad @hot.ee, www.hot.ee/loodusmatkad.

Einkaufen

- In **Orissaare** können sich Selbstverpfleger im Supermarkt eindecken.

Valjala ↗ XIX/C1-2

Die **Martinskirche** in Valjala (Waldia/Wolde) wurde Anfang des 13. Jahrhunderts im gotischen und romanischen Stil erbaut. Die Gewölbekapitelle sind mit Pflanzenornamenten verziert. Die hoch angebrachten Fenster weisen darauf hin, dass die Kirche später auch zur Verteidigung diente, wie so manches Gotteshaus auf Saaremaa. Der Turm über der Sakristei wurde erst im 17. Jahrhundert errichtet, beim Bau hat man alte Grabsteine verwendet. Die Wandmalereien in Langhaus und

133es Foto: af

Chor aus dem 13. Jahrhundert waren lange unter Putz verborgen, bis sie in den 1970er Jahren wieder freigelegt wurden. Ebenfalls aus dem 13. Jahrhundert ist das Taufbecken.

Ganz in der Nähe des heutigen Dorfes erhob sich eine stattliche Festung, die 1227 von den Ordensrittern in Besitz genommen wurde. Spuren der **Burg** sind kaum noch zu erkennen, stattdessen ist der Hügel von dichtem Wacholder überwuchert. Kaum vorstellbar, dass die Burg einst die stärkste Befestigungsanlage der Insel war. Da sich Saaremaa jedes Jahr etwas mehr aus dem Wasser erhebt, ist anzunehmen, dass die Festung im vergangenen Jahrtausend wesentlich näher an der Küste stand als heute.

Den Kaali-See hat ein Meteoriteneinschlag vor 4000 Jahren entstehen lassen

Unterkunft

●**Valjala Pastorat** €, Tel. 4549543, valjala@eelk.ee. Das Pastorat gegenüber der Kirche bietet Rucksacktouristen eine einfache Unterkunft. Die Mehrbettzimmer stehen auch im Winter Touristen zur Verfügung, dann aber nur auf Anmeldung.

Zwei Häuser weiter befindet sich ein kleines **Geschäft,** in dem man preiswert Handarbeits- und Holzartikel erstehen kann.

Meteoritenfeld Kaali

↗XVIII/B2

Ungefähr 18 Kilometer nordöstlich von Kuressaare befinden sich mitten im Wald auf einer Fläche von rund einem Quadratkilometer **neun Meteori-**

tenkrater. Der größte ist 22 Meter tief und hat am oberen Rand einen Durchmesser von knapp 110 Metern. Wissenschaftler gehen davon aus, dass der aus einem Meteoriteneinschlag hervorgegangene, kreisrunde **See Kaali** mindestens 4000 Jahre alt ist. Durch die Wucht des Aufpralls entstand der **meterhohe Wall,** den man noch heute rund um das grünlich schimmernde Gewässer sieht.

An der Straße befindet sich das **Museum für Meteoritik und Kalkstein** (im Sommer 9–20 Uhr), das neben der Ausstellung auch ein Besucherzentrum, Gästehaus und Restaurant beherbergt (s.u.).

Kaarma ⇗ XVIII/B2

Die **Petrikirche** in Kaarma, südwestlich von Kaali, entstand Ende des 13. Jahrhunderts. Das Gebäude mit seinem quadratischen Chor und der nördlich gelegenen Sakristei trägt romanische sowie gotische Züge. Ganz in der Nähe befinden sich **Steinbrüche,** in denen man seit dem 14. Jahrhundert Dolomit abbaut.

Unterkunft, Essen und Trinken

● **Kaali Trahter,** Tel./Fax 4591182, mobil 5144889, kaali@kylastuskeskus.ee, http://kaali.kylastuskeskus.ee, http://kaalitrahter.ee. Gästehaus mit Sauna, rustikale Gaststätte und Souvenirgeschäft, 100 m vom Kraterfeld entfernt. Hotel und Museum sind nur von Mai bis Oktober geöffnet.

Halbinsel Vätta ⇗ XVIII/B2

Hält man sich vom Meteoritenfeld nach Süden, stößt man im Dorf **Püha** auf eine **Wehrkirche** aus dem 13. Jahrhundert. Über eine unbefestigte Straße weiter nach Süden gelangt man auf die Halbinsel Vätta. Ein 2,5 Kilometer langer Wanderweg durchzieht ein Gebiet, das im 15. Jahrhundert von Schweden besiedelt war. Auf dem **Naturwanderpfad Suure-Rootsi** kann man viele der 34 Orchideenarten, die auf Saaremaa heimisch sind, finden, Birkenhaine durchwandern und vor allem Ruhe und Stille genießen. Der Weg startet beim Ferienhof Aadu.

Unterkunft

● **Aadu Ferienhof** €€, Suure-Rootsi, Gemeinde Pihtla, Tel. 4529550, mobil 5093981, info@aadutalu.ee, www.aadutalu.ee. Ferienhaus etwa 17 km westlich von Kuressaare mit verschiedenen Zimmern und gemeinsamem Wohnzimmer, Bad, Küche und Esszimmer mit Kamin; Sauna, Fahrradverleih; komplettes Haus €€€.

Aktivitäten

● **ATV astacus,** Pihtla, 18 km östlich von Kuressaare bzw. 10 km südlich von Kaali, Tel. 5219574, www.atv.astacus.ee. Aktivurlaubsanbieter, Jeep-Safaris durch die Wälder, am Strand entlang und in morastigen Gegenden, außerdem Boots- und Kanutouren.

Insel Abruka ⇗ XVIII/B2-3

Etwa sechs Kilometer südlich von Kuressaare liegt die ca. zehn Quadratkilometer große Insel Abruka. Wohnten 1922 noch 150 Menschen auf dem Eiland, sind es heute nur noch 17 Bewohner, im Durchschnitt 70 Jahre alt. Im Sommer kommen jedoch zahlreiche ehemalige Inselbewohner, um ihre Ferien in der Heimat zu verbringen. Die Menschen leben hauptsächlich vom Fischfang. Über das Leben und die Geschichte der Insel schreiben die 1940 hier geborenen Schriftsteller und Zwillingsbrüder *Jüri* und *Ülo Tuulik* in ihren Werken, die z.T. auch ins Deutsche übersetzt wurden.

Auch in den Sagen um den Riesen Suur Tõll kommt Abruka vor: Als ein riesiger Kranich die Bewohner Saaremaas bedrohte, riss der Riese eine Tanne samt Wurzeln aus und warf damit nach dem Vogel. Dieser wurde getroffen und stürzte ins Meer. Daraus entstand die Insel Abruka, die – mit sehr viel Fantasie – die Konturen eines Kranichs erahnen lassen soll.

Auf Abruka gibt es nicht viel zu sehen, doch ist die Insel für Naturliebhaber und Ruhesuchende eine beschauliche Rückzugsmöglichkeit. Man findet wunderschöne **Wildblumenwiesen** und geschützten **Laubwald,** der in Estland selten zu finden ist. Neben einigen Farnarten und vielen verschiedenen Blumen ist die Anzahl der Insekten groß. **Schmetterlingsliebhaber** kommen mit etwas Glück auf ihre Kosten und es kann vorkommen, dass den Besuchern **Hirsche** über den Weg laufen.

Verkehr

- Finden sich genügend Fahrgäste, fährt im Sommer mehrmals in der Woche ein **Motorboot** (Tel. 5136961) vom Hafen Roosmassaare nach Abruka. Die Touristeninformation in Kuressaare ist bei der Vermittlung behilflich.

Unterkunft

- Auf Abruka kann man **zelten.** Ansonsten gibt es das kleine Gästehaus **Vahtra Talu** €, Tel. 5073638, mit zwölf Betten und Sauna, Verpflegung bei Voranmeldung möglich.

Hiiumaa

Auf Hiiumaa (Dagö), der mit rund 1000 Quadratkilometern **zweitgrößten Insel Estlands,** geht es ruhiger zu als auf der großen Schwesterinsel Saaremaa. Gerade einmal 4100 Menschen bewohnen die **Inselhauptstadt Kärdla,** etwa 8000 weitere besiedeln den Rest. Aber genau wie Saaremaa ist Hiiumaa reich an unberührten Naturlandschaften, frischer Luft und einsamen **Stränden.**

Besonders in der flachen Bucht von Käinaa, die von Dämmen umringt ist, kann man zahlreiche **Schwäne, Kraniche, Enten,** aber auch seltene Bartmeisen, Rohrdommeln und Säbelschnäbler beobachten. Zu den heimischen Bäumen gehören vor allem Birken, Kiefern und Fichten, aber auch Erlen und seltene **Eiben.** Einige alte **Eichen** werden als heilig verehrt. Allgegenwärtig ist – wie so oft in Westestland – der **Wacholder.** Zwei Drittel der Insel sind mit **Wald** bedeckt, in dem **Elche, Wildschweine und Rehe** zu Hause sind.

Gehölzwiesen und Moore entlang der etwa 325 Kilometer langen Küstenlinie beherbergen seltene Pflanzenarten, die zum Teil nur hier beheimatet sind, darunter einige nordische **Orchideenarten,** Knabenkraut sowie verschiedene Moos-, Schilf- und Gräserarten. Das Innere der Insel ist relativ unerschlossen und birgt **Sümpfe und Moore.** Unter Schutz stehen die kleinen Inseln und Holme vor der Küste Hiiumaas, sie sind heute nicht mehr bewohnt.

Das Wetter meint es mit Hiiumaa etwas besser als mit dem Festland, scheint hier doch öfter die Sonne, weil der Wind Regenwolken schnell weiterbläst.

Die Insel ist das Resultat eines Meteoriteneinschlags vor etwa 500 Millionen Jahren, an dessen Kraterrand heute die Hauptstadt Kärdla liegt. Ihre Form und das typische Landschaftsbild wurden in der letzten Eiszeit geprägt, überall verteilt liegen **Findlinge,** die ein sich zurückziehender Gletscher dort hinterlassen hat.

Die Inselbewohner verbinden viele Naturdenkmäler mit alten **Legenden,** vor allem denen des Riesen Leiger, der hier mit seiner Frau Tiiu lebte. Vielleicht kommt der estnische Name der Insel – Hiiumaa – daher. Riese heißt auf Estnisch *hiid, maa* bedeutet Land, übersetzt wird daraus „das Land der Riesen". Vielleicht sind jene Legenden auf die Ankunft der stattlichen und zumeist großen **Schweden** zurückzuführen, die Hiiumaa wahrscheinlich im 13. Jahrhundert, von der schwedischen Insel Gotland kommend, besiedelten. Da sie die estnischen Küstenbewohner von der Körpergröße her überragten, kamen sie ihnen vielleicht wie Riesen vor.

Die Schweden nannten die Insel **Dagö** – „Tagesinsel" –, wohl weil die Überfahrt von Gotland bis Hiiumaa ziemlich genau 24 Stunden dauerte. Der Name wurde später auch von den Deutschen übernommen. Jahrzehntelang bewohnten die Schweden Hiiumaa als **freie Bauern und Fischer.** Ein Freibrief des schwedischen Königs garantierte ihnen, dass sie nicht Frondienste auf den Gutshöfen der Adligen leisten mussten wie die Esten, die Leibeigene der Gutsherren waren. Natürlich waren die freien Bauern den Inselherren ein Dorn im Auge und nach einem Machtwechsel in Estland ließ *Katharina II.* sie im Jahr 1781 in die Ukraine deportieren. Die zurückbleibenden Schweden wanderten etwa 30 Jahre später ab, als sich der Baron *von Ungern-Sternberg* ihrer Höfe bemächtigte. Die meisten zogen in den Landkreis Läänemaa rund um Haapsalu oder auf die Nachbarinsel Vormsi.

Leider blieb Hiiumaa von den großen Katastrophen des 20. Jahrhunderts nicht verschont. Im Zweiten Weltkrieg wurden hier blutige Gefechte zwischen **deutschen und russischen Truppen** ausgefochten. 1941 eroberten die Deutschen die Insel von den Sowjets, 1944 schlugen diese zurück und brachten sie unter ihre Herrschaft. **Bunker, Aussichtstürme und Geschützstände** aus jenen Tagen sind noch an vielen Orten zu sehen und können besichtigt werden.

Zu Sowjetzeiten war Hiiumaa wie auch die Nachbarinseln **militärisches Sperrgebiet.** Selbst Esten war es verboten, ohne eine Sondergenehmigung die Insel zu betreten. Um diesem Teil der Geschichte wenigstens einen positiven Aspekt abgewinnen zu können, lässt sich festhalten, dass dadurch viele seltene Pflanzen- und Tierarten frei von menschlichen Einflüssen gedeihen konnten. Die letzten sowjetischen Armeeeinheiten verließen erst 1993 die Insel.

Anfahrt mit der Fähre

„Fortschritt" hieß die erste Fähre, die nach dem Bau des **Hafens Heltermaa** im Jahr 1870 Hiiumaa mit **Rohuküla bei Hapsaalu** verband. Heute sind es bis zu sechs Schiffe täglich, die die Insel anfahren, in der Nebensaison natürlich weniger. Die **Überfahrt** dauert etwa 90 Minuten. Wer mit dem Auto unterwegs ist, sollte auf jeden Fall einen Platz reservieren. Dabei sind die Touristeninformationen, beispielsweise in Haapsalu, behilflich. Auf Hiiumaa helfen die Touristeninformation oder das Reisebüro Tiit Reisid in Kärdla weiter.

Im Sommer verkehren ferner etwa zweimal täglich Fähren zwischen dem **Hafen Sõru** im Süden von Hiiumaa und dem **Hafen Triigi** auf der Nachbarinsel **Saaremaa.** Auch hier sei Reisenden mit eigenem Auto oder Mietwagen geraten, mit Hilfe der Touristeninformation eine Fähre im Voraus zu buchen oder man fährt vor dem Reisetag selbst einmal zum jeweiligen Hafen, um sich einen Platz zu reservieren, da nur 30 Autos auf das Schiff passen. Die Überfahrt dauert eine gute Stunde.

- **Buchungszentrum,** Tel. 4524444, booking@laevakompanii.ee, www.laevakompanii.ee.
- **Hafen Rohuküla,** Tel. 4733666.
- **Hafen Heltermaa,** Tel. 4631630.
- **Hafen Triigi,** Tel. 4573203.
- **Hafen Sõru,** Tel. 5272865.

Rundfahrt über die Insel

Am besten erkundet man die 22 Kilometer vom Festland entfernte Insel mit dem Auto, obgleich man dabei zum Teil **unasphaltierte und schlecht ausgeschilderte Straßen** in Kauf nehmen muss. Die hier beschriebene Rundfahrt beginnt am Hafen Heltermaa. Bis zur Westspitze sind es etwa 60 Kilometer, die Nord-Südachse beträgt rund 45 Kilometer. Es bieten sich auch sternförmige Tagesausflüge an, beispielsweise von Kärdla aus. Zwei Tage sollte man sich für die Rundfahrt mindestens lassen, wer ausgiebige Wanderungen oder Badeausflüge einplant, sollte noch einen Tag dranhängen. Nicht wenige Touristen beschließen spontan, die Ruhe und Natur Hiiumaas mehrere Tage zu genießen. **Baden** kann man am besten an den Stränden in Tahkuna und auf der Halbinsel Kõpu.

Vom Hafen nach Kärdla ↗ XXI/C2

Pühalepa und Suuremõisa ↗ XXI/C2

Etwa sechs Kilometer vom Hafen Heltermaa entfernt liegt der erste lohnende Zwischenstopp. Der Turm der **St. Laurentiuskirche** von Pühalepa ist schon von Weitem erkennbar. Um näher heranzukommen, verlässt man nach einer Kurve die Straße 80 und biegt links in Richtung Suuremõisa ab.

Pühalepa hieß ursprünglich soviel wie „heilige Erle“, weil Erlen in früheren Zeiten hier wuchsen und in der Naturreligion der Bevölkerung eine Rolle spielten.

Die steinerne Kirche wurde anstelle eines hölzernen Vorgängerbaus um 1270 zunächst turmlos errichtet. Im Laufe der Jahrhunderte hat man sie mehrfach umgebaut und 1770 durch einen Glockenturm ergänzt. Nachdem das Gotteshaus zu Sowjetzeiten als Speicher genutzt wurde, musste es 1991 restauriert werden. Im Inneren sind noch alte Grabsteine, Maskenreliefs sowie eine Kanzel mit Steinskulpturen aus dem Jahr 1636 erhalten.

Wie so viele Orte der Insel ist auch die Kirche an eine Legende geknüpft. Der Teufel selbst soll versucht haben, ihren Bau mit allen Mitteln zu verhindern, und warf riesige Steinbrocken in Richtung des Gebäudes. Zum Glück war er kein guter Werfer und verfehlte sein Ziel. Ein großer Brocken, der etwa hundert Meter nördlich der Kirche liegt, wird in Gedenken an diese Sage **Teufelsstein** genannt.

Eine weitere Ansammlung großer Findlinge befindet sich ein Stück nördlich hiervon. Ob sie auch das Resultat der teuflischen Werfversuche sind oder eine Hinterlassenschaft von Seeleuten, die vor großen Reisen Felsen hierher brachten, um so eine Art Vertrag mit Gott zu schließen, der sie beschützen sollte, sei dahingestellt. Die Bezeichnung dieser Steinanhäufung – **Kontraktsteine** – geht zumindest auf letztere Theorie zurück.

Fisch wird zum Trocknen aufgehängt

Bevor man sich den Steinen zuwendet, verdient der **Friedhof** rund um die Kirche etwas Aufmerksamkeit. Neben einigen alten Grabsteinen sind noch Reste alter Ringkreuze erhalten. Einige tragen deutsche Inschriften. Hervorzuheben ist das Grab von *Ebba-Margarethe Stenbock* (1704–76), einer Urenklin des ehemaligen Inselbesitzers *Jacob de la Gardie*, die den Bau des nicht weit entfernt liegenden, spätbarocken **Gutshauses Suuremõisa** (Großenhof) initiierte. Das dreigeschossige Gebäude mit hohem Halbwalmdach, das zuweilen auch Schloss (estn.: *loss*) genannt wird, wurde Mitte des 18. Jahrhunderts erbaut und diente zunächst der Familie *von Stenbock* als Landsitz.

1772 wurde es durch die im rechten Winkel angeschlossenen Flügel erweitert, bevor es knapp 25 Jahre später in den Besitz des Barons *Otto Reinhold Ludwig von Ungern-Sternberg* (1744–1811) überging. Sein Spitzname lautete nicht umsonst Graf Ungern, schließlich gründete ein Teil seines Reichtums auf der Plünderung in Seenot geratener Schiffe, die er zum Teil mit falschen Leuchtfeuern absichtlich an die seichte Küste lockte. Seine Beute versteckte er hinter einer Doppeldecke im Dachgeschoss. Eines Tages wurde der Baron jedoch für seine Taten bestraft. Nachdem er 1802 den schwedischen Kapitän *Carl Malm* im Streit ermordet hatte, wurde er nach Sibirien verbannt und starb dort im Alter von 67 Jahren. Aber, wie sollte es anders sein, sein Geist soll noch immer in den Gemäuern umherwandeln, in denen heute eine Lehranstalt untergebracht ist.

Schmuck und Zierde im Inneren des Gebäudes ist das aufwendig gestaltete Foyer mit einer aus Eichenholz gefertigten Doppeltreppe. Ferner sind noch einige Türen mit barockem Dekor erhalten.

An der Ostküste

↗ XXI/C2

Die Landstraße 80 führt in den Norden der Insel. Wer das Bedürfnis hat, sich die Füße zu vertreten, kann zunächst einen kleinen Ausflug an die Ostküste unternehmen und einer Stichstraße ans Meer folgen. Hier befindet sich hinter einem Kiefernwald ein etwa 400 Meter langer und bis zu zehn Metern hoher Kalksteinaufschluss. Ein Wanderweg führt am **Kliff Kallaste** entlang. Über eine Küstenstraße geht es via Hellamaa (dort links abbiegen) wieder zurück auf die Straße 80, der man in nördlicher Richtung folgt.

Bauernmuseum Soera

Einige Kilometer vor der Inselhauptstadt Kärdla bietet sich ein Abstecher zum Bauernmuseum Soera an, das einen guten Einblick in das **ländliche Leben des 19. Jahrhunderts** gibt. Der 1848 angelegte Hof ist in drei Teile gegliedert: Wohnhaus, Dreschraum und Dreschboden. Hohe Schwellen und

134es Foto: jl

fensterlose Wände aus dicken Baumstämmen sollten die Kälte draußen halten, während drinnen ein aus Kalkstein gebauter Kamin für Wärme sorgte. In kleinen Nebengebäuden waren eine Schmiede, der Kornspeicher und die obligatorische Rauchsauna untergebracht, die der Familie als Badezimmer diente. Am Museum geht ein einen Kilometer langer **Wanderpfad** ab.

- **Soera Talumuuseum,** Palade, Gemeinde Pühalepa, Tel. 56666895, www.soeratalu.ee.

Unterkunft

- **Allika Hostel** €€-€€€, Suuremõisa, Tel. 4629026, mobil 53865079, info@allika.com, www.allika.com. Das Gästehaus ist im alten Gutshofkomplex Suuremõisa untergebracht; manche Zimmer mit eigenem Kamin, Fahrrad- und Autoverleih, Organisation von Reit-, Boots-, Angel- und Wanderausflügen.
- **Heltermaa Hotell** €€€, Hafen Heltermaa, Tel. 4694146, Fax 4694147, www.heltermaa hotell.ee. Neuer Komplex direkt am Hafen mit angegliedertem Reisebüro, auch Ausflüge im Angebot.
- Ferienhäuser in Värssu (Gemeinde Pühalepa) vermietet das Unternehmen **Kauste Puhkemajad,** alle sehr gemütlich eingerichtet mit moderner Küche und Kamin, 2–4 Zimmer. Kontakt über Tel. 5144389, info@kauste.ee, www.kauste.ee.

Aktivitäten

- **Fahrradverleih:** Man kann sich gleich am Hafen Fahrräder ausleihen, Infos unter www.hot.ee/jalgrattalaenutus oder Tel. 56482877, 56606377.

Kärdla

↗ XX/B1

Obwohl sie Inselhauptstadt genannt wird, ist die von den Schweden gegründete Stadt Kärdla mit rund 4100 Einwohnern eher ein **verschlafener Ort** mit vielen kleinen Holzhäuschen und Gärten. Dennoch ist es ein guter Ausgangspunkt, um die Insel zu erkunden, liegen hier doch einige Hotels, die zentrale Touristeninformation Hiiumaas sowie Geschäfte und Restaurants.

Die steinerne **Johanniskirche** (Posti 2) wurde 1863 erbaut, 1929 hat man den hölzernen Turm angefügt.

Mitte des 19. Jahrhunderts ließ die Familie *von Ungern-Sternberg* in Kärdla eine große **Textilfabrik** errichten, die den Ort zum Handelszentrum Hiiumaas machte. Heute ist in dem sogenannten **Langen Haus,** das um 1830 als Wohnhaus für die Direktoren der Textilfabrik errichtet wurde, ein Museum untergebracht, das unter anderem die Geschichte der Fabrik dokumentiert. Der Name kommt nicht von ungefähr, schließlich ist das mehr als 60 Meter lange Gebäude das längste im Ort.

- **Hiiumaa Museum,** Vabrikuväljak 8, Tel. 4632091, www.muuseum.hiiumaa.ee, im Sommer Di–Sa 10–17 Uhr, im Winter Mo–Fr 10–17 Uhr, Sa 11–14 Uhr.

Krater von Paluküla

Wie oben erwähnt, entstand Hiiumaa durch einen Meteoriteneinschlag. Die Höhen von Paluküla stellen den Rand des etwa vier Kilometer großen Kraters dar. Südlich von Kärdla führt ein **Naturpfad** an den Kraterrand. Zwar gibt es dort eine **Aussichtsplattform,** aber für Laien ist das Tal nicht unbedingt sofort als Krater auszumachen – im Gegensatz zum Krater Kaali auf der Insel Saaremaa.

Informationen

- **Touristeninformation,** Hiiu 1, Tel. 4622232, hiiumaa@visitestonia.com, www.hiiumaa.ee. Hier gibt es aktuelle englischsprachige Broschüren über die Insel mit Kartenmaterial sowie aktuellen Hotel- und Restaurantadressen. Sehr empfehlenswert ist die kleine Broschüre „Leuchtturm-Tour", die eine Rundfahrt über die Insel beschreibt. Online kann man diese Rundfahrt (auch auf Deutsch) unter www.hiiumaa.ee finden.
- **OÜ Tiit Reisid,** Reisebüro beim Busbahnhof, Sadama 13, Tel. 4632077, hiiumaa@tiitreisid.ee, www.tiitreisid.ee.

Service

- **Post**: Posti 13.
- **Banken:** Hansapank, Heltermaa mnt. 6, Ühispank, Keskväljak 7.
- **Internet:** kostenlos in der Staatbibliothek, Rookopli 18.
- **Apotheke:** Uus tn. 2, Tel. 4632166, Mo–Fr 8–18 Uhr, Sa 9–15 Uhr.

Unterkunft, Essen und Trinken

Viele Unterkünfte bieten Verpflegung an, ein Angebot, das man annehmen sollte, nicht nur, weil die Mahlzeiten meistens von der Hausfrau persönlich aus frischen, lokalen Zutaten bereitet werden, sondern auch, weil es vor allem außerhalb der Hauptsaison an geöffneten Lokalen mangelt.

- **Gästehaus und Restaurant Nordtooder** €€-€€€, Rookopli 20, Tel. 4691999, mobil 5092054, Fax 4632140, info@nordtooder.ee, www.nordtooder.ee. Sehr hübsches Gästehaus, liebevoll im alten Stil ausgestattet, Restaurant, Auto- und Fahrradvermietung.
- **Padu Hotel** €€, Heltermaa mnt. 22, Tel. 4633037, Fax 4633023, info@paduhotell.ee, www.paduhotell.ee. Sehr nettes, gemütliches Hotel mit DZ und Apartments, der Besitzer spricht Deutsch, Sauna mit kleinem Pool, Sat-TV, kleines Café und WiFi (drahtloser Internetzugang), verleiht auch Fahrräder.
- **Sõnjala Hotel und Restaurant** €€, Leigri väljak 3, Tel./Fax 4631220, sonjala@hot.ee, www.sonjala.ee. Das Hotel verfügt über Bar und Sauna, nette Zimmer, verleiht auch Fahrräder und bietet geführte Ausflüge an.

Aktivitäten

- **Fahrradverleih:** Viele Hotels verleihen Räder, ansonsten kann man bei folgenden Adressen welche ausleihen: Nõmme puhkemaja, Nõmme 30, Tel. 5203789, auch Zimmervermietung; Kauplus Kerttu Sport, Sadama 15, Tel. 4632130.
- **Tennisplatz:** Hiiumaa Tenniseklubi, Turu 2, Tel. 4633010, tennisklubi@hiiumaa.ee.
- **Minigolf:** am kleinen Strand in Kärdla, am Ende der Lubjaahu-Straße.
- **Reitausflüge** können die meisten Hotels und Pensionen organisieren. In Kärdla: Meelis Sepp, Linnumäe, Tel. 4631449, mobil 56453260.
- **Seekajaktouren:** seikleja.com, Tel. 5137141, bert@seikleja.com, www.seikleja.com, am besten im Vorraus buchen.

Einkaufen

Souvenirs von Hiiumaa, zum Beispiel Küchenutensilien aus Wacholderholz oder dicke Wollpullover, kann man in diversen kleinen **Handarbeitsläden** erstehen. Sie sind hier wesentlich preiswerter als in Tallinn oder anderen großen Städten des Landes. Kleine Schafe sind das Logo der hier angefertigten Handarbeitsartikel, sie zieren so manchen Pullover, Topflappen oder Schal. Auch den Museen sind oft kleine Souvenirläden angegliedert.

- **Hiiumaa Käsitöö Ühendus**, Vabrikuväljak 8.
- **Tuulepesa pood,** Põllu 3 (1. Stock).
- **Fotoentwicklung und Filme:** Pildikoda, Keskväljak 7, Mo–Sa 9–19 Uhr.

Verkehr

Fähre:

Siehe oben: „Anfahrt mit der Fähre".

Taxi:

- **Hiiumaa Taxi,** Tel. 5112225.
- **Takso Toomas Eller,** Tel. 5167676.

Bus:

- **Busbahnhof:** Sadama 13, Tel. 4632077.
- Von **Tallinn und Haapsalu** fahren Busse nach Kärdla, manche setzen ihre Reise bis nach Käina fort. Die Fahrt von Tallinn nach Kärdla dauert inklusive Fährüberfahrt etwa 4½ Stunden.
- Auf der Insel verbinden nur ab und zu Busse die einzelnen Ortschaften miteinander. Es ist deshalb ratsam, sich mit einem (Miet-)Auto oder Fahrrad fortzubewegen, weil es sonst sein kann, dass man irgendwo bis zum nächsten Morgen festhängt. In der Busstation in Kärdla gibt es aktuelle Fahrpläne, die über die **Inselbusse** informieren. Sie fahren u.a. nach Kõrgessaare, auf die Kõpu-Halbinsel, nach Kassari, Käina und zu den Häfen.

Flug:

- **Kärdla Flughafen** (Lennujaam), Hiiessaare, Gemeinde Pühalepa, Tel. 4631002, stass@airport.hiiumaa.ee, www.hiumaa.ee/airport, etwa drei Kilometer östlich von Kärdla. Zwei-

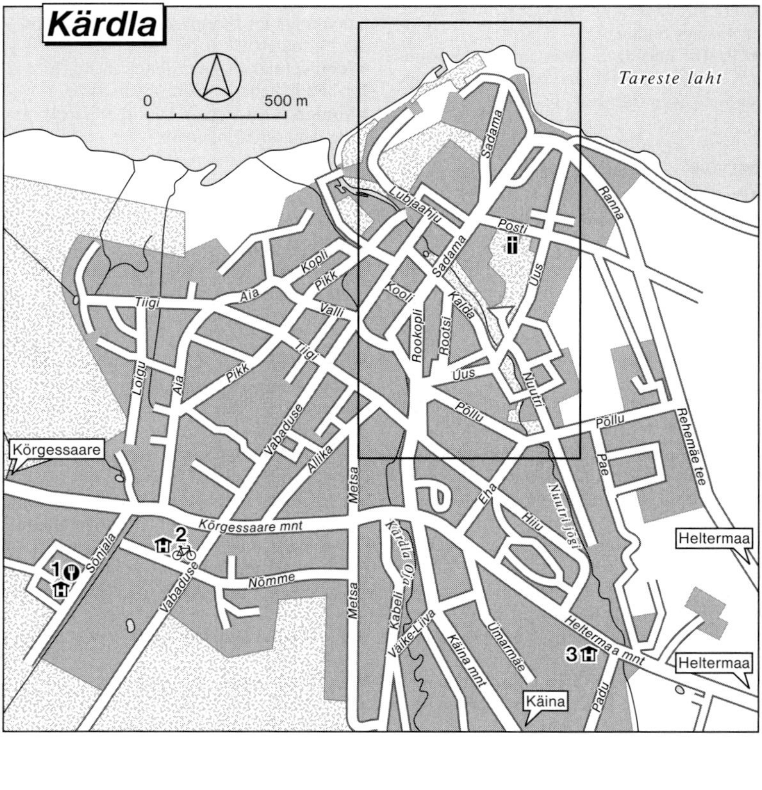

mal täglich kann man von Tallinn nach Kärdla und zurück fliegen. Am besten über ein Reisebüro buchen, ansonsten über die Fluggesellschaft Avies, Tel. 60580222, www.avies.ee, oder am Flughafen nachfragen.

Auto- und Rollervermietung:

Manche Hotels haben einen oder zwei Wagen zur Verfügung, die sie vermieten. Nachfragen lohnt sich, da dies oft die preiswerteste Alternative ist.

- **Autoverleih und Taxi Jaanus Jesmin,** Tel. 5112225.
- **Autoverleih Kerttu Sport,** Vabrikuväljak 1, Tel. 4696373.
- **Kleinmotorräderverleih Näkman SAT kaupluses,** Hiiu tn. 3, Tel. 4622555, info@karuorava.ee.

Tahkuna-Halbinsel ↗XX/B1

Kreuzberg

Folgt man der Straße 80 weiter in nordwestlicher Richtung, gelangt man zu einem merkwürdigen Ort, dem Kreuzberg, oder, auf Estnisch, **Ristimägi.** Zwar ist er kein Vergleich zu dem berühmten Berg der Kreuze in Li-

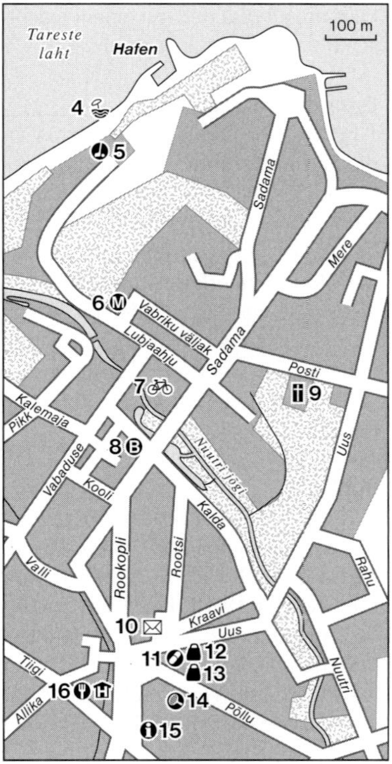

- 1 Sõnjala Hotel und Restaurant
- 2 Nõmme puhkemaja
- 3 Padu Hotel
- 4 Badestrand
- 5 Minigolf
- 6 Hiiumaa Museum/ Langes Haus
- 7 Kauplus Kerttu Sport
- 8 Busbahnhof
- 9 Johanniskirche
- 10 Postamt
- 11 Apotheke
- 12 Hiiumaa Käsitöö
- 13 Tuulepesa pood
- 14 Tennisclub
- 15 Touristeninformation
- 16 Gästehaus und Restaurant Nordtooder

tauen, doch umgibt auch diesen Ort eine mystische Atmosphäre. **Tausende Kreuze** verschiedener Größen, allesamt aus Naturmaterialien geschaffen, stehen oder liegen entlang einem kleinen Waldweg. Kaum ausgeschildert und meist menschenleer, wirkt der Kreuzberg fast ein wenig gespenstisch. In der Tat erinnert er an ein trauriges Kapitel der Inselgeschichte, der Deportation der hier zuvor ansässigen Schweden. Ein Erlass Katharinas II. hatte zu der Zwangsdeportation der schwedischen Bevölkerung geführt. An dieser Stelle sollen sie zum letzten Mal einen Gottesdienst abgehalten und den Ort mit einem Kreuz markiert haben. In Gedenken an die Verbannten stellten Inselbewohner und Besucher im Laufe der Zeit immer mehr Kreuze auf. Auch Touristen sind eingeladen, ein Kreuz aus Naturmaterialien zu hinterlassen. Zweige, Kieselsteine und Tannenzapfen stehen in Hülle und Fülle zur Verfügung.

Freilichtmuseum Mihkli

Ein paar Kilometer weiter westlich geht rechts eine Straße ab, die zu einem alten **Bauernhofkomplex** führt. Das Freilichtmuseum Mihkli versetzt Besucher ins 19. Jahrhundert zurück. Zur Besichtigung stehen das Bauernhaus und eine typische Rauchsauna.

- **Mihkli Museum,** Malvaste, Tel. 5232225, im Sommer täglich 11–18 Uhr.

Leuchtturm Tahkuna

Über eine unbefestigte Straße geht es an die Spitze der Tahkuna-Halbinsel, die überwiegend von Wald bedeckt ist. Seit 1875 zeigt der über 40 Meter hohe Leuchtturm Tahkuna den vor der seichten Küste vorbeifahrenden Schiffen den Weg. Zuvor waren unzählige Schiffe immer wieder in dieser Gegend auf Grund gelaufen – oftmals zur Freude der Ortsansässigen, die die Wracks plünderten. Es heißt, das eine oder andere Mal sollen Schiffe absichtlich in die Irre geleitet worden sein. Dem sollte der Leuchtturm ein Ende setzen. Er wurde gemeinsam mit dem Leuchtturm von Ristna, ganz im Westen der Insel, in Paris angefertigt und mit einem Frachtschiff nach Hiiumaa gebracht.

Estonia-Denkmal

In der Nähe erinnert ein Denkmal an die **Fähre „Estonia“,** die am 28. September 1994 etwa 30 Seemeilen nordwestlich der Tahkuna-Halbinsel unterging. Die auf der großen Glocke dargestellten Kinderköpfe stehen für die an Bord gewesenen Kinder, die in den Fluten umkamen. Die Glocke erklingt genau dann, wenn Windrichtung und -stärke mit denen in jener Unglücksnacht übereinstimmen.

Bunker

In der Nähe des Leuchtturms befinden sich, zum Teil im Wald versteckt, Türme und Bunker aus dem **Ersten und Zweiten Weltkrieg.** Man kann sie besichtigen, doch Vorsicht: Die unterirdischen Bunker sind stockduster und teilweise sehr verzweigt. Ohne Taschenlampe sollte man sich auf keinen Fall hineinbegeben.

Der Untergang der Estonia

In einer stürmischen Nacht vom **27. auf den 28. September 1994** ging das estnische Fährschiff „M/S Estonia", das zwischen dem estnischen Tallinn und dem schwedischen Stockholm verkehrte, vor der Südküste Finnlands unter. Bei dem schwersten Schiffsunglück der europäischen Nachkriegsgeschichte wurden mindestens **852 Passagiere und Besatzungsmitglieder** in den Tod gerissen, lediglich 137 Menschen überlebten. Die genaue Anzahl der Schiffsinsassen konnte bis heute nicht geklärt werden, da zum damaligen Zeitpunkt keine Passagierlisten geführt wurden. Die meisten Opfer stammten aus Schweden und Estland, aber auch mindestens fünf Deutsche starben in den Fluten der Ostsee.

Ebenfalls unklar ist die **Ursache** der Tragödie. Aus ungeklärten Gründen öffnete sich die **Bugklappe** der Fähre, sodass der Innenraum voll Wasser lief. Aussagen überlebender Crewmitglieder zufolge sollen erste Schwierigkeiten kurz nach Mitternacht aufgetreten sein, etwa fünf Stunden, nachdem die Estonia den Tallinner Hafen verlassen hatte. Etwa eine Stunde später wurde per Funk der erste Notruf gesendet, bevor die Passagierfähre 30 Minuten später von den Radarschirmen verschwand. Als das erste Rettungsschiff etwa eine Stunde nach dem Untergang am Unglücksort eintraf, war es aufgrund der schlechten Wetterverhältnisse schwierig, Überlebende aus den Fluten zu bergen. Da die Wassertemperatur nur 13 °C betrug, kam die Hilfe für die meisten Menschen zu spät, sie starben an Unterkühlung.

Kurz nach dem Unglück beauftragten die betroffenen Länder Estland, Schweden und Finnland eine **Untersuchungskommission,** deren Abschlussbericht erst 1997 vorlag. Demnach hätten **Konstruktionsmängel** den Untergang der Estonia verursacht. Dieser Bericht ist allerdings nicht nur von der Werft, die das Schiff 1980 gebaut hatte, sondern auch von internationalen Experten, Medien und Zeugen angezweifelt worden. Lückenhafte Ermittlungen, Schlamperei oder gar **bewusste Verfälschung** werden der Havariekommission vorgeworfen. Ein von der Werft beauftragtes Expertenteam, das u.a. Überlebende befragte, kam zu dem Ergebnis, dass es eine **Explosion an Bord** gegeben habe, und vermutet einen Sprengstoffanschlag. Dubiose Löcher im Schiffsrumpf und ein später wieder verschwundenes Päckchen auf den Aufnahmen von Tauchern sollten dies angeblich belegen.

Welche Version die richtige ist oder ob die Wahrheit irgendwo in der Mitte liegt, konnte bis heute nicht geklärt werden. Versuche der schwedischen Regierung, das Wrack mit einem Betonmantel zu umhüllen – was Angehörige der Opfer verhindern konnten – und Berichte über **Überlebende, die später spurlos verschwunden sein sollen,** lassen das Rätsel um den Untergang der Estonia immer verworrener erscheinen. In jüngster Zeit leitete man **neue Untersuchungen** ein. Es ist zu erwarten, dass demnächst brisante Einzelheiten ans Tageslicht kommen.

Badestrände

An den zumeist einsamen Stränden Tahkunas kann man einen Badestopp einlegen. Das Meer ist im Sommer aufgrund seiner geringen Tiefe an dieser Stelle angenehm warm.

Reigi

↗ XX/B1

Zurück auf der Hauptstraße passiert man kurz vor Kõrgessaare in Reigi eine **Kirche** von 1802, die der Landherr *von Ungern-Sternberg* in Erinnerung an seinen Sohn errichten ließ. Dieser hatte sich aufgrund von Spielschulden das Leben genommen und liegt auf dem Friedhof von Reigi begraben.

Im Inneren des Gotteshauses erinnern Gemälde aus dem 16. und 17. Jahrhundert sowie Reliefs aus einer älteren Holzkapelle an die schwedischen Bewohner, die hier einst lebten.

Unterkunft

- **Gästehaus Kalda** (Kalda Puhketalu) €€-€€€, Mangu, Gemeinde Kõrgessaare, Tel. 4622122, mobil 5279421, kalev@kaldapuhketalu.ee, www.kaldapuhketalu.ee. Ferienhäuser und Campingmöglichkeit am Westufer der Halbinsel, auch einfache Campinghäuser, Auto- und Fahrradverleih, Bootsausflüge, Sauna, Grillhaus und Verpflegung.
- **Ferienhof und Camping Randmäe** (Randmäe Puhketalu) €€, Mangu, Gemeinde Kõrgessaare, Tel. 56913883, puhketalu@hot.ee, www.hot.ee/puhketalu. Ferienhaus mit Kamin und Rauchsauna, schön am Sandstrand der Westküste Tahkunas gelegen, umringt von Kiefern, Stellplatz für etwa 30 **Wohnwagen,** Autovermietung.

Kõrgessaare

↗ XX/B1-2

Kõrgessaare (Hohenholm) an der Nordwestküste Hiiumaas war einst ein bedeutendes Handelszentrum. Anfang des 20. Jahrhunderts entstand hier eine große **Fabrik** namens „Viskoosa", in der Kunstseide produziert werden sollte. Die Lage nahe dem bereits im Mittelalter angelegten Hafen schien den Planern ein idealer Standort, doch die beiden Weltkriege machten die Pläne zunichte. Ein Teil der Fabrik wurde in die Luft gesprengt, aber einige hübsche, backsteinerne Fabrikgebäude sind noch erhalten. In einer alten Wodkabrennerei aus dem Jahr 1881 ist heute das traditionsreiche Restaurant Viinaköök untergebracht.

Service

- **Bank:** Geldautomat in Kõrgessaare.

Unterkunft

- **Restaurant und Gästehaus Viinaköök** €€, Sadama 2, Kõrgessaare, Tel. 4693337, Fax 4693172, sales@viinakook.com, www.haapsaluhotel.ee. Zimmer mit TV, Dusche und WC auf dem Gang, Sauna, sehr empfehlenswertes Restaurant.

Kõpu-Halbinsel

↗ XX/A-B2

Im Westen Hiiumaas ragt die Halbinsel Kõpu rund 20 Kilometer weit ins Meer hinein. Sie ist das Resultat einer vor 8000 bis 10.000 Jahren aus dem Meer gestiegenen Moränenerhebung, an deren höchster Stelle heute das wohl bekannteste Gebäude der Insel steht, der **Leuchtturm Kõpu.**

Anfang des 16. Jahrhunderts veranlasste der Tallinner Magistrat auf Bitten der Hanse den Bau des Turms. Zu viele Schiffe waren zuvor in der seichten Küstenregion am Riff Neckermannsgrund (Hiiu Madal bzw. Näkimadal) auf Grund gelaufen und von Piraten geplündert worden. Zunächst sollte das heutige **Wahrzeichen Hiiumaas** nur die Orientierung bei Tage erleichtern und war nicht mit Licht ausgestattet. Aus dieser Zeit stammt der untere Teil des Turms, ein massiver, quadratischer Kalksteinbau, der mit Strebepfeilern an den Seiten versehen war. 1538 wurde der Turm aufgestockt, doch seine eigentliche Funktion als Leuchtturm nahm er erst 1649 auf, wobei man zunächst mit Holz, später mit Öl Leuchtfeuer auf dessen Spitze anfachte. Der enorme Bedarf an Holz führte zu einer großflächigen Rodung der Halbinsel. Anfang des 19. Jahrhunderts hat man das Gebäude umgebaut, die Räume und die Treppe im Inneren wurden angelegt. Ende des 19. Jahrhunderts installierte man eine elektrisch betriebene Beleuchtungskuppel auf der Spitze. Heute kann man den Turm besteigen und wird mit einem schönen Ausblick über die Wälder, Moore, Wälle und Dünen Kõpus belohnt.

Wie auch auf der Tahkuna-Halbinsel befinden sich an ihrer Spitze, wo auch der **Leuchtturm von Ristna** steht, die Reste einer Festungsanalge. Kaum zu glauben, dass in dieser friedlichen Gegend Radaranalgen und Flugabwehrraketen stationiert waren, um die äußerste Nordwestgrenze der Sowjetunion vor einem Angriff des Westens zu schützen. Heute findet man noch die Stellungen der Soldaten im Wald. Ihre **Wachtürme und Bunker** können besichtigt werden, aber auch hier gilt: nicht ohne Taschenlampe und nur, wenn man Begleitung hat.

Wanderfreunden seien die **Naturpfade** auf der Halbinsel ans Herz gelegt. Für einen kurzen Spaziergang bietet sich der einen Kilometer lange Pihlatalu-Weg beim Dorf Kõpu an. Der zwei Kilometer umfassende Rebastemäe-Lehrpfad führt auf den 63 Meter hohen Kaplimägi mit einer Aussichtsplattform. Der Neljateeristi-Wanderweg umfasst vier verschiedene Routen unterschiedlicher Länge. Er führt über waldbedeckte Hügel, die aus früheren Dünen hervorgegangen sind. Kartenmaterial erhält man in der Touristeninformation in Kärdla.

Baden und Surfen kann man ganz im Westen bei Ristna oder in der Nähe des Ortes Luidja im Nordosten der Halbinsel. In der Nähe des Sandstrandes kann man auch campen.

Unterkunft

- **Ristna Puumetsa,** Tel. 5182555, Kõpu-Halbinsel, großes Haus mit 10 Betten, kleines mit 7. Vermittlung durch den Anbieter von Ferienhäusern **Dagen Haus,** info@dagen.ee, www.dagen.ee.

Aktivitäten

- Das **Wassersportzentrum Surf Paradiis** an der Westspitze der Halbinsel Kõpu (Paradiisirand, Ristna, Gemeinde Kõrgessaare, Tel. 6393288, mobil 56251015, paap@paap.ee, www.paap.ee) vermietet im Sommer Wassersportartikel und bietet verschiedene Wasseraktivitäten an wie Jetski, Schnorcheln, Wracktauchen und Bootsausflüge. Es werden auch einfache Schlafmöglichkeiten in Hütten, Zelten, Booten oder Hängematten vermittelt.

Der Inselsüden

↗ XX/B2-3

Die Fähre von und nach Saaremaa legt ganz im Süden der Insel an. Wenn man nicht dorthin unterwegs ist, ist dieser Teil Hiiumaas nicht unbedingt einen Umweg wert. Wer gleich auf die Insel Kassari oder nach Käina möchte, kann auch eine Querverbindung dorthin nehmen.

Auf dem Weg nach Süden passiert man im Dorf **Mänspe** eine kleine **Holzkapelle** von 1908, deren Altargemälde (17. Jahrhundert) und Kronleuchter (18. Jahrhundert) von Vorgängerbauten stammen.

Vom **Hafen Sõru** aus hat man einen schönen Blick aufs Meer. Wie auf Tahkuna und Kõpu findet man auch hier militärische Hinterlassenschaften, darunter Geschützstellungen aus dem Ersten Weltkrieg. Ein kleines **Museum** widmet sich der Geschichte der Seefahrt und des kleinen Hafenortes. Im Sommer finden am Hafen häufig Veranstaltungen statt, am Strand von Sõru feiert man mit einem großen Feuer das Mittsommerfest.

Die Dorfkirche des Ortes **Emmaste,** der für seine Holzprodukte bekannt ist, stammt aus dem Jahr 1867.

- **Sõru Museum,** Hafen Sõru, Gemeinde Emmaste, Tel. 4695408.

Insel Kassari

↗ XX/B2

Im 18. Jahrhundert wurde die kleine Insel Kassari durch eine Brücke mit Hiiumaa verbunden. Seither hat sie sich zu einem **beliebten Ferienort** entwickelt, der schon im 19. Jahrhundert besonders die Intellektuellen des Landes anzog. Seit 1860 besteht eine zweite Brücke weiter östlich, sodass man eine kleine Rundfahrt über die Insel machen kann.

In der Nähe der Dämme laden zwei **Wanderwege** zu Entdeckungen ein. Der Naturpfad „Orjaku" (2,5 km) führt durch das **Vogelschutzgebiet** an der Bucht Käina, wo über 90 Vogelarten nisten und Zugvögel rasten. Er beginnt am Turm Orjaku. Der zweite Weg (Ristitee turismitalu matkarada) schlängelt sich über 1,5 Kilometer nahe dem Dorf Esiküla durch den Nordostzipfel der Insel.

Im Süden der Halbinsel Kassari ragt eine schmale **Landzunge** drei Kilometer weit ins Meer hinaus. Der Legende nach wollte der Riese Leiger hier eine Brücke bauen, um seinen Bruder Suur Tõll auf Saaremaa zu besuchen. Doch so sehr er sich bemühte, das Meer war stärker als er und brach die Brücke immer wieder ab. Nur ihr Anfang, der sogenannte Sääre tirp, ist bis heute erhalten. Die drei Kilometer lange Strecke aus Steingeröll gehört zweifelsohne zu den beliebtesten Punkten der Insel. Man sollte es sich jedoch gut überlegen, ob der mit Hin- und Rückweg sechs Kilometer lange Gang lohnt! Den ersten Kilometer kann man noch mit dem Auto zurücklegen, doch dann ist der Weg nur noch für Fußgänger geöffnet. Um einen Eindruck zu bekommen, reicht es , nur einen Teil der Strecke zurückzulegen, wobei man sich zunächst durch ein Dickicht von Wacholderbüschen bewegt, über die im Herbst filigrane Libellen hinwegsegeln. Auf jeden Fall vorher Mückenschutz auftragen! Je mehr man sich der Spitze nähert, desto schmaler wird die Landzunge, bis sie schließlich – nur noch etwa einen bis zwei Meter breit – im Meer verschwindet.

Museum Kassari

Im sehr sehenswerten Museum Kassari im gleichnamigen Ort finden sich Ausstellungsstücke rund um die Geschichte Hiiumaas. Viele Exponate sind naturgemäß eng mit der Seefahrt verknüpft, unter anderem die Lichtmaschine eines Leuchtturms, aber auch Fotos und Gegenstände bekannter Inselbewohner und ein ausgestopfter Wolf sind zu sehen.

- **Kassari Ekspositsioonimaja,** Kassari, Tel. 4697121, im Sommer täglich 11–17 Uhr, im Winter nur Mo–Fr.

Kapelle

Vor der östlichen Brücke zur Hauptinsel biegt eine Nebenstraße rechts ab und führt zu einer kleinen Kapelle mit Reetdach aus dem Jahr 1801, die allerdings nicht unbedingt einen eigenen Umweg wert ist, es sei denn, man möchte nach dem Besuch noch den oben erwähnten zweiten Wanderweg beim Dorf **Esiküla** ablaufen.

Unterkunft, Essen und Trinken

- **Dagen Haus,** info@dagen.ee, www.dagen.ee. Ein Anbieter von stilvoll eingerichteten Ferienhäusern, meist am Meer gelegen, alle mit Sauna, z.B. Orjaku Mõisakoha, 7 Betten, Tel. 5182555; Roose Puhkemaja, Tel. 56480998.
- **Gästehaus Keldrimäe (Külalistemaja)** €€, Kassari, Tel. 4697210, keldrimagi@hot.ee, www.hiiumaa.ee/keldri. Gästehaus mit DZ, teils mit Bad auf dem Flur, außerdem kleine, einfach eingerichtete Campinghäuser, Fahrradverleih, Sauna, Feuerstelle.
- **Fasshäuser und Restaurant Vetsi Talu**, Kassari, Tel. 4622550, vetsitall@hot.ee, www.vetsitall.ee. Alte Schenke, die traditionelle Gerichte auftischt, gute Fischspeisen, auch vegetarisches Essen. Unterbringung in originellen Fasshäuschen, Vermittlung von Bootsausflügen, reiten, Fischfang, auch zelten und Wohnwagen aufstellen möglich. Übernachtung mit Frühstück pro Person €.

Aktivitäten

- **Fahrradverleih:** Niitlind OÜ, im Ort Kassari, Tel. 56253535.
- **Reitausflüge:** Kassari Ratsamatkad, Tel. 5189693, 5083642, www.kassariratsamatkad.ee (auch auf Deutsch), im Nordosten der Insel Kassari, einstündige bis mehrtägige Ausritte.

Vaemla

↗ XX/B2

Hinter der Brücke, wieder auf Hiiumaa, kann man bei der **Aussichtsplattform** von Vaemla (Waimell) einen Stopp einlegen. Der Ort ist heutzutage vor allem für seine **Wollfabrik Hiiu vill** bekannt (hinter der Brücke noch vor der Hauptstraße rechts, ist ausgeschildert). Das Familienunternehmen ist in einem alten Steingebäude untergebracht, das zum ehemaligen Herrenhaus des Ortes gehörte. Im Haus sind alte Maschinen zu besichtigen, außerdem kann man hier hervorragend Mitbringsel erstehen, vor allem natürlich dicke Pullover, Socken oder Handschuhe aus Schafwolle. Im Sommer ist ein kleines Café geöffnet.

Ein weiteres **Geschäft für Wollprodukte** (Marge Koduateljee) findet sich im Dorf Luguse westlich von Käina.

Käina

↗ XX/B2

Von Vaemla geht es zurück auf die Hauptstraße (83), auf der man sich links hält. Die **Kirchenruine** von Käina ist ein Denkmal für die Schrecken des Krieges. Dabei fiel das Gotteshaus, das Ende des 15. bis Anfang des 16. Jahrhunderts erbaut wurde, 1941 eher einer unglücklichen Verkettung von Umständen zum Opfer. Ein sowjetischer Wachmann bekam 1941 die Aufgabe, vom Turm der Kirche aus nach deutschen Soldaten zu spähen. Wohl eher aus Langeweile schoss er mit dem Gewehr in Richtung der vorüberfliegenden Kampfflugzeuge der Deutschen. Ein Pilot schoss daraufhin mit einem Maschinengewehr auf den Wachmann. Ein Geschoss entzündete sich zu einem Feuer, dem die Kirche zum Opfer fiel. Zwar heißt es, dass der deutsche Soldat sich später beim Ortspastor für den nicht geplanten Brand entschuldigt haben soll, doch ist dies angesichts seiner Auswirkung wohl nur ein schwacher Trost. Mit der Innenausstattung verbrannte auch eine Orgel, die der Vater des Komponisten *Rudolf Tobias* gebaut hatte.

Im Hafen Sviby auf Vormsi

Rudolf-Tobias-Museum

Rudolf Tobias selbst und sein Schaffen sind indes Mittelpunkt einer eigenen Ausstellung, die in einem alten Bauernhaus aus dem Jahr 1839 untergebracht ist. Tobias (1873–1918) wurde in Käina geboren und absolvierte eine Musikausbildung in St. Petersburg, bevor er in Berlin als Professor für Musik arbeitete. Im Inneren des Hauses kann man Orgeln und Klaviere bewundern, die Tobias spielte.

Auf dem Grundstück des alten Pastorats befindet sich eine für die Insel typische **Bockwindmühle.**

- **Helilooja Rudolf Tobiase Majamuuseum,** Tel. 4697121, im Sommer täglich 11–17 Uhr.

Service

- **Bank:** Hansapank, Mäe 2.
- **Autoverleih und Taxi Ants Tisler,** Mäe 1–3, Tel. 5083415.

Unterkunft

- **Hotel und Restaurant Liilia** €€€, Hiiu mnt. 22, Tel. 4636146, Fax 4636546, liiliahotell@hot.ee, www.liiliahotell.ee. Zum Hotel gehört eines der wenigen Restaurants, das das ganze Jahr über täglich geöffnet ist. Auch Speisen für Vegetarier im Angebot.
- **Lõokese Spa-Hotel** €€, Lõokes 14, Tel. 4636107, Fax 4636269, looke@hot.ee, www.lookese.com. Moderner Komplex mit Fitnessraum, verschiedene Anwendungen, Pool.
- **Ferienhäuser** in Villemi (Gemeinde Käina) vermietet das Unternehmen **Kauste Puhkemajad;** alle sehr gemütlich eingerichtet mit moderner Küche und Kamin, 2–4 Zimmer. Kontakt über Tel. 5144389, info@kauste.ee, www.kauste.ee.

Aktivitäten

- **Schwimmbad Käina ujula,** Mäe 4, Tel. 4629139, www.kaina.hiiumaa.ee, 25 Meter langer Pool, Kinderbecken und Sauna.

Vormsi

↗ XXI/C1-2

Die Insel Vormsi, die im Deutschen den Namen Worms trägt und im Schwedischen Ormsö genannt wird, liegt etwa zehn Kilometer von Haapsalu entfernt und ist mit ca. 92 Quadratkilometern die viertgrößte Insel Estlands. Die Herkunft des Namens liegt im Dunkeln, verschiedene Legenden sagen, dass er auf einen isländischen Wikinger namens *Orm* (=Schlange) oder einen Piraten zurückgeht.

Urkundlich erwähnt wurde das rund 17 Kilometer lange und 10 Kilometer breite Eiland erstmals im Jahre 1391. Um das Jahr 1270 besiedelten **Schweden,** wahrscheinlich hauptsächlich über Finnland kommend, die Insel. Ihre Anwesenheit, die 1944 mit einer Flucht vor der Roten Armee abrupt endete, prägt bis heute die Architektur, überall sind typische rote Holzhäuser zu sehen. Auch die Dörfer tragen noch schwedische Namen.

Von den politischen Umwälzungen Estlands blieb auch die kleine Insel nicht verschont. Zunächst im Besitz der **Bischöfe von Ösel-Wiek** (Saare-Lääne), kam Vormsi Ende des 16. Jahrhunderts in die Hände des Feldherrn *Pontus de la Gardie*, der der Schwedischen Krone diente. Wenige Jahre zuvor war Vormsi während des Livländischen Krieges (1558–83) von den Russen überfallen worden. Später ging der Besitz an die Gutsherren des Magnushofes über, welcher Anfang des

136es Foto: jl

17. Jahrhunderts von *Magnus Brümmer* erbaut worden war und dessen Namen er trägt.

In den folgenden 300 Jahren sollte es immer wieder zu Auseinandersetzungen zwischen den Gutsherren und und den freien schwedischen Bauern kommen. 1844 verlor der letzte Landbesitzer, Baron *Otto Friedrich Fromhold von Stackelberg* (1823–87), nach einer gerichtlichen Auseinandersetzung die Herrschaft über die Insel. Sein Sohn *Friedrich von Stackelberg* verkaufte den Gutshof schließlich nach dem Tod des Vaters an das russische Zarenreich.

Lebten 1938 noch 2600 Menschen auf Vormsi, sind es heute, nach der Vertreibung der schwedischen Einwohner im Zweiten Weltkrieg, nur noch rund **300 Bewohner.**

Vormsi ist für seine **unberührte Natur** bekannt, mehr als die Hälfte der Insel ist von Wald bedeckt. Im Süden befindet sich das Landschaftsreservat Rumpo, das auch die umliegenden Inseln der Hullo-Bucht umfasst. Hier befinden sich die Nistplätze der zahlreichen Vogelarten, die man auf Vormsi vorfindet. Im Westen, an der Küste bei Saxby, ragen **Kalksteinklippen** aus dem Meer empor.

Sehenswertes

Architektonisch ist die im 14. Jahrhundert erbaute **Vormsi-Kirche** in **Hullo** hervorzuheben. Eine Figur über dem Portal stellt den heiligen Olaf dar,

137es Foto: jl

dem das einschiffige Gotteshaus gewidmet ist. An der Stelle der in den Jahren 1632, 1772 und 1929 mehrmals umgebauten Kalksteinkirche hat zuvor bereits eine Holzkirche gestanden. Während der Sowjetzeit wurde die Vormsi-Kirche als Stall und Lagerraum benutzt, bevor sie schließlich am St.-Olafs-Tag (29. Juli) des Jahres 1990 wieder als Kirche geweiht wurde. Die Kanzel stellt eine Kopie des barocken Originals dar. An der Decke des Chorraums sind noch einige alte Malereien zu erkennen. Da die Kirche keine regelmäßigen Öffnungszeiten hat, erkundigt man sich am besten im Dorf nach dem Schlüssel oder ruft einen der am Portal aufgeführten Ansprechpartner an.

Auf dem **Friedhof** rund um die Kirche kann man eine große Ansammlung von schwedischen Rundkreuzen bewundern. Das älteste stammt aus dem Jahr 1743, während das jüngste auf 1923 datiert ist. Ferner erinnert ein **Mahnmal** an die Opfer des estnischen Unabhängigkeitskrieges, eines der wenigen seiner Art, das dort auch während der gesamten Sowjetzeit stand.

Am anderen Ende des Ortes steht die 1889 erbaute **russisch-orthodoxe Kirche,** die sich zusehends in eine Ruine verwandelt und einsturzgefährdet ist. Der vordere Turm ist bereits hinuntergestürzt.

Im Dorfkern von Hullo

Im Wald bei Hullo befindet sich der sogenannte **Baronstein** (Parunikivi). Eine deutsche Inschrift auf dem Riesenfindling erinnert an den letzten privaten Gutsbesitzer der Insel, Baron *Otto von Stackelberg*. Von seinem Wohnsitz, dem **Magnushof,** ist leider nicht mehr viel zu sehen. Lediglich ein paar Ruinen erinnern an den ehemaligen Gutshof.

In Saxby sowie in der Nähe von Norrby befinden sich **Leuchttürme,** in Rälby kann man eine alte **Holzwindmühle** sehen. Das kleine, im Jahr 2002 eröffnete **Museum in Sviby,** wo die meisten Inselbewohner ansässig sind, dokumentiert die schwedische Geschichte der Insel.

Informationen

- Informationen über Vormsi bekommt man in der **Touristeninformation in Haapsalu.** Auch die Besitzer der lokalen Hotels helfen Gästen gern weiter.
- Im **Internet:** www.vormsi.ee.
- In Rumpo befindet sich das **Informationszentrum des Landschaftsreservats.**

Service

- In Hullo neben dem **Lebensmittelgeschäft** gibt es einen **Briefkasten,** außerdem findet man ein paar Schritte weiter einen öffentlichen **Internetzugang,** der an der Hauptstraße ausgeschildert ist.

Unterkunft

- **Elle-Malle Külalistemaja** €€, Hullo, Tel./Fax 4732072, mobil 56472854. Gästehaus und **Campingplatz,** Sauna, Fremdenführer, Boots- und Fahrradverleih; Verpflegung bei Voranmeldung. Wer es romantisch mag, kann auch in einer Windmühle, die auf dem Grundstück steht, übernachten. Manchmal gibt es Aktionspreise, über die auch die Touristeninformation in Haapsalu Auskunft gibt.

● **Rumpo Mäe Talu** €€, Tel. 4732072, mobil 56472854, streng@hot.ee, www.hot.ee/streng. Bauernhof in Rumpo, Zimmer und **Campingmöglichkeiten,** Sauna und Fahrradverleih gegen Aufpreis, Verpflegung bei Voranmeldung; April bis Oktober.

Essen und Trinken

● In Hullo gibt es ein **Café/Restaurant** sowie das kleine **Lebensmittelgeschäft Hullo Kauplus,** Mo–Sa 9–20 Uhr, So 9–17 Uhr.
● Auch im **Museum in Sviby** kann man einen Kaffee zu sich nehmen.

Aktivitäten

● **Fahrrad- und Bootsverleih:** OÜ Revalees Konsultatsioonid, Sviby küla (beim Hafen), Tel. 5178722, tanvx@neti.ee, www.vormsi.ee/sviby. 15. Mai bis je nach Wetterlage Spätsommer/Herbst täglich 9–18 Uhr. Kommt man außerhalb der Öffnungszeiten an, lohnt sich ein Anruf, zumeist kann man den Service dann trotzdem in Anspruch nehmen. Hier werden auch geführte Radtouren über die Insel angeboten. Auch die Hotels vermieten Fahrräder.

Verkehr

● Die **Fähre** von Rohuküla, 8 km westlich von Haapsalu, verbindet das Festland zwei- bis dreimal täglich mit der Insel. Die Überfahrt dauert ca. 45 Minuten. Anlegestelle auf Vormsi ist Sviby. Hafen Rohuküla: Tel. 4733666, Hafen Sviby: Tel. 4726107.
● Ein **öffentlicher Bus** richtet sich nach der Fähre, d.h. er wartet in Sviby, wenn man ankommt, und fährt nach Sviby, wenn die Fähre wieder abfährt.
● Erkunden kann man die Insel am besten per **(Leih-)Fahrrad.**
● Im Winter kann man per Schlitten oder sogar, wenn die Eisdicke es zulässt, mit dem Auto **über das Eis** zur Insel gelangen.

Kihnu

↗ XVI/B2-3

Seit 2003 gehört Kihnu (Kühnö), die mit 16 Quadratkilometern siebtgrößte Insel des Landes, zum **Weltkulturerbe der UNESCO.** Doch es ist ausnahmsweise nicht die unberührte Natur des flachen, tief gelegenen Eilands mit seinen Strandwiesen und Kiefernwäldern, Wacholderhainen und vorgelagerten Holmen, auf denen Seehunde ihre Jungen aufziehen, der diese Auszeichnung gilt. Vielmehr sind es die **Bräuche und Traditionen** sowie der eigentümliche **Dialekt,** die geschützt werden sollen. Nirgendwo sonst im Land werden derartige Bräuche, darunter traditionelle Tänze und Gesang, so im Alltag gelebt wie auf Kihnu, was die Insel auf die Liste der **„Meisterwerke des mündlichen und immateriellen Erbes der Menschheit“** setzte.

Die nahe der Bucht von Pärnu etwa zehn Kilometer vor der Küste liegende Insel im Rigaer Meerbusen ist der einzige Fleck im Land, wo auch heute noch zumindest einige Frauen tagtäglich ihre bunte **Tracht,** die aus farbig gestreiften Wollröcken, Schürzen und bestickten Blusen besteht, zur Schau stellen. Leider ist dieses Kulturgut in Gefahr, unter anderem weil viele junge Leute die Insel verlassen (müssen), um Arbeit auf dem Festland zu finden.

Besiedelt wurde das etwa 7 Kilometer lange und 3,3 Kilometer breite Inselchen vor etwa 500 Jahren. Die vier Dörfer Lemsi, Sääre, Rootsiküla und Linaküla entstanden bereits im 16. Jahrhundert. Neben Esten bewohnten **Schweden und Liven** die Insel, die

138es Foto: af

mal zu Russland, mal zu Polen, mal zu Schweden gehörte. Während die Männer zur See fuhren und Robben jagten, waren die Frauen für Haus und Hof zuständig. Als „Kihnu Naine", Frau von Kihnu, bezeichnet man noch heute in ganz Estland Frauen, die trotz Ehe ein unabhängiges Leben führen.

Im Laufe der Zeit wuchs die Bevölkerung an und erreichte mit 1200 Einwohnern Anfang des 20. Jahrhunderts ihren Höchststand. 1933 wanderten einige Inselbewohner auf die nahe gelegene Insel Manilaid (siehe Kap. „Westküste und Hinterland: Pärnu, Umgebung") aus, die nur 800 Meter vom Festland entfernt liegt. Heute leben etwa 600 Menschen auf Kihnu.

Für die Kinder gibt es eine eigene Inselschule. Sehenswert sind das darin untergebrachte **Inselmuseum** und das Grab des Kapitäns *Enn Uuetoa*, genannt *Kihnu Jõnn*, von dessen Fahrten über die Weltmeere auf dem Schiff „Rock City" die Inselbewohner noch heute erzählen.

Die **orthodoxe Kirche** stammt aus dem Jahr 1784. Als lutherische Kirche anstelle eines Vorgängerbaus von 1642 erbaut, wurde sie 1862 umgewidmet, nachdem die meisten Inselbewohner aufgrund eines Erlasses des

Trotz Rettungsring –
im Winter besser nicht über Bord ...

russischen Zaren zum orthodoxen Glauben übergetreten waren. Im Süden der Insel erhebt sich ein **Leuchtturm,** den man besteigen kann.

Unterkunft

- **Campinghäuser und Zeltplatz Ranna,** Lina, Tel./Fax 4469924, kihnurand@kihnu.ee. Einfache Hütten für 1–4 Personen, direkt am Meer, Außenküche, Sauna mit Kamin, Duschen auf dem Gelände, Fahrradverleih; bei Bedarf Transport vom/zum Hafen, Mai bis Sept.; pro Person €.
- **Ferienwohnungen Kihnu Kala** €€-€€€, Tel. 4475911, as.kihnu.kala@neti.ee. Mehrere Wohnungen für max. 6–10 Personen, Schlafzimmer mit Doppelstockbetten, Küche, Bad, Wohnraum, z.T. mit Sauna.
- **Gästehaus Rock City,** Tel. 4469947, 4469956, rockcity@kihnu.ee. DZ und Mehrbettzimmer, auch **zelten** möglich, Fahrradverleih, Sauna, auf Wunsch Verpflegung und Transport, pro Person €.
- **Ferienhof Tolli** €€, Sääre, Tel. 4469908, 4469738, kihnutalu@hot.ee, www.kihnutalu.ee. Zimmer im Gästehaus und im alten Speicher, außerdem einfaches Campinghaus, Sauna, Kamin, Schaukel, Grill, Fahrradverleih, Verpflegung bei Vorbestellung, auch **zelten** möglich; bietet auch Boots- und Angelausflüge sowie Rundfahrten über die Insel an.

Essen und Trinken

- **Cafés** gibt es in Sääre und Rootsiküla; kleine **Geschäfte,** in denen man auch Lebensmittel erhält, haben Lemsi und Sääre.

Aktivitäten

- **AS Kihnurand,** Sääre, Tel./Fax 4469924, kihnurand@kihnu.ee. Das Unternehmen organisiert Ausflüge, Unterkunft und Folkloreabende auf der Insel.
- In Sääre kann man **Fahrräder** ausleihen.

Verkehr

- Man kann von zwei Häfen auf dem Festland die Insel Kihnu ansteuern: Ein kleines Passagierboot legt vom **Hafen in Pärnu** (Lootsi 6, Tel. 4471740) ab, im Sommer verkehren außerdem **Boote vom Hafen Munalaid** (Tel. 4457500), der etwa 50 km südwestlich von Pärnu liegt. Im Sommer fahren bis auf mittwochs täglich 1–2 Boote von Pärnu bzw. Munalaid nach Kihnu. Die Touristeninformation in Pärnu ist gern bei der Buchung behilflich.
- Im Winter, wenn die **See zugefroren** ist, kann man von Pärnu aus auf die Insel Kihnu **fliegen** oder – bei besonders dicker Eisdecke – **mit dem Auto** hinüberfahren. Letzteres sollte man aber nicht aufs Geratewohl selbst ausprobieren.

Ruhnu

Die kleine Insel Ruhnu (Runö) liegt **weit draußen in der Rigaer Bucht** und ist von der Lage her näher an Lettland (37 km) als an Estland (70 km bis Kuressaare/Saaremaa). Im Jahr 1341 gestattete der Bischof von Kurland den auf der Insel ansässigen Schweden, als freie Bauern zu leben. Ihre Nachfahren, Anfang des 20. Jahrhunderts rund 300 Menschen, verließen erst während des Zweiten Weltkriegs aus Furcht vor der Roten Armee die Insel. Zu Sowjetzeiten wurde das 11 Quadratkilometer große Eiland von Einwohnern Saaremaas und Kihnus neu besiedelt, heute leben hier etwa 60 Menschen.

Die Insel wartet, wie auch ihre größeren Schwestern im Norden, mit Wald und Einsamkeit auf. Mit etwas Glück trifft man **Seehunde** an. Im Sommer sollte man Ruhnu auf keinen Fall ohne **Mückenschutzmittel** betreten!

Die schöne **Magdalenen-Holzkirche** stammt aus dem Jahr 1644. Sie ist somit eines der ältesten Holzbauwerke Estlands. Die Vorhalle mit dem Turm wurde nachträglich Mitte des 18. Jahrhunderts angebaut, ebenso die Sakristei aus dem 19. Jahrhundert. Das Gestühl ist mit geschnitzten Ornamenten verziert. Die zweite Inselkirche stammt aus dem Jahr 1912. Der **Leuchtturm** wurde in Le Havre angefertigt und 1877 auf einem Hügel aufgestellt.

Das 1990 gegründete **Ruhnu Museum** ist eine Filiale des Saaremaa Museums. Es gibt Besuchern einen Überblick über die Geschichte der Insel und ihrer Einwohner, auch über die bis 1944 auf Ruhnu lebenden Schweden.

- **Ruhnu Museum,** Tel. 4533814, 15. April bis 1. Oktober Mi–So 11–18 Uhr.

Informationen

- Aktuelle Informationen (auf Englisch) zu Unterkünften, Verkehrsanbindung und Geschichte der Insel unter **www.ruhnu.ee.**

Service

- Das **Postgebäude** im Dorf behergt auch die örtliche Bibliothek, wo man **Internetzugang** hat. In dem kleinen **Dorfladen** erhält man die nötigsten Dinge.

Unterkunft

- **Ferienhof Liise** (Liise Talu Ruhnu Saarel) €€, Ruhnu, Tel. 4533849, mobil 5208756, liise.ruhnu@mail.ee. Sieben Zimmer, verteilt auf kleine Hütten; Sauna, Grill, Verpflegung auf Vorbestellung, Transport und Führungen über die Insel auf Anfrage.
- **Buldersi-Bauernhof,** Tel. 5209160, Ferienhaus mit Grillplatz und Sauna, **zelten** möglich, im Haus pro Person €.
- Einige Inselbewohner bieten **Privatunterkünfte** an, also Zimmer bei ihnen zu Hause, Infos unter www.ruhnu.ee.

Verkehr

- **Fähren** verbinden Ruhnu mit dem Hafen Roomassaare (bei Kuressaare) auf Saaremaa im Sommer etwa zweimal wöchentlich. Buchung: Tel. 4524444, booking@laevakompanii.ee oder www.laevakompanii.ee.
- **Private Transportanbieter:** Boot Arabella, Lauri Kivirai, Tel. 5042199, von Roomassaare/Saaremaa, Platz für 35 Passagiere; Boot Vesta, Firma Kihnumadal, Tel. 5082467, von Pärnu.
- Von Pärnu oder Kuressaare aus kann man Ruhnu mit dem **Flugzeug** erreichen, www.airlivonia.ee, Flughafen Ruhnu: Tel. 4533824.

062es Foto: ji

Anhang

109es Foto: jl

093es Foto: af

Die Esten singen gern – nicht nur für die Kamera

Tallinner Stadtmauer mit Türmen

Bauernhofidylle

Literaturtipps

Es gibt zahlreiche Bücher, die sich thematisch mit Estland oder dem Baltikum beschäftigen: Bildbände und Geschichtsabhandlungen, Kunstbücher und Veröffentlichungen zu Politik und Zeitgeschehen, Romane ausländischer Schriftsteller, die in Estland spielen sowie natürlich Werke estnischer Dichter und Romanciers. Manche Titel sind leider vergriffen, aber vielleicht noch in Bibliotheken oder Antiquariaten erhältlich. Andere kann man nur über das Internet bestellen oder in Estland kaufen. Es kommen jedes Jahr neue Publikationen auf den Markt, diese Liste stellt deshalb nur eine Auswahl an Literatur zu Estland vor.

Wer sich für die Geschichte des Landes interessiert, sollte sich in Buchhandlungen nach Werken zur Geschichte der baltischen Länder erkundigen, meistens werden alle drei Staaten zusammen abgehandelt.

Publikationen über die Geschichte der Deutsch-Balten und bestimmte Kulturdenkmäler erhält man über den Schriftenvertrieb der Carl-Schirren-Gesellschaft:

- **Carl-Schirren-Gesellschaft,** Am Berge 35, 21335 Lüneburg, Tel. 04131-36788, Fax 33453, csg@carl-schirren-gesellschaft.de, www.carl-schirren-gesellschaft.de.

Belletristik

- *Barüske, Heinz:* **Estnische Märchen.** Insel Verlag, Frankfurt 1995.
- *Berg, Maimu:* **Ich liebte einen Russen.** Zur Erinnerung an die schneereichen Winter der Kindheit. Gollenstein 2001. Außer dieser tragischen Liebesgeschichte ist Bergs **Barbara von Tiesenhusen** auf Deutsch erschienen.
- *Bergengruen, Werner:* **Der Tod von Reval.** Kuriose Geschichten aus einer alten Stadt. Dtv 2006.
- *Ekman, Pärtel:* **Tallinner Trio.** J. H. Röll Verlag 2004. Kriminalroman, der in Estland nach der Unabhängigkeit spielt.
- *Hueck-Dehio, Else:* **Liebe Renata. Die Geschichte einer Jugend in Estland,** Brunnen-Verlag, Gießen 2003. Liebesroman, der zur Zeit des Ersten Weltkriegs in Tartu spielt. Von der gleichen Autorin stammt auch: **Die Brunnenstube / Tante Tüttchen. Baltische Erzählungen.** Kaufmann Verlag 2003. Wenn man Glück hat, bekommt man in Antiquariaten oder im Internet noch einige ältere Bücher von ihr.
- *Jürjo, Indrek:* **Aufklärung im Baltikum,** Verlag Böhlau 2006. Widmet sich dem Leben und Werk von *August Wilhelm Hupel,* einem typischen Repräsentanten der estnischen Aufklärung.
- *Knellwolf, Ulrich:* **Auftrag in Tartu.** Fischer Taschenbuch, Frankfurt/M. 2002. Krimi mit historischem Hintergrund.
- *Kross, Jaan:* Von dem großen zeitgenössischen Autor sind gleich mehrere Bücher ins Deutsche übersetzt worden: **Das Leben des Balthasar Russow,** Hanser Verlag 1995; **Der Verrückte des Zaren,** dtv 2003; **Professor Martens Abreise,** dtv 1995; **Ausgrabungen,** Verlag Dipa 1994.
- *Laar, Mart:* **Das estnische Wirtschaftswunder,** herausgegeben von der Konrad-Adenauer-Stiftung, Tallinn 2002. Der ehemalige estnische Ministerpräsident resümiert die jüngste Geschichte des Landes, den Zusammenbruch der Sowjetunion und die erfolgreiche Rückkehr Estlands nach Europa.
- ders.: **Der vergessene Krieg: die bewaffnete Widerstandsbewegung in Estland 1944–1956,** Verlag Grenader, Tallinn 2005.
- *Laschen, Gregor* (Hrsg.): **Die Freiheit der Kartoffelkeime.** Wirtschaftsverlag Nw 1999. Poesie aus Estland, Texte von *Jaan Kaplinski, Viivi Luik, Paul-Erik Rummo* u.a.
- *Ludwig, Klemens:* **Estland,** Becksche Reihe Länder, München 1999. Wissenswertes über Land und Leute, Geschichte, Politik, Wirtschaft und Kultur Estlands.
- *Luik, Viivi:* **Die Schönheit der Geschichte.** Rowohlt Verlag, Reinbek 1995. Von der estnischen Autorin ist außerdem der Roman **Der siebte Friedensfrühling** (Rowohlt Verlag 1991) erschienen, der allerdings zurzeit vergriffen ist.
- *Õunapuu, Ervin:* Zwei Bücher sind von dem zeitgenössischen Autor auf Deutsch erschienen: **Oliva** (2003) und **Die stinkenden Handschuhe des Chefs** (2004), beide bei Edition Innsalz.
- *Peer, Alexander* (Hrsg.): **Ostseeatem,** Edition Innsalz, 2004. Sammlung von Kurzge-

schichten und Lyrik. Die Inhalte beziehen sich auf alle drei baltische Staaten.

- *Petersen, Peter* (Hrsg.): **Kalevipoeg. Das Estnische Nationalepos.** Verlag Mayer, Stuttgart 2004. Übersetzte Neuauflage.
- *Pullat, Raimo:* **Die Geschichte der Stadt Tallinn.** VVB Laufersweiler Verlag 2005. Reval von seinen Anfängen bis zum Zweiten Weltkrieg.
- *Schmidt, Sabine* (Hrsg.): **Europa erlesen. Tallinn.** Reihe hrsg. von Lojze Wiesner, Wiesner Verlag, Klagenfurt/Celovee 2003. Nette Sammlung von Geschichten verschiedener Autoren rund um die estnische Hauptstadt.
- *Tode, Emil:* **Grenzland.** Paul Zsolnay Verlag, Wien 1997. Das Werk stammt von dem zeitgenössischen, unter dem Pseudonym *Tode* schreibenden Schriftsteller *Tõnu Õnnepalu* und handelt von einem jungen Esten, der durch Paris wandelt und Westeuropa entdeckt, das er so herbeigesehnt hat.
- *Vetemaa, Enn:* **Die Nixen von Estland.** Eichborn Verlag 2002. Mit netten Illustrationen.
- *Wirstinghausen, Henning von:* **Im freien Estland.** Verlag Böhlau, 2004. Wie der Untertitel verrät, handelt es sich um die „Erinnerungen des ersten deutschen Botschafters 1991–1995" in Estland, der aus einer baltischen Familie stammt.

Sprache

- Ein **estnisch-deutsches Wörterbuch** ist 2005 im Hempen-Verlag von Berthold Forssman erschienen, weitere Wörterbücher erhält man in Estland.
- Sehr nützlich ist der praktische und kompakte Sprechführer der **Kauderwelsch-Reihe** aus dem REISE KNOW-HOW Verlag **Estnisch – Wort für Wort** (Band 55), der ein umfangreiches Wörterverzeichnis enthält, Grundlagen der Grammatik auf einfache Weise erläutert und vielfältige praktische Konversationsbeispiele zu allen Bereichen des touristischen Alltags anbietet. Als begleitendes Tonmaterial ist der **AusspracheTrainer** auf Audio-CD erhältlich. Außerdem erscheint das Buch als **Kauderwelsch digital** auf CD-ROM.

HILFE!

Dieses Reisehandbuch ist gespickt mit unzähligen Adressen, Preisen, Tipps und Infos. Nur vor Ort kann überprüft werden, was noch stimmt, was sich verändert hat, ob Preise gestiegen oder gefallen sind, ob ein Hotel, ein Restaurant immer noch empfehlenswert ist oder nicht mehr, ob ein Ziel noch oder jetzt erreichbar ist, ob es eine lohnende Alternative gibt usw.

Unsere Autoren sind zwar stetig unterwegs und versuchen, alle zwei Jahre eine komplette Aktualisierung zu erstellen, aber auf die Mithilfe von Reisenden können sie nicht verzichten.

Darum: Schreiben Sie uns, was sich geändert hat, was besser sein könnte, was gestrichen bzw. ergänzt werden soll. Nur so bleibt dieses Buch immer aktuell und zuverlässig. Wenn sich die Infos direkt auf das Buch beziehen, würde die Seitenangabe uns die Arbeit sehr erleichtern. Gut verwertbare Informationen belohnt der Verlag mit einem Sprechführer Ihrer Wahl aus der über 200 Bände umfassenden Reihe „Kauderwelsch".

Bitte schreiben Sie an:

REISE KNOW-HOW Verlag Peter Rump GmbH, Postfach 140666, D-33626 Bielefeld, oder per E-Mail an: info@reise-know-how.de

Danke!

Die **Sprachführer der Reihe Kauderwelsch** helfen dem Reisenden, wirklich zu sprechen und die Leute zu verstehen. Wie wird das gemacht?

Register

Aa 210
Abja-Paluoja 383
Abruka 468
ADAC 44
Adressen 61
Aegna-Insel 173
Aegviidu 256
Ahja-Fluss 323
Aktivitäten 62
Alajõe 232
Alam-Pedja-Naturschutzgebiet 270
Alatskivi 302
Albu 253
Altgläubige 307
Altja 193
Ambla 254
Ameisenhügel Akste 324
Ameisenschutzgebiet 303
Angeln 62
Angla-Windmühlen 464
Anna 251
Anreise 33
Ansip, Andrus 94
Antsla 347
Apotheken 58
Aravete 254
Arbeitslose 98
Architektur 115
Arensburg 448
Ärzte 58
Audru 404
Auslandskrankenversicherung 26
Ausrüstung 31
Ausweisverlust 59
Autofahren 44
Automobilklubs 44
Autoreisezug 36
Autovermietungen 45
Avinurme 233

Baden 62
Bahn 77
Bahn-Anreise 37
Balten 74, 99
Baltikum Tourismus Zentrale 22
Baltische Glint 81
Banken 38
Barclay de Tolly Mausoleum 359
Bären 82
Bauernburgen 85
Benzin 44
Beresje 329
Bergwerkpark Kohtla 212
Bernsteinschmuck 47
Bevölkerung 99
Bier 49
Blaue Berge 217
Bootsfahrten 65
Botschaften 25, 59
Bräuche 103
Bronzezeit 182
Burg Ivangorod 222
Burg Maasi 465
Burg Varbola 240
Burgen 117
Bus-Anreise 36
Busse 74

Camping 45

Dagö 470
Dänemark 85
Denkmal für den Sowjetischen Soldaten 94
Denkmalschutzgebiet Rebala 182
Deutsch-Balten 89
Deutscher Orden 88
Devisenbestimmungen 25
Diesel 44
Diplomatische Vertretungen 25, 59
Dirhami 439
Dokumente 25, 35
Dolomit 47
Dorpat 277
Drumlins 248, 264
Dünen 411

EC-Karte 38
EC-Karte, Verlust 58
Einbäume 407
Einkaufen 46
Einladungen 73
Einreisebestimmungen 25
Eisangeln 62
Eisenbahnmuseum 424
Elche 82
Elektrizität 48
Elistvere-Wildpark 265
Elva 315
Emajõgi-Mündungsgebiet 308
Endla-Moor 261
Energiepfad 340
Energiesäule 363
Erastvere 325
Erste Hilfe 59
Erwachen, Nationales 90
Essen 48
Estnisch 66
Estnische Krone 38
Estonia, Untergang 479
Estonia-Denkmal 342, 478
EU 94
Euro 38, 94
Eurovision Song Contest 111

Fähre 37, 77
Fahrradfahren 52
Fahrradverleih 53
Fahrzeugpapiere 35
Fauna 81
Feiertage 54
Fernsehen 56
Feste 103
Film 114
Filme 32
Finnen 100
Fische 84
Flagge 95
Flora 81
Flug 33
Flug, Inland 77
Flughafen 33
Flugzeug- und Luftfahrtmuseum 313
Folklore 104, 333
Fotoausrüstung 32
Freiheitskrieg 91
Freilichtmuseum Rocca al Mare 154
Fremdenverkehrsamt 22
FSME 32

Gastronomie 51
Geldfragen 38

Geldkarten-Verlust 58
Geografie 80
Geologie 80
Gepäck 34
Gesang 103, 488
Geschäfte 46, 59
Geschichte 85
Gesundheitsvorsorge 32
Getränke 49
Gildehäuser 127
Glint, Baltische 81
Golf 62
Großgrundbesitzer 91
Gutsherren 89
Gutshöfe 117

Häädemeeste 411
Haanja-Naturpark 336
Haapsalu 413
Haeska 434
Hageri 240
Halbinsel Kõpu 480
Halbinsel Ninase 462
Halbinsel Noarootsi 437
Halbinsel Sõrve 460
Halbinsel Tahkuna 477
Halbinsel Vätta 468
Haljala 202
Halliste 382
Handarbeitsläden 46
Handgepäck 35
Handy 68
Hängebrücken 407
Hanila 435
Hanse 85, 86
Harku 178
Hauptstadt 120
Haustiere 27
Heimtali 381
Hellenurme-
Wassermühle 367
Helme 358
Helsinki 37, 171
Hermannsfestung 221
Hiiumaa 469
Hitler-Stalin-Pakt 91
Hochland Pandivere 257
Hochmoor Parika 273
Holdre 359
Homosexuelle 55
Hotelkategorien 70
Hotels 70
Hotspots 55
Hullo 486
Hummuli 357
Hygiene 69

Iisaku 231
Ikla 411
Illuka 229
Ilumetsa-Krater 326
Imavere 250
Impfungen 32
Inflation 98
Informationsstellen 22
Ingliste 242
Inlandsflüge 77
Insel Abruka 468
Insel Aegna 173
Insel Hiiumaa 469
Insel Kassari 482
Insel Kihnu 488
Insel Manilaid 405
Insel Muhu 442
Insel Naissaar 173
Insel Osmussaare 439
Insel Piirissaar 311
Insel Ruhnu 490
Insel Saaremaa 447
Insel Vormsi 485
Integration 102
Internetadressen 23
Internetzugang 55
Ivangorod-Burg 222

Jägala-Wasserfall 184
Jämaja 460
Jäneda 254
Järva-Jaani 252
Järvakandi 239
Järva-Madise 252
Jõelähtme 183
Jõesuu 406
Jõgeva 261
Jõgeveste 359
Johannistag 54
Jõhvi 214
Juden 92
Jugendherbergen 71
Juminda-Halbinsel 198
Juuru 241

Kaagjärve 356
Kaali-Meteoritenfeld 467
Kaarma 468
Kabala 250
Kabli 411
Kadrina 257
Kadriorg 146
Kaffee 51
Käina 484
Kalevipoeg 107
Kaliningrad 37
Kallaste 305
Kalvi 208
Kambja 313
Kanepi 325
Kanufahren 63
Kärde 261
Kärdla 474
Karepa 208
Kärkna-Kloster 301
Karksi-Nuia 382
Karstfeld bei Kuimetsa 242
Karstgebiete bei Tuhala 179
Karten 31, 53
Käru 243
Karula 356
Karula-Nationalpark 349
Karuse 435
Kasepää 308
Kasispea 196
Käsmu 194
Kassari-Insel 482
Katharinental 146
Kauksi 232
Kavastu 308
Keava 243
Kehtna 239
Keila 176
Keila-Joa 173
Kihelkonna 461
Kihnu 488
Kiiu 184
Kilingi-Nõmme 412
Kiltsi 259
Kinder 56
Kino 114
Kirbla 432
Kirche 99
Kirchen 117
Kirna 248
Kiviõli 209
Kivi-Vigala 239
Kleidung 31
Klima 29

Kloster Kärkna 301
Kloster Padise 175
Kloster Pirita 153
Kloster Pühitsa 231
Kloster Petseri 329
Koeru 251
Koguva 444
Kohila 241
Kohtla-Järve 212
Koigi 250
Koigi-Moorgebiet 466
Kokõmäe 337
Kolga 197
Kolga-Jaani 273
Kolkja 306
Koluvere 431
Königsberg 37
Kõnnumaa-Landschaftsschutzgebiet 243
Kõo 272
Kooraste 326
Kõpu 377
Kõpu-Halbinsel 480
Kõrgessaare 480
Kõrvemaa-Schutzgebiet 256
Kose 180, 335
Kostivere 182
Krankenversicherung 26
Krankheiten 32
Krater von Ilumetsa 326
Krater von Kaali 467
Krater von Paluküla 474
Kreditkarte, Verlust 58
Kreditkarten 38
Kreuzberg 477
Krone, Estnische 38
Küche 48
Kühnö 488
Kuimetsa-Karstfeld 242
Kullamaa 431
Kumu 151
Kunda 207
Kunst 112
Kunstmuseum Kumu 151
Kuressaare 448
Kurgja 410
Kurstadt Haapsalu 413
Kurstadt Kuressaare 449
Kurstadt Pärnu 387
Kurtna-Seengebiet 229
Küstenschweden 101, 437, 422
Kütiorg-Urstromtal 335
Kuusalu 184

Läden 46, 59
Lahemaa-Nationalpark 189
Lahepere-Bucht 173
Laiküla 432
Laitse 177
Laiuse 262
Lämmijärv 329
Landschaftsschutzgebiet Kõnnumaa 243
Landschaftsschutzgebiet Vooremaa 264
Landtourismusverband 71
Last-Minute 33
Lavassaare 405
Lebensmittel 46
Leibeigene 88
Leisi 463
Leitungswasser 32
Lettland 350
Lieder 103, 488
Lihula 432
Liiva 444
Literatur 106, 494
Livland 85
Livländischer Krieg 88
Löhne 98
Lohu 241
Lohusuu 232
Loipen 367
Loksa 196
Luhasoo-Schutzgebiet 347
Luke 314
Lustivere 270
Luua 265
Lüübnitsa 329

Maardu 180
Maasi-Burg 465
Maestro-Karte 38
Maestro-Karte, Verlust 59
Mäetagus 232
Mahtra 242
Manilaid-Insel 405
Märjamaa 238
Märkte 46
Martna 430
Matsalu-Nationalpark 433
Mausoleum Barclay de Tolly 359
Medien 56
Medizinische Versorgung 58
Mehikoorma 309
Menschenkette 93
Mentalität 102
Meteoritenfeld Kaali 467
Meteoritenkrater Paluküla 474
Metsküla 232, 463
Mietwagen 45
Minderheiten 100
Mitbringsel 47
Mittsommerfest 54, 104
Mobil telefonieren 68
Mõdriku 260
Mõisaküla 383
Mõniste 349
Moore 81
Moorgebiet Koigi 466
Moorgebiet Valgesoo 324
Moorschutzgebiet Endla 261
Mooste 324
Moskau 171
Mücken 31, 32
Muhu 442
Muhu-Tracht 443
Munalaid 405
Museen 60, 113
Musik 110
Mustla 380
Mustvee 306
Muuga 260
Muuksi 198

Naissaar-Insel 173
Narva 218
Narva-Jõesuu 217
Nationalepos 107
Nationales Erwachen 90
Nationalkultur 89
Nationalpark Karula 349
Nationalpark Lahemaa 189
Nationalpark Matsalu 433
Nationalpark Soomaa 407
Nationalpark Vilsandi 460
Nationalparks 84
Nato 94
Naturpark Haanja 336
Naturpark Otepää 367
Naturreservat Puhtu-Laelatu 436
Naturschutzgebiet Alam-Pedja 270

Naturschutzgebiet Nigula 412
Naturschutzgebiet Viidumäe 461
Naturschutzgebiete 84
Naturverbundenheit 105
Neemisküla 319
Neeruti 257
Nigula-Naturschutzgebiet 412
Nina 306
Ninase-Halbinsel 462
Noarootsi-Halbinsel 437
Nonnenkloster Pühitsa 231
Nõo 314
Nordischer Krieg 89
Notfälle 58
Notrufnummern 59
Nuckö 437
Nuklearindustrie 215

Obinitsa 331
Observatorium Jäneda 254
Odensholm 439
Öffnungszeiten 59
Õisu 381
Ölschiefer 213
Olustvere 377
Ontika 210
Oper 112
Orchideen 469
Ordensburg Maasi 465
Orientierung 60
Orissaare 465
Ösel 447
Osmussaare-Insel 439
Otepää 361
Otepää-Naturpark 367
Oti 466

Pädaste 443
Padise-Kloster 175
Paganamaa-Schutzgebiet 347
Paide 244
Paju 357
Pakri-Halbinsel 174
Palamuse 263
Paldiski-Bucht 174
Palmse 191
Paluküla-Krater 474
Pandivere-Hochland 257
Panga-Steilküste 463
Pangodi 314
Pannenhilfe 44, 59
Parika-Hochmoor 273
Pärispea-Halbinsel 196
Parkplätze 45
Parlament 95
Pärnu 387
Pärnu-Jaagupi 405
Pečory-Kloster 329
Peipus-See 229, 303
Perestroika 93
Pernau 387
Personalausweis 25
Peter I. 89
Pflanzenwelt 81
Piirissaar-Insel 311
Pikasilla 381
Pilistvere 272
Piraten 86
Pirita-Kloster 153
Piusa 334
Plaani 337
Planetarium Jäneda 254
Pöide 465
Polen 88
Politik 95
Polizei 59
Põltsamaa 265
Põlva 320
Porkuni 258
Post 61
Preise 40
Preiskategorien 70
Protestbewegung 93
Pskover See 329
Pühalepa 471
Pühitsa-Kloster 231
Puhja 319
Puhtu-Laelatu-Naturreservat 436
Pürksi 438
Puurmani 270

Radfahren 52
Radio 56
Raikküla 238
Raja 306
Rakvere 202
Rannu 318
Räpina 328
Rapla 236
Rebala-Denkmalschutzgebiet 182
Reformation 88
Regierung 95
Reisebüros 33
Reisekosten 40
Reisepass 25
Reiseschecks 38
Reisescheck-Verlust 59
Reiseveranstalter 22
Reisezeit 29
Reiten 63
Religion 99
Republik 91
Restaurants 51
Reval 85, 122
Revolution, Russische 90
Revolution, Singende 93, 103
Ridala 429
Riisipere 177
Ristimägi 477
Ritterorden 85
Rocca al Mare 154
Rõngu 318
Roosna-Alliku 252
Rote Armee 92
Rõuge 339
Ruhnu 490
Rundfunk 56
Runö 490
Rupsi 302
Russen 100
Russifizierung 90
Russisch 66, 74
Russland 26, 74, 222, 329
Ruusmäe 338

Saare 263, 438
Saaremaa 447
Saatse 331
Sagadi 192
Saha 182
Saison 30
Saka 210
Saku 178
Sangaste 360
Sängerfest 103
Saue 178
Sauna 64, 72, 74
Schaukeln 56
Schiffsfahrten 65, 77
Schiffsunglück 479
Schilder 60
Schlangen 84
Schmalspurbahnmuseum 405

Schutzbrief 35
Schutzgebiet Kõrvemaa 256
Schutzgebiete Luhasoo und Paganamaa 347
Schweden 88, 470, 485
Schwertritterorden 85
Schwule 55
Seekajak 63
Segeln 65
Seto 329, 332
Setomaa 331
Sibirien 92
Sicherheit 45, 61
Sillamäe 215
Singende Revolution 93, 103
Sinimäe 217
Skilaufen 66, 366
Soldatendenkmal 94
Soomaa-Nationalpark 407
Sõru 482
Sõrve-Halbinsel 460
Souvenirs 46
Souveränität 91
Sowjetunion 91
Spa 65
Sparcard 38
Speisekarten 52
Sperrnummern 58
Sport 62
Sprache 66, 495
Staat 95
Staatssymbole 95
Stadtverkehr 76
Steilküste 173
Steilküste bei Panga 463
Steinkistengräber 182
Stockholm 171
Straßennetz 44
Studentenausweis 40
Suur Munamägi 336
Suure-Jaani 378
Suuremõisa 471

Taagepera 359
Taebla 429
Taevaskoja 323
Tahkuna-Halbinsel 477
Tahkuranna 411
Tallinn 119
Tanken 44
Tänze 488
Tartu 277
Tartu Marathon 367
Taxis 76
Tee 51
Telefonieren 68
Theater 111
Tiermitnahme 27
Tierwelt 82
Toila 210
Toiletten 69
Toolse 208
Tõravere 314
Tori 406
Tõrva 357
Tõstamaa 405
Tourismus 97
Touristeninformationen 22
Trachten 104, 333, 443
Traditionen 103, 488
Triigi 463
Trinken 48
Trinkgeld 70
Tuhala-Karstgebiete 179
Türi 248

Ülenurme 312
Umbusi 270
Umweltpolitik 213
Unabhängigkeit 90
Unfall 44
Ungru 427
Universität Tartu 282
Untergang der Estonia 479
Unterkunft 70
Untertagebau 213
Urstromtal Kütiorg 335
Urvaste 347
Uue-Saaluse 337

Vaemla 483
Vagula 346
Vaibla 380
Väike-Maarja 258
Väikemõisa 379
Väimela 346
Valaste-Wasserfall 211
Valga 350
Valgesoo-Moor 324
Valjala 466
Valka 350
Valma 380
Vana-Antsla 347
Vara 302
Varbola-Burg 240
Varnja 308
Värska 330
Vasknarva 232
Vastseliina 335
Vastse-Roosa 348
Vatla 436
Vätta-Halbinsel 468
Velise 239
Vergi 193
Verhaltenstipps 73
Verkehrsmittel 74
Verkehrsregeln 44
Verlust von Geldkarten 58
Verlust von Reiseschecks 59
Versicherungen 41
Via Baltica 36, 411
Vihula 192
Viidumäe-Naturschutzgebiet 461
Viinistu 196
Viitina 338
Viitna 202
Viljandi 368
Vilnius 37
Vilsandi-Nationalpark 460
Virtsu 435
Viru-Jaagupi 260
Viru-Moor 198
Viru-Nigula 208
Visum 26
Võerahansu 239
Vögel 83
Võisiku 272
Voka 212
Võnnu 312
Vooremaa-Landschaftsschutzgebiet 264
Vormsi 485
Võrtsjärv 317, 379
Võru 342
Vorwahlnummern 69
Võsu 194

Währung 38
Waldbrüder 93, 270, 348
Wälder 82
Wandern 65
Wasser 32, 51
Wasserfall Jägala 184
Wasserfall Keila-Joa 173
Wasserfall Valaste 211

Anhang

Wassermühle
Hellenurme 367
Wechselkurse 38
Wechselstuben 38
Wehrmacht 92
Weiße Dame 417
Weiße Nächte 29
Weißrussland 37
Wellness 65
Weltkulturerbe 120
Weltkulturerbe der
UNESCO 488
Wetter 29
Wierland 188
Wikinger 85
Wildpark Elistvere 265
Windmühlen von Angla 464
Wintersport 66, 366
Wirtschaft 96
Wirz-See 317, 379
Wodka 48, 51
Wohnmobile 45
Wohnwagen 45
Wölfe 82
Wollfabrik 483
Wörter, wichtigste 67

Zahlen 67
Zaren 89
Zecken 31, 32
Zeitungen 56
Zeitverschiebung 77
Zelten 45
Zollbestimmungen 27
Zoo, Tallinn 154
Züge 77

Autorin und Fotografin

Alexandra Frank lebt und arbeitet als freie Journalistin in Hamburg. Nach Studium und Volontariat begann sie, über die drei baltischen Staaten zu schreiben. Ihre Artikel über Estland, Lettland und Litauen sind in zahlreichen namhaften Zeitungen und Zeitschriften erschienen.

Juliane Lindner hat die meisten Fotos zu diesem Reiseführer beigesteuert. Sie arbeitet seit über zehn Jahren in der Fotografie und studiert Kommunikationsdesign. Ihr Arbeitsbereich umfasst verschiedene fotografische Ebenen, wobei der Focus von Mensch und Raum als Thema immer wiederkehrt.

066es Foto: af

139es Foto: jl

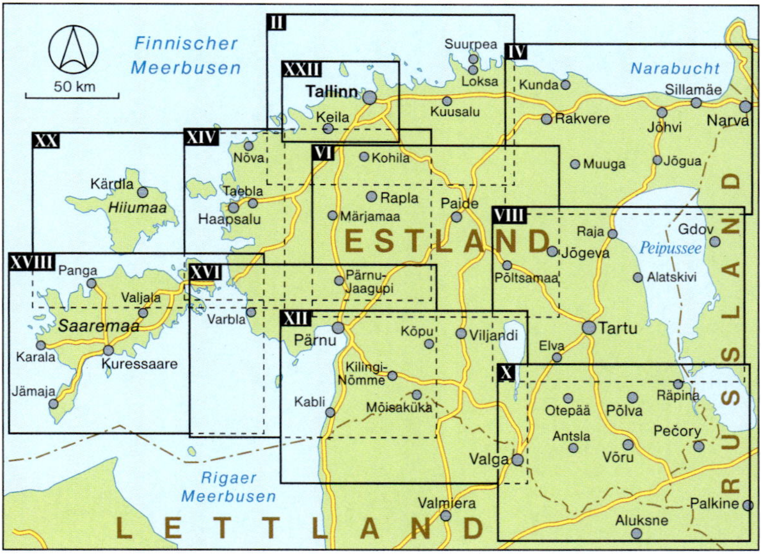

- Schnellstraße / Dual carriageway
- Fernstraße / Major road
- Hauptstraße / Schotterstraße / Main road / gravel road
- Nebenstraße / Schotterstraße / Secondary road / gravel road
- Sonstige Straße / im Ort / Other road / in town
- Fahrweg / Track
- Fluss / Binnengewässer / River / inshore waters
- Sümpfe / Swamp
- Besiedeltes Gebiet / Populated area
- Staatsgrenze / International border
- Verwaltungsgrenze / Administrative border
- Grenzübergang / Zoll / Border crossing / customs
- Nationalpark, Naturreservat / National park, nature reserve
- Aussichtspunkt / Viewpoint

- Berg (Höhe in m) / Mountain (height in m) — 136 Kärstna mägi
- Höhenpunkt (Höhe in m) / Spot elevation (height in m) — 54 •
- Hafen / Ankerplatz / Harbour / anchorage
- Leuchtturm / Lighthouse
- Kirche sehenswert / Church of interest
- Archäologische Stätte sehenswert / Archeological site of interest
- Gutshof / Museum sehenswert / Manor house / Museum of interest
- Windmühle / Wassermühle / Windmill / watermill
- Campingplatz / Campsite
- Strand / Jachthafen / Beach / yacht harbour
- Angeln / Fishing
- Reitstall / Golfplatz / Riding stable / golf course
- Sehenswürdigkeit / Place of interest
- Natursehenswürdigkeit / Natural feature of interest

0 10 20 km

Legende für die Ortspläne

- Sehenswürdigkeit
- Touristeninformation
- Hotel
- Jugendherberge
- Camping
- Restaurant
- Café
- Kneipe, Nightclub
- Disco
- Einkaufen
- Internet
- Bibliothek
- Museum
- Theater
- Burg, Schloss
- Ruine
- Kirche
- Post
- Apotheke
- Krankenhaus
- Polizei
- Busbahnhof
- Hafen
- Parkplatz

Die Karten auf den folgenden Seiten sind Ausschnitte aus der Baltikum-Karte des **world mapping project** von Reise Know-How (s. S. 498). Die Karte auf der letzten Seite zeigt einen Ausschnitt aus der Estland-Karte der gleichen Reihe (anderer Maßstab!).

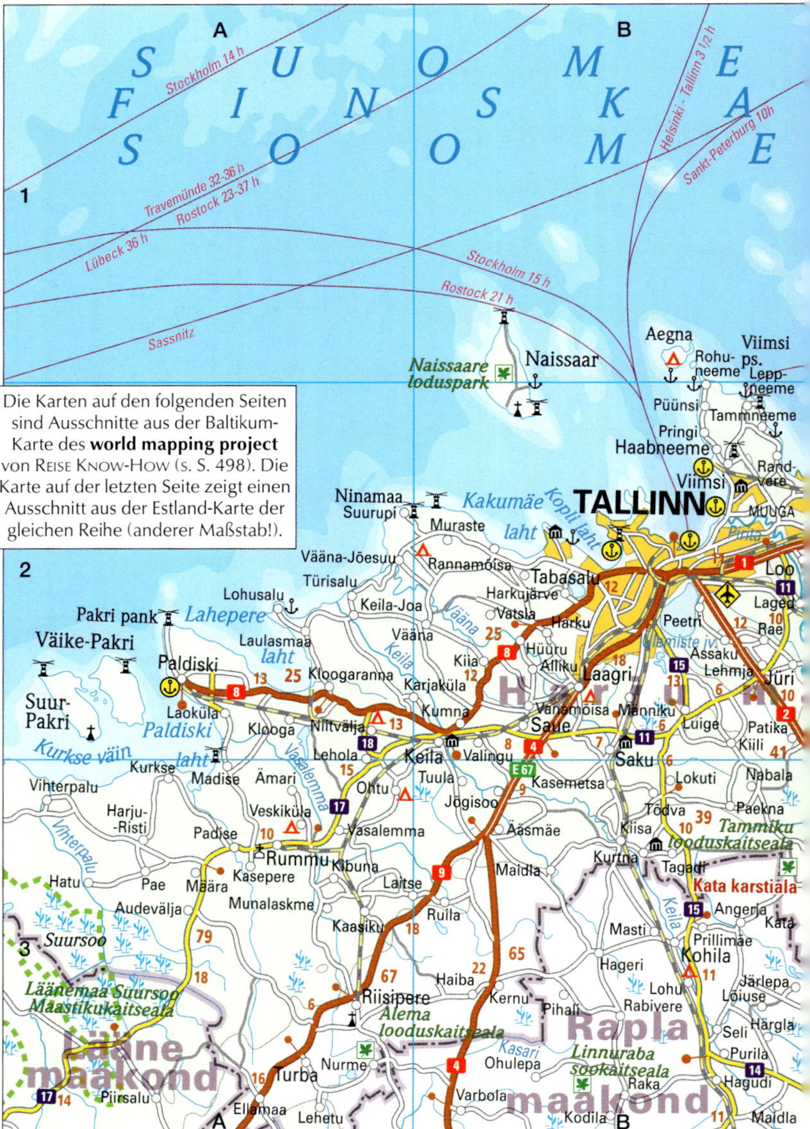

C
D
1
2
3
SOOME LAHT
Keri
Prangli
Idaotsa
Aksi
Rammu
Kabemeeme laht
Koipsi
Uitru säär
Neeme
Ihasalu
Kaber-neeme
Ihasalu laht
Kolga laht
Pedassaar
Uusküla
Maardu
Rebala
Salmistu
Valkla
Jägala juga
Jõelähtme
Jägala-Joa
Kodasoo
Kiiu
Maardu
Kostivere
Kostivere Karstiala
Jägala
Kuusalu
Juminda nina
Juminda
Tapurla
Leesi
Virve
Majakivi
Kolga-Aabla
Juminda ps.
Pedaspea
Muuksi
Uuri
Kahala jv.
Kahala
Kolga
Hara laht
Hara
Purekkari neem
Pärispea
Mohni
Viinistu
Suurpea
Pärispea ps.
Loksa
Turbuneeme
Kasispea
Eru laht
Palga-neem
Lobi neem
Pedas-saare neem
Käsmu
Käsmu laht
Lahe
Vergi
Võsu
Tammispea
Vihasoo
Kolgaküla
Lahemaa rahvuspark
Ilumäe
Sagadi
Joaveski
Palmse
Vanaküla
Kõnnu
Viru raba
Valgejõe
Viitna
Loobu
Ama
Lääne-Viru maakond
Valgejõgi
Ohepalu looduskaitseala
Ohepalu
Vohnja
Soodla vh.
Soodla
Lilli
Haljava
Anija looduskaitseala
Anija
Pajupea
Aruküla
Raasiku
Kehra
Peningi
Paraspõllu looduskaitseala
Perila
Vaida
Härma
Jõelähtme
Lehtmetsa
Aavoja
Mustjõgi
Pikva
Aegviidu
Soodla
Suurjv.
Ridaküla
Põima
Udriku
Tapa
Imastu
Moe
Lehtse
Rägavere
Jootme
Vahakulmu
Näo
Karkuse
Jänijõgi
Jäneda
Valgehobuse m.
106
Lehtmetsa
Kukevere
Käravete
Ambla
Peedu
Järva
Sääsküla
Jõgisoo
Reinevere
Roosna
Rava
Kursi
Vajangu
Kuie
Võhmuta
Aavere
Albu
Aravete
Järva-Madise
Kaalepi
Ahula
Orgmetsa
Jalgsema
Metstaguse
Järva-Jaani
Karinu
Valasti
A.H. Tammsaare muuseum
maakond
Paunküla vh.
Jägala
Kõrvemaa maastikukaitseala
Voose
Vetla
Alavere
Viskla
Kämbla looduskaitseala
Tuhala
Kose-Vuemõisa
Palvere
Kose
Ravila
Oru
Kuivajõe
Vardja
Pirita
Paunküla
Järlepa raba
Ojasoo
Habaja
Rava
Ardu
Mahtra
Vaopere
Triigi
Juuru
Atla
Kuimetsa
Virla
E 20
1
2
5
12
13
14
24
39
85

A
B
Põhja-Uhtju
Lõuna-Uhtju
Pedassaare neem
Vergi
Mustoja
Vainupea
Altja
Eisma
Letipea neem
Kunda laht
Karepa
Ehalkivi
Vihula
Karula
Sagadi
Selja
Mahu
Kandle
Kunda
Malla
Varangu
Selja
Kalvi
Kavastu
Annikvere
Vasta
Pada
Aseri
Aaspere
Viru-Nigula
Liimala
Haljala
Essu
Kunda
Ama
Pada
Rannu
Purtse
Auküla
Põdruse
Kohala
Sämi-Kuristiku kaitseala
Ubja
Veltsi
Uhtna
Lüganuse
Varja
Vohnja
Kihlevere
Arkna
Erra
Rakvere
Sonda
Kiviõli
Hulja
Sõmeru
Viru-Kabala
Püssi
Undla
Lepna
Vetiku
Vaeküla
Ulvi
Varinurme
Maidla
Kadrina
Soonurme
Savala
Põima
Tõrma
Piira
Mõdriku
Põlula
Udriku
Neeruti
Vana-Vinni
Nurkse
Siirtsi raba
Ojamaa
Vinni
Kantküla
Kiku
Karitsa
Rääsa
Lääne-Viru
Pajusti
Siirtsi looduskaitseala
Oandu
Moe
Saksi
Levala
Inju
Lasila
Koeravere
Viru-Jaagupi
Angus
Vahakulmu
Assamalla
Kadila
Küti
Tarumaa
Valgejõgi
maakond
Kulina
Purtse
Kullenga
Muraka
Naistevälja
Porkuni
Aburi
Aruküla
Obja
Tudu
Muraka raba
Uudeküla
Pandivere
Ristiküla
Roela
Tamsalu
Sääse
Rasivere
looduskaitseala
Kursi
Väike-Maarja
Koonu
Oonurme
Põdrangu
Eipri
Rajaküla
Vajangu
Ebavere m.
Muuga
146
Avispea
Rahkla
Kuie
Kiltsi
Triigi
Rohu
Kellavere m.
155
Paasvere
Tagajõgi
Vao
Avanduse
Moora
Laekvere
Aavere
Pikevere
Simuna
Vassivere
Tudulinna
Hirla
Paadenurme
Liigvalla
100
Venevere
Ao
Tammiku
Vahuküla
Rakke
Avinurme
Koeru
Kõveriku
Pedja
Avijõgi
Väinjärve
Edru
Salla
Käru
Lepiksaare
Lohusuu
Laekannu
Ervita
Lasinurme
166
Emumägi
Adraku
Piilsi
Piibe
Tammispää
Udeva
Endla looduskaitseala
Tuimõisa
Ulvi
Kalmaküla
Vägeva
1
2
3

C
D
o. Rejmosar
Narvskij zaliv
Narva laht
Kir'jamo
Mežniki
Mal. Kuzëmkino
Strupovo
Bol. Kuzëmkino
Ropša
Rosson
Vanakjulja
Kallivere
Karostel'
Fëdorovka
Narva-Jõesuu
Venekjula
Kejkino
Kudruküla
Narva
Olgina
Sillamäe
Laagna
Narva
Ivangorod
Soldina
Sinimäe
Auvere
Valaste juga
Aa
Ontika
Saka
Valaste
Toila
Pühajõe
Voka
KUKRUSE
Kohtla-Järve
Jõhvi
Konju
ORU
Peeri
Edise
SOMPA
Kohtla-Nõmme
Tammiku
AHTME
Võrnu
Kose
Vasavere
VIIVIKONNA
SIRGALA
Kõrgesoo
Narvskoe vodohranilišče
Kiikla
Kalina
Kurtna
Kurtna maastikukaitseala
Pagari
Illuka
Mustajõgi
Konsu jv.
Mäetaguse
Atsalama
Kuremäe
Ratva raba
Puhatu soo
Puhatu looduskaitseala
Ida-Viru maakond
Selisoo
Metsküla
Jõuga
Narva (Narova)
Pljussa
Krivaja Luka
Pečurki
Otradnoe
Zagriv'e
Bol. Polja
Slancy
LUCKI
Varesmetsa
Kuningaküla
Agusalu
Permisküla
Agusalu soo
Agusalu maastikukaitseala
Iisaku
Vaikla
Alajõgi
Karoli
Jaama
Radovel'
Gosticy
Popkova Gora
Peleši
Vyskatka
Perevolok
Vtroja
Krivicy
Remniku
Alajõe
Skam'ja
Mal. Rožki
Kuru
Uusküla
Katase
Vasknarva
Kauksi
Rannapungerja
Lukko
Mal'jakovščina
Orel
Kupkovo
Vejno
Kozlov Bereg
Zamoš'e
Krjukovo
Ljaliny
Voskresenskoe
Gubin Perevoz
Izluč'e
Rubcovščina
Užovo
Dobruči
Dymokor'e
Peipsi järv

A
B
1
2
3
Laitse
Kaasiku
Ruila
Riisipere
Haiba
Kernu
Pihali
Alema looduskaitseala
Kasari
Ohulepa
Nurme
Varbola
Lümandu
Jalase küla kaitseala
Vaimõisa
Riidaku
Orgita
Märjamaa
Paeküla
Haimre
Mõisamaa
Kasti
Valgu
Konuvere
Velise
Päärdu
Ojaäärse
Kivi-Vigila
Naravere
Langerma
Sõõrike
Libatse
Kaelase
Enge
Ertsma
Vahenurme
Maima
Lavassaare soo
Pärnu-Jaagupi
Halinga
Tarva
Are
Niidu
Lavassaare
Ridalepa
Lemmetsa
Sauga
Kilksama
Masti
Hageri
Lohu
Rabivere
Linnuraba sookaitseala
Raka
Kodila
Palamulla
Alu
Rapla
Mahlamäe
Kuusiku
Jalase
Kaerepere
Raela
Raikküla
Kumma
Tamme
Lipa
Purku
Lellapere
Valli
Vigala
Nurtu
Järvakandi
Eidapere
Kaisma
Kaisma jv.
Kergu
Taarikõnnu looduskaitseala
Pärnjõe
Massu
Tootsi
Suigu
Selja
Muraka
Tori
Jõesuu
Oore
Taali
Püstaoja
Tohera
Riisa
Keila
Angerja
Kata karstiala
Kata
Oru
Prillimäe
Kohila
Järlepa
Lõiuse
Seli
Härgla
Purila
Hagudi
Juuru
Maidla
Ridaküla
Ingliste
Pae
Valtu
Hertu
Keava
Keava raba
Kehtna
Kalbu
Velise
Lelle
Lokuta
Vändra
Kose
Palvere
Ravila
Kuivajõe
Vardja
Pirita
Paunküla
Järlepa raba
Ojasoo
Mahtra
Habaja
Rava
Ardu
Triigi
Vaopere
Atla
Kuimetsa
Virla
Toomja
Kaui
Aela-Viirike sookaitseala
Viirika soo
Vana-Kaui
Põlliku
Kõnnumaa maastikukaitseala
Palukiila
Hiemägi
106
Vahastu
Lintsi
Lõõla
Kädva
Lungu
Käru
Änari
Lokuta
Kolu
Mädara
Pärnu
Laupa
Põikva
Võidula
Kurgja
Saarjõgi
Suurejõe
Vihtra
Kaansoo
Navesti
Vihi
Rahnoja
Aesoo
Kuresoo
Võlli
Suitsna raba
Ilbaku
Soomaa
Valgeraba
Rapla maakond
Pärnu maakond
E
E
S

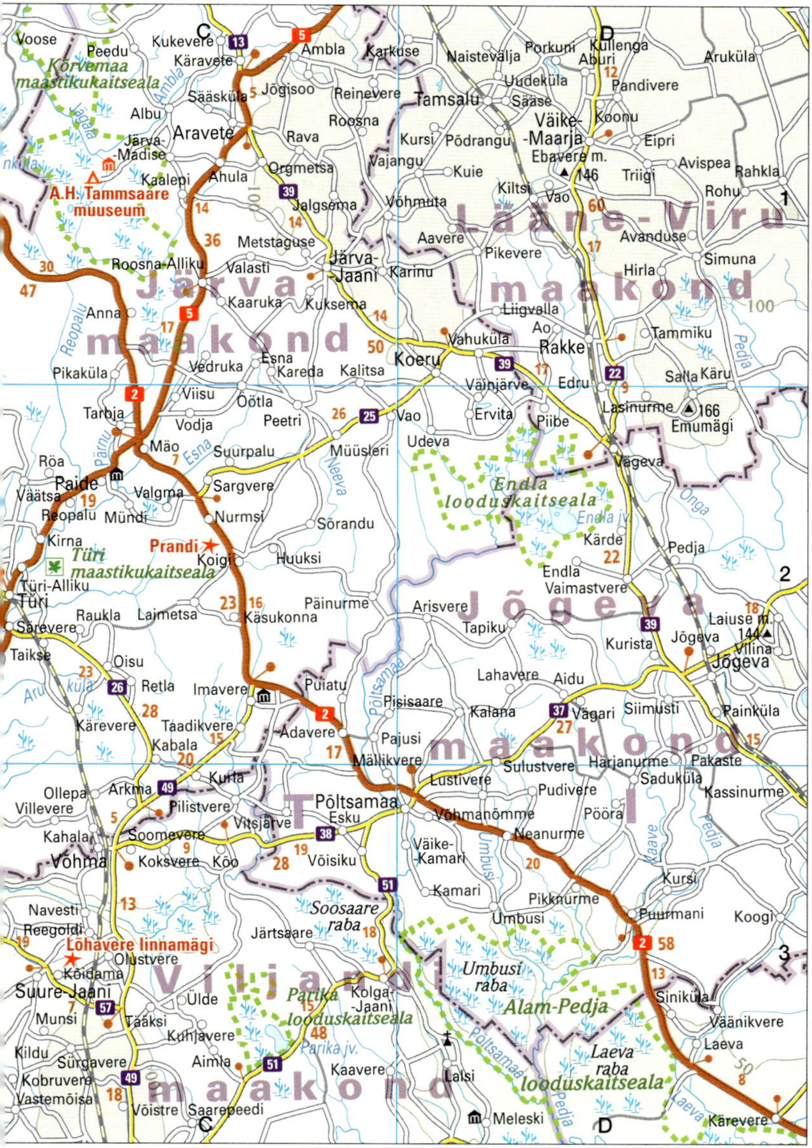
C
D
Voose
Peedu
Kukevere
Käravete
Ambla
Karkuse
Naistevälja
Porkuni
Kullenga
Aburi
Aruküla
Kõrvemaa maastikukaitseala
Sääsküla
Jõgisoo
Reinevere
Tamsalu
Uudeküla
Sääse
Pandivere
Albu
Aravete
Roosna
Väike-Maarja
Koonu
Järva-Madise
Rava
Kursi
Põdrangu
Eipri
Orgmetsa
Vajangu
Ebavere m.
146
Triigi
Avispea
Rahkla
A.H. Tammsaare muuseum
Kaalepi
Ahula
Kuie
Kiltsi
Vao
Rohu
Jalgsema
Võhmuta
Lääne-Viru
Avanduse
Metstaguse
Aavere
Pikevere
Hirla
Simuna
Roosna-Alliku
Valasti
Järva-Jaani
Karinu
Järva maakond
Kaaruka
Kuksema
Liigvalla
Tammiku
Anna
Reopalu
Vahuküla
Ao
Rakke
Esna
Vedruka
Kareda
Kalitsa
Koeru
Pikaküla
Väinjärve
Edru
Salla
Käru
Pedja
Viisu
Öötla
Lasinurme
166
Emumägi
Tarbja
Peetri
Vao
Ervita
Piibe
Vodja
Udeva
Mäo
Esna
Suurpalu
Müüsleri
Vägeva
Pärnu
Röa
Paide
Sargvere
Neeva
Endla looduskaitseala
Väätsa
Valgma
Nurmsi
Onga
Reopalu
Mündi
Endla jv.
Sõrandu
Kärde
Kirna
Prandi
Pedja
Türi maastikukaitseala
Koigi
Huuksi
Endla
Türi-Alliku
Vaimastvere
Türi
Päinurme
Arisvere
Jõgeva
Raukla
Laimetsa
Käsukonna
Tapiku
Laiuse m.
144
Särevere
Kurista
Jõgeva
Vilina
Taikse
Jõgeva
Oisu
Lahavere
Aidu
Aruküla
Retla
Imavere
Puiatu
Põltsamaa
Pisisaare
Kalana
Vägari
Siimusti
Painküla
Kärevere
Taadikvere
Adavere
Pajusi
Kabala
Mällikvere
maakond
Sulustvere
Härjanurme
Pakaste
Kurla
Lustivere
Sadukülä
Ollepa
Arkma
Pilistvere
Põltsamaa
Pudivere
Kassinurme
Villevere
Esku
Võhmanõmme
Pööra
Vitsjärve
Kahala
Soomevere
Väike-Kamari
Neanurme
Kaave
Pedja
Võhma
Koksvere
Kõo
Võisiku
Umbusi
Kamari
Kursi
Navesti
Soosaare raba
Pikknurme
Reegoldi
Järtsaare
Umbusi
Puurmani
Koogi
Lõhavere linnamägi
Olustvere
Kõidama
Viljandi
Umbusi raba
Suure-Jaani
Üldе
Parika looduskaitseala
Kolga-Jaani
Alam-Pedja
Siniküla
Munsi
Tääksi
Väänikvere
Kuhjavere
Parika jv.
Põltsamaa
Laeva
Kildu
Sürgavere
Aimla
Laeva raba looduskaitseala
Kobruvere
Kaavere
Lalsi
Vastemõisa
maakond
Laeva
Võistre
Saarepeedi
Meleski
Pedja
Kärevere
1
2
3
5
13
39
2
25
22
26
37
49
38
51
57

A
B
1
2
3
Järva maakond
Jõgeva maakond
Tartu
Viljandi maakond
Endla looduskaitseala
Endla jv.
Umbusi raba
Alam-Pedja
Laeva raba looduskaitseala
Vooremaa mka.
Võrtsjärv
Kuremaa jv.
Kaiavere jv.
Elistvere jv.
Soitsjv.
Saadjv.
Kaiu järv
Pangodi järv
Emajõgi
Onga
Pedja
Kaave
Umbusi
Põltsamaa
Tänassilma
Laeva
Elva
Kavilda
Kullavere
Kääpa
Amme
Tarvastu
Õhne
Porijõgi
Udeva
Vägeva
Kärde
Endla
Pedja
Päinurme
Vaimastvere
Arisvere
Tapiku
Kurista
Jõgeva
Lahavere
Aidu
Pisisaare
Kalana
Vägari
Siimusti
Pajusi
Mällikvere
Sulustvere
Härjanurme
Pakaste
Sadukula
Lustivere
Pudivere
Põltsamaa
Võhmanõmme
Pööra
Neanurme
Väike-Kamari
Võisiku
Kamari
Kursi
Pikknurme
Puurmani
Umbusi
Kolga-Jaani
Sinikula
Väänikvere
Laeva
Kaavere
Lalsi
Leie
Meleski
Oiu
Verevi
Porikula
Vihavu
Rämsi
Ulila
Valma
Suure-Rakke
Väike-Rakke
Puhja
Mäeotsa
Võsivere
Järvaküla
Kobilu
Neemisküla
Kaarlijärve
Kureküla
Annikoru
Karijärve
Vellavere
Villa
Vallapalu
Rannu
Vissi
Elva
Kivilõppe
Vehendi
Ervu
Konguta
Soe
Järveküla
Valguta
Teedla
Tammiste
Käärdi
Kalme
Suislepa
Lapetukme
Rõngu
Kõduküla
Tuimõisa
Adraku
Ulvi
Kalmaküla
Vilusi
Tähkvere
Reastvere
Leedi
Sadala
Võtikvere
Näduvere
Mustvee
Kõnnu
Vaiatu
Kantküla
Torma
Raja
Laiusevälja
Rääbise
Vanamõisa
Laiuse m.
Laiuse
Vilina
Kivijärve
Jaama
Ruskavere
Kuremaa
Varbevere
Voore
Assikvere
Painküla
Halliku
Saare
Kassinurme
Palamuse
Saarjärve
Kudina
Vanassaare
Kaarepere
Luua
Nava
Visusti
Maarja
Mullavere
Kaiavere
Mustametsa
Elistvere
Pataste
Koogi
Voldi
Tabivere
Nigula
Alajõe
Vara
Äksi
Vedu
Lähte
Vasula
Sojamaa
Väägvere
Tammistu
Kärkna
Võibla
Haava
Vesneri
Vorbuse
Vahi
Kõrveküla
Pilka
Kärevere
Tartu
Ilmatsalu
Rahinge
Lohkva
Märja
Rõhu
Luunja
Haage
Räni
Ihaste
Kaagvere
Poka
Ülenurme
Kulitse
Kurepalu
Tõrvandi
Aardla
Roiu
Meeri
Nõgiaru
Reola
Kriimani
Unikula
Tõravere
Nõo
Vana-Kuuste
Kambja
Ignase
Unipiha
Rebase
Luke
Lootvina
Paali
Suure-Kambja
Tamsa
Pangodi
Vastse-Kuuste
Etsaste
Kammeri
Prangli
Leevijõe
Lutike
Karilatsi
144

Kartenatlas

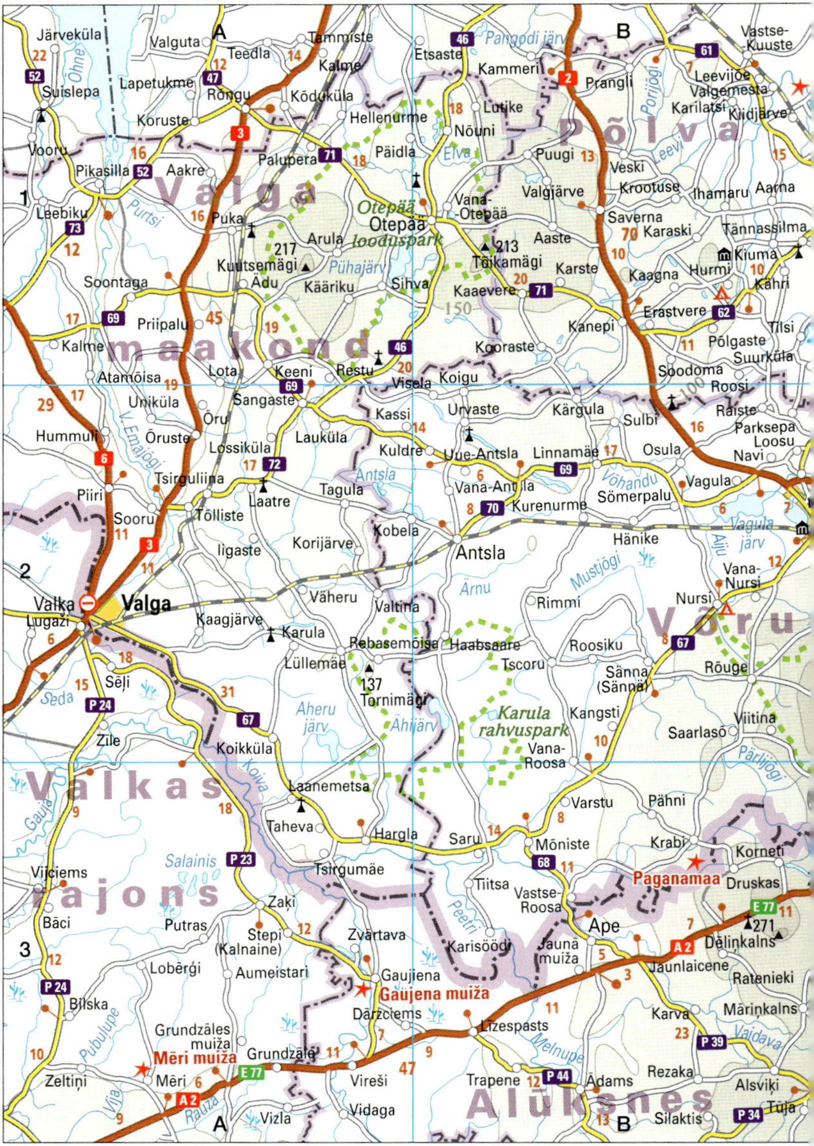

A
B
1
2
3
Järveküla
Valguta
Tammiste
Etsaste
Pangodi järv
Vastse-Kuuste
Teedla
Kalme
Kammeri
Prangli
Leevijõe
Valgemetsa
Karilatsi
Kiidjärve
Suislepa
Lapetukme
Rõngu
Kõduküla
Hellenurme
Lutike
Nõuni
Põlva
Koruste
Vooru
Päidla
Elva
Puugi
Veski
Pikasilla
Aakre
Palupera
Leevi
Krootuse
Ihamaru
Aarna
Valga
Valgjärve
Leebiku
Puka
Otepää
Vana-Otepää
Saverna
Karaski
Tännassilma
Otepää looduspark
Arula
Aaste
Kiuma
Kuutsemägi
Pühajärv
Tõikamägi
Karste
Kaagna
Hurmi
Kähri
Ädu
Kääriku
Sihva
Kaavere
Erastvere
Soontaga
Priipalu
Kanepi
Põlgaste
Tilsi
Kalme
maakond
Kooraste
Suurküla
Atamõisa
Lota
Keeni
Restu
Visela
Koigu
Soodoma
Roosi
Uniküla
Sangaste
Urvaste
Kärgula
Raiste
Hummuli
Õru
Kassi
Sulbi
Parksepa
Loosu
Navi
Õruste
Lauküla
Kuldre
Uue-Antsla
Linnamäe
Osula
V. Emajõgi
Lossiküla
Antsla
Võhandu
Vagula
Tsirguliina
Tagula
Vana-Antsla
Sõmerpalu
Piiri
Laatre
Kurenurme
Vagula järv
Sooru
Tõlliste
Kobela
Hänike
Ajju
Iigaste
Korijärve
Antsla
Mustjõgi
Vana-Nursi
Ärnu
Nursi
Valka
Valga
Väheru
Valtina
Rimmi
Võru
Lugaži
Kaagjärve
Karula
Rebasemõisa
Haabsaare
Roosiku
Lüllemäe
Tscoru
Sänna (Sännä)
Rõuge
Sēļi
Seda
Tornimägi
Aheru järv
Ähijärv
Karula rahvuspark
Kangsti
Viitina
Saarlasõ
Zile
Koikküla
Vana-Roosa
Pärlijõgi
Valkas
Koiva
Laanemetsa
Varstu
Pähni
Gauja
Taheva
Hargla
Saru
Mõniste
Krabi
Korneti
Salainis
Tsirgumäe
Paganamaa
Druskas
Vijciems
rajons
Tiitsa
Vastse-Roosa
Zaķi
Peetri
Ape
Dēliņkalns
Bāci
Putras
Stepi (Kalnaine)
Zvārtava
Karisöödi
Jaunā muiža
Jaunlaicene
Lobērģi
Aumeistari
Gaujiena
Ratenieki
Gaujena muiža
Bilska
Pubulupe
Dārzciems
Karva
Māriņkalns
Grundzāles muiža
Lizespasts
Vaidava
Mēri muiža
Grundzāle
Melnupe
Zeltiņi
Mēri
Vireši
Trapene
Ādams
Rezaka
Alsviķi
Vija
Rauza
Vizla
Vidaga
Alūksnes
Silaktis
Tūja
Ohne
Purtsi
Porijõgi
217
213
137
271
150
100
52
47
3
71
46
2
61
73
69
62
6
72
70
67
P 24
P 23
68
E 77
A 2
P 39
P 44
P 34
22
12
14
16
18
13
15
7
20
10
11
45
19
17
29
8
31
9
5
23
47

C
D
Meelva mka.
Naha
Mägiotsa
Linte
Tooste
Lämmijärv
Balsovo
Dub-Bor
Lipno
Usadišče
Baglicy
Zahody
Akste
Mooste
Jaanimõisa
Ahja ürgorg
Noontsmetsa
Meelva
Mtež
Pskovskoe ozero
maakond
Räpina
Taevaskoja
Miiaste
Kauksi
Toolamaa
Beresje
Himmaste
Leevaku
Rahumäe
Vanaküla
Võõpsu
Mammaste
Holvandi
Võuküla
Šartovo
o. Kolpina
Põlva
Ruusa
Suure-Veerksu
Lüübnitsa
Kolpino
Rosma
Metste
Mädajõgi
o. Talabsk
Partsi
Soohara
Pahtpää
Mikitamäe
Kul'e
o. Verhnij
Peri
Veriora
Lis'e
Võhandu ürgorg
Võhandu
Viluste
Kahkva
Rõsna
Budoviž
Himma
Igrise
Kremessova
Kamenka
Vana-Koiola
Vändramaa
Värska
Niitsiku
Selise
o. Kamenka
Päka
Treski
Leevi
Kamnitsa
Lutepää
Krupp
Tsolgo
Nedsaja
Moložva
Sesniki
Zimnij Borok
Väimela
Pindi
Orava
Saabolda
Krivsk
Kääpa
Hanikase
Kliima
Saatse
Vidovičy
Lasva
Piusa
Kirumpää
Otsa
Lepassaare
Piusa koobastiku looduskaitseala
Võmmorski
Matsuri
Ivanovo
Boloto
Puusepa
Võru
Nõnova
Lezgi
Sooküla
Obdeh
Tabina
Obinitsa
Helbi
Pečory
Viski
Luki
Kose
Loosi
Piusa ürgorg
Küllatüvä
Tajlovo
Bereznjuk
Kasaritsa
Kütiorg
Mitkovicy
Senno
Novyj Izborsk
Uusvada
Mil'cy
Vällamägi
Külaoru
Tsirgu
Zales'e
Koshel'ki
Maly
Uue-Saaluse
Meremäe
Verebkovo
Advoricy
296
Haanja
Vastseliina
Vana-Vastseliina
Suur Munamägi
318
Kündja
Illi
Dubrovka
Izborsk
Dubnik
Haanja Looduspark
Miikse
Panikoviči
Viitka
Voronkino
Šahnicy
Mauri
Avdaševo
Ljubjat'
Kašino
A 212
Lykovo
Plaani
Pari
Vruda
Poddub'e
Bob'jakovo
Tsiistre
Rotovo
oz. Vel'e
Vasil'evo
Ruusmäe
Bor-Bel'kovo
Pskovskaja oblast'
Luutsniku
Käbli
Missoküla
Lokno
Leont'evo
E 77
Misso
165
Lidva
Hino järv
Stukolovo
Lavry
Kudeb
Papuševo
Rammuka
Pedetsi
Zapol'e
Palkino
Ljubjatovo
Vysokij Most
Kozly
Samohvalovo
Zabolova
Botvino
Ziemeri
Jaseneci
Logovo
Simonjaty
Volkova
Siberi
Stuborova
Juškovo
Kurši
Šlukums
Akaviņa
Alūksnes ezers
Mārkalne
196
Pededze
Kačanovo
Pavlovo-Bliny
Opočna
Vengerski
Garjuru k.
Zaiceva
Kolberģis
Visikums
Lugi
Gobas
Garjuri
Voroža
rajons
Alūksne
Ključi
Doktas
Golubovo

A
B
1
2
3
Lemmetsa
Eametsa
Põldeotsa
Audru
Papsaare
Kihlepa
Tõhela jv.
Lindi looduskaitseala
Kõima
Pärnu
Kabriste
Lindi
Pärnu laht
Seliste
Marksa
Liu
Liu säär
Pootsi
Munalaid
Manilaid
Kihnu väin
Sorgu
Urge
Vainu
Pulli
Sindi
Paikuse
Pärnu
Seljametsa
Silla
Tammuru
Vaskrääma
Reiu
Uulu
Metsaääre
Ura
Tahkuranna
Metsaküla
Ilvese
Surju
Jaamaküla
Võiste
Soommetsa
Pärnu maakond
Soomaa rahvuspark
Kikepera raba
Põlendmaa
Tipu
E
S
Luitemaa looduskaitseala
Võidu
Rannametsa
Häädemeeste
Ristiküla
Sigaste
Tihemetsa
Kilingi-Nõmme
Saarde
Leipste
Laiksaare
Rannametsa
Marina
Külge
Kalita
39
Arumetsa
Krundiküla
Jaagupi
Kabli
Massiaru
Urissaare
Nigula looduskaitseala
Tali
Veelikse
Jäärja
Sookuninga looduskaitseala
Lanksaare
Tuuliku
Ramatas Lielezers
Sokas ez.
Saklauru purvs
Ramata
Glažupe
Treimani
Metsapoole
Ikla
Ainaži
Mērnieki
Rozēni
Blankas
Salaca
Iģe
Mazsalaca
Ska ļaiskalns
Vīķi
Skaņkalne
Sarkanās klintis
Staicele
Karogi
35
Kuiviži
Zonepe
Jogla
Stābeģi
Vecsalaca
Korģene
Ungurpils
Aloja
Braslava
Salacgrīva
Limbažu rajons
Smilgas
Urga
77
Vilzēni
Kuiķule
Rīgas Jūras Līcis
Svētciems
Libiešu upuralas
Lauvas
Svētupe
Pale
Puikule
Ārciems
4
5
6
E 67
59
60
56
A 1
P 15
P 12
10
20
13
24
7
44
14
11
15
65
8
17
9
19
22
18
42
16

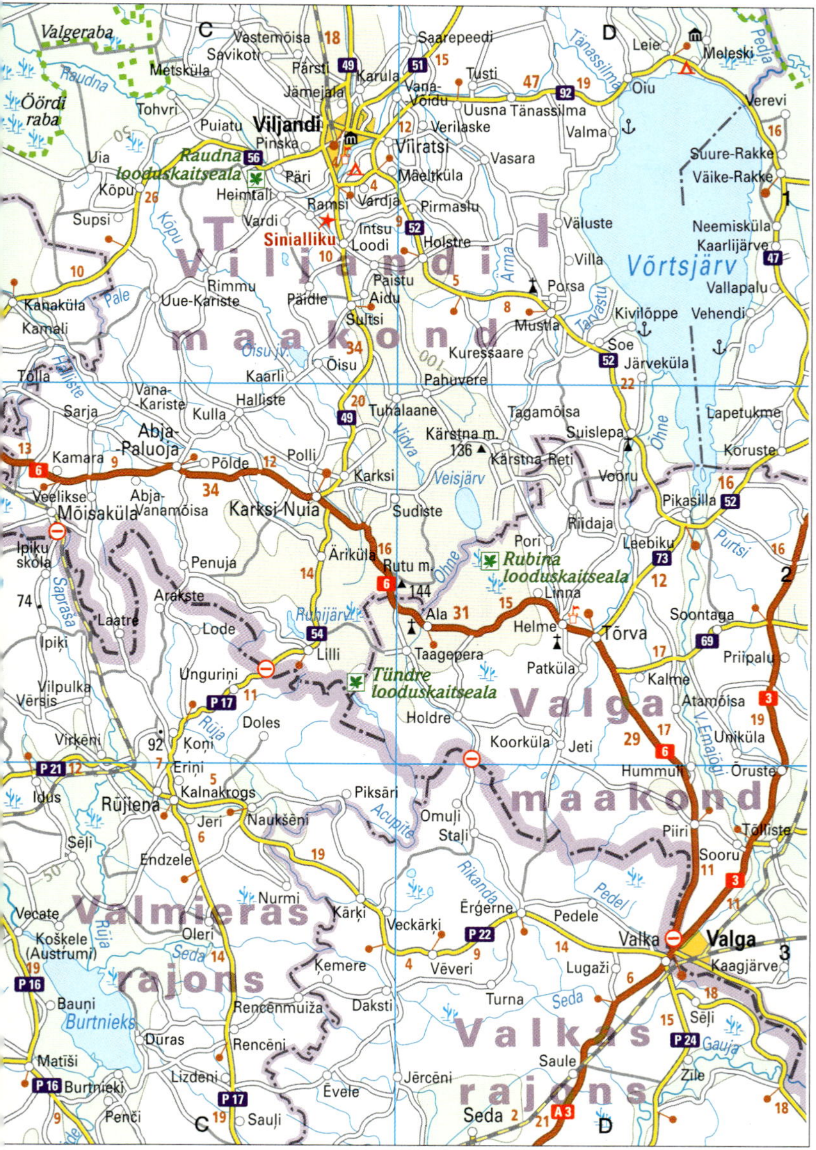

C
D
Valgeraba
Vastemõisa
Savikoti
Metsküla
Raudna
Õördi raba
Pärsti
Karula
Jämejala
Saarepeedi
Tusti
Vana-Võidu
Uusna
Tänassilma
Leie
Meleski
Oiu
Pedja
Verevi
Tohvri
Puiatu
Viljandi
Pinska
Verilaske
Viiratsi
Valma
Vasara
Suure-Rakke
Väike-Rakke
Uia
Raudna looduskaitseala
Päri
Mäeltküla
Kõpu
Heimtali
Ramsi
Vardja
Pirmastu
Supsi
Vardi
Intsu
Siniallikul
Loodi
Holstre
Väluste
Neemisküla
Kaarlijärve
Villa
Võrtsjärv
Vallapalu
Viljandi maakond
Rimmu
Paistu
Porsa
Kanaküla
Pale
Uue-Kariste
Päidle
Aidu
Ärma
Kivilõppe
Vehendi
Kamali
Sultsi
Mustla
Tarvastu
Soe
Õisu jv.
Kuressaare
Järveküla
Tõlla
Halliste
Kaarli
Õisu
Pahuvere
Vana-Kariste
Sarja
Halliste
Kulla
Tuhalaane
Tagamõisa
Lapetukme
Abja-Paluoja
Kärstna m.
136
Kärstna-Reti
Suislepa
Õhne
Koruste
Kamara
Põlde
Polli
Karksi
Vidva
Veisjärv
Vooru
Veelikse
Abja-Vanamõisa
Mõisaküla
Karksi-Nuia
Sudiste
Pikasilla
Riidaja
Ipiķu skola
Penuja
Äriküla
Rutu m.
144
Pori
Leebiku
Purtsi
Rubina looduskaitseala
74
Saprasa
Arakste
Ala
Linna
Soontaga
Laatre
Lode
Ruhijärv
Helme
Tõrva
Ipiķi
Lilli
Taagepera
Priipalu
Unguriņi
Tündre looduskaitseala
Patküla
Kalme
Vilpulka
Vērsis
Rūja
Doles
Valga
Atamõisa
Holdre
Virķēni
92
Koņi
Koorküla
Jeti
Uniküla
Ērģeļi
Hummuli
Õruste
Idus
Kalnakrogs
Piksāri
Rūjiena
Jeri
Naukšēni
Acupīte
Omuļi
Staļi
maakond
Piiri
Tõlliste
Sēļi
Endzele
Sooru
Rikanda
Pedeli
Nurmi
Vecate
Valmieras
Kārķi
Ērģeme
Pedele
Koškele (Austrumi)
Rūja
Oleri
Veckārķi
Valka
Valga
Kaagjärve
Seda
rajons
Ķemere
Vēveri
Lugaži
Bauņi
Burtnieks
Rencēnmuiža
Daksti
Turna
Seda
Sēļi
Dūras
Valkas
Gauja
Matīši
Renceni
Saule
Zīle
Burtnieki
Lizdēni
Ēvele
Jērcēni
rajons
Penči
Sauļi
Seda
1
2
3

LÄÄNEMERI
Haapsalu
Vormsi
Muhu
Lääne maakond
Matsalu laht
Matsalu Rahvuspark
Väina meri
Hari kurk
Suur väin
Väikeväin
A. Laikmaa majammuuseum
Uuemõisa
Taebla
Palivere
Lihula
Virtsu
Kuivastu
Rohuküla
Leidissoo looduskaitseala
Läänemaa Suursoo Maastikukaitseala
Silma looduskaitseala
Marimetsa looduskaitseala
Lihula maastikukaitseala
Avaste looduskaitseala
Virtsu-Laelatu-Puhtu mka.
Tuhu mka.
Pärnu

C
D
1
2
3
Ohtu
Tuula
Jõgisoo
Kasemetsa
Lokuti
Nabala
Härma
Veskiküla
Äasmäe
Tõdva
Paekna
Vasalemma
Kiisa
Tammiku looduskaitseala
Kämbla looduskaitseala
Alavere
Kibuna
Maidla
Kurtna
Tagadi
Tuhala
Kose-Vuemõisa
Viskla
Laitse
Kata karstiala
Palvere
Kose
Kaasiku
Ruila
Angerja
Kata
Oru
Ravila
Munalaskme
Masti
Prillimäe
Kuivajõe
Kohila
Pirita
Vardja
Hageri
Järlepa raba
Paunküla
Haiba
Riisipere
Kernu
Lohu
Järlepa
Ojasoo
Pihali
Rabivere
Lõiuse
Mahtra
Habaja
Rava
Alema looduskaitseala
Seli
Hargla
Turba
Kasari
Purila
Triigi
Ohulepa
Linnuraba sookaitseala
Nurme
Vaopere
Raka
Hagudi
Juuru
Atla
Varbola
Kuimetsa
Virla
Kodila
Maidla
Lehetu
Alu
Ridaküla
Toomja
Palamulla
Ingliste
Kaui
Aela-Viirike sookaitseala
Lümandu
Jalase küla kaitseala
Rapla
Pae
Viirika soo
Mahlamäe
Vana-Kaui
Vaimõisa
Jalase
Kuusiku
Valtu
Kaerepere
Hertu
Keava raba
Põlliku
Vahastu
Riidaku
Raela
Keava
Kõnnumaa maastikukaitseala
Orgita
Raikküla
Kumma
Paluküla
Sipa
Tamme
Kehtna
Hiemägi
Rapla maakond
106
Vigala
Kärù
Märjamaa
Lipa
Kädva
Loodna
Mõisamaa
Purku
Kalbu
Lellapere
Paeküla
Kasti
Valli
Lelle
Haimre
Velise
Lungu
Kasari
Käru
Valgu
Vändra
Kolu
Konuvere
Lokuta
Velise
Vana-Vigala
Järvakandi
Eidapere
Pärdu
Nurtu
Mädara
Lintsi
Pärnu
Lokuta
Tõnumaa
Ojaäärse
Massu
Kivi-Vigala
Taarikõnhu looduskaitseala
Kesu raba
Kaisma
Võidula
Naravere
Kaelase
Kaisma jv.
Käru
Langerma
Libatse
Kergu
Enge
Vändra
Kurgja
Sõõrike
Enge
Pärnjõe
Ertsma
Mõisaküla
Are
Massu
Suurejõe
Saarjõgi
Vahenurme
Pärnu-Jaagupi
Sauga
Halinga
Maima
Lavassaare soo
Tarva
Tootsi
Vändra
Vihtra
Kaansoo
Navesti
Lavassaare jv.
Niidu
Suigu
Pilstaoja
Rahnoja
Soomaa rahvuspark
Are
Selja
Muraka
Aesoo
Kuresoo
Lavassaare
Navesti
maakond
E 67
Keila

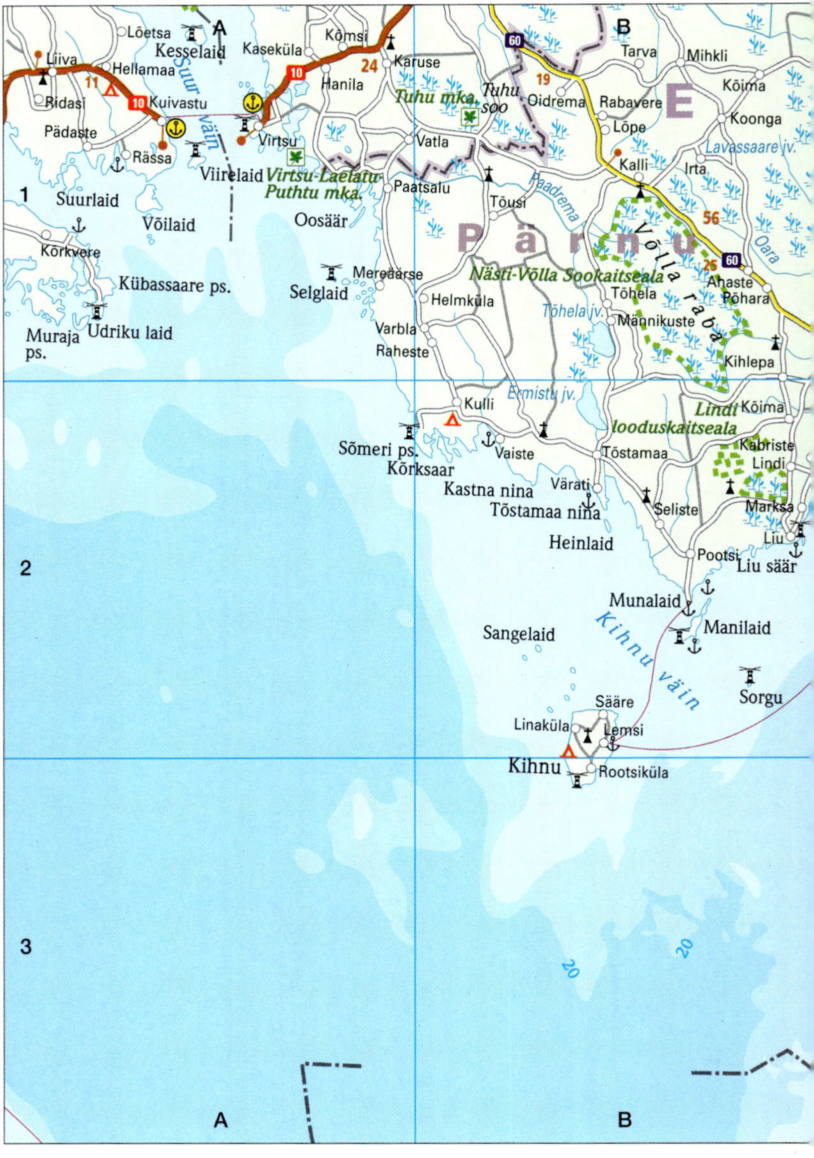
A
B
1
2
3
Lõetsa
Kesselaid
Suur väin
Liiva
Hellamaa
Ridasi
Kuivastu
Pädaste
Rässa
Viirelaid
Suurlaid
Võilaid
Kõrkvere
Kübassaare ps.
Udriku laid
Muraja ps.
Kaseküla
Kõmsi
Karuse
Hanila
Virtsu
Virtsu-Laelatu-Puhtu mka.
Oosäär
Paatsalu
Vatla
Tuhu mka.
Tuhu soo
Mereäärse
Selglaid
Helmküla
Varbla
Raheste
Tõusi
Paadrema
Pärnu
Nästi-Võlla Sookaitseala
Tõhela
Tõhela jv.
Männikuste
Võlla raba
Oidrema
Rabavere
Lõpe
Kalli
Irta
Tarva
Mihkli
Kõima
Koonga
Lavassaare jv.
Oara
E
Ahaste
Põhara
Kihlepa
Kulli
Ermistu jv.
Lindi looduskaitseala
Kõima
Kabriste
Lindi
Sõmeri ps.
Kõrksaar
Vaiste
Tõstamaa
Kastna nina
Värati
Tõstamaa nina
Seliste
Marksa
Liu
Heinlaid
Pootsi
Liu säär
Munalaid
Manilaid
Sangelaid
Kihnu väin
Sorgu
Sääre
Linaküla
Lemsi
Kihnu
Rootsiküla
20
10
11
24
19
25
56
60

Kartenatlas

Läänemeri
Soela väin
Pammana ps.
Pammana
Panga pank
Panga
Metsküla
Parasmetsa
Leisi
Ninase pank
Küdema laht
Pahapilli
Tagaranna
Nurme
Angla
Karja
Undva nina
Suuriku pank
Võhma
Kiipsaare neem
Undva
Tagamõisa
Tagamõisa ps.
Pamma
Järise jv.
Küdema
Vilsandi rahvuspark
Kõruse
Veere
Tagalaht
Rahtla
Mustjala
Luulupe
Tõrise
Kihelkonna laht
Pidula
Ohtja
Eikla
Saare maakond
Vilsandi
Kurevere
Karujärv
Sauvere
Hakjala
Kaali
Kihelkonna
Aste
Kuusnõmme laht
Jõempa
Kirikuküla
Kõljala
Loonalaid
Viki
Kaarma
Eeriksaare ps.
Nootamaa
Salava
Atla l.
Kärla
Viidumägi
Kiratsi
Mõnnuste
Irase
Sõmera
Pähkla
Atla
Kogula
Randvere
Tahula
Püha
Lümanda
Mullutu laht
Suur laht
Upa
Kõrkküla
Ilpla
Karala
Viidumäe looduskaitseala
Paadla laht
Kuressaare
Naistekivi maa
Kailuka
Mõndelaid
Pilguse l.
Koimla
Vägara laht
Nasva
Muratsi
Vätta ps.
Kotlandi
Mändjala
Lõmala
Abruka
Väike-Tulpe
Tiirimetsa
Tehumardi
Salme
Suur katel
Abruka
Ariste laht
Vahase
Läätsa
Kasselaid
Läänemeri
Lõu laht
Karjalaid
Anseküla
Kirju
Rahuste
Sõrve poolsaar
Kaunispe
Mässa
Viieristi looduskaitseala
Iide
Mäebe
Lülle
Kura kurk
Sääre
Sõrve säär
A
B
1
2
3

C
Muhu
Triigi laht
Kõinastu laid
Pitkana nukk
Lõpemeri
Väike väin
Nõmmküla
Tupenurme
Paenase
Piiri
Liiva
Lõetsa
Kesselaid
Hellamaa
Kuivastu
Ridasi
Koguva
Randküla
Jõiste
Suur-Rahila
Maasi
Orissaare
Pädaste
Rässa
Viirelaid
Suurlaid
Võilaid
Suur väin
Mõisaküla
D
Mäense
Järise
Massu
Tuudi
Kõmsi
Kaseküla
Karuse
Hanila
Tuhu mka.
Virtsu
Vatla
Virtsu-Laelatu-Puhtu mka.
Paatsalu
Oosäär
Karja kirik
Suur-Rahula
Mätja
Tagavere
Pärsama
Põide
Tornimäe
Koigi jv.
Koikla
Ratla
Ardla
Kõrkvere
Räägi
Kõriska
Audla
Laimjala
Saaremetsa
Kübassaare ps.
Selglaid
Mereäärse
Helmküla
Varbla
Raheste
Kõnnu
Lööne
Valjala
Tõnija
Muraja ps.
Udriku laid
Ruhve
Kahtla laid
Kallemäe
Lõve
Sakla
Kungla
Turja
Oessaare laht
Laiderahe looduskaitseala
Sandla
Kulli
Sõmeri ps.
Kõrksaar
Saaremaa
Sutu laht
Sääretükk
Suure-Rootsi
Allirahu
2
3
C
D
10
11
8
6
76
14
24
Kartenatlas

A
B
1
2
3
L Ä Ä N E M
Tahkuna nina
Tahkuna looduskaitseala
Lehtma
Tahkuna ps.
Hiiu
Kootsaare nina
Reigi
Kärdla
Kõrgessaare
Pihla
Kidaste
Kõpu poolsaar
Luidja laht
Tubala
Lõpe
Põhja-Ristna nina
Hirmuste
Lauka
Isabella
Pihla-Kaibaldi looduskaitseala
Kalana
Andruse mägi
63
Luidja
Paope
Kõpu tuletorn
Heiste
Nõmba
Kõpu
Rattagu looduskaitseala
Hiiu maakond
Kiduspe
Leigri looduskaitseala
Mardihansu laht
Luguse
Mäeltse
Õngu
Kaigutsi
Männamaa
Vaemla
Haldi
Selja
Käina
Haldi nina
Esiküla
Nurste
Taterma
Orjaku
Jausa
Kassari
Nõrga nina
Valgu
Vanamõisa laht
Harju
Sääre tirp
Kassari laht
Viiri
Emmaste
Sõru
Soela väin
Pammana ps.
Pammana
Triigi laht
Randküla
Panga pank
Metsküla
Jõiste
Panga
Parasmetsa
Leisi
Ninase pank
Pahapilli
Suur-Rahila
Kiipsaare neem
Undva nina
Tagaranna
Võhma
Nurme
Karja kirik
Suuriku pank
Küdema laht
Angla
Mätja
Undva
Saare maakond
Karja
Vilsandi rahvuspark
Tagamõisa
Järise jv.
Pamma
Pärsama
Tagamõisa ps.
Tagalaht
Rahtla
Küdema
Koikla
Ratla
Kihelkonna laht
Kõruse
Veere
Mustjala
Luulupe
Leisi

Kartenatlas

A
B
1
2
3
0
5 km
Ninamaa neem
Suurupi
Suurupi poolsaar
Muraste
Rannamõisa
Lohusalu laht
Vääna-Jõesuu
Liikva
Sõrve
Türisalu
Vaila
Lohusalu
Keila-Joa
Vääna
Pakrineem
Laulasmaa
Adra
Humala
Pakri poolsaar
Käesalu
Keila
Kiia
Paldiski (Baltischport)
Lahepera laht
Kloogaranna
Tuulna
Karjaküla
Kersalu
Illurma
Tutermaa
Laoküla
Klooga
Kumna
Niitvälja
Paldiski laht
Langa
Valingu
Madise
Vasalemma
Lehola
Keila
Harju
Kurkse
Ohtu
Tuula
Maeru
Karilepa
Altküla
Ämari
Vasalemma
Harju-Risti
Veskiküla
Padise
Rummu
Pällu